התנ"ך המבואר
ישעיה

התנ״ך המבואר

על ידי

הרב עדין אבן־ישראל (שטיינזלץ)

ישעיה

המכון הישראלי לפרסומים תלמודיים ירושלים

ירושלים

התנ"ך המבואר

על ידי הרב עדין אבן־ישראל (שטיינזלץ)

ישעיה

מהדורה ראשונה © 2016
הוצאת קורן ירושלים
ת"ד 4044 ירושלים 91040
טל': 02-6330533 פקס: 02-6330534

www.korenpub.com

מסת"ב ISBN 978-965-301-977-5

MATANEL FOUNDATION GRANTED TO GIVE

הספר יצא לאור
בסיוע קרן MATANEL

ביצירת הביאור של כרך זה השתתפו:

עורך ראשי: הרב יוסף בן ארזה
עורכים: שרה פרידלנד בן ארזה, הרב מאיר קליין
ראייה וריכוז תמונות: הרב דניאל אליאב
מרכז המערכת: הרב מאיר הנגבי
הגהות: גילה מאירסון, סימה אריה
עימוד: מיכל בריטמן
חיה זיידבנד
צביה ישראלזון
איסוף תמונות ועיבודן: רזיה ריצ׳מן
איורים: אמונה ש״ץ
ייעוץ גרפי: הרב מאיר הנגבי, אליאב סטולמן
אליהו משגב

בהכנת הנביא השתתפו:

הרב דוד פוקס
הרב חנן בניה
הרב ינון חן
הרב כרמיאל כהן
אפרת גרוס

תוכן העניינים

הקדמה קצרה למהדורת 'התנ"ך המבואר'

יודעים המעיינים ואפילו הקורא הפשוט שיצירת פירוש חדש למקרא היא מעשה לא פשוט הזקוק לשפע ברכות שמים מעל ולמאמצים רבים מתחת. בכתיבת פירוש למקרא, כרוכים שני קשיים מהותיים. הקושי האחד נתון בעצם היומרה להתייחס לטקסט העליון ביותר והמקודש ביותר שבגדר הנמצא ולהיצמד אליו בצורה כלשהי. הקושי השני נובע מכך שכבר נכתבו למקרא במשך 3,000 שנה פירושים רבים מאוד, והפירושים הללו נוצרו על ידי אנשים גדולים מכל ההיסטוריה שלנו; ומי יכול להתיימר להצטרף אל חבורה קדושה זו, ואפילו רק להיאחז בשוליה?!

את מפתח הכניסה למעשה נכבד זה אפשר למצוא בדברים שאמר רש"י לנכדו הרשב"ם (שכתב גם הוא פירוש לתורה), שאילו היה בכוחו, היה כותב עוד פירוש לפי "הפשטות המתחדשים בכל יום".[1] בכל דור ובכל יום עשוי להיפתח אור חדש או זווית ראייה חדשה. אכן, לא רק פירושים וחידושים מתחדשים בעולם, בכל דור מתעוררות שאלות חדשות בקרב לומדי התנ"ך, הן מתוך מה שמעסיק את הלומד באופן אישי הן מתוך עניינים האופייניים לתקופתו ולזמנו. כך אפשר לראות בדברי המפרשים הגדולים שנכתבו במשך הדורות, כי שאלות שעסק בהן האחד אינן מסוג השאלות שהטרידו את חברו. גם היום יש, תודה לא-ל, לומדים ומעיינים בתנ"ך ושאלות חדשות באמתחותיהם המצריכות תשומת לב, עיון והסבר חדשים. כל אלה מאירים את דברי תורת הנצח במגוון הסתכלויות המולידות "פשטות המתחדשים בכל יום".

הביאור שלפנינו מבקש לפרש את המקרא במישור הפשט. לכאורה זהו המישור הפשוט ביותר, אך לאמתו של דבר הוא הקשה ביותר. הפירושים על דרך הרמז, הדרש או הסוד פתוחים יותר. המפרשים בדרכים אלו הם בני חורין לקשר בין הפסוקים שלפניהם לבין דברים אחרים המצויים במרחבי הרמז, הדרש או הסוד, והם כבולים פחות למלות המקרא ולמושגיו. לעומת

1. פירוש הרשב"ם בראשית לז,ב.

זאת, בהגדרתו של הפשט ובדרכי יישומו התחבטו רבים. שכן פירוש פשוטו של מקרא צריך להיות אחוז באופן הדוק במשמעות המילולית והדקדוקית של המלים ולא להניח ידו גם מהקשרן התחבירי והענייני. אכן, בעיית היחס שבין 'פשוטו' ל'משמעו', אין לה פתרון מלא.[2] קושי עקרוני יותר הוא שבכתיבתו של פירוש על דרך הפשט מנסה המבאר לעמוד על דעתו של המחבר; אולם ספרי המקרא, שאינם מבטאים את דעתו של האדם שכתבם, אלא את התודעה האלוקית העומדת מאחוריהם – אי אפשר למצות את פשרם באותו אופן.

לביאור זה הוצמדו מראי מקומות המפנים למפרשים רבים, אולם אין הוא לקט מן המפרשים הללו. הוא לא נוצר בדרך זו, ואינו מתכוון להיות לקט או מבחר פירושים שנכתבו במשך הדורות. מראי המקומות מובאים כאן כדי להראות שיש לביאור ביסוס במקורות אחרים, או על כל פנים 'חברה'. אכן, אין תכליתו של הביאור הזה להציג חידושים מהפכניים; אדרבא, עיקר עניינו הוא לשמש ביאור שקוף. מגמתו היא להיות כה בלתי מורגש, עד שהקורא–הלומד לא יבחין בקיומה של מחיצה בינו לבין הכתובים. מעשה ההנגשה הזה מבקש לאפשר לתורה לדבר בעצמה, לנביאים לנבא את נבואתם ולחכמים ללמד את חכמתם. כדי שלא להפריע לקולם של הפסוקים להישמע, מנוסח הביאור בקיצור, כך שלא יהיה בגדר שריון מכביד ומסתיר אלא מעטה קל שאיננו ניכר.

במעמד הר סיני שמעו כל ישראל קוֹל גָּדוֹל וְלֹא יָסָף,[3] וחכמים ביארו כי קול גדול זה לא פסק.[4] תקוותי שמפעל זה יעזור לאנשים לשמוע את הקול המידבר מן התורה ומן הנביאים גם בעולם העסוק והרעשני שלנו.

הרב עדין אבן ישראל (שטיינזלץ)

2. ראו למשל הקדמתו של רבי אברהם אבן עזרא לפירושו.
3. דברים ה,יח.
4. אונקלוס; סנהדרין יז ע"א.

טיבו של החיבור

ביאור התנ"ך שלפנינו בא להקל על הקורא במקרא בן זמננו, לגשר על פערי השפה, תפיסת העולם והתרבות שבינו לבין עולם התנ"ך, להבהיר במידת האפשר עמימויות, ולענות על תמיהות וקשיים, מודעים וסמויים, בהבנתה.

לחיבור שני חלקים המשלימים זה את זה אך אינם זוקקים זה את זה: **ביאור** צמוד המשולב במלות המקרא, ו**הרחבות פרשניות וראליות** נפרדות בתחתיתו.

הביאור מחולק ליחידות ענייניות, חלוקה שאינה עולה בקנה אחד עם חלוקת הפרקים המקובלת. כל עניין תָּחום לעצמו, מוגדר בכותרת ופותח במבוא קצר. אין לראות בתבנית המופיעה כאן חלוקה פסוקה של המקרא, אלא מעין הצעת הגשה כחלק מהביאור, לנוחות הקורא והתמצאותו. מוצעת כאן גם תת-חלוקה לפסקאות בתוך כל עניין, וכן פתיחת כל דיבור בשיחה בשורה נפרדת. חלקים פואטיים קוטעו גם הם לשורות בצורה המבליטה מלה או ביטוי חוזרים.[5]

בביאור מתפרשים לשון הכתוב והקשרי המשפטים ברובד הפשוט ביותר, מתוך חתירה לקיצור ולהקלה על שטף הקריאה במקרא. כיוון שכך אין הפירוש צמוד לשיטה פרשנית אחת או לפירושים ידועים ומקובלים דווקא. למרות מגמה זו במקרים בודדים מוזכרים גם פירושים חלופיים, כאשר יש יותר מפירוש פשוט אחד. אף כאשר המסורת ההלכתית מפרשת את המקרא בדרך שונה, יוזכר הדבר וינומק בקיצור בביאור עצמו או בהפניות המצוינות בו, כדי לדבוק בפשט העולה מן הכתוב עצמו וגם לעמוד על פירוש הכתוב כפי שנלמד בתורה שבעל פה.

יש לציין כי גם כשהדברים כתובים בלשון סתמית ופסקנית, הפירוש אינו

5. בטקסט המשלב בין פסוקי המקרא לבין הביאור מתקיימות זו בצד זו שתי מערכות פיסוק - סימני הפיסוק שנבחרו לפסוק עצמו, וסימני הפיסוק המתייחסים למהלך הביאור. משום כך ומסיבות דידקטיות רבים בו סימני פיסוק, גם שלא לפי כללי האקדמיה ללשון העברית הנוהגים היום.

מתיימר לקבוע כי זהו הפשט ואין בלתו. אין בכך אלא הצעה - לעתים חדשה - המתיישבת על פשוטו של מקרא ועל לב הקורא. מטעמים דידקטיים לא נפרשו כאן השיקולים הפרשניים העומדים מאחורי הבחירה לבאר כך ולא אחרת.

בצדו הימני של כל מִפְתָּח מופיע רצף הפסוקים המנוקד והמפוסק בטעמי המקרא כבתנ"ך קורן, ובהמשכו ובצדו השמאלי מופיעות שנית כל מלות הפסוקים,[6] וביניהן משובצים דברי הביאור הצמוד. כך יוכל הלומד לשוב תמיד לעיין בהקשר הרצוף של מילות התנ"ך, והקריאה בביאור לא תחליף את קריאת המקור.

ההרחבות כוללות חומרי רקע, מקבילות פנים-מקראיות, פירושים חלופיים, העשרה בדברי מדרש ומחשבת ישראל לדורותיה, תעודות חיצוניות והערות לשוניות. בצדם של אלו מופיע חומר ראלי מילולי וחזותי לגבי מקומות, עמים, צמחים ועצמים המוזכרים במקרא - בהתאם לידע המדעי המעודכן ביותר. חומרים אלו מופיעים בצד הכותרת 'העולם'.

בסוף הספר מצוינים **מקורות** והפניות המסומנים בביאור. המקורות, שנכתבו על ידי העורכים, מתייחסים בדרך כלל לפסוקים ולביאוריהם במקומות אחרים במקרא, לדברי חז"ל בתלמודים ובמדרשים, פרשנים מקראיים, ספרי מחשבה, שאלות-ותשובות של חכמים ראשונים ועוד. כאשר המקור אינו זהה לגמרי לכתוב בביאור, הוא צוין כהפניה בלבד ("ראו...") ולא כמקור סתמי.

רצף הפסוקים של התנ"ך המובא במהדורה זו הוא הנוסח המדוקדק שנבחן היטב בהוצאת 'קורן'.[7] המהדורה יכולה להתאים ללימוד אישי, משפחתי או לימוד בחבורה. מחשבה ועבודה רבות הושקעו בעיצוב הנאה והנוח ביותר. עיצוב זה הוא פרי שיתוף הפעולה בין מסורת העיצוב המוקפד של הוצאת קורן לבין הניסיון הרב שנצבר במכון לפרסומים תלמודיים.

6. בתוך הביאור הובא הנוסח המקראי כקריאתו. כלומר, הקרי הוכנס במקום הכתיב, ושמות הוי"ה מסומנים בדרך כלל: 'ה"', או 'ה' אלוהים' כשהצירוף הוא 'אדוני ה"', בהתאם לצורת הקריאה המקובלת.
מכיוון שבביאור ניטעים שברי הפסוק בתוך הקשר טקסטואלי חדש, יש שהניקוד המקורי אינו מופיע בשלמותו בעקבות אילוצי התחביר החדש. כמו כן הוסרו במקומות אחדים המקפים כאשר צירוף מקראי מוקף נשבר במילות הביאור.
7. לשם דיוק הקריאה הובחן כאן השווא הנע מן השווא הנח. סימנו של השווא הנע בולט יותר, למשל: **נַפְשְׁךָ**. כדי לבדל את הקמץ הקטן מן הקמץ הגדול סומן הקמץ הקטן באמצעות סימן גדול, דוגמת **חָכְמָה**.
עוד על שיטת הניקוד של תנ"ך קורן ראו באתר ההוצאה:
https://korenpub.com/koren/isrnis/koren-isrnis-about/witt-hniqvd.html

תודתנו לר׳ מאיר הנגבי שריכז את הפרויקט בתבונה, בעדינות וביעילות. ייזכר לברכה ר׳ חנוך בן ארזה ע״ה, אוהב תורה ושוחר ספר, אביהם של שניים מהעירכים, שרוחו והכבוד שחלק למלים שרו עליהם בעת העבודה על החיבור.

סגנון הכתיבה ישראלי–עכשווי. על אף המגמה הכללית לשמר ככל האפשר את שגב המקרא, נושבת על פני החיבור גם רוח מרעננת ורלוונטית לדורנו.

העורכים

זמן פעולתו של הנביא ישעיהו

שנים למנין העמים (לפנה"ס)	מאורעות מרכזיים	המלך ביהודה
734	הקדשת ישעיהו לנביא (פרק ו) שנת מות (הצטרעות) המלך עוזיהו	עוזיהו ויותם
729	רצין מלך ארם ופקח מלך ישראל עולים על ירושלים (פרק ז)	אחז
721	חרבן שומרון וגלות עשרת השבטים	חזקיהו
712	מסע סרגון מלך אשור לאשדוד (פרק כ)	
701	מסע סנחריב מלך אשור (פרק לו)	
	משלחת בבלית לירושלים (פרק לט)	
698	על פי מסורת חז"ל מנשה הרג את ישעיהו	מנשה

התאריכים הנ"ל משוערים ונתונים במחלוקת

מבוא לספר ישעיה

ספר ישעיהו נחשב כראשון לספרי הנבואה מכמה בחינות. מתוך נביאי המקרא מקובל לייחד את הנביאים הגדולים שחיו לקראת סוף ממלכות ישראל ויהודה כ'נביאי הספר' או 'נביאי הכתב', על שום שכתבו דברי נבואתם בספר. הנביאים האלו – המכונים שלא במדויק 'נביאים אחרונים' – הם: ישעיהו, ירמיהו, יחזקאל ועוד שנים עשר נביאים שהשאירו אחריהם ספרים קטנים. היו נביאים שחיו דורות רבים לפניהם, ואחדים מהם ידועים גם בשמותיהם, אבל נבואותיהם נאמרו על פה ורק לעתים רחוקות נשארו כתובות בידי אחריב. אמנם לא ברור עד כמה הבחנה זו מבוססת כי בספר דברי הימים נזכרים ספרי נבואה שכתבו נביאים קדומים יותר, אלא שהספרים הללו לא שרדו.[1] מכל מקום, מבין ספרי הנבואה הכתובים נחשב ספר ישעיהו ראשון.

מבחינת הזמן אין ישעיהו ראשון לנביאי הכתב, אם כי הוא מהראשונים שבהם. אולם מבחינת המעמד, ההיקף והתוכן הוא ראוי להיחשב בראש. מעמדו של ישעיהו כנביא בולט במיוחד, והוא נתפס כשני למשה רבנו.[2] ספר ישעיהו הוא ספר גדול בעל מאפיינים אחידים. אף שנעשו ניסיונות נמרצים לזהות בו יצירה של אנשים שונים, מעבר להבדלים בנושאי הנבואה אין למעשה כל הוכחה של ממש לדבר. היקף מושאי נבואותיו נרחב; ישעיהו מתנבא על עמים וממלכות שמחוץ לגבול ישראל, וגם על העולם בכללו. מן ההיבט הלשוני, השפה העברית מופיעה בספר ישעיהו בצורתה המרוממת ביותר, בתיאורים פיוטיים עתירי חיים וצבע,[3] ויש לכך הסבר גם באישיותו של הנביא.

חכמים מסרו שאמוץ, אביו של ישעיהו, היה אחיו של אמציה מלך יהודה.[4] לקרבה זו אין ראיה מפורשת בכתובים, אבל מבחינת לשונו

של ישעיהו, מהאופן שבו הוא פונה לאנשים, וגם מן היחס של אנשים כלפיו, עולה שיח ושיג של בן מלכים.[5] שלא כנביאים שהיו בעלי מלאכה ובאו מפשוטי העם, דוגמת עמוס המעיד על עצמו שהוא חקלאי פשוט בלא ייחוס אבות,[6] ישעיהו מצטייר כנסיך המנבא בעיקר על יהודה וירושלים,[7] אך גם על ישראל, שהייתה ממלכה לעצמה, וגם על עמים אחרים – כדרכם של כל הנביאים הגדולים.

נבואת ישעיהו היא אב-טיפוס לכמה נביאים גם בפנייתה אל הכלל. לשמואל הנביא, למשל, פנו בשאלות פרטיות שונות. כשם ששאול בא לשאול אותו על האתונות,[8] כך מן הסתם שאל אותו מישהו על אשתו שברחה או על כספים שאבדו לו. שמואל, שהיה מכונה 'הרואה',[9] נודע כבעל מופת וכמי שפותר לאנשים את בעיותיהם, אף על פי שחלק מנבואותיו פנו לכלל ישראל. נביאי הכתב, לעומת זאת, מתנבאים בראש ובראשונה אל הכלל; וגם אם ניבאו לאנשים פרטיים או עסקו בעניינים אישיים,[10] לא בכך עוסקים ספריהם.

צד נוסף בנבואות הללו הוא משמעותן לעתיד. לפי חז"ל, היו הרבה יותר נביאים ממה שעולה במפורש מתוך ספרי התנ"ך. מתוך הכתוב מנו חכמים רק ארבעים ושמונה נביאים ושבע נביאות, אף על פי שאפשר למצוא רמזים לכך שמספרם גדול יותר.[11] ייתכן שנבואותיהם של נביאים נוספים נכתבו על ידי עצמם או על ידי אחרים, אבל אנשי כנסת הגדולה, שעסקו בקביעת היקפם של ספרי הקודש המקראיים, בחרו רק בספרים המכילים נבואה לדורות.[12] אמנם פעמים רבות נזכרים בספרים אלה מאורע מסוים או דמויות קונקרטיות שפעלו באותו זמן, אבל הדברים מכוונים לדורות ולא רק לשעתם, ולכן הם נשארו בידינו. יתרה מזו, חלקם נשמע לעתים טוב יותר ביחס לדורות מאוחרים מאשר לדורם. דברי הנביא בוודאי נשמעו – ויש לשער שגם הובנו – על ידי אנשי דורו, אך כוחם של דברי הנבואה טמון בכך שלמרות שנאמרו בזמן ובמקום מסוימים, משמעותם עשויה להיות בהירה יותר, צלולה יותר ומשמעותית יותר, אלף או אלפיים שנה לאחר מכן.[13]

ישעיה

א

א חֲזוֹן יְשַׁעְיָהוּ בֶן־אָמוֹץ אֲשֶׁר חָזָה עַל־יְהוּדָה וִירוּשָׁלָ͏ִם בִּימֵי
ב עֻזִּיָּהוּ יוֹתָם אָחָז יְחִזְקִיָּהוּ מַלְכֵי יְהוּדָה: שִׁמְעוּ שָׁמַיִם וְהַאֲזִינִי
ג אֶרֶץ כִּי יְהוָה דִּבֵּר בָּנִים גִּדַּלְתִּי וְרוֹמַמְתִּי וְהֵם פָּשְׁעוּ בִי: יָדַע שׁוֹר
ד קֹנֵהוּ וַחֲמוֹר אֵבוּס בְּעָלָיו יִשְׂרָאֵל לֹא יָדַע עַמִּי לֹא הִתְבּוֹנָן: הוֹי
׀ גּוֹי חֹטֵא עַם כֶּבֶד עָוֹן זֶרַע מְרֵעִים בָּנִים מַשְׁחִיתִים עָזְבוּ אֶת־
ה יְהוָה נִאֲצוּ אֶת־קְדוֹשׁ יִשְׂרָאֵל נָזֹרוּ אָחוֹר: עַל מֶה תֻכּוּ עוֹד
ו תּוֹסִיפוּ סָרָה כָּל־רֹאשׁ לָחֳלִי וְכָל־לֵבָב דַּוָּי: מִכַּף־רֶגֶל וְעַד־רֹאשׁ
אֵין־בּוֹ מְתֹם פֶּצַע וְחַבּוּרָה וּמַכָּה טְרִיָּה לֹא־זֹרוּ וְלֹא חֻבָּשׁוּ וְלֹא
ז רֻכְּכָה בַּשָּׁמֶן: אַרְצְכֶם שְׁמָמָה עָרֵיכֶם שְׂרֻפוֹת אֵשׁ אַדְמַתְכֶם
ח לְנֶגְדְּכֶם זָרִים אֹכְלִים אֹתָהּ וּשְׁמָמָה כְּמַהְפֵּכַת זָרִים: וְנוֹתְרָה בַת־
ט צִיּוֹן כְּסֻכָּה בְכָרֶם כִּמְלוּנָה בְמִקְשָׁה כְּעִיר נְצוּרָה: לוּלֵי יְהוָה

השחיתות וקלקול המשפט

פרק א

זו כנראה אינה נבואתו הראשונה של ישעיהו.[1] מתיאורי מכות הארץ ויושביה המופיעים בנבואה נראה שהיא נאמרה באמצע תקופת פעילותו של ישעיהו, בשעת המלחמה שבימי מלכות אחז או חזקיהו,[2] שכן ימי עוזיהו ויותם הקודמים היו ימים של הצלחה יחסית ושל ביטחון, אם כי ייתכן שהתיאור הזה הוא חלק מחזון העתיד.

מכל מקום זוהי נבואת תוכחה נוקבת ביותר, המבקרת את האנשים המסתפקים במעשי פולחן ובטקסים, אשר חייהם המוסריים והחברתיים מנוגדים לרצון ה׳. הנביא אומר להם: החגים והאספות, הביקורים במקדש והבאת הקרבנות – כל אלה אינם מבטאים את חייכם הממשיים. תקנו את חייכם, ואז אקבל אתכם באהבה. השיבו את המשפט ואת הצדקה על כנם. דברים בכיוון זה נשנים בספר ישעיהו כמה פעמים.[3]

ביאור | **פרק א** א **חֲזוֹן** – אחד מכינויי הנבואה, אשר מבטא את יכולתו של הנביא לראות דברים עלומים. **יְשַׁעְיָהוּ בֶן אָמוֹץ, אֲשֶׁר חָזָה עַל יְהוּדָה וִירוּשָׁלָ͏ִם** בעיקר, אם כי נבואתו מתייחסת גם לישראל, שהייתה ממלכה לעצמה, וגם לעמים אחרים, קרובים ורחוקים. את חזונותיו קיבל ישעיהו **בִּימֵי עֻזִּיָּהוּ, יוֹתָם, אָחָז, יְחִזְקִיָּהוּ, מַלְכֵי יְהוּדָה.**

הרחבות | **׳שמעו שמים והאזיני ארץ׳** חכמים העירו שביטוי זה, המבטא פנייה אל תבל ומלואה להקשיב לדבר ה׳, נראה כמו פרפרזה על דברי השירה האחרונים של גדול הנביאים, משה רבנו: הַאֲזִינוּ הַשָּׁמַיִם וַאֲדַבֵּרָה וְתִשְׁמַע הָאָרֶץ אִמְרֵי פִי (דברים לב,א. וראו תנחומא האזינו ב). מההקבלה בין הפסוקים נראה כי ישעיהו מנסה להמשיך במקום שבו משה הפסיק.

ייתכן שמשום כך נפתח הספר בנבואה זו דווקא. הפתיחה מקשרת את הנביא הגדול של ראשית ימי העם עם הנביא הגדול שלקראת סוף תקופת הממלכה. אף תוכן הנבואה אינו רחוק מהרעיונות שבתוכחת האזינו: השחתת בנים ומריים, היעדר התבוננות, אימוץ רשעת סדום וכדומה, אם כי כאן בא פירוט נרחב הרבה יותר.

ב שִׁמְעוּ שָׁמַיִם וְהַאֲזִינִי אֶרֶץ, כִּי ה׳ דִּבֵּר: **בָּנִים**, עם ישראל **גִּדַּלְתִּי וְרוֹמַמְתִּי,**
וְהֵם פָּשְׁעוּ בִי. ג **יָדַע** אפילו **שׁוֹר**, שאיננו יצור נבון במיוחד, את **קֹנֵהוּ**,
מי היא אדוניו. **וַחֲמוֹר** מכיר את **אֵבוּס בְּעָלָיו**, הוא לא רק יודע שזה
אבוס, אלא מכיר בכך שיש לו בעלים, אבל **יִשְׂרָאֵל לֹא יָדַע, עַמִּי לֹא**
הִתְבּוֹנָן. לא שם לב לעובדה שיש לו אדון.

כאן מגיעה פנייה חריפה הרבה יותר: ד **הוֹי גּוֹי חֹטֵא, עַם כֶּבֶד עָוֹן,**
שעוונותיו כבדים, **זֶרַע מְרֵעִים**, עושי רע, **בָּנִים מַשְׁחִיתִים, עָזְבוּ אֶת ה׳,**
נִאֲצוּ, ביזו **אֶת קְדוֹשׁ יִשְׂרָאֵל**, ה׳. **נָזֹרוּ אָחוֹר.** לא נסוגים אחור בלבד,
אלא מתנזרים – יוצרים חיץ ופונים אחורנית. אנשים ממאנים
להתקשר במהותו הפנימית של ישראל, באלוקיו.[4] ה **עַל מֶה**, לשם
מה **תֻכּוּ עוֹד תּוֹסִיפוּ סָרָה**, ככל שאתם מוכים, אתם מוסיפים למרוד.
כָּל רֹאשׁ נתון **לָחֳלִי, וְכָל לֵבָב דַּוָּי**, כואב. ו **מִכַּף רֶגֶל וְעַד רֹאשׁ אֵין**
בּוֹ – באדם מישראל **מְתֹם, פֶּצַע** שותת דם **וְחַבּוּרָה**, מכה המשאירה
סימן[5] **וּמַכָּה טְרִיָּה**, מכה שנעשתה לא מזמן, טרם הגיעה לכלל
חבורה.[6] **לֹא זֹרוּ**, לא היה למכות הללו מזור ותרופה, **וְלֹא חֻבָּשׁוּ, וְלֹא**
רֻכְּכָה, עוסתה המכָּה **בַּשָּׁמֶן** כדרך ריפוי. ישראל מתוארים כאן כגוף
מוכה לחלוטין, פצוע ומוזנח. ז ובמקביל תמונת הארץ – **אַרְצְכֶם**
שְׁמָמָה. עָרֵיכֶם שְׂרֻפוֹת אֵשׁ. אַדְמַתְכֶם לְנֶגְדְּכֶם, לעיניכם, **זָרִים אֹכְלִים**
אֹתָהּ – את פרותיה, והיא נעשית **שְׁמָמָה כְּמַהְפֵּכַת זָרִים.** פלישתם של
זרים אינה כרוכה רק בגנבה ובנזק, אלא גם בפריעת כל סדר, באיבוד
ביטחון ועשתונות, חוויה המוכרת למי שביתם נפרץ. ח **וְנוֹתְרָה בַת**
צִיּוֹן, עם ישראל **כְּסֻכָּה בְכָרֶם**, כסוכת השומר העזובה בכרם השדוד,
כִּמְלוּנָה בְמִקְשָׁה, כביתן שבו לן שומר שדה הקישואים, **כְּעִיר נְצוּרָה**,

סוכה בכרם

הרחבות

לכינוי קְדוֹשׁ יִשְׂרָאֵל משמעות כפולה: מצד אחד, המרומם והנקדש מעל ישראל, ומצד אחר, המקדש את ישראל. (ראו רד"ק ומלבי"ם).

נבואת ישעיהו אינה מכוונת למסגרות של עם ישראל בלבד, אלא גם לממלכות אחרות ולעולם בכללו. למרות גווניה האוניברסליים, ואולי דווקא בגללם, חוזר ונשנה בה עשרות פעמים הכינוי 'קדוש ישראל', המייחד את ישראל, והוא סממן מובהק לסגנונו של הנביא הזה לעומת שאר הנביאים. (ראו למשל להלן ה,יט ו-כד; י,כ; ל,יב ועוד רבים).

בת ציון כינוי רווח זה לעם ישראל או לממלכה, נשען כנראה על התפיסה הרואה ביחסי ה' וישראל יחסים של בעל ואשה או של אב ובתו. תפיסה זו מופיעה

צְבָאוֹת הוֹתִיר לָנוּ שָׂרִיד כִּמְעָט כִּסְדֹם הָיִינוּ לַעֲמֹרָה
דָּמִינוּ׃ שִׁמְעוּ דְבַר־יְהוָה קְצִינֵי סְדֹם הַאֲזִינוּ תּוֹרַת י
אֱלֹהֵינוּ עַם עֲמֹרָה׃ לָמָּה לִּי רֹב־זִבְחֵיכֶם יֹאמַר יְהוָה שָׂבַעְתִּי יא
עֹלוֹת אֵילִים וְחֵלֶב מְרִיאִים וְדַם פָּרִים וּכְבָשִׂים וְעַתּוּדִים לֹא
חָפָצְתִּי׃ כִּי תָבֹאוּ לֵרָאוֹת פָּנָי מִי־בִקֵּשׁ זֹאת מִיֶּדְכֶם רְמֹס חֲצֵרָי׃ יב
לֹא תוֹסִיפוּ הָבִיא מִנְחַת־שָׁוְא קְטֹרֶת תּוֹעֵבָה הִיא לִי חֹדֶשׁ יג
וְשַׁבָּת קְרֹא מִקְרָא לֹא־אוּכַל אָוֶן וַעֲצָרָה׃ חָדְשֵׁיכֶם וּמוֹעֲדֵיכֶם יד
שָׂנְאָה נַפְשִׁי הָיוּ עָלַי לָטֹרַח נִלְאֵיתִי נְשֹׂא׃ וּבְפָרִשְׂכֶם כַּפֵּיכֶם טו
אַעְלִים עֵינַי מִכֶּם גַּם כִּי־תַרְבּוּ תְפִלָּה אֵינֶנִּי שֹׁמֵעַ יְדֵיכֶם דָּמִים

ביאור

אין יוצא ואין בא.[7] ט **לוּלֵי ה׳ צְבָאוֹת הוֹתִיר לָנוּ שָׂרִיד כִּמְעָט**, אילולא השאיר לנו מעט שרידים, אז **כִּסְדֹם הָיִינוּ, לַעֲמֹרָה דָּמִינוּ**, כשתי הערים שנהפכו כליל ונעשו סמל להרס ולחורבן.

במעבר מעניין, פונה הנביא אל עמו באותה מטבע:[8] י **שִׁמְעוּ דְבַר ה׳, קְצִינֵי סְדֹם! הַאֲזִינוּ תּוֹרַת אֱלֹהֵינוּ, עַם עֲמֹרָה!** שתי משמעויות נלוות אל סדום – עיר שכולה רשעה, ומקום שנהפך ולא נשאר ממנו שריד. לאחר שנאמר שארצם של ישראל חרבה כמעט כמו סדום, מתריס הנביא ואומר: אתם אכן דומים בהתנהגותכם לסדום. חייהם של תושבי ארץ יהודה באותה עת סבבו סביב המקדש. פולחן הקרבנות התבצע כסדרו, ואנשים לא הרבו לעבוד עבודה זרה.[9] על כן הם היו שבעי רצון מהתנהגותם וממצבם הדתי. יש להניח שתחושה זו התחזקה במיוחד לאור ההשוואה עם שכניהם אשר בממלכת ישראל, שלא נטלו חלק בעבודת המקדש. זהו הרקע לתוכחתו של הנביא: יא **לָמָּה לִּי רֹב זִבְחֵיכֶם?! יֹאמַר ה׳; שָׂבַעְתִּי עֹלוֹת אֵילִים וְחֵלֶב מְרִיאִים**, שוורים מפוטמים, **וְדַם פָּרִים וּכְבָשִׂים וְעַתּוּדִים**, תיישים[10] **לֹא**

הרחבות

פעמים רבות בפרט אצל ישעיהו וירמיהו (כמו למשל בהמשך פרקנו; להלן לז,כב; מט,יד-כג; סב,א-ה; ירמיה ד,לא; ו,ב; איכה ב,א ועוד).

התלונה על הקרבנות ראוי לציין שאין פה התנגדות לקרבנות באשר הם, אלא רק למחשבה המוטעית שהעלאת הקרבנות מפצה על כל פגמי ההתנהגות והאישיות. אנשים בטוחים שלאחר הבאתם קרבן עוונותיהם נמחלים, זכויותיהם מובטחות, והם מילאו את כל חובתם כלפי ה׳. הנביא מביע בשם ה׳ את הסלידה מתפיסה זו ואת האבסורד שבה. (ראו עוד מורה נבוכים ח״ג לב; משלי יעקב תחילת ויקרא).

חֲפָצְתִּי. אתם מביאים עוד ועוד קרבנות, ומרגישים בכך התעלות
ושביעות רצון. האם אתם חושבים שאני זקוק לכם?! יב כִּי תָבֹאוּ
לבית המקדש לֵרָאוֹת פָּנָי, כשתעלו לרגל,[11] מִי בִקֵּשׁ זֹאת מִיֶּדְכֶם
רְמֹס חֲצֵרָי, לשם מה אתם דורכים בחצרות בית ה' ורומסים את
האבנים?! יג לֹא תוֹסִיפוּ הָבִיא מִנְחַת שָׁוְא. מנחתכם היא מתנה
ריקה מתוכן ומכוונה. אין כל משמעות מאחוריה. הַקְטֹרֶת שאתם
מביאים – תּוֹעֵבָה הִיא לִי, במקום שתהיה לריח ניחוח העולה לרצון.
יתרה מזו, ימי ראש חֹדֶשׁ וְשַׁבָּת וקְרֹא מִקְרָא, ושאר הימים המכונים
בתורה מִקְרָאֵי קֹדֶשׁ. פירושו של ביטוי זה אינו קריאה בספרים בלבד,
אלא בעיקר אספה קדושה. במועדים ובשבתות אתם מתאספים
לקרוא בשֵׁם ה', להתפלל[12] – אבל לֹא אוּכַל לסבול את הָאָוֶן, הרוע
ואת הָעֲצָרָה, האספה לתפילת הציבור. חיבור האוון עם העצרה
אינו נסבל.[13] התפילה מתנהלת לפי כל הכללים, כשם שהקרבנות
קרבים כסדרם, אך דווקא ההקפדה הקיצונית על כללי הפולחן
שאינה כרוכה בהכרה בחובה שמעבר לו, היא התועבה. יד את
חָדְשֵׁיכֶם וּמוֹעֲדֵיכֶם, ימי האספה והחגיגות, שבהם היה נהוג גם לבקר
במקדש או אצל אנשים חשובים, נביאים וחכמים,[14] שָׂנְאָה נַפְשִׁי.
הָיוּ עָלַי לָטֹרַח, נִלְאֵיתִי נְשֹׂא. עייפתי מלשאתם. אתם מקיימים את
כל הטקסים והפולחנים הדתיים באופן חיצוני, אבל דבר מזה אינו
נוגע לחיי היומיום שלכם. טו וּבְפָרִשְׂכֶם כַּפֵּיכֶם, כאשר תפשטו כפות
ידיכם למרום בתחנונים –[15] אַעְלִים עֵינַי מִכֶּם. גַּם כִּי תַרְבּוּ תְפִלָּה – אֵינֶנִּי
שֹׁמֵעַ אותר להיענות לה,[16] כי יְדֵיכֶם המושטות אלי בבקשה דָּמִים
מָלֵאוּ, מגואלות בדם. אין הכוונה לשפיכות דמים ממשית דווקא,
שכן בזמנו של ישעיהו לא הייתה יהודה מלאה במיוחד ברוצחים,
אלא לעוול, סחיטה והתעללות במסכנים.[17]

תאו מים ('מריא'?)

העולם

מְרִיא אחד ממיני הבקר הטהור. לזיהויו הועלו מספר השערות: התאו (לפי כפתור ופרח פרק נח בשם רס"ג), הבקר האפריקאי (לפי רב האי גאון), הזֶ'בו. לפי דעה אחרת הנשענת גם על המצוי באוגריתית, המריא אינו סוג מסוים אלא הוא שם כולל לבהמות מפוטמות (ראו להלן יא,ו ויחזקאל לט,יח).

טז מָלֵאוּ: רַחֲצוּ הִזַּכּוּ הָסִירוּ רֹעַ מַעַלְלֵיכֶם מִנֶּגֶד עֵינָי חִדְלוּ הָרֵעַ:
יז לִמְדוּ הֵיטֵב דִּרְשׁוּ מִשְׁפָּט אַשְּׁרוּ חָמוֹץ שִׁפְטוּ יָתוֹם רִיבוּ
יח אַלְמָנָה: לְכוּ־נָא וְנִוָּכְחָה יֹאמַר יְהוָה אִם־יִהְיוּ
חֲטָאֵיכֶם כַּשָּׁנִים כַּשֶּׁלֶג יַלְבִּינוּ אִם־יַאְדִּימוּ כַתּוֹלָע כַּצֶּמֶר יִהְיוּ:
יט כ אִם־תֹּאבוּ וּשְׁמַעְתֶּם טוּב הָאָרֶץ תֹּאכֵלוּ: וְאִם־תְּמָאֲנוּ וּמְרִיתֶם
כא חֶרֶב תְּאֻכְּלוּ כִּי פִּי יְהוָה דִּבֵּר: אֵיכָה הָיְתָה לְזוֹנָה
קִרְיָה נֶאֱמָנָה מְלֵאֲתִי מִשְׁפָּט צֶדֶק יָלִין בָּהּ וְעַתָּה מְרַצְּחִים:
כב כג כַּסְפֵּךְ הָיָה לְסִיגִים סָבְאֵךְ מָהוּל בַּמָּיִם: שָׂרַיִךְ סוֹרְרִים וְחַבְרֵי
גַּנָּבִים כֻּלּוֹ אֹהֵב שֹׁחַד וְרֹדֵף שַׁלְמֹנִים יָתוֹם לֹא יִשְׁפֹּטוּ וְרִיב
כד אַלְמָנָה לֹא־יָבוֹא אֲלֵיהֶם: לָכֵן נְאֻם הָאָדוֹן יְהוָה
כה צְבָאוֹת אֲבִיר יִשְׂרָאֵל הוֹי אֶנָּחֵם מִצָּרַי וְאִנָּקְמָה מֵאוֹיְבָי: וְאָשִׁיבָה
כו יָדִי עָלַיִךְ וְאֶצְרֹף כַּבֹּר סִיגָיִךְ וְאָסִירָה כָּל־בְּדִילָיִךְ: וְאָשִׁיבָה

ביאור | במקום זאת קורא אליהם הנביא: טז **רַחֲצוּ** את הידיים המלאות דם, **הִזַּכּוּ**, נקו עצמכם, **הָסִירוּ רֹעַ מַעַלְלֵיכֶם מִנֶּגֶד עֵינָי**, שאותם אני רואה תמיד, **חִדְלוּ הָרֵעַ**. יז **לִמְדוּ הֵיטֵב** מהי דרך אמת. או: למדו איך להיטיב, **דִּרְשׁוּ מִשְׁפָּט** צדק, **אַשְּׁרוּ חָמוֹץ**, חזקו את הנחמס,[18] או: ישרו[19] את דברי החמס. לעומת גזל, חמס איננו פעולה בלתי חוקית אלא בלתי מוסרית,[20] שכן היא הפעלת לחץ ממוני או אחר מצד העשירים והחזקים לשם השגת רכוש השייך לזולתם. הנביא אינו מבקר כאן את אי שמירת סעיפי החוק, אלא קורא לתקן את העיוות המוסרי.[21] **שִׁפְטוּ יָתוֹם, רִיבוּ אַלְמָנָה**. ייתכן שהמערכת המשפטית אינה רקובה, אלא שהיא אינה מותירה סיכוי לאנשים הקטנים הזקוקים לסיוע ולהגנה.

יח **לְכוּ נָא וְנִוָּכְחָה**, נתווכח, **יֹאמַר ה׳**. ה׳ אינו בא אליכם בהאשמות בלבד, אלא גם בהצעות תיקון – **אִם יִהְיוּ חֲטָאֵיכֶם כַּשָּׁנִים**, כמו השני, צבע אדום בוהק –[22] **כַּשֶּׁלֶג יַלְבִּינוּ**. אם תרצו, תוכלו לתקנם

הרחבות | **השורש י,כ,ח** מופיע מספר פעמים בספר ישעיהו, (ראו למשל להלן ב,ד; כט,כא), והוא משמש בו בשתי משמעויות דומות: כאשר הוא חד–צדדי מדובר בתוכחה, וכשהוא רפלקסיבי, פירושו הישפטות יחדיו, ויכוח. כאן אין מדובר רק בהיווכחות בעובדות, אלא גם בוויכוח, בדיון ובשיחה. (ראו רד״ק).

בתשובה. ובאותו אופן – **אִם הם יַאְדִּימוּ כַתּוֹלָע**, כתולעת שני –[23]
כַּצֶּמֶר הלבן יִהְיוּ. יט **אִם תֹּאבוּ**, תרצו **וּשְׁמַעְתֶּם** את דבר ה׳ – **טוּב**
הָאָרֶץ תֹּאכֵלוּ. כ **וְאִם תְּמָאֲנוּ וּמְרִיתֶם – חֶרֶב תְּאֻכְּלוּ**, תושמדו, **כִּי פִּי**
ה׳ דִּבֵּר. זה הצד שלו בוויכוח. הוא הציב את התנאים הללו ונתן
בידכם את אפשרות הבחירה.

בגלל הסגנון הקלאסי של הנבואה, יפי המשפטים, השלמות של
הדימויים וההקבלות המפוארות, לא תמיד שמים לב עד כמה התוכן
בוטה – כא **אֵיכָה הָיְתָה לְזוֹנָה קִרְיָה נֶאֱמָנָה**?! ירושלים, שצריכה
להיות קריתו הנאמנה של ה׳, הפכה לזונה. העיר שהייתה **מְלֵאֲתִי**,
מלאה **מִשְׁפָּט**, שצֶדֶק **יָלִין**, ישכון **בָּהּ**, **וְעַתָּה** יושביה **מְרַצְּחִים.** כב **כַּסְפֵּךְ**
הָיָה לְסִיגִים, חלקי מתכת פשוטה שמעורבים בכסף. בתהליך צירוף
רגיל הסיגים מושלכים, והכסף הנקי נשמר. אצלכם התרחש תהליך
הפוך – הכסף הפך לסיגים. ואין זה דימוי לגבי המערכת הפיננסית
בלבד. **סָבְאֵךְ**, המשקאות החריפים כדוגמת יין **מָהוּל בַּמָּיִם.** מלבד
היותן דוגמאות ממשיות, הכסף המזויף והיין המהול משמשים
גם משלים כלליים למרמה הטבועה בכול. כג **שָׂרַיִךְ סוֹרְרִים**, בלתי
ממושמעים ובלתי הגונים **וְהם חַבְרֵי גַּנָּבִים**, בשקט הם משתפים
פעולה עם הגנבים. המערך השיפוטי והשלטוני **כֻּלּוֹ אֹהֵב שֹׁחַד וְרֹדֵף**
שַׁלְמֹנִים. לכן **יָתוֹם לֹא יִשְׁפֹּטוּ**, שהרי אין ביכולתו לשלם, **וְרִיב אַלְמָנָה**
לֹא יָבוֹא אֲלֵיהֶם. אם האלמנה או היתום מתלוננים על הצקות,
השרים לא יוציאו צדקתם לאור.

כד **לָכֵן, נְאֻם הָאָדוֹן ה׳ צְבָאוֹת אֲבִיר יִשְׂרָאֵל**, המתנשא על ישראל,
או: מי שמגביה ומנשא את ישראל.[24] ואלו דבריו: **הוֹי אֶנָּחֵם מִצָּרַי**,
אנקום בהם ואז אוכל להירגע, כביכול, **וְאִנָּקְמָה מֵאוֹיְבָי**, החוטאים
הללו נחשבים כשונאַי ואויבַי. כה **וְאָשִׁיבָה יָדִי עָלַיִךְ** לטפל בך, **וְאֶצְרֹף**
כַּבֹּר, חומר ניקוי את **סִיגָיִךְ, וְאָסִירָה כָּל בְּדִילָיִךְ.** הבדיל הוא אחד
הסיגים המעורבים בכסף. אולי הוא נקרא כך מפני שהוא נבדל

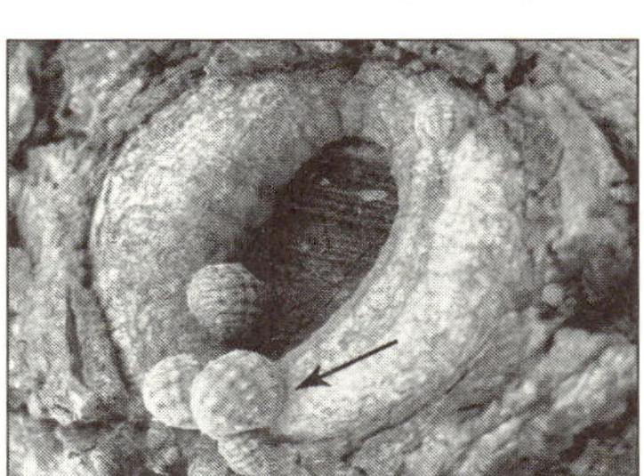

כרמיל הקוצים
על עץ אלון,
הכנימה שממנה
הופק צבע השני

שֹׁפְטַיִךְ כְּבָרִאשֹׁנָה וְיֹעֲצַיִךְ כְּבַתְּחִלָּה אַחֲרֵי־כֵן יִקָּרֵא לָךְ עִיר
כז כח הַצֶּדֶק קִרְיָה נֶאֱמָנָה: צִיּוֹן בְּמִשְׁפָּט תִּפָּדֶה וְשָׁבֶיהָ בִּצְדָקָה: וְשֶׁבֶר
כט פֹּשְׁעִים וְחַטָּאִים יַחְדָּו וְעֹזְבֵי יהוה יִכְלוּ: כִּי יֵבֹשׁוּ מֵאֵילִים אֲשֶׁר
ל חֲמַדְתֶּם וְתַחְפְּרוּ מֵהַגַּנּוֹת אֲשֶׁר בְּחַרְתֶּם: כִּי תִהְיוּ כְּאֵלָה נֹבֶלֶת
לא עָלֶהָ וּכְגַנָּה אֲשֶׁר־מַיִם אֵין לָהּ: וְהָיָה הֶחָסֹן לִנְעֹרֶת וּפֹעֲלוֹ לְנִיצוֹץ
ב א וּבָעֲרוּ שְׁנֵיהֶם יַחְדָּו וְאֵין מְכַבֶּה: הַדָּבָר אֲשֶׁר חָזָה
ב יְשַׁעְיָהוּ בֶּן־אָמוֹץ עַל־יְהוּדָה וִירוּשָׁלָםִ: וְהָיָה ׀ בְּאַחֲרִית הַיָּמִים
נָכוֹן יִהְיֶה הַר בֵּית־יהוה בְּרֹאשׁ הֶהָרִים וְנִשָּׂא מִגְּבָעוֹת וְנָהֲרוּ

ביאור בתהליך ההיתוך מהמתכת היקרה. כו **וְאָשִׁיבָה שֹׁפְטַיִךְ כְּבָרִאשֹׁנָה, וְיֹעֲצַיִךְ**, הממלאים בך תפקידי הנהגה שונים **כְּבַתְּחִלָּה. אַחֲרֵי כֵן יִקָּרֵא לָךְ** – ירושלים, **עִיר הַצֶּדֶק**, כפי שבעבר הצדק לן בך,[25] ותוכלי להיקרא שוב **קִרְיָה נֶאֱמָנָה** כמו שהיית בעבר, כאמור לעיל. כז **צִיּוֹן** בעשיית **מִשְׁפָּט תִּפָּדֶה, וְשָׁבֶיהָ** ישובו לבנותה[26] באמצעות **צְדָקָה**.

כח **וְשֶׁבֶר פֹּשְׁעִים וְחַטָּאִים יַחְדָּו** יבוא. ושאר **עֹזְבֵי ה' יִכְלוּ** עמהם. כט **כִּי יֵבֹשׁוּ** החוטאים הללו, כאשר תתבדו **מֵאֵילִים**, מאילנות האֵלָה, ששימשו לעבודה זרה, או: מבעלי כוח[27] **אֲשֶׁר חֲמַדְתֶּם. וְתַחְפְּרוּ**, תתביישו[28] **מֵהַגַּנּוֹת**, מהגנים ששימשו אתכם לפולחן זר[29] או לתענוגות **אֲשֶׁר בְּחַרְתֶּם**. בכמה מקומות בספר מופיע הרעיון שעולם החטא מושתת על מותרות ועל דברים חסרי ערך.[30] ל **כִּי תִהְיוּ כְּאֵלָה נֹבֶלֶת עָלֶהָ**, כמו עץ אלה שעליו נובלים. האלה היא עץ גדול, מפואר ומרשים בלבלובו, אולם כשהוא נשאר במערומיו בחורף, לאחר נשירת עליו, הוא נראה עלוב. גם דימוי זה חוזר ומופיע בדברי ישעיהו.[31] **וּכְגַנָּה**, כגן **אֲשֶׁר מַיִם אֵין לָהּ**, וכל גידוליה מתייבשים. לא **וְהָיָה הֶחָסֹן**, גבעולי הפשתן הקשים[32] **לִנְעֹרֶת**, רסיסי הפשתה שנשארו לאחר שהכינו ממנה חוטים. יש שעושים מרסיסים אלו פקעות, שתועלתן היחידה היא להיות חומר בערה. **וּפֹעֲלוֹ**,

העולם **אֵלָה** (שם מדעי: Pistacia); נראה שהנביא מדבר על האלה הארץ-ישראלית והאלה האטלנטית הגדלות כעץ גבוה שגזעו עבות ונופו רחב ומרשים. האלה עשויה להתנשא עד לגובה 30 מ', וקוטר גזעה יכול להגיע ל-2 מ'. שמה – וכן שמו של האלון – נגזר מהמלה 'אל', שמשמעותה היסודית היא כוח וחוזק, והיא נושאת גם

מי שעשאו, יהיה **לְנִיצוֹץ**, ומכיוון שהנעורת דליקה מאוד - **וּבָעֲרוּ שְׁנֵיהֶם** - החסון והנעורת[33] **יַחְדָּו, וְאֵין מְכַבֶּה.**

גילוי כבוד ה׳ ומשפטו בעתיד
פרקים ב–ד

החזון הקודם, שהכיל תוכחות קשות ונוקבות, התייחס במפורש לירושלים שבימי ישעיהו. גם בחזון שלפנינו, הפונה אף הוא אל יהודה וירושלים שבהווה, נאמרו דברי תוכחה, אך הוא כולל גם נבואות בהיקף עולמי המכוונות אל העתיד לבוא. בכך מתגלה מיד המתח שבין רהיבט המקומי לבין זה הכלל-עולמי בדברי ישעיהו.[1]

בחלקו הראשון של העניין מופיעה לראשונה נבואה בעלת גוון אוניברסלי מובהק, ועם זאת מתוארת בה מרכזיותו העולמית של הר בית ה׳ באחרית הימים כמקור תורה וצדק לעולם. ייתכן שזוהי הנבואה הפרוגרמטית הכוללת הראשונה של נבואות ישעיהו שנכתבו, אבל אין הדבר הכרחי. כיוון שסדר הנבואות אינו כרונולוגי, אפשר שנבואה זו נאמרה מאוחר יותר.

בהמשך העניין מדובר על מפלה גדולה שתתרחש קודם גילוי כבוד ה׳ בעולם. יהודה וירושלים אינם מתנהלים כיאות, ויש לערוך עם העם חשבונות של תיקון בטרם תושלם הגאולה. רק כאשר יבוער הרשע מירושלים, והיא תתקדש, היא תהיה אור לגויים.[2]

בחלק האחרון, המכיל דברי נחמה, חוזר הנביא למה שפתח בו - תיאור ירושלים והר ציון באחרית הימים.

בראש הנבואה השנייה מופיעה כותרת זהה לכותרתה של הנבואה
הראשונה - פרק ב א **הַדָּבָר אֲשֶׁר חָזָה יְשַׁעְיָהוּ בֶּן אָמוֹץ עַל יְהוּדָה וִירוּשָׁלָ͏ִם.**
ב **וְהָיָה בְּאַחֲרִית הַיָּמִים.** אין מדובר כאן בתאריך מסוים, אלא בביטוי המתייחס לעידן ממושך שיתרחש בעתיד, כאשר העולם יעבור תמורות.[3] **נָכוֹן**, מתוקן ומכונן **יִהְיֶה הַר בֵּית ה׳ בְּרֹאשׁ הֶהָרִים, וְנִשָּׂא מִגְּבָעוֹת.** ההר המוכר מן ההווה, עתיד להתרומם ולגבוה עוד, כמו שאפשר להתרשם מהאמור בנבואות אחרות.[4] ההר יבלוט בעליונותו על שאר ההרים. **וְנָהֲרוּ אֵלָיו כָּל הַגּוֹיִם.** הר בית ה׳ לא יהיה רק

אלה בשלכת

משמעות דתית. האלה שימשה לעבודה זרה (ראו הושע ד,יג; יחזקאל ו,יג ולהלן נז,ה). גם בימינו ישנם עצי אלה המקודשים לערבים.

העולם הביטוי כְּאֵלָה נֹבֶלֶת, הצמוד לפסוק כִּי יֵבֹשׁוּ מֵאֵילִים אֲשֶׁר חֲמַדְתֶּם, רומז כנראה לעץ רענן של עבודה זרה שסופו להכזיב כמותה.

אֵלָיו כָּל־הַגּוֹיִם׃ וְהָלְכוּ עַמִּים רַבִּים וְאָמְרוּ לְכוּ ׀ וְנַעֲלֶה אֶל־הַר־ ג
יְהוָה אֶל־בֵּית אֱלֹהֵי יַעֲקֹב וְיֹרֵנוּ מִדְּרָכָיו וְנֵלְכָה בְּאֹרְחֹתָיו כִּי
מִצִּיּוֹן תֵּצֵא תוֹרָה וּדְבַר־יְהוָה מִירוּשָׁלִָם׃ וְשָׁפַט בֵּין הַגּוֹיִם וְהוֹכִיחַ ד
לְעַמִּים רַבִּים וְכִתְּתוּ חַרְבוֹתָם לְאִתִּים וַחֲנִיתוֹתֵיהֶם לְמַזְמֵרוֹת
לֹא־יִשָּׂא גוֹי אֶל־גּוֹי חֶרֶב וְלֹא־יִלְמְדוּ עוֹד מִלְחָמָה׃ בֵּית ה
יַעֲקֹב לְכוּ וְנֵלְכָה בְּאוֹר יְהוָה׃ כִּי נָטַשְׁתָּה עַמְּךָ בֵּית יַעֲקֹב כִּי ו
מָלְאוּ מִקֶּדֶם וְעֹנְנִים כַּפְּלִשְׁתִּים וּבְיַלְדֵי נָכְרִים יַשְׂפִּיקוּ׃ וַתִּמָּלֵא ז
אַרְצוֹ כֶּסֶף וְזָהָב וְאֵין קֵצֶה לְאֹצְרֹתָיו וַתִּמָּלֵא אַרְצוֹ סוּסִים וְאֵין
קֵצֶה לְמַרְכְּבֹתָיו׃ וַתִּמָּלֵא אַרְצוֹ אֱלִילִים לְמַעֲשֵׂה יָדָיו יִשְׁתַּחֲווּ ח
לַאֲשֶׁר עָשׂוּ אֶצְבְּעֹתָיו׃ וַיִּשַּׁח אָדָם וַיִּשְׁפַּל־אִישׁ וְאַל־תִּשָּׂא לָהֶם׃ ט
בּוֹא בַצּוּר וְהִטָּמֵן בֶּעָפָר מִפְּנֵי פַּחַד יְהוָה וּמֵהֲדַר גְּאֹנוֹ׃ עֵינֵי י יא
גַּבְהוּת אָדָם שָׁפֵל וְשַׁח רוּם אֲנָשִׁים וְנִשְׂגַּב יְהוָה לְבַדּוֹ בַּיּוֹם
הַהוּא׃ כִּי יוֹם לַיהוָה צְבָאוֹת עַל כָּל־גֵּאֶה וָרָם יב
וְעַל כָּל־נִשָּׂא וְשָׁפֵל׃ וְעַל כָּל־אַרְזֵי הַלְּבָנוֹן הָרָמִים וְהַנִּשָּׂאִים וְעַל יג

ביאור מרכזן של יהודה וירושלים, אלא של העולם כולו. ג **וְהָלְכוּ עַמִּים רַבִּים וְאָמְרוּ: לְכוּ וְנַעֲלֶה אֶל הַר ה׳, אֶל בֵּית אֱלֹהֵי יַעֲקֹב, וְיֹרֵנוּ**, ילמדנו **מִדְּרָכָיו, וְנֵלְכָה בְּאֹרְחֹתָיו**. העמים לא יבקשו רק לבקר בבית אלוקים או לצפות במקדש המפואר, אלא יבואו אליו כדי לקבל עליהם את התורה משם. **כִּי** אז **מִצִּיּוֹן תֵּצֵא תוֹרָה, וּדְבַר ה׳** – **מִירוּשָׁלִָם**. דבר ה׳ ותורת ישראל לא יהיו עניינו של עם קטן, אלא יהוו מוקד משיכה לעמים רבים. ד כיוון שהעמים יבואו לשמוע את התורה שתצא מירושלים – **וְשָׁפַט** עם ישראל, ובראשו המלך או המנהיג **בֵּין הַגּוֹיִם וְהוֹכִיחַ לְעַמִּים רַבִּים**. מאחר שהוא יפשר וישכין שלום בין האומות, לא יהיה צורך במלחמה – **וְכִתְּתוּ**, ישברו את **חַרְבוֹתָם**, ואת המתכת שלהם יעצבו מחדש ויהפכו **לְאִתִּים**, אתי חפירה,

הרחבות הביטויים **בֵּית אֱלֹהֵי יַעֲקֹב**, **בֵּית יַעֲקֹב**, מורים על כך שהדיבור אינו מכוון לבני יהודה וירושלים בלבד. נבואת ישעיהו מאופיינת בכך שהיא נאמרת בהיקף גדול, גם כאשר היא מתייחסת לאדם מסוים.

עבודת האלילים נבחנת כאן כחלק

וַחֲנִיתוֹתֵיהֶם, העשויות בדרך כלל ממוט עץ ארוך שבראשו חוד מתכתי, יהפכו **לְמַזְמֵרוֹת**, שהן כלים קטנים יותר, לאחר שיסירו את הראשים המסוכנים של החניתות. בכללו של דבר – **לֹא יִשָּׂא גוֹי אֶל גּוֹי חֶרֶב וְלֹא יִלְמְדוּ עוֹד מִלְחָמָה.**

ה **בֵּית יַעֲקֹב**, זוהי פנייה לכלל ישראל. **לְכוּ וְנֵלְכָה בְּאוֹר ה׳**. אנחנו
מתעסקים בדברים המסיטים אותנו מן העיקר. ו **כִּי נָטַשְׁתָּה עַמְּךָ**,
את עצמך, את דרכך,[5] **בֵּית יַעֲקֹב**, **כִּי מָלְאוּ** חכמות, מנהגים, ערכים
ותפיסות **מִקֶּדֶם**, מן המזרח.[6] **וְעֹנְנִים**, עוסקים בניחוש ואסטרולוגיה
לסוגיה[7] **כַּפְּלִשְׁתִּים**. נראה שהפלשתים היו מפורסמים בעיסוק זה.
ובאופן כללי **בְּיַלְדֵי נָכְרִים יַשְׂפִּיקוּ**. מספקים אותם עניינים שמוצאם
אצל הנוכרים. הנביא אינו מאשים את בית יעקב בעברות מסוימות,
דוגמת עבודה זרה, אלא בהתבוללות רוחנית ותרבותית כללית.
תרבות זרה באה ושטפה את הארץ.[8]
ז **וַתִּמָּלֵא אַרְצוֹ** של בית יעקב **כֶּסֶף וְזָהָב, וְאֵין קֵצֶה**, קץ **לְאֹצְרֹתָיו.**
וַתִּמָּלֵא אַרְצוֹ סוּסִים, וְאֵין קֵצֶה לְמַרְכְּבֹתָיו. ריבוי הסוסים, שהיה בו גם
צד איסור,[9] מרמז לשלמה המלך שהביאם בכמויות גדולות,[10] אך
העיסוק בכספים ובסוסים, במסחרם ובאימונם, אינו פוסק.
ח ומלבד כל אלה – **וַתִּמָּלֵא אַרְצוֹ אֱלִילִים, לְמַעֲשֵׂה יָדָיו יִשְׁתַּחֲווּ, לַ**צלמים
אֲשֶׁר עָשׂוּ אֶצְבְּעֹתָיו.
ט ובסופו של דבר – **וַיִּשַּׁח אָדָם**, קומתו של האדם התנמכה, **וַיִּשְׁפַּל**
אִישׁ, האנשים ירדו והדרדרו. **וְ**אתה, ה׳, **אַל תִּשָּׂא**, תסלח **לָהֶם.**[11]
אחרית הימים מתוארת כאן כתהליך שאינו נובע ממלחמה או
מקטסטרופה חיצונית, אלא מהתגלות והיפתחות ההכרה, הכרוכה
בבושה ובאימה. ישעיהו פונה אל האדם שדרדר את עצמו: י **בּוֹא**
בַצּוּר, היכנס בשקעי הסלע **וְהִטָּמֵן**, היחבא במחילות **עָפָר מִפְּנֵי**
פַּחַד ה׳ ההולך ובא, **וּמֵהֲדַר גְּאֹנוֹ.** יא **עֵינֵי גַּבְהוּת**, גבהות העיניים של
אָדָם – שָׁפֵל, שפלה, **וְשַׁח**, נכפף **רוּם**, גובהם הזקוף של **אֲנָשִׁים. וְנִשְׂגַּב**,
יתרומם ה׳ **לְבַדּוֹ בַּיּוֹם הַהוּא.** כאשר הוא מתגלה, כל גדולה אחרת
מתפוגגת. יב **כִּי יוֹם לַה׳ צְבָאוֹת** שבו הוא יתגלה, ישפוט ויינשא **עַל**
כָּל גֵּאֶה וָרָם וְעַל כָּל נִשָּׂא וְשָׁפֵל, כנראה גם את השפלים יוכיח,
יג **וְ**גם **עַל כָּל אַרְזֵי הַלְּבָנוֹן הָרָמִים וְהַנִּשָּׂאִים**

הרחבות

מסטייתו הכללית של בית יעקב מדרכו, מאופיו המקורי וממסורתו, וכנובעת מפנייתו להיזון מתרבויותיהם של עמים אחרים. אף על פי שעבודת האלילים היא חטא כבד יותר, אין היא עומדת במרכזה של הביקורת כאן, כמו שרווח בספרי הנביאים, אלא נתפסת כסעיף אחד בכלל השפעותיה של התרבות הזרה.

כָּל־אַלּוֹנֵי הַבָּשָׁן׃ וְעַל כָּל־הֶהָרִים הָרָמִים וְעַל כָּל־הַגְּבָעוֹת יד
הַנִּשָּׂאוֹת׃ וְעַל כָּל־מִגְדָּל גָּבֹהַ וְעַל כָּל־חוֹמָה בְצוּרָה׃ וְעַל כָּל־ טו טז
אֳנִיּוֹת תַּרְשִׁישׁ וְעַל כָּל־שְׂכִיּוֹת הַחֶמְדָּה׃ וְשַׁח גַּבְהוּת הָאָדָם יז
וְשָׁפֵל רוּם אֲנָשִׁים וְנִשְׂגַּב יהוה לְבַדּוֹ בַּיּוֹם הַהוּא׃ וְהָאֱלִילִים כָּלִיל יח
יַחֲלֹף׃ וּבָאוּ בִּמְעָרוֹת צֻרִים וּבִמְחִלּוֹת עָפָר מִפְּנֵי פַּחַד יהוה יט
וּמֵהֲדַר גְּאוֹנוֹ בְּקוּמוֹ לַעֲרֹץ הָאָרֶץ׃ בַּיּוֹם הַהוּא יַשְׁלִיךְ הָאָדָם כ
אֵת אֱלִילֵי כַסְפּוֹ וְאֵת אֱלִילֵי זְהָבוֹ אֲשֶׁר עָשׂוּ־לוֹ לְהִשְׁתַּחֲוֺת
לַחְפֹּר פֵּרוֹת וְלָעֲטַלֵּפִים׃ לָבוֹא בְּנִקְרוֹת הַצֻּרִים וּבִסְעִפֵי הַסְּלָעִים כא
מִפְּנֵי פַּחַד יהוה וּמֵהֲדַר גְּאוֹנוֹ בְּקוּמוֹ לַעֲרֹץ הָאָרֶץ׃ חִדְלוּ לָכֶם כב
מִן־הָאָדָם אֲשֶׁר נְשָׁמָה בְּאַפּוֹ כִּי בַמֶּה נֶחְשָׁב הוּא׃ כִּי א ג
הִנֵּה הָאָדוֹן יהוה צְבָאוֹת מֵסִיר מִירוּשָׁלִַם וּמִיהוּדָה מַשְׁעֵן
וּמַשְׁעֵנָה כֹּל מִשְׁעַן־לֶחֶם וְכֹל מִשְׁעַן־מָיִם׃ גִּבּוֹר וְאִישׁ מִלְחָמָה ב

ביאור | **וְעַל כָּל אַלּוֹנֵי הַבָּשָׁן**, עצים אדירים, העשויים גם לסמל את גדולי העולם שיעמדו למשפט.

יד **וְעַל כָּל הֶהָרִים הָרָמִים וְעַל כָּל הַגְּבָעוֹת הַנִּשָּׂאוֹת**. התיאורים אינם מתחילים בבני האדם. תחילה מתואר כיצד תתכווץ כל גדולתו של הטבע נוכח התגלותו של ה׳ – עצי הענק ייעשו שיחים קטנים וההרים יצטמקו.[12]

טו **וְעַל כָּל מִגְדָּל גָּבֹהַ וְעַל כָּל חוֹמָה בְצוּרָה**, כל ביטויי הכוח יהפכו למעין צעצועים.

טז **וְעַל כָּל אֳנִיּוֹת תַּרְשִׁישׁ**, אניות גדולות ששימשו למסעות רחוקים עד קצה הים התיכון או מעבר לו,

וְעַל כָּל שְׂכִיּוֹת הַחֶמְדָּה, החפצים יקרי הערך.[13] כל אלה יאבדו את חשיבותם.

יז ושוב – **וְשַׁח גַּבְהוּת הָאָדָם, וְשָׁפֵל רוּם אֲנָשִׁים, וְנִשְׂגַּב ה׳ לְבַדּוֹ בַּיּוֹם הַהוּא**. יח וממילא, כל אותם **הָאֱלִילִים** שעשו בני האדם – **כָּלִיל יַחֲלֹף**, יאבדו את חשיבותם ויעברו מן העולם. יט **וּבָאוּ** אנשים **בִּמְעָרוֹת צֻרִים וּבִמְחִלּוֹת עָפָר**, כאמור לעיל, בּוֹא בַצּוּר וְהִטָּמֵן בֶּעָפָר **מִפְּנֵי פַּחַד ה׳ וּמֵהֲדַר גְּאוֹנוֹ בְּקוּמוֹ לַעֲרֹץ הָאָרֶץ**, למשול בארץ.[14] כ **בַּיּוֹם**

הַהוּא יַשְׁלִיךְ הָאָדָם אֵת אֱלִילֵי כַסְפּוֹ וְאֵת אֱלִילֵי זְהָבוֹ, אֲשֶׁר עָשׂוּ לוֹ,
שבנה כל אחד לעצמו **לְהִשְׁתַּחֲוֹת**. באופן פשוט מדובר בפסלים
העשויים מכסף ומזהב, אבל אין רחוק כל כך לפרש ביטויים אלו
גם על הכסף והזהב עצמם ההופכים להיות אלילים שעושה אדם
לעצמו. כל העבודות הזרות הללו יושלכו **לַחְפֹּר פֵּרוֹת**, כנראה יש
לקרותו לחפרפרות,[15] **וְלָעֲטַלֵּפִים**. את כל הזהב והכסף, האוצרות
והאלילים, יזרקו לחפרפרות להטמינם באדמה, ולעטלפים שיישאום
למערותיהם.[16] כא **לָבוֹא בְּנִקְרוֹת**, בחורי **הַצֻּרִים וּבִסְעִפֵי**, בשני[17]
הַסְּלָעִים מִפְּנֵי פַּחַד ה׳ וּמֵהֲדַר גְּאוֹנוֹ בְּקוּמוֹ לַעֲרֹץ הָאָרֶץ.

כב מתוך כך – **חִדְלוּ לָכֶם מִן הָאָדָם אֲשֶׁר נְשָׁמָה בְּאַפּוֹ, כִּי בַמֶּה נֶחְשָׁב**
הוּא?! אף על פי שעכשיו האדם הוא המושל הגדול בעולם, המכוון
הכול ומשנה דברים כרצונו, כאשר יתגלה כבוד ה׳ באחרית הימים
יְכוּוצו מושאי ההערצה השונים, ויינטשו כל הדברים שבני אדם
מחשיבים ודוגלים בהם – ובכללם האדם עצמו – וחשיבותם
תתבטל. אז יישאר רק כבוד ה׳ בבואו למשול בעולם.

פרק ג א **כִּי הִנֵּה הָאָדוֹן ה׳ צְבָאוֹת מֵסִיר מִירוּשָׁלַםִ וּמִיהוּדָה מַשְׁעֵן**
וּמַשְׁעֵנָה, כל דבר שאפשר להישען עליו, למשל – **כֹּל מִשְׁעַן לֶחֶם וְכֹל**
מִשְׁעַן מָיִם. לא יהיה די לחם ומים. גם אם אנשים לא יגוועו ברעב,

תרשיש

אֳנִיּוֹת תַּרְשִׁישׁ תרשיש שם עיר נמל או חבל ארץ ששימשו כמרכז לסחר ימי בים התיכון (ראו מלכים א׳ י,כב). לפי דמיון השם ניתן לזהות את מיקומה של תרשיש עם שני מקומות – עם תרסוס בדרום-מזרח אסיה הקטנה, תורכיה של היום, או עם הרתיסוס (Tartessos) בדרום-מערב חצי-האי האיברי, שכן

העולם

כבר בזמנו של ישעיהו נודע חבל ארץ זה במתכות היקרות שהוא משופע בהן. ייתכן שמתחילה היה זה שם מקום סחר ימי חשוב שממנו הביאו שכיות חמדה, והושאל לכל מקום שפעילותו דומה, וגם לספינות מסחר מיוחדות ששימשו להובלת סחורות ממרחקים גדולים.

ג שׁוֹפֵט וְנָבִיא וְקֹסֵם וְזָקֵן׃ שַׂר־חֲמִשִּׁים וּנְשׂוּא פָנִים וְיוֹעֵץ וַחֲכַם
ד חֲרָשִׁים וּנְבוֹן לָחַשׁ׃ וְנָתַתִּי נְעָרִים שָׂרֵיהֶם וְתַעֲלוּלִים יִמְשְׁלוּ־בָם׃
ה וְנִגַּשׂ הָעָם אִישׁ בְּאִישׁ וְאִישׁ בְּרֵעֵהוּ יִרְהֲבוּ הַנַּעַר בַּזָּקֵן וְהַנִּקְלֶה
ו בַּנִּכְבָּד׃ כִּי־יִתְפֹּשׂ אִישׁ בְּאָחִיו בֵּית אָבִיו שִׂמְלָה לְכָה קָצִין
ז תִּהְיֶה־לָּנוּ וְהַמַּכְשֵׁלָה הַזֹּאת תַּחַת יָדֶךָ׃ יִשָּׂא בַיּוֹם הַהוּא ׀ לֵאמֹר
לֹא־אֶהְיֶה חֹבֵשׁ וּבְבֵיתִי אֵין לֶחֶם וְאֵין שִׂמְלָה לֹא תְשִׂימֻנִי קְצִין
ח עָם׃ כִּי כָשְׁלָה יְרוּשָׁלִַם וִיהוּדָה נָפָל כִּי־לְשׁוֹנָם וּמַעַלְלֵיהֶם אֶל־
ט יהוה לַמְרוֹת עֵנֵי כְבוֹדוֹ׃ הַכָּרַת פְּנֵיהֶם עָנְתָה בָּם וְחַטָּאתָם
י כִּסְדֹם הִגִּידוּ לֹא כִחֵדוּ אוֹי לְנַפְשָׁם כִּי־גָמְלוּ לָהֶם רָעָה׃ אִמְרוּ
יא צַדִּיק כִּי־טוֹב כִּי־פְרִי מַעַלְלֵיהֶם יֹאכֵלוּ׃ אוֹי לְרָשָׁע רָע כִּי־גְמוּל
יב יָדָיו יֵעָשֶׂה לּוֹ׃ עַמִּי נֹגְשָׂיו מְעוֹלֵל וְנָשִׁים מָשְׁלוּ בוֹ עַמִּי מְאַשְּׁרֶיךָ
יג מַתְעִים וְדֶרֶךְ אֹרְחֹתֶיךָ בִּלֵּעוּ׃ נִצָּב לָרִיב יהוה

ביאור | לא יהיה להם ביטחון אפילו באספקת צרכיהם הבסיסיים. ב גם מבחינה חברתית יחסרו מישראל **גִּבּוֹר וְאִישׁ מִלְחָמָה, שׁוֹפֵט וְנָבִיא וְקֹסֵם**, היודע, או הטוען שהוא יודע, דבר על העתיד, **וְזָקֵן**, איש מראשי העדה, ג **שַׂר חֲמִשִּׁים**, בעל תפקיד צבאי מוגדר **וּנְשׂוּא פָנִים**, בעל מעמד **וְיוֹעֵץ וַחֲכַם חֲרָשִׁים**, בעל חכמה עמוקה וסודית **וּנְבוֹן לָחַשׁ**, היודע להסביר דבריו בדיוק ובנחת.[18] אלה הם מנהיגים מסוגים שונים המכוננים את החברה התקינה, ולא דווקא מי שבהכרח נושאים בתפקידים ביצועיים. כל אלה יישללו מן העם. ד ובמקום מבנה חברתי המורכב ממי שראויים להחזיק בשלטון – **וְנָתַתִּי נְעָרִים שָׂרֵיהֶם**, צעירים ייטלו לידיהם את השלטון. כאשר אין שלטון מבוסס, נוטים נערים מנוערים לקפוץ בראש. **וְתַעֲלוּלִים יִמְשְׁלוּ בָם**, צעירים אלה ימלאו את המקום בתעלולים. במקרה הטוב אפשר יהיה לראות במושלים שובבים.[19] ה **וְנִגַּשׂ הָעָם אִישׁ בְּאִישׁ וְאִישׁ בְּרֵעֵהוּ**. אנשים ידחפו וידחקו זה את זה או ישעבדו זה את זה.[20] **יִרְהֲבוּ הַנַּעַר בַּזָּקֵן**, הנער יגביה את עצמו למעלה מן הזקן. **וְהַנִּקְלֶה** יתרברב **בַּנִּכְבָּד**. אין זה תיאור של אנרכיה גמורה, אלא של שלטון שאיננו שלטון.

המושלים הם קבוצה אקראית של אנשים המחזיקים בתפקידי
הנהגה, אף על פי שאינם ראויים לה.

ו נוסף על כך – **כִּי יִתְפֹּשׂ אִישׁ בְּאָחִיו בֵּית אָבִיו**, במי שהוא מכירו
וסומך עליו, כאחיו הגדול שמבית אביו, ואומר לו: **שִׂמְלָה לְכָה**, לך
יש בגדים נאים, מדים ומעמד כלשהו. על כן **קָצִין תִּהְיֶה לָּנוּ**, הֱיה
לנו למנהיג, **וְהַמַּכְשֵׁלָה הַזֹּאת תַּחַת יָדֶךָ**. קח תחת פיקודך את תיקון
מכשולי המדינה, העיר או השכונה הזו.[21]
ז **יִשָּׂא** הלה את קולו, או: יישבע[22] **בַּיּוֹם הַהוּא לֵאמֹר: לֹא אֶהְיֶה**,
איני מסוגל להיות **חֹבֵשׁ**, מי שתופס בדבר ובולמו, בעל תפקיד
שלטוני,[23] **וּבְבֵיתִי אֵין לֶחֶם וְאֵין שִׂמְלָה**. כיוון שאין לי דבר, איני עשוי
להחזיק בדברים ולטפל באנשים. סירובו אינו נובע מעוני בלבד, אלא
מהערכה עצמית נמוכה. מי שאין לו כלום והוא גם חש נטול חכמה
וידע, אינו מאמין שביכולתו לקבל תפקידים, ולכן עומד בסירובו: **לֹא
תְשִׂימֻנִי קְצִין עָם**. אל תמנו אותי קצין על העם. גם כשיש בחברה מי
שנתפסים כאחראיים הראויים להתמנות על הציבור – הם עצמם
אינם מעוניינים בנטילת אחריות זו. מתוך הססנות או עצלות הם
בורחים ומתחמקים מן התפקיד.

ח **כִּי כָשְׁלָה יְרוּשָׁלַםִ, וִיהוּדָה נָפָל, כִּי לְשׁוֹנָם וּמַעַלְלֵיהֶם אֶל ה׳**, כל מעשיהם
ודיבוריהם ביחס לה׳ אינו אלא **לַמְרוֹת עֵנֵי**, להמרות עיני **כְבוֹדוֹ**,
להרגיזו. ט **הַכָּרַת פְּנֵיהֶם עָנְתָה בָּם**, על פניהם אפשר לראות שהם
אדישים לאפשרות התיקון, **וְחַטָּאתָם כִּסְדֹם הִגִּידוּ, לֹא כִחֵדוּ**. הם אינם
מתביישים בחטאם. בחברה מתוקנת אנשים משתדלים לכל הפחות
להכחיש או להסתיר את חטאיהם, אבל במקום של רעים וחטאים
הדומה לסדום, אין מתביישים לדבר בחטא בקול רם. **אוֹי לְנַפְשָׁם
כִּי גָמְלוּ לָהֶם** – לעצמם **רָעָה** במעשיהם. במצב רעוע זה, שבו נעשה
הכול ללא בושה וחשש, העם אינו חש חוסן, אמונה וייעוד. י בכללו
של דבר – **אִמְרוּ צַדִּיק כִּי**, אשר הוא **טוֹב, כִּי פְרִי מַעַלְלֵיהֶם יֹאכֵלוּ**.
הצדיקים ניזונים מתוצאות מעשיהם; יא אולם – **אוֹי לְרָשָׁע רָע, כִּי
גְמוּל יָדָיו יֵעָשֶׂה**, יהא מוכן לו. יב במצב זה אנשים נגררים בדרכם
ואפילו הנהגה אינם מוצאים. **עַמִּי – נֹגְשָׂיו**, מנהיגיו **מְעוֹלֵל**, אינם
אלא כתינוקות, עוללים.[24] **וְנָשִׁים**, אף על פי שבדרך כלל הן עומדות
מן הצד, **מָשְׁלוּ בוֹ. עַמִּי, מְאַשְּׁרֶיךָ**, המיישרים דרכך ומורים לך מה
לעשות – **מַתְעִים**, **וְ**את **דֶּרֶךְ אֹרְחֹתֶיךָ בִּלֵּעוּ**, קלקלו והשחיתו.[25]

יג **נִצָּב לָרִיב ה׳ וְעֹמֵד לָדִין**, לדון **עַמִּים**. ה׳ ניצב לשפוט את כל

וְעֹמֵד לָדִין עַמִּים: יהוה בְּמִשְׁפָּט יָבוֹא עִם־זִקְנֵי עַמּוֹ וְשָׂרָיו וְאַתֶּם יד
מַה־לָּכֶם בִּעַרְתֶּם הַכֶּרֶם גְּזֵלַת הֶעָנִי בְּבָתֵּיכֶם: מלכם תְּדַכְּאוּ עַמִּי וּפְנֵי טו
עֲנִיִּים תִּטְחָנוּ נְאֻם־אֲדֹנָי יֱהוִה צְבָאוֹת: וַיֹּאמֶר טז
נְטוּיוֹת יהוה יַעַן כִּי גָבְהוּ בְּנוֹת צִיּוֹן וַתֵּלַכְנָה נטוות גָּרוֹן וּמְשַׂקְּרוֹת עֵינָיִם
הָלוֹךְ וְטָפֹף תֵּלַכְנָה וּבְרַגְלֵיהֶם תְּעַכַּסְנָה: וְשִׂפַּח אֲדֹנָי קָדְקֹד יז
בְּנוֹת צִיּוֹן וַיהוה פָּתְהֵן יְעָרֶה: בַּיּוֹם הַהוּא יָסִיר יח
אֲדֹנָי אֵת תִּפְאֶרֶת הָעֲכָסִים וְהַשְּׁבִיסִים וְהַשַּׂהֲרֹנִים: הַנְּטִפוֹת יט
וְהַשֵּׁרוֹת וְהָרְעָלוֹת: הַפְּאֵרִים וְהַצְּעָדוֹת וְהַקִּשֻּׁרִים וּבָתֵּי הַנֶּפֶשׁ כ
וְהַלְּחָשִׁים: הַטַּבָּעוֹת וְנִזְמֵי הָאָף: הַמַּחֲלָצוֹת וְהַמַּעֲטָפוֹת כא כב

ביאור | העולם. יד ה׳ **בְּמִשְׁפָּט יָבוֹא עִם זִקְנֵי עַמּוֹ וְשָׂרָיו**, וכך יגיד להם: **וְאַתֶּם בִּעַרְתֶּם**, כיליתם את **הַכֶּרֶם**, ולא נתתם ממנו את מתנותיו המיועדות לעניים וללויים. ונוסף על כך – **גְּזֵלַת הֶעָנִי בְּבָתֵּיכֶם**. טו **מַה לָּכֶם** ש**תְּדַכְּאוּ** את **עַמִּי** ישראל, **וּפְנֵי עֲנִיִּים תִּטְחָנוּ**, תדרסו על פניהם של העניים?! **נְאֻם ה׳ אֱלֹהִים צְבָאוֹת**.

בצד הביקורת על השלטון באה תוכחה קשה על ההתנהגות האישית והמשפחתית, הממוקדת כאן בנשים הצעירות. טז **וַיֹּאמֶר ה׳: יַעַן כִּי גָבְהוּ בְּנוֹת צִיּוֹן**, בנות ציון ניסו להיראות גבוהות. בימינו יש נשים ההולכות על עקבים, ואילו כאן מתוארות הנשים שרצו להיראות גבוהות יותר בצעידה מסוימת –[26] **וַתֵּלַכְנָה נְטוּיוֹת גָּרוֹן**, הן הולכות וגרונן מורם, **וּמְשַׂקְּרוֹת עֵינָיִם**, צובעות עיניהן בסיקרא ובכחל, וכן רומזות וקורצות בעיניים. עיניהן מסתכלות לכל עבר וסוקרות את סביבתן, כאומרות לכול: ראו איך אנו נראות.[27] אין זה תיאור של זנות אלא של חברה ריקנית, שבה מרוכזות הנשים בתצוגת אופנה ובתחרות ביניהן מי תתלבש יפה יותר, ומי תרשים יותר את סביבתה. במקום ללכת בצורה רגילה **הָלוֹךְ וְטָפֹף תֵּלַכְנָה**, הן הולכות במעין צעדי ריקוד קטנים, כמו שנהגו נשים במקומות רבים לשם

העולם | **עֲכָסִים** תכשיט לרגלים המשמיע קול עם הנעת הרגלים בשעת ההליכה. וראו לעיל פסוק טז: הָלוֹךְ וְטָפֹף תֵּלַכְנָה וּבְרַגְלֵיהֶם תְּעַכַּסְנָה. ודומה לכך בערבית: ׳עכאס׳ – כבל לרגל הגמל.

שְׁבִיסִים תכשיט בצורת שמש, על פי ׳שפש׳ – שמש באוגריתית, או תכשיט בעל ראש עגול כשמש. הסמיכות בפסוק ל׳שהרונים׳, שצורתם חצאי ירח, תומכת בפירוש זה. במשנה (כלים כח,י) מוזכר

גירוי. וּבְרַגְלֵיהֶם תְּעַכַּסְנָה, מנענעות את רגליהן באופנים שונים לשם
משיכת תשומת לב. יז כיוון שבנות אלו מתפארות בשערותיהן
היפות – וְשִׂפַּח ה׳ קָדְקֹד בְּנוֹת צִיּוֹן, ה׳ ישלח בראשיהן ספחת, מחלת
עור הפוגעת גם בשערות,[28] וַה׳ פָּתְהֵן יְעָרֶה, יגלה את ערוותן. סופן
של תהלוכ׳ת האופנה ומצגי היופי הללו – ערום ועריה, ריק ואבדון.

יח בַּיּוֹם הַהוּא, כשיגיע יום העונש, יָסִיר ה׳ אֵת תִּפְאֶרֶת הָעֲכָסִים, מיני
צמידים שברגליים וְהַשְּׁבִיסִים, ייתכן שהם מלבושים או קישוטים
שמעל לשערות[29] וְהַשַּׂהֲרֹנִים, אולי עגילים או תכשיטים אחרים
בצורת חצאי ירח,[30] יט הַנְּטִיפוֹת, מיני שרשראות[31] וְהַשֵּׁירוֹת, טבעות
או צמידים וְהָרְעָלוֹת, כיסויים מעין צעיפים,[32] כ הַפְּאֵרִים, כובעים
וְהַצְּעָדוֹת, אצעדות, תכשיט המקיף את הזרוע, כעין טבעת גדולה[33]
וְהַקִּשֻּׁרִים, חוטים לקשירת השיער או מיני עניבות וּבָתֵּי הַנֶּפֶשׁ, כנראה
לבושים פנימיים יותר, דוגמת חזיות של ימינו, ויש מפרשים בתי
קיבול לבשמי הרחה וְהַלְּחָשִׁים, אולי אף הם אביזרים שבסתר, נזמי
האוזן, או: תכשיטים שבהם קמעות ולחשים, כא הַטַּבָּעוֹת וְנִזְמֵי
הָאָף, כב הַמַּחֲלָצוֹת וְהַמַּעֲטָפוֹת, בגדים שהנשים מתעטפות בהם[34]

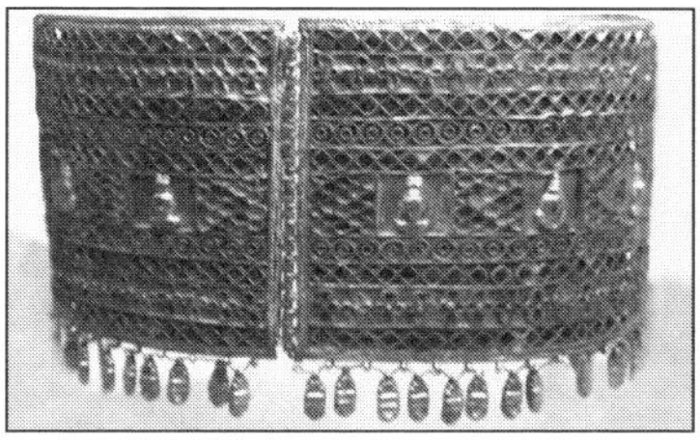

מימין: נטיפה

משמאל: עֶכֶס

בית נפש

העולם

השביס כתכשיט או כחוט שזור המקיף את כיסוי הראש.

נְטִיפָה תכשיט שבו תלויות אבנים טובות או מתכות יקר׳ת, הנראות כטיפות נוטפות.

בֵּית נֶפֶשׁ תכשיט הנישא על החזה. לעתים היה בית הנפש עשוי כבית אשר בתוכו נתנו בשמים או קמיע. (ראו עוד שיר השירים א,יג; ח,ו).

מַחֲלָצָה בגד נאה ומכובד. (ראו גם זכריה ג,ד). ייתכן שהיא קרובה למלה האכדית halsu, שמשמעה נקי. יש שפירשו שבגד זה מכסה את אזור החלציים.

וְהַמִּטְפָּחוֹת וְהַחֲרִיטִים׃ הַגִּלְיֹנִים וְהַסְּדִינִים וְהַצְּנִיפוֹת וְהָרְדִידִים׃ כג
וְהָיָה תַחַת בֹּשֶׂם מַק יִהְיֶה וְתַחַת חֲגוֹרָה נִקְפָּה וְתַחַת מַעֲשֶׂה כד
מִקְשֶׁה קָרְחָה וְתַחַת פְּתִיגִיל מַחֲגֹרֶת שָׂק כִּי־תַחַת יֹפִי׃ מְתַיִךְ כה
בַּחֶרֶב יִפֹּלוּ וּגְבוּרָתֵךְ בַּמִּלְחָמָה׃ וְאָנוּ וְאָבְלוּ פְּתָחֶיהָ וְנִקָּתָה כו
לָאָרֶץ תֵּשֵׁב׃ וְהֶחֱזִיקוּ שֶׁבַע נָשִׁים בְּאִישׁ אֶחָד בַּיּוֹם הַהוּא לֵאמֹר א ד
לַחְמֵנוּ נֹאכֵל וְשִׂמְלָתֵנוּ נִלְבָּשׁ רַק יִקָּרֵא שִׁמְךָ עָלֵינוּ אֱסֹף
חֶרְפָּתֵנוּ׃ בַּיּוֹם הַהוּא יִהְיֶה צֶמַח יְהוָה לִצְבִי ב
וּלְכָבוֹד וּפְרִי הָאָרֶץ לְגָאוֹן וּלְתִפְאֶרֶת לִפְלֵיטַת יִשְׂרָאֵל׃ וְהָיָה ׀ ג
הַנִּשְׁאָר בְּצִיּוֹן וְהַנּוֹתָר בִּירוּשָׁלִַם קָדוֹשׁ יֵאָמֶר לוֹ כָּל־הַכָּתוּב
לַחַיִּים בִּירוּשָׁלִָם׃ אִם ׀ רָחַץ אֲדֹנָי אֵת צֹאַת בְּנוֹת־צִיּוֹן וְאֶת־דְּמֵי ד
יְרוּשָׁלִַם יָדִיחַ מִקִּרְבָּהּ בְּרוּחַ מִשְׁפָּט וּבְרוּחַ בָּעֵר׃ וּבָרָא יְהוָה עַל ה
כָּל־מְכוֹן הַר־צִיּוֹן וְעַל־מִקְרָאֶהָ עָנָן ׀ יוֹמָם וְעָשָׁן וְנֹגַהּ אֵשׁ לֶהָבָה
לַיְלָה כִּי עַל־כָּל־כָּבוֹד חֻפָּה׃ וְסֻכָּה תִּהְיֶה לְצֵל־יוֹמָם מֵחֹרֶב ו

ביאור | **וְהַמִּטְפָּחוֹת וְהַחֲרִיטִים**, כיסים, תיקים[35] כג **וְהַגִּלְיֹנִים**, כנראה מראות קטנות[36] **וְהַסְּדִינִים וְהַצְּנִיפוֹת**, מצנפות[37] **וְהָרְדִידִים**, צעיפים מקושטים.[38]

כד לבסוף לא ייוותר דבר מכל קישוטיהן של הנשים הללו – **וְהָיָה תַחַת בֹּשֶׂם** – **מַק**, ריקבון **יִהְיֶה, וְתַחַת חֲגוֹרָה** – **נִקְפָּה**, פציעה או פגיעה,[39] **וְתַחַת מַעֲשֶׂה מִקְשֶׁה**, במקום תלתלים או תסרוקות[40] תהיה **קָרְחָה, וְתַחַת פְּתִיגִיל**, ייתכן שהוא מין חגורה יפה[41] – **מַחֲגֹרֶת**, חגורה עשויה **שָׂק, כִּי**, באופן כללי, כל אלה יבואו **תַחַת הַיֹּפִי**. לחלופין: **כִּי** הוא כווייה – תחת יופי.[42]

ומכיוון אחר – כה **מְתַיִךְ**, אנשייך, ציון, **בַּחֶרֶב יִפֹּלוּ, וּגְבוּרָתֵךְ**, גבורת שליטייך תיפול **בַּמִּלְחָמָה**. כו **וְאָנוּ**, יצטערו, ייאנחו[43] **וְאָבְלוּ פְּתָחֶיהָ**, יושבי שערי ציון, **וְנִקָּתָה**, תתרוקן.[44] אז **לָאָרֶץ תֵּשֵׁב** ציון. הישיבה

הרחבות | רשימה זו כוללת עשרים וארבעה מיני תכשיטים שהיו עוטות נשות האפנה דאז, שחלק מהם אינם מוכרים לנו כלל. (על פי שמות רבה מא,ה. בכלל המניין חֲגוֹרָה, מַעֲשֶׂה מִקְשֶׁה, וּפְתִיגִיל שבפס' כד). בשום מקום אחר במקרא אין רשימה כה מפורטת ומפוארת של תכשיטים. רק פריטים אחדים מתוכה נזכרים גם במקומות נוספים.

במקום שכל מבטאת את השפלות או האבל על מצבן הקודר של יהודה וירושלים כאשר תפארתן וגבורתן יתמוטטו.

פרק ד א לאחר המפלה הגדולה יישארו מעט גברים כי רבים ייהרגו
במלחמה או במחלות, ואז – **וְהֶחֱזִיקוּ שֶׁבַע נָשִׁים**, שבע הוא מספר
סמלי המציין ריבוי,[45] **בְּאִישׁ אֶחָד בַּיּוֹם הַהוּא**, נשים רבות ירגישו
בודדות ומסכנות, ולכן הן יתקבצו סביב גבר אחד, **לֵאמֹר**, ויאמרו
לו: **לַחְמֵנוּ נֹאכֵל וְשִׂמְלָתֵנוּ נִלְבָּשׁ**, איננו מבקשות ממך דבר, לא אוכל
ולא בגדים, **רַק יִקָּרֵא שִׁמְךָ עָלֵינוּ**. הן מסכימות לוותר על כל זכות
ולהשליך את עצמן בכל תנאי, ובלבד שייחשבו נשואות ומהוגנות,
שיהיה גבר כלשהו בחייהן. **אֱסֹף**, הכנס, הטמן[46] **חֶרְפָּתֵנוּ**. הסר מעלינו
את הביזיון שיש בחיים בודדים כאלה, שאין בהם לא עבר ולא עתיד.

מכאן נבואת הנחמה הנכונה לשארית הפלטה: ב **בַּיּוֹם הַהוּא
יִהְיֶה צֶמַח ה׳**, התקווה והישועה שיצמיח ה׳ **לִצְבִי**, ליופי[47] **וּלְכָבוֹד.
וּפְרִי הָאָרֶץ**, כל היוצא מן האדמה יהיה **לְגָאוֹן וּלְתִפְאֶרֶת לִפְלֵיטַת
יִשְׂרָאֵל**. ג **וְהָיָה הַנִּשְׁאָר בְּצִיּוֹן וְהַנּוֹתָר בִּירוּשָׁלַ͏ִם**, אחרי שימותו רשעיה,
׳קָדוֹשׁ׳ יֵאָמֶר לוֹ, ׳קדוש׳ ייאמר על **כָּל הַכָּתוּב לַחַיִּים**, כל מי שנרשם
בין החיים **בִּירוּשָׁלָ͏ִם**. הסיבה לכך היא שה׳ יטהר אז את העולם.[48]
הנביא מבטא זאת במלים ציוריות אך קשות: ד **אִם**, כאשר **רָחַץ
אֲדֹנָי אֵת צֹאַת בְּנוֹת צִיּוֹן**, דימוי זה נושא קונוטציה אבהית – ה׳ רוחץ
את לכלוכם של ישראל, כאב המטפל בילדיו הקטנים. **וְאֶת דְּמֵי
יְרוּשָׁלַ͏ִם**, דם הרצח והפשע, הוא **יָדִיחַ**, ישטוף **מִקִּרְבָּהּ בְּרוּחַ מִשְׁפָּט**,
באמצעות רוח המשפט תישטף זוהמת העוול מירושלים, **וּבְרוּחַ
בָּעֵר**. לא די במשפט המעריך את המצב; יהיה צורך גם לבער את
הרע באמצעות עונשים חמורים. ה **וּבָרָא ה׳ עַל כָּל מְכוֹן**, המקום
המיועד שבהַר **צִיּוֹן**, הר המוריה שעליו בית המקדש **וְעַל מִקְרָאֶהָ**,
קריותיה, על סביבותיה של ציון,[49] יברא ה׳ **עָנָן – יוֹמָם**, כדרך שהיה
על המשכן במדבר, **וְעָשָׁן וְנֹגַהּ אֵשׁ לֶהָבָה – לָיְלָה**, כשם ששכן ה׳ על
ישראל בהיותם במדבר.[50] כבוד ה׳ ישוב להתגלות בירושלים כשם
שהופיע בקרב מחנה ישראל לאחר שיצאו ממצרים. **כִּי עַל כָּל כָּבוֹד
חֻפָּה**, כל כבודה של ירושלים יהיה מחופה ועטוף בענן ובאש. כך
גדולתה וחשיבותה יהיו ניכרות לעין כול.[51] ו **וְסֻכָּה תִּהְיֶה לְצֵל יוֹמָם
מֵחֹרֶב**, עננים אלו יסוככו על ירושלים ויצֵלו עליה מן היובש ומהחום,

גִּלָּיוֹן מראה קטנה, או לבוש דק ועדין, על פי gulenu באכדית, ודומה לכך ׳ג׳לוה׳ בערבית, שמשמעו בגד יקר; וכן תרגמו השבעים.

רְדִיד צעיף או מעטה דק של נשים, לפי הארמית והערבית. (ראו גם בתרגום ירושלמי בראשית כד,סה).

העולם

ה א וּלְמַחְסֶה וּלְמִסְתּוֹר מִזֶּרֶם וּמִמָּטָר׃ אָשִׁירָה נָּא לִידִידִי
ב שִׁירַת דּוֹדִי לְכַרְמוֹ כֶּרֶם הָיָה לִידִידִי בְּקֶרֶן בֶּן־שָׁמֶן׃ וַיְעַזְּקֵהוּ
וַיְסַקְּלֵהוּ וַיִּטָּעֵהוּ שֹׂרֵק וַיִּבֶן מִגְדָּל בְּתוֹכוֹ וְגַם־יֶקֶב חָצֵב בּוֹ וַיְקַו
ג לַעֲשׂוֹת עֲנָבִים וַיַּעַשׂ בְּאֻשִׁים׃ וְעַתָּה יוֹשֵׁב יְרוּשָׁלִַם וְאִישׁ יְהוּדָה
ד שִׁפְטוּ־נָא בֵּינִי וּבֵין כַּרְמִי׃ מַה־לַּעֲשׂוֹת עוֹד לְכַרְמִי וְלֹא עָשִׂיתִי
ה בּוֹ מַדּוּעַ קִוֵּיתִי לַעֲשׂוֹת עֲנָבִים וַיַּעַשׂ בְּאֻשִׁים׃ וְעַתָּה אוֹדִיעָה־נָּא
אֶתְכֶם אֵת אֲשֶׁר־אֲנִי עֹשֶׂה לְכַרְמִי הָסֵר מְשׂוּכָּתוֹ וְהָיָה לְבָעֵר
ו פָּרֹץ גְּדֵרוֹ וְהָיָה לְמִרְמָס׃ וַאֲשִׁיתֵהוּ בָתָה לֹא יִזָּמֵר וְלֹא יֵעָדֵר
ז וְעָלָה שָׁמִיר וָשָׁיִת וְעַל הֶעָבִים אֲצַוֶּה מֵהַמְטִיר עָלָיו מָטָר׃ כִּי
כֶרֶם יהוה צְבָאוֹת בֵּית יִשְׂרָאֵל וְאִישׁ יְהוּדָה נְטַע שַׁעֲשׁוּעָיו וַיְקַו
ח לְמִשְׁפָּט וְהִנֵּה מִשְׂפָּח לִצְדָקָה וְהִנֵּה צְעָקָה׃ הוֹי
מַגִּיעֵי בַיִת בְּבַיִת שָׂדֶה בְשָׂדֶה יַקְרִיבוּ עַד אֶפֶס מָקוֹם וְהוּשַׁבְתֶּם

ביאור | ויהיו גם **לְמַחְסֶה וּלְמִסְתּוֹר מִזֶּרֶם וּמִמָּטָר**. סוכה זו, שנקראה בפסוק הקודם חופה, שומרת על ירושלים לילה ויום, ומגנה עליה לא רק מפגעים רעים, אלא אפילו מפגעי מזג האוויר.

משל הכרם: אחריתה של חברה שאיבדה את ערכיה

פרק ה

פתיחתה של נבואת זו במשל וסיומה בעונש. שלא כבזמנו של ירמיהו, ירושלים בתקופת ישעיהו הייתה בתפארתה – בפרט תחת שלטונו של עוזיהו, ונבואות חורבן מעין זו נאמרו על העתיד שאינו נראה לעין. מכיוון שאנשים חיו באותה שעה בחברה נהנתנית וחכושנית, הם לא נתנו את דעתם לדברי הנביא ולערכים שהוא מייצג.

פרק ה א **אָשִׁירָה נָּא לִידִידִי**, על אהובי או לכבודו **שִׁירַת דּוֹדִי**, אהובי **לְכַרְמוֹ**. הדוד והידיד הם תארים לה׳. הפנייה אל ה׳ כידידו ואהובו של האדם מבטאת קרבה.[1]

כֶּרֶם הָיָה לִידִידִי בְּקֶרֶן, בפינה כלשהי[2] **בֶּן שָׁמֶן**, במקום שקרקעו משובחת ושמנה.[3] מסתבר שהכרם לא היה גדול. את כל העבודה הנצרכת עשה הידיד לכרמו: ב **וַיְעַזְּקֵהוּ**, הוא עדר וחפר כדי לפנות את האבנים הגדולות. **וַיְסַקְּלֵהוּ**, סילק את האבנים הללו. **וַיִּטָּעֵהוּ שֹׂרֵק**, זמורת גפן משובחת. בדרך כלל לא זורעים זרעי ענבים, אלא

נוטעים את ענפי הגפן. **וַיִּבֶן מִגְדָּל בְּתוֹכוֹ** לשמירה, על מנת שלא יבוזו
אותו, **וְגַם יֶקֶב חָצֵב בּוֹ** להכנת היין. לאחר שהושלמה עבודת הכרם
ונעשו הכנותיו כראוי – **וַיְקַו לַעֲשׂוֹת עֲנָבִים**, הוא קיווה שיצמחו פֵּרות
טוביב, ובמקומם – **וַיַּעַשׂ בְּאֻשִׁים**, ענבים שאינם ראויים לאכילה.

ג **וְעַתָּה, יוֹשֵׁב יְרוּשָׁלַםִ וְאִישׁ יְהוּדָה, שִׁפְטוּ נָא בֵּינִי וּבֵין כַּרְמִי** שהכזיב.
יושבי ירושלים ויהודה, שאליהם פונה הידיד, ה', הם גם נמשליו של
הכרם. ד **מַה לַּעֲשׂוֹת עוֹד לְכַרְמִי, וְלֹא עָשִׂיתִי בּוֹ**, הלוא נטעתיו במקום
מובחר וטיפלתי בו כראוי, והיה עליו להניב פרות משובחים?! **מַדּוּעַ
קִוֵּיתִי לַעֲשׂוֹת עֲנָבִים, וַיַּעַשׂ בְּאֻשִׁים**?!
ה **וְעַתָּה אוֹדִיעָה נָּא אֶתְכֶם אֵת אֲשֶׁר אֲנִי עֹשֶׂה לְכַרְמִי**, אתם תהיו עדים
למה שאעשה. מכיוון שהכרם אינו מגיב לטיפול טוב, אזניחנו: **הָסֵר**,
אסיר את **מְשׂוּכָּתוֹ**, גדרו – **וְהָיָה לְבָעֵר**. ייכנסו לתוכו בעלי חיים
שיזיקו לו ויאכלו את אשר בו.[4] **פָּרֹץ גְּדֵרוֹ** – **וְהָיָה לְמִרְמָס** ברגליהם
של אנשים או של בעלי חיים. ו **וַאֲשִׁיתֵהוּ בָתָה**, אהפוך אותו לאזור
של גידולי פרא. **לֹא יִזָּמֵר**, גפנים צריכות להיזמר בכל שנה, על מנת
שיגדלו כראוי ויתנו פרות, **וְלֹא יֵעָדֵר**, אפסיק כל טיפול בו. ומשום
כך – **וְעָלָה שָׁמִיר וָשָׁיִת**. יצמחו בו עשבים שוטים. **וְעַל הֶעָבִים אֲצַוֶּה
מֵהַמְטִיר עָלָיו מָטָר**. הידיד, בעל הכרם, אינו מתואר בשלמות בדמות
אדם. לכן בכוחו לדאוג גם לכך שהעננים לא ימטירו מטר על כרמו.

ז משל הכרם אינו מפותח לפרטיו, אבל די באמור בו כדי להמחיש
את גודל האכזבה של הידיד ממעשה ידיו. ומכאן לנמשל – **כִּי כֶרֶם
ה' צְבָאוֹת** הוא **בֵּית יִשְׂרָאֵל**, **וְאִישׁ יְהוּדָה** הוא **נְטַע שַׁעֲשׁוּעָיו**. **וַיְקַו**, ה'
ציפה ממנו **לְמִשְׁפָּט** – **וְהִנֵּה מִשְׂפָּח**, עיוות והטיה. זו אליטרציה,
כלומר שוויון צלילים חלקי בין המלים. וכיוצא בזה: הוא קיווה
לִצְדָקָה – **וְהִנֵּה** הוא שומע רק **צְעָקָה**.

הנביא מוסיף להוכיח את יושבי יהודה על חמדנותם ועל
תאוותנותם: ח **הוֹי, מַגִּיעֵי בַיִת בְּבַיִת, שָׂדֶה בְשָׂדֶה יַקְרִיבוּ עַד אֶפֶס מָקוֹם**.

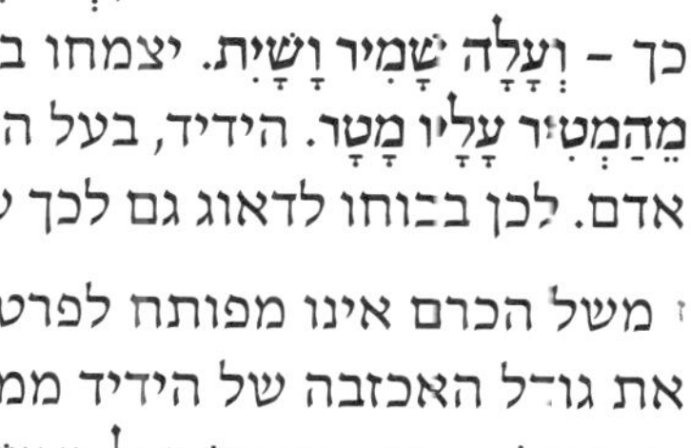

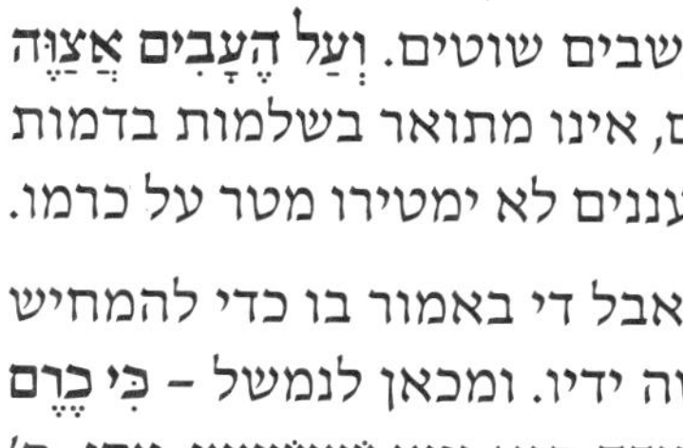

מימין:
שומרה בכרם
(מִגְדָּל)

משמאל:
יקב חצוב באבן

לְבַדְּכֶם בְּקֶרֶב הָאָרֶץ׃ בְּאׇזְנָי יהוה צְבָאוֹת אִם־לֹא בָּתִּים רַבִּים ט
לְשַׁמָּה יִהְיוּ גְּדֹלִים וְטוֹבִים מֵאֵין יוֹשֵׁב׃ כִּי עֲשֶׂרֶת צִמְדֵּי־כֶרֶם י
יַעֲשׂוּ בַּת אֶחָת וְזֶרַע חֹמֶר יַעֲשֶׂה אֵיפָה׃ הוֹי יא
מַשְׁכִּימֵי בַבֹּקֶר שֵׁכָר יִרְדֹּפוּ מְאַחֲרֵי בַנֶּשֶׁף יַיִן יַדְלִיקֵם׃ וְהָיָה כִנּוֹר יב
וָנֶבֶל תֹּף וְחָלִיל וָיַיִן מִשְׁתֵּיהֶם וְאֵת פֹּעַל יהוה לֹא יַבִּיטוּ וּמַעֲשֵׂה
יָדָיו לֹא רָאוּ׃ לָכֵן גָּלָה עַמִּי מִבְּלִי־דָעַת וּכְבוֹדוֹ מְתֵי רָעָב וַהֲמוֹנוֹ יג
צִחֵה צָמָא׃ לָכֵן הִרְחִיבָה שְּׁאוֹל נַפְשָׁהּ וּפָעֲרָה פִיהָ לִבְלִי־חֹק יד
וְיָרַד הֲדָרָהּ וַהֲמוֹנָהּ וּשְׁאוֹנָהּ וְעָלֵז בָּהּ׃ וַיִּשַּׁח אָדָם וַיִּשְׁפַּל־אִישׁ טו
וְעֵינֵי גְבֹהִים תִּשְׁפַּלְנָה׃ וַיִּגְבַּהּ יהוה צְבָאוֹת בַּמִּשְׁפָּט וְהָאֵל טז
הַקָּדוֹשׁ נִקְדַּשׁ בִּצְדָקָה׃ וְרָעוּ כְבָשִׂים כְּדָבְרָם וְחׇרְבוֹת מֵחִים יז
גָּרִים יֹאכֵלוּ׃ הוֹי מֹשְׁכֵי הֶעָוֺן בְּחַבְלֵי הַשָּׁוְא וְכַעֲבוֹת יח

ביאור | אתם בונים שכונות מפוארות, ממלאים אותם בבתים, ומצטופפים לגור זה ליד זה. אתם מצמידים את שדותיכם זה לזה באזורים הנאים. **וְהוּשַׁבְתֶּם לְבַדְּכֶם בְּקֶרֶב הָאָרֶץ**. אתם מרגישים כאילו רק לכם ראוי לשבת בארץ, ואין מקום לאיש בין שדותיכם ובתיכם, ואף פועלים כך. ט **בְּאׇזְנָי** שמעתי, כביכול, שאמר ה׳ **צְבָאוֹת**: **אִם לֹא** – לשון שבועה: **בָּתִּים רַבִּים לְשַׁמָּה**, לשממה **יִהְיוּ**, ובתים **גְּדֹלִים וְטוֹבִים** יהיו ריקים **מֵאֵין יוֹשֵׁב**. הנביא מתאר את החברה החמדנית, המבוססת על רדיפת רכוש ומעמד ועל חטפנות. אנשים מצטופפים מפני שכל אחד מנסה לתפוס לעצמו את המיקום הטוב ביותר. והוא מודיע להם כי סופם – שיממון וריק. י **כִּי עֲשֶׂרֶת צִמְדֵּי כֶרֶם**, צמד כרם הוא גודל קרקע מסוים הנמדד לפי הספק החרישה של צמד שוורים.[5] **יַעֲשׂוּ בַּת אֶחָת**, מידת נפח של נוזלים.[6] שטח שגודלו עשרה צמדים יעשה כמות מזערית, באופן יחסי, של יין. וְשטח הראוי **לְזֶרַע**, זריעת **חֹמֶר** חיטים, כמות נפח המכונה גם כּוֹר.[7] **יַעֲשֶׂה אֵיפָה** אחת בלבד. האיפה היא מידת נפח של יבש המקבילה למידת הבת בנוזלים, ששיעורה עשירית מהחומר–הכור.[8] שיעור היבול יהיה עשירית ממה שנזרע.

הביקורת נמשכת באופן בוטה יותר: יא **הוֹי, מַשְׁכִּימֵי** קום **בַבֹּקֶר**, לא לשם עשייה חיובית או לימוד תורה, אלא **שֵׁכָר**, יין או כל משקה

משכר יִרְדְּפוּ. הם מתעוררים משנתם על מנת להתחיל לשתות מוקדם
ולרדוף אחרי השכר.[9] גם מְאַחֲרֵי בַנֶּשֶׁף, המאחרים בלילה – יַיִן יַדְלִיקֵם.
מעייניהם נתונים ליין בלבד, בשכבם ובקומם. יב וְהָיָה כִנּוֹר וָנֶבֶל, תֹּף
וְחָלִיל וָיַיִן מִשְׁתֵּיהֶם, הם עורכים משתאות יין בליווי כלי נגינה, וְאֵת
פֹּעַל ה' לֹא יַבִּיטוּ, וּמַעֲשֵׂה יָדָיו לֹא רָאוּ, משום שדבר אינו נוגע להם
מלבד החגיגות, הנתפסות בעיניהם כמקור חיותם.

יג לָכֵן גָּלָה עַמִּי מִבְּלִי דָעַת, בסופו של דבר, העם התאוותן והחומד
יִגלה מפני שאינו עוסק בידיעת ה' או בדעת מועילה כלשהי. וּכְבוֹדוֹ,
מכובדיו, עשיריו – יהיו מְתֵי, אנשי רָעָב, וַהֲמוֹנוֹ יהיה צִחֵה, יתייבש
בְּצָמָא. יד לָכֵן הִרְחִיבָה שְּׁאוֹל נַפְשָׁהּ. הגיהינום וכל כוחות האופל
והאובדן אינם נשארים עוד במקומם ובגבולותיהם, אלא הם גדלים
ומרחיבים את עצמם, וּפָעֲרָה פִיהָ לִבְלִי חֹק. בעולם הנוהג כמנהגו
מספר אנשים יורדים לשאול, ואילו כאן הקבר והאבדון הולכים
וגדלים ללא גבול ובולעים את העולם. זהו דימוי חריף וחריג. וְיָרַד
לשאול הֲדָרָהּ של הארץ או של העיר, וַהֲמוֹנָהּ, המולתה וציבור
האנשים שבה, וּשְׁאוֹנָהּ וְעָלֵז בָּהּ, כל מי שהיו עליזים בה.[10] טו וַיִּשַּׁח
אָדָם, וַיִּשְׁפַּל אִישׁ, האנשים יתכופפו ויושפלו, וְעֵינֵי גְבֹהִים תִּשְׁפַּלְנָה
בראותם את האבדון מסביב. טז וַיִּגְבַּהּ ה' צְבָאוֹת בַּמִּשְׁפָּט, הקדוש
ברוך הוא יתעלה על כולם כשישפוט. וְהָאֵל הַקָּדוֹשׁ נִקְדָּשׁ בִּצְדָקָה,
בצדקו ובעצמתו.[11] יז וְרָעוּ כְבָשִׂים כְּדָבְרָם, כמו בתוך שדות המרעה
שלהם. כאשר השאול תתרומם ותחריב את המדינה, הבתים
וההמולה ייעלמו, והעיר השוקקת והעליזה תהפוך מקום מרעה.
וְחָרְבוֹת מֵחִים, בחורבות של אותם שהיו שמנים ומלאים – גָּרִים
יֹאכֵלוּ. יתגוררו בהם זרים שיאכלו את מה שמצוי בהם.[12]

יח הוֹי, מֹשְׁכֵי הֶעָוֹן בְּחַבְלֵי הַשָּׁוְא, האנשים הללו אינם שוגגים. הם
חמדנים, חסרי מצפון וחסרי אחריות. כדי להוסיף לעצמם עוונות
הם ממציאים חבלים וקשרים מדומים, שבאמצעותם הם מושכים

מימין:
נגן נבל עיוור

משמאל:
חלילנית

תמשיחי קיר מהמאה
ה-14 לפנה"ס
תבי, מצרים

הָעֲגָלָה חַטָּאָה: הָאֹמְרִים יְמַהֵר ׀ יָחִישָׁה מַעֲשֵׂהוּ לְמַעַן נִרְאֶה יט
וְתִקְרַב וְתָבוֹאָה עֲצַת קְדוֹשׁ יִשְׂרָאֵל וְנֵדָעָה: הוֹי הָאֹמְרִים כ
לָרַע טוֹב וְלַטּוֹב רָע שָׂמִים חֹשֶׁךְ לְאוֹר וְאוֹר לְחֹשֶׁךְ שָׂמִים מַר
לְמָתוֹק וּמָתוֹק לְמָר: הוֹי חֲכָמִים בְּעֵינֵיהֶם וְנֶגֶד פְּנֵיהֶם כא
נְבֹנִים: הוֹי גִּבּוֹרִים לִשְׁתּוֹת יָיִן וְאַנְשֵׁי־חַיִל לִמְסֹךְ שֵׁכָר: כב
מַצְדִּיקֵי רָשָׁע עֵקֶב שֹׁחַד וְצִדְקַת צַדִּיקִים יָסִירוּ מִמֶּנּוּ: לָכֵן כג כד
כֶּאֱכֹל קַשׁ לְשׁוֹן אֵשׁ וַחֲשַׁשׁ לֶהָבָה יִרְפֶּה שָׁרְשָׁם כַּמָּק יִהְיֶה
וּפִרְחָם כָּאָבָק יַעֲלֶה כִּי מָאֲסוּ אֵת תּוֹרַת יְהוָה צְבָאוֹת וְאֵת
אִמְרַת קְדוֹשׁ־יִשְׂרָאֵל נִאֵצוּ: עַל־כֵּן חָרָה אַף־יְהוָה בְּעַמּוֹ וַיֵּט יָדוֹ כה
עָלָיו וַיַּכֵּהוּ וַיִּרְגְּזוּ הֶהָרִים וַתְּהִי נִבְלָתָם כַּסּוּחָה בְּקֶרֶב חוּצוֹת
בְּכָל־זֹאת לֹא־שָׁב אַפּוֹ וְעוֹד יָדוֹ נְטוּיָה: וְנָשָׂא־נֵס לַגּוֹיִם מֵרָחוֹק כו
וְשָׁרַק לוֹ מִקְצֵה הָאָרֶץ וְהִנֵּה מְהֵרָה קַל יָבוֹא: אֵין־עָיֵף וְאֵין־ כז
כּוֹשֵׁל בּוֹ לֹא יָנוּם וְלֹא יִישָׁן וְלֹא נִפְתַּח אֵזוֹר חֲלָצָיו וְלֹא נִתַּק
שְׂרוֹךְ נְעָלָיו: אֲשֶׁר חִצָּיו שְׁנוּנִים וְכָל־קַשְּׁתֹתָיו דְּרֻכוֹת פַּרְסוֹת כח
יִשְׁאַג סוּסָיו כַּצַּר נֶחְשָׁבוּ וְגַלְגִּלָּיו כַּסּוּפָה: שְׁאָגָה לוֹ כַּלָּבִיא ושאג כט
כַּכְּפִירִים וְיִנְהֹם וְיֹאחֵז טֶרֶף וְיַפְלִיט וְאֵין מַצִּיל: וְיִנְהֹם עָלָיו בַּיּוֹם ל

ביאור | אליהם את העוון. וְכַעֲבוֹת הָעֲגָלָה חַטָּאָה. הם מושכים אליהם את החטא בחבלים עבים,[13] או שהחטא מתעבה ומושך את בעליו כחבלים חזקים המושכים עגלה. יט הָאֹמְרִים בלעג ציני: יְמַהֵר, יָחִישָׁה מַעֲשֵׂהוּ, לְמַעַן נִרְאֶה. אנחנו מחכים לראות מתי כבר יתקיים דבר הנבואה,[14] וְתִקְרַב וְתָבוֹאָה עֲצַת קְדוֹשׁ יִשְׂרָאֵל – וְנֵדָעָה. הם אדישים ואינם מאמינים;

כ הוֹי, הָאֹמְרִים, הקוראים לָרַע טוֹב, וְלַטּוֹב – רָע, שָׂמִים בדבריהם חֹשֶׁךְ לְאוֹר וְאוֹר – לְחֹשֶׁךְ, שָׂמִים מַר לְמָתוֹק וּמָתוֹק – לְמָר. הם בונים מבנה

הרחבות | 'הוי גבורים לשתות יין' כשם שהיום יש הרואים הישג תרבותי בכמות ספרי הבישול הנמכרים, כך באותם ימים נחשבה תרבות שתיית היין לגבורה. לעומת נבואות אחרות, שבהן הנביא מבקר את הפנייה אחרי עבודת אלילים, תוכחתו זו, העשויה להישמע מודרנית מאוד, מתייחסת לעצם העירוניות והתרבות הבורגנית. ישעיהו אינו פונה לכפרים קטנים ומבודדים, אלא למרכז עירוני הומה

חברתי-תרבותי, שהאידיאולוגיה שלו מיוסדת על היפוך ערכים,
על שחיתות ורוע, ונעשים בו דברים שלא כדרכם ושלא כדרך
הטבע. במקום ענבים - חברה המחזיקה בעקרונות - מתקבלים
באושים - אנשים שאינם מבחינים בין טוב ורע, אור וחושך, מר
ומתוק; כא **הוי, חֲכָמִים בְּעֵינֵיהֶם, וְנֶגֶד פְּנֵיהֶם נְבֹנִים**, משכילים מופלגים,
'בעלי תארים';
כב **הוי, גִּבּוֹרִים לִשְׁתּוֹת יָיִן**, גבורתם מתבטאת ביכולתם לשתות יין.
וְאַנְשֵׁי חַיִל שבכוחם **לִמְסֹךְ שֵׁכָר**, למזוג קוקטיילים כראוי. כג בצד
אנינות הטעם וההישגיות החומרנית, בהקשרים החברתיים הם
מַצְדִּיקֵי רָשָׁע עֵקֶב שֹׁחַד שקיבלו, **וְצִדְקַת צַדִּיקִים יָסִירוּ מִמֶּנּוּ**. הישרים
נפגעים מאטימותם של בעלי השררה.

כד **לָכֵן כֶּאֱכֹל קַשׁ לְשׁוֹן אֵשׁ**, כמו שלשון אש אוכלת קש, **וַחֲשַׁשׁ
לֶהָבָה יִרְפֶּה**, כשם שהלהבה מפוררת את החשש - המוץ והתבן, כך
שָׁרְשָׁם כַּמָּק, כריקבון **יִהְיֶה**, **וּפִרְחָם**, מה שהיה צריך לפרוח ולגדול,
כָּאָבָק יַעֲלֶה וייעלם.[15] **כִּי מָאֲסוּ אֵת תּוֹרַת ה' צְבָאוֹת, וְאֵת אִמְרַת
קְדוֹשׁ יִשְׂרָאֵל נִאֵצוּ**. כה **עַל כֵּן** כל המדינה הזו תיענש - **חָרָה אַף ה'
בְּעַמּוֹ וַיֵּט יָדוֹ עָלָיו וַיַּכֵּהוּ**, **וַיִּרְגְּזוּ**, יזדעזעו **הֶהָרִים** ממכתם. **וַתְּהִי נִבְלָתָם**
מושלכת **כַּסּוּחָה**, כמו סחי, אשפה, **בְּקֶרֶב חוּצוֹת**, רחובות העיר. **וּבְכָל
זֹאת לֹא שָׁב אַפּוֹ** של ה' **וְעוֹד יָדוֹ נְטוּיָה** להוסיף ולהעניש בעונש
הבא ממרחקים: כו **וְנָשָׂא נֵס**, ירים דגל או סימן **לַגּוֹיִם** להתקבץ
מֵרָחוֹק, **וְשָׁרַק לוֹ** - לאויב, לבוא **מִקְצֵה הָאָרֶץ** – **וְהִנֵּה מְהֵרָה קַל יָבוֹא**,
בקלות ובזריזות, כז **אֵין עָיֵף וְאֵין כּוֹשֵׁל בּוֹ, לֹא יָנוּם וְלֹא יִישָׁן, וְלֹא
נִפְתַּח אֵזוֹר חֲלָצָיו**, חגורתו, **וְלֹא נִתַּק שְׂרוֹךְ נְעָלָיו**. צבאו יהיה מאורגן
ומקצועי. כח מעבר לכך הוא יהיה גם צבא פעיל - **אֲשֶׁר חִצָּיו שְׁנוּנִים**,
מחודדים, **וְכָל קַשְּׁתֹתָיו דְּרֻכוֹת** ומוכנות. אפילו **פַּרְסוֹת סוּסָיו כַּצַּר**, כאויב
נֶחְשָׁבוּ את סוסי המלחמה הם מאמנים לבעוט ולדרוס. אילוף זה
הפך את פרסותיהם לאויב בפני עצמו. **וְגַלְגִּלָּיו**, גלגלי מרכבות הקרב
שלו יהיו מהירות וחזקות **כַּסּוּפָה**, לרמוס ולהזיק. כט **שְׁאָגָה לוֹ כַּלָּבִיא,
יִשְׁאַג כַּכְּפִירִים וְיִנְהֹם וְיֹאחֵז טֶרֶף**; וגם אם **יַפְלִיט**, משהו ייפלט מפיו,
יהא זה מקרה ארעי בלבד, שכן בדרך כלל - **וְאֵין מַצִּיל**, שום דבר
לא יצא מרשותו. ל **וְיִנְהֹם עָלָיו בַּיּוֹם הַהוּא כְּנַהֲמַת יָם**. האויב ישטוף

הרחבות

תיאור האויב הזה מתאים בהחלט לצבא אשור, שלמרות שהיה צבאה של מדינה לא גדולה, הצליח לכבוש אימפריה שלמה הודות ליעילותו ולאכזריותו.

ופעיל, לעיר הבירה המאוכלסת באנשים מתוחכמים ומשכילים שאינם מאמינים בדבר, לועגים לנבואות קשות והופכים את הערכים.

הַהוּא כְּנַהֲמַת־יָם וְנִבַּט לָאָרֶץ וְהִנֵּה־חֹשֶׁךְ צַר וָאוֹר חָשַׁךְ
ו א בַּעֲרִיפֶיהָ׃ בִּשְׁנַת־מוֹת הַמֶּלֶךְ עֻזִּיָּהוּ וָאֶרְאֶה אֶת־
ב אֲדֹנָי יֹשֵׁב עַל־כִּסֵּא רָם וְנִשָּׂא וְשׁוּלָיו מְלֵאִים אֶת־הַהֵיכָל׃ שְׂרָפִים
עֹמְדִים ׀ מִמַּעַל לוֹ שֵׁשׁ כְּנָפַיִם שֵׁשׁ כְּנָפַיִם לְאֶחָד בִּשְׁתַּיִם ׀ יְכַסֶּה
ג פָנָיו וּבִשְׁתַּיִם יְכַסֶּה רַגְלָיו וּבִשְׁתַּיִם יְעוֹפֵף׃ וְקָרָא זֶה אֶל־זֶה וְאָמַר
ד קָדוֹשׁ ׀ קָדוֹשׁ קָדוֹשׁ יְהוָה צְבָאוֹת מְלֹא כָל־הָאָרֶץ כְּבוֹדוֹ׃ וַיָּנֻעוּ
ה אַמּוֹת הַסִּפִּים מִקּוֹל הַקּוֹרֵא וְהַבַּיִת יִמָּלֵא עָשָׁן׃ וָאֹמַר אוֹי־לִי
כִּי־נִדְמֵיתִי כִּי אִישׁ טְמֵא־שְׂפָתַיִם אָנֹכִי וּבְתוֹךְ עַם־טְמֵא שְׂפָתַיִם
ו אָנֹכִי יֹשֵׁב כִּי אֶת־הַמֶּלֶךְ יְהוָה צְבָאוֹת רָאוּ עֵינָי׃ וַיָּעָף אֵלַי אֶחָד
ז מִן־הַשְּׂרָפִים וּבְיָדוֹ רִצְפָּה בְּמֶלְקַחַיִם לָקַח מֵעַל הַמִּזְבֵּחַ׃ וַיַּגַּע
עַל־פִּי וַיֹּאמֶר הִנֵּה נָגַע זֶה עַל־שְׂפָתֶיךָ וְסָר עֲוֺנֶךָ וְחַטָּאתְךָ
ח תְּכֻפָּר׃ וָאֶשְׁמַע אֶת־קוֹל אֲדֹנָי אֹמֵר אֶת־מִי אֶשְׁלַח וּמִי יֵלֶךְ־לָנוּ
ט וָאֹמַר הִנְנִי שְׁלָחֵנִי׃ וַיֹּאמֶר לֵךְ וְאָמַרְתָּ לָעָם הַזֶּה שִׁמְעוּ שָׁמוֹעַ

ביאור | הכול כגלי הים. **וְנִבַּט לָאָרֶץ**, אם יביט מישהו לארץ – **וְהִנֵּה חֹשֶׁךְ, צַר**, מצוקה ואויבים, **וָאוֹר חָשַׁךְ בַּעֲרִיפֶיהָ**, בשמי אותה ארץ.[16]

זה יהיה גורלה של החברה שרצתה להיות מתוחכמת, מעולה ומפוארת. כל גדולתה תאבד ואויבים יאכלו בה מפני שדבר בה אינו אמתי.

הקדשתו של ישעיהו לנביא

פרק ו

אף על פי שאין זה הפרק הראשון בספר, מקובל להניח שזהו פרק ההקדשה של ישעיהו. הנחה זו איננה חד-משמעית, וכפי הנראה כבר נתנבא ישעיהו קודם נבואה זו.[1] מכל מקום מסתבר שלפנינו שלב מסוים בהקדשתו, שבו הוא מתמנה כשליח ה' לעם.

תיאור מראה השכינה, כיסא הכבוד והפמליה של מעלה שמוסר ישעיהו, תמציתי מאוד. למרות שחזון המרכבה של יחזקאל אינו שונה ממנו לחלוטין, הוא הרבה יותר מפורט.[2] חכמים הסבירו הבדל זה באמרם שיחזקאל היה "כבן כפר שראה את המלך", ומתאר את כל פרטי הפאר וההדר, את הכיסא ואת המשרתים; ואילו ישעיהו – "כבן כרך שראה את המלך",[3] העוסק בדברים העיקריים ואינו מתייחס אל הגלגלים, האופנים והחיות – פרטי הרקע.

הרחבות | **המראה** משקף את הקריאה: הכיסא הרם מורה שמלכות ה' היא למעלה מכל דבר, וכל שכן היושב על הכיסא הוא עליון ונישא מכל תפיסה והגדרה. (ראו מורה נבוכים ח"א ט). ועם זאת, שולי המלכות ממלאים את ההיכל. הרי קדושה שאין למעלה הימנה עם נוכחות ומעורבות מלאה בארץ.

פרק ו א **בִּשְׁנַת מוֹת הַמֶּלֶךְ עֻזִּיָּהוּ, וָאֶרְאֶה אֶת אֲדֹנָי יֹשֵׁב עַל כִּסֵּא רָם
וְנִשָּׂא, וְשׁוּלָיו**, שולי גלימתו או כיסויו, **מְלֵאִים אֶת הַהֵיכָל**. ייתכן
שישעיהו ראה אותו יושב בתוך המקדש, או שבחזונו משמש ההיכל
חלק מהרקע, והכיסא מתנשא ממעל לו. ב **שְׂרָפִים עֹמְדִים מִמַּעַל לוֹ**
לשרתו,[4] **שֵׁשׁ כְּנָפַיִם שֵׁשׁ כְּנָפַיִם לְכָל אֶחָד** מהשרפים – **בִּשְׁתַּיִם יְכַסֶּה
פָנָיו**, כדי שלא לראות, **וּבִשְׁתַּיִם יְכַסֶּה רַגְלָיו**, שלא ייראו, **וּבִשְׁתַּיִם יְעוֹפֵף**
לעשות שליחותו.[5] ג **וְקָרָא**, השרפים קוראים **זֶה אֶל זֶה**, אחד אומר,
והאחר אומר אחריו. **וְאָמַר: קָדוֹשׁ קָדוֹשׁ קָדוֹשׁ ה׳ צְבָאוֹת, מְלֹא כָל
הָאָרֶץ כְּבוֹדוֹ**. כל אחד קורא באופן המיוחד לו, וכולם יחד מצטרפים
למעין מנגינה אחת.[6]

ד **וַיָּנֻעוּ**, הזדעזעו **אַמּוֹת הַסִּפִּים**, העמודים שעל מפתני פתחי ההיכל
מִקּוֹל הַקּוֹרֵא, וְהַבַּיִת יִמָּלֵא עָשָׁן של קדושה, המייצג את הנוכחות
האלוקית.[7] ה **וָאֹמַר**, כשראיתי זאת: **אוֹי לִי כִי נִדְמֵיתִי**, נשתתקתי, או:
הושמדתי,[8] **כִּי אִישׁ טְמֵא שְׂפָתַיִם אָנֹכִי, וּבְתוֹךְ עַם טְמֵא שְׂפָתַיִם אָנֹכִי
יוֹשֵׁב, כִּי אֶת הַמֶּלֶךְ ה׳ צְבָאוֹת רָאוּ עֵינָי**. מי אני, שראיתי את דמות
ה׳, הרי איני אלא טמא?! דווקא מכיוון שהיה נביא, הכיר ישעיהו
בטומאת השפתיים, וחש שאינו ראוי אפילו לדבר על ה׳ או לדבר
בשמו, על אחת כמה וכמה לראותו.

ו **וַיָּעָף**, התעופף **אֵלַי אֶחָד מִן הַשְּׂרָפִים, וּבְיָדוֹ רִצְפָּה**, גחלת,[9] **שֶׁבְּמֶלְקָחַיִם
לָקַח מֵעַל הַמִּזְבֵּחַ**. כאמור, הנביא ראה את ה׳ בבית המקדש, ושם עמד
גם המזבח. ז **וַיַּגַּע** הוא נתן את הגחלת **עַל פִּי, וַיֹּאמֶר: הִנֵּה נָגַע זֶה עַל
שְׂפָתֶיךָ**, ועל ידי הזיכוך של שפתיך באש – **וְסָר עֲוֹנֶךָ וְחַטָּאתְךָ תְּכֻפָּר**.[10]

ח **וָאֶשְׁמַע אֶת קוֹל אֲדֹנָי אֹמֵר: אֶת מִי אֶשְׁלַח, וּמִי יֵלֶךְ לָנוּ** למסור את
דברי הנבואה?

וָאֹמַר: הִנְנִי, שְׁלָחֵנִי. אני כאן, מוכן לתפקיד.

גחלים (רצפות)

הרחבות

׳הנני שלחני׳ רוב הנביאים שידוע על הקדשתם לא רצו להיות נביאים, ובכללם אפילו משה רבנו, אדון הנביאים. (ראו שמות ג,ז–ד,יז). התנדבותו של ישעיהו לתפקיד מלמדת על אישיותו; מצד אחד, הוא מודע לעובדת היותו טמא שפתיים, ועם זאת הוא מרגיש חזק דיו ונכון להיות שליח עם כל הכרוך בכך. (ראו עוד להלן נ,ד–ח; פסיקתא דרב כהנא טז,ד; תנא דבי אליהו רבה סוף פרק טז).

וְאַל־תָּבִינוּ וּרְאוּ רָאוֹ וְאַל־תֵּדָעוּ׃ הַשְׁמֵן לֵב־הָעָם הַזֶּה וְאָזְנָיו י
הַכְבֵּד וְעֵינָיו הָשַׁע פֶּן־יִרְאֶה בְעֵינָיו וּבְאָזְנָיו יִשְׁמָע וּלְבָבוֹ יָבִין וָשָׁב
וְרָפָא לוֹ׃ וָאֹמַר עַד־מָתַי אֲדֹנָי וַיֹּאמֶר עַד אֲשֶׁר אִם־שָׁאוּ עָרִים יא
מֵאֵין יוֹשֵׁב וּבָתִּים מֵאֵין אָדָם וְהָאֲדָמָה תִּשָּׁאֶה שְׁמָמָה׃ וְרִחַק יב
יְהוָה אֶת־הָאָדָם וְרַבָּה הָעֲזוּבָה בְּקֶרֶב הָאָרֶץ׃ וְעוֹד בָּהּ עֲשִׂירִיָּה יג
וְשָׁבָה וְהָיְתָה לְבָעֵר כָּאֵלָה וְכָאַלּוֹן אֲשֶׁר בְּשַׁלֶּכֶת מַצֶּבֶת בָּם זֶרַע
קֹדֶשׁ מַצַּבְתָּהּ׃ וַיְהִי בִּימֵי אָחָז בֶּן־יוֹתָם בֶּן־עֻזִּיָּהוּ א ז
מֶלֶךְ יְהוּדָה עָלָה רְצִין מֶלֶךְ־אֲרָם וּפֶקַח בֶּן־רְמַלְיָהוּ מֶלֶךְ־
יִשְׂרָאֵל יְרוּשָׁלַםִ לַמִּלְחָמָה עָלֶיהָ וְלֹא יָכֹל לְהִלָּחֵם עָלֶיהָ׃
וַיֻּגַּד לְבֵית דָּוִד לֵאמֹר נָחָה אֲרָם עַל־אֶפְרָיִם וַיָּנַע לְבָבוֹ וּלְבַב עַמּוֹ ב

ביאור | ט **וַיֹּאמֶר: לֵךְ וְאָמַרְתָּ לָעָם הַזֶּה: שִׁמְעוּ שָׁמוֹעַ וְאַל תָּבִינוּ, וּרְאוּ רָאוֹ וְאַל תֵּדָעוּ.** אתם יכולים לשמוע, שהרי בין כה וכה לא תבינו; אתם יכולים לראות, כי לא תדעו. למרות שאנשים אינם מקשיבים, נאמרות להם האזהרות כדי שייזכרו לאחר זמן. י **הַשְׁמֵן לֵב הָעָם הַזֶּה**, עם דיבורך אל העם, לבו של זה ייעשה שמן ואטום, כך שלא יוכל להבחין בדקויות, **וְאָזְנָיו הַכְבֵּד**, כך שהן לא יקלטו את הנאמר, **וְעֵינָיו הָשַׁע**, הסר אותן מלראות נכוחה, **פֶּן יִרְאֶה בְעֵינָיו וּבְאָזְנָיו יִשְׁמָע וּלְבָבוֹ יָבִין**, ומתוך כך – **וָשָׁב וְרָפָא לוֹ.** על מנת שלא הכול יתרפאו, יש לדאוג שהנבואה שתיאמר לא תועיל להם.[11]

אלון בשלכת

העולם | **אֵלָה וְאַלּוֹן** (שמות מדעיים: Pistacia, Quercus) שני עצים הצומחים בטבע בשכנות, כפי שבא לידי ביטוי בפסוקנו, וכן בהושע ד,יג. בשל עצמתם וגודלם המרשים הם מסמלים חוסן וחוזק. (ראו עמוס ב,ט).

בארץ ישראל מוכרים שלושה סוגי אלונים, ומהם רק שניים נשירים: אלון התבור ואלון התולע. גזעם עבה, נופם רחב, וגובהם עשוי להגיע ליותר מ–15 מ׳.

יא **וָאֹמַר: עַד מָתַי, אֲדֹנָי?!** עד מתי יהא עלי להודיע את הדברים
הנוראים העתידים לקרות, בלא שתימצא אוזן קשבת?!

וַיֹּאמֶר: עַד אֲשֶׁר אִם שָׁאוּ עָרִים מֵאֵין יוֹשֵׁב, עד שהערים ייעשו שממה
מיושביהן, **וּבָתִּים** יעמדו ריקים **מֵאֵין אָדָם** בהם, **וְהָאֲדָמָה** עצמה
תִּשָּׁאֶה שְׁמָמָה, תישאר שוממה. יב **וְרִחַק ה׳ אֶת הָאָדָם** ממקומו,
וְרַבָּה הָעֲזוּבָה, ההפקר **בְּקֶרֶב הָאָרֶץ**. יג ואחרי כל זה, **עוֹד בָּהּ עֲשִׂרִיָּה**,
יישאר לפליטה ציבור קטן מאוד של הנכונים לשמוע.[12] **וְשָׁבָה וְהָיְתָה
לְבָעֵר**, גם העשירייה הזאת תיאכל שוב ותישרף, **כָּאֵלָה וְכָאַלּוֹן אֲשֶׁר
בְּשַׁלֶּכֶת**, האלה והאלון יכולים להיות עצים אדירים ועבותים, אך
הם נשירים, וכל שנותר בהם אחרי השלכת הוא רק **מַצֶּבֶת בָּם**,
שלדם הערום. הנביא מסיים בהערה מעודדת: **זֶרַע קֹדֶשׁ מַצַּבְתָּהּ**. מה
שישרוד בסופו של דבר יהיה זרע קודש אשר עבר את כל הנצרך
לו, ולא תהיה לו כל ירידה נוספת.

קובץ נבואות על יהודה העומדת נוכח אויביה

פרקים ז–י

הנבואות בפרקים שלפנינו עוסקות באיומי אויבי יהודה עליה ובמלחמותיהם. יש מהן המדברות על העתיד הקרוב, ואחרות – על דורות מאוחרים. בסוף קובץ זה באים דברי תוכחה ואזהרה, ועמם דברי נחמה על שארית הפליטה אשר בציון.

פרק ז א **וַיְהִי בִּימֵי אָחָז בֶּן יוֹתָם בֶּן עֻזִּיָּהוּ מֶלֶךְ יְהוּדָה**, כאשר ישעיהו כבר
פעל כנביא במשך שנים – שהרי הנבואה הקודמת אירעה בשנת
מות המלך עוזיה, וכאן התנבא בחיי נכדו כשהיה מלך. באותו זמן
עָלָה רְצִין מֶלֶךְ אֲרָם וּפֶקַח בֶּן רְמַלְיָהוּ מֶלֶךְ יִשְׂרָאֵל יְרוּשָׁלַיִם לַמִּלְחָמָה עָלֶיהָ.
פקח בן רמליהו היה המלך התקיף האחרון של ממלכת ישראל. פקח
ניסה לשבור את מלכות בית דוד – מעשה שלא התרחש במשך
דורות רביב. לשם כך כרת ברית עם האויב הקבוע של ישראל,
ואף ניסה להחליף את שושלת המלוכה בממלכת יהודה. **וְלֹא יָכֹל
לְהִלָּחֵם עָלֶיהָ**. לא עלה בידו לכבוש את העיר, אולי מחוסר כוח
צבאי. ב **וַיֻּגַּד לְבֵית דָּוִד לֵאמֹר: נָחָה**, הצטרפה **אֲרָם עַל אֶפְרָיִם**. היה זה
מאורע חריג ומאיים, שכן הן מבחינת שטחה והן מבחינת מספר
תושביה הייתה ממלכת יהודה קטנה מממלכת ישראל, ועתה נוסף
אליהם גם הכוח הארמי הגדול.

וַיָּנַע לְבָבוֹ של מלך יהודה **וּלְבַב עַמּוֹ כְּנוֹעַ עֲצֵי יַעַר מִפְּנֵי רוּחַ**. מול

הרחבות

׳וינע לבבו ולבב עמו׳ הפחד המיוחד שתקף את ירושלים נקשר כנראה גם בזיכרון תושביה, שכן דורות לא רבים לפני כן הביס מלך ישראל את מלך יהודה ואף הרס חלק מחומות ירושלים. (ראו מלכים ב׳ יד, ח–יד).

ג כְּנ֥וֹעַ עֲצֵי־יַ֖עַר מִפְּנֵי־רֽוּחַ׃ וַיֹּ֣אמֶר יהוה֮ אֶל־יְשַׁעְיָ֒הוּ֒
צֵא־נָ֞א לִקְרַ֣את אָחָ֔ז אַתָּ֕ה וּשְׁאָ֥ר יָשׁ֖וּב בְּנֶ֑ךָ אֶל־קְצֵ֗ה תְּעָלַת֙
ד הַבְּרֵכָ֣ה הָעֶלְי֔וֹנָה אֶל־מְסִלַּ֖ת שְׂדֵ֥ה כוֹבֵֽס׃ וְאָמַרְתָּ֨ אֵלָ֜יו הִשָּׁמֵ֣ר
וְהַשְׁקֵ֗ט אַל־תִּירָא֙ וּלְבָבְךָ֙ אַל־יֵרַ֔ךְ מִשְּׁנֵ֨י זַנְב֧וֹת הָאוּדִ֛ים הָעֲשֵׁנִ֖ים
ה הָאֵ֑לֶּה בָּחֳרִי־אַ֛ף רְצִ֥ין וַאֲרָ֖ם וּבֶן־רְמַלְיָֽהוּ׃ יַ֗עַן כִּֽי־יָעַ֥ץ עָלֶ֛יךָ אֲרָ֖ם
ו רָעָ֑ה אֶפְרַ֛יִם וּבֶן־רְמַלְיָ֖הוּ לֵאמֹֽר׃ נַעֲלֶ֨ה בִיהוּדָ֜ה וּנְקִיצֶ֗נָּה
ז וְנַבְקִעֶ֖נָּה אֵלֵ֑ינוּ וְנַמְלִ֥יךְ מֶ֙לֶךְ֙ בְּתוֹכָ֔הּ אֵ֖ת בֶּן־טָֽבְאַֽל׃ כֹּ֥ה
ח אָמַ֖ר אֲדֹנָ֣י יֱהֹוִ֑ה לֹ֥א תָק֖וּם וְלֹ֥א תִהְיֶֽה׃ כִּ֣י רֹ֤אשׁ אֲרָם֙ דַּמֶּ֔שֶׂק
וְרֹ֥אשׁ דַּמֶּ֖שֶׂק רְצִ֑ין וּבְע֨וֹד שִׁשִּׁ֤ים וְחָמֵשׁ֙ שָׁנָ֔ה יֵחַ֥ת אֶפְרַ֖יִם מֵעָֽם׃
ט וְרֹ֤אשׁ אֶפְרַ֙יִם֙ שֹׁמְר֔וֹן וְרֹ֥אשׁ שֹׁמְר֖וֹן בֶּן־רְמַלְיָ֑הוּ אִ֚ם לֹ֣א תַאֲמִ֔ינוּ
י כִּ֖י לֹ֥א תֵאָמֵֽנוּ׃ וַיּ֣וֹסֶף יהוה דַּבֵּ֥ר אֶל־אָחָ֖ז לֵאמֹֽר׃
יא שְׁאַל־לְךָ֣ א֔וֹת מֵעִ֖ם יהוה אֱלֹהֶ֑יךָ הַעְמֵ֣ק שְׁאָ֔לָה א֥וֹ הַגְבֵּ֖הַּ
יב יג לְמָֽעְלָה׃ וַיֹּ֖אמֶר אָחָ֑ז לֹֽא־אֶשְׁאַ֥ל וְלֹֽא־אֲנַסֶּ֖ה אֶת־יהוה׃ וַיֹּ֕אמֶר
שִׁמְעוּ־נָ֖א בֵּ֣ית דָּוִ֑ד הַמְעַ֤ט מִכֶּם֙ הַלְא֣וֹת אֲנָשִׁ֔ים כִּ֥י תַלְא֖וּ גַּ֥ם

ביאור | הנינוחות והנוחות של ארם רעד לבם של אנשי יהודה כתנועת העצים ברוח.

ג **וַיֹּאמֶר ה׳ אֶל יְשַׁעְיָהוּ: צֵא נָא לִקְרַאת אָחָז, אַתָּה וּשְׁאָר יָשׁוּב בְּנֶךָ,** מסתבר שכך נקרא בנו הביולוגי,[1] **אֶל קְצֵה תְּעָלַת הַבְּרֵכָה הָעֶלְיוֹנָה, אֶל מְסִלַּת שְׂדֵה כוֹבֵס,** שאולי נקרא כך משום שאת הבגדים היו מכבסים ליד הברכה.[2] ד **וְאָמַרְתָּ אֵלָיו** שם: **הִשָּׁמֵר וְהַשְׁקֵט,** היה סמוך ובטוח שאתה שמור, ותוכל להיות שלֵו.[3] **אַל תִּירָא, וּלְבָבְךָ אַל יֵרַךְ מִשְּׁנֵי זַנְבוֹת הָאוּדִים,** חתיכות העץ המשמשות לליבוי המדורה או לחתיית האש,[4] **הָעֲשֵׁנִים הָאֵלֶּה בָּחֳרִי אַף,** בכעסם, **רְצִין** ועמו צבא **אֲרָם וּבֶן רְמַלְיָהוּ.** אולי בזעמם הגדול הם נדמים בעיניך כלפידים,

העולם | **תְּעָלַת הַבְּרֵכָה הָעֶלְיוֹנָה; שְׂדֵה כוֹבֵס** השטח המישורי הסמוך לחומות ירושלים מצפון. הוא נקרא כובס כנראה על שם מצבת הכובס שעמדה בו (לפי תיאורו של יוספוס פלביוס מלחמות ספר ה, ד,ב). היו שתלו את שם המקום בכך שממנו התנקזו מי גשמים בתעלה לברכת אגירה בתוך העיר שבה היו מכבסים בגדים. המקום נזכר גם להלן (כב,יא; לו,ב).

אך למעשה אינם אלא זנבות אוד העומדים לכבות, ועשן אפם לא
יזיק. ה **יַעַן כִּי יָעַץ עָלֶיךָ אֲרָם רָעָה, אֶפְרַיִם וּבֶן רְמַלְיָהוּ לֵאמֹר:** ו **"נַעֲלֶה
בִיהוּדָה וּנְקִיצֶנָּה**, נקצץ אותה **וְנַבְקִעֶנָּה אֵלֵינוּ, וְנַמְלִיךְ מֶלֶךְ בְּתוֹכָהּ אֵת
בֶּן טָבְאַל"**. ייתכן שזה היה שמו של אדם מסוים מבית המלוכה או
ממשפחה אחרת, או שהיה זה כינוי מעליב – טב אל, מתפרש כאַל
טוב, לא טוב.[5] ז **כֹּה אָמַר ה' אֱלֹהִים: לֹא תָקוּם** עצתם **וְלֹא תִהְיֶה.** אל
לך לפחד מהם ומתכנויותיהם, שכן הכול מצג שווא. ח **כִּי רֹאשׁ**
ממלכת **אֲרָם – דַּמֶּשֶׂק, וְרֹאשׁ דַּמֶּשֶׂק – רְצִין** המלך, **וּבְעוֹד שִׁשִּׁים וְחָמֵשׁ
שָׁנָה יֵחַת**, יישבר **אֶפְרַיִם** מלהיות **עָם**, ודמשק לא תמשיך לשלוט. ללא
קשר לתוצאותיה של המלחמה הנוכחית, הנביא ראה את העתיד,
והודיע שבעוד שנים לא רבות אפרים וארם יחדלו להיות גורמים
משמעותיים. ט **וְרֹאשׁ אֶפְרַיִם** – העיר **שֹׁמְרוֹן, וְרֹאשׁ שֹׁמְרוֹן – בֶּן רְמַלְיָהוּ.**
והוא פנה אל האנשים ואמר להם: **אִם לֹא תַאֲמִינוּ** לנבואה – **כִּי לֹא
תֵאָמֵנוּ**, הרי זה משום שאתם עצמכם אינכם אמינים.[6]

י **וַיּוֹסֶף ה' דַּבֵּר אֶל אָחָז** מפי ישעיהו[7] **לֵאמֹר:** יא **שְׁאַל לְךָ אוֹת**, בקש
שיקרה מופת **מֵעִם ה' אֱלֹהֶיךָ** כדי לאמת את דברי הנבואה. **הַעְמֵק
שְׁאָלָה**, שאל שאלה או בקש בקשה עמוקה וקשה,[8] **אוֹ הַגְבֵּהַ לְמָעְלָה**
בשאלתך.

יב **וַיֹּאמֶר אָחָז: לֹא אֶשְׁאַל וְלֹא אֲנַסֶּה אֶת ה'.**

יג **וַיֹּאמֶר** ישעיהו: **שִׁמְעוּ נָא, בֵּית דָּוִד**, האם **מְעַט מִכֶּם**, דבר פעוט
הוא בעבורכם **הַלְאוֹת**, לעייף **אֲנָשִׁים, כִּי תַלְאוּ גַּם אֶת אֱלֹהָי**?! אתם
מסרבים לשאול אות, כאדם המנמק את סירובו להצעת חברו בכך שאינו רוצה להכביד עליו. על כך מתריס הנביא בהיתול: אתם בהתנהגותכם נדמים כאנשים מנומסים שאין רצונם להכביד על

הרחבות

'אם לא תאמינו כי לא תֵאָמֵנו' אמנם ממלכת ישראל כללה כמה וכמה שבטים והייתה פרושה מארץ בנימין ועד הלבנון, אבל אי-האמון שלכם באפשרות שהיא תתמוטט אינו נובע מכך שהדבר אינו אפשרי, אלא משום שאינכם מסוגלים להאמין. ישנם אנשים שהאמונה נמצאת מחוץ לעולמם. הם נעדרי רגש של אמון בזולתם מפני שרגש האמונה חסר להם בתוכם לגמרי, והכול עמום ומפוקפק בעיניהם. ופעמים שמשום כך גם איש אינו מאמין בהם. אין בהיגד זה עונש, מידה כנגד מידה, על חסרון האמונה בלבד, אלא קביעה עובדתית.

'לא אנסה את ה'' הצהרה הגונה זו אינה מתאימה לאחז, שלא היה כה זהיר בכבוד שמים. למרות שהוצע לו במפורש לשאול אות מאת ה', אחז לא היה מעוניין בכך ותירץ את סירובו בטענה שזהו מעשה בלתי ראוי ובלתי מקובל, כמו שאפשר ללמוד מן הביקורת שנמתחה על ישראל במדבר. (ראו במדבר יד,כב; דברים ו,טז). נראה שאנשים נוספים נכחו באותו מעמד, ואחז נרתע מן ההוכחה הניצחת של הנביא. ברור שהיה לישעיהו מעמד בחצר המלוכה; הוא ידע היכן למצוא את המלך ויכול היה לדבר אִתו בטון תקיף גם לעיני אחרים. אחז לא רצה להגדיל עוד את כוחו.

יד אֶת־אֱלֹהָי: לָכֵן יִתֵּן אֲדֹנָי הוּא לָכֶם אוֹת הִנֵּה הָעַלְמָה הָרָה
טו וְיֹלֶדֶת בֵּן וְקָרָאת שְׁמוֹ עִמָּנוּאֵל: חֶמְאָה וּדְבַשׁ יֹאכֵל לְדַעְתּוֹ
טז מָאוֹס בָּרָע וּבָחוֹר בַּטּוֹב: כִּי בְּטֶרֶם יֵדַע הַנַּעַר מָאוֹס בָּרָע וּבָחוֹר
יז בַּטּוֹב תֵּעָזֵב הָאֲדָמָה אֲשֶׁר־אַתָּה קָץ מִפְּנֵי שְׁנֵי מְלָכֶיהָ: יָבִיא
יְהוָה עָלֶיךָ וְעַל־עַמְּךָ וְעַל־בֵּית אָבִיךָ יָמִים אֲשֶׁר לֹא־בָאוּ לְמִיּוֹם
יח סוּר־אֶפְרַיִם מֵעַל יְהוּדָה אֵת מֶלֶךְ אַשּׁוּר: וְהָיָה ׀
בַּיּוֹם הַהוּא יִשְׁרֹק יְהוָה לַזְּבוּב אֲשֶׁר בִּקְצֵה יְאֹרֵי מִצְרָיִם וְלַדְּבוֹרָה
יט אֲשֶׁר בְּאֶרֶץ אַשּׁוּר: וּבָאוּ וְנָחוּ כֻלָּם בְּנַחֲלֵי הַבַּתּוֹת וּבִנְקִיקֵי
כ הַסְּלָעִים וּבְכֹל הַנַּעֲצוּצִים וּבְכֹל הַנַּהֲלֹלִים: בַּיּוֹם הַהוּא יְגַלַּח אֲדֹנָי
בְּתַעַר הַשְּׂכִירָה בְּעֶבְרֵי נָהָר בְּמֶלֶךְ אַשּׁוּר אֶת־הָרֹאשׁ וְשַׂעַר
כא הָרַגְלָיִם וְגַם אֶת־הַזָּקָן תִּסְפֶּה: וְהָיָה בַּיּוֹם הַהוּא
כב יְחַיֶּה־אִישׁ עֶגְלַת בָּקָר וּשְׁתֵּי־צֹאן: וְהָיָה מֵרֹב עֲשׂוֹת חָלָב יֹאכַל

ביאור | ה' – אל תחששו מלהכביד... יד לָכֵן, אם אינכם רוצים לבקש בעצמכם, יִתֵּן אֲדֹנָי הוּא לָכֶם אוֹת: הִנֵּה הָעַלְמָה, האשה, אשת הנביא,[9] הָרָה וְיֹלֶדֶת בֵּן. וְקָרָאת, והיא תקרא את שְׁמוֹ בשם הסמלי עִמָּנוּ

הגה מצוי ('נעצוץ'?)

העולם | נַעֲצוּץ יש שזיהו אותו עם הקידה השעירה (שם מדעי: Calicotome villosa), צמח קוצני ופולשני המגיע לגובה 100‑180 ס"מ. הקידה השעירה מונעת צמיחתם של צמחים אחרים, וכשהיא צומחת בצפיפות היא עשויה לחסום שטח בפני מעבר בעלי חיים; היו שזיהו את הנעצוץ כהגה המצוי (שם מדעי: Alhagi maurorum), שיח קוצני ירוק בהיר שגובהו 30 ס"מ. במקורות חז"ל נזכר כצמח שהשתלט על הדרכים לאחר חורבן ירושלים (ראו פתיחתא דאיכה רבתי כו); אחרים זיהו אותו עם האלון המצוי, היוצר סבך קוצני כאשר הוא גדל מזרעים בתנאי רעייה בלתי מבוקרת, או כאשר הוא מתחדש לאחר כריתה וחורבן; יש חוקרים שטענו כי הנעצוץ הוא שם כולל לצמחים הקוצניים בארץ.

אֵל. טו **חֶמְאָה וּדְבַשׁ יֹאכֵל, לְדַעְתּוֹ**, מפני שיגיע לגיל שבו ידע **מָאוֹס
בָּרָע יְבָחוֹר בַּטּוֹב**. ילדים קטנים מאוד מכניסים לפיהם כל דבר ללא
הבחנה מוקדמת. רק כשהם גדלים הם יודעים שראוי להם להכניס
לפיהם חמאה ודבש ולא עפר וצרורות.[10] טז **כִּי בְּטֶרֶם יֵדַע הַנַּעַר מָאֹס
בָּרָע יְבָחֹר בַּטּוֹב, תֵּעָזֵב הָאֲדָמָה אֲשֶׁר אַתָּה קָץ מִפְּנֵי שְׁנֵי מְלָכֶיהָ**. הילד
הזה, שייוולד כאן בקרוב ועוד יאכל מתנובת הארץ, לא יספיק לגדול
עד שארצם של אויביך תיעזב. יז יתרה מזו, כעת נראים לך מלכי
ישראל וארם תקיפים ומאיימים, אך איום חמור הרבה יותר עתיד
לבוא – **יָבִיא ה׳ עָלֶיךָ וְעַל עַמְּךָ וְעַל בֵּית אָבִיךָ יָמִים אֲשֶׁר לֹא בָאוּ לְמִיּוֹם
סוּר אֶפְרַיִם מֵעַל יְהוּדָה, אֵת מֶלֶךְ אַשּׁוּר**. הימים שבהם התפצלה מלכות
ישראל, ואפרים נפרד מעל יהודה, היו ימים של משבר. ימי משבר
כאלה ישובו כשאשור יפלשו, אלא שהפעם יוכרעו שבטי אפרים.

כאן מתואר סיומו הטוב של המצב: יח **וְהָיָה בַּיּוֹם הַהוּא יִשְׁרֹק ה׳
לַזְּבוּב אֲשֶׁר בִּקְצֵה יְאֹרֵי מִצְרָיִם**. ייתכן שזהו דימוי המסמל חלק מסוים
מהצבא המצרי, **וְלַדְּבוֹרָה אֲשֶׁר בְּאֶרֶץ אַשּׁוּר**. האימפריות הגדולות
יבואו לכאן. יט **וּבָאוּ וְנָחוּ כֻלָּם בְּנַחֲלֵי הַבַּתּוֹת**, המקומות השוממים
למחצה, **וּבִנְקִיקֵי הַסְּלָעִים וּבְכֹל הַנַּעֲצוּצִים**, הקוצים **וּבְכֹל הַנַּהֲלֹלִים**,
צמחי הבר. הם יבואו וימלאו את כל הארץ.[11]
כ אף על פי שמלך אשור יגיע בצבא חזק, **בַּיּוֹם הַהוּא יְגַלַּח אֲדֹנָי בְּתַעַר
הַשְּׂכִירָה**, הגדולה[12] **בְּעֶבְרֵי נָהָר**, באנשי עבר הנהר, **בְּמֶלֶךְ אַשּׁוּר, אֶת
הָרֹאשׁ וְשַׂעַר הָרַגְלָיִם, וְגַם אֶת הַזָּקָן תִּסְפֶּה**, תחתוך.[13] מלך אשור יֵצא
מן הארץ מקוצץ ומגולח לחלוטין.
כא **וְהָיָה בַּיּוֹם הַהוּא יְחַיֶּה אִישׁ עֶגְלַת בָּקָר וּשְׁתֵּי צֹאן**. לכאורה לא
תהיה רווחה כלכלית. לכל אחד תהיה רק עגלה אחת ושתי
צאן. כב אולם – **וְהָיָה מֵרֹב עֲשׂוֹת חָלָב יֹאכַל חֶמְאָה**. תפוקת החלב
תהיה כה רבה שאפשר יהיה להכין ממנה חמאה. לשם הכנת חמאה

הרחבות

אשור ומצרים בתולדות ממלכת אשור היו עליות וירידות. היו זמנים שאשור הייתה ממלכה קטנה יחסית, כפופה למדינות הסמוכות לה, אך כמה מלכים גדולים הפכו אותה למעצמה צבאית כובשת.
במשך שנים היו המצרים וכן האימפריות הצפוניות קטנים מכדי להתערב בהתרחשויות האזוריות, ואילו לממלכות יהודה, ישראל וארם היה כוח. כעת צופה הנביא שהגושים הגדולים הללו עתידים להיפגש ולמחוץ את מי שיימצא ביניהם, כמו שאבן אירע.

׳וגם את הזקן תספה׳ בניגוד למצרים, דמויות האשורים – ובפרט מלכיהם – מופיעות תמיד עטורות זקנים גדולים והדורות על מצבותיהם. על כן יש בדימוי התגלחת כדי להדגיש עוד יותר את השפלתם. (פירוש הפסוקים כנבואה על תבוסת אשור נשען על הגמרא בסנהדרין צה ע״ב. לחלופין, יש מפרשים שהתער המגלח הוא מלך אשור, שייטול מהגוף הלאומי של ישראל את היסודות המגנים עליו, המשולים לשער המגן על העור. ראו רש״ר הירש ויקרא יד, עמ׳ רכג).

חֶמְאָה כִּי־חֶמְאָה וּדְבַשׁ יֹאכֵל כָּל־הַנּוֹתָר בְּקֶרֶב הָאָרֶץ׃ וְהָיָה כג
בַּיּוֹם הַהוּא יִהְיֶה כָל־מָקוֹם אֲשֶׁר יִהְיֶה־שָּׁם אֶלֶף גֶּפֶן בְּאֶלֶף כָּסֶף
לַשָּׁמִיר וְלַשַּׁיִת יִהְיֶה׃ בַּחִצִּים וּבַקֶּשֶׁת יָבוֹא שָׁמָּה כִּי־שָׁמִיר וָשַׁיִת כד
תִּהְיֶה כָל־הָאָרֶץ׃ וְכֹל הֶהָרִים אֲשֶׁר בַּמַּעְדֵּר יֵעָדֵרוּן לֹא־תָבוֹא כה
שָׁמָּה יִרְאַת שָׁמִיר וָשָׁיִת וְהָיָה לְמִשְׁלַח שׁוֹר וּלְמִרְמַס
שֶׂה׃ וַיֹּאמֶר יהוה אֵלַי קַח־לְךָ גִּלָּיוֹן גָּדוֹל וּכְתֹב עָלָיו א ח
בְּחֶרֶט אֱנוֹשׁ לְמַהֵר שָׁלָל חָשׁ בַּז׃ וְאָעִידָה לִּי עֵדִים נֶאֱמָנִים אֵת ב
אוּרִיָּה הַכֹּהֵן וְאֶת־זְכַרְיָהוּ בֶּן יְבֶרֶכְיָהוּ׃ וָאֶקְרַב אֶל־הַנְּבִיאָה ג
וַתַּהַר וַתֵּלֶד בֵּן וַיֹּאמֶר יהוה אֵלַי קְרָא שְׁמוֹ מַהֵר שָׁלָל חָשׁ בַּז׃
כִּי בְּטֶרֶם יֵדַע הַנַּעַר קְרֹא אָבִי וְאִמִּי יִשָּׂא ׀ אֶת־חֵיל דַּמֶּשֶׂק וְאֵת ד
שְׁלַל שֹׁמְרוֹן לִפְנֵי מֶלֶךְ אַשּׁוּר׃ וַיֹּסֶף יהוה דַּבֵּר אֵלַי ה

ביאור | נדרש חלב רב, שכן היא כרוכה בהפרדת השומן מן החלב. **כִּי חֶמְאָה וּדְבַשׁ יֹאכֵל כָּל הַנּוֹתָר בְּקֶרֶב הָאָרֶץ** בעקבות השפע הגדול ביחס לאוכלוסייה.

כג **וְהָיָה בַּיּוֹם הַהוּא יִהְיֶה כָל מָקוֹם אֲשֶׁר יִהְיֶה שָּׁם אֶלֶף גֶּפֶן בְּאֶלֶף כָּסֶף – לַשָּׁמִיר וְלַשַּׁיִת יִהְיֶה.** כל כרם גדול שיש בו בהווה אלף גפנים במחיר אלף כסף, יהפוך למקום קוצים ודרדרים. כד **בַּחִצִּים וּבַקֶּשֶׁת יָבוֹא שָׁמָּה.** כדי לצעוד שם ייאלצו ההולכים להצטייד בחצים וקשת בגלל פגעים שונים ובעטיין של החיות הרעות שיהלכו שם, **כִּי שָׁמִיר וָשַׁיִת,** קוצים וצמחי בר **תִּהְיֶה כָל הָאָרֶץ.** כה ואולם **כֹל הֶהָרִים אֲשֶׁר בַּמַּעְדֵּר יֵעָדֵרוּן – לֹא תָבוֹא שָׁמָּה יִרְאַת שָׁמִיר וָשָׁיִת.** הכרמים ניטעים בדרך כלל בשפלה או על גבעות מתונות ולא בהרים גבוהים. מכיוון שאי אפשר לחרוש את ההרים הסלעיים, מעבדים אותם במעדר.

הרחבות | 'והיה ביום ההוא...' בקרוב או בעוד זמן רב עתידה כל הארץ לשנות את פניה, אם לטוב אם למוטב; מצד אחד, יישארו אנשים מועטים שמשקם הקטן יספיק להם לחיי רווחה גדולה, ובמעט הנותר תשרה ברכה גדולה, ומצד אחר, הכרמים והמפעלים הגדולים שהיו בארץ יהפכו לאזורי בר. השדות המעובדים יהפכו לסביבה קוצנית, והכרמים יהיו מקומות מרעה. בגמרא דרשו פרשה זו על דורו של חזקיהו שהיו עוסקים הרבה בתורה והניחו את כרמיהם ושדותיהם בורים, אף על פי שהיו יקרים. (ראו סנהדרין צד ע"ב).

על כן רקוצים אינם צומחים בהם. **וְהָיָה לְמִשְׁלַח שׁוֹר וּלְמִרְמַס שֶׂה.**
לכן יוכלו אזורים אלו לשמש למרעה השוורים והכבשים.

פרק ח א **וַיֹּאמֶר ה' אֵלַי: קַח לְךָ גִּלָּיוֹן גָּדוֹל**, אולי גיליון קלף,[14] **וּכְתֹב**
עָלָיו בְּחֶרֶט אֱנוֹשׁ, מכשיר חריטה שנועד לשימוש על גבי אבנים,
מתכות וכיוצא בהן, או מכשיר כתיבה מעין עט.[15] על גבי הגיליון
מצווה הנביא לכתוב כתובת סתומה: **לְמַהֵר שָׁלָל חָשׁ בַּז**, שלל יבוא
במהירה, וביזה – חיש קל, בזמן קרוב.[16]

ב **וְאָעִידָה לִּי עֵדִים נֶאֱמָנִים**, מן ההקשר אפשר אולי לשער שהיו אלה
עדי נישואין, **אֵת אוּרִיָּה הַכֹּהֵן וְאֶת זְכַרְיָהוּ בֶּן יְבֶרֶכְיָהוּ**, שזהותם אינה
ידועה. מדרשי חז"ל קושרים בין אוריה זה לאוריה הנביא הנזכר
במקום אחר,[17] אבל קשה להאמין שמדובר באותו אדם.[18] ג **וָאֶקְרַב**
אֶל הַנְּבִיאָה. אמנם נשים אחדות נקראו 'נביאות' על שם כוח הנבואה
שלהן עצמן,[19] ואין מניעה שנביא ונביאה יתחתנו, אבל מסתבר
שכמו הכינוי 'רבנית' הניתן לאשת רב, כך נקראה אז אשתו של
הנביא 'נביאה'.[20] **וַתַּהַר וַתֵּלֶד בֵּן, וַיֹּאמֶר ה' אֵלַי: קְרָא שְׁמוֹ מַהֵר שָׁלָל חָשׁ**
בַּז. הילד הקודם נקרא עמנו אל, לסימן גאולה וישועה, והילד הזה
ייקרא על שם מאורע עתידי אחר.[21] ד **כִּי בְּטֶרֶם יֵדַע הַנַּעַר קְרֹא אָבִי**
וְאִמִּי, לומר 'אבא' ו'אמא' – מהמלים הראשונות שילדים אומרים
בדרך כלל – **יִשָּׂא**, יעבירו, ייקחו **אֶת חֵיל דַּמֶּשֶׂק וְאֵת שְׁלַל שֹׁמְרוֹן לִפְנֵי**
מֶלֶךְ אַשּׁוּר. לא יעבור זמן רב, עד שרכוש דמשק ורכוש שומרון יהיו
בידי מלך אשור. זוהי משמעות שמו של הילד.

לעיל נאמר שמלך ישראל אשר בשומרון חבר למלך ארם כדי לנסות
לכבוש את ארץ יהודה ולחולל בה מהפכה שלטונית. בשליחותו
של ה' פנה ישעיהו אל מלך יהודה להרגיעו. ובהמשך לכך הודיע
לו, שבתוך זמן מסוים ייוולד לו ילד, ולפני שימלאו לו שנתיים, יבוא
מלך אשור ויחסל את האיום הבא משומרון ומדמשק.

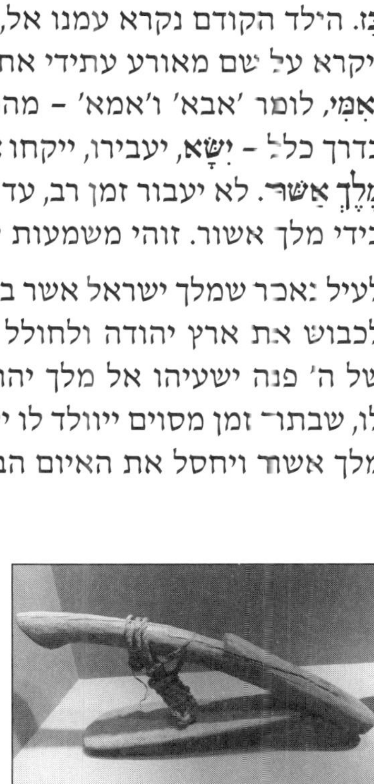

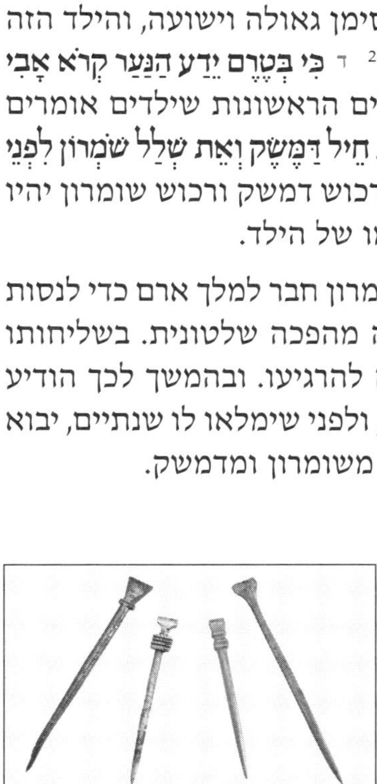

מימין:
מעדר
ממצרים העתיקה

משמאל:
חרט
מימי הביניים

עוֹד לֵאמֹר׃ יַעַן כִּי מָאַס הָעָם הַזֶּה אֵת מֵי הַשִּׁלֹחַ הַהֹלְכִים לְאַט ו
וּמְשׂוֹשׂ אֶת־רְצִין וּבֶן־רְמַלְיָהוּ׃ וְלָכֵן הִנֵּה אֲדֹנָי מַעֲלֶה עֲלֵיהֶם ז
אֶת־מֵי הַנָּהָר הָעֲצוּמִים וְהָרַבִּים אֶת־מֶלֶךְ אַשּׁוּר וְאֶת־כָּל־כְּבוֹדוֹ
וְעָלָה עַל־כָּל־אֲפִיקָיו וְהָלַךְ עַל־כָּל־גְּדוֹתָיו׃ וְחָלַף בִּיהוּדָה שָׁטַף ח
וְעָבַר עַד־צַוָּאר יַגִּיעַ וְהָיָה מֻטּוֹת כְּנָפָיו מְלֹא רֹחַב־אַרְצְךָ
עִמָּנוּאֵל׃ רֹעוּ עַמִּים וָחֹתּוּ וְהַאֲזִינוּ כֹּל מֶרְחַקֵּי־ ט
אָרֶץ הִתְאַזְּרוּ וָחֹתּוּ הִתְאַזְּרוּ וָחֹתּוּ׃ עֻצוּ עֵצָה וְתֻפָר דַּבְּרוּ דָבָר י
וְלֹא יָקוּם כִּי עִמָּנוּ אֵל׃ כִּי כֹה אָמַר יְהוָה אֵלַי בְּחֶזְקַת יא
הַיָּד וְיִסְּרֵנִי מִלֶּכֶת בְּדֶרֶךְ הָעָם־הַזֶּה לֵאמֹר׃ לֹא־תֹאמְרוּן קֶשֶׁר יב

ביאור | ה **וַיֹּסֶף ה׳ דַּבֵּר אֵלַי** עוד דיבור מדיני **לֵאמֹר:** ו **יַעַן כִּי מָאַס הָעָם הַזֶּה אֵת מֵי הַשִּׁלֹחַ הַהֹלְכִים לְאַט**, המסמלים את אופיה המתון של ממלכת יהודה, **וּמְשׂוֹשׂ**, הם שמחים ורוצים **אֶת רְצִין וּבֶן רְמַלְיָהוּ.** ז **וְלָכֵן**, כיוון שהם מעוניינים במלכים גדולים וחשובים יותר, ואינם אוהבים את מלכם הפרובינציאלי – הנחל הקטן והשקט – **הִנֵּה אֲדֹנָי מַעֲלֶה עֲלֵיהֶם** לא את אמנה ופרפר – הנהרות הקטנים שליד דמשק, אלא **אֶת מֵי הַנָּהָר הָעֲצוּמִים וְהָרַבִּים** של החידקל, **אֶת מֶלֶךְ אַשּׁוּר וְאֶת כָּל כְּבוֹדוֹ. וְעָלָה עַל כָּל אֲפִיקָיו וְהָלַךְ עַל כָּל גְּדוֹתָיו.** ח **וְחָלַף** גם **בִּיהוּדָה, שָׁטַף וְעָבַר, עַד צַוָּאר יַגִּיעַ.** ומן הדימוי המימי של אשור – שטף החידקל, עובר הנביא עתה לדימוי של עוף טרף – **וְהָיָה מֻטּוֹת כְּנָפָיו**, רוחב

העולם | **מֵי הַנָּהָר הָעֲצוּמִים** נהר החידקל הוא אחד משני הנהרות החשובים במסופוטמיה, ארץ בין הנהרות. מוצאו בהרי ארמניה שבצפון–מערב, והוא נשפך אל המפרץ הפרסי. בחלקו העליון שכנה ממלכת אשור, ובחלקו הדרומי שכנה בבל.

הרחבות | **׳מֵי הַשִּׁלֹחַ הַהֹלְכִים לְאַט׳** השילוח הוא מעיין לא גדול שנבע ליד ירושלים, ולאחר מכן בתוך העיר. זרימת מימיו אינה מרובה, ולמרות קביעותה היא אטית מאוד. תכונות מי השילוח שזרימתם אטית ויציבה הפכו אותו לסמל לממלכת יהודה ולהתנהלותה הפוליטית – ממלכה קטנה שאינה עורכת כיבושים גדולים, ובעיקר מנסה לשמור על עצמה ולהמשיך הלאה בשקט. (ראו רש״י ומצודת דוד). לעומתה, ההיסטוריה של ממלכת ישראל סוערת ומלאת תהפוכות: מלך אחד נרצח על ידי השר הראשי שלו, שבעצמו נרצח לאחר זמן על ידי מלך אחר, וכך הלאה. התנהלותה היציבה של יהודה הייתה אולי אחת הסיבות להישרדותה מול פקח בן רמליהו ורצין מלך ארם הגדולים והסוערים ממנה. מלך יהודה לא היה מעוניין בכינון קואליציה משותפת עמם, ואולי גם חשש מיחסים כאלו. כיוון שלא הצליחו לכבוש את יהודה, ניסו לכל

פרישת כנפיו מקצה לקצה יהיה **מְלֹא רֹחַב אַרְצְךָ, עִמָּנוּ אֵל**. ישעיהו פונה לבנו הקטן, עמנו אל, המסמל את התקווה, ואומר: צבא מלך אשור יפשוט בכל רוחב הארץ.[22]

ט **רֹעוּ**, רעדו והתמוטטו כבניין רעוע,[23] **עַמִּים, וָחֹתּוּ**, ופחדו, **וְהַאֲזִינוּ**
כֹּל מֶרְחַקֵּי אָרֶץ. הִתְאַזְּרוּ, התחזקו **וָחֹתּוּ, הִתְאַזְּרוּ וָחֹתּוּ**. גם אם תנסו
להתחזק, תישברו ותפחדו, שכן תעמדו לראשונה בפני איום
שאיננו בשיטה מקומית, אלא מסע כיבוש של מעצמה. על כן אין
להתנגד לכם כל סיכוי להצליח. י **עֻצוּ עֵצָה – וְתֻפָר, דַּבְּרוּ דָבָר – וְלֹא**
יָקוּם, כִּי עִמָּנוּ אֵל. הנביא חוזר ומזכיר את הילד שייקרא 'עמנו אל',
אך הוא משחק במשמעות שמו; כשהילד יגדל תהיה כל הארץ פנויה
מאויביר, ואולי הוא יזכה לראות ימים טובים יותר, בהיות האל עמנו.

יא **כִּי כֹה אָמַר ה' אֵלַי כְּחֶזְקַת הַיָּד**, דברים קשים, המנוגדים למהלך
הטבעי שהייתי נוהג בו, **וְיִסְּרֵנִי מִלֶּכֶת בְּדֶרֶךְ הָעָם הַזֶּה**. לפי מסורת
חכמים היה ישעיהו מזרע מלכים וקרוב לבית המלוכה.[24] נראה כי
הוא חי ברווחה ואולי היה קשור לפוליטיקה המקומית. כאן מופיע
איסור חריג – ה' אוסר עליו להצטרף לעם ולעסוק בפוליטיקה.
לֵאמֹר: יב **לֹא תֹאמְרוּן קֶשֶׁר לְכֹל אֲשֶׁר יֹאמַר הָעָם הַזֶּה קָשֶׁר**. אנשים בעם
מתאגדים בהתאגדות פוליטית, יוצרים מפלגה גדולה ומנסים לקשור
קשר כנגד השלטון. אל לכם לאשר קשר זה.[25] מסתבר שהדברים
נאמרו כלפי ניסיונותיהם של מלך ישראל ומלך ארם לשבור את

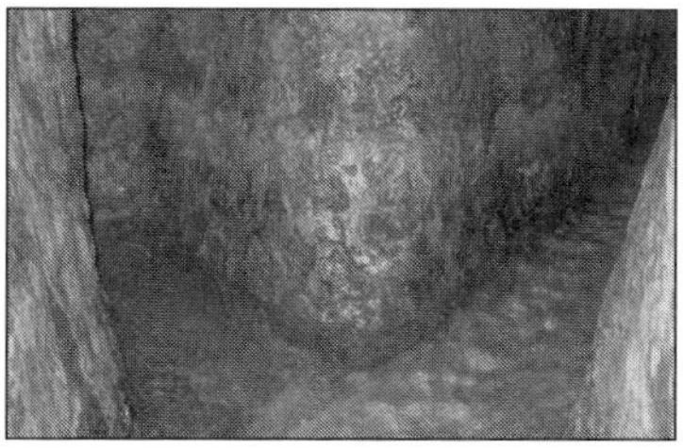

מי השילוח ההלכים לאט

הרחבות

הפחות להשתמש בתעמולה כדי לשנות את השלטון ביהודה. לפיכך היו אנשים ביהודה שמאסו במלכות בית דוד.

'מי הנהר העצומים' בדרך כלל, 'הנהר' סתם הוא נהר פרת, (ראו בראשית טו,יח; שמות כג,לא), אבל ממלכת אשור שכנה בין הנהרות ולמעשה הייתה קרובה יותר לחידקל מאשר לפרת. ואכן החידקל הוא אחד הנהרות הגדולים בעולם.

'וחלף ביהודה שטף ועבר עד צואר יגיע' אמנם הארץ איננה כה רחבה, ואפשר לשטוף אותה באמצעות צבא של כמה עשרות אלפי חיילים; מכל מקום הצבא האשורי אינו דומה כלל לכל מה שהיה מוכר כאן עד כה, שהרי עד אז אויבי ישראל – אדום, מואב, עמון, ארם צובא וארם דמשק – לא היו אלא התקבצויות של שבטים.

לְכֹל אֲשֶׁר־יֹאמַר הָעָם הַזֶּה קָשֶׁר וְאֶת־מוֹרָאוֹ לֹא־תִירְאוּ וְלֹא
יג תַעֲרִיצוּ׃ אֶת־יְהוָה צְבָאוֹת אֹתוֹ תַקְדִּישׁוּ וְהוּא מוֹרַאֲכֶם וְהוּא
יד מַעֲרִיצְכֶם׃ וְהָיָה לְמִקְדָּשׁ וּלְאֶבֶן נֶגֶף וּלְצוּר מִכְשׁוֹל לִשְׁנֵי בָתֵּי
טו יִשְׂרָאֵל לְפַח וּלְמוֹקֵשׁ לְיוֹשֵׁב יְרוּשָׁלִָם׃ וְכָשְׁלוּ בָם רַבִּים וְנָפְלוּ
טז וְנִשְׁבָּרוּ וְנוֹקְשׁוּ וְנִלְכָּדוּ׃ צוֹר תְּעוּדָה חֲתוֹם
יז תּוֹרָה בְּלִמֻּדָי׃ וְחִכִּיתִי לַיהוָה הַמַּסְתִּיר פָּנָיו מִבֵּית יַעֲקֹב וְקִוֵּיתִי־
יח לוֹ׃ הִנֵּה אָנֹכִי וְהַיְלָדִים אֲשֶׁר נָתַן־לִי יְהוָה לְאֹתוֹת וּלְמוֹפְתִים
יט בְּיִשְׂרָאֵל מֵעִם יְהוָה צְבָאוֹת הַשֹּׁכֵן בְּהַר צִיּוֹן׃ וְכִי־
יֹאמְרוּ אֲלֵיכֶם דִּרְשׁוּ אֶל־הָאֹבוֹת וְאֶל־הַיִּדְּעֹנִים הַמְצַפְצְפִים
וְהַמַּהְגִּים הֲלוֹא־עַם אֶל־אֱלֹהָיו יִדְרֹשׁ בְּעַד הַחַיִּים אֶל־הַמֵּתִים׃
כ לְתוֹרָה וְלִתְעוּדָה אִם־לֹא יֹאמְרוּ כַּדָּבָר הַזֶּה אֲשֶׁר אֵין־לוֹ שָׁחַר׃
כא וְעָבַר בָּהּ נִקְשֶׁה וְרָעֵב וְהָיָה כִי־יִרְעַב וְהִתְקַצַּף וְקִלֵּל בְּמַלְכּוֹ
כב וּבֵאלֹהָיו וּפָנָה לְמָעְלָה׃ וְאֶל־אֶרֶץ יַבִּיט וְהִנֵּה צָרָה וַחֲשֵׁכָה מְעוּף
כג צוּקָה וַאֲפֵלָה מְנֻדָּח׃ כִּי לֹא מוּעָף לַאֲשֶׁר מוּצָק לָהּ כָּעֵת

ביאור | ממלכת יהודה ולהושיב אחרים על כיסאה.[26] **וְאֶת מוֹרָאוֹ** של העם **לֹא תִירְאוּ וְלֹא תַעֲרִיצוּ**. אל תפחדו מהמתרחש בארץ יהודה. אל לכם להתעסק בפוליטיקה קטנה. יג במקום זאת **אֶת ה׳ צְבָאוֹת אֹתוֹ תַקְדִּישׁוּ**, **וְהוּא מוֹרַאֲכֶם**, ביטוי דו משמעי: הוא זה שאתם יראים מפניו, והוא הנותן לכם מורא על מנת שיתייראו אחרים מפניכם. **וְהוּא מַעֲרִצְכֶם**, הוא הנותן לכם עצמה ותוקף.[27] יד **וְהוּא הָיָה לְמִקְדָּשׁ**, ומצד אחר, יהיה **לְאֶבֶן נֶגֶף**, אבן שאפשר למעוד בה ולהיכשל **וּלְצוּר מִכְשׁוֹל לִשְׁנֵי בָתֵּי יִשְׂרָאֵל**, לממלכת יהודה וממלכת ישראל,[28] **לְפַח וּלְמוֹקֵשׁ**, מיני מלכודות **לְיוֹשֵׁב יְרוּשָׁלָםִ**. טו **וְכָשְׁלוּ בָם** – באותם מכשולים, אנשים **רַבִּים**, **וְנָפְלוּ וְנִשְׁבָּרוּ וְנוֹקָשׁוּ**, ייתפסו בפח ובמוקש, **וְנִלְכָּדוּ**.

הרחבות | **לקודש ולמקדש – שני צדדים** מחד גיסא, הקודש הוא מקור העצמה; ומאידך גיסא, דווקא משום שהוא מושא להערצה שקטה, הוא עלול לעורר גם אנטגוניזם. קבלת היהדות על כל פרטיה איננו עניין ניטרלי. עקב הייחודיות והבדלנות האופיינית ליהדות המקדש, תמיד קיים חשש להתנגדות סביבתית כלפיו ולקרע פנימי.

הנביא אינו אמור להתעסק בפוליטיקה פנימית חסרת חשיבות אלא במקדש ה׳. משום כך הוא מצטווה: טז **צוֹר**, עליך לצרור **תְּעוּדָה**, עדות. **חֲתוֹם תּוֹרָה**, עליך לחתום את דברי התורה והנבואה שכתבת על הגיליון **בְּלִמֻּדָי**, בתלמידים.[29]

יז לפיכך – **וְחִכִּיתִי לַה׳ הַמַּסְתִּיר** את **פָּנָיו** כעת **מִבֵּית יַעֲקֹב, וְקִוֵּיתִי לוֹ.** יח **הִנֵּה אָנֹכִי** ושלושת[30] **הַיְלָדִים אֲשֶׁר נָתַן לִי ה׳ לְאֹתוֹת וּלְמוֹפְתִים בְּיִשְׂרָאֵל מֵעִם ה׳ צְבָאוֹת**. לילדים הללו שמות סמליים, והם עצמם מופתים שכן כאשר אחד הילדים יגיע לגיל מסוים, תתהפך כל המציאות בארץ; כשהילד השני יגדל, עוד לפני שידע לדבר, יחריב מלך אשור את הארץ. אלה האותות והמופתים שניתנים מעם ה׳ **הַשֹּׁכֵן בְּהַר צִיּוֹן** ודואג לקיום הנבואה.

יט **וְכִי יֹאמְרוּ אֲלֵיכֶם: ״דִּרְשׁוּ אֶל הָאֹבוֹת וְאֶל הַיִּדְּעֹנִים**, אם אתם מעוניינים לדעת מה עתיד לקרות, לכו ושאלו את המכשפים. באמצעות האובות והידעונים מנסים ליצור קשר עם נשמות המתים לקבל מהם הדרכה. מדיומים עתיקים אלו הם **הַמְצַפְצְפִים וְהַמַּהְגִּים**״, שכן נבואותיהם נאמרו בקולות לצפצוף והמיה שאינם טבעיים, המבטאים כביכול קולות מעולם אחר.

– **הֲלוֹא הָעָם אֶל אֱלֹהָיו יִדְרֹשׁ**, צריך לפנות ולהתפלל, ובמקום זאת אתם מציעים לשאול[31] **בְּעַד הַחַיִּים אֶל הַמֵּתִים**?! כ **לְתוֹרָה וְלִתְעוּדָה!** לשון שבועה,[32] **אִם לֹא**, בוודאי **יֹאמְרוּ כַּדָּבָר הַזֶּה**, לשמוע את הדרכתם של המכשפים, רעיון **אֲשֶׁר אֵין לוֹ שָׁחַר**, חסר משמעות, העולה רק מתוך מציאות מטושטשת ומעורפלת.

הנביא ממשיך לתאר את העתיד להתרחש בארץ: כא **וְעָבַר בָּהּ נִקְשֶׁה**, אדם שחייו קשים **וְרָעֵב, וְהָיָה כִי יִרְעַב – וְהִתְקַצַּף וְקִלֵּל בְּמַלְכּוֹ וּבֵאלֹהָיו**. האמונה בכוחות האליליים האלה מותנית. כאשר אדם מבקש עצתם, והאלילים כמובן אינם ממלאים מבוקשו – הוא מקלל אותם, ואז – **וּפָנָה לְמָעְלָה**. כב ואם במקום שיראה מה קורה בשמים, **אֶל אֶרֶץ יַבִּיט – וְהִנֵּה צָרָה וַחֲשֵׁכָה, מְעוּף צוּקָה**, עייפות של מצוקה[33] **וַאֲפֵלָה מְנֻדָּח**. הוא נופל אל האפלה.[34] מתברר כי הארץ כולה היא מקום ייסורים, סבל וחושך. כג **כִּי לֹא מוּעָף לַאֲשֶׁר מוּצָק לָהּ**. האויב

הרחבות

׳צוֹר תעודה חתום תורה בלִמֻּדָי׳ למרות שהנבואה הזו שייכת לזמן ולמקום מוגדרים מאוד, היא נשארה לדורות בשל המסר הכללי שבה. הנביא נדרש לעסוק בדברים הכתובים, לשמור על התורה ולהנחילה, ולהניח לעניינים הפוליטיים העכשוויים, הנראים כה חשובים בעיניו.

הָרִאשׁוֹן הֵקַל אַרְצָה זְבֻלוּן וְאַרְצָה נַפְתָּלִי וְהָאַחֲרוֹן הִכְבִּיד דֶּרֶךְ
הַיָּם עֵבֶר הַיַּרְדֵּן גְּלִיל הַגּוֹיִם׃ הָעָם הַהֹלְכִים בַּחֹשֶׁךְ רָאוּ אוֹר גָּדוֹל א ט
לוֹ יֹשְׁבֵי בְּאֶרֶץ צַלְמָוֶת אוֹר נָגַהּ עֲלֵיהֶם׃ הִרְבִּיתָ הַגּוֹי לֹא הִגְדַּלְתָּ ב
הַשִּׂמְחָה שָׂמְחוּ לְפָנֶיךָ כְּשִׂמְחַת בַּקָּצִיר כַּאֲשֶׁר יָגִילוּ בְּחַלְּקָם
שָׁלָל׃ כִּי | אֶת־עֹל סֻבֳּלוֹ וְאֵת מַטֵּה שִׁכְמוֹ שֵׁבֶט הַנֹּגֵשׂ בּוֹ הַחִתֹּתָ ג
כְּיוֹם מִדְיָן׃ כִּי כָל־סְאוֹן סֹאֵן בְּרַעַשׁ וְשִׂמְלָה מְגוֹלָלָה בְדָמִים ד
וְהָיְתָה לִשְׂרֵפָה מַאֲכֹלֶת אֵשׁ׃ כִּי־יֶלֶד יֻלַּד־לָנוּ בֵּן נִתַּן־לָנוּ וַתְּהִי ה
הַמִּשְׂרָה עַל־שִׁכְמוֹ וַיִּקְרָא שְׁמוֹ פֶּלֶא יוֹעֵץ אֵל גִּבּוֹר אֲבִי־עַד
לְמַרְבֵּה שַׂר־שָׁלוֹם׃ לםרבה הַמִּשְׂרָה וּלְשָׁלוֹם אֵין־קֵץ עַל־כִּסֵּא דָוִד ו
וְעַל־מַמְלַכְתּוֹ לְהָכִין אֹתָהּ וּלְסַעֲדָהּ בְּמִשְׁפָּט וּבִצְדָקָה מֵעַתָּה
וְעַד־עוֹלָם קִנְאַת יְהוָה צְבָאוֹת תַּעֲשֶׂה־זֹּאת׃ דָּבָר שָׁלַח ז
אֲדֹנָי בְּיַעֲקֹב וְנָפַל בְּיִשְׂרָאֵל׃ וְיָדְעוּ הָעָם כֻּלּוֹ אֶפְרַיִם וְיוֹשֵׁב ח

ביאור | המציק אינו מתעייף.[35] כָּעֵת, במסע הכיבוש הָרִאשׁוֹן הֵקַל האויב את כובדו בכיבוש אַרְצָה, ארץ זְבֻלוּן וְאַרְצָה נַפְתָּלִי,[36] וְהָאַחֲרוֹן הִכְבִּיד יותר, שכן הוא כבש את דֶּרֶךְ הַיָּם, שהיא הדרך שמגיעה מצפון סוריה עד מצרים ועוברת סמוך לשפת הים,[37] את עֵבֶר הַיַּרְדֵּן ואת גְּלִיל, מחוז הַגּוֹיִם. ייתכן שזהו כינוי לפלשתים או לגויי הים.[38] מדובר כאן בשטחים הנמצאים על דרך הים, עמק יזרעאל והדרך העוברת בנחל עירון אל מישור החוף.

תושבי יהודה שומעים את איומי האויב המרעישים ובצר להם הם מבקשים נחמה. הנביא מודיע שאין להם סיבה לחשוש, אך מכיוון שאינם סומכים על הנביאים, הם פונים למכשפים ומצוקתם נמשכת.

פרק ט א **הָעָם הַהֹלְכִים בַּחֹשֶׁךְ רָאוּ אוֹר גָּדוֹל**, **יֹשְׁבֵי בְּאֶרֶץ צַלְמָוֶת**, צל מוות, עלטה – **אוֹר נָגַהּ**, זרח **עֲלֵיהֶם**. ב **הִרְבִּיתָ**, רוממת את **הַגּוֹי**, העם, **לוֹ הִגְדַּלְתָּ הַשִּׂמְחָה**. לא תמיד עם הריבוי וההצלחה גדלה גם השמחה,

העולם | הָרִאשׁוֹן הֵקַל אַרְצָה זְבֻלוּן וְאַרְצָה נַפְתָּלִי וְהָאַחֲרוֹן הנביא מתאר את מסעות המלחמה האשוריים של תגלת פלאסר: מסעו הראשון בשנת 742 לפנה"ס; ומסעו האחרון, שהגיע עד עזה, בשנת 734 לפנה"ס.

אבל כאן **שָׂמְחוּ לְפָנֶיךָ כְּשִׂמְחַת בַּקָּצִיר**, לעומת שעת הזריעה – המלֻווה בדמעה ובחוסר ודאות, בקציר מתעוררת שמחה ורינה. כיוצא בזה בקציר המלחמות – **כַּאֲשֶׁר יָגִילוּ בְּחַלְּקָם שָׁלָל**. מדובר בשמחה שתבוא בעקבות מלחמות שונות שאינן מתוארות במדויק. ג **כִּי אֶת** מי שהיה **עֹל סֻבֳּלוֹ**, משא סבלו של איש יהודה **וְאֵת** מי שהיה **מַטֵּה** הנתון על **שִׁכְמוֹ**, כעול על כתפי הבהמה, את **שֵׁבֶט**, השוט **הַנֹּגֵשׂ בּוֹ** – **הַחִתֹּתָ**, שברת **כְּיוֹם מִדְיָן**, כמו היום שבו ניצח גדעון את המדינים.[39] ד **כִּי כָל סְאוֹן**, כנראה סנדל צבאי או נעל צבאית בעלת כיסויי מתכת לשם הגנה ולשם התקפה[40] **הסֹאֵן בְּרַעַשׁ, וְשִׂמְלָה**, בגד עליון שמְגֹלָלָה **בְדָמִים**, מתפלשת וספוגה בדם המלחמה – **וְהָיְתָה לִשְׂרֵפָה מַאֲכֹלֶת אֵשׁ**. העם ינצח במלחמה ויוכל לשרוף את כל בגדי הלוחמים ואביזריהם שאינם ראויים עוד לשימוש.

ה **כִּי יֶלֶד יֻלַּד לָנוּ, בֵּן נִתַּן לָנוּ**. ייתכן שזהו בן נוסף שעתיד להיוולד לישעיהו הנביא מלבד הבנים שהוזכרו בפרקים הקודמים – שאר ישוב, עמנו אל ומהר שלל חש בז; אולי זו נבואה על ילד שנולד לבית המלוכה באותו זמן;[41] ושמא מתייחסים הדברים לעתיד לבוא.[42] **וַתְּהִי הַמִּשְׂרָה עַל שִׁכְמוֹ**, הוא יקבל את התפקיד, **וַיִּקְרָא**, ייקרא **שְׁמוֹ: פֶּלֶא יוֹעֵץ אֵל גִּבּוֹר אֲבִיעַד שַׂר שָׁלוֹם**, זה שמו הארוך של אדם אחד, שכולו תארי כבוד של מלך ומושיע. ו **לְםַרְבֵּה הַמִּשְׂרָה**, לגדולת התפקיד **וּלְשָׁלוֹם אֵין קֵץ**, שיבואו כאשר ישב מלך חדש **עַל כִּסֵּא דָוִד וְעַל מַמְלַכְתּוֹ, לְהָכִין**, לכונן **אֹתָהּ** – את הממלכה, **וּלְסַעֲדָהּ בְּמִשְׁפָּט וּבִצְדָקָה מֵעַתָּה וְעַד עוֹלָם. קִנְאַת ה' צְבָאוֹת** המקנא לציון ממחרפיה[43] **תַּעֲשֶׂה זֹּאת**.

ונבואה קרובה יותר: ז **דָּבָר שָׁלַח אֲדֹנָי בְּיַעֲקֹב**, שליחות של נבואה, **וְנָפַל**, נפוץ ונודע[44] **בְּיִשְׂרָאֵל**: ח **וְיָדְעוּ הָעָם כֻּלּוֹ, אֶפְרַיִם וְיוֹשֵׁב שֹׁמְרוֹן**,

הרחבות

'יום מדין' ניצחונו של גדעון נזכר לדורות כמאורע מופלא. (הוא נזכר גם בתהלים פג,י). משום שהושג על ידי כוח צבאי קטן מאוד, לפחות בראשיתו: כמה מאות מאנשי גדעון לחמו במחנה עצום של המדינים. (ראו שופטים ז). יתרה מזו, כתוצאה מן התבוסה נשברו המדינים לחלוטין ובמשך דורות רבים, הפסיקו את ניסיונותיהם לפלוש לארץ ישראל.

'לםרבה המשרה ולשלום אין קץ על כסא דוד' מלשון הכתוב קשה לדעת במי מדובר, והאם כבר התקיימה הנבואה או שהיא עתידה לבוא.

ראוי לשים לב גם לצורת הכתיבה החריגה של המלה 'לםרבה' – זוהי הפעם היחידה במקרא שבה מופיעה מ' סופית באמצע מלה. היה מי שהציע, בקושי מסוים, לקרוא אותה כשתי מלים – לָם רבה המשרה, שמשמעותן היא להם רבה המשרה (מסורת אליהו לר' אליהו בחור, מאמר א). מכל מקום, עם כל העמימות, נראה כי מדובר כאן בתשועה עתידית ובמלך חדש שיקום לבית דוד. (ראו עוד סנהדרין צד ע"א).

שֹׁמְרוֹן בְּגַאֲוָה וּבְגֹדֶל לֵבָב לֵאמֹר: לְבֵנִים נָפָלוּ וְגָזִית נִבְנֶה ט
שִׁקְמִים גֻּדָּעוּ וַאֲרָזִים נַחֲלִיף: וַיְשַׂגֵּב יהוה אֶת־צָרֵי רְצִין עָלָיו י
וְאֶת־אֹיְבָיו יְסַכְסֵךְ: אֲרָם מִקֶּדֶם וּפְלִשְׁתִּים מֵאָחוֹר וַיֹּאכְלוּ אֶת־ יא
יִשְׂרָאֵל בְּכָל־פֶּה בְּכָל־זֹאת לֹא־שָׁב אַפּוֹ וְעוֹד יָדוֹ נְטוּיָה: וְהָעָם יב
לֹא־שָׁב עַד־הַמַּכֵּהוּ וְאֶת־יהוה צְבָאוֹת לֹא דָרָשׁוּ: וַיַּכְרֵת יג
יהוה מִיִּשְׂרָאֵל רֹאשׁ וְזָנָב כִּפָּה וְאַגְמוֹן יוֹם אֶחָד: זָקֵן וּנְשׂוּא־פָנִים יד
הוּא הָרֹאשׁ וְנָבִיא מוֹרֶה־שֶּׁקֶר הוּא הַזָּנָב: וַיִּהְיוּ מְאַשְּׁרֵי הָעָם־ טו
הַזֶּה מַתְעִים וּמְאֻשָּׁרָיו מְבֻלָּעִים: עַל־כֵּן עַל־בַּחוּרָיו לֹא־יִשְׂמַח ׀ טז
אֲדֹנָי וְאֶת־יְתֹמָיו וְאֶת־אַלְמְנֹתָיו לֹא יְרַחֵם כִּי כֻלּוֹ חָנֵף וּמֵרַע וְכָל־
פֶּה דֹּבֵר נְבָלָה בְּכָל־זֹאת לֹא־שָׁב אַפּוֹ וְעוֹד יָדוֹ נְטוּיָה: כִּי־בָעֲרָה יז
כָאֵשׁ רִשְׁעָה שָׁמִיר וָשַׁיִת תֹּאכֵל וַתִּצַּת בְּסִבְכֵי הַיַּעַר וַיִּתְאַבְּכוּ
גֵּאוּת עָשָׁן: בְּעֶבְרַת יהוה צְבָאוֹת נֶעְתַּם אָרֶץ וַיְהִי הָעָם כְּמַאֲכֹלֶת יח
אֵשׁ אִישׁ אֶל־אָחִיו לֹא יַחְמֹלוּ: וַיִּגְזֹר עַל־יָמִין וְרָעֵב וַיֹּאכַל עַל־ יט

ביאור | המדברים **בְּגַאֲוָה וּבְגֹדֶל לֵבָב לֵאמֹר:** ט אמנם בניינים של **לְבֵנִים נָפָלוּ** – ואולם אנחנו בתים חדשים של **גָזִית**, אבנים מסותתות **נִבְנֶה**. **שִׁקְמִים**, שהיו עצים זולים יחסית, **גֻּדָּעוּ**, ובמקומם – **אֲרָזִים נַחֲלִיף**. י **וַיְשַׂגֵּב**, יחזק ה׳ **אֶת צָרֵי**, אויבי **רְצִין** מלך ארם, שעליו סמכו ישראל, לקום **עָלָיו**, **וְאֶת אֹיְבָיו** של ישראל[45] הוא **יְסַכְסֵךְ** ויעורר כנגדו. יא **אֲרָם** השוכן **מִקֶּדֶם**, מצד מזרח, למעשה מצפון־מזרח לארץ ישראל, **וּפְלִשְׁתִּים מֵאָחוֹר**, מדרום־מערב – **וַיֹּאכְלוּ אֶת יִשְׂרָאֵל בְּכָל פֶּה**.

העולם | **פְלִשְׁתִּים** קבוצת עמים שמקורם באיי הים התיכון שנדדו ופלשו לארץ ישראל בסוף האלף השני לפנה״ס. הם התיישבו במישור החוף הדרומי בערים עזה, אשדוד, אשקלון, עקרון וגת. קבוצה נוספת פלשה לצפון הארץ והתיישבה בעמק יזרעאל ובעמק בית שאן.

אַגְמוֹן אחד מהצמחים הגדלים בביצות ובגדות נחלים. היו שזיהו אותו עם אחד ממיני ה־Scirpus שגובהו 1-1.5 מ׳, הגדל לאורך מישור החוף ובמזרח הארץ מהגולן ועד ים המלח. לרוב התפרחות שבראשו כפופות, והוא גמיש מאוד ועמיד בפני רוחות; אחרים זיהו אותו עם קנה סוכר מצרי (שם מדעי: Saccharum biflorum), מין עשב שמגיע עד לגובה 2 מ׳. גם הוא גדל באזורים לחים כמישור החוף ובבקעת הירדן. כל משב רוח מטה את הקנה הדק, שבראשו תפרחת דמוית זנב שועל.

וּבְכָל זֹאת לֹא שָׁב אַפּוֹ, וְעוֹד יָדוֹ נְטוּיָה להכותם. עדיין לא הסתיימו
הצרות והמפלות.

יב **וְהָעָם לֹא שָׁב עַד הַמַּכֵּהוּ**, ישראל היו צריכים לזכור שהמאורעות
מכוונים ואינם סתמיים, שה׳ הוא המכה אותם ושעליהם לחזור
בתשובה, אך בפועל – **אֶת ה׳ צְבָאוֹת לֹא דָרָשׁוּ**. יג **וַיַּכְרֵת ה׳ מִיִּשְׂרָאֵל**
רֹאשׁ וְזָנָב, את המנהיגים ואת פשוטי העם, **כִּפָּה**, צמרת הדקל
הגבוה **וְאַגְמוֹן**, צמח רך הגדל ליד המים.[46] כולם יאבדו **בְּיוֹם אֶחָד**.
וההסבר: יד **זָקֵן וּנְשׂוּא פָנִים הוּא הָרֹאשׁ, וְנָבִיא מוֹרֶה שֶּׁקֶר הוּא הַזָּנָב**. הן
החכמים, מנהיגי העם, והן נביאי השקר ייכרתו. טו **וַיִּהְיוּ מְאַשְּׁרֵי**, מי
שאמורים לכונן ולליישר את דרכו של **הָעָם הַזֶּה – מַתְעִים, וּמְאֻשָּׁרָיו**,
המקבלים את הדרכתם – יהיו **מְבֻלָּעִים**, מבולבלים ונשחתים. טז **עַל**
כֵּן עַל בַּחוּרָיו לֹא יִשְׂמַח אֲדֹנָי, כלומר יענישם,[47] **וְאֶת יְתֹמָיו וְאֶת אַלְמְנֹתָיו**
לֹא יְרַחֵם, כִּי כֻלּוֹ חָנֵף וּמֵרַע, רע **וְכָל פֶּה דֹּבֵר נְבָלָה**. המפלות שימצאו
את ישראל ויהודה יבואו כעונש על חטאיהם.
בְּכָל זֹאת לֹא שָׁב אַפּוֹ וְעוֹד יָדוֹ נְטוּיָה, שכן אנשים אינם לוקחים את
הדברים אל לבם.

יז **כִּי בָעֲרָה כָאֵשׁ** והשמידה **רִשְׁעָה**, תחילה **שָׁמִיר וָשַׁיִת**, מיני קוצים
תֹּאכֵל, ואחר כך **וַתִּצַּת בְּסִבְכֵי הַיַּעַר**, ואז – **וַיִּתְאַבְּכוּ**, יגבהו **גֵּאוּת**
עָשָׁן, וכך יישרף הכול. יח **בְּעֶבְרַת** בכעסו של **ה׳ צְבָאוֹת נֶעְתַּם**, זזה
ונעתקה[48] ממקומה **אָרֶץ, וַיְהִי הָעָם כְּמַאֲכֹלֶת אֵשׁ, אִישׁ אֶל אָחִיו לֹא**
יַחְמֹלוּ. יט **וַיִּגְזֹר**, יגזול, יטרוף אדם **עַל יָמִין** – **וְעדיין יישאר רָעֵב, וַיֹּאכַל**

מימין:
שקמה

משמאל:
ארז

מימין:
צמרת עץ הדקל
(׳כִּפָּה׳)

משמאל:
קנה סוכר מצרי
(׳אגמון׳?)

שְׂמֹאול וְלֹא שָׂבֵעוּ אִישׁ בְּשַׂר־זְרֹעוֹ יֹאכֵלוּ׃ מְנַשֶּׁה אֶת־אֶפְרַיִם כ
וְאֶפְרַיִם אֶת־מְנַשֶּׁה יַחְדָּו הֵמָּה עַל־יְהוּדָה בְּכָל־זֹאת לֹא־שָׁב אַפּוֹ
וְעוֹד יָדוֹ נְטוּיָה׃ הוֹי הַחֹקְקִים חִקְקֵי־אָוֶן וּמְכַתְּבִים א י
עָמָל כִּתֵּבוּ׃ לְהַטּוֹת מִדִּין דַּלִּים וְלִגְזֹל מִשְׁפַּט עֲנִיֵּי עַמִּי לִהְיוֹת ב
אַלְמָנוֹת שְׁלָלָם וְאֶת־יְתוֹמִים יָבֹזּוּ׃ וּמַה־תַּעֲשׂוּ לְיוֹם פְּקֻדָּה ג
וּלְשׁוֹאָה מִמֶּרְחָק תָּבוֹא עַל־מִי תָנוּסוּ לְעֶזְרָה וְאָנָה תַעַזְבוּ
כְּבוֹדְכֶם׃ בִּלְתִּי כָרַע תַּחַת אַסִּיר וְתַחַת הֲרוּגִים יִפֹּלוּ בְּכָל־זֹאת ד
לֹא־שָׁב אַפּוֹ וְעוֹד יָדוֹ נְטוּיָה׃ הוֹי אַשּׁוּר שֵׁבֶט אַפִּי ה
וּמַטֶּה־הוּא בְיָדָם זַעְמִי׃ בְּגוֹי חָנֵף אֲשַׁלְּחֶנּוּ וְעַל־עַם עֶבְרָתִי ו
וּלְשׂוּמוֹ אֲצַוֶּנּוּ לִשְׁלֹל שָׁלָל וְלָבֹז בַּז ולשימו מִרְמָס כְּחֹמֶר חוּצוֹת׃ וְהוּא ז
לֹא־כֵן יְדַמֶּה וּלְבָבוֹ לֹא־כֵן יַחְשֹׁב כִּי לְהַשְׁמִיד בִּלְבָבוֹ וּלְהַכְרִית
גּוֹיִם לֹא מְעָט׃ כִּי יֹאמַר הֲלֹא שָׂרַי יַחְדָּו מְלָכִים׃ הֲלֹא כְּכַרְכְּמִישׁ ח ט

ביאור | **עַל שְׂמֹאול – וְלֹא שָׂבֵעוּ**, גם כשהכו על ימין ועל שמאל ואכלו זה את זה, לא היו שבעים,[49] עד שלבסוף – **אִישׁ בְּשַׂר זְרֹעוֹ יֹאכֵלוּ.** כ ובהקשר הפוליטי – **מְנַשֶּׁה** יאכל **אֶת אֶפְרַיִם, וְאֶפְרַיִם אֶת מְנַשֶּׁה, וְיַחְדָּו הֵמָּה** קמים **עַל יְהוּדָה.** עוד בטרם בא מלך אשור, הייתה בעם מהומה ומלחמות פנימיות; ממלכת שומרון הלכה והתנוונה מרגע לרגע, וגם יהודה נענשה עמה. אנשים חשו שהם אינם חיים כראוי, ובכל זאת המשיכו בשלהם.

בְּכָל זֹאת לֹא שָׁב אַפּוֹ וְעוֹד יָדוֹ נְטוּיָה. ה' טרם סיים את החשבון עמם.

פרק י א **הוֹי הַחֹקְקִים חִקְקֵי אָוֶן**, החקיקה על לוחות אמורה להישאר לאורך זמן. הנביא מתלונן על קיבוע חוקי חטא. **וּמְכַתְּבִים**, העוסקים בכתיבה – **עָמָל כִּתֵּבוּ**, כותבים דברי פשע ועברה. ב **לְהַטּוֹת מִדִּין דַּלִּים, וְלִגְזֹל מִשְׁפַּט עֲנִיֵּי עַמִּי**, עיוות הדין וגזלת האביונים נעשות כחוק. **לִהְיוֹת אַלְמָנוֹת שְׁלָלָם, וְאֶת יְתוֹמִים יָבֹזּוּ.** יש בממלכה גנבות,

העולם | **כַּרְכְּמִישׁ, כַּלְנוֹ, אַרְפַּד, חֲמָת וְדַמֶּשֶׂק** ערים בצפון סוריה ששכנו על קו התקדמות מסע המלחמה של צבא אשור מצפון לדרום, בהנהגת פול, הוא תגלת פלאסר, בימי עוזיהו מלך יהודה (743–732 לפנה"ס). (כלנה וחמת נזכרות גם בעמוס ו,ב).

כַּרְכְּמִישׁ ישבה בחלקו העליון של נהר פרת, על פרשת דרכים חשובה בין נינוה בירת אשור לבין חרן וצפון סוריה. מזוהה עם תל הסמוך לעיר הסורית ג'ראבלוס (Jerablus).

גזלות ועושק שאינם נעשים על ידי מי שפושטים יד ברכושו של
הזולת, אלא באמצעות תקנות משפטיות המאשרות רשמית מעשי
פשע. מחוקקים חוקים וכותבים תקנות שונות לפקודת המס על
מנת ליהנות מרכושם של עניים וחסרי מגן. ג **וּמַה תַּעֲשׂוּ לְיוֹם פְּקֻדָּה**,
ליום שבו ייפקד עליכם העוון, **וּלְשׁוֹאָה מִמֶּרְחָק תָּבוֹא? עַל מִי תָּנוּסוּ
לְעֶזְרָה, וְאָנָה תַעַזְבוּ כְּבוֹדְכֶם**, רכושכם או נפשכם?! אתם נוהגים מתוך
הנחה שאין דין ואין דיין. מה תעשו אפוא בבוא הדין?! ד **בִּלְתִּי**,
בסופו של דבר לא יהיה גורל כבודכם אלא זה - **כָּרַע תַּחַת אַסִּיר**,
אסירים ימשלו בו,[50] **וְתַחַת הֲרוּגִים יִפֹּלוּ** הנפשות.
בְּכָל זֹאת לֹא שָׁב אַפּוֹ וְעוֹד יָדוֹ נְטוּיָה. למרות שהם נופלים ונהרגים
בצורות שונות, הם ממשיכים ללכת בדרכם הקלוקלת, ולכן גם
העונש יימשך.

הנביא פונה בשם ה' אל האויב: ה **הוֹי אַשּׁוּר שֵׁבֶט אַפִּי**, השוט המוציא
לפועל את כעסי על החוטאים, **וּמַטֶּה הוּא בְיָדָם, זַעְמִי.** ו **בְּגוֹי חָנֵף**,
צבוע, מכחש **אֲשַׁלְּחֶנּוּ** - את אשור, **וְעַל עַם עֶבְרָתִי**, כעסי, **אֲצַוֶּנּוּ, לִשְׁלֹל
שָׁלָל וְלָבֹז בַּז וּלְשׂוּמוֹ מִרְמָס כְּחֹמֶר חוּצוֹת**, לרמסם כמו שרומסים את
הטיט המוטלך ברחובות. ז **וְהוּא** - אשור **לֹא כֵן יְדַמֶּה, וּלְבָבוֹ לֹא כֵן
יַחְשֹׁב.** אין הוא רואה עצמו כשליח ה' המעניש את החוטאים, **כִּי**, אלא
לְהַשְׁמִיד בִּלְבָבוֹ וּלְהַכְרִית גּוֹיִם לֹא מְעָט. הוא עורך מלחמותיו כשהוא
מדמה שהכול בא מכוחו וגדולתו בלבד. ח **כִּי יֹאמַר** מלך אשור:
הֲלֹא שָׂרַי יַחְדָּו הֵם מְלָכִים. לכל שר משרי אשור, אשר נשלח למחוז
אחר, היה כתר ממשל במקומו כמו למלך קטן. ט **הֲלֹא כְּכַרְכְּמִישׁ**,

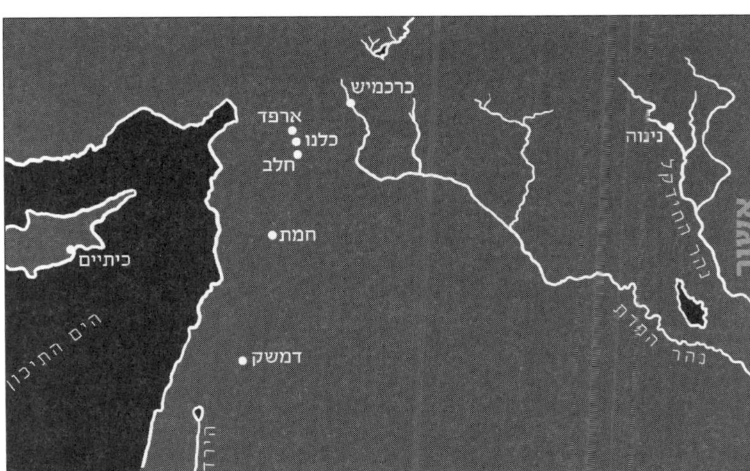

כרכמיש, כלנו, ארפד, חמת ודמשק

כַּלְנוֹ אִם־לֹא כְּאַרְפַּד חֲמָת אִם־לֹא כְדַמֶּשֶׂק שֹׁמְרוֹן: כַּאֲשֶׁר י
מָצְאָה יָדִי לְמַמְלְכֹת הָאֱלִיל וּפְסִילֵיהֶם מִירוּשָׁלִַם וּמִשֹּׁמְרוֹן:
הֲלֹא כַּאֲשֶׁר עָשִׂיתִי לְשֹׁמְרוֹן וְלֶאֱלִילֶיהָ כֵּן אֶעֱשֶׂה לִירוּשָׁלִַם יא
וְלַעֲצַבֶּיהָ: וְהָיָה כִּי־יְבַצַּע אֲדֹנָי אֶת־כָּל־מַעֲשֵׂהוּ בְּהַר יב
צִיּוֹן וּבִירוּשָׁלִָם אֶפְקֹד עַל־פְּרִי־גֹדֶל לְבַב מֶלֶךְ־אַשּׁוּר וְעַל־
תִּפְאֶרֶת רוּם עֵינָיו: כִּי אָמַר בְּכֹחַ יָדִי עָשִׂיתִי וּבְחָכְמָתִי כִּי נְבֻנוֹתִי יג
וַעֲתוּדֹתֵיהֶם וְאָסִיר ׀ גְּבוּלֹת עַמִּים ועתידתיהם שׁוֹשֵׂתִי וְאוֹרִיד כַּאבִּיר
יוֹשְׁבִים: וַתִּמְצָא כַקֵּן ׀ יָדִי לְחֵיל הָעַמִּים וְכֶאֱסֹף בֵּיצִים עֲזֻבוֹת יד
כָּל־הָאָרֶץ אֲנִי אָסָפְתִּי וְלֹא הָיָה נֹדֵד כָּנָף וּפֹצֶה פֶה וּמְצַפְצֵף:
הֲיִתְפָּאֵר הַגַּרְזֶן עַל הַחֹצֵב בּוֹ אִם־יִתְגַּדֵּל הַמַּשּׂוֹר עַל־מְנִיפוֹ טו
כְּהָנִיף שֵׁבֶט וְאֶת־מְרִימָיו כְּהָרִים מַטֶּה לֹא־עֵץ: לָכֵן טז
יְשַׁלַּח הָאָדוֹן יהוה צְבָאוֹת בְּמִשְׁמַנָּיו רָזוֹן וְתַחַת כְּבֹדוֹ יֵקַד יְקֹד
כִּיקוֹד אֵשׁ: וְהָיָה אוֹר־יִשְׂרָאֵל לְאֵשׁ וּקְדוֹשׁוֹ לְלֶהָבָה וּבָעֲרָה יז
וְאָכְלָה שִׁיתוֹ וּשְׁמִירוֹ בְּיוֹם אֶחָד: וּכְבוֹד יַעְרוֹ וְכַרְמִלּוֹ מִנֶּפֶשׁ יח
וְעַד־בָּשָׂר יְכַלֶּה וְהָיָה כִּמְסֹס נֹסֵס: וּשְׁאָר עֵץ יַעְרוֹ מִסְפָּר יִהְיוּ יט

ביאור

עיר באזור סוריה הצפונית שנכבשה על ידי האשורים, כך תהיה **כַּלְנוֹ**, אף היא מדינה בצפון, הנזכרת גם בשם כלנה.[51] **אִם לֹא כְּאַרְפַּד**, כמו שנכבשה העיר ארפד, הקרובה יותר לממלכת אשור – **חֲמָת** שבסוריה תיכבש על ידם. **אִם לֹא כְדַמֶּשֶׂק – שֹׁמְרוֹן**. דמשק היא צפונית יותר, ולכן נכבשה לפני שומרון. י **כַּאֲשֶׁר מָצְאָה יָדִי לְמַמְלְכֹת הָאֱלִיל**. האשורים כבשו מדינה אחר מדינה.[52] **וּפְסִילֵיהֶם** רבים וחזקים יותר **מִירוּשָׁלִַם וּמִשֹּׁמְרוֹן**.[53] יא **הֲלֹא כַּאֲשֶׁר עָשִׂיתִי לְשֹׁמְרוֹן וְלֶאֱלִילֶיהָ, כֵּן אֶעֱשֶׂה לִירוּשָׁלִַם וְלַעֲצַבֶּיהָ**, לפסיליה. הוא כמובן משמיט את זכרו של ה׳, וטוען שגם אנשי ירושלים עובדי אלילים – גם אם בצנעה ולא בשלמות.

העולם

כַּלְנוֹ מזוהה עם Kullan-Köy הסמוכה לארפד מדרום. נראה שאין זו כלנה המוזכרת ברשימת תולדות בני נח (בראשית י׳, י׳).

חֲמָת שוכנת מדרום לכלנו במרכז סוריה. **אַרְפַּד** מזוהה עם תל רפעת, השוכנת כ-30 ק״מ מצפון לחלב, לא הרחק מהגבול עם טורקיה של היום.

יב **וְהָיָה כִּי יְבַצַּע אֲדֹנָי אֶת כָּל מַעֲשֵׂהוּ בְּהַר צִיּוֹן וּבִירוּשָׁלִָם**, לאחר שיביא
עליהם את כל העונשים הראויים להם, **אֶפְקֹד עַל פְּרִי גֹדֶל לְבַב**
מֶלֶךְ אַשּׁוּר וְעַל תִּפְאֶרֶת רוּם עֵינָיו. האשורים ייענשו על גאוותם ועל
תפיסתם העצמית כמושלי העולם. יג **כִּי אָמַר** מלך אשור: **בְּכֹחַ**
יָדִי עָשִׂיתִי כל זאת, **וּבְחָכְמָתִי כִּי נְבֻנוֹתִי**, הייתי נבון, **וְאָסִיר גְּבוּלֹת**
עַמִּים, ואת **עֲתוּדוֹתֵיהֶם**, אוצרותיהם השמורים להם לעתיד **שׁוֹשֵׂתִי**,
שסיתי ובזזתי, **וְאוֹרִיד כַּאבִּיר יוֹשְׁבִים**. הורדתי מגדולתם את היושבים
האדירים. יד **וַתִּמְצָא כַקֵּן יָדִי לְחֵיל הָעַמִּים**, ידי משיגה את עושר
העמים בקלות כמי שמשיט ידו לקן שביצים כנוסות בו, **וְכֶאֱסֹף בֵּיצִים**
עֲזֻבוֹת כָּל הָאָרֶץ, כל הארץ דומה בעיניי כאוסף של ביצים עזובות,
אשר **אֲנִי אָסָפְתִּי**. האשורים כבשו מאות ערים, כאילו הן ביצים
המוכנסות כסל. **וְלֹא הָיָה נֹדֵד כָּנָף וּפֹצֶה פֶה וּמְצַפְצֵף.** איש לא גילה
סימני התנגדות. אי אפשר היה לעמוד בפני כוחה של ממלכת אשור.

כאן באה התוכחה: טו **הֲיִתְפָּאֵר הַגַּרְזֶן עַל הַחֹצֵב בּוֹ**, האם הגרזן יכול
להתפאר ולטעון שהוא גדול ממי שאוחז בו וחוצב בעזרתו?! **אִם**
יִתְגַּדֵּל הַמַּשּׂוֹר עַל מְנִיפוֹ, האם המסור רואה את עצמו חשוב יותר
ממי שמניף אותו?! **כְּהָנִיף שֵׁבֶט**, כאילו היה המקל מגביה את עצמו
וְאֶת מְרִימָיו, **כְּהָרִים מַטֶּה**, כמטה המתרומם מאליו, כאילו **לֹא** היה
עֵץ.[54] טעותו של אשור מדומה למכשיר הבטוח בעצמאות פעולתו
בלי שיפעילו אותו.

טז **לָכֵן יְשַׁלַּח הָאָדוֹן ה' צְבָאוֹת בְּמִשְׁמַנָּיו רָזוֹן**, **וְתַחַת כְּבֹדוֹ** של העם
האשורי **יֵקַד יְקֹד**, תבער **בְּ**ערה **כִּ**יקוד, כמדורת **אֵשׁ**. יז **וְהָיָה אוֹר**
יִשְׂרָאֵל, אלוקיו[55] **לְאֵשׁ**, **וּ**קדושו – **לְלֶהָבָה**, **וּבָעֲרָה** אש ה' **וְאָכְלָה** את
שִׁיתוֹ וּשְׁמִירוֹ, קוצי אשור **בְּיוֹם אֶחָד**. בסופו של דבר, בין אם לפני
הכיבוש או אחריו, מפלתו המהירה תגיע. יח ואת **כְּבוֹד יַעְרוֹ** של
אשור **וְכַרְמִלּוֹ**, השטח הנטוע שבממלכתו **מִנֶּפֶשׁ וְעַד בָּשָׂר יְכַלֶּה**, **וְהָיָה**
כִּמְסֹס נֹסֵס, כמו מה שנאכל על ידי תולעים.[56] יט **וּשְׁאָר עֵץ יַעְרוֹ**, מה

בעלי מלאכה האוחזים במסור וגרזן

ציור קיר מקבר נבמון, השושלת ה-18 מצרים העתיקה

וְנַעַר יִכְתְּבֵם׃ וְהָיָה ׀ בַּיּוֹם הַהוּא לֹא־יוֹסִיף עוֹד שְׁאָר כ
יִשְׂרָאֵל וּפְלֵיטַת בֵּית־יַעֲקֹב לְהִשָּׁעֵן עַל־מַכֵּהוּ וְנִשְׁעַן עַל־יְהֹוָה
קְדוֹשׁ יִשְׂרָאֵל בֶּאֱמֶת׃ שְׁאָר יָשׁוּב שְׁאָר יַעֲקֹב אֶל־אֵל גִּבּוֹר׃ כִּי כא כב
אִם־יִהְיֶה עַמְּךָ יִשְׂרָאֵל כְּחוֹל הַיָּם שְׁאָר יָשׁוּב בּוֹ כִּלָּיוֹן חָרוּץ
שׁוֹטֵף צְדָקָה׃ כִּי כָלָה וְנֶחֱרָצָה אֲדֹנָי יֱהֹוִה צְבָאוֹת עֹשֶׂה בְּקֶרֶב כג
כָּל־הָאָרֶץ׃ לָכֵן כֹּה־אָמַר אֲדֹנָי יֱהֹוִה צְבָאוֹת אַל־ כד
תִּירָא עַמִּי יֹשֵׁב צִיּוֹן מֵאַשּׁוּר בַּשֵּׁבֶט יַכֶּכָּה וּמַטֵּהוּ יִשָּׂא־עָלֶיךָ
בְּדֶרֶךְ מִצְרָיִם׃ כִּי־עוֹד מְעַט מִזְעָר וְכָלָה זַעַם וְאַפִּי עַל־תַּבְלִיתָם׃ כה
וְעוֹרֵר עָלָיו יְהֹוָה צְבָאוֹת שׁוֹט כְּמַכַּת מִדְיָן בְּצוּר עוֹרֵב וּמַטֵּהוּ כו
עַל־הַיָּם וּנְשָׂאוֹ בְּדֶרֶךְ מִצְרָיִם׃ וְהָיָה ׀ בַּיּוֹם הַהוּא יָסוּר סֻבֳּלוֹ כז
מֵעַל שִׁכְמֶךָ וְעֻלּוֹ מֵעַל צַוָּארֶךָ וְחֻבַּל עֹל מִפְּנֵי־שָׁמֶן׃ בָּא עַל־עַיַּת כח
עָבַר בְּמִגְרוֹן לְמִכְמָשׂ יַפְקִיד כֵּלָיו׃ עָבְרוּ מַעְבָּרָה גֶּבַע מָלוֹן לָנוּ כט
חָרְדָה הָרָמָה גִּבְעַת שָׁאוּל נָסָה׃ צַהֲלִי קוֹלֵךְ בַּת־גַּלִּים הַקְשִׁיבִי ל
לַיְשָׁה עֲנִיָּה עֲנָתוֹת׃ נָדְדָה מַדְמֵנָה יֹשְׁבֵי הַגֵּבִים הֵעִיזוּ׃ עוֹד הַיּוֹם לא לב

ביאור שיישאר מעץ היער שלו – **מִסְפָּר יִהְיוּ, וְנַעַר יִכְתְּבֵם**, יהיה כה מצומצם, שנער קטן, שאינו בקי במספרים, יוכל לכתוב מניינו.

כאן באה נחמה מסוימת: כ **וְהָיָה בַּיּוֹם הַהוּא לֹא יוֹסִיף עוֹד שְׁאָר יִשְׂרָאֵל**, אלה שיישארו מישראל, **וּפְלֵיטַת בֵּית יַעֲקֹב לְהִשָּׁעֵן עַל מַכֵּהוּ**. לא יסמכו עוד על מעצמה הגורמת להם סבל, אלא **וְנִשְׁעַן עַל ה׳ קְדוֹשׁ יִשְׂרָאֵל בֶּאֱמֶת**. הם ידעו שעליהם להישען רק על אביהם שבשמים. כא **שְׁאָר יָשׁוּב, שְׁאָר יַעֲקֹב**, שארית יעקב ישובו **אֶל אֵל**

העולם **בָּא עַל עַיַּת... גִּבְעַת שָׁאוּל נָסָה** מסע צבאות אשור עבר בדרך המזרחית, המקבילה לדרך האבות העוברת על גב ההר, אל ירושלים. דרך זו עוברה מבקעת הירדן באזור בנימין לאזור גב ההר. אולם מפרקים לו–לז ומהמקורות האשוריים עולה כי מסלול המסע ביהודה עבר בעיקרו באזורי השפלה. ייתכן שהיו שני מסעות, או שהיה זה מסע דו–ראשי: כוח אחד עלה מהשפלה לירושלים, והשני איגף מצפון. ושמא מתואר כאן דפוס מסע של אויבים מצפון לעבר כיבוש ירושלים, אף שאין דרך זו מתאימה לצבא הכבד של אשור, כדי להקביל בין נפילת שומרון לבין האיום לכבוש את ירושלים.

עַיַּת ייתכן שזוהי העי המוכרת מספר יהושע.

מִגְרוֹן סמוכה לגבעה. זיהויה נתון בספק.

גִּבּוֹר. ביטוי זה מתקשר גם לשמות הסמליים שניתנו לבניו של הנביא – 'שאר ישוב' ו'פלא יועץ אל גיבור'.[57] כב **כִּי אִם יִהְיֶה עַמְּךָ יִשְׂרָאֵל כְּחוֹל הַיָּם** – רק **שְׁאָר**, מעט **יָשׁוּב בּוֹ**, כי **כִּלָּיוֹן חָרוּץ**, גזור הוא מה'.[58] או: גם שארית ישראל זו תאבד, כמו שנאמר בנבואות אחרות,[59] **שׁוֹטֵף צְדָקָה**. היא תישטף בצדק ובדין.[60] כג **כִּי כָלָה וְנֶחֱרָצָה ה' אֱלֹהִים צְבָאוֹת עֹשֶׂה בְּקֶרֶב כָּל הָאָרֶץ**.

כד **לָכֵן כֹּה אָמַר ה' אֱלֹהִים צְבָאוֹת: אַל תִּירָא עַמִּי, יֹשֵׁב צִיּוֹן, מֵאַשּׁוּר** אשר **בַּשֵּׁבֶט יַכֶּכָּה**, מכה אותך, **וּמַטֵּהוּ יִשָּׂא עָלֶיךָ**, ירים עליך להכותך **בְּדֶרֶךְ מִצְרָיִם**, כדרך שעשו המצרים.[61] כה **כִּי עוֹד מְעַט מִזְעָר**, זמן קצר מאוד **וְכָלָה זַעַם**, יסתיים זמן הזעם. **וְ**אז **אַפִּי** וחמתי יהיו **עַל תַּבְלִיתָם**, על מעשיהם המגונים, סרי הטעם וחסרי המשמעות. כו **וְעוֹרֵר עָלָיו** – על אשור **ה' צְבָאוֹת שׁוֹט כְּמַכַּת מִדְיָן בְּצוּר עוֹרֵב**, כנזכר במלחמות גדעון,[62] **וּמַטֵּהוּ עַל הַיָּם**, כמו המטה שהכה את המצרים על ים סוף, **וּנְשָׂאוֹ בְּדֶרֶךְ מִצְרָיִם**. הוא יטלטל את אשור וישבור את כוחם כדרך שעשה למצרים.[63] כז **וְהָיָה בַּיּוֹם הַהוּא יָסוּר סֻבֳּלוֹ**, משקלו **מֵעַל שִׁכְמֶךָ**, ישראל, **וְעֻלּוֹ מֵעַל צַוָּארֶךָ, וְחֻבַּל**, יושחת ויינזק **עַל מִפְּנֵי שָׁמֶן**, בגלל אלה שהוא רובץ עליהם, שלא כדרך הטבעית, ששומן הצוואר הוא הנחבל מפני העול שעליו.[64]

עתה מתואר כיצד התחיל מסע הכיבוש של אשור: כח **בָּא עַל** העיר **עַיַּת, עָבַר בְּמִגְרוֹן, לְמִכְמָשׂ יַפְקִיד כֵּלָיו**. אשור עבר מעיר לעיר וכבשן בקלות רבה. כט **עָבְרוּ לַמַּעְבָּרָה, גֶּבַע** שימשה **מָלוֹן** שבו אשור **לָנוּ, חָרְדָה הָרָמָה** מפניהם, **גִּבְעַת שָׁאוּל נָסָה**. המקומות הללו סמוכים לירושלים. נראה שהצבא האשורי לא נסע ישירות לצור על ירושלים, אלא ערך מלחמה עם הערים שסביבותיה תחילה. רק לאחר שכבשן, שלח סנחריב מלך אשור את צבאו לירושלים.[65] ל **צַהֲלִי קוֹלֵךְ**, השמיעי קול התראה, **בַּת גַּלִּים, הַקְשִׁיבִי לַיְשָׁה, עֲנִיָּה עֲנָתוֹת**. תושביהם של מקומות אלה נמלטו מפני האויב. לא **נָדְדָה מַדְמֵנָה** ממקומה,[66] **יֹשְׁבֵי הַגֵּבִים הֵעִיזוּ**, אספו את הצאן וברחו אל מקום מפלט.[67] לב **עוֹד הַיּוֹם** יבוא

העולם

מִכְמָשׂ נקראת בפי הערבים מח'מאס, נמצאת על גבול מדבר יהודה, מצפון מזרח לירושלים.

גֶּבַע מדרום למכמש.

רָמָה אולי כפר א-ראם שמצפון לירושלים או רמאלכה של ימינו.

גִּבְעַת שָׁאוּל מזוהה עם תל אל-פול בתחום שועפט של ימינו.

בַּת גַּלִּים יש המזהים אותה עם ח'רבת כעכול ממערב לענתות.

לַיְשָׁה, לַיִשׁ ייתכן שזו אל-עיסוויה שעל המדרון המזרחי של הר הצופים.

עֲנָתוֹת יש המזהים אותה עם ראס אל-חורבה שבכפר הערבי ענאתה, ויש הטוענים כי שכנה במקום שבו שוכן היישוב ענתות או עלמון של היום, 5 ק"מ מצפון לירושלים.

בַּת־ בְּנֹב לַעֲמֹד יְנֹפֵף יָדוֹ הַר בית־צִיּוֹן גִּבְעַת יְרוּשָׁלִָם: הִנֵּה לג
הָאָדוֹן יְהוָה צְבָאוֹת מְסָעֵף פֻּארָה בְּמַעֲרָצָה וְרָמֵי הַקּוֹמָה גְּדֻעִים
וְהַגְּבֹהִים יִשְׁפָּלוּ: וְנִקַּף סִבְכֵי הַיַּעַר בַּבַּרְזֶל וְהַלְּבָנוֹן בְּאַדִּיר לד
יִפּוֹל: וְיָצָא חֹטֶר מִגֵּזַע יִשָׁי וְנֵצֶר מִשָּׁרָשָׁיו יִפְרֶה: וְנָחָה א ב יא
עָלָיו רוּחַ יְהוָה רוּחַ חָכְמָה וּבִינָה רוּחַ עֵצָה וּגְבוּרָה רוּחַ דַּעַת
וְיִרְאַת יְהוָה: וַהֲרִיחוֹ בְּיִרְאַת יְהוָה וְלֹא־לְמַרְאֵה עֵינָיו יִשְׁפּוֹט ג
וְלֹא־לְמִשְׁמַע אָזְנָיו יוֹכִיחַ: וְשָׁפַט בְּצֶדֶק דַּלִּים וְהוֹכִיחַ בְּמִישׁוֹר ד
לְעַנְוֵי־אָרֶץ וְהִכָּה־אֶרֶץ בְּשֵׁבֶט פִּיו וּבְרוּחַ שְׂפָתָיו יָמִית רָשָׁע:

ביאור | מפקד צבא אשור בְּנֹב לַעֲמֹד, יְנֹפֵף יָדוֹ על הַר בַּת צִיּוֹן, גִּבְעַת יְרוּשָׁלָם. הוא מרים ידו כנגד ירושלים אחרי כל ניצחונותיו.[68]

לג הִנֵּה הָאָדוֹן ה׳ צְבָאוֹת מְסָעֵף, מסיר סעיפים,[69] חותך פֻּארָה, ענף בְּמַעֲרָצָה, בכלי חיתוך, וְרָמֵי הַקּוֹמָה יהיו גְּדוּעִים, וְהַגְּבֹהִים יִשְׁפָּלוּ. לד וְנִקַּף, ייחתכו סִבְכֵי, ענפי הַיַּעַר בַּבַּרְזֶל, וְהַלְּבָנוֹן בְּאַדִּיר יִפּוֹל. כל היער, המסמל את גדולתם של האשורים, יירמס בבת אחת ויושמד.

מן הנבואות הקשות שבפרק זה נראה שרק ירושלים תינצל, וממנה תימצא תקווה לעולם חדש ולגאולה. מההקשר נראה כי גאולה זו - שתתואר בפרק הבא - הייתה ראויה להתגשם עם נפילת האימפריה הגדולה, אשור, אלא שלא יצא הדבר אל הפועל לפי שעה. העולם החדש הזה יקום רק לאחר זמן. כך עולה גם מדברי חז״ל, שביקש הקדוש ברוך הוא לעשות חזקיהו משיח וסנחריב גוג ומגוג, אלא שלא היו ראויים.[70]

העולם | נֹב שוכנת מצפון לירושלים. יש אומרים שהיא הגרעין העתיק של הכפר שועפאת; אחרים מיקמו אותה בגבעה הצרפתית, בשכונת א־טור ובוואדי ג׳וז, בראש המדרון החולש על הערוץ העילי של נחל קדרון.

חֹטֶר הענף היוצא מריכוז מזון הנראה כחטוטרת על גזעי עצים כגון הזית. בעבר נהגו לעקור ענפים אלו וליצור מהם מַטות. על כן סימל החוטר מלוכה ומשפט.

נֵצֶר הענף היוצא משורשי העץ סביב הגזע. ענפים אלה מתחרים על מקורות המזון של העץ האב, לכן היה החקלאי עוקר נצרים אלה ונוצר מהם אחדים לצורך נטיעת עצים חדשים. בלשון המשנה ענפים כאלה המיועדים לנטיעה נקראו גרופיות.

פרק יא

השלום, קיבוץ הגלויות והשיר לעתיד לבוא
פרקים יא–יב

הנבואר שלפנינו מדברת על טובם של ימות המשיח, והיא פותחת בתיאור דמותו של הגואל. מן הדברים הקודמים, ייתכן שהייתה תקווה שהדברים יתממשו בזמן הקרוב, לאחר נפילת מלכות אשור, אבל בפועל לא כך היה.[1]

פרק יא א **וְיָצָא חֹטֶר**, ענף היוצא מגזע העץ סמוך לשורשיו, **מִגֵּזַע
יִשָׁי, וְנֵצֶר**, ענף רך היוצא מן השורש, **מִשָּׁרָשָׁיו יִפְרֶה**. התיאור מתייחס
לעץ דוגמת התמר, שחוטריו ונצריו משמשים לנטיעה חדשה. הגואל
העתידי אמנם יהיה מבית דוד, אבל אין הכרח שיהיה צאצא ישיר
של המלך או של שושלת המלוכה הקיימת.[2] ב אדם זה יהיה איש
המעלה – **וְנָחָה עָלָיו רוּחַ ה׳**, ומפרט והולך תכונותיה של אותה רוח
גדולה –[3] **רוּחַ חָכְמָה וּבִינָה**, מעלת השכל והכישרון האינטלקטואלי,
רוּחַ עֵצָה וּגְבוּרָה, בחינות מעשיות יותר: העצה כיצד יש לנהוג
והגבורה להילחם כנגד אויבים ופורעניות,[4] **רוּחַ דַּעַת וְיִרְאַת ה׳**, שעל
ידה יוכל לדעת היטב מהו היחס הנכון לענייני העולם הזה. ג **וַהֲרִיחוֹ
בְּיִרְאַת ה׳**, יש שפירשו, שהוא יוכל להריח ולדעת עם מי הצדק,
מכוח יראת ה׳ שבו,[5] אך נראה שהמשמעות העיקרית היא שהוא
ינשום יראת ה׳; יראת ה׳ תהיה רוח אפו.[6] ומתוך כך יבין דברים
מעצמו – **וְלֹא לְמַרְאֵה עֵינָיו יִשְׁפּוֹט, וְלֹא לְמִשְׁמַע אָזְנָיו יוֹכִיחַ**. הוא לא
יזדקק לעדויות לשם דיון או שיפוט מפני שמיד יֵדע את האמת
מאליו.[7] ד **וְשָׁפַט בְּצֶדֶק דַּלִּים**, ידאג למסכנים ויושיעם, **וְהוֹכִיחַ**, ידריך
בְּמִישׁוֹר, בדרך ישרה ונוחה **לְעַנְוֵי אָרֶץ**, את הענווים, ועם זאת – **וְהִכָּה
אֶרֶץ בְּשֵׁבֶט פִּיו**. אם יהא עליו להעניש או לערוך מלחמה, בכוחו
לשבור את הארץ באמצעות פיו בלבד, ואפילו **בְּרוּחַ שְׂפָתָיו** בלבד **יָמִית
רָשָׁע**. הוא אינו זקוק לחרב; ביכולתו לעשות הכול בכוחו הרוחני.[8]

מימין:
סרגון השני ובידו שרביט חוטר פוגש אדם נכבד (שאולי הוא בנו, יורש העצר סנחריב) מתוך תבליט בארמונו דור שרוכין, אשור

משמאל למעלה:
נצר

משמאל למטה:
חוטר

ה ו וְהָיָה צֶדֶק אֵזוֹר מָתְנָיו וְהָאֱמוּנָה אֵזוֹר חֲלָצָיו: וְגָר זְאֵב עִם־כֶּבֶשׂ
וְנָמֵר עִם־גְּדִי יִרְבָּץ וְעֵגֶל וּכְפִיר וּמְרִיא יַחְדָּו וְנַעַר קָטֹן נֹהֵג בָּם:
ז וּפָרָה וָדֹב תִּרְעֶינָה יַחְדָּו יִרְבְּצוּ יַלְדֵיהֶן וְאַרְיֵה כַּבָּקָר יֹאכַל־תֶּבֶן:
ח וְשִׁעֲשַׁע יוֹנֵק עַל־חֻר פָּתֶן וְעַל מְאוּרַת צִפְעוֹנִי גָּמוּל יָדוֹ הָדָה:
ט לֹא־יָרֵעוּ וְלֹא־יַשְׁחִיתוּ בְּכָל־הַר קׇדְשִׁי כִּי־מָלְאָה הָאָרֶץ דֵּעָה
י אֶת־יהוה כַּמַּיִם לַיָּם מְכַסִּים: וְהָיָה בַּיּוֹם הַהוּא
שֹׁרֶשׁ יִשַׁי אֲשֶׁר עֹמֵד לְנֵס עַמִּים אֵלָיו גּוֹיִם יִדְרֹשׁוּ וְהָיְתָה מְנֻחָתוֹ
יא כָּבוֹד: וְהָיָה ׀ בַּיּוֹם הַהוּא יוֹסִיף אֲדֹנָי ׀ שֵׁנִית יָדוֹ
לִקְנוֹת אֶת־שְׁאָר עַמּוֹ אֲשֶׁר יִשָּׁאֵר מֵאַשּׁוּר וּמִמִּצְרַיִם וּמִפַּתְרוֹס

ביאור

ה **וְהָיָה צֶדֶק** – **אֵזוֹר**, חגור **מָתְנָיו, וְהָאֱמוּנָה – אֵזוֹר חֲלָצָיו**. החגור הוא ממלבושי המלך. באופן ציורי, המלך המשיח יחגור עצמו בצדק ובאמונה. הוא יאמצם אליו, ובהם ייתמך. הם מקור עצמתו.[9]

השלווה והשלום יאפיינו את עולמו של המשיח ויחבקו את המציאות כולה: ו **וְגָר זְאֵב** יחד **עִם כֶּבֶשׂ, וְנָמֵר עִם גְּדִי יִרְבָּץ, וְעֵגֶל וּכְפִיר**, אריה צעיר[10] **וּמְרִיא**, שור גדול ומפוטם, יהיו **יַחְדָּו**. החיות הטורפות ובעלי החיים הצמחוניים יחיו בשלום אלה בצד אלה, **וְנַעַר קָטֹן נֹהֵג בָּם**. לא יהיה צורך בכוח על מנת לנהוג באריות ובנמרים; אפילו נער קטן יוכל לעשות זאת, כשם שבאפשרותו לרעות כבשים. ז **וּפָרָה וָדֹב תִּרְעֶינָה** סמוכות זו לזו, **יַחְדָּו יִרְבְּצוּ יַלְדֵיהֶן**, העגלים בצד הדובים הקטנים, **וְאַרְיֵה** יחדל לטרוף ולאכול בשר, אלא **כַּבָּקָר יֹאכַל תֶּבֶן** ועשבים. ח **וְשִׁעֲשַׁע יוֹנֵק עַל חֻר פָּתֶן**. תינוק קטן יוכל להשתעשע על פתח חורו של הפתן הארסי, **וְעַל מְאוּרַת** נחש **צִפְעוֹנִי – גָּמוּל**, תינוק קטן מאוד שרק נגמל משדי אמו – **יָדוֹ הָדָה**, הושיט, כי בזמן

העולם

כְּפִיר אחד משמותיו של האריה במקרא, לצד ארי, לביא, ליש, שחל ושחץ (ראו אבות דרבי נתן נו"א לט). יש הרואים בשמות השונים כינויים לשלבים בהתפתחות החיה ובהופעותיה. לפי פירוש זה, הכפיר הוא האריה צעיר המכוסה רעמה. (השורש כ,פ,ר, משמעו כ,ס,ה). אחרים סבורים כי השמות מציינים זני אריות שונים שמוצאם בארצות שונות. יש מי שטוען כי השם כפיר בא מהתואר כביר, והוא מציין חיה גדולה בכלל, לאו דווקא אריה.

פַּתְרוֹס הפתרוסים נזכרים ברשימת העמים בבראשית (י,יג-יד) כבניו של מצרים בן חם. מקור שמם – 'פא תא רסי', כלומר הארץ הדרומית, שהיא מצרים העליונה. לפי האמור ביחזקאל (כט,יד), פתרוס היא ארצם המקורית של המצרים.

המשיח אלה לא יזיקו עוד. ט **לֹא יָרֵעוּ וְלֹא יַשְׁחִיתוּ**, לא יוכל להיות
כל רע **בְּכָל הַר קָדְשִׁי, כִּי מָלְאָה הָאָרֶץ דֵּעָה אֶת ה' כַּמַּיִם** לקרקעית
הַיָּם מְכַסִּים. כשם שהמים ממלאים ומכסים את תחתית הים, על
שקעיה ובורותיה,[11] כך דעת ה' תמלא את כל העולם על כל יצוריו.
על ידי זה יחול שינוי גדול בעולם, והוא יתבטא בהרמוניה שלמה.[12]

י **וְהָיָה בַּיּוֹם הַהוּא** האיש שיצא **מִשֹּׁרֶשׁ יִשַׁי, אֲשֶׁר עֹמֵד לְנֵס** כמו דגל
הנישא בין **הָעַמִּים, אֵלָיו גּוֹיִם יִדְרֹשׁוּ**. העמים יבואו אליו מעצמם
ויישמעו לו, בלא שיצטרך להילחם.[13] **וְהָיְתָה מְנֻחָתוֹ כָּבוֹד**. מקום
מנוחתו יהיה מכובד.[14]
יא **וְהָיָה בַּיּוֹם הַהוּא יוֹסִיף אֲדֹנָי שֵׁנִית** בכוח **יָדוֹ לִקְנוֹת**, לקחת לו **אֶת**
שְׁאָר עַמּוֹ, את שארית ישראל, על ידי שיקבץ את **אֲשֶׁר יִשָּׁאֵר מֵאַשּׁוּר**
וּמִמִּצְרַיִם וּמִפַּתְרוֹס, כינוי למחוז מסוים במצרים או אזור בקרבתה[15]

צפע
('צפעוני'?)

מקומות שבהם
נשארו גולי עם
ישראל

הרחבות

'וגר זאב עם כבש' היו שסברו כי יש להבין את אחוות החיות המתוארת כאן שלא כמשמעה, אלא כביטוי סמלי לשלום והבנה גדולה שישררו בין בני האדם. (רמב"ם, הלכות מלכים יב,א; מורה נבוכים ח"ג יא; וראו עוד האמונות והדעות לרס"ג ח,ח; אברבנאל להלן סה,כה).

וּמִכּוּשׁ וּמֵעֵילָם וּמִשִּׁנְעָר וּמֵחֲמָת וּמֵאִיֵּי הַיָּם׃ וְנָשָׂא נֵס לַגּוֹיִם יב
וְאָסַף נִדְחֵי יִשְׂרָאֵל וּנְפֻצוֹת יְהוּדָה יְקַבֵּץ מֵאַרְבַּע כַּנְפוֹת הָאָרֶץ׃
וְסָרָה קִנְאַת אֶפְרַיִם וְצֹרְרֵי יְהוּדָה יִכָּרֵתוּ אֶפְרַיִם לֹא־יְקַנֵּא אֶת־ יג
יְהוּדָה וִיהוּדָה לֹא־יָצֹר אֶת־אֶפְרָיִם׃ וְעָפוּ בְכָתֵף פְּלִשְׁתִּים יָמָּה יד
יַחְדָּו יָבֹזּוּ אֶת־בְּנֵי־קֶדֶם אֱדוֹם וּמוֹאָב מִשְׁלוֹחַ יָדָם וּבְנֵי עַמּוֹן
מִשְׁמַעְתָּם׃ וְהֶחֱרִים יהוה אֵת לְשׁוֹן יָם־מִצְרַיִם וְהֵנִיף יָדוֹ עַל־ טו
הַנָּהָר בַּעְיָם רוּחוֹ וְהִכָּהוּ לְשִׁבְעָה נְחָלִים וְהִדְרִיךְ בַּנְּעָלִים׃ וְהָיְתָה טז
מְסִלָּה לִשְׁאָר עַמּוֹ אֲשֶׁר יִשָּׁאֵר מֵאַשּׁוּר כַּאֲשֶׁר הָיְתָה לְיִשְׂרָאֵל
בְּיוֹם עֲלֹתוֹ מֵאֶרֶץ מִצְרָיִם׃ וְאָמַרְתָּ בַּיּוֹם הַהוּא אוֹדְךָ יהוה כִּי א יב
אָנַפְתָּ בִּי יָשֹׁב אַפְּךָ וּתְנַחֲמֵנִי׃ הִנֵּה אֵל יְשׁוּעָתִי אֶבְטַח וְלֹא ב
אֶפְחָד כִּי־עָזִּי וְזִמְרָת יָהּ יהוה וַיְהִי־לִי לִישׁוּעָה׃ וּשְׁאַבְתֶּם־מַיִם ג
בְּשָׂשׂוֹן מִמַּעַיְנֵי הַיְשׁוּעָה׃ וַאֲמַרְתֶּם בַּיּוֹם הַהוּא הוֹדוּ לַיהוה ד

ביאור | **וּמִכּוּשׁ וּמֵעֵילָם וּמִשִּׁנְעָר וּמֵחֲמָת וּמֵאִיֵּי הַיָּם.** בני העם יתקבצו מקצווי ארץ. יב **וְנָשָׂא נֵס לַגּוֹיִם וְאָסַף נִדְחֵי יִשְׂרָאֵל.** הגויים יכירו בהרמת דגלו של הגואל, שמשמעותה קריאה לקיבוץ ישראל מביניהם, **וּנְפֻצוֹת יְהוּדָה יְקַבֵּץ מֵאַרְבַּע כַּנְפוֹת הָאָרֶץ.** יג **וְסָרָה קִנְאַת אֶפְרַיִם**, אלה המקנאים באפרים ונלחמים בו, **וְצֹרְרֵי**, אויבי **יְהוּדָה** מבית ומחוץ[16]

העולם | **כּוּשׁ** שם זה כולל מספר ארצות מדרום למצרים ולפתרוס, מהאשד הראשון באסואן (סוון העתיקה), דרך הארצות שלחופו של ים סוף, ועד לסודן ואתיופיה של היום.

עֵילָם נזכר ברשימת העמים בבראשית (י,כב) כאחד מבניו של שם. העם העילמי ישב בצפון–מזרח המפרץ הפרסי, כלומר בדרום–מערב אירן של ימינו. בירתו הייתה שושן (דניאל ח,ב). עילם הייתה גורם משמעותי באזור מסופוטמיה ועמדה במאבקים מתמידים עם בבל ואשור. החל מימי ישעיהו (סוף המאה ה–8 לפנה"ס) נחלשה והתפוררה בעקבות פלישות של שבטים פרסיים, מלחמות וסכסוכים פנימיים, והפכה להיות חלק מממלכת פרס ומדי. שם הממלכה השתמר גם לאחר שנעלמה, ובימי הנביאים האחרונים הוא כלל גם את ממלכת פרס. משמעות השם עילם באכדית (Elamatum) – הארץ העליונה, אולי בשל שרשרות ההרים המתנשאים בצפונה.

שִׁנְעָר שמו של חבל הארץ הנמצא במרכז שני הנהרות פרת וחידקל ובדרומם (מספוטמיה). ארץ שנער נזכרת ברשימת העמים בבראשית (י,י), ושמה הפך לכינויה של ממלכת בבל בתעודות עתיקות של עמים רבים באזור הסהר הפורה.

חֲמָת עיר מדינה היושבת על גדת נהר אורנטס, במרכז סוריה של היום. תחום

יְכָּרֵתוּ. אֶפְרַיִם לֹא יְקַנֵּא אֶת יְהוּדָה, וִיהוּדָה לֹא יָצֹר אֶת אֶפְרָיִם. תשרור
ביניהם ידידות, לעומת הפילוג ששרר בין ממלכות יהודה וישראל
במשך שנות קיומן של שתי הממלכות.[17] יד **וְעָפוּ**, אפרים ויהודה
ימהרו **בְכָתֵף**, זה בצד זה, למגר יחד את אויבם המשותף – **פְלִשְׁתִּים**
יָמָּה, מערבה. שיתוף פעולה כזה לא התקיים ביניהם עד הנה כיוון
שהיו מפורדים. **יַחְדָּו** הם **יָבֹזּוּ אֶת בְּנֵי קֶדֶם. אֱדוֹם וּמוֹאָב מִשְׁלוֹחַ יָדָם**,
הם יוכלו לפשוט את ידם באדום ובמואב ולעשות בהם כרצונם.
וּבְנֵי עַמּוֹן מִשְׁמַעְתָּם, נתונים למרותם.[18] טו יתרה מזו – **וְהֶחֱרִים**, יכה,
יחריב **ה' אֵת לְשׁוֹן יָם מִצְרַיִם, וְהֵנִיף יָדוֹ עַל הַנָּהָר**, כנראה נהר פרת,
בַּעְיָם, בכוח[19] ובגבורת **רוּחוֹ. וְהִכָּהוּ** – את הנהר ויפצלו **לְשִׁבְעָה נְחָלִים,**
וְהִדְרִיךְ בַּנְּעָלִים, יעשהו מקום מדרך נעל, ייבש אותו. מי שיצטרך
לעבור בנהר יוכל לעשות זאת בהליכה. טז **וְהָיְתָה מְסִלָּה**, דרך סלולה
לִשְׁאָר עַמּוֹ אֲשֶׁר יִשָּׁאֵר מֵאַשּׁוּר, כַּאֲשֶׁר הָיְתָה לְיִשְׂרָאֵל בְּיוֹם עֲלֹתוֹ מֵאֶרֶץ
מִצְרָיִם. כמו שהיתה דרכם של ישראל ממצרים מתוקנת להם בלא
עיכובים, כך תהיה דרכם של גאולי ישראל שיבואו מכל הארצות
אשר נלקחו אליהן ביד אשור, לשוב ולהתקבץ בארצם.

פרק יב א **וְאָמַרְתָּ בַּיּוֹם הַהוּא**, ביום הגאולה: **אוֹדְךָ, ה', כִּי אָנַפְתָּ בִּי**
אף על פי[20] שכעסת ושפכת עלי את חרון אפך בעבר – עכשיו
יָשֹׁב אַפְּךָ, יחלוף כעסך **וּתְנַחֲמֵנִי**. ב **הִנֵּה אֵל יְשׁוּעָתִי**, הנהו כאן, ולכן
אֶבְטַח וְלֹא אֶפְחָד, כִּי עָזִּי וְזִמְרָת יָהּ, ה', כוחי ושירי, הכוח והשירה,
או: הכוח וזמירתו, כלומר קיצוצו של הרשע[21] – שייכים לה',[22] **וַיְהִי**
לִי לִישׁוּעָה. ג **וּשְׁאַבְתֶּם מַיִם בְּשָׂשׂוֹן מִמַּעַיְנֵי הַיְשׁוּעָה.** הישועה תנבע
לכם כמים חיים, ואתם תדעו זאת ותשישו.[23] ד **וַאֲמַרְתֶּם בַּיּוֹם הַהוּא:**

שלטונה היה בין הים התיכון במערב לבין מדבר סוריה במזרח, בין לבוא חמת (המזוהה עם היישוב לבווא באזור בעל בק בצפון בקעת הלבנון) בדרום לבין עמק הע'ב בצפון-מערב סוריה בצפון. בימי עוזיהו קרעו ממנה חבלי ארץ רבים, ובשנת 720 לפנה"ס הוחרבה על ידי האשורים. יש המזהים אותה עם אַחְמְתָא שבמדי הנזכרת בספר עזרא, היא העיר המדאן באיראן של היום.

אִיֵּי הַיָּם ברשימת העמים בבראשית (י,ד-ה) נקשרים איי הים לבני יפת. ככל הנראה מדובר באיי הים האגאי.

בְּנֵי קֶדֶם בשם זה כונו עמים נודדים שישבו במדבריות עבר הירדן המזרחי קרוב למדין ועמלק (שופטים ו,ג; ו,לג; ז,יב; ח,י). אולם היו שפירשו כי מדובר כאן בשבטים הארמיים והכשדיים שישבו באזור חרן, (לפי בראשית כט,א, וראו גם לעיל ט,יא). להשערה זו מסייע תיאור בני קדם כאנשי חכמה (מלכים א' ה,י).

לְשׁוֹן יָם מִצְרַיִם ים סוף החודר אל מפרץ סואץ מדומה לבליטתה של לשון. לְשׁוֹן יָם מציינת חדירת מים אל תוך היבשה. גם בים המלח מצינו שתי לשונות (ראו יהושע טו,ב; ה).
מושגים טופוגרפיים רבים בתנ"ך שאולים מגוף האדם, כגון 'פי הארץ' (במדבר טז,ל), 'כתף ים כנרת' (במדבר לד,יא), 'ראש ההר' (שמות יט,כ).

העולם

יב

קִרְא֣וּ בִשְׁמ֔וֹ הוֹדִ֥יעוּ בָעַמִּ֖ים עֲלִילֹתָ֑יו הַזְכִּ֕ירוּ כִּ֥י נִשְׂגָּ֖ב שְׁמֽוֹ׃ זַמְּר֣וּ ה
מוּדַעַת יְהוָ֔ה כִּ֥י גֵא֖וּת עָשָׂ֑ה מידעת זֹ֖את בְּכָל־הָאָֽרֶץ׃ צַהֲלִ֥י וָרֹ֖נִּי יוֹשֶׁ֣בֶת ו
צִיּ֑וֹן כִּֽי־גָד֥וֹל בְּקִרְבֵּ֖ךְ קְד֥וֹשׁ יִשְׂרָאֵֽל׃ מַשָּׂ֖א בָּבֶ֑ל א יג
אֲשֶׁ֣ר חָזָ֔ה יְשַׁעְיָ֖הוּ בֶּן־אָמֽוֹץ׃ עַ֤ל הַר־נִשְׁפֶּה֙ שְֽׂאוּ־נֵ֔ס הָרִ֥ימוּ ק֛וֹל ב
לָהֶ֖ם הָנִ֣יפוּ יָ֔ד וְיָבֹ֖אוּ פִּתְחֵ֥י נְדִיבִֽים׃ אֲנִ֥י צִוֵּ֖יתִי לִמְקֻדָּשָׁ֑י גַּ֣ם ג
קָרָ֤אתִי גִבּוֹרַי֙ לְאַפִּ֔י עַלִּיזֵ֖י גַּאֲוָתִֽי׃ ק֥וֹל הָמ֛וֹן בֶּהָרִ֖ים דְּמ֣וּת עַם־רָ֑ב ד
ק֗וֹל שְׁא֞וֹן מַמְלְכ֤וֹת גּוֹיִם֙ נֶאֱסָפִ֔ים יְהוָ֣ה צְבָא֔וֹת מְפַקֵּ֖ד צְבָ֥א
מִלְחָמָֽה׃ בָּאִ֛ים מֵאֶ֥רֶץ מֶרְחָ֖ק מִקְצֵ֣ה הַשָּׁמָ֑יִם יְהוָה֙ וּכְלֵ֣י זַעְמ֔וֹ ה
לְחַבֵּ֖ל כָּל־הָאָֽרֶץ׃ הֵילִ֕ילוּ כִּ֥י קָר֖וֹב י֣וֹם יְהוָ֑ה כְּשֹׁ֖ד מִשַּׁדַּ֥י יָבֽוֹא׃ ו
עַל־כֵּ֖ן כָּל־יָדַ֣יִם תִּרְפֶּ֑ינָה וְכָל־לְבַ֥ב אֱנ֖וֹשׁ יִמָּֽס׃ וְנִבְהָ֓לוּ ׀ צִירִ֤ים ז ח
וַחֲבָלִים֙ יֹֽאחֵז֔וּן כַּיּוֹלֵדָ֖ה יְחִיל֑וּן אִ֤ישׁ אֶל־רֵעֵ֙הוּ֙ יִתְמָ֔הוּ פְּנֵ֥י לְהָבִ֖ים

ביאור | **"הודו לַה'**, **קִרְאוּ בִשְׁמוֹ, הוֹדִיעוּ** בכל **הָעַמִּים** את **עֲלִילֹתָיו, הַזְכִּירוּ כִּי נִשְׂגָּב**, התנשא, חוזק **שְׁמוֹ** בעולם. ה **זַמְּרוּ** לה' **כִּי גֵאוּת עָשָׂה**. פעולותיו מראות את כוחו ואת גדולתו על כול. **מוּדַעַת זֹאת בְּכָל הָאָרֶץ**. כל הארץ יודעת את פעולתו אשר הוא גאה בה. ו **צַהֲלִי וָרֹנִּי**, שמחי ושירי, **יוֹשֶׁבֶת צִיּוֹן, כִּי גָדוֹל בְּקִרְבֵּךְ קְדוֹשׁ יִשְׂרָאֵל**. ה' בא אליך, וכבודו ושבחו מתגדל בך". מציון תצא קריאה זו לכל העולם; הנידחים והמסכנים ייוושעו וייגאלו גאולה שלמה, והעוול והפגע יבוערו מן העולם.

נבואות לעמים

פרקים יג–כג

רצף פרקים זה כולל את עיקר הנבואות שניבא ישעיהו לגויים. גם בספרי נבואה אחרים אפשר למצוא קובץ נבואות על הגויים,[1] ואפילו בחלק מספרי הנביאים הקטנים יותר. ירמיהו הנביא יועד במפורש לדבר עַל הַגּוֹיִם וְעַל הַמַּמְלָכוֹת, לִנְתוֹשׁ וְלִנְתוֹץ... לִבְנוֹת וְלִנְטוֹעַ (ירמיה א,י). אמנם הנביא נשלח בעיקר לישראל, אבל תפקידו אינו מתמצה במה שסמוך לביתו. כל נביא עשוי לדבר על עמים וממלכות קרובים או רחוקים מאוד ועל עתידות נעלמות. עם זאת, את דרכו של ישעיהו בנבואותיו לאומות העולם מייחד האופי האוניברסלי המודגש. בניגוד לנביא עמוס, למשל, שבכל פעם שהוא מזכיר את מפלת הגויים, הוא מוצא לנכון להסביר שהיא נובעת מהצרות שגרמו לישראל, ישעיהו מתייחס לעמים כשהם לעצמם, מתוך מבט רחב וקוסמופוליטי, ולעתים אף מביע כאב על אובדן אומה שהייתה מצרה לישראל. נבואותיו אינן מוגבלות במסגרות של מקום וזמן. אל התרחשויות העתידות לקרות מאה שנה אחריו ואלף שנה אחריו, הוא מתייחס באופן דומה.

משא בבל ומלכה

פרק יג – פרק יד פס׳ כג

נבואה זו מתייחסת אל העתיד הרחוק של בבל. בזמנו של ישעיהו הייתה בבל מדינה לא גדולה שהייתה כפופה למלך אשור, ונוכחותה לא הייתה משמעותית בארץ. אשור, המעצמה הגדולה, היא שאיימה על קיומן של יהודה וישראל, ולבסוף כבשה והחריבה את ממלכת ישראל. בזמן שהאשורים היו עדיין בשיא תוקפם, כבר דיבר ישעיהו על בבל בתור המעצמה שתבוא אחריהם. הוא מתאר לא רק את עלייתה, אלא גם את נפילתה העתידית ואת אחריתו של מלכה. לא תמיד הנביא הובן לקהל שומעיו, שמן הסתם לא הכיר את כל המדינות הרחוקות. הנביא מתאר כאן מהלך עולמי דרמטי הכולל את היעלמותם של האויבים הקרובים, את בואם של אויבים גדולים מהם ואת קימתן ונפילתן של מעצמות.

פרק יג א **מַשָּׂא**, נבואה, ביטוי שיש במשמעו יחס רציני וכבד של
הנביא כלפי נבואתו[1] על **בָּבֶל, אֲשֶׁר חָזָה**, ניבא, ראה למרחוק **יְשַׁעְיָהוּ
בֶּן אָמוֹץ**.

ב **עַל הַר נִשְׁפֶּה**, גבוה ומחודד **שְׂאוּ**, הניפו **נֵס**, דגל או סימן אחר,[2] **הָרִימוּ
קוֹל**, קִראו **לָהֶם** – לבבלים,[3] **הָנִיפוּ יָד, וְיָבֹאוּ פִּתְחֵי נְדִיבִים**, נכבדים. זהו
דימוי אירוני של הזמנה וקבלת פנים – התכוננו לבואם, הם כבר
עומדים לבוא בשעריכם. ייתכן שאינכם מזמינים אותם מרצון,
והם לא יגיעו בחיבה יתרה, אבל הם יבואו.[4] ג **אֲנִי צִוֵּיתִי לִמְקֻדָּשָׁי**,
אלו שזימנתים למשימה, הבבלים, **גַּם קָרָאתִי גִבּוֹרַי לְאַפִּי**, להוציא
לפועל את כעסי, **וּלעַלִּיזֵי גַּאֲוָתִי**, השמחים בגאווה שבאה להם הודות
לי. ד **קוֹל הָמוֹן בֶּהָרִים, דְּמוּת עַם רָב** עתיד לבוא הנה, **קוֹל שְׁאוֹן מַמְלְכוֹת
גּוֹיִם נֶאֱסָפִים, ה׳ צְבָאוֹת מְפַקֵּד צְבָא מִלְחָמָה**. אמנם ממלכת אשור
הייתה מוכרת וידועה כמעצמה צבאית גדולה, אבל הבבלים שיבואו
אחריה יהיו חזקים, גדולים ומאורגנים אף יותר. ה יבואו אתם עמים
שונים – **בָּאִים מֵאֶרֶץ מֶרְחָק, מִקְצֵה הַשָּׁמָיִם**, מאי שם, ממרחקים, **ה׳
וּכְלֵי זַעְמוֹ**, כל העמים הללו הבאים מרחוק, הם התגלותו של ה׳, והם
הכלים המוציאים לפועל את כעסו **לְחַבֵּל כָּל הָאָרֶץ**.

ו **הֵילִילוּ**, יללו, בכו, כל העמים הנכבשים, **כִּי קָרוֹב יוֹם** המפלה
הגדולה שיחולל ה׳, **כְּשֹׁד מִשַּׁדַּי יָבוֹא**, כמו שוד הבא מכוחו האדיר
של ה׳.[5] ז **עַל כֵּן כָּל יָדַיִם תִּרְפֶּינָה** כשיבוא האויב, **וְכָל לְבַב אֱנוֹשׁ
יִמָּס**. ח **וְנִבְהָלוּ** כולם, **צִירִים וַחֲבָלִים יֹאחֵזוּן, כַּיּוֹלֵדָה יְחִילוּן**, ירעדו.
פחדים וייסורים דוגמת צירי לידה יתקפו את האנשים. **וְאִישׁ אֶל רֵעֵהוּ
יִתְמָהוּ: פְּנֵי לְהָבִים**, פנים בוערות[6] **פְּנֵיהֶם** של האויבים הללו. ט **הִנֵּה**

הרחבות

אליטרציה נראה כי במקרא אין ניסוח מכוון בחרוזים, אבל יש בו משחקי לשון אחרים. הביטוי ׳כשוד משדי׳ הוא דוגמה אחת מני רבות לאליטרציה מקראית.

פְּנֵיהֶם׃ הִנֵּה יוֹם־יהוה בָּא אַכְזָרִי וְעֶבְרָה וַחֲרוֹן אָף לָשׂוּם הָאָרֶץ ט
לְשַׁמָּה וְחַטָּאֶיהָ יַשְׁמִיד מִמֶּנָּה׃ כִּי־כוֹכְבֵי הַשָּׁמַיִם וּכְסִילֵיהֶם לֹא י
יָהֵלּוּ אוֹרָם חָשַׁךְ הַשֶּׁמֶשׁ בְּצֵאתוֹ וְיָרֵחַ לֹא־יַגִּיהַ אוֹרוֹ׃ וּפָקַדְתִּי יא
עַל־תֵּבֵל רָעָה וְעַל־רְשָׁעִים עֲוֺנָם וְהִשְׁבַּתִּי גְּאוֹן זֵדִים וְגַאֲוַת
עָרִיצִים אַשְׁפִּיל׃ אוֹקִיר אֱנוֹשׁ מִפָּז וְאָדָם מִכֶּתֶם אוֹפִיר׃ עַל־כֵּן יב יג
שָׁמַיִם אַרְגִּיז וְתִרְעַשׁ הָאָרֶץ מִמְּקוֹמָהּ בְּעֶבְרַת יהוה צְבָאוֹת
וּבְיוֹם חֲרוֹן אַפּוֹ׃ וְהָיָה כִּצְבִי מֻדָּח וּכְצֹאן וְאֵין מְקַבֵּץ אִישׁ אֶל־ יד
עַמּוֹ יִפְנוּ וְאִישׁ אֶל־אַרְצוֹ יָנוּסוּ׃ כָּל־הַנִּמְצָא יִדָּקֵר וְכָל־הַנִּסְפֶּה טו
יִפּוֹל בֶּחָרֶב׃ וְעֹלְלֵיהֶם יְרֻטְּשׁוּ לְעֵינֵיהֶם יִשַּׁסּוּ בָּתֵּיהֶם וּנְשֵׁיהֶם טז
תִּשָּׁכַבְנָה תשגלנה׃ הִנְנִי מֵעִיר עֲלֵיהֶם אֶת־מָדָי אֲשֶׁר־כֶּסֶף לֹא יַחְשֹׁבוּ יז
וְזָהָב לֹא יַחְפְּצוּ־בוֹ׃ וּקְשָׁתוֹת נְעָרִים תְּרַטַּשְׁנָה וּפְרִי־בֶטֶן לֹא יח
יְרַחֵמוּ עַל־בָּנִים לֹא־תָחוֹס עֵינָם׃ וְהָיְתָה בָבֶל צְבִי מַמְלָכוֹת יט
תִּפְאֶרֶת גְּאוֹן כַּשְׂדִּים כְּמַהְפֵּכַת אֱלֹהִים אֶת־סְדֹם וְאֶת־עֲמֹרָה׃
לֹא־תֵשֵׁב לָנֶצַח וְלֹא תִשְׁכֹּן עַד־דּוֹר וָדוֹר וְלֹא־יַהֵל שָׁם עֲרָבִי כ
וְרֹעִים לֹא־יַרְבִּצוּ שָׁם׃ וְרָבְצוּ־שָׁם צִיִּים וּמָלְאוּ בָתֵּיהֶם אֹחִים כא

ביאור | יוֹם ה' בָּא, אַכְזָרִי וְעֶבְרָה וַחֲרוֹן אָף, לָשׂוּם, יום הזעם ישים את הָאָרֶץ לְשַׁמָּה, לשממה, וגם ינקה אותה – וְאת חַטָּאֶיהָ, האנשים החוטאים שבארץ יַשְׁמִיד מִמֶּנָּה. י כִּי כוֹכְבֵי הַשָּׁמַיִם וּכְסִילֵיהֶם, כוכביהם הגדולים[7] לֹא יָהֵלּוּ, לא יאירו את אוֹרָם. חָשַׁךְ הַשֶּׁמֶשׁ בְּצֵאתוֹ, וְיָרֵחַ לֹא יַגִּיהַ, יאיר אוֹרוֹ. האפלה מצטרפת לשאר הדימויים המתארים מלחמת אימה גדולה וכוללת.[8] יא וּפָקַדְתִּי עַל תֵּבֵל רָעָה, את כל הרעות שעשתה, וְעַל רְשָׁעִים אפקוד את עֲוֹנָם. בתוך כך – וְהִשְׁבַּתִּי גְּאוֹן זֵדִים וְגַאֲוַת עָרִיצִים אַשְׁפִּיל. יב אולם – אוֹקִיר אֱנוֹשׁ מִפָּז, וְאָדָם מִכֶּתֶם אוֹפִיר. אדם יהיה יקר יותר מזהב. אמנם הרשעים ייענשו, אך הנשארים יהיו יקרים ביותר. רוח האדם וכוחות הנפש שלה ניכרים בזמנים של מהומה, מלחמה ומשבר. בזמן שהעולם עומד להתמוטט, נודע לאדם מקום חשוב.[9] יג עַל כֵּן שָׁמַיִם אַרְגִּיז, ארעיד, וְתִרְעַשׁ, תזדעזע הָאָרֶץ מִמְּקוֹמָהּ,

בְּעֶבְרַת, בכעס ה' **צְבָאוֹת וּבְיוֹם חֲרוֹן אַפּוֹ.** יד **וְהָיָה** כל בן אנוש **כִּצְבִי**
מֻדָּח, נרדף ומגורש, **וּכְצֹאן** מפוזרות **וְאֵין מְקַבֵּץ. אִישׁ אֶל עַמּוֹ יִפְנוּ,**
וְאִישׁ אֶל אַרְצוֹ יָנוּסוּ. למלחמה גויסו צבאות זרים, וכאשר הובסו,
ברחו כל רזרים איש למקומו.[10] טו **כָּל הַנִּמְצָא יִדָּקֵר, וְכָל הַנִּסְפֶּה,**
הנוסף אליהם,[11] או: הנאסף אל העיר[12] **יִפּוֹל בֶּחָרֶב.** טז **וְעֹלְלֵיהֶם,**
ילדיהם הקטנים **יְרֻטְּשׁוּ**, ייחתכו **לְעֵינֵיהֶם. יִשַּׁסּוּ**, יישדדו **בָּתֵּיהֶם,**
וּנְשֵׁיהֶם תִּשָּׁכַבְנָה, ייאנסו.

הנביא מוסיף להרחיק ראות בחזונו: יז **הִנְנִי מֵעִיר**, מעורר, מניע[13]
עֲלֵיהֶם אֶת מָדָי, הבבלים, בהיותם הממלכה הראשית, לקחו עמם
בכיבושיהם צבא קטן ממדי, אך שנים רבות לאחר מכן קם על בבל
הצבא של פרס ומדי עצמו. **אֲשֶׁר כֶּסֶף לֹא יַחְשֹׁבוּ, וְזָהָב לֹא יַחְפְּצוּ בוֹ.**
אלה הם עמים אכזריים ופראיים, שכסף וזהב אינם נחשבים בעיניהם,
ואי אפשר לשחדם. יח **וּקְשָׁתוֹת** – את **הַנְּעָרִים תְּרַטַּשְׁנָה**, יפלחו,[14]
וּפְרִי בֶטֶן לֹא יְרַחֵמוּ. עַל בָּנִים, ילדים **לֹא תָחוּס עֵינָם.** יט **וְהָיְתָה בָבֶל**
צְבִי, יפי **מַמְלָכוֹת, תִּפְאֶרֶת גְּאוֹן כַּשְׂדִּים**, במשך שנים היה לה מעמד
של עיר בירה עולמית –[15] אך סופה שתהיה **כְּמַהְפֵּכַת אֱלֹהִים אֶת**
סְדֹם וְאֶת עֲמֹרָה. לא לאורך זמן יישמר מעמדה. לבסוף היא תחרב
לחלוטין. כ **לֹא תֵשֵׁב לָנֶצַח וְלֹא תִשְׁכֹּן עַד דּוֹר וָדוֹר, וְלֹא יַהֵל**, יאהל **שָׁם**
עֲרָבִי. המדינה תהיה כה שוממה, שאפילו ערבי לא יקים בה את
אוהלו.[16] **וְרֹעִים לֹא יַרְבִּצוּ**, ישכיבו את צאנם **שָׁם**, מפחד המוות. מצד
אחד, הנביא מתאר כיצד עולה בבל וכובשת את העולם, ומצד אחר,
כבר מתגלה לו חזון הפיכתה לעיי חורבות באחריתה. כא **וְרָבְצוּ שָׁם**
צִיִּים, בעלי חיים שוכני מדבריות וחורבות, ששמם נגזר מן המלה
'ציה',[17] **וּמָלְאוּ בָתֵּיהֶם אֹחִים**, אולי מין עוף לילה, **וְשָׁכְנוּ שָׁם בְּנוֹת**

מימין:
תן
('אֹחַ'?)

משמאל
אוח עיטי
('בַּת יַעֲנָה'?)

אֹחַ בתרגום השבעים פירשוהו מלשון קול והד (ἦχος) וכן בתרגום הסורי – 'בנת קלא', כלומר בת קול. יש שפירשו שאלו הם התנים המשכיעים את קולם, ודומה לכך באכדית (akahu); ויש אומרים שהוא עוף לילה טורף המשמיע צווחות הנשמעות כאנחות: אות, אות.

העולם

וְשָׁכְנוּ שָׁם בְּנוֹת יַעֲנָה וּשְׂעִירִים יְרַקְּדוּ־שָׁם׃ וְעָנָה אִיִּים כב
בְּאַלְמְנוֹתָיו וְתַנִּים בְּהֵיכְלֵי עֹנֶג וְקָרוֹב לָבוֹא עִתָּהּ וְיָמֶיהָ לֹא
יִמָּשֵׁכוּ׃ כִּי יְרַחֵם יהוה אֶת־יַעֲקֹב וּבָחַר עוֹד בְּיִשְׂרָאֵל וְהִנִּיחָם א יד
עַל־אַדְמָתָם וְנִלְוָה הַגֵּר עֲלֵיהֶם וְנִסְפְּחוּ עַל־בֵּית יַעֲקֹב׃ וּלְקָחוּם ב
עַמִּים וֶהֱבִיאוּם אֶל־מְקוֹמָם וְהִתְנַחֲלוּם בֵּית־יִשְׂרָאֵל עַל
אַדְמַת יהוה לַעֲבָדִים וְלִשְׁפָחוֹת וְהָיוּ שֹׁבִים לְשֹׁבֵיהֶם וְרָדוּ
בְּנֹגְשֵׂיהֶם׃ וְהָיָה בְּיוֹם הָנִיחַ יהוה לְךָ מֵעָצְבְּךָ וּמֵרָגְזֶךָ ג
וּמִן־הָעֲבֹדָה הַקָּשָׁה אֲשֶׁר עֻבַּד־בָּךְ׃ וְנָשָׂאתָ הַמָּשָׁל הַזֶּה עַל־ ד
מֶלֶךְ בָּבֶל וְאָמָרְתָּ אֵיךְ שָׁבַת נֹגֵשׂ שָׁבְתָה מַדְהֵבָה׃ שָׁבַר יהוה ה
מַטֵּה רְשָׁעִים שֵׁבֶט מֹשְׁלִים׃ מַכֶּה עַמִּים בְּעֶבְרָה מַכַּת בִּלְתִּי ו
סָרָה רֹדֶה בָאַף גּוֹיִם מֻרְדָּף בְּלִי חָשָׂךְ׃ נָחָה שָׁקְטָה כָּל־הָאָרֶץ ז
פָּצְחוּ רִנָּה׃ גַּם־בְּרוֹשִׁים שָׂמְחוּ לְךָ אַרְזֵי לְבָנוֹן מֵאָז שָׁכַבְתָּ לֹא־ ח

ביאור | **יַעֲנָה, וּשְׂעִירִים**, כנראה עופות דורסים **יְרַקְּדוּ שָׁם**. כב **וְעָנָה**, ייללו **אִיִּים**, חתולי בר[18] **בְּאַלְמְנוֹתָיו**, בארמנותיו,[19] **וְתַנִּים** ייללו **בְּהֵיכְלֵי עֹנֶג. וְקָרוֹב לָבוֹא עִתָּהּ** של בבל, **וְיָמֶיהָ לֹא יִמָּשֵׁכוּ**. אכן, לא נמשכה ממלכת בבל בגדולתה אלא כשבעים שנה עד שהתפוגגה כליל.

מפלת בבל משחררת את גולי ישראל שבתוכה, ומהם ישובו לארץ נחלתם. פרק יד א **כִּי**, כאשר **יְרַחֵם ה' אֶת יַעֲקֹב וּבָחַר עוֹד בְּיִשְׂרָאֵל**,

העולם | **בַּת יַעֲנָה** עוף דורס טמא (ויקרא יא,טז) הנזכר בחברת חיות ועופות מדבריים (להלן לד,יג; ירמיה נ,ט; מיכה א,ח). משערים ששמה בא מן השורש ו,ע,ן/י,ע,ן, שפירושו בארמית-סורית רעבתן, או מן השורש ע,נ,י/ע,נ,ה על שם קול הצווחה שהיא משמיעה (וראו מיכה א,ח). היו שזיהו אותה עם האוח המדברי (שם מדעי: Bubo ascalaphus), שגודלו כ-40 ס"מ, משקלו כ-2 ק"ג, וקולותיו דומים ליללות, היו שזיהו אותה עם כוס החרבות (שם מדעי: Athene noctua). אחרים זיהו אותה עם העוף המכונה היום יען (שם מדעי: Struthio camelusao), על סמך אונקלוס ויונתן, שתרגמוהו נעמיתא (רס"ג, מלבי"ם). היען היה מצוי בעבר במדבריות סוריה, עיראק, חצי-האי ערב והנגב. גובהו מגיע ל-2.5 מ', ומשקלו ל-150 ק"ג. מתוך ההקשר אפשר שבת יענה היא שם של שד, ואולי בגלל המראה המיוחד של דורסי הלילה, שעיניהם בקדמת פניהם כמו אצל האדם, נדמו לאנשים כשדים.

שָׂעִיר תיש, מין עוף או שד. החוקרים מזהים עוף זה עם דורס לילה ממשפחת הינשופיים, המכונה בימנו שעיר מצוי (שם מדעי: Otus scops). יש שפירשו שמדובר בשדים שקיימו סביבם פולחן (ראו ויקרא יז,ז). שדים אלו נקראו שעירים בגלל דמיונם לתיש, או משום שנסער לבו של הרואה אותם.

וְהִנִּיחָם עַל אַדְמָתָם לאחר שובם אליה – וְנִלְוָה הַגֵּר עֲלֵיהֶם, וְנִסְפְּחוּ עַל
בֵּית יַעֲקֹב. ב וּלְקָחוּם – את ישראל עַמִּים וֶהֱבִיאוּם אֶל מְקוֹמָם. העמים
יסייעו בידם לחזור לארצם. עם זאת יבואו עמים, וְהִתְנַחֲלוּם – את
העמים הללו בֵּית יִשְׂרָאֵל עַל אַדְמַת ה׳ לַעֲבָדִים וְלִשְׁפָחוֹת. וְהָיוּ אז
ישראל שֹׁבִים לְשֹׁבֵיהֶם, וְרָדוּ, ימשלו בְּנֹגְשֵׂיהֶם. כאשר יתיישבו ישראל
באדמתם, יהפכו אותם אנשים שהיו קודם שוביהם ומשעבדיהם,
למשרתיהם ולאזרחים מדרגה שנייה.

ג וְהָיָה בְּיוֹם הָנִיחַ ה׳ לְךָ מֵעָצְבְּךָ, מצערך וּמֵרָגְזֶךָ וּמִן הָעֲבֹדָה הַקָּשָׁה אֲשֶׁר
עֻבַּד בָּךְ, אכשר יהיה לערוך סיכומים על התקופה שהייתה, ולשיר
שיר חדש. ד וְנָשָׂאתָ אז את הַמָּשָׁל הַזֶּה עַל מֶלֶךְ בָּבֶל. וְאָמָרְתָּ: אֵיךְ
שָׁבַת נֹגֵשׂ, בטל רודה שָׁבְתָה מַדְהֵבָה, עול השלטון?![20] ה שָׁבַר ה׳ מַטֵּה
רְשָׁעִים, שֵׁבֶט מֹשְׁלִים. המטה והשבט ממלאים תפקיד כפול: המקל
המכה את העמים, ושרביט המלוכה והשלטון. ו מַכֶּה עַמִּים בְּעֶבְרָה,
בזעם מַכַּת בִּלְתִּי סָרָה, ללא הפוגה, רֹדֶה בָאַף, בכעס גּוֹיִם. מֻרְדָּף, נרדף
בְּלִי חָשָׂךְ, מבלי להימנע. נראה שאין הוא מסוגל לנוח. הוא רודף
מלחמות וגם רדוף מלחמות. עכשיו, אחרי מותו, העולם הפך שקט
יותר – ז נָחָה שָׁקְטָה כָּל הָאָרֶץ. פָּצְחוּ הכול רִנָּה, שירה. ח גַּם בְּרוֹשִׁים
שָׂמְחוּ לְךָ, על מותך, וגם אַרְזֵי לְבָנוֹן, כאומרים: מֵאָז שָׁכַבְתָּ לֹא יַעֲלֶה

ערער
('ברוש'?)

הרחבות

'ונלוה הגר' אין ספק שנוספו גרים לישראל במשך שנות הגלות והשיבה, אך מכיוון שהם לא נמנו ולא סומנו, הם לא נשמרו בזיכרון הקולקטיבי כקבוצה לעצמה, ואין ידוע לנו מה מספרם.

המשל הנבואי על מלך בבל מתאים למלך הבבלי הגדול, נבוכדנצר, שיסד את הממלכה הכשדית מחדש. נבוכדנצר נחשב לא רק מלך חזק וכובש גדול, אלא גם דמות גדולה ומורכבת, שמתייחסים אליה בכבוד ובאימה רבה. (ראו ירמיה כז,א-טו; דניאל ב,לז-לח). ללא ספק הוא היה הדמות הבולטת ביותר בתולדות האימפריה הבבלית, וסימן את שיא גדולתה. המלכים הבאים אחריו, נתפסים כממלאי מקום חיוורים לדמותו הגדולה. ולמעשה בימיהם הלכה בבל ודעכה עד שלבסוף חדל העם הזה להתקיים לחלוטין.

אף על פי שהנבואה התייחסה במפורש למלך בבל, היא מתארת טיפוס של שליטים שעוד בחייהם הפכו לאגדה. נראה שהתיאור הולם בהחלט דמויות אחדות במשך הדורות. מטבעם של דברי נבואה, שהם עשויים להתאים לאירועים שהתרחשו אחרי אלפיים שנה, לעתים אף יותר מאשר לאלה שאירעו מאה שנה אחרי זמנו של הנביא. בדורות האחרונים היה מי שהשתמש בנבואה הזו כדי לתאר את סטאלין, והיא אכן הולמת את דמותו באופן מפתיע.

ט יַעֲלֶה הַכֹּרֵת עָלֵינוּ׃ שְׁאוֹל מִתַּחַת רָגְזָה לְךָ לִקְרַאת בּוֹאֶךָ עוֹרֵר
י לְךָ רְפָאִים כָּל־עַתּוּדֵי אָרֶץ הֵקִים מִכִּסְאוֹתָם כֹּל מַלְכֵי גוֹיִם׃ כֻּלָּם
יא יַעֲנוּ וְיֹאמְרוּ אֵלֶיךָ גַּם־אַתָּה חֻלֵּיתָ כָמוֹנוּ אֵלֵינוּ נִמְשָׁלְתָּ׃ הוּרַד
שְׁאוֹל גְּאוֹנֶךָ הֶמְיַת נְבָלֶיךָ תַּחְתֶּיךָ יֻצַּע רִמָּה וּמְכַסֶּיךָ תּוֹלֵעָה׃
יב אֵיךְ נָפַלְתָּ מִשָּׁמַיִם הֵילֵל בֶּן־שָׁחַר נִגְדַּעְתָּ לָאָרֶץ חוֹלֵשׁ עַל־גּוֹיִם׃
יג וְאַתָּה אָמַרְתָּ בִלְבָבְךָ הַשָּׁמַיִם אֶעֱלֶה מִמַּעַל לְכוֹכְבֵי־אֵל אָרִים
יד כִּסְאִי וְאֵשֵׁב בְּהַר־מוֹעֵד בְּיַרְכְּתֵי צָפוֹן׃ אֶעֱלֶה עַל־בָּמֳתֵי עָב
טו טז אֶדַּמֶּה לְעֶלְיוֹן׃ אַךְ אֶל־שְׁאוֹל תּוּרָד אֶל־יַרְכְּתֵי־בוֹר׃ רֹאֶיךָ אֵלֶיךָ
יַשְׁגִּיחוּ אֵלֶיךָ יִתְבּוֹנָנוּ הֲזֶה הָאִישׁ מַרְגִּיז הָאָרֶץ מַרְעִישׁ מַמְלָכוֹת׃
יז יח שָׂם תֵּבֵל כַּמִּדְבָּר וְעָרָיו הָרָס אֲסִירָיו לֹא־פָתַח בָּיְתָה׃ כָּל־מַלְכֵי
יט גוֹיִם כֻּלָּם שָׁכְבוּ בְכָבוֹד אִישׁ בְּבֵיתוֹ׃ וְאַתָּה הָשְׁלַכְתָּ מִקִּבְרְךָ כְּנֵצֶר
נִתְעָב לְבֻשׁ הֲרֻגִים מְטֹעֲנֵי חָרֶב יוֹרְדֵי אֶל־אַבְנֵי־בוֹר כְּפֶגֶר מוּבָס׃
כ לֹא־תֵחַד אִתָּם בִּקְבוּרָה כִּי־אַרְצְךָ שִׁחַתָּ עַמְּךָ הָרָגְתָּ לֹא־יִקָּרֵא
כא לְעוֹלָם זֶרַע מְרֵעִים׃ הָכִינוּ לְבָנָיו מַטְבֵּחַ בַּעֲוֺן אֲבוֹתָם בַּל־יָקֻמוּ
כב וְיָרְשׁוּ אָרֶץ וּמָלְאוּ פְנֵי־תֵבֵל עָרִים׃ וְקַמְתִּי עֲלֵיהֶם נְאֻם יְהוָה
כג צְבָאוֹת וְהִכְרַתִּי לְבָבֶל שֵׁם וּשְׁאָר וְנִין וָנֶכֶד נְאֻם־יְהוָה׃ וְשַׂמְתִּיהָ

ביאור | **הַכֹּרֵת עָלֵינוּ.** מלך בבל בנה ארמונות אדירים, וכרת עצים גדולים רבים לשם כך ולשם המצור שעשה על ערים רבות. כעת נרגעים אפילו העצים.

ט מן העבר השני, **שְׁאוֹל מִתַּחַת רָגְזָה לְךָ לִקְרַאת בּוֹאֶךָ.** כשאתה בא לגיהינום מתעוררות שם חרדה והתרגשות. **עוֹרֵר לְךָ** השאול **רְפָאִים,** מתים, **כָּל עַתּוּדֵי אָרֶץ,** כל האנשים שהיו גדולים בחייהם מתעוררים

הרחבות | 'הֵילֵל בן שחר' יש שגזרו את שמו הֵילֵל מן המלה 'הילה', שפירושה זריחה והארה. (על פי רש"י, ראב"ע ורד"ק). להבדיל – בתרגומים הלטיניים מתורגם הביטוי כלוציפר, שמשמעותו המילולית היא נושא האור; וזהו מקורן של אגדות שונות על המלאך שנגדע ונפל מן השמים.

'אדמֶּה לעליון' ייתכן שנבוכדנצר המלך טען שהוא בן אלים, (ראו תנחומא וארא ט; במדבר רבה ט,כד; רמב"ן שמות כ,ג), אבל גם מלכים אחרים – שדברי ההספד הללו מתאימים להם, ושלא טענו כך במפורש – נהגו בפועל כאילו היו אלים ובנו לעצמם ארמונות בשמים, כביכול.

לקראתך. הֵקִים מִכִּסְאוֹתָם שבגיהינום כֹּל מַלְכֵי גוֹיִם.[21] י כֻּלָּם יַעֲנוּ
וְיֹאמְרוּ אֵלֶיךָ: גַּם אַתָּה, המלך הגדול המושל בכיפה, שנתפסת כאיתן
טבע נצחי שדבר אינו יכול להזיזו, חֻלֵּיתָ, חלית, נחלשת[22] כָמוֹנוּ,
אֵלֵינוּ נִמְשָׁלְתָּ, נדמית לנו. הנה גם אתה מת. יא הוּרַד אל שְׁאוֹל
גְּאוֹנֶךָ, גאוותך הושפלה, הֶמְיַת נְבָלֶיךָ. המנגינות שהיו תמיד מנגנים
לכבודך, הורדו גם הן מהבימה ונדמו. אחרי שישבת בכבוד גדול
ברומו של עולם – תַּחְתֶּיךָ יֻצַּע רִמָּה, תשכון דומם על מצע של רימה,
וּמְכַסֶּיךָ תּוֹלֵעָה, ומעליך תולעים.

הנביא פונה אל המלך ואומר לו: יב אֵיךְ נָפַלְתָּ מִשָּׁמַיִם, הֵילֵל בֶּן שָׁחַר,
כוכב נוגה, שהוא כוכב הלכת הבהיר ביותר המופיע בזמן השחר.
היית ככוכב מזהיר, ועכשיו נפלת.[23] נִגְדַּעְתָּ לָאָרֶץ, אתה שהיית
חוֹלֵשׁ עַל גּוֹיִם. יג וְאַתָּה אָמַרְתָּ בִלְבָבְךָ בעודך חי: הַשָּׁמַיִם אֶעֱלֶה, מִמַּעַל
לְכוֹכְבֵי אֵל אָרִים כִּסְאִי וְאֵשֵׁב בְּהַר מוֹעֵד, במקום המתאים להתוועדות
האלים, לדעתך, בְּיַרְכְּתֵי צָפוֹן, בצפון הנסתר, באזור שאליו אין השמש
מגיעה. יד אֶעֱלֶה עַל בָּמֳתֵי עָב, מעל לעננים, אֶדַּמֶּה לְעֶלְיוֹן. טו אולם
למרות כל רצונותיך, לבסוף אַךְ אֶל שְׁאוֹל תּוּרָד, אֶל יַרְכְּתֵי בוֹר. תיקבר
בפינת בור. טז רֹאֶיךָ אֵלֶיךָ יַשְׁגִּיחוּ, אֵלֶיךָ יִתְבּוֹנָנוּ ויאמרו: הֲזֶה הָאִישׁ
מַרְגִּיז הָאָרֶץ, מַרְעִישׁ מַמְלָכוֹת?! האם הגופה הזאת היא של מי שכל
העולם רעד מפניו?! יז האם זה המלך שָׂם תֵּבֵל, עולם כַּמִּדְבָּר
במלחמותיו, וְעָרָיו הָרָס, את אֲסִירָיו לֹא פָתַח בָּיְתָה, שחרר ללכת
לביתם?[24] יח כָּל מַלְכֵי גוֹיִם אמנם מתים, אבל כֻּלָּם שָׁכְבוּ בְכָבוֹד אִישׁ
בְּבֵיתוֹ, משום שלא יצרו התנגדות כה רבה גם אחרי מותם. יט וְאִילו
אַתָּה הָשְׁלַכְתָּ מִקִּבְרְךָ כְּנֵצֶר נִתְעָב, כמו שעוקרים שתיל שאינו צומח
כראוי,[25] לְבוּשׁ הֲרֻגִים מְטֹעֲנֵי חָרֶב, בבגדים קרועים של חללי קרב
דקורים,[26] יוֹרְדֵי אֶל אַבְנֵי בוֹר כְּפֶגֶר מוּבָס, דרוס. כנופלים במלחמה
שנותרו בשדה הקרב המושלכים לקבר כפגרים בלא שתוקם עליהם
מצבה, כך יעלה בגורלך – לא תישאר בקברך המפואר, כשאר מלכים
המתים על מיטתם בכבוד ובשקט. כ לֹא תֵחַד, תהיה יחד אִתָּם – עם
שאר המלכים בִּקְבוּרָה, כִּי אַרְצְךָ שִׁחַתָּ, השחתָ, עַמְּךָ הָרַגְתָּ, ולכן לֹא
יִקָּרֵא, לא ייזכר לְעוֹלָם זֶרַע מְרֵעִים, זרעך. כא כי יאמרו: הָכִינוּ לְבָנָיו
מַטְבֵּחַ, הרגו אותם בַּעֲוֹן אֲבוֹתָם, בַּל יָקֻמוּ חלילה הבנים וְיָרְשׁוּ אָרֶץ
וּמָלְאוּ פְנֵי תֵבֵל עָרִים, הרס וחורבן.[27] כב וְקַמְתִּי עֲלֵיהֶם, נְאֻם ה' צְבָאוֹת,
וְהִכְרַתִּי לְבָבֶל שֵׁם וּשְׁאָר, שארית או שאר בשר[28] וְנִין, בן, או: כל צאצא
וָנֶכֶד, נְאֻם ה'. כג וְשַׂמְתִּיהָ – את ארץ בבל לְמוֹרַשׁ קִפֹּד, כנראה מין

לְמוֹרַשׁ קִפֹּד וְאַגְמֵי־מָיִם וְטֵאטֵאתִיהָ בְּמַטְאֲטֵא הַשְׁמֵד נְאֻם
יְהוָה צְבָאוֹת׃ נִשְׁבַּע יְהוָה צְבָאוֹת לֵאמֹר אִם־לֹא כד
כַּאֲשֶׁר דִּמִּיתִי כֵּן הָיָתָה וְכַאֲשֶׁר יָעַצְתִּי הִיא תָקוּם׃ לִשְׁבֹּר אַשּׁוּר כה
בְּאַרְצִי וְעַל־הָרַי אֲבוּסֶנּוּ וְסָר מֵעֲלֵיהֶם עֻלּוֹ וְסֻבֳּלוֹ מֵעַל שִׁכְמוֹ
יָסוּר׃ זֹאת הָעֵצָה הַיְּעוּצָה עַל־כָּל־הָאָרֶץ וְזֹאת הַיָּד הַנְּטוּיָה כו
עַל־כָּל־הַגּוֹיִם׃ כִּי־יְהוָה צְבָאוֹת יָעָץ וּמִי יָפֵר וְיָדוֹ הַנְּטוּיָה וּמִי כז
יְשִׁיבֶנָּה׃ בִּשְׁנַת־מוֹת הַמֶּלֶךְ אָחָז הָיָה הַמַּשָּׂא כח
הַזֶּה׃ אַל־תִּשְׂמְחִי פְלֶשֶׁת כֻּלֵּךְ כִּי נִשְׁבַּר שֵׁבֶט מַכֵּךְ כִּי־מִשֹּׁרֶשׁ כט
נָחָשׁ יֵצֵא צֶפַע וּפִרְיוֹ שָׂרָף מְעוֹפֵף׃ וְרָעוּ בְּכוֹרֵי דַלִּים וְאֶבְיוֹנִים ל
לָבֶטַח יִרְבָּצוּ וְהֵמַתִּי בָרָעָב שָׁרְשֵׁךְ וּשְׁאֵרִיתֵךְ יַהֲרֹג׃ הֵילִילִי לא
שַׁעַר זַעֲקִי־עִיר נָמוֹג פְּלֶשֶׁת כֻּלֵּךְ כִּי מִצָּפוֹן עָשָׁן בָּא וְאֵין בּוֹדֵד

ביאור | עוף לילי[29] **וְאַגְמֵי מָיִם. וְטֵאטֵאתִיהָ בְּמַטְאֲטֵא הַשְׁמֵד, נְאֻם ה' צְבָאוֹת.** בבל תושמד, ולא יישארו ממנה אלא חורבות, ביצות ושממה.

שבירת אשור

פס' כד–כז

הנבואה על בבל תיארה מושל גדול שיקום בעתיד שהוא רחוק מזמנו של הנביא, ואילו הנבואה על אשור מתייחסת לזמן קרוב יותר.

כד **נִשְׁבַּע ה' צְבָאוֹת לֵאמֹר: אִם לֹא כַּאֲשֶׁר דִּמִּיתִי – כֵּן הָיָתָה, וְכַאֲשֶׁר יָעַצְתִּי,** חשבתי – **הִיא תָקוּם,** המחשבה תתקיים. כה **לִשְׁבֹּר אַשּׁוּר בְּאַרְצִי, וְעַל הָרַי אֲבוּסֶנּוּ,** אבוסס ואמחץ אותו. **וְסָר מֵעֲלֵיהֶם** – מעל ארצי והרי **עֻלּוֹ** של מלך אשור, **וְסֻבֳּלוֹ,** המשא שסובל עמי – **מֵעַל שִׁכְמוֹ יָסוּר.** כו **זֹאת הָעֵצָה הַיְּעוּצָה עַל כָּל הָאָרֶץ, וְזֹאת הַיָּד הַנְּטוּיָה עַל כָּל הַגּוֹיִם.** יד ה' המושלת בכל העולם לא תאפשר את קיומו של העוול הזה. כז **כִּי ה' צְבָאוֹת יָעָץ וּמִי יָפֵר, וְיָדוֹ הַנְּטוּיָה וּמִי יְשִׁיבֶנָּה.**

הרחבות | **'וטאטאתיה במטאטא השמד'** האימפריה החזקה שבנה נבוכדנצר לא החזיקה מעמד הרבה יותר משבעים שנה. בבל נמחקה לחלוטין, ולא נותר ממנה דבר מלבד חורבות. כך קורה לכל העריצים הגדולים – אף לאלו שחוללו תמורות עצומות בעולם בחייהם – זמן קצר או ארוך יותר אחרי מותם הם ומשפחותיהם נעלמים לחלוטין. (ראו ירמיה כה,יא ואילך).

פורענות פלשת
פס' כח-לב

הנבואה הקצרה על פלשת ממוקמת בהקשר היסטורי מסוים – מותו של המלך אחז, שהכה בפלשתים. ארז ערך כמה מלחמות, ואף על פי שבמקומות אחרים לא ניצח, כנראה הפלשתים הוכו על ידו מכה רבה. את רקעה ההיסטורי של הנבואה אפשר לשער רק מתוך תוכנה.

כח **בִּשְׁנַת מוֹת הַמֶּלֶךְ אָחָז הָיָה הַמַּשָּׂא הַזֶּה.**[30] פלשתים, שהוכו על ידי
אחז שמחו במותו שמחה גדולה. על כן אומר להם הנביא: כט **אַל
תִּשְׂמְחִי פְלֶשֶׁת כֻּלֵּךְ, כִּי נִשְׁבַּר שֵׁבֶט מַכֵּךְ**, מת המלך שהכה אותך, **כִּי
מִשֹּׁרֶשׁ נָחָשׁ יֵצֵא צֶפַע**, הגרוע מסתם נחש,[31] **וּפִרְיוֹ** של הנחש יהיה **שָׂרָף
מְעוֹפֵף**, כנ־אה נחש ארסי המתרומם באוויר ומכיש. במקום המלך
המת יבוא מלך קשה יותר וירבה מכתו. ל **וְרָעוּ בְּכוֹרֵי דַלִּים**, אפילו
הדלים ביותר[32] מישראל ירעו ויתפרנסו בשלווה, **וְאֶבְיוֹנִים לָבֶטַח
יִרְבָּצוּ**. ולעומתם – **וְהֵמַתִּי בָרָעָב שָׁרְשֵׁךְ**, הפלשתים יסבלו חרפת רעב
ויוכו עד היסוד, **וּשְׁאֵרִיתֵךְ יַהֲרֹג** אותו מלך.[33] לא **הֵילִילִי שַׁעַר**, יבבי עד
ששערי עירך ירעדו, **זַעֲקִי, עִיר**, **נָמוֹג**, נמס, נחלש **פְּלֶשֶׁת כֻּלֵּךְ**. פלשת
כולה עתידה להיהרס. **כִּי מִצָּפוֹן עָשָׁן** המלחמה **בָּא**, **וְאֵין** חייל **בּוֹדֵד**

קטופה ('קִפֹּד'?)

מימין: צפע ארץ-ישראלי

משמאל: קוברה המותחת את עורו ('שרף מעופף'?)

העולם

קִפֹּד ככל הנראה מין עוף לילי. היה מי שזיהה אותו עם קטופה (שם מדעי: Bubo zeylonensis). עוף השוכן ליד מקורות מים, שנוצותיו מזדקרות וסומרות כמו בעל החיים המכונה בימינו בשם קיפוד. עופות מסוג זה נראו לאחרונה בארץ ישראל במאה ה־19. (הקיפוד נזכר גם להלן לד,טו ובצפניה ב,יד).

שָׂרָף מְעוֹפֵף ייתכן שהוא נחש ארסי, דוגמת הקוברה, המותח את עורו ונראה כבעל כנפיים. או שזהו נחש המדלג וקופץ במהירות כה רבה, עד שנראה שהוא מעופף. ושמא אין מדובר כאן בבעל חיים ממשי אלא בתיאור ספרותי של סכנה מאיימת ומפתיעה. באופן כללי דמויות מכונפות של בעלי חיים או של בני אדם באמנות לדורותיה מסמלות עצמה חריגה.

בְּמוֹעָדָיו׃ וּמַה־יַּעֲנֶה מַלְאֲכֵי־גוֹי כִּי יְהוָה יִסַּד צִיּוֹן וּבָהּ יֶחֱסוּ עֲנִיֵּי לב
עַמּוֹ׃ מַשָּׂא מוֹאָב כִּי בְּלֵיל שֻׁדַּד עָר מוֹאָב נִדְמָה כִּי א טו
בְּלֵיל שֻׁדַּד קִיר־מוֹאָב נִדְמָה׃ עָלָה הַבַּיִת וְדִיבֹן הַבָּמוֹת לְבֶכִי ב
עַל־נְבוֹ וְעַל מֵידְבָא מוֹאָב יְיֵלִיל בְּכָל־רֹאשָׁיו קָרְחָה כָּל־זָקָן
גְּרוּעָה׃ בְּחוּצֹתָיו חָגְרוּ שָׂק עַל גַּגּוֹתֶיהָ וּבִרְחֹבֹתֶיהָ כֻּלֹּה יְיֵלִיל יֹרֵד ג
בַּבֶּכִי׃ וַתִּזְעַק חֶשְׁבּוֹן וְאֶלְעָלֵה עַד־יַהַץ נִשְׁמַע קוֹלָם עַל־כֵּן ד

ביאור | **בְּמוֹעָדָיו**. כל צבא האויב יתקבץ יחד.[34] לב ואז, **מַה יַּעֲנֶה**, ישמיעו **לְמַלְאֲכֵי**, שליחי **גוֹי**, לדיפלומטיים ולעיתונאים? – **כִּי ה׳ יִסַּד צִיּוֹן, וּבָהּ יֶחֱסוּ עֲנִיֵּי עַמּוֹ**. לעניי ישראל יהיה מחסה בטוח בירושלים הבנויה, שהרי אוכליהם, הפלשתים, הוכו מכה גדולה.

מפלת מואב

פרקים טו–טז

הנבואה שלפנינו מתארת את מפלתה של מואב, שבעקבותיה נמחקו עריה הראשיות והחשובות. המפלה גרמה למהומת מוות והניסה את תושבי ערי מואב. התושבים זועקים ומבכים את מצבם הרע, וחיות רעות מזנבות בהם. מלבד ערים אחדות שנותרו לפליטה, נהרסה מואב עד היסוד ולא יכלה להיבנות עוד. אף על פי שאפשר להבין את עיקרה של הנבואה, קשה לזהות את המפלה המדוברת. בין היתר, מפני שהמאורעות ההיסטוריים והתיאורים הגיאוגרפיים אינם ברורים לאשורם.

פרק טו א **מַשָּׂא מוֹאָב.**

כִּי בְּלֵיל אשר בו **שֻׁדַּד**, נשדדה העיר **עָר**, אחת הערים הראשיות של מואב — **מוֹאָב נִדְמָה**, הוכה ונשחת,[35]

כִּי בְּלֵיל שֻׁדַּד קִיר, אף היא עיר מואבית חשובה – **מוֹאָב נִדְמָה**. נפילתן של ערים אלו גרמה לתושבי מואב לחוש כאילו כל ארצם נכחדה.

ב **עָלָה** איש מואב אל **הַבַּיִת**, לבית המלך, או: למקדש המואבי, **וְדִיבֹן הַבָּמוֹת**, ועלה אל הבמות שבעיר דיבון **לְבֶכִי**, **עַל נְבוֹ וְעַל מֵידְבָא** שהושמדו במלחמה, **מוֹאָב יְיֵלִיל**, יילל, יבכה. לכן – **בְּכָל רֹאשָׁיו קָרְחָה**, **כָּל זָקָן גְּרוּעָה**, מגרעת שֵׂער. מנהג הקרחה על מת, שנאסר על ישראל,[36]

העולם | **עָר** שם האזור הדרומי של מואב, או העיר אריאופוליס (Areo+polis), שמה היווני של רבת מואב (כיום: א-רבה), הנמצאת מדרום לנחל ארנון שמצפון-מזרח לכרכ.

קִיר מוֹאָב עיר מבוצרת חשובה ששימשה מקום מושבו של מלך מואב (מלכים ב׳ ג,כה). קיר מופיעה במקרא גם כקִיר חֲרֶשֶׂת (להלן טז,ז) וכקִיר חָרֶשׂ (להלן טז,יא). פירוש המלה קיר הוא עיר, כמו קריה, ומסתבר שנתייחדה בשם זה על שום החומה המקפת אותה. יונתן תרגמה

היה נפוץ בכל עמי האזור. את אבלם העמוק ביטאו המואבים ביצירת
קרחות בראשם ובמגרעות שער זקניהם. ג **בְּחוּצֹתָיו** של מואב **חָגְרוּ
שָׂק**, חגורי שק עלו **עַל גַּגּוֹתֶיהָ** של המדינה, **וּבִרְחֹבֹתֶיהָ כֻּלֹּה יְיֵלִיל יֹרֵד
בַּבֶּכִי**, התייפחו והזילו דמעות. ד **וַתִּזְעַק חֶשְׁבּוֹן**. עיר מואבית זו עברה
לידי סיחון מלך האמורי, ומידיו – לישראל,[37] אך נראה שהמואבים יישבו
אותה שנית. **וְאֶלְעָלֵה**, עיר נוספת הנזכרת בתורה.[38] כשהערים הללו
זעקו את שבר מפלתן, **עַד יַהַץ**, שאף היא נזכרת בתורה,[39] אך מקומה

מואב

העולם

כאן 'כרבא דמואב', וכרך הוא עיר גדולה המוקפת חומה. כך שימושה גם בכתובת מישע, ואף כיום מקובל לכנותה כרכ.

דִּיבֹן מזוהה עם דיבאן של היום, עיר חשובה במישור על דרך המלך, 4 ק"מ מצפון לנחל ארנון. עיר זו שכנה בנחלת בני ראובן (יהושע יג,יז), והייתה בירתה של מואב במאה ה-9 לפנה"ס. נתגלו בה ממצאים ארכיאולוגים חשובים, במיוחד מצבת מישע מלך מואב, שמתוארים בה מלחמתו בישראל ומפעלי הבנייה שלו במואב בכלל ובדיבון בפרט. יש משערים כי בדרום מואב, סמוך לנחל זרד יש דיבון נוספת, והיא המכונה דיבון-גד. (ראו במדבר לב,לד).

נְבוֹ ניסו לזהות את העיר הסמוכה להר שממנו ראה משה את הארץ, עם אחד משרידי היישובים המצויים במדרון היורד מהרי מואב אל ערבות מואב. לפי ספר במדבר (לב,לח), נבו ממוקמת בנחלת שבט ראובן בארץ המישור שבצפון מואב. בכתובת מישע (מן המאה ה-9 לפנה"ס) כתוב שהמואבים כבשו את נבו מידי ישראל באכזריות.

מֵידְבָא עיר ששמה נשתמר עד ימינו השוכנת כ-10 ק"מ מדרום לעיר חשבון בנחלת שבט ראובן. העיר בנויה על גבעה בלב במת ההר העולה מבקעת הירדן. כיבושה מידי ישראל נזכר במצבת מישע. היא ידועה כיום בעיקר בפסיפס שנתגלה בה, ובו מפה המתארת את ארץ ישראל בתקופה הביזנטית.

חֶשְׁבּוֹן עיר חשובה הממוקמת על גבול נחלות שבטי גד וראובן (יהושע יג,יז). מקובל לזהותה עם ח'רבת חִסבאן היושבת על דרך המלך על הרכס הנישא מעל מישור מידבא, כ-20 ק"מ מדרום-מערב לרבת עמון. על פי יוספוס פלביוס, חשבון הייתה נתונה תחת שלטון ישראל בתקופת החשמונאים. משיר השירים (ז,ה) עולה שהעיר הייתה מוכרת בישראל. (ראו עוד רמב"ן במדבר לב,לח).

אֶלְעָלֵה עיר בנחלת שבט ראובן. מקובל לזהותה עם אל-עאל, 3 ק"מ מצפון-מזרח לחסבאן (חשבון).

יַהַץ עיר לויים בנחלת ראובן (יהושע יג,יח; דברי הימים א' ו,סג) שנזכרה במצבת מישע. היו שזיהו אותה עם אחד משני המבצרים

ה חֲלֻצֵי מוֹאָב יָרִיעוּ נַפְשׁוֹ יָרְעָה לוֹ: לִבִּי לְמוֹאָב יִזְעָק בְּרִיחֶהָ עַד־
צֹעַר עֶגְלַת שְׁלִשִׁיָּה כִּי ׀ מַעֲלֵה הַלּוּחִית בִּבְכִי יַעֲלֶה־בּוֹ כִּי דֶּרֶךְ
ו חוֹרֹנַיִם זַעֲקַת־שֶׁבֶר יְעֹעֵרוּ: כִּי־מֵי נִמְרִים מְשַׁמּוֹת יִהְיוּ כִּי־יָבֵשׁ
ז חָצִיר כָּלָה דֶשֶׁא יֶרֶק לֹא הָיָה: עַל־כֵּן יִתְרָה עָשָׂה וּפְקֻדָּתָם עַל
ח נַחַל הָעֲרָבִים יִשָּׂאוּם: כִּי־הִקִּיפָה הַזְּעָקָה אֶת־גְּבוּל מוֹאָב עַד־
ט אֶגְלַיִם יִלְלָתָהּ וּבְאֵר אֵילִים יִלְלָתָהּ: כִּי מֵי דִימוֹן מָלְאוּ דָם כִּי־
אָשִׁית עַל־דִּימוֹן נוֹסָפוֹת לִפְלֵיטַת מוֹאָב אַרְיֵה וְלִשְׁאֵרִית
טז א אֲדָמָה: שִׁלְחוּ־כַר מוֹשֵׁל־אֶרֶץ מִסֶּלַע מִדְבָּרָה אֶל־הַר בַּת־צִיּוֹן:
ב וְהָיָה כְעוֹף־נוֹדֵד קֵן מְשֻׁלָּח תִּהְיֶינָה בְּנוֹת מוֹאָב מַעְבָּרֹת לְאַרְנוֹן:
ג הָבִיאוּ עֵצָה עֲשִׂי פְלִילָה שִׁיתִי כַלַּיִל צִלֵּךְ בְּתוֹךְ צָהֳרָיִם סַתְּרִי הָבִיאִי | עֲשׂוּ
ד נִדָּחִים נֹדֵד אַל־תְּגַלִּי: יָגוּרוּ בָךְ נִדָּחַי מוֹאָב הֱוִי־סֵתֶר לָמוֹ מִפְּנֵי

ביאור | המדויק אינו ידוע, **נִשְׁמַע קוֹלָם. עַל כֵּן חֲלֻצֵי מוֹאָב יָרִיעוּ** לא תרועת מלחמה, אלא תרועת שבר ויללה, כי **נַפְשׁוֹ יָרְעָה**, מלה זו היא מעין צירוף של תרועה ורעה[40] **לוֹ**. נפשו בכתה לו והייתה מרה עליו.

העולם | מתקופת הברזל השוכנים על דרך המלך כ–6 ק"מ מצפון לדיבון וחולשים על ואדי ואלה. אחרים טוענו שהיא תל עליאן, כ–12 ק"מ מצפון–מזרח לדיבון.

צֹעַר אחת מערי סדום שלא נחרבה לפי בראשית (יט,כ). שמה הקדום היה בלע (ראו שם יד,ב). נהוג למקמה סמוך ליישוב א–צפי, מדרום–מזרח לים המלח.

עֶגְלַת שְׁלִשִׁיָּה עיר נמל על חוף ים המלח הסמוכה לצוער. עֶגְלַת נזכרת גם ברשימת ערי דרום מואב סמוך לצוער ב'קדמוניות היהודים' (יג,טו,ד; יד,א,ד). בתעודות מימי בר כוכבא מופיע גם מחוז עגלתין, הקרוי על שם העיר.

מַעֲלֵה הַלּוּחִית אין בידינו זיהוי ודאי של מקום זה. משערים כי עיר זו שוכנת בראש מעלה בדרום מואב, ועל כן מזהים אותה עם ח'רבת מדינתא–ראס.

דֶּרֶךְ חוֹרֹנַיִם מזוהה עם העיר חרנן המוזכרת במצבת מישע וברשימת ערי דרום מואב שב'קדמוניות היהודים' (יג,טו,ד). על פי הנבואה המקבילה בירמיה (מח,ה) נראה שהיא נמצאת במורד, ועל כן זוהתה עם ח'רבת אל–ערק שבמורדות המערביים של רמת ההר, 10 ק"מ מדרום–מערב לכרך שבדרום מואב.

מֵי נִמְרִים יש המזהים את המקום עם ואדי נומירה שבדרום מואב, ויש הטוענים כי זהו בית נמרה או בית נמרין שבצפון מואב – עמק פורה בעבר הירדן שהוזכר בתלמוד הירושלמי (שביעית פ"ט ה"ב). שמו של הוואדי הזה השתמר עד ימינו – ואדי נמרין.

נַחַל הָעֲרָבִים יש המזהים אותו עם חלקו התחתון של נחל זרד, ואדי אל–חאסה.

דִּימוֹן מזוהה עם הכפר דימנא המצוי 12 ק"מ מצפון לכרך. היו שזיהו אותה עם דיבון.

נחל אַרְנוֹן ואדי מוג'יב, הנחל האיתן הגדול ביותר בארץ ישראל לאחר הירדן. בגלל גודלו ועומקו שימש גבול טבעי (ראו יהושע פרקים יב ו–יג), ולמעברות שעליו נודע ערך אסטרטגי רב.

ה **לִבִּי לְמוֹאָב יִזְעָק. בְּרִיחֶהָ**, בריחי הערים נשברו.[41] ואפשר: הבורחים
ממנה[42] בורחים **עַד צֹעַר, עֶגְלַת שְׁלִשִׁיָּה**, כנראה אף היא שם או כינוי
למקים כלשהו,[43]
כִּי הבורח מן המלחמה דרך **מַעֲלֵה הַלּוּחִית**, שם מקום – **בִּבְכִי יַעֲלֶה בּוֹ,**
כִּי בְּדֶרֶךְ חוֹרֹנַיִם זַעֲקַת שֶׁבֶר יְעֹעֵרוּ, יעוררו, יערערו, או: יצעקו.[44]
ו **כִּי מֵי נִמְרִים**, שם מעיין או נחל – **מְשַׁמּוֹת**, שממה[45] **יִהְיוּ,**
כִּי יָבֵשׁ חָצִיר, כָּלָה דֶשֶׁא, יֶרֶק לֹא הָיָה. ז **עַל כֵּן יִתְרָה**, יותר ממה
שנאמר – האויב **עָשָׂה**,[45] **ואת פְקֻדָּתָם**, ממונם **עַל נַחַל הָעֲרָבִים**, לא
ידוע היכן הוא – ייתכן שהוא בערבה, או שגדלים בו ערבי נחל,[46]
יִשָּׂאוּם – את כספם וישמידום האויבים.
ח **כִּי הִקִּיפָה הַזְּעָקָה אֶת גְּבוּל מוֹאָב, עַד אֶגְלַיִם יִלְלָתָהּ, וּבְאֵר אֵילִים**
יִלְלָתָהּ. יללת כאב המפלה הגיעה עד גבולות ארצם. אף מקומות
אלה אינם מוכרים.
ט **כִּי מֵי** הנהר **דִימוֹן מָלְאוּ דָם,**
כִּי אָשִׁית, אשים **עַל דִּימוֹן נוֹסָפוֹת**, תוספות דם **לִפְלֵיטַת מוֹאָב אַרְיֵה.**
אנשים יברחו מעיר לעיר, ייהרגו בחרב וימותו ברעב, ואחרי הפליטים
ירדפו אריות,[47] שבאותו זמן היו מצויים באזור גאון הירדן. **וְלִשְׁאֵרִית**
אֲדָמָה, לאותם הנשארים על אדמתם.

מואב יזדקק לעזרה ויפנה אל השלטון שבהר ציון – פרק טז א **שִׁלְחוּ**
כַר, מתנה, אולי מתנת צאן, **לְמֹשֵׁל אֶרֶץ, מִסֶּלַע מִדְבָּרָה**, מקום במואב[48]
אֶל הַר בַּת צִיּוֹן. ב **וְהָיָה כְעוֹף נוֹדֵד** ממקומו, כמו **קֵן מְשֻׁלָּח, תִּהְיֶינָה בְּנוֹת**
מוֹאָב במנוסתן אל **מַעְבָּרוֹת לְאַרְנוֹן**, מעברי נחל ארנון.

הנביא פונה בשם העם המואבי אל ארצו: ג **הָבִיאִי עֵצָה, עֲשׂוּ פְלִילָה,**
מחשבה ודיון. **שִׁיתִי כַלַּיִל צִלֵּךְ בְּתוֹךְ צָהֳרָיִם.** שימי לעצמך צל חשוך
באמצע הצהריים. זהו דימוי פיוטי למי שמבקש את חסות החשכה
בשער שהוא חש חשוף ביותר. **סַתְּרִי**, מִצאי פינות מסתור **לְנִדָּחִים,**
נֹדֵד אַל תְּגַלִּי. דאגי שהגולים המשוטטים לא יתגלו. אמנם מואב אינה
ארץ מישורית, אבל כיוון שאין בה הרים גבוהים, קשה למצוא בה
מסתור. ד **יָגוּרוּ בָךְ נִדָּחַי**, ארצי **מוֹאָב, הֱוִי**, היי **סֵתֶר לָמוֹ** – לנודדים

הרחבות

'לבי למואב' לכאורה זר הנביא לכל המאורעות הללו, מה עוד שלעתים קרובות שררו יחסים קשים בין ישראל ומואב. אף על פי כן ישעיהו משתתף בצערם של המואבים, כאשר הוא רואה אותם מוכים ונהרגים ואת מדינתם נחרבת ונעלמת. (ראו במדבר רבה ראש פרשת בלק, רש"י על אתר; צדקת הצדיק מז).

מנוסת המואבים לא ברור אם אויביה של מואב שבהם מדובר כאן הם חילות אשור (כמתואר בסדר עולם, והובא ברד"ק, וכן הוא ברמב"ן במדבר לב,לח), או שמא הותקפה על ידי אנשי המדבר. מכל מקום, בחורבנה הגדול של מואב יברחו תושביה ממקומם. בנותיה ינסו לעבור את נחל ארנון שבגבול ארצן כדי להגיע אל ארץ

שׁוֹדֵד כִּי־אָפֵס הַמֵּץ כָּלָה שֹׁד תַּמּוּ רֹמֵס מִן־הָאָרֶץ׃ וְהוּכַן ה
בַּחֶסֶד כִּסֵּא וְיָשַׁב עָלָיו בֶּאֱמֶת בְּאֹהֶל דָּוִד שֹׁפֵט וְדֹרֵשׁ מִשְׁפָּט
וּמְהִר צֶדֶק׃ שָׁמַעְנוּ גְאוֹן־מוֹאָב גֵּא מְאֹד גַּאֲוָתוֹ וּגְאוֹנוֹ וְעֶבְרָתוֹ ו
לֹא־כֵן בַּדָּיו׃ לָכֵן יְיֵלִיל מוֹאָב לְמוֹאָב כֻּלֹּה יְיֵלִיל לַאֲשִׁישֵׁי קִיר־ ז
חֲרֶשֶׂת תֶּהְגּוּ אַךְ־נְכָאִים׃ כִּי שַׁדְמוֹת חֶשְׁבּוֹן אֻמְלָל גֶּפֶן שִׂבְמָה ח
בַּעֲלֵי גוֹיִם הָלְמוּ שְׂרוּקֶּיהָ עַד־יַעְזֵר נָגָעוּ תָּעוּ מִדְבָּר שְׁלֻחוֹתֶיהָ
נִטְּשׁוּ עָבְרוּ יָם׃ עַל־כֵּן אֶבְכֶּה בִּבְכִי יַעְזֵר גֶּפֶן שִׂבְמָה אֲרַיָּוֶךְ ט
דִּמְעָתִי חֶשְׁבּוֹן וְאֶלְעָלֵה כִּי עַל־קֵיצֵךְ וְעַל־קְצִירֵךְ הֵידָד נָפָל׃
וְנֶאֱסַף שִׂמְחָה וָגִיל מִן־הַכַּרְמֶל וּבַכְּרָמִים לֹא־יְרֻנָּן לֹא יְרֹעָע יַיִן י
בַּיְקָבִים לֹא־יִדְרֹךְ הַדֹּרֵךְ הֵידָד הִשְׁבַּתִּי׃ עַל־כֵּן מֵעַי לְמוֹאָב יא
כַּכִּנּוֹר יֶהֱמוּ וְקִרְבִּי לְקִיר חָרֶשׂ׃ וְהָיָה כִי־נִרְאָה כִּי־נִלְאָה מוֹאָב יב

ביאור | **מִפְּנֵי שׁוֹדֵד, כִּי אָפֵס הַמֵּץ**, טובך נמצץ וכלה על ידי האויב, **כָּלָה שֹׁד**, לשד,[49] לחלוחית, **תַּמּוּ רֹמֵס**, מקנה הצאן **מִן הָאָרֶץ**.[50]

בסופו של דבר, השלטון והמשפט היציבים והראויים יכוננו בבית דוד: ה **וְהוּכַן בַּחֶסֶד כִּסֵּא** המלוכה. כס המשפט והשלטון ייוסד על אדני חסד, **וְיָשַׁב עָלָיו בֶּאֱמֶת**, בנאמנות וביושר **בְּאֹהֶל דָּוִד, שֹׁפֵט וְדֹרֵשׁ מִשְׁפָּט וּמְהִר**, וממהר לעשות **צֶדֶק**.

לעומת ציון, סופה של מואב להיחרב: ו **שָׁמַעְנוּ** על **גְאוֹן**, רום **מוֹאָב, גֵּא מְאֹד, גַּאֲוָתוֹ וּגְאוֹנוֹ**, יהירותו **וְעֶבְרָתוֹ**, וכעסו על סביבותיו.[51] בהתנהגותם הפגינו המואבים חשיבות יתרה, אך **לֹא כֵן בַּדָּיו**. לא כך היו הישגיהם בפועל, או: לא נכונים דברי גאוותו שבדה מואב מלבו.[52]

הרחבות | מבטחים (על פי מלבי"ם). אם נכון זיהויו המקובל היום של נחל ארנון, הרי שזהו נקיק עמוק מאוד שקשה מאוד לעבור בו, ובכל זאת מחמת האימה חצו אותו תושבי מואב במנוסתם.

גאון מואב במשך ההיסטוריה רווחה אי–ההתאמה בין תחושת החשיבות העצמית של אדם או של עם, לבין מצבו האמתי. אפשר להתרשם מתופעה זו נוכח לשונות הגוזמה המתרברבות שעל מצבת מישע מלך מואב, המבטאות יהירות ותחושת עליונות מיוחדת. העם המואבי אמנם ניצח במלחמה אחת או בכמה מלחמות שניהל נגד מלכות ישראל בעת חולשתה, אך לרוב הוא לא היה עם גדול וחזק.

הגפן הנביא מתאר את מואב כגפן מוכה שרידיה מפוזרים ונטושים. הדימוי של מדינה שלמה לגפן משמש גם ביחס לישראל, (ראו להלן סה,ח; יחזקאל טו; יז,ו; תהלים פ,ט; ירמיה ב,כא). גפן גדולה אינה דומה לעץ. אפשר לראות בה מעין עולם שלם קטן הממלא את האדמה. שבירת זמורות הגפן ופיזורן מסמלים את חורבנו של מקום שוקק חיים.

ז לָכֵן, בעקבות תבוסתם של בני מואב הגאים יְיֵלִיל, יילל מוֹאָב
הנשארים לְמוֹאָב, כֻּלֹּה - כל מואב יְיֵלִיל. לַאֲשִׁישֵׁי, לאשיות, ליסודות[53]
העיר הגדולה קִיר חֲרֶשֶׂת תֶּהְגּוּ, תהרהרו, או: תבטאו אַךְ נְכָאִים,
דברי שבר על העיר החרבה.[54] ח כִּי שַׁדְמוֹת, שדות העיר חֶשְׁבּוֹן
אֻמְלָל, נמללו נכרתו. גֶּפֶן העיר שִׂבְמָה – בַּעֲלֵי, נכבדי[55] גּוֹיִם הָלְמוּ,
הכו שְׂרוּקֶּיהָ, ענפיה. עַד יַעְזֵר נָגָעוּ, ניגפו ונפגעו, תָּעוּ מִדְבָּר. שְׁלֻחוֹתֶיהָ,
פארותיה, ענפיה נִטְּשׁוּ, השתרעו, עָבְרוּ יָם. ט עַל כֵּן אֶבְכֶּה בִּבְכִי יַעְזֵר.
גֶּפֶן שִׂבְמָה, אֲרַיָּוֶךְ, ארווה אותך בְּדִמְעָתִי,[56] חֶשְׁבּוֹן וְאֶלְעָלֵה, כִּי עַל
קֵיצֵךְ, פרות הקיץ שלך, בעיקר התאנים, וְעַל קְצִירֵךְ 'הֵידָד' השמחה
האופיינית לחגיגות הקציר והקיץ, נָפָל, הושבתה.[57] י וְנֶאֱסַף שִׂמְחָה
וָגִיל מִן הַכַּרְמֶל, מקום נטוע ומגונן.[58] וּבַכְּרָמִים לֹא יְרֻנָּן, יושר לֹא יְרֹעָע,
תישמע תרועה. יַיִן בַּיְקָבִים לֹא יִדְרֹךְ הַדֹּרֵךְ מן הענבים, 'הֵידָד' הִשְׁבַּתִּי.
הפסקתי את קריאות השמחה.

יא עַל כֵּן מֵעַי לְמוֹאָב כַּכִּנּוֹר יֶהֱמוּ, וְקִרְבִּי הומה לְקִיר חָרֶשׂ, העיר
קיר חֲרֶשֶׂת.[59] הנביא משתתף בצער מואב נוכח אובדנו ומפלתו
העלובים.[60] יב וְהָיָה השבר הזה, כִּי, כאשר נִרְאָה כִּי נִלְאָה, התעייף
מוֹאָב לעלות למקומות הגבוהים לשם מלחמה או לשם סגידה

מימין: מצבת מישע מוזיאון הלובר, פריז

משמאל: צילום תקריב

העולם

מצבת מישע מצבת ניצחון שהוקמה על ידי מישע מלך מואב במאה ה-9 לפנה"ס בעיר דיבון לציון ניצחונותיו על ממלכת ישראל. (ראו מלכים ב' ג). היא כתובה בכתב עברי קדום ובשפה המואבית הקרובה מאוד לעברית, ומופיעות עליה רבות מן הערים הנזכרות בפרקנו. הכתובת נתגלתה בשנת 1836 ונמצאת כיום במוזיאון הלובר בפריז.

שִׂבְמָה עיר בנחלת שבט ראובן הנקראת גם שְׂבָם (במדבר לב,ג). הביטוי החוזר גֶּפֶן שִׂבְמָה (ראו גם ירמיה מח,לב) מלמד שהייתה מפורסמת בענביה. יש המזהים אותה עם האזור העשיר בכרמים שמצפון לחשבון. היו שזיהו אותה עם ח'רבת סומיה השוכנת סמוך לגדה הדרומית של נחל חשבון, והיו שזיהו אותה עם קרן אל-כבס המצויה בין חשבון להר נבו בגלל דמיון השם.

יַעְזֵר יישוב מרכזי ששימש נקודת ציון לגבול הדרומי של הגלעד ושל עמון, (ראו יהושע יג,כה), ונזכר כעיר של משפחת מררי מן הלויים (דברי הימים א' ו,סו). הוצעו לעיר מספר זיהויים: ח'רבת צאר ממערב לרבת עמון, תל ערימה, ח'רבת ג'זר מדרום לא-סלט, והיו שמיקמו אותה מצפון-מזרח לים המלח בסביבות המכוור.

יג עַל־הַבָּמָה וּבָא אֶל־מִקְדָּשׁוֹ לְהִתְפַּלֵּל וְלֹא יוּכָל׃ זֶה
יד הַדָּבָר אֲשֶׁר דִּבֶּר יְהוָה אֶל־מוֹאָב מֵאָז׃ וְעַתָּה דִּבֶּר יְהוָה לֵאמֹר
בְּשָׁלֹשׁ שָׁנִים כִּשְׁנֵי שָׂכִיר וְנִקְלָה כְּבוֹד מוֹאָב בְּכֹל הֶהָמוֹן הָרָב
יז א וּשְׁאָר מְעַט מִזְעָר לוֹא כַבִּיר׃ מַשָּׂא דַּמָּשֶׂק הִנֵּה
ב דַמֶּשֶׂק מוּסָר מֵעִיר וְהָיְתָה מְעִי מַפָּלָה׃ עֲזֻבוֹת עָרֵי עֲרֹעֵר
ג לַעֲדָרִים תִּהְיֶינָה וְרָבְצוּ וְאֵין מַחֲרִיד׃ וְנִשְׁבַּת מִבְצָר מֵאֶפְרָיִם
וּמַמְלָכָה מִדַּמֶּשֶׂק וּשְׁאָר אֲרָם כִּכְבוֹד בְּנֵי־יִשְׂרָאֵל יִהְיוּ נְאֻם יְהוָה
ד צְבָאוֹת׃ וְהָיָה בַּיּוֹם הַהוּא יִדַּל כְּבוֹד יַעֲקֹב וּמִשְׁמַן
ה בְּשָׂרוֹ יֵרָזֶה׃ וְהָיָה כֶּאֱסֹף קָצִיר קָמָה וּזְרֹעוֹ שִׁבֳּלִים יִקְצוֹר וְהָיָה
ו כִּמְלַקֵּט שִׁבֳּלִים בְּעֵמֶק רְפָאִים׃ וְנִשְׁאַר־בּוֹ עֹלֵלוֹת כְּנֹקֶף זַיִת
שְׁנַיִם שְׁלֹשָׁה גַּרְגְּרִים בְּרֹאשׁ אָמִיר אַרְבָּעָה חֲמִשָּׁה בִּסְעִפֶיהָ
ז פֹּרִיָּה נְאֻם־יְהוָה אֱלֹהֵי יִשְׂרָאֵל׃ בַּיּוֹם הַהוּא יִשְׁעֶה הָאָדָם
ח עַל־עֹשֵׂהוּ וְעֵינָיו אֶל־קְדוֹשׁ יִשְׂרָאֵל תִּרְאֶינָה׃ וְלֹא יִשְׁעֶה אֶל־
הַמִּזְבְּחוֹת מַעֲשֵׂה יָדָיו וַאֲשֶׁר עָשׂוּ אֶצְבְּעֹתָיו לֹא יִרְאֶה וְהָאֲשֵׁרִים

ביאור | לאליליו **עַל הַבָּמָה**,[61] **וּבָא אֶל מִקְדָּשׁוֹ לְהִתְפַּלֵּל – וְלֹא יוּכָל**. מתוך ייאוש וחוסר תוחלת יאבד מואב את האפשרות לערוך פולחן. ממצב זה כבר לא תהיה לו תקומה.

יג **זֶה הַדָּבָר אֲשֶׁר דִּבֶּר ה׳ אֶל מוֹאָב מֵאָז**, מקדמת דנא, בנבואה הישנה. יד **וְעַתָּה דִּבֶּר ה׳** נבואה חדשה, **לֵאמֹר: בְּ**עוד **שָׁלֹשׁ שָׁנִים כִּשְׁנֵי שָׂכִיר**, בדיוק, כשם ששכיר אינו מוסיף זמן על שנות עבודתו שסוכמו,[62] **וְנִקְלָה**, יושפל **כְּבוֹד מוֹאָב בְּכֹל הֶהָמוֹן הָרָב**, בתוך הרעש, המהומה והתהפוכות. **וּשְׁאָר**, יישאר **מְעַט מִזְעָר**, מעט מאוד, **לוֹא כַבִּיר**, לא גדול.

העולם | **עֲרֹעֵר** שמו של חבל ארץ עשיר ופורה בקרבת דמשק, ערערו נזכרת בכתובת עתיקה מהעיר ספירה שבסוריה. (בשם ערוער נקראו עוד שתי ערים בעבר הירדן: על שפת נחל ארנון, וסמוך לרבת עמון. ראו יהושע יב,ב; יג,כה).

עֹלֵלוֹת כְּנֹקֶף זַיִת מכיוון שהזיתים הם פֵּרות קטנים הגדלים בצפיפות על העץ, הדרך הרגילה למסיקתם אינה בקטיפה פרטנית אלא בהכאת העץ במקלות. הכאה זו גורמת לנשירת הפרות. הנשארים הם העוללות שהעניים רשאים לאכלן. (ראו גם דברים כד,כ).

כיבוש ארצות הצפון

פרק יז

הנבואה שלפנינו מכוונת בעיקר כלפי ארצות הצפון. הנבואה פותחת בדמשק בירת ארם וכוללת את סביבתה. הדברים הצפויים לגויים בעתיד הרחוק, המתוארים כאן, כרוכים גם בתהפוכות גדולות בישראל – מכות ואכזבות, יציאה לגלות ואיבוד כל נקודת משען.

פרק יז א **מַשָּׂא**, דיבור, חזון על **דַּמָּשֶׂק.**
הִנֵּה דַמֶּשֶׂק מוּסָר, מורד וחדל מלהיות **עִיר, וְהָיְתָה מְעִי מַפָּלָה**, תהפוך
לעיי חורבות.[63] ב **עֲזֻבוֹת עָרֵי עֲרֹעֵר** שבעבר הירדן, **לַעֲדָרִים תִּהְיֶינָה,
וְרָבְצוּ** העדרים הללו **וְאֵין מַחֲרִיד**, מפריע, שכן הערים יתרוקנו
מאדם. ג ממלכת ישראל הצפונית תתמוטט, **וְנִשְׁבַּת מִבְצָר מֵאֶפְרַיִם**,
לא יעמדו בה עוד מבצרים. **וּמַמְלָכָה** תושבת **מִדַּמֶּשֶׂק**, ומעמדם של
שְׁאָר בני **אֲרָם** ירד לשפל המדרגה, **כִּכְבוֹד בְּנֵי יִשְׂרָאֵל** כעת, בזמנים
הרעים[64] **יִהְיוּ. נְאֻם ה' צְבָאוֹת.**

ד **וְהָיָה בַּיּוֹם הַהוּא**, כאשר תתקיים נבואת הזעם הזו, **יִדַּל**, ידלדל
כְּבוֹד יַעֲקֹב, וּמִשְׁמַן בְּשָׂרוֹ יֵרָזֶה. ישראל מתוארים כדמות אנושית
אחת, שתרזה מאוד ותאבד את כוחה, משאביה והשפעתה. כך
תיראה דמותו המדולדלת של אפרים: ה **וְהָיָה כֶּאֱסֹף קָצִיר קָמָה,**
כשם שאדם אוסף את הקמה בקציר, **וּזְרֹעוֹ** מחזיק את **הַשִּׁבֳּלִים**
שיקציר, כמות מועטת ביותר,[65] **וְהָיָה כִּמְלַקֵּט שִׁבֳּלִים בְּעֵמֶק רְפָאִים,**
ייתכן שהוא מקום שאינו פורה, שמלבד שיבולים מועטות לא
גדלה בו תבואה.[66] ו **וְנִשְׁאַר בּוֹ** – ביעקב **עוֹלֵלֹת כְּנֹקֶף**, כמכה **זַיִת,**
כמו עוללות בודדות שנשארות לאחר חבטת עץ הזית שהשירה
את פרותיו, **שְׁנַיִם שְׁלֹשָׁה גַּרְגְּרִים בְּרֹאשׁ אָמִיר.** בראש הצמרת נשארים
גרגרים בודדים, שהנקיפה לא הפילה אותם ארצה, או **אַרְבָּעָה חֲמִשָּׁה
בִּסְעִפֶיהָ**, בענפיה של **פֹּרִיָּה.** אם יישארו על הענף ארבעה או חמישה
גרגרים, הוא ייחשב לזית פורה. מלבד המובן המילולי של התיאור
הוא משמש גם כדימוי לעוני ולשפל כללי. **נְאֻם ה' אֱלֹהֵי יִשְׂרָאֵל.**
ז **בַּיּוֹם הַהוּא**, כאשר יקרו האסונות הללו, **יִשְׁעֶה**, יפנה **הָאָדָם עַל
עֹשֵׂהוּ**, אל בוראו, **וְעֵינָיו אֶל קְדוֹשׁ יִשְׂרָאֵל תִּרְאֶינָה.** ח **וְלֹא יִשְׁעֶה אֶל
הַמִּזְבְּחוֹת מַעֲשֵׂה יָדָיו**, בין שאלו כוונו לשם ה', כעגלי הזהב בבית
אל ובדן,[67] בהם שמו ישראל את מבטחם, ובין שנעשו לאלילים
שונים, **וַאֲשֶׁר עָשׂוּ אֶצְבְּעֹתָיו לֹא יִרְאֶה**, וגם את **הָאֲשֵׁרִים וְהַחַמָּנִים**, עצים
המשמשים לפולחן וצלמי שמש, חמה.[68] בעקבות המצב השפל שבו
יהיו ישראל נתונים, הם יחדלו מלהיתלות בדברים שבהם נאחזו
והתגאו קודם לכן.

וְהַחַמָּנִים׃ בַּיּוֹם הַהוּא יִהְיוּ ׀ עָרֵי מָעֻזּוֹ כַּעֲזוּבַת הַחֹרֶשׁ ט
וְהָאָמִיר אֲשֶׁר עָזְבוּ מִפְּנֵי בְּנֵי יִשְׂרָאֵל וְהָיְתָה שְׁמָמָה׃ כִּי שָׁכַחַתְּ י
אֱלֹהֵי יִשְׁעֵךְ וְצוּר מָעֻזֵּךְ לֹא זָכָרְתְּ עַל־כֵּן תִּטְּעִי נִטְעֵי נַעֲמָנִים
וּזְמֹרַת זָר תִּזְרָעֶנּוּ׃ בְּיוֹם נִטְעֵךְ תְּשַׂגְשֵׂגִי וּבַבֹּקֶר זַרְעֵךְ תַּפְרִיחִי נֵד יא
קָצִיר בְּיוֹם נַחֲלָה וּכְאֵב אָנוּשׁ׃ הוֹי הֲמוֹן עַמִּים רַבִּים יב
כַּהֲמוֹת יַמִּים יֶהֱמָיוּן וּשְׁאוֹן לְאֻמִּים כִּשְׁאוֹן מַיִם כַּבִּירִים יִשָּׁאוּן׃
לְאֻמִּים כִּשְׁאוֹן מַיִם רַבִּים יִשָּׁאוּן וְגָעַר בּוֹ וְנָס מִמֶּרְחָק וְרֻדַּף כְּמֹץ יג
הָרִים לִפְנֵי־רוּחַ וּכְגַלְגַּל לִפְנֵי סוּפָה׃ לְעֵת עֶרֶב וְהִנֵּה בַלָּהָה יד
בְּטֶרֶם בֹּקֶר אֵינֶנּוּ זֶה חֵלֶק שׁוֹסֵינוּ וְגוֹרָל לְבֹזְזֵינוּ׃ הוֹי א יח
אֶרֶץ צִלְצַל כְּנָפָיִם אֲשֶׁר מֵעֵבֶר לְנַהֲרֵי־כוּשׁ׃ הַשֹּׁלֵחַ בַּיָּם צִירִים ב

ביאור

ט **בַּיּוֹם הַהוּא יִהְיוּ עָרֵי מָעֻזּוֹ**, מבצריו, שבהן בטח,[69] **כַּעֲזוּבַת הַחֹרֶשׁ וְהָאָמִיר**, כחורשה עזובה וכצמרת נטושה **אֲשֶׁר עָזְבוּ מִפְּנֵי בְּנֵי יִשְׂרָאֵל**. כשם שבכיבוש הארץ על ידי ישראל, ברחו יושביה הקודמים, והותירו אחריהם הרס, כך תישאר ארצם של אפרים – **וְהָיְתָה שְׁמָמָה**.

י כל זה יקרה לך **כִּי שָׁכַחַתְּ** את **אֱלֹהֵי יִשְׁעֵךְ**, מצילך, ופנית לישועת מעשה ידי אנוש, **וְצוּר מָעֻזֵּךְ לֹא זָכָרְתְּ**. **עַל כֵּן** ייעזבו ערי מעוזך, ולא תצליחי בכל השתדלותך – **תִּטְּעִי נִטְעֵי נַעֲמָנִים**, שתילים טובים

הרחבות

'והיתה שממה' גם מציקיהם ובוזזיהם של ישראל לא ימצאו מנוחה בארץ. כובשי ישראל לא יתמידו לשבת בה משום שלא יעלה בידם ליישב אותה ולעבד את אדמתה. ואכן במשך הדורות נשמעו עדויות מגוונות על המראה המוזנח של הארץ בהיותה נתונה בידי עמים זרים. (ראו ספרא בחקותי ב; רמב"ן לויקרא כו,טז). כיבושה של הארץ בידי ממלכות זרות לא הביא לשום עם ניצחון מזהיר, אלא היה כרוך בהחרבת הארץ ובחיי דלות עלובים למי שניסה להיאחז בה, כפי שחזה הנביא.

'ביום נִטעך תשגשגי' על מנת שצמחים יגדלו כראוי, דרוש להם זמן הבשלה. צמח המקדים את הוצאת פֵּרותיו בעטיים של פגעי טבע, כמו חום גדול בלא גשם, פרותיו יהיו עלובים ביותר. השגשוג, המבטא תמיד גדילה, ריבוי והתפתחות, מופיע כאן כלעג לנטיעה הממהרת לצמוח, ועל כן איננה מניבה את הפרות הרצויים.
לא מאורעות אנושיים טרגיים מתוארים כאן, אלא מצבה של ארץ כבושה ובלתי מיושבת, שגידוליה הופכים לשיממון.

'ארץ צלצַל כנפים אשר מעבר לנהרי כוש' בדרום מצרים ישבו ממלכות ושבטים עצמאיים שחלקם היו קרובים למצרים. ייתכן שנבואה זו מרמזת לממלכות רחוקות ובלתי ידועות ששכנו בלב אפריקה. (ראו האמונות והדעות לרס"ג ח,ו). מלכת שבא שביקרה אצל שלמה המלך (ראו מלכים ב' י,א-יג), הגיעה מאפריקה או מדרום חצי-האי ערב, מקומות מרוחקים שלא קיימו קשר ישיר עם העולם התרבותי דאז.

ונעימים, ותוצאתם - **זְמֹרַת זָר תִּזְרָעֶנּוּ**. תצמח מהם זמורה פראית שאין בה תועלת.[70] יא **בְּיוֹם נִטְעֵךְ תְּשַׂגְשֵׂגִי**, כנטיעה הממהרת מדי להצמיח פרותיה, שתנובתה גרועה. ובאופן דומה - **בַבֹּקֶר זַרְעֵךְ תַּפְרִיחִי**, תיכף לאחר הזריעה יֵצאו פרחים. צמיחה מהירה זו דלה ואינה מניבה פרות ראויים.[71] **נֵד קָצִיר**, הקציר ינדוד וילך **בְּיוֹם נַחֲלָה**, צרה,[72] וכל שיישאר הוא **כְּאֵב אָנוּשׁ**.

יב **הוֹי, הֲמוֹן** המיית. או: קהל גדול של **עַמִּים רַבִּים**, המתקבצים לכבוש את הארץ מכל הכיוונים, **כַּהֲמוֹת יַמִּים יֶהֱמָיוּן**, מרעיש כהמיית הים. **וּשְׁאוֹן**, ורעש **לְאֻמִּים כִּשְׁאוֹן מַיִם כַּבִּירִים**, כקול זרם מים גדול הגועש ורוגש ומתקרב בקול גדול, **יִשָּׁאוּן**, ירעשו. יג אמנם **לְאֻמִּים כִּשְׁאוֹן מַיִם רַבִּים יִשָּׁאוּן**, ואולם ה' **גָּעַר בּוֹ** - בצבא המאיים הזה, **וְנָס** צבא האויב **מִמֶּרְחָק**. **וְרֻדַּף כְּמֹץ** הנסחף **בְּהָרִים** למרחקים גדולים **לִפְנֵי רוּחַ**, **וּכְגַלְגַּל**, צמח קוצני, שנעקר מן האדמה ומתגלגל במדבר[73] **לִפְנֵי סוּפָה**. דימוי זה שאוב מהוויית השממה. יד **לְעֵת עֶרֶב – וְהִנֵּה בַלָּהָה**, הכול מפחדים מהאויב המתקרב, אך **בְּטֶרֶם בֹּקֶר – אֵינֶנּוּ**.
זֶה חֵלֶק, גורלם של **שׁוֹסֵינוּ וְגוֹרָל לְבֹזְזֵינוּ**.

נבואה על עם רחוק לימים רחוקים

פרק יח

נבואה זו, שלשונה קשה להבנה, מתייחסת לעם רחוק שזהותו אינה ידועה. בהמשכה מתוארת תקופת חורבן שתקדם לבוא הגאולה.

פרק יח א **הוֹי, אֶרֶץ צִלְצַל כְּנָפָיִם**, ארץ שלה כנפיים העושות צל. הדימוי אינו ברור. כיוון שמההמשך עולה שמדובר בעם של ספנים, ייתכן שהכנפיים הם מפרשי האניות.[74] **אֲשֶׁר מֵעֵבֶר לְנַהֲרֵי כוּשׁ**, נהרות מצרים הגדולים. ב ארץ זו שייכת לעם **הַשֹּׁלֵחַ בַּיָּם צִירִים**, שליחים.

עכובית הגלגל ('גַּלְגַּל'?)

גַּלְגַּל מזוהה עם צמח קוצני הקרוי עכובית הגלגל (שם מדעי: Gundelia tournefortii; באנגלית: tumbleweed). הצמח מכונה כך משום שהוא מתגלגל ברוח לשם הפצת זרעיו. | **העולם**

וּבִכְלֵי־גֹמֶא עַל־פְּנֵי־מַיִם לְכוּ ׀ מַלְאָכִים קַלִּים אֶל־גּוֹי מְמֻשָּׁךְ
וּמוֹרָט אֶל־עַם נוֹרָא מִן־הוּא וָהָלְאָה גּוֹי קַו־קָו וּמְבוּסָה אֲשֶׁר־
בָּזְאוּ נְהָרִים אַרְצוֹ׃ כָּל־יֹשְׁבֵי תֵבֵל וְשֹׁכְנֵי אָרֶץ כִּנְשֹׂא־נֵס הָרִים ג
תִּרְאוּ וְכִתְקֹעַ שׁוֹפָר תִּשְׁמָעוּ׃ כִּי כֹה אָמַר יְהוָה ד
אֶשְׁקֳטָה אֵלַי אשקוטה וְאַבִּיטָה בִמְכוֹנִי כְּחֹם צַח עֲלֵי־אוֹר כְּעָב טַל בְּחֹם
קָצִיר׃ כִּי־לִפְנֵי קָצִיר כְּתָם־פֶּרַח וּבֹסֶר גֹּמֵל יִהְיֶה נִצָּה וְכָרַת ה
הַזַּלְזַלִּים בַּמַּזְמֵרוֹת וְאֶת־הַנְּטִישׁוֹת הֵסִיר הֵתַז׃ יֵעָזְבוּ יַחְדָּו לְעֵיט ו
הָרִים וּלְבֶהֱמַת הָאָרֶץ וְקָץ עָלָיו הָעַיִט וְכָל־בֶּהֱמַת הָאָרֶץ עָלָיו
תֶּחֱרָף׃ בָּעֵת הַהִיא יוּבַל־שַׁי לַיהוָה צְבָאוֹת עַם ז
מְמֻשָּׁךְ וּמוֹרָט וּמֵעַם נוֹרָא מִן־הוּא וָהָלְאָה גּוֹי ׀ קַו־קָו וּמְבוּסָה
אֲשֶׁר בָּזְאוּ נְהָרִים אַרְצוֹ אֶל־מְקוֹם שֵׁם־יְהוָה צְבָאוֹת הַר־
צִיּוֹן׃ מַשָּׂא מִצְרָיִם הִנֵּה יְהוָה רֹכֵב עַל־עָב קַל א יט

ביאור | אומה של ימאים השולחת את שליחיה בכלי תחבורה ימיים, וּבִכְלֵי גֹמֶא, סירות קלות עַל פְּנֵי מַיִם. ייתכן שהיא יושבת סמוך למקורות הנילוס, בלב אפריקה. וכך אומרים השולחים: לְכוּ, מַלְאָכִים, שליחים קַלִּים, אֶל גּוֹי מְמֻשָּׁךְ וּמוֹרָט, עם שמשכו ומרטו אותו, אֶל עַם נוֹרָא, העובר חוויות קשות מִן הוּא, מאז היותו[75] וָהָלְאָה, גּוֹי קַו קָו, עם של חוקים ושל תקנות[76] וּמְבוּסָה, מובס, אֲשֶׁר בָּזְאוּ נְהָרִים אַרְצוֹ, שהנהרות חורצים את ארצו.[77]

שליחים אלו יבואו מקצה העולם להודיע את שעתיד להתרחש:[78] ג כָּל

כלי גמא

העולם | כְּלֵי גֹמֶא גומא פפירוס (שם מדעי: Cyperus papyrus); מין קנה הגדל בנהרות, בנחלים ובביצות. גובהו מגיע ל־4 או 5 מ'. שימש, בין היתר, לבניית סירות (ראו שמות ב,ג). השימוש באסדות גומא גמישות מתאים לאזור ההררי של מעלה הנילוס, שכן סירות העץ עשויות להישבר על הסלעים הבולטים המצויים באזור זה. (האמונות והדעות לרס"ג ח,ו).

יֹשְׁבֵי תֵבֵל וְשֹׁכְנֵי אָרֶץ, **כִּנְשֹׂא**, כמו שמעלים **נֵס**, כלונס או דגל בראש
הָרִים על מנת שייראה ממרחק גדול, **תִּרְאוּ**, **וְכִתְקֹעַ שׁוֹפָר תִּשְׁמָעוּ**. ד **כִּי**
כֹה אָמַר ה׳ אֵלַי: אֶשְׁקֳטָה וְאַבִּיטָה בִמְכוֹנִי, לבדי אשקיף ברוגע ממקומי
על התהליכים המתפתחים, **כְּחֹם צַח** כמו אור בהיר ביום חם הבא
עֲלֵי אוֹר, על גשם.[79] או **כְּעָב**, ענן של **טַל בְּחֹם קָצִיר**. החום והאור
עם הגשם והענן בזמן הקציר הם תופעות מפתיעות של היפוך
שיש עמו תיקון. ה **כִּי לִפְנֵי** שיגיע **הָקָצִיר**, **כְּתָם**, כשיגיע הסוף **לְפֶרַח**,
לפריחה, **וּבֹסֶר גֹּמֵל יִהְיֶה נִצָּה**, והניצן יתפתח לקראת הבשלת הפרי,
עוד קודם שתגיע הצמיחה לידי שלמות – **וְכָרַת הַזַּלְזַלִּים**, הענפים
הדקים **בַּמַּזְמֵרוֹת**, **וְאֶת הַנְּטִישׁוֹת**, הענפים העבים והארוכים **הֵסִיר הֵתַז**,
חתך, כלומר יארע במהירות הרג גדול.

ומן הדימוי לתיאור הממשי: ו המוני ההרוגים **יֵעָזְבוּ יַחְדָּו לְעֵיט הָרִים**,
לציפורי הטרף שבהרים **וּלְבֶהֱמַת הָאָרֶץ**, שתאכל את גוויותיהם.[80]
וְקָץ עָלָיו הָעַיִט, בשל ריבוי הנבלות ייזון מהן העיט במשך קיץ שלם,
וְכָל בֶּהֱמַת הָאָרֶץ עָלָיו תֶּחֱרָף, תיזון ממנו במשך החורף כולו.
ז **בָּעֵת הַהִיא יוּבַל שַׁי**, מנחה **לַה׳ צְבָאוֹת**, **מֵעַם מְמֻשָּׁךְ וּמוֹרָט וּמֵעַם נוֹרָא מִן**
הוּא וָהָלְאָה, גּוֹי קַו קָו וּמְבוּסָה אֲשֶׁר בָּזְאוּ נְהָרִים אַרְצוֹ. מהעמים שמורקו
ביסורים, שהיו להם חוקי חיים, ושסבלו מפלות קשות. אלה יבואו
אֶל מְקוֹם שֵׁם ה׳ צְבָאוֹת, ידעו שהוא **הַר צִיּוֹן**, ולשם יביאו מתנותיהם.

הנבואות על מצרים

פרקים יט–כ

מצרים עומדת במרכזן של הנבואות שלפנינו. בנבואה הראשונה נזכרות בעיקר מפלות ופורענויות – אימה ומלחמה, חורבן כלכלי, אבדן חכמה ודרך. בצדן מתואר גם עתיד מאושר הצפוי למצרים – ריפוי מגפותיהם ועזיבת אליליהם. לאחר המשא הזה מצורפת נבואה לזמן קרוב יותר על שביים וגלותם של המצרים ביד מלך אשור.

במשך כל הדורות ראו המצרים בעצמם את מרכז העולם, בני התרבות העליונה ואנשי החכמה. לאור זאת ראוי לקרוא את הנבואה שלפנינו.

פרק יט א **מַשָּׂא מִצְרָיִם**.
הִנֵּה ה׳ רֹכֵב עַל עָב קַל וּבָא מהר **לְמִצְרַיִם**. הדבר שיתואר בנבואה זו

הרחבות

תהפוכות ואסונות. בכמה מקומות בתנ"ך חוזר הרעיון שלפני הגאולה יתרחשו שינויים מופלגים בעולם, שילוו בהרג רב. (ראו להלן סג,א-ו; יחזקאל לח ו-לט). מי שישרדו לאחר אותם אירועים – גם מעמים רחוקים – יגיעו למסקנה שה' הוא מלך העולם ומנהל אותו, יכירו בהר ציון כמקום שכינתו ויעלו לשם לעבדו. חלק מהאירועים הנזכרים כאן באופן סתום, נזכרים במקומות אחרים בספר בצורה מפורשת יותר. (ראו לעיל ב,ב-ג; להלן מה,יד; נו,ו-ז; ס,א-טז; סו,כג).

וּבָא מִצְרַיִם וְנָעוּ אֱלִילֵי מִצְרַיִם מִפָּנָיו וּלְבַב מִצְרַיִם יִמַּס
בְּקִרְבּוֹ: וְסִכְסַכְתִּי מִצְרַיִם בְּמִצְרַיִם וְנִלְחֲמוּ אִישׁ בְּאָחִיו וְאִישׁ ב
בְּרֵעֵהוּ עִיר בְּעִיר מַמְלָכָה בְּמַמְלָכָה: וְנָבְקָה רוּחַ־מִצְרַיִם בְּקִרְבּוֹ ג
וַעֲצָתוֹ אֲבַלֵּעַ וְדָרְשׁוּ אֶל־הָאֱלִילִים וְאֶל־הָאִטִּים וְאֶל־הָאֹבוֹת
וְאֶל־הַיִּדְּעֹנִים: וְסִכַּרְתִּי אֶת־מִצְרַיִם בְּיַד אֲדֹנִים קָשֶׁה וּמֶלֶךְ עַז ד
יִמְשָׁל־בָּם נְאֻם הָאָדוֹן יְהוָה צְבָאוֹת: וְנִשְּׁתוּ־מַיִם מֵהַיָּם וְנָהָר ה
יֶחֱרַב וְיָבֵשׁ: וְהֶאֶזְנִיחוּ נְהָרוֹת דָּלְלוּ וְחָרְבוּ יְאֹרֵי מָצוֹר קָנֶה וָסוּף ו
קָמֵלוּ: עָרוֹת עַל־יְאוֹר עַל־פִּי יְאוֹר וְכֹל מִזְרַע יְאוֹר יִיבַשׁ נִדַּף ז
וְאֵינֶנּוּ: וְאָנוּ הַדַּיָּגִים וְאָבְלוּ כָּל־מַשְׁלִיכֵי בַיְאוֹר חַכָּה וּפֹרְשֵׂי ח
מִכְמֹרֶת עַל־פְּנֵי־מַיִם אֻמְלָלוּ: וּבֹשׁוּ עֹבְדֵי פִשְׁתִּים שְׂרִיקוֹת ט
וְאֹרְגִים חוֹרָי: וְהָיוּ שָׁתֹתֶיהָ מְדֻכָּאִים כָּל־עֹשֵׂי שֶׂכֶר אַגְמֵי־נָפֶשׁ: י
אַךְ־אֱוִלִים שָׂרֵי צֹעַן חַכְמֵי יֹעֲצֵי פַרְעֹה עֵצָה נִבְעָרָה אֵיךְ תֹּאמְרוּ יא

ביאור | יתרחש בקרוב. **וְנָעוּ**, ירעדו **אֱלִילֵי מִצְרַיִם מִפָּנָיו וּלְבַב מִצְרַיִם יִמַּס בְּקִרְבּוֹ.** ובהיבט הפוליטי: ב **וְסִכְסַכְתִּי מִצְרַיִם בְּמִצְרַיִם, וְנִלְחֲמוּ אִישׁ בְּאָחִיו וְאִישׁ בְּרֵעֵהוּ, עִיר בְּעִיר, מַמְלָכָה בְּמַמְלָכָה.** ג נוסף על כך – **וְנָבְקָה**, תישבר[81] **רוּחַ מִצְרַיִם בְּקִרְבּוֹ, וַעֲצָתוֹ אֲבַלֵּעַ**, אקלקל, שלא תתגשם. **וְדָרְשׁוּ** המצרים **אֶל הָאֱלִילִים וְאֶל הָאִטִּים**, רוחות רפאים, או: כוחות כישוף המדברים בלחש,[82] **וְאֶל הָאֹבוֹת וְאֶל הַיִּדְּעֹנִים**, אך לא תימצא בהם עצה. ד **וְסִכַּרְתִּי**, אסגיר, וכן במשמע: אצמצם ואכניס[83] **אֶת מִצְרַיִם בְּיַד אֲדֹנִים**, ביטוי של כבוד הנאמר על אדון יחיד,[84] **קָשֶׁה, וּמֶלֶךְ עַז** שאינו מהם **יִמְשָׁל בָּם. נְאֻם הָאָדוֹן ה׳ צְבָאוֹת.**

הרחבות | **'וסכסכתי מצרים במצרים'** מצרים הייתה מדינה כפולה, שתי מדינות שונות מבחינה גיאוגרפית – מצרים עילית ומצרים תחתית, כמו שמורה גם שמה בעברית. (בערבית שמה מצר). לא תמיד שרר שלום ביניהן, ולא אחת היו סכסוכים פנימיים בין חלקיה. (ראו אברבנאל). אחת הסיבות העיקריות למאבקים הייתה תלותן במקור מים אחד, הנילוס. ניצול עודף של מי הנילוס על ידי מצרים האחת פגע ישירות במקור החיים של האחרת. מצב זה היה חוזר ונשנה מדי פעם.

החקלאות המצרית נשענת בעיקר על מי הנילוס המובלים לכל הארץ על ידי יאורים ובְרֵכות השקיה. מכיוון שהארץ מישורית, יש צורך בבניית סכרים ואגמים לאגירת המים לאורך הדרך. נקל לשער את ההשלכות ההרסניות של התייבשות יאור מצרים, בסיסה הכלכלי של הארץ.

ה וְנִשְּׁתוּ, ייעלמו מַיִם מֵהַיָּם, של מצרים, וְנָהָר יֶחֱרַב וְיָבֵשׁ. ו וְהֶאֶזְנִיחוּ,
יוזנחו, או: יתמעטו[85] נְהָרוֹת. דָּלְלוּ וְחָרְבוּ יְאֹרֵי מָצוֹר, מצרים.[86] גם קָנֶה
וָסוּף הגדלים סביבם קָמֵלוּ, יתייבשו. ז עָרוֹת מתערער ומתרוקן[87]
כל הצומח עַל יְאוֹר, וְעַל פִּי, שפת יְאוֹר, וְכֹל מִזְרַע, כלל הצמחים
הנזרעים על היְאוֹר יִיבַשׁ. נִדַּף וְאֵינֶנּוּ. ח עם התייבשות היאור תיעלם
הדגה - וְאָנוּ, יצטערו, ייאנחו הַדַּיָּגִים, וְאָבְלוּ כָּל מַשְׁלִיכֵי בַיְאוֹר חַכָּה,
וּפֹרְשֵׂי מִכְמֹרֶת, רשת גדולה עַל פְּנֵי מַיִם אֻמְלָלוּ. ט וּבֹשׁוּ, יתביישו,
יתאכזבו עֹבְדֵי פִשְׁתִּים, מעבדי הפשתה, שגם היא לא תצמח. וכל
העושים שְׂרִיקוֹת, סורקי הפשתן וְאֹרְגִים חוֹרָי, מיני בדים, ובכללם
רשתות מחוררות לדייג.[88] י וְהָיוּ שָׁתֹתֶיהָ, יסודותיה של מצרים
מְדֻכָּאִים, שבורים ורצוצים,[89] כָּל עֹשֵׂי שֶׂכֶר, בוני הסכרים וְאַגְמֵי נָפֶשׁ,
יוצרי האגמים לצורך חיי הנפש.[90]

יא אַךְ אֱוִלִים, שוטים הם שָׂרֵי צֹעַן, בירת מצרים, חַכְמֵי יֹעֲצֵי פַרְעֹה
שיועצים לו עֵצָה נִבְעָרָה, חסרת היגיון. אֵיךְ תֹּאמְרוּ אֶל פַּרְעֹה, איך

מימין למעלה:
מערכת ההשקיה במצרים

משמאל למעלה:
דייגים פורשים מכמורת
רישום על פי ציור קיר
מהאלף ה-3 לפנה"ס,
סקרה, מצרים

מימין למטה:
קנה מצוי

משמאל למטה:
צֹעַן

העולם

קָנֶה וָסוּף שני מיני צמחי בר הגדלים בשכנות לאורך הנילוס. (שמו המדעי של הקנה המצוי: Phragmites, ושל הסוף: Typha domingensis). (נראה כי הצירוף 'קנה סוף' בלשון המדוברת בא משיבוש לשון הפסוק).

צֹעַן עיר במצרים התחתונה. לפי אונקלוס (במדבר יג,כב) ותרגום השבעים (כאן) היא טאניס שבמצרים. זהו אף שמה ביוונית עתיקה (Τάνις), ופירושו גומא. צוען הייתה בירת מצרים בין המאות ה-7-11 לפנה"ס. מהמאה ה-6 לפנה"ס ירדה מגדולתה בשל התרחבות הדלתא של הנילוס והתרחקותה מהים. העיר טאניס מזוהה כיום עם אתר הסמוך לצאן אל-חג'ר בצפון-מזרח הדלתא, או עם אווריס, היא תל א-דבע, גם היא בצפון-מזרח הדלתא. עיר זו הייתה בירת מצרים בתקופת ההיקסוס במאות ה-15-17 לפנה"ס.

אֶל־פַּרְעֹה בֶּן־חֲכָמִים אֲנִי בֶּן־מַלְכֵי־קֶדֶם: אַיָּם אֵפוֹא חֲכָמֶיךָ יב
וְיַגִּידוּ נָא לָךְ וְיֵדְעוּ מַה־יָּעַץ יְהוָה צְבָאוֹת עַל־מִצְרָיִם: נוֹאֲלוּ שָׂרֵי יג
צֹעַן נִשְּׁאוּ שָׂרֵי נֹף הִתְעוּ אֶת־מִצְרַיִם פִּנַּת שְׁבָטֶיהָ: יְהוָה מָסַךְ יד
בְּקִרְבָּהּ רוּחַ עִוְעִים וְהִתְעוּ אֶת־מִצְרַיִם בְּכָל־מַעֲשֵׂהוּ כְּהִתָּעוֹת
שִׁכּוֹר בְּקִיאוֹ: וְלֹא־יִהְיֶה לְמִצְרַיִם מַעֲשֶׂה אֲשֶׁר יַעֲשֶׂה רֹאשׁ וְזָנָב טו
כִּפָּה וְאַגְמוֹן: בַּיּוֹם הַהוּא יִהְיֶה מִצְרַיִם כַּנָּשִׁים וְחָרַד ׀ וּפָחַד טז
מִפְּנֵי תְּנוּפַת יַד־יְהוָה צְבָאוֹת אֲשֶׁר־הוּא מֵנִיף עָלָיו: וְהָיְתָה יז
אַדְמַת יְהוּדָה לְמִצְרַיִם לְחָגָּא כֹּל אֲשֶׁר יַזְכִּיר אֹתָהּ אֵלָיו יִפְחָד
מִפְּנֵי עֲצַת יְהוָה צְבָאוֹת אֲשֶׁר־הוּא יוֹעֵץ עָלָיו: בַּיּוֹם יח
הַהוּא יִהְיוּ חָמֵשׁ עָרִים בְּאֶרֶץ מִצְרַיִם מְדַבְּרוֹת שְׂפַת כְּנַעַן
וְנִשְׁבָּעוֹת לַיהוָה צְבָאוֹת עִיר הַהֶרֶס יֵאָמֵר לְאֶחָת: בַּיּוֹם יט
הַהוּא יִהְיֶה מִזְבֵּחַ לַיהוָה בְּתוֹךְ אֶרֶץ מִצְרָיִם וּמַצֵּבָה אֵצֶל־גְּבוּלָהּ
לַיהוָה: וְהָיָה לְאוֹת וּלְעֵד לַיהוָה צְבָאוֹת בְּאֶרֶץ מִצְרָיִם כִּי־יִצְעֲקוּ כ
אֶל־יְהוָה מִפְּנֵי לֹחֲצִים וְיִשְׁלַח לָהֶם מוֹשִׁיעַ וָרָב וְהִצִּילָם: וְנוֹדַע כא
יְהוָה לְמִצְרַיִם וְיָדְעוּ מִצְרַיִם אֶת־יְהוָה בַּיּוֹם הַהוּא וְעָבְדוּ זֶבַח
וּמִנְחָה וְנָדְרוּ־נֵדֶר לַיהוָה וְשִׁלֵּמוּ: וְנָגַף יְהוָה אֶת־מִצְרַיִם נָגֹף כב
וְרָפוֹא וְשָׁבוּ עַד־יְהוָה וְנֶעְתַּר לָהֶם וּרְפָאָם: בַּיּוֹם כג

ביאור | תלמדו אותו לומר: בֶּן חֲכָמִים אֲנִי, בֶּן מַלְכֵי קֶדֶם?! פרעה לא ראה בעצמו מלך בלבד, אלא מין אל, בין השאר – אל החכמה, וכך ראתה אותו גם סביבתו.[91] יב אדרבא, אם פרעה ויועציו כה חכמים – אַיָּם,

העולם | נֹף נקראת במקרא גם מוף, ושמה היווני ממפיס (Μέμφις). העיר שוכנת על הגדה המערבית של הנילוס בקצה הדרומי של דלתת הנילוס, על הגבול שבין מצרים התחתונה לעליונה. נוף הייתה מרכז אדמיניסטרטיבי חשוב, ובמשך תקופות ארוכות בהיסטוריה המצרית שימשה כעיר בירה.

עִיר הַהֶרֶס חרס היא שמש (ראו שופטים יד,יח; איוב ט,ז). אחד מאלי מצרים העיקרים היה אל השמש – 'אתום' או 'אתון', ומרכז הפולחן שלו היה בעיר און שבקצה הדרומי של הדלתא. משום כך נקראה און בפי המצרים גם 'בית השמש', והיא נזכרת גם בנבואת ירמיהו (מג,יג). עם הכיבוש ההלניסטי שונה שם העיר להליופוליס (Ἡλίου πόλις) ביוונית, שפירושו עיר השמש.

היכן הם אֵפוֹא חֲכָמֶיךָ, וְיַגִּידוּ נָא לָךְ, וְיֵדְעוּ מַה יָּעַץ ה׳ צְבָאוֹת עַל
עתידה של מִצְרָיִם. יג נוֹאֲלוּ, ניטפשו שָׂרֵי צֹעַן, ואין בידם פתרונות.
נִשְּׁאוּ, הוסתו, פותו שָׂרֵי נֹף, עיר ידועה נוספת במצרים. במקום
לסייע למצרים – הִתְעוּ אֶת מִצְרַיִם פִּנַּת שְׁבָטֶיהָ, הקצינים הממונים
על שבטי מצרים. יד כל זאת כי ה׳ מָסַךְ, שפך בְּקִרְבָּהּ רוּחַ עִוְעִים,
תעתועים, וְאותם קצינים הִתְעוּ אֶת מִצְרַיִם בְּכָל מַעֲשֵׂהוּ, החכמה
שהמצרים מייחסים לעצמם תיעלם, ובמקומה יפלו המצרים שוב
ושוב בטעויותיהם הקודמות כְּהִתָּעוֹת שִׁכּוֹר בְּקִיאוֹ, כשיכור השב
ומדשדש בקיאו.[92] טו וְלֹא יִהְיֶה לְמִצְרַיִם מַעֲשֶׂה אֲשֶׁר יַעֲשֶׂה רֹאשׁ וְזָנָב,
מעשה בעל התחלה וסוף, מעשה מתוכנן ובעל קיום.[93] לא תהיה
במצרים כִּפָּה, צמרת עץ, וְאַגְמוֹן, גומא הצומח באגם.[94] לא יבחינו
במצרים בין עניין גדול לבין עניין פעוט.

טז בַּיּוֹם הַהוּא יִהְיֶה איש המלחמה בְּמִצְרַיִם כַּנָּשִׁים. הלוחמים יפחדו
מן המפלה המתחוללת כנשים. וְחָרַד וּפָחַד העם מִפְּנֵי תְּנוּפַת יַד ה׳
צְבָאוֹת אֲשֶׁר הוּא מֵנִיף עָלָיו. יז וְהָיְתָה אַדְמַת יְהוּדָה לְמִצְרַיִם לְחָגָּא,
לאימה וזוועה.[95] יהודה, שהיא כעת מדינה קטנה, תאיים על מצרים.
כֹּל אֲשֶׁר יַזְכִּיר אֹתָהּ, את שם יהודה אֵלָיו – יִפְחָד מִפְּנֵי עֲצַת ה׳ צְבָאוֹת
מחשבתו הקשה אֲשֶׁר הוּא יוֹעֵץ עָלָיו – על מצרים.

יח בַּיּוֹם הַהוּא, שבו מצרים תתמוטט, יחולו בה שינויים רבים – יִהְיוּ
חָמֵשׁ עָרִים בְּאֶרֶץ מִצְרַיִם מְדַבְּרוֹת שְׂפַת כְּנַעַן וְנִשְׁבָּעוֹת לַה׳ צְבָאוֹת,
אנשי הערים הללו ידברו עברית ויאמינו באלוהי ישראל כי ישראל
יהיו השליטים והמשפיעים, ואף יתיישבו בערים אלו.[96] עִיר הַהֶרֶס,
החרס, השמש יֵאָמֵר לְאֶחָת, תיקרא אחת מהן. ואכן הייתה במצרים
עיר שכונתה כך.[97]

יט בַּיּוֹם הַהוּא יִהְיֶה מִזְבֵּחַ לַה׳ בְּתוֹךְ אֶרֶץ מִצְרָיִם וּמַצֵּבָה אֵצֶל גְּבוּלָהּ
לַה׳. כ וְהָיָה אותו מבנה, או: הדבר שייאמר בסמוך לְאוֹת וּלְעֵד לַה׳
צְבָאוֹת בְּאֶרֶץ מִצְרָיִם; כִּי יִצְעֲקוּ אֶל ה׳ מִפְּנֵי לֹחֲצִים, אויבים, וְיִשְׁלַח לָהֶם
מוֹשִׁיעַ וָרָב, אדם גדול, או: אדם שיריב את ריבם וְהִצִּילָם. כא וְנוֹדַע ה׳
לְמִצְרַיִם, וְיָדְעוּ מִצְרַיִם אֶת ה׳ בַּיּוֹם הַהוּא, וְעָבְדוּ לו בְּזֶבַח וּמִנְחָה וְנָדְרוּ
נֵדֶר לַה׳ וְשִׁלֵּמוּ. כב וְנָגַף, יכה ה׳ אֶת מִצְרַיִם נָגֹף וְרָפוֹא, מכות חוזרות
ונשנות לשם היקון, לא מכה ניצחת.[98] וְשָׁבוּ עַד ה׳, וְנֶעְתַּר לָהֶם וּרְפָאָם.

הרחבות

'ביום ההוא יהיה מזבח לה' בתוך ארץ מצרים' בניית מזבח לה' במצרים היא מעשה זר. כשבנו היהודים במצרים את מקדש חוניו, הם הסתמכו במידה רבה על הפסוקים הללו, מהם משתמע שה' מעוניין לשכון גם בתוך מצרים. (ראו ירושלמי, יומא ו,ג; בבלי, מנחות קט ע"ב).

הַהוּא תִּהְיֶה מְסִלָּה מִמִּצְרַיִם אַשּׁוּרָה וּבָא־אַשּׁוּר בְּמִצְרַיִם
וּמִצְרַיִם בְּאַשּׁוּר וְעָבְדוּ מִצְרַיִם אֶת־אַשּׁוּר׃ בַּיּוֹם כד
הַהוּא יִהְיֶה יִשְׂרָאֵל שְׁלִישִׁיָּה לְמִצְרַיִם וּלְאַשּׁוּר בְּרָכָה בְּקֶרֶב
הָאָרֶץ׃ אֲשֶׁר בֵּרֲכוֹ יְהוָה צְבָאוֹת לֵאמֹר בָּרוּךְ עַמִּי מִצְרַיִם כה
וּמַעֲשֵׂה יָדַי אַשּׁוּר וְנַחֲלָתִי יִשְׂרָאֵל׃ בִּשְׁנַת בֹּא א כ
תַרְתָּן אַשְׁדּוֹדָה בִּשְׁלֹחַ אֹתוֹ סַרְגוֹן מֶלֶךְ אַשּׁוּר וַיִּלָּחֶם בְּאַשְׁדּוֹד
וַיִּלְכְּדָהּ׃ בָּעֵת הַהִיא דִּבֶּר יְהוָה בְּיַד יְשַׁעְיָהוּ בֶן־אָמוֹץ לֵאמֹר לֵךְ ב
וּפִתַּחְתָּ הַשַּׂק מֵעַל מָתְנֶיךָ וְנַעַלְךָ תַחֲלֹץ מֵעַל רַגְלֶךָ וַיַּעַשׂ כֵּן
הָלֹךְ עָרוֹם וְיָחֵף׃ וַיֹּאמֶר יְהוָה כַּאֲשֶׁר הָלַךְ עַבְדִּי ג
יְשַׁעְיָהוּ עָרוֹם וְיָחֵף שָׁלֹשׁ שָׁנִים אוֹת וּמוֹפֵת עַל־מִצְרַיִם וְעַל־
כּוּשׁ׃ כֵּן יִנְהַג מֶלֶךְ־אַשּׁוּר אֶת־שְׁבִי מִצְרַיִם וְאֶת־גָּלוּת כּוּשׁ נְעָרִים ד
וּזְקֵנִים עָרוֹם וְיָחֵף וַחֲשׂוּפַי שֵׁת עֶרְוַת מִצְרָיִם׃ וְחַתּוּ וָבֹשׁוּ מִכּוּשׁ ה

ביאור | כג **בַּיּוֹם הַהוּא תִּהְיֶה מְסִלָּה**, דרך **מִמִּצְרַיִם אַשּׁוּרָה**, לאשור **וּבָא אַשּׁוּר בְּמִצְרַיִם וּמִצְרַיִם בְּאַשּׁוּר, וְעָבְדוּ מִצְרַיִם אֶת אַשּׁוּר.**

כד **בַּיּוֹם הַהוּא**, לאחר שיכבשו האשורים את מצרים, ולאחר שמצרים ואשור יקבלו עליהם את עול מלכות ה׳, **יִהְיֶה יִשְׂרָאֵל שְׁלִישִׁיָּה לְמִצְרַיִם וּלְאַשּׁוּר**, ישראל ושתי הממלכות הללו ייחשבו לקבוצה בת שלושה כוחות, להיות **בְּרָכָה בְּקֶרֶב הָאָרֶץ.** כה **אֲשֶׁר בֵּרֲכוֹ ה׳ צְבָאוֹת לֵאמֹר: בָּרוּךְ עַמִּי מִצְרַיִם וּמַעֲשֵׂה יָדַי אַשּׁוּר וְנַחֲלָתִי יִשְׂרָאֵל.** בעולם שיתחדש אז, ישכון שלום בין שלוש הממלכות.[99]

תוכנה של נבואה זו דומה לשל קודמתה: פרק כ א **בִּשְׁנַת בֹּא תַרְתָּן**, כינוי לשר צבא **אַשְׁדּוֹדָה**, לעיר אשדוד, **בִּשְׁלֹחַ אֹתוֹ סַרְגוֹן מֶלֶךְ אַשּׁוּר**, מכאן שהדברים נאמרו בתחילת נבואתו של ישעיהו, כי כאשר הגיע שוב צבא אשור בימי המלך חזקיהו, עמד בראשו המלך סנחריב.[100]

העולם | **תַּרְתָּן** באשורית (tartanu) שר צבא.

אַשְׁדּוֹד אחת משלוש ערי הפלשתים החשובות (בצד אשקלון ועזה) ששכנו על דרך הים במישור החוף. עקב חשיבותה הכלכלית והצבאית הייתה אשדוד יעד חשוב במסעות המלחמה האשוריים בדרך למצרים. בתקופתו של סרגון השני השתתפה אשדוד במספר מרידות נגד השלטון האשורי, ובשנת 712 לפנה״ס נכבשה על ידי צבאות סרגון והפכה לפחווה אשורית שבה יושבו גולים ממקומות אחרים.

וַיִּלָּחֶם בְּאַשְׁדּוֹד וַיִּלְכְּדָהּ.

ב **בָּעֵת הַהִיא דִּבֶּר ה' בְּיַד יְשַׁעְיָהוּ בֶן אָמוֹץ לֵאמֹר: לֵךְ וּפִתַּחְתָּ**, הסר את
לבוש[101] **הַשַּׂק מֵעַל מָתְנֶיךָ, וְנַעַלְךָ תַחֲלֹץ מֵעַל רַגְלֶיךָ.**
וַיַּעַשׂ כֵּן, הָלֹךְ עָרוֹם יחסית, בלא הבגד העליון, השק שלבש, **וְיָחֵף.**
ומכאן לתוכן הנבואה: ג **וַיֹּאמֶר ה': כַּאֲשֶׁר הָלַךְ עַבְדִּי יְשַׁעְיָהוּ עָרוֹם וְיָחֵף**
שָׁלֹשׁ שָׁנִים, והיה זה **אוֹת וּמוֹפֵת עַל מִצְרַיִם וְעַל כּוּשׁ**, ד **כֵּן יִנְהַג מֶלֶךְ**
אַשּׁוּר אֶת שְׁבִי מִצְרַיִם וְאֶת גָּלוּת כּוּשׁ, נְעָרִים וּזְקֵנִים, עָרוֹם וְיָחֵף וַחֲשׂוּפַי
שֵׁת, מגולי אחוריים, באופן שנראית כל **עֶרְוַת מִצְרָיִם**. האשורים יגברו
על מצרים, ותושביה יהיו שבויים ללא הגנה וללא כבוד. ה **וְחַתּוּ**,
יישברו ברוחם **וָבֹשׁוּ** אנשים מישראל שביקשו להישען על כוש

מפת אתרים המוזכרים בפרקי המשאות

הרחבות

'ופתחת השק' ייתכן שהיה חגור שק לאבל על גלות עשרת השבטים (מלבי"ם). ויש משערים שהראה בזה לעם כי השעה שעת צרה ליהודה מפני סכנת אשור. ואולי מסיבות אחרות נהג הנביא ללבוש שק.

'הלֹך ערום ויחף' אין זו הפעם היחידה שנביא מצֻווה לעשות מעשים ולהתלבש בבגדים מכוימים כדי להדגיש את תוכן נבואתו באופן סמלי. (ראו תיאורים מפורטים בדברי הנביא יחזקאל, למשל יחזקאל ד,א–יב; ה,א–ד; יב,ג–ז; וכן ירמיה יג,א–ז. ראו רד"ק, ר"י בן כספי ואברבנאל כאן; וראו עוד שמואל א' יט,כד, ר"י מטראני ור"י כספי שם; מורה נבוכים ח"ב מו). כאן ישעיהו הלך ערום ויחף שלוש שנים כדי להמחיש את עתידם של מצרים וכוש.

אשור ומצרים אשור ניסתה לכבוש עוד ועוד שטחים וביקשה להרחיב את שליטתה עד שתכבוש אף את מצרים, אויבתה מקדמת דנא. אשדוד הייתה עיר נמל חשובה בדרך הים, המובילה מארצות הצפון ועד מצרים. עיר אסטרטגית זו קרובה למצרים הרבה יותר מצור וצידון, ועל כן כיבושה על ידי אשור נתפס כהצהרת כוונות: משנכבשה אשדוד, נכונים האשורים לתקוף את האימפריה הדרומית במוקדם או במאוחר. היעדר תגובה מצרית מעיד על התמעטות כוחה של מצרים. אפשר אפוא לראות את בואו של תרתן לאשדוד כתחילת מפלתה של מצרים.

'וחתו ובֹשו מכוש מבטם ומן מצרים תפארתם' גם ביהודה וגם בישראל היו

מַבָּטָם וּמִן־מִצְרַיִם תִּפְאַרְתָּם׃ וְאָמַר יֹשֵׁב הָאִי הַזֶּה בַּיּוֹם הַהוּא ו
הִנֵּה־כֹה מַבָּטֵנוּ אֲשֶׁר נַסְנוּ שָׁם לְעֶזְרָה לְהִנָּצֵל מִפְּנֵי מֶלֶךְ אַשּׁוּר
וְאֵיךְ נִמָּלֵט אֲנָחְנוּ׃ מַשָּׂא מִדְבַּר־יָם כְּסוּפוֹת בַּנֶּגֶב א כא
לַחֲלוֹף מִמִּדְבָּר בָּא מֵאֶרֶץ נוֹרָאָה׃ חָזוּת קָשָׁה הֻגַּד־לִי הַבּוֹגֵד ׀ ב
בּוֹגֵד וְהַשּׁוֹדֵד ׀ שׁוֹדֵד עֲלִי עֵילָם צוּרִי מָדַי כָּל־אַנְחָתָה הִשְׁבַּתִּי׃
עַל־כֵּן מָלְאוּ מָתְנַי חַלְחָלָה צִירִים אֲחָזוּנִי כְּצִירֵי יוֹלֵדָה נַעֲוֵיתִי ג
מִשְּׁמֹעַ נִבְהַלְתִּי מֵרְאוֹת׃ תָּעָה לְבָבִי פַּלָּצוּת בִּעֲתָתְנִי אֵת נֶשֶׁף ד
חִשְׁקִי שָׂם לִי לַחֲרָדָה׃ עָרֹךְ הַשֻּׁלְחָן צָפֹה הַצָּפִית אָכוֹל שָׁתֹה ה

ביאור | ומצרים – מִכּוּשׁ שאליה נשאו **מַבָּטָם, וּמִן מִצְרַיִם תִּפְאַרְתָּם**.[102] ו **וְאָמַר יֹשֵׁב הָאִי הַזֶּה**, ארץ ישראל. אף על פי שהארץ אינה מוקפת ימים, ובאותה עת אף לא היו לה דרכי גישה רבות אל הים, היא מדומה לאי המוקף בימים הומים וסוערים, משום שהייתה מוקפת בממלכות עוינות.[103] תושבי הארץ יאמרו **בַּיּוֹם הַהוּא: הִנֵּה כֹה מַבָּטֵנוּ**, כך נראית תמונתנו, או: כך אירע למי שתלינו בהם את תקוותנו,[104] מצרים, **אֲשֶׁר נַסְנוּ שָׁם לְעֶזְרָה לְהִנָּצֵל מִפְּנֵי מֶלֶךְ אַשּׁוּר**, עתה, משנכבשו מצרים וכוש על ידי אשור – **אֵיךְ נִמָּלֵט אֲנָחְנוּ**?!

משאות ארצות המזרח: מדבר-ים, דומה וערב

פרק כא

לפנינו נבואות על עמים ומקומות שידיעותינו עליהן מועטות ביותר. כיוון שהנביא מדבר על התרחשויות רחוקות ממקומו ומזמנו, ייתכן שאף שומעיו לא ירדו לסוף דעתו, ואף להם לא היו נהירים מושאי נבואותיו. מכל מקום, לתיאוריו עשויות להיות השלכות לחיים העכשוויים של אנשי ירושלים השומעים את דברי הנבואה, שכן הנבואות מדברות על זעזועים מדיניים וצבאיים באזורים שונים במזרח. תמורות אלו עתידות להשפיע בשלב

הרחבות | פוליטיקאים פרו-מצריים שהטיפו נגד הממלכה הצפונית, והיו בטוחים שאפשר להישען על מצרים. לפי נבואת ישעיהו ונביאים נוספים, רעיונות אלו אינם אפשריים בעליל. הנביא מזהיר את ישראל שלא יישענו על הממלכה המצרית, שכן בסופו של דבר תנחל מצרים מפלות כבדות ותיפול בעצמה ביד אשור.

בזירת המתח שבה שוכנת ארץ ישראל היו המצרים אמורים להיות כוח פוליטי מאזן כנגד האיומים שנשקפו מממלכת אשור, אך על פי רוב הם לא פעלו כך. אמנם מפעם לפעם פנו מלכי מצרים צפונה, ואף הגיעו בהתקפותיהם לירושלים וכבשוה. לאחר זמן אף אירע שהחליפו בה את השלטון כרצונם, (ראו מלכים א׳ יד,כה-כו; מלכים ב׳ כג,לג-לד), אבל לרוב היו המצרים מכונסים פנימה. הם גם לא שמרו אמונים לבריתות ולהסכמים, כמו שעולה מנאום שליח מלך אשור, הרואה במצרים **מִשְׁעֶנֶת הַקָּנֶה הָרָצוּץ** (להלן לו,ו).

כלשהו על גורלה של ירושלים, ולפיכך עליה להיערך לקראתן.

המשא הראשון בקבוצה זו עוסק כנראה בקריסתה של בבל על ידי עילם ומדי. הנביא מתאר את נפילתה, כמי שצופה בה באופן מוחשי, אך יש לציין כי בזמן אמירת הנבואה בבל לא הייתה עדיין מדינה חשובה כלל.[105]

במשא רשני, שקשה לדעת אם הוא קשור לקודמו, מתואר ערב המלחמה בדוּמָה, שכנראה אף היא שוכנת במזרח. גם בנבואה זו הנביא מעמיד עצמו בדמות השומר הצופה, שתפקידו לדווח על ההתרחשויות הממשמשות ובאות. נבואה זו קצרה, ועיקרה בלשון הארמית. ייתכן שזהו ניסיון לדבר בשפתם של אנשי המקום ההוא או בשפה קרובה לשפתם.

המשא השלישי פונה אל שבטים ערביים השוכנים בעבר הירדן המזרחי. הנביא מכין את בני אותם שבטים לקראת בואם של פליטי קרבות מאזור אחר. הוא מתאר את תבוסתה של קדר, משבטי ערב, ונוקב לה זמן מוגדר.

ייתכן שכל הנבואות הללו צופות מתקפה של אויב אחד שמוצאו בעילם ובמדי. אויב זה עתיד להעמיד את בבל והוא פונה דרומה ומחריב את ממלכות הנוודים המדבריים. דוגמא למהלך כזה מופיעה בספר בראשית – מסע המלחמה שעורכים יושבי בבל ועילם על מנת לכבוש שטחים בארץ כנען ומדרום לה.[106]

פרק כא א **מַשָּׂא מִדְבַּר יָם**, מדבר מערבי – ייתכן שזוהי ממלכת בבל
שהיא ממערב לאזור שממנו בא האויב,[107] או: מדבר המשתרע אי
שם במרחקים.[108]
כְּסוּפוֹת החול העצומות והמרשימות[109] **בַּנֶּגֶב לַחֲלֹף**, החולפות באזור
הנגב השטוח והחשוף. סופות אלה מעלות עמן חול ואבק רב. כך
ישעט האויב החזק **שֶׁמִּמִּדְבָּר בָּא, מֵאֶרֶץ נוֹרָאָה**. קשה לזהות את
הרקע המציאותי של הנבואה ואת זהותו וזמנו של האויב. ב **חָזוּת**,
נבואה **קָשָׁה הֻגַּד לִי – הַבּוֹגֵד בּוֹגֵד, וְהַשּׁוֹדֵד שׁוֹדֵד**. זהו צירוף קשה
ומסוכן: אויב הדומה לכנופיית שודדים – מחוץ, ובוגדים – מבית,
כך שאין לסמוך על איש. **עֲלִי, עֵילָם**, למלחמה, **צוּרִי**, הקימי מצור,
מָדַי. את **כָּל אַנְחָתָה** שבהווה **הִשְׁבַּתִּי**. ריבוי של הצרות החדשות
הניתכות בתכיפות משביתות את האנחות הקודמות.[110] ג **עַל כֵּן**
מָלְאוּ מָתְנַי חַלְחָלָה, צִירִים אֲחָזוּנִי כְּצִירֵי יוֹלֵדָה – כאבים פסיכוסומטיים
המתעוררים בעקבות חרדה גדולה. **נַעֲוֵיתִי**, התעוותי **מִשְּׁמֹעַ, נִבְהַלְתִּי**
מֵרְאוֹת את המתרחש. ד **תָּעָה לְבָבִי**, נטרפה דעתי, **פַּלָּצוּת**, אימה
בִּעֲתָתְנִי, הבעיתה אותי, **אֵת נֶשֶׁף חִשְׁקִי**, הלילה הנחשק[111] **שָׂם לִי**
לַחֲרָדָה. איום התנפלות האויב מחבל במסיבת המשתה. ה **עָרֹךְ**,
בשעה שעורכים את **הַשֻּׁלְחָן** לסעודה – **צָפֹה הַצָּפִית**, שולחים צופה
למגדל לבדוק אם אין האויב מתקרב.[112] גם במשתה עצמו החשש
עומד בעינו – **אָכוֹל שָׁתֹה**, עם הקריאה – **קוּמוּ הַשָּׂרִים, מִשְׁחוּ מָגֵן**.

העולם

מָדַי שמו של אחד מבני יפת ברשימת העמים בבראשית (י,ב). העם שיצא ממנו ישב מדרום לים הכספי, מצפון־מזרח לבבל ואשור, בשטחה של אירן של ימינו. על פי תעודות אשוריות מָדי הייתה אויבתן של ממלכות בבל ואשור, ומאוחר יותר השתלבה באימפריה הפרסית. על כן הופיעו פרס ומדי כיחידה מדינית אחת (ראו אסתר א,יט; י,ב; דניאל ח,כ).

ו קוּמוּ הַשָּׂרִים מִשְׁחוּ מָגֵן׃ כִּי כֹה אָמַר אֵלַי אֲדֹנָי לֵךְ
ז הַעֲמֵד הַמְצַפֶּה אֲשֶׁר יִרְאֶה יַגִּיד׃ וְרָאָה רֶכֶב צֶמֶד פָּרָשִׁים רֶכֶב
ח חֲמוֹר רֶכֶב גָּמָל וְהִקְשִׁיב קֶשֶׁב רַב־קָשֶׁב׃ וַיִּקְרָא אַרְיֵה עַל־
מִצְפֶּה ׀ אֲדֹנָי אָנֹכִי עֹמֵד תָּמִיד יוֹמָם וְעַל־מִשְׁמַרְתִּי אָנֹכִי נִצָּב
ט כָּל־הַלֵּילוֹת׃ וְהִנֵּה־זֶה בָא רֶכֶב אִישׁ צֶמֶד פָּרָשִׁים וַיַּעַן וַיֹּאמֶר
י נָפְלָה נָפְלָה בָּבֶל וְכָל־פְּסִילֵי אֱלֹהֶיהָ שִׁבַּר לָאָרֶץ׃ מְדֻשָׁתִי וּבֶן־
גָּרְנִי אֲשֶׁר שָׁמַעְתִּי מֵאֵת יְהוָה צְבָאוֹת אֱלֹהֵי יִשְׂרָאֵל הִגַּדְתִּי
יא לָכֶם׃ מַשָּׂא דּוּמָה אֵלַי קֹרֵא מִשֵּׂעִיר שֹׁמֵר מַה־
יב מִלַּיְלָה שֹׁמֵר מַה־מִּלֵּיל׃ אָמַר שֹׁמֵר אָתָא בֹקֶר וְגַם־לָיְלָה אִם־
יג תִּבְעָיוּן בְּעָיוּ שֻׁבוּ אֵתָיוּ׃ מַשָּׂא בַּעְרָב בַּיַּעַר
יד בַּעְרַב תָּלִינוּ אֹרְחוֹת דְּדָנִים׃ לִקְרַאת צָמֵא הֵתָיוּ מַיִם יֹשְׁבֵי אֶרֶץ

ביאור צחצחו והחליקו מגינים. בשעה שנערכים לנשפים שרויים התושבים במתח מפני הסכנה הממשמשת לבוא ומתכוננים למלחמה.

ו **כִּי כֹה אָמַר אֵלַי אֲדֹנָי: לֵךְ הַעֲמֵד** בראש החומה או המגדל את **הַמְצַפֶּה**, צופה, ואת **אֲשֶׁר יִרְאֶה – יַגִּיד.** ז **וְרָאָה רֶכֶב, צֶמֶד פָּרָשִׁים, רֶכֶב חֲמוֹר** או **רֶכֶב גָּמָל**, על הצופה לראות כל תנועה שגרתית של רכב, של סוסים ושל בהמות רכיבה אחרות. סכנת התקרבותו של האויב מוחשית, ועל כן יש להשגיח על כל תנועה, שמא מגיעים נציגיו לסייר, לרגל או להכין מתקפה. **וְהִקְשִׁיב קֶשֶׁב רַב קָשֶׁב.** הצופה צריך להיות דרוך וקשוב לצעדי אויב רחוקים. אין לדעת מתי יבוא, כיצד ומאיזה כיוון. ח **וַיִּקְרָא** הקצין הממונה על ההשגחה,[113] אך נראה

הרחבות ׳משא דומה, אלַי קֹרֵא משעיר׳ לא ברור הקשר בין דומה לשעיר. אולי מתואר פה שליח הבא משעיר לדומה לשאול את הנביא, ה׳שומר׳ שם, על החדשות. אכן יש מקורות שבהם דומה היא רומי, ומכאן הזיהוי המקובל בין אדום, הוא שעיר, לרומי (ראו למשל מגילה ו ע״א וע״ב, עבודה זרה י ע״א וע״ב. וראו ראב״ע בראשית כז,מ). בירושלמי (תענית א,א) מובא שבספרו של רבי מאיר מצאו כתוב משא דומה – משא רומי. (ראו עוד רש״י ור״י קרא יחזקאל כז,לב).

׳משא בַּעְרָב׳ כשאר המשאות הסמוכים אף משא זה אינו מספק תיאור ישיר של המלחמה הקשה המתלקחת באזור. בדרך אמנותית מורכבת מדבר הנביא על האימה המתעוררת במקום, בצד המלחמה והאנדרלמוסיה הכרוכה בה. במשאות הקודמים הוא התייחס למתח שבו שרויים התושבים טרם בוא הקרב, וכאן הוא קורא אל מי שמצויים מחוץ לזירת הקרב, בפריפריה, שיכינו מים ומזון לפליטים.

שזהו הנביא עצמו[114] ששאג כאריה: **עַל מִצְפֶּה אֲדֹנָי אָנֹכִי עֹמֵד תָּמִיד יוֹמָם, וְעַל מִשְׁמַרְתִּי אָנֹכִי נִצָּב כָּל הַלֵּילוֹת.**

ובמחזה הנבואי מתואר מה שייראה לאחר מכן: ט **וְהִנֵּה זֶה בָא רֶכֶב**
שבו **אִישׁ** אחד הנוהג **בְּצֶמֶד פָּרָשִׁים**, סוסים. כנראה זהו מוסר ידיעות
ולא רכב מלחמה שבו היו בדרך כלל שניים או שלושה אנשים. **וַיַּעַן**
וַיֹּאמֶר: נָפְלָה נָפְלָה בָּבֶל, וְכָל פְּסִילֵי אֱלֹהֶיהָ שִׁבַּר לָאָרֶץ. י בבל נעשתה
מְדֻשָׁתִי, מקום שדיש **וּבֶן גָּרְנִי**, פינה בגורן. בבל הפכה לשממה.[115]
אֲשֶׁר שָׁמַעְתִּי מֵאֵת ה' צְבָאוֹת אֱלֹהֵי יִשְׂרָאֵל הִגַּדְתִּי לָכֶם. הנביא הוא
הצופה החוזה את ההתרחשויות מרחוק ומדווח עליהן.

נבואה נוספת: יא **מַשָּׂא דּוּמָה**, שם אחד מבני ישמעאל שישבו
במדבריות המקיפים את ארץ כנען.[116]
אֵלַי – אל הנביא, **קֹרֵא**, הגיעה קריאה **מִשֵּׂעִיר** שבדרום: **שֹׁמֵר, מַה מִּלַּיְלָה?! שֹׁמֵר, מַה מִּלֵּיל?!** מה קרה במשך הלילה?! השאלה עלתה מפיהם של מי שהלכו לישון, ובקומם שאלו את השומר אם ישנן חדשות.[117] כמו בנבואה הקודמת, שבה שימש הנביא צופה המקבל הודעה חדשותית על זעזוע מדיני גדול, גם כאן הוא ניצב כשומר במקום ששוררת בו חרדה מפני הבאות, אלא שבמשא זה הוא יכול להודיע שהאיום הצפוי טרם הגיע –
יב **אָמַר שֹׁמֵר: אָתָה**, בא (בארמית)[118] **בֹקֶר וְגַם לָיְלָה**, הגיע הבוקר, גם הגיע הלילה. **אִם תִּבְעָיוּן – בְּעָיוּ, שֻׁבוּ אֵתָיוּ.** אם אתם שואלים – שאלו, שובו ובואו (בארמית), כלומר עדיין אין כל חדש. אם ברצונכם – שובו שנית ושאלו.[119]

יג **מַשָּׂא בַּעְרָב.** נראה שערב הוא שם כולל לעמים או שבטים נודדים החיים במזרח.
בַּיַּעַר בַּעְרַב תָּלִינוּ, תישנו, **אֹרְחוֹת**, שיירות **דְּדָנִים**, שבטי המדבר
הדרומיים.[120] יד **לִקְרַאת צָמֵא הֵתָיוּ, הָבִיאוּ מָיִם.** אתם יכולים לנוח
במקום שלֵו יחסית, ביער, שכן המלחמה מתנהלת באזור אחר.

העולם

דּוּמָה אין בידינו זיהוי ודאי למקום בשם זה: 'דומת' היא חלק ממרכיב שמם של מספר מקומות יישוב במדבריות שממזרח לכנען; בתעודות אשוריות נזכרת 'אדמת', השוכנת במדבר נפוד שבצפון ערב הסעודית, כאחת הערים שנכבשו על ידי סנחריב; והיו שטענו כי זהו שמה הקדום של אדום. (ראו הערות לפס' יא).

שֵׂעִיר חלקיה הגבוהים המיוערים בעצי אורן וארז של אדום. כך כונו גם אזורים ממערב לירדן. (ראו למשל יהושע טו,י).

דְּדָנִים השם דדן, או דודנים, מופיע בספר בראשית ביחס לשלושה עמים שונים: מנכדי יוון שצאצאיו נדדו מאוחר יותר לכנען והיו אבות הפלשתים (בראשית י,ד), אחד מבני כוש (שם י,ז), נכדה של קטורה אשת אברהם (שם כה,ג) שצאצאיו שכנו במדבר שממזרח לכנען, ואליהם מתייחס

תֵּימָא בְּלַחְמוֹ קִדְּמוּ נֹדֵד׃ כִּי־מִפְּנֵי חֲרָבוֹת נָדָדוּ מִפְּנֵי ׀ חֶרֶב טו
נְטוּשָׁה וּמִפְּנֵי קֶשֶׁת דְּרוּכָה וּמִפְּנֵי כֹּבֶד מִלְחָמָה׃ כִּי־ טז
כֹה אָמַר אֲדֹנָי אֵלָי בְּעוֹד שָׁנָה כִּשְׁנֵי שָׂכִיר וְכָלָה כָּל־כְּבוֹד קֵדָר׃
וּשְׁאָר מִסְפַּר־קֶשֶׁת גִּבּוֹרֵי בְנֵי־קֵדָר יִמְעָטוּ כִּי יְהוָה אֱלֹהֵי־ יז
יִשְׂרָאֵל דִּבֵּר׃ מַשָּׂא גֵּיא חִזָּיוֹן מַה־לָּךְ אֵפוֹא כִּי־ א כב
עָלִית כֻּלָּךְ לַגַּגּוֹת׃ תְּשֻׁאוֹת ׀ מְלֵאָה עִיר הוֹמִיָּה קִרְיָה עַלִּיזָה ב
חֲלָלַיִךְ לֹא חַלְלֵי־חֶרֶב וְלֹא מֵתֵי מִלְחָמָה׃ כָּל־קְצִינַיִךְ נָדְדוּ יַחַד ג
מִקֶּשֶׁת אֻסָּרוּ כָּל־נִמְצָאַיִךְ אֻסְּרוּ יַחְדָּו מֵרָחוֹק בָּרָחוּ׃ עַל־כֵּן ד
אָמַרְתִּי שְׁעוּ מִנִּי אֲמָרֵר בַּבֶּכִי אַל־תָּאִיצוּ לְנַחֲמֵנִי עַל־שֹׁד בַּת־
עַמִּי׃ כִּי יוֹם מְהוּמָה וּמְבוּסָה וּמְבוּכָה לַאדֹנָי יֱהוִה צְבָאוֹת בְּגֵי ה
חִזָּיוֹן מְקַרְקַר קִר וְשׁוֹעַ אֶל־הָהָר׃ וְעֵילָם נָשָׂא אַשְׁפָּה בְּרֶכֶב אָדָם ו
פָּרָשִׁים וְקִיר עֵרָה מָגֵן׃ וַיְהִי מִבְחַר־עֲמָקַיִךְ מָלְאוּ רָכֶב וְהַפָּרָשִׁים ז

ביאור | אולם פליטי המלחמה יבואו אליכם לבקש מים. **יֹשְׁבֵי אֶרֶץ תֵּימָא**, השוכנת מדרום–מזרח לעבר הירדן, **בְּלַחְמוֹ קִדְּמוּ נֹדֵד**. תנו לחם לנודדים.[121] טו **כִּי מִפְּנֵי חֲרָבוֹת נָדָדוּ** הפליטים **מִפְּנֵי חֶרֶב נְטוּשָׁה**, שלופה[122] או לטושה, מושחזת[123] **וּמִפְּנֵי קֶשֶׁת דְּרוּכָה וּמִפְּנֵי כֹּבֶד מִלְחָמָה**. טז **כִּי כֹה אָמַר אֲדֹנָי אֵלָי: בְּעוֹד שָׁנָה כִּשְׁנֵי שָׂכִיר**, בדיוק,[124] **וְכָלָה כָּל כְּבוֹד קֵדָר**. שבטי קדר הערביים ינחלו מפלה גדולה. יז **וּשְׁאָר מִסְפַּר קֶשֶׁת**, שארית הקשתים הספורים,[125] **גִּבּוֹרֵי בְנֵי קֵדָר – יִמְעָטוּ**, צבא קדר יצטמצם. **כִּי ה׳ אֱלֹהֵי יִשְׂרָאֵל** החורץ גורלותיהם של עמי העולם כולו, **דִּבֵּר**.

העולם | הנביא כאן. בתקופת המלוכה הדדנים היו עם סוחרים ורוכלים (יחזקאל כז) שישב בצפון חצי–האי ערב. 100 ק״מ מדרום לתימא שבצפון חצי–האי ערב נמצא נווה מדבר הקרוי היום דדן (אל–עולא). מקום זה שימש אחת מתחנות המסחר החשובות בדרך הובלת הבשמים מהודו ומדרום ערב אל הים התיכון.

תֵּימָא אחד מבני ישמעאל (בראשית כה,טו) שצאצאיו ישבו במדבריות ממזרח לכנען. כמו הדדנים, אף תימא נזכרת בהקשר של שיירות מסחר (איוב ו,יט). תימא הוא גם שמו של נווה מדבר גדול בצפון ערב (400 ק״מ מדרום לאילת) היושב על צומת דרכים המובילות לדרום ערב, לבבל ולארצות הים התיכון.

קֵדָר אחד מבני ישמעאל (בראשית כה,יג) שצאצאיו שכנו במדבריות שממזרח לכנען. בני קדר מתוארים במקרא כנוודים שוכני אהלים. מתעודות אשוריות מתקופת

ירושלים בסכנה

פרק כב, פס׳ א–יד

בתוך סדרת הנבואות העוסקות בעמים מופיעה נבואה אחת הפונה לירושלים. כקודמתיה גם היא אינה מתוארכת, אבל נראה שהיא מתייחסת לתקופה מאוחרת יחסית – תקופת המצור האשורי על ירושלים.[126] יש להניח כי סידור הנבואות בספר אינו כרונולוגי. לא ברור מדוע סודרה נבואה זו במקום זה.

הנביא מתריע על חומרת מצבה של הממלכה. לראשונה היא עומדת מול מעצמה צבאית, ונראה כי בדרך הטבע אין לה סיכוי. פנים רבות לאווירה בעיר: מצד אחד, השלטון מכין את העיר ומבצרה לקראת מלחמה; מצד אחר, אנשיה נבוכים והמומים; קצינים מנסים לברוח ממנה, ועם זאת ננקטים אמצעי הגנה שונים. ובצד כל אלה – העיר הוללת, ושוקעת בנהנתנות, כאילו אין האויב אורב לה בחוץ, אם מפני שאננות ואמון יתר בפעולות הביצורים, או להפך – מתוך ייאוש והשלמה עם הידיעה שבקרוב יִגלו תושביה מארצם ויתבוללו בגויים.[127]

אין הנבואה הזי מגלה מה יעלה באחריתה, מלבד העונש הנחרץ שיבוא על האוכלים והשותים מתוך ידיעה שימותו בקרוב.

פרק כב א **מַשָּׂא גֵּיא חִזָּיוֹן**, כינוי סמלי לירושלים, שהייתה מקום השראה
לחזיונות – ביניהם גם חזיונות קשים –[128] ושפעלו בה חוזים רבים.[129]
מַה לָּךְ אֵפוֹא כִּי עָלִית כֻּלָּךְ לַגַּגּוֹת?! כדי לזהות אויבים קרבים, או:
כדי לחגוג את משתאותייך שם, שכן הגגות מרווחים יותר מן
הבתים.[130] ב **תְּשֻׁאוֹת**, קולות עיר **מְלֵאָה, עִיר הוֹמִיָּה, קִרְיָה עַלִּיזָה**,
מלאת התרחשויות והמולה. עד עתה **חֲלָלַיִךְ לֹא** היו **חַלְלֵי חֶרֶב וְלֹא
מֵתֵי מִלְחָמָה**. ייתכן שהנביא רומז לפגיעות בנפש מתוך הוללות
ושכרות. ג **כָּל קְצִינַיִךְ**, קציני צבאך **נָדְדוּ**, נסו **יַחַד, מִקֶּשֶׁת אֻסָּרוּ**,
כביכול כבולים ואסורים ואינם מסוגלים לירות בקשת.[131] **כָּל נִמְצָאַיִךְ**,
הנמצאים בתוכך **אֻסְּרוּ**, כאילו הוסגרו לאויב **יַחְדָּו, לְמֵרָחוֹק בָּרָחוּ**
הקצינים עושי המלחמה.[132] ד **עַל כֵּן אָמַרְתִּי: שְׁעוּ**, פנו **מִנִּי**, ממני
וַאֲמָרֵר בַּבֶּכִי. אַל תָּאִיצוּ, תדחקו **לְנַחֲמֵנִי עַל שֹׁד**, אסון **בַּת עַמִּי**. ה **כִּי
יוֹם מְהוּמָה וּמְבוּסָה**, תבוסה **וּמְבוּכָה לַה׳ אֱלֹהִים צְבָאוֹת בְּגֵי חִזָּיוֹן**. כיוון
שבמשך מאות שנים ירושלים הייתה במצור פעמים בודדות בלבד,
ולא הייתה רגילה בהכנות למלחמה, היא תמצא עצמה בערבוביה
ובטירוף מערכות. האויב **מְקַרְקַר קִר**, מקעקע קירות. הורס חומות,
או: קול המהומה כמו שובר קירות, **וְשׁוֹעַ**, שועה, פונה **אֶל הָהָר**, כדי
להיערך למתקפה. ו צבא אשור סיפח אליו צבאות שונים, וביניהם
עֵילָם, שבניו היו בעיקר קשתים,[133] **נָשָׂא אַשְׁפָּה**, כלי חצים. **בְּרֶכֶב
אָדָם** ישנם **פָּרָשִׁים, וְקִיר**, שם עם צפוני, **עֵרָה מָגֵן**, שלף[134] את מגיניו,
או: בנה דָּייק מול החומה. ז **וַיְהִי מִבְחַר עֲמָקַיִךְ**, העמקים המובחרים

המלוכה עולה כי מרחב מחייתו של עם זה התפרק על פני כל המדבר הסורי וצפון סיני.

העולם

קִיר מקום מוצאו של ארם (ראו עמוס א,ה). לשם הגלו האשורים את דמשק וארם (מלכים ב׳ טז,ט).

שֵׁת שָׁתוּ הַשָּׁעְרָה: וַיְגַל אֵת מָסַךְ יְהוּדָה וַתַּבֵּט בַּיּוֹם הַהוּא אֶל־ ח
נֶשֶׁק בֵּית הַיָּעַר: וְאֵת בְּקִיעֵי עִיר־דָּוִד רְאִיתֶם כִּי־רָבּוּ וַתְּקַבְּצוּ ט
אֶת־מֵי הַבְּרֵכָה הַתַּחְתּוֹנָה: וְאֶת־בָּתֵּי יְרוּשָׁלִַם סְפַרְתֶּם וַתִּתְצוּ י
הַבָּתִּים לְבַצֵּר הַחוֹמָה: וּמִקְוָה עֲשִׂיתֶם בֵּין הַחֹמֹתַיִם לְמֵי הַבְּרֵכָה יא
הַיְשָׁנָה וְלֹא הִבַּטְתֶּם אֶל־עֹשֶׂיהָ וְיֹצְרָהּ מֵרָחוֹק לֹא רְאִיתֶם:
וַיִּקְרָא אֲדֹנָי יֱהֹוִה צְבָאוֹת בַּיּוֹם הַהוּא לִבְכִי וּלְמִסְפֵּד וּלְקָרְחָה יב
וְלַחֲגֹר שָׂק: וְהִנֵּה ׀ שָׂשׂוֹן וְשִׂמְחָה הָרֹג ׀ בָּקָר וְשָׁחֹט צֹאן אָכֹל יג
בָּשָׂר וְשָׁתוֹת יָיִן אָכוֹל וְשָׁתוֹ כִּי מָחָר נָמוּת: וְנִגְלָה בְאָזְנָי יְהוָה יד
צְבָאוֹת אִם־יְכֻפַּר הֶעָוֹן הַזֶּה לָכֶם עַד־תְּמֻתוּן אָמַר אֲדֹנָי יֱהֹוִה
צְבָאוֹת: כֹּה אָמַר אֲדֹנָי יֱהֹוִה צְבָאוֹת לֶךְ־בֹּא טו

ביאור | שלך, ירושלים, **מָלְאוּ רֶכֶב**, רכבי מלחמה, **וְהַפָּרָשִׁים שֹׁת שָׁתוּ**, שמו פניהם **הַשָּׁעְרָה**, אל שער העיר כדי להתכונן לקרב. ח **וַיְגַל אֵת מָסַךְ**, הסיר את הכיסוי שמעל ממלכת **יְהוּדָה**. לאחר שנים רבות שבהן לא נדרשה יהודה לבחון את יכולתה הצבאית, הגיעה הזמן שבו היא תיחשף ותוערך. **וַתַּבֵּט בַּיּוֹם הַהוּא אֶל נֶשֶׁק בֵּית הַיָּעַר**, מחסן הנשק המרכזי, שנקרא בית יער הלבנון,[135] לבדקו. ט **וְאֵת בְּקִיעֵי**, סדקי **עִיר דָּוִד רְאִיתֶם** אתם, הבודקים את החומות, **כִּי רָבּוּ**. מתברר שיש בחומותיה בקיעים רבים, **וַתְּקַבְּצוּ אֶת מֵי הַבְּרֵכָה הַתַּחְתּוֹנָה** להכניסם אל תוך העיר. י **וְאֶת בָּתֵּי יְרוּשָׁלִַם סְפַרְתֶּם**, **וַתִּתְצוּ**, שברתם את **הַבָּתִּים**

הרחבות | **סנחריב** לא פנה מיד לעבר ירושלים. הוא תקף תחילה כמה ערים סביבותיה. בתבליטים אשוריים שנמצאו מתואר בפירוט רב המצור על לכיש, וברור שגם ערים נוספות נכבשו תחילה. אם דברי הנבואה אכן מתייחסים אל סנחריב, הרי שתושבי ירושלים ידעו כי צבא זר פועל באזור. גם אם עדיין לא הותקפו, הם היו מודעים לכך שההתקפה עלולה להתרחש בקרוב. ממלכת יהודה, שעד כה ערכה רק מלחמות קטנות מחוץ לגבולותיה – עם הפלשתים, האדומים ואחרים, צריכה עתה להתכונן לעימות עם אימפריה גדולה.

חרף מאמציהם הקדחתניים של מלך יהודה ופקידיו להיערך לקראת מלחמה או מצור, שיתוארו להלן, הבהלה והמבוכה בעיר גברו על התכונה וההיערכות למלחמה.

'וּמִקְוָה עשיתם בין הַחֹמֹתַיִם' כדי להטות את מי הברכה אל תוך העיר חצבו את נקבת השילוח, מפעל גדול שערך זמן רב. באמצעות נקבת השילוח קובצו המים אל תוך העיר על מנת שתוכל לעמוד במצור. (ראו מלכים ב' כ,כ; דברי הימים ב' לב,א-ה ומלבי"ם כאן; וראו בהרחבה מאמרו של אשר גרוסברג, "מפעלי המים של חזקיהו", מחקרי עיר דוד וירושלים הקדומה, תשע"א). בעיית המים הייתה הבעיה הקשה ביותר של ירושלים הנצורה. בין שתי החומות התקינו מקווה מים חדש בעבור המים שהיו בעבר בבְּרֵכָה הישנה.

על מנת להשתמש באבניהם כדי לְבַצֵּר את הַחוֹמָה ולמלא את
הבקיעים שהתגלעו בה.[136] יא וּמִקְוָה, מקוה מים עֲשִׂיתֶם בֵּין הַחֹמֹתַיִם,
כמו בערים אחרות, נבנתה בירושלים חומה כפולה, לפחות בחלקה,
ובין החומות יצרו מאגר לְמֵי הַבְּרֵכָה הַיְשָׁנָה.

את כל ההכנות הללו ביצעתם לקראת המצור, וְעם כל הפעלתנות
הרבה בביצור העיר, לֹא הִבַּטְתֶּם אֶל עֹשֶׂיהָ של העיר, וְיֹצְרָהּ מֵרָחוֹק,
מקדם לֹא רְאִיתֶם.
יב וַיִּקְרָא ה׳ אֱלֹהִים צְבָאוֹת בַּיּוֹם הַהוּא לִבְכִי וּלְמִסְפֵּד וּלְקָרְחָה וְלַחֲגֹר שָׂק,
ביטויי אבל שונים. הימים קשים. סכנה גדולה מרחפת על ירושלים,
ונראה כי נשקף סופה של הממלכה. יג וְהִנֵּה בניגוד למתבקש – שָׂשׂוֹן
וְשִׂמְחָה בעיר, הָרֹג בָּקָר וְשָׁחֹט צֹאן, אָכֹל בָּשָׂר וְשָׁתוֹת יָיִן. התגובה כלפי
הנסיבות הקשות היא – אָכוֹל וְשָׁתוֹ כִּי מָחָר נָמוּת.
יד וְנִגְלָה הדבר בְאָזְנָי, אומר[137] ה׳ צְבָאוֹת, אִם יְכֻפַּר הֶעָוֹן הַזֶּה, של
האדישות והאטימות לָכֶם עַד תְּמֻתוּן, אָמַר ה׳ אֱלֹהִים צְבָאוֹת.

איור על פי תבליט המתאר התקפה של חיל אשור על עיר בצורה

865–860 לפסה"נ העיר נמרוד

הרחבות

קריאת הנביא לאנשי ירושלים הנביא פונה אל תושבי העיר השרויים בהדחקה, ובתיאורו הציורי הוא מנסה לעורר לעמוד על חומרת המצב. העיר נתונה לאיום גדול של חורבן. האשורים לא היו מסתפקים בניצחונות למחצה. הם היו נוהגים לשבור את חומות העיר המותקפת ולהרסה כליל.

בנאומיהם שיופיעו להלן, יערכו נציגי מלך אשור את רשימת המדינות שנכבשו על ידיהם בכור רוח. הם יציעו ליושבי ירושלים כניעה בתנאים נוחים – בלי הרג רב אך תוך התחייבות לגלות מוחלטת. (ראו להלן לו,יג-כ). די באיומים כאלה כדי לגרום בכי, מספד, קרחה וחגירת שק. הנביא מתמרמר על אנשי העיר שאינם חשים את המועקה ואינם שמים לב לחומרת הסכנה. אמנם הפקידים והממונים עושים את כל הדרוש, אבל בעיר יש הנהנים מהנאות החושים ואדישים לצפוי להם. ההאשמה אינה מופנית אל כל בני ירושלם, אלא כלפי השכבה האמידה, המרשה לעצמה לשחוט בקר וצאן. אפשר לשער כי תרבותם של נהנתנים אלו הייתה קוסמופוליטית ואולי אף מתבוללת. בשל זיקתם הרופפת לעמם ולארצם הם לא הצטערו, התריעו או התפללו על גורל העם, אלא המשיכו לחגוג ולספק תאוות גופם.

כמו שיתואר בהרחבה בהמשך הספר, הצלתה של ירושלים בסופו של דבר אכן הייתה הצלה פלאית ובלתי צפויה. (ראו להלן פרקים כט, לז).

אֶל־הַסֹּכֵן הַזֶּה עַל־שֶׁבְנָא אֲשֶׁר עַל־הַבָּיִת: מַה־לְּךָ פֹה וּמִי לְךָ פֹה טז
כִּי־חָצַבְתָּ לְּךָ פֹּה קָבֶר חֹצְבִי מָרוֹם קִבְרוֹ חֹקְקִי בַסֶּלַע מִשְׁכָּן לוֹ:
הִנֵּה יהוה מְטַלְטֶלְךָ טַלְטֵלָה גָּבֶר וְעֹטְךָ עָטֹה: צָנוֹף יִצְנָפְךָ צְנֵפָה יז יח
כַּדּוּר אֶל־אֶרֶץ רַחֲבַת יָדָיִם שָׁמָּה תָמוּת וְשָׁמָּה מַרְכְּבוֹת כְּבוֹדֶךָ
קְלוֹן בֵּית אֲדֹנֶיךָ: וַהֲדַפְתִּיךָ מִמַּצָּבֶךָ וּמִמַּעֲמָדְךָ יֶהֶרְסֶךָ: וְהָיָה יט כ
בַּיּוֹם הַהוּא וְקָרָאתִי לְעַבְדִּי לְאֶלְיָקִים בֶּן־חִלְקִיָּהוּ: וְהִלְבַּשְׁתִּיו כא
כֻּתָּנְתֶּךָ וְאַבְנֵטְךָ אֲחַזְּקֶנּוּ וּמֶמְשַׁלְתְּךָ אֶתֵּן בְּיָדוֹ וְהָיָה לְאָב לְיוֹשֵׁב
יְרוּשָׁלִַם וּלְבֵית יְהוּדָה: וְנָתַתִּי מַפְתֵּחַ בֵּית־דָּוִד עַל־שִׁכְמוֹ וּפָתַח כב
וְאֵין סֹגֵר וְסָגַר וְאֵין פֹּתֵחַ: וּתְקַעְתִּיו יָתֵד בְּמָקוֹם נֶאֱמָן וְהָיָה כג
לְכִסֵּא כָבוֹד לְבֵית אָבִיו: וְתָלוּ עָלָיו כֹּל ׀ כְּבוֹד בֵּית־אָבִיו כד
הַצֶּאֱצָאִים וְהַצְּפִעוֹת כֹּל כְּלֵי הַקָּטָן מִכְּלֵי הָאַגָּנוֹת וְעַד כָּל־כְּלֵי
הַנְּבָלִים: בַּיּוֹם הַהוּא נְאֻם יהוה צְבָאוֹת תָּמוּשׁ הַיָּתֵד הַתְּקוּעָה כה
בְּמָקוֹם נֶאֱמָן וְנִגְדְּעָה וְנָפְלָה וְנִכְרַת הַמַּשָּׂא אֲשֶׁר־עָלֶיהָ כִּי יהוה

אחריתו של האיש אשר על הבית

פרק כב פס׳ טו–כה

אל המשא על ירושלים הנתונה תחת איום אויב, צמודה נבואה המכוונת לאדם מסוים; שבנא, שהיה הממונה על בית המלוכה, ייפול ממעמדו הרם. מעשיו של האיש אינם מפורטים בנבואה זו, אך משתמע ממנה כי הואשם בבגידה. חכמים אמרו ששבנא ניסה להגיע להסכם כניעה בפני מלך אשור, ואולי אף חשב לתפוס את מקומו של חזקיהו המלך.[138]

תחת תכניותיו של שבנא להיקבר בעיר בקבורת מלכים, מנבא לו ישעיהו כי יושלך מארצו וימות בגולה. הכבוד שייחל לו ייהפך לקלון, תחת הקלון שרצה להמיט על בית אדוניו.

ביאור | טו **כֹּה אָמַר ה׳ אֱלֹהִים צְבָאוֹת: לֶךְ בֹּא אֶל הַסֹּכֵן**, הממונה **הַזֶּה, עַל**, אל **שֶׁבְנָא אֲשֶׁר עַל הַבָּיִת.** אין זה הממונה על צורכי בית המלך בלבד אלא מעין ראש ממשלה.[139] אמור לו: טז **מַה לְּךָ פֹה, וּמִי לְךָ פֹה כִּי חָצַבְתָּ לְּךָ פֹּה קָבֶר?!** בין שאר עיסוקיו טרח שבנא להכין מקום קבורה שיהלום את מעמדו המכובד. **חֹצְבִי**, חוצב **בְמָרוֹם קִבְרוֹ, חֹקְקִי**, חוקק

הרחבות | **׳ביום ההוא... תמוש היתד התקועה׳** ישעיהו לא ניבא לשבנא בלבד אלא גם לבא אחריו. התפקיד שבעלי המשרות הרמות ממלאים לעולם לא יהיה חזק דיו לשאת את המשא הכבד של המשפחה ושל הנלווים האחרים הנתלים בו. כאשר בעל התפקיד נופל ממשרתו – הכול מתמוטטים אתו.

בְּסֶלַע מִשְׁכָּן לוֹ. בהכנת מקום קבורה מפואר לעצמו הצהיר שבנא שאף על פי שאין הוא המלך, על פיו יישק כל דבר.[140]

יז הִנֵּה ה' מְטַלְטֶלְךָ טַלְטֵלָה גָּבֶר, טלטלה עצומה, וְעֹטְךָ עָטֹה, ועוטף אותך באבל וכצרוע.[141] יח ה' צָנוֹף יִצְנָפְךָ צְנֵפָה, יצרור ויגלגל אותך כַּדּוּר משחק הנבעט ממקומו[142] אֶל אֶרֶץ רַחֲבַת יָדָיִם, אל ממלכת אשור הגדולה. שָׁמָּה תָמוּת, וְשָׁמָּה יושלכו מַרְכְּבוֹת כְּבוֹדֶךָ, שהן קְלוֹן בֵּית אֲדֹנֶיךָ. יט וַהֲדַפְתִּיךָ, אדחה אותך מִמַּצָּבֶךָ, מהמקום שבו אתה ניצב, וּמִמַּעֲמָדְךָ, וממקום עמידתך יֶהֶרְסֶךָ, תיפול ותישבר.[143]

כ וְהָיָה בַּיּוֹם הַהוּא, וְקָרָאתִי לְעַבְדִּי, לְאֶלְיָקִים בֶּן חִלְקִיָּהוּ למלא את מקומך.[144] כא וְהִלְבַּשְׁתִּיו כֻּתָּנְתֶּךָ, וְאַבְנֵטְךָ אֲחַזְּקֶנּוּ. בגדי השרד שלך יעברו אליו. וּמֶמְשַׁלְתְּךָ אֶתֵּן בְּיָדוֹ, וְהָיָה לְאָב, ראש עדה, מדריך לְיוֹשֵׁב יְרוּשָׁלַםִ וּלְבֵית יְהוּדָה. הוא, לעומתך, יהא נאמן ומסור לעם. הוא לא יבגוד ולא ידאג לטובת עצמו. כב וְנָתַתִּי מַפְתֵּחַ בֵּית דָּוִד עַל שִׁכְמוֹ כדרך השרים הממונים על בית המלך, הנושאים מפתח גדול על שכמם.[145] ובכלל המפתחות והמנעולים בימי קדם היו גדולים הרבה יותר מאשר בימינו. וּפָתַח וְאֵין סֹגֵר, וְסָגַר וְאֵין פֹּתֵחַ. הוא יהיה האחראי הבלעדי. כג וּתְקַעְתִּיו יָתֵד בְּמָקוֹם נֶאֱמָן, חזק, שהיתד תיאחז בו היטב, וְהָיָה לְכִסֵּא כָבוֹד לְבֵית אָבִיו. משפחתו תתכבד בו. כד וכהמשך לדימוי היתד התקועה איתן בקיר – וְתָלוּ עָלָיו את כֹּל כְּבוֹד בֵּית אָבִיו, את הַצֶּאֱצָאִים וְהַצְּפִעוֹת, הבנים והבנות,[146] שכן הוא לאב לבית יהודה,[147] ואת כֹּל כְּלֵי הַקָּטָן, הכלים הקטנים. מִכְּלֵי הָאַגָּנוֹת, כלי חרס הדומים לספלים,[148] וְעַד כָּל כְּלֵי הַנְּבָלִים, כלי חרס המשמשים בעיקר לנוזלים.[149] כלומר, הכול יסמכו על אליקים, היתד הנאמנה, וייתלו בו גם בדברים הפעוטים.

אולם, גם מחליפו של שבנא אשר יחוש יציבות במשרתו – סופו ליפול. כה בַּיּוֹם הַהוּא, נְאֻם ה' צְבָאוֹת, תָּמוּשׁ, תזוז ותיעקר הַיָּתֵד הַתְּקוּעָה בְּמָקוֹם נֶאֱמָן, וְנִגְדְּעָה וְנָפְלָה. וְנִכְרַת הַמַּשָּׂא אֲשֶׁר עָלֶיהָ, כל כלי החרס התלויים בה, ייהרסו לחלוטין. כִּי ה' דִּבֵּר.

אשה נושאת מפתח על שכמה

תבליט מהמאה ה-5 לפנה"ס

יוון

דִּבֵּר׃ מַשָּׂא צֹר הֵילִילוּ ׀ אֳנִיּוֹת תַּרְשִׁישׁ כִּי־שֻׁדַּד א כג
מִבַּיִת מִבּוֹא מֵאֶרֶץ כִּתִּים נִגְלָה־לָמוֹ׃ דֹּמּוּ יֹשְׁבֵי אִי סֹחֵר צִידוֹן ב
עֹבֵר יָם מִלְאוּךְ׃ וּבְמַיִם רַבִּים זֶרַע שִׁחֹר קְצִיר יְאוֹר תְּבוּאָתָהּ ג
וַתְּהִי סְחַר גּוֹיִם׃ בּוֹשִׁי צִידוֹן כִּי־אָמַר יָם מָעוֹז הַיָּם לֵאמֹר לֹא־ ד
חַלְתִּי וְלֹא־יָלַדְתִּי וְלֹא גִדַּלְתִּי בַחוּרִים רוֹמַמְתִּי בְתוּלוֹת׃ כַּאֲשֶׁר־ ה
שֵׁמַע לְמִצְרָיִם יָחִילוּ כְּשֵׁמַע צֹר׃ עִבְרוּ תַּרְשִׁישָׁה הֵילִילוּ יֹשְׁבֵי ו
אִי׃ הֲזֹאת לָכֶם עַלִּיזָה מִימֵי־קֶדֶם קַדְמָתָהּ יֹבִלוּהָ רַגְלֶיהָ מֵרָחוֹק ז
לָגוּר׃ מִי יָעַץ זֹאת עַל־צֹר הַמַּעֲטִירָה אֲשֶׁר סֹחֲרֶיהָ שָׂרִים ח

משא צור

פרק כג

הנבואה החותמת את קובץ המשאות עוסקת בעיר צור ובעיקר במפלתה. צור הייתה עיר קטנה, ששימשה מרכז מסחרי גדול. אף הנביא יחזקאל מתאר את צור באופן מפורט ולא פחות דרמטי, כעיר סחר מרכזית בעולם, שלבסוף נשברה ונחלה מפלה.

צור הותקפה מצפון כמה פעמים. אף שהאשורים לא כבשו אותה, יכלו לה הבבלים לאחר מצור קשה שארך שנים רבות.[150] בתום שבעים שנות חורבן התאוששה צור. בסוף המשא מתאר ישעיהו את תהליך התאוששותה בזלזול, וחותם את נבואתו בצור העתידית שתעמוד לשירותם של ענייני הקודש; סחרה יוקדש ליושבים לפני ה׳.

אמנם צור הוקמה מחדש פעמים אחדות אחרי חורבנה, אך מה שהיה פעם מרכז הכלכלה העולמית, הוא היום עיר רגילה חסרת חשיבות כלכלית מיוחדת.

ביאור | פרק כג א **מַשָּׂא צֹר.** **הֵילִילוּ**, יללו **אֳנִיּוֹת תַּרְשִׁישׁ**, הסוחרות בצור **כִּי שֻׁדַּד מִבַּיִת**, ביתן של

הרחבות

׳אניות תרשיש׳ לפי אחד הזיהויים המשוערים, תרשיש היא עיר עתיקה בספרד. (ראו עוד הרחבה לבראשית י,ד). מדובר אפוא באניות חזקות וגדולות שבכוחן לחצות את הים התיכון לאורכו כשהן טעונות משא. ייתכן שחלקן הפליגו מחופו המזרחי של הים התיכון לאפריקה, ואולי אפילו הקיפו את היבשת. (ראו מלכים א׳ י,כב ואברבנאל שם; להלן ס,ט ושד״ל שם; תהלים מח,ח; דברי הימים ב׳ ט,כא). סבירה ההשערה שתרשיש הייתה אחת המושבות של צור, ובהיחרב העיר–האם חרב ביתן של האניות. (ראו עוד יחזקאל כז,יב).

׳עֹבֵר יָם מִלְאוּךְ׳ מכיוון שצור הייתה מרכז מסחרי עולמי, חנו בה עוברי ים רבים. ביחזקאל מתואר בפירוט שפעה המגוון של צור, ׳רוכלת העמים׳, המיובא אליה ממדינות שונות – כוח העבודה של אדם ובהמה, מתכות, בדים, אבנים יקרות ובשמים (יחזקאל כז. ראו עוד מלכים א׳ ה,כ). אפילו תבואה יובאה לעיר מארץ יהודה, כי כפי הנראה לא הייתה לצורים די תבואה משל עצמם (יחזקאל כז,יז; מלכים א׳ ה,כה). המסחר העניק לצור כוח עצום והעלה את מעמדם של סוחריה. תופעה זו של פיתוח עצמה כלכלית או צבאית בערי נמל ידועה אף מאזורים אחרים בעולם.

׳סֹחֲרֶיהָ שָׂרִים׳ עד לצמיחתן של רפובליקות ימיות לצורותיהן, הסוחרים היו בני מעמד שני או שלישי במעלה ברוב החברות. מבחינה זו צור הייתה דומה למדינה מודרנית, שלמרות שהיה בה מלך, שכבת האצולה שחיה בה הייתה מורכבת מסוחריה הגדולים, ובהם עשירים מופלגים שעסקו בסחר בינלאומי מקיף.

האניות, נמל צור, חדל מִבּוֹא, שוב אי אפשר לבוא אליו. מֵאֶרֶץ כִּתִּים
נִגְלָה השודד לָמוֹ, להם – לבני צור, או: דבר האסון נודע לאניות מארץ
הכתים.[151] ואפשר לפרש: דרך ארץ כתים גלו בני צור.[152] ב דֹּמּוּ,
שתקו, יֹשְׁבֵי אִי, צור.[153] סֹחֵר צִידוֹן, עיר נמל הסמוכה לצור והכפופה
לה, אֵת, שעֹבֵר יָם מִלְאוּךְ, ג וּבְמַיִם רַבִּים, דרך הים היה מגיע זֶרַע מִשְׁחֹר,
הנילוס. קְצִיר, יבול יְאוֹר מצרים, תְּבוּאָתָהּ, התבואה שסופקה לצור.[154]
וַתְּהִי צור סְחַר גּוֹיִם. ד בּוֹשִׁי, צידון, כִּי אָמַר גער בך כביכול יָם, מָעוֹז
הַיָּם דיבר לֵאמֹר: לֹא חַלְתִּי, סבלתי מצירי לידה, וְלֹא יָלַדְתִּי, וְלֹא גִדַּלְתִּי
בַחוּרִים, ולא רוֹמַמְתִּי בְתוּלוֹת. הים מתכחש כביכול לבני טיפוחיו,
למי שכל כוחם בא ממנו. צור וצידון יתרוקנו כלא היו.[155] ה כַּאֲשֶׁר
יבוא הַשֵּׁמַע, השמועה לְמִצְרָיִם – יָחִילוּ, ירעדו[156] שם, כְּהגיע שֵׁמַע
צֹר. לצור היו הגנות טבעיות וגם ביצורים מלאכותיים, וכאשר
היא נכבשה היה ברור כי האויב הצפוני ימשיך למצרים, ודבר לא
יעצור בעדו.[157] ו עִבְרוּ תַּרְשִׁישָׁה, לתרשיש, הֵילִילוּ, יללו, יֹשְׁבֵי אִי
מפני חורבנו. ז הֲזֹאת לָכֶם, צור הָעַלִּיזָה עוד מִימֵי קֶדֶם קַדְמָתָהּ, צור
השוקקת חיים מאז ומעולם?! יֹבִלוּהָ עתה רַגְלֶיהָ מֵרָחוֹק לָגוּר. אנשיה
נאלצים להרחיק נדוד ממנה כגרים.[158]

ח מִי יָעַץ זֹאת עַל צֹר הַמַּעֲטִירָה, המוכתרת בעושר וכבוד, אֲשֶׁר סֹחֲרֶיהָ

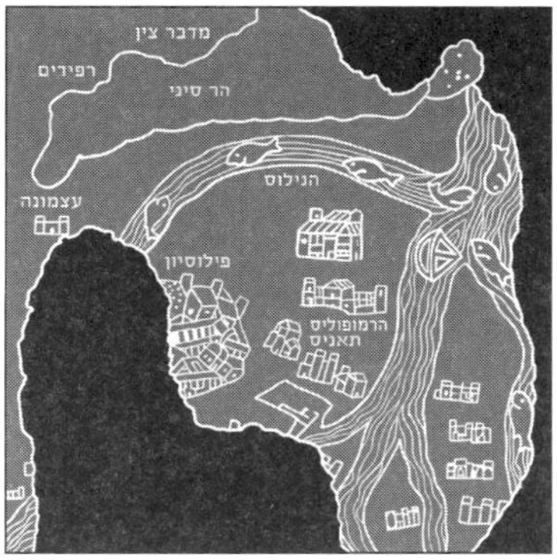

הזרוע המזרחית של הנילוס (שִׁחֹר)

אילוסטרציה על פי מפת מידבא

המאה ה-7 לסה"נ

העולם

אֶרֶץ כִּתִּים הכתיים הם בני יוון ברשימת העמים בבראשית (י,ד). במספר מקומות בתנ"ך נזכרו כיושבי איים הקשורים לצידונים ולצורים (הפיניקים) שעסקו בסחר ימי. יש הסוברים כי מקור השם הוא בעיר הנמל הקדומה (κιτιο) Kition שבחופה המזרחי של קפריסין, בלרנקה של ימינו (קדמוניות א, ו,א). ואכן הממצא הארכיאולוגי מעיד שישבו שם פיניקים.

שִׁחֹר הנהר המאפיין את מצרים (ירמיה ב,יח) וגבולה המזרחי (יהושע יג,ג). מזוהה עם הזרוע המזרחית (הפלוסית) של הדלתה של הנילוס, אשר שימשה כעורק תחבורה שקישר בין הים התיכון ובין מצרים התיכונה והעליונה. (יש לציין כי כלל הדרכים היוצאות ממצרים לכיוון צפון–מזרח נקראו בפי המצרים 'דרכי חור'. פירוש השם שיחור במצרית הוא: מים של חור, שהיה אחד האלים המרכזיים במצרים (Horus).

ט כְּנַעֲנֶיהָ נִכְבַּדֵּי־אָרֶץ׃ יְהוָה צְבָאוֹת יְעָצָהּ לְחַלֵּל גְּאוֹן כָּל־
י צְבִי לְהָקֵל כָּל־נִכְבַּדֵּי־אָרֶץ׃ עִבְרִי אַרְצֵךְ כַּיְאֹר בַּת־תַּרְשִׁישׁ אֵין
יא מֵזַח עוֹד׃ יָדוֹ נָטָה עַל־הַיָּם הִרְגִּיז מַמְלָכוֹת יְהוָה צִוָּה אֶל־כְּנַעַן
יב לַשְׁמִד מָעֻזְנֶיהָ׃ וַיֹּאמֶר לֹא־תוֹסִיפִי עוֹד לַעֲלוֹז הַמְעֻשָּׁקָה בְּתוּלַת
יג בַּת־צִידוֹן כתיים (כִּתִּים) קוּמִי עֲבֹרִי גַּם־שָׁם לֹא־יָנוּחַ לָךְ׃ הֵן ׀ אֶרֶץ
כַּשְׂדִּים זֶה הָעָם לֹא הָיָה אַשּׁוּר יְסָדָהּ לְצִיִּים הֵקִימוּ בחיניו (בַחוּנָיו) עֹרְרוּ
יד אַרְמְנוֹתֶיהָ שָׂמָהּ לְמַפֵּלָה׃ הֵילִילוּ אֳנִיּוֹת תַּרְשִׁישׁ כִּי שֻׁדַּד
טו מָעֻזְּכֶן׃ וְהָיָה בַּיּוֹם הַהוּא וְנִשְׁכַּחַת צֹר שִׁבְעִים שָׁנָה כִּימֵי
טז מֶלֶךְ אֶחָד מִקֵּץ שִׁבְעִים שָׁנָה יִהְיֶה לְצֹר כְּשִׁירַת הַזּוֹנָה׃ קְחִי כִנּוֹר
יז סֹבִּי עִיר זוֹנָה נִשְׁכָּחָה הֵיטִיבִי נַגֵּן הַרְבִּי־שִׁיר לְמַעַן תִּזָּכֵרִי׃ וְהָיָה
מִקֵּץ ׀ שִׁבְעִים שָׁנָה יִפְקֹד יְהוָה אֶת־צֹר וְשָׁבָה לְאֶתְנַנָּה וְזָנְתָה
יח אֶת־כָּל־מַמְלְכוֹת הָאָרֶץ עַל־פְּנֵי הָאֲדָמָה׃ וְהָיָה סַחְרָהּ וְאֶתְנַנָּהּ
קֹדֶשׁ לַיהוָה לֹא יֵאָצֵר וְלֹא יֵחָסֵן כִּי לַיֹּשְׁבִים לִפְנֵי יְהוָה יִהְיֶה סַחְרָהּ

ביאור | **שָׂרִים, כְּנְעָנֶיהָ**, רוכליה,[159] **נִכְבַּדֵּי אָרֶץ**?! הן בשל עצמתה של צור, הן מכיוון שעיר סחר כזאת מעוניינת להיות ניטרלית, איש לא האמין שהיא תיפול.

ט – **ה' צְבָאוֹת יְעָצָהּ, לְחַלֵּל גְּאוֹן** להשפיל את גאוותו של **כָּל צְבִי**, המתהדר, **לְהָקֵל**, לבזות את **כָּל נִכְבַּדֵּי אָרֶץ**.

י **עִבְרִי אַרְצֵךְ כַּיְאֹר**, את יכולה לעבור את ארצך בשטף כנהר, **בַּת תַּרְשִׁישׁ**, משום שאֵין **מֵזַח**, המיועד להגן על הנמל, **עוֹד**. המדינה חסרת הגנה ופרוצה לחלוטין.[160] יא **יָדוֹ נָטָה ה' עַל הַיָּם, הִרְגִּיז**, עורר מרבצן[161] **מַמְלָכוֹת. ה' צִוָּה אֶל**, גזר על **כְּנַעַן לַשְׁמִד**, שיושמדו **מָעֻזְנֶיהָ**,

הרחבות | **'ושבה לאתננה'** הנביא אינו מייחס כבוד רב לא לעיר ולא לסוחריה. צור אינה עיר יצרנית, אלא היא מנצלת את סחורותיהם של אחרים כדי להתגדל. (כך עולה גם מיחזקאל כו,ב). היא עושה את עושרה על ידי חיזור והליכה סחור סחור. השורש ס,ח,ר משמעו להסתובב מפני שתמצית עיסוקו של הסוחר אינה אלא להסתובב ממקום למקום על מנת להשיג רווחים. השימוש בכינוי 'כנעני' לסוחר במקרא מלמד כי באותה תקופה בני ישראל לא התעסקו במסחר. יתרה מזו, מלשונו של

מעוזיה. צור מכונה כאן 'כנען' לא רק על שום היותה עיר מסחר
אלא מפני שמוצא תושביה מעמי כנען.[162] יב וַיֹּאמֶר: לֹא תוֹסִיפִי עוֹד
לַעְלוֹז, הַמְעֻשָּׁקָה, עשוקה, גזולה, בְּתוּלַת בַּת צִידוֹן.[163] אל כִּתִּים קוּמִי
עֲבֹרִי. עליכם, הצידונים, לנדוד לארץ הכיתים, רומא ואולי גם שאר
איים רחוקים.[164] גַּם שָׁם לֹא יָנוּחַ לָךְ. לא תמצאי מנוחה, שכן האויבים
יוסיפו וירדפו אותך. יג הֵן אֶרֶץ כַּשְׂדִּים, הבבלים, מחריבי צור, זֶה הָעָם
לֹא הָיָה עם של ממש עד כה.[165] במשך שנים רבות היו נתונים תושבי
בבל תחת שליטים זרים. רק כעת בבל התעוררה והתחילה למשול
בעולם. את אַשּׁוּר יְסָדָהּ, הפכה בבל[166] לְצִיִּים, למקומות שוממים.
הֵקִימוּ הבבלים את בַחוּנָיו, מגדליו.[167] עֹרְרוּ, ערערו את אַרְמְנוֹתֶיהָ של
צור, ובסופו של דבר – שָׂמָהּ לְמַפֵּלָה, למפולת. הנביא שב לדבריו
הראשונים: יד הֵילִילוּ, יללו, אֳנִיּוֹת תַּרְשִׁישׁ, כִּי שֻׁדַּד מָעֻזְּכֶן. עיר הנמל
הגדולה שבה בטחתן נשדדה ואבדה.

טו וְהָיָה בַּיּוֹם הַהוּא, וְנִשְׁכַּחַת צֹר, תהא שכוחה ועזובה שִׁבְעִים שָׁנָה,
כִּימֵי מֶלֶךְ אֶחָד. כימי מלכות אחת. מלכות בבל בשלוותה ותפארתה
ארכה כשבעים שנה, ובימיה העיר תתאושש.[168] ובכל זאת – מִקֵּץ
שִׁבְעִים שָׁנָה יִהְיֶה לְצֹר כְּשִׁירַת הַזּוֹנָה. היא תיאלץ לחזור על הפתחים
לבקש צרכיה, כזונה השרה כדי לפתות. הנביא לועג לצור העלובה
והשכוחה: טז קְחִי כִנּוֹר, סֹבִּי עִיר, זוֹנָה נִשְׁכָּחָה, הֵיטִיבִי נַגֵּן, הַרְבִּי שִׁיר,
לְמַעַן תִּזָּכֵרִי.
יז וְהָיָה מִקֵּץ שִׁבְעִים שָׁנָה יִפְקֹד ה' אֶת צֹר וְשָׁבָה לְאֶתְנַנָּה. הביטוי הצפוי,
'ושבה לאיתנה', מומר במשחק מלים לעגני. מסחרה מדומה לאתנן
הזונה.[169] וְזָנְתָה שוב אֶת כָּל מַמְלְכוֹת הָאָרֶץ עַל פְּנֵי הָאֲדָמָה. לאחר
שהייתה נשכחת, תשוב ותיכונן צור כעיר מסחר.
יח ואולם בסופו של דבר – וְהָיָה סַחְרָהּ וְאֶתְנַנָּהּ קֹדֶשׁ לַה', יבואו ימים
שבהם כל סחורותיה של צור יוקדשו לה'. לֹא יֵאָצֵר, לא ישמרו אותן
באוצרות וְלֹא יֵחָסֵן, לא יינתנו במחסן.[170] כִּי לַצדיקים והישרים
והלומדים הַיֹּשְׁבִים לִפְנֵי ה' יִהְיֶה סַחְרָהּ, הם שייהנו מכספה של העיר,
והוא יהיה להם לֶאֱכֹל לְשָׂבְעָה וְלִמְכַסֶּה עָתִיק, לכסות יקרה.[171]

הרחבות

ישעיהו נראה כי המסחר לא נחשב כעיסוק מכובד כשאר מלאכות, וביניהן עבודת האדמה. הנביא בז לעיר זו, הסובבת סביב מקח וממכר. אין הוא מאשים את אנשיה בבחירתם המקצועית, וגם אינו מפרש בנבואתו מעשי רשעות ועוול, אך לשונו ודימוייו מעידים בבירור שאין דעתו נוחה מכך. (ראו ר"י כספי להושע יב,ח ושד"ל ליחזקאל יז,ד).

לֶאֱכֹל לְשָׂבְעָה וְלִמְכַסֶּה עָתִיק׃ הִנֵּה יְהוָה בּוֹקֵק הָאָרֶץ א כד
וּבוֹלְקָהּ וְעִוָּה פָנֶיהָ וְהֵפִיץ יֹשְׁבֶיהָ׃ וְהָיָה כָעָם כַּכֹּהֵן כַּעֶבֶד כַּאדֹנָיו ב
כַּשִּׁפְחָה כַּגְּבִרְתָּהּ כַּקּוֹנֶה כַּמּוֹכֵר כַּמַּלְוֶה כַּלֹּוֶה כַּנֹּשֶׁה כַּאֲשֶׁר נֹשֶׁא
בוֹ׃ הִבּוֹק ׀ תִּבּוֹק הָאָרֶץ וְהִבּוֹז ׀ תִּבּוֹז כִּי יְהוָה דִּבֶּר אֶת־הַדָּבָר ג
הַזֶּה׃ אָבְלָה נָבְלָה הָאָרֶץ אֻמְלְלָה נָבְלָה תֵּבֵל אֻמְלָלוּ מְרוֹם עַם־ ד
הָאָרֶץ׃ וְהָאָרֶץ חָנְפָה תַּחַת יֹשְׁבֶיהָ כִּי־עָבְרוּ תוֹרֹת חָלְפוּ חֹק ה
הֵפֵרוּ בְּרִית עוֹלָם׃ עַל־כֵּן אָלָה אָכְלָה אֶרֶץ וַיֶּאְשְׁמוּ יֹשְׁבֵי בָהּ ו
עַל־כֵּן חָרוּ יֹשְׁבֵי אֶרֶץ וְנִשְׁאַר אֱנוֹשׁ מִזְעָר׃ אָבַל תִּירוֹשׁ אֻמְלְלָה־ ז
גָפֶן נֶאֶנְחוּ כָּל־שִׂמְחֵי־לֵב׃ שָׁבַת מְשׂוֹשׂ תֻּפִּים חָדַל שְׁאוֹן עַלִּיזִים ח
שָׁבַת מְשׂוֹשׂ כִּנּוֹר׃ בַּשִּׁיר לֹא יִשְׁתּוּ־יָיִן יֵמַר שֵׁכָר לְשֹׁתָיו׃ נִשְׁבְּרָה ט
קִרְיַת־תֹּהוּ סֻגַּר כָּל־בַּיִת מִבּוֹא׃ צְוָחָה עַל־הַיַּיִן בַּחוּצוֹת עָרְבָה יא
כָּל־שִׂמְחָה גָּלָה מְשׂוֹשׂ הָאָרֶץ׃ נִשְׁאַר בָּעִיר שַׁמָּה וּשְׁאִיָּה יֻכַּת־ יב
שָׁעַר׃ כִּי כֹה יִהְיֶה בְּקֶרֶב הָאָרֶץ בְּתוֹךְ הָעַמִּים כְּנֹקֶף זַיִת כְּעוֹלֵלֹת יג
אִם־כָּלָה בָצִיר׃ הֵמָּה יִשְׂאוּ קוֹלָם יָרֹנּוּ בִּגְאוֹן יְהוָה צָהֲלוּ מִיָּם׃ יד

הרס הארץ וכינונה מחדש

פרקים כד–כז

לאחר מקבץ הנבואות לגויים פרטיים באות נבואות נעדרות נמען ותיארוך. מצוירת בה סוף העולם, על תהפוכותיו ומוראיו, ותקומתו מחדש. הנבואה הראשונה, הכוללת אליטרציות (כלומר שוויון צלילי מלים סמוכות) רבות, מתארת מהומת עולם פיסית וחברתית וקריסת מערכות אפוקליפטית. האסון אינו נראה כמלחמות בין עמים או בין קהילות ואישים מסוימים, אלא מעין רעידת אדמה קשה, או מעין מה שהיינו מעלים בדמיוננו היום סביב שואה אטומית. זהו אסון מקיף, שיממון כללי של הארץ ושל הנפש, חוסר ודאות, היעדר סדרי חברה ושלטון ואימה גדולה. נראה כי זהו תיאורו של יוֹם ה׳ הַגָּדוֹל וְהַנּוֹרָא.[1]

לעומת אופיין השלו והאופטימי של רבות מנבואות ישעיהו, כאן יתואר חורבן העולם בצבעים עזים. תיאורי אחרית הימים הללו הם מן החדים והקשים שבתנ״ך. ישעיהו חוזה שבר, ריקבון, חידלון ושואה עצומת ממדים. מהמלכויות הארציות והשמימיות לא ייוותר אלא מעוז אחד – בהר ציון ישכון כבוד ה׳. גילוי ה׳ בירושלים יחולל שינוי מהותי בעולם כולו. הרוע לסוגיו יבוער, וייכונו אמת ויושר. אז ייאמרו ביהודה דברי תודה ותהילה על תשועת ה׳, על גבורותיו בכילוי הרשע ועל נפלאותיו עם ישראל בקומו מעפרו ובקיבוץ נידחיו.[2]

ביאור | פרק כד א הִנֵּה ה׳ בּוֹקֵק, בוקע ומרוקן[3] את הָאָרֶץ וּבוֹלְקָהּ, שובר ומוחץ אותה. וְעִוָּה, מעוות, מעקם את פָּנֶיהָ וְהֵפִיץ יֹשְׁבֶיהָ מרוב בהלה.[4] ב וְהָיָה אז כָעָם כַּכֹּהֵן, גורל ההמון יהיה כגורל הכוהנים, ללא

הבדלי מעמדות - **כַּעֶבֶד כַּאדֹנָיו, כַּשִּׁפְחָה כַּגְּבִרְתָּהּ**, גורל העשירים
יהיה כגורל העניים - **כַּקּוֹנֶה כַּמּוֹכֵר, כַּמַּלְוֶה כַּלֹּוֶה, כַּנֹּשֶׁה כַּאֲשֶׁר נֹשֶׁא
בוֹ**, כמו מי שנושים בו, החייב. ג **הִבּוֹק תִּבּוֹק**, תתמוטט **הָאָרֶץ,
וְהִבּוֹז תִּבּוֹז**, תיבזז, **כִּי ה' דִּבֶּר אֶת הַדָּבָר הַזֶּה**. ד **אָבְלָה נָבְלָה הָאָרֶץ,
אֻמְלְלָה**, נשברה[5] **נָבְלָה תֵּבֵל**. עם מהומת הארץ המומים גם תושביה
- **אֻמְלָלוּ מְרוֹם עַם הָאָרֶץ**, גדולי העם. ה **וְהָאָרֶץ חָנְפָה**, הושחתה[6] **תַּחַת
יֹשְׁבֶיהָ, כִּי עָבְרוּ תוֹרֹת, חָלְפוּ**, עברו על **חֹק, הֵפֵרוּ בְּרִית עוֹלָם** שכרת
עמם ה'. ו **עַל כֵּן אָלָה**, קללה **אָכְלָה** את **הארץ, וַיֶּאְשְׁמוּ**, נשאו עונש
אשמה, או: שממו **יֹשְׁבֵי בָהּ. עַל כֵּן חָרוּ**, נשרפו ונצטמקו[7] **יֹשְׁבֵי אֶרֶץ,
וְנִשְׁאַר אֱנוֹשׁ מִזְעָר**. מעט אנשים יישארו בה. ז **אָבַל**, שמם **תִּירוֹשׁ**,
יין הגפנים, **אֻמְלְלָה גָפֶן**, ומפני כן **נֶאֶנְחוּ כָּל שִׂמְחֵי לֵב**, שותי היין. וגם
מן הכיוון השני: הואיל ואין שמחה בלבות האנשים, אין שותי
יין ואין עוסקים בגפנים; על כן הן שוממות.[8] השמחה והפעילות
החברתית תיעדר: ח **שָׁבַת מְשׂוֹשׂ**, פסקה שמחת **תֻּפִּים, חָדַל שְׁאוֹן**,
רעש **עַלִּיזִים, שָׁבַת מְשׂוֹשׂ כִּנּוֹר**. ט **בַּשִּׁיר לֹא יִשְׁתּוּ יָיִן**, שתיית היין,
אם תהיה, לא תבוא מתוך שמחה אלא להפגת הצער. **יֵמַר**, יהיה
מר **שֵׁכָר לְשֹׁתָיו**. י **נִשְׁבְּרָה** העיר ונגלתה **כִּקְרְיַת תֹּהוּ**, כעיר ריקה. **סֻגַּר
כָּל בַּיִת מִבּוֹא** אנשים אל תוכו. יא **צְוָחָה** נשמעת **עַל** היעדר **הַיַּיִן
בַּחוּצוֹת, עָרְבָה**, בטלה[9] **כָּל שִׂמְחָה, גָּלָה מְשׂוֹשׂ**, שמחת **הָאָרֶץ**. יב **נִשְׁאַר
בָּעִיר שַׁמָּה**, שממה, **וּשְׁאִיָּה**, הרס וחורבן[10] **יֻכַּת**, יוכה **הַשָּׁעַר**. הנעימה
המסתורית העולה ממלות הנביא ומתוכנן מוסיפה לדרמטיות
של דבריו: הוויות הרע והפגעים ישלטו בעולם. הם ינועו בעולם
וישחיתו את כל הנקרה בדרכן. יג **כִּי כֹה יִהְיֶה**, יישאר בהווייתו **בְּקֶרֶב
הָאָרֶץ בְּתוֹךְ הָעַמִּים, כְּנֹקֶף זַיִת**, כזיתים הבודדים הנותרים על העץ
לאחר הכאתו בעת המסיק. **כְּעוֹלֵלֹת אִם**, כאשר **כָּלָה בָצִיר**, כשארית
הענבים בכלות הבציר.

יד ולמרות שממת הארץ **הֵמָּה** - השרידים **יִשְׂאוּ קוֹלָם, יָרֹנּוּ**, ישירו
בהתגלות **גְּאוֹן ה', צָהֲלוּ**, ישמיעו קולות שמחה **מִיָּם**, יושבי ארץ

מימין: ניקוף זיתים

משמאל: עוללת הגפן

עַל־כֵּן בָּאֻרִים כַּבְּדוּ יְהוָה בְּאִיֵּי הַיָּם שֵׁם יְהוָה אֱלֹהֵי טו
יִשְׂרָאֵל׃ מִכְּנַף הָאָרֶץ זְמִרֹת שָׁמַעְנוּ צְבִי לַצַּדִּיק טז
וָאֹמַר רָזִי־לִי רָזִי־לִי אוֹי לִי בֹּגְדִים בָּגָדוּ וּבֶגֶד בּוֹגְדִים בָּגָדוּ׃ פַּחַד יז
וָפַחַת וָפָח עָלֶיךָ יוֹשֵׁב הָאָרֶץ׃ וְהָיָה הַנָּס מִקּוֹל הַפַּחַד יִפֹּל אֶל־ יח
הַפַּחַת וְהָעוֹלֶה מִתּוֹךְ הַפַּחַת יִלָּכֵד בַּפָּח כִּי־אֲרֻבּוֹת מִמָּרוֹם
נִפְתָּחוּ וַיִּרְעֲשׁוּ מוֹסְדֵי אָרֶץ׃ רֹעָה הִתְרֹעֲעָה הָאָרֶץ פּוֹר יט
הִתְפּוֹרְרָה אֶרֶץ מוֹט הִתְמוֹטְטָה אָרֶץ׃ נוֹעַ תָּנוּעַ אֶרֶץ כַּשִּׁכּוֹר כ
וְהִתְנוֹדְדָה כַּמְּלוּנָה וְכָבַד עָלֶיהָ פִּשְׁעָהּ וְנָפְלָה וְלֹא־תֹסִיף
קוּם׃ וְהָיָה בַּיּוֹם הַהוּא יִפְקֹד יְהוָה עַל־צְבָא הַמָּרוֹם כא
בַּמָּרוֹם וְעַל־מַלְכֵי הָאֲדָמָה עַל־הָאֲדָמָה׃ וְאֻסְּפוּ אֲסֵפָה אַסִּיר כב
עַל־בּוֹר וְסֻגְּרוּ עַל־מַסְגֵּר וּמֵרֹב יָמִים יִפָּקֵדוּ׃ וְחָפְרָה הַלְּבָנָה כג
וּבוֹשָׁה הַחַמָּה כִּי־מָלַךְ יְהוָה צְבָאוֹת בְּהַר צִיּוֹן וּבִירוּשָׁלִַם וְנֶגֶד
זְקֵנָיו כָּבוֹד׃ יְהוָה אֱלֹהַי אַתָּה אֲרוֹמִמְךָ אוֹדֶה שִׁמְךָ א **כה**
כִּי עָשִׂיתָ פֶּלֶא עֵצוֹת מֵרָחוֹק אֱמוּנָה אֹמֶן׃ כִּי שַׂמְתָּ מֵעִיר לַגָּל ב
קִרְיָה בְצוּרָה לְמַפֵּלָה אַרְמוֹן זָרִים מֵעִיר לְעוֹלָם לֹא יִבָּנֶה׃ עַל־כֵּן ג
יְכַבְּדוּךָ עַם־עָז קִרְיַת גּוֹיִם עָרִיצִים יִירָאוּךָ׃ כִּי־הָיִיתָ מָעוֹז לַדָּל ד
מָעוֹז לָאֶבְיוֹן בַּצַּר־לוֹ מַחְסֶה מִזֶּרֶם צֵל מֵחֹרֶב כִּי רוּחַ עָרִיצִים

ביאור | המערב או: איי הים.[11] טו עַל כֵּן בָּאֻרִים, בהדלקת אורות ומדורות אש[12] כַּבְּדוּ את ה׳, בְּאִיֵּי הַיָּם, במרחקים – ייזכר שֵׁם ה׳ אֱלֹהֵי יִשְׂרָאֵל, שעשה את כל אלה. ואולם מרכז העולם יהיה כולו שממה.

הנביא שב על דבריו בתמצית: טז מִכְּנַף, מקצה הָאָרֶץ זְמִרֹת שָׁמַעְנוּ: תנו צְבִי, יופי והדר לַצַּדִּיק, לצדיקו של עולם, ה׳, או: לצדיקים שיישארו.

וָאֹמַר: רָזִי לִי, רָזִי לִי. סוד לי, סוד לי.[13] כל ההתרחשויות הללו יהיו נסתרות וסודיות. אוֹי לִי, בֹּגְדִים בָּגָדוּ וּבֶגֶד בּוֹגְדִים בָּגָדוּ. הכול יבגדו בכול, ואף בבוגדים יימצאו נבגדים. האיזון החברתי יופר, ולא יהיה

אפשר לסמוך על איש. כך ייווצר מעגל של שחיתות, שאין בו מנצרים.[14] יז כל שיישאר הוא – **פַּחַד וָפַחַת**, בור, שוחה **וָפָח**, מלכודת, **עָלֶיךָ, יוֹשֵׁב הָאָרֶץ**. העולם יימלא מהמורות ומכשולים. יח **וְהָיָה הַנָּס מִקּוֹל הַפַּחַד**, מקולם של המפוחדים **יִפֹּל אֶל הַפַּחַת, וְהָעוֹלֶה מִתּוֹךְ הַפַּחַת יִלָּכֵד בַּפָּח, כִּי אֲרֻבּוֹת** המזרימות צרות לעולם[15] **מִמָּרוֹם נִפְתָּחוּ, וַיִּרְעֲשׁוּ מוֹסְדֵי**, יסודות **אָרֶץ**.

יט **רֹעָה הִתְרֹעֲעָה**, התערערה, נזדעזעה **הָאָרֶץ**.

פּוֹר הִתְפּוֹרְרָה אֶרֶץ.

מוֹט הִתְמוֹטְטָה אֶרֶץ. דבר לא יהיה יציב. גם הארץ המוצקה תתמוטט מתחת כפות הרגליים.

כ **נוֹעַ תָּנוּעַ אֶרֶץ כַּשִּׁכּוֹר, וְהִתְנוֹדְדָה כַּמְּלוּנָה**, כסוכת שומר הנעה ברוח, **וְכָבַד עָלֶיהָ פִּשְׁעָהּ, וְנָפְלָה וְלֹא תֹסִיף** לקום.

הדין יפגע בכל המציאות, בשמים ובארץ: כא **וְהָיָה בַּיּוֹם הַהוּא יִפְקֹד ה' עַל צְבָא הַמָּרוֹם בַּמָּרוֹם, וְעַל מַלְכֵי הָאֲדָמָה עַל הָאֲדָמָה**. כב **וְאֻסְּפוּ** מלכי האדמה **אֲסֵפָה כאַסִּיר עַל בּוֹר**, במרתף כלא **וְסֻגְּרוּ עַל מַסְגֵּר**, ייכלאו לזמן בלתי מוגבל **וּמֵרֹב יָמִים**, לאחר ימים רבים **יִפָּקֵדוּ**.[16] אין מדובר באירוע אחד אלא בערעור מתמשך. גם מאורות השמים יחווירו: כג **וְחָפְרָה**, תיכלם **הַלְּבָנָה, וּבוֹשָׁה הַחַמָּה, כִּי מָלַךְ ה' צְבָאוֹת בְּהַר צִיּוֹן וּבִירוּשָׁלִַם**, ונוכח מלכותו תתאפס כל מלכות וממשלה אחרת. המקום היחידי שיישאר לפלטה הוא הר ציון, מקום מלוכתו של ה', ושם יינתן **נֶגֶד זְקֵנָיו**, לזקניו של ה' **כָּבוֹד**.

בעקבות גילוי כבוד ה' שלאחר הדין הקשה, באים דברי הודיה על הגאולה:[17] פרק כה א **ה', אֱלֹהַי אַתָּה – אֲרוֹמִמְךָ, אוֹדֶה שִׁמְךָ** על **כִּי עָשִׂיתָ פֶּלֶא, עֵצוֹת**, מחשבות, דברי חכמה שהודעת **מֵרָחוֹק – אֱמוּנָה אֹמֶן**, רתאמתו. הדברים שהאמנתי בהם נתקיימו בפועל.[18] ב **כִּי שַׂמְתָּ מֵעִיר לַגַּל**, הפכת ערים לתלי חרבות, **קִרְיָה בְצוּרָה** הפכת **לְמַפֵּלָה**, למפולת, כמתואר בתחילת העניין. **אַרְמוֹן זָרִים מֵעִיר** החרבת, **לְעוֹלָם לֹא יִבָּנֶה**. ג **עַל כֵּן** – מכיוון שמוטטת ערים ומבצרים לעיני כול, **יְכַבְּדוּךָ עַם עָז**, כי הם יראו את פעולת כוחך במציאות, **קִרְיַת גּוֹיִם עָרִיצִים**, תקיפים וחזקים[19] **יִירָאוּךָ**. ד **כִּי** לא הסתפקת בהחרבת מעוז הרשע, אלא **הָיִיתָ מָעוֹז**, מקלט, מחסה **לַדָּל**, לעני, **מָעוֹז לָאֶבְיוֹן בַּצַּר לוֹ, מַחְסֶה מִזֶּרֶם** מים **וצֵל מֵחֹרֶב**, מיובש, מחום; לאו דווקא מזרם מים ממש – **כִּי רוּחַ עָרִיצִים** היא **כְּזֶרֶם** היורד בשטף **עַל קִיר**, ומאיים להפילו,

כְּזֹרֶם קִיר׃ כְּחֹרֶב בְּצָיוֹן שְׁאוֹן זָרִים תַּכְנִיעַ חֹרֶב בְּצֵל עָב זְמִיר ה
עָרִיצִים יַעֲנֶה׃ וְעָשָׂה יהוה צְבָאוֹת לְכָל־ ו
הָעַמִּים בָּהָר הַזֶּה מִשְׁתֵּה שְׁמָנִים מִשְׁתֵּה שְׁמָרִים שְׁמָנִים מְמֻחָיִם
שְׁמָרִים מְזֻקָּקִים׃ וּבִלַּע בָּהָר הַזֶּה פְּנֵי־הַלּוֹט ׀ הַלּוֹט עַל־כָּל־ ז
הָעַמִּים וְהַמַּסֵּכָה הַנְּסוּכָה עַל־כָּל־הַגּוֹיִם׃ בִּלַּע הַמָּוֶת לָנֶצַח ח
וּמָחָה אֲדֹנָי יֱהֹוִה דִּמְעָה מֵעַל כָּל־פָּנִים וְחֶרְפַּת עַמּוֹ יָסִיר מֵעַל
כָּל־הָאָרֶץ כִּי יהוה דִּבֵּר׃ וְאָמַר בַּיּוֹם הַהוּא הִנֵּה ט
אֱלֹהֵינוּ זֶה קִוִּינוּ לוֹ וְיוֹשִׁיעֵנוּ זֶה יהוה קִוִּינוּ לוֹ נָגִילָה וְנִשְׂמְחָה
בִּישׁוּעָתוֹ׃ כִּי־תָנוּחַ יַד־יהוה בָּהָר הַזֶּה וְנָדוֹשׁ מוֹאָב תַּחְתָּיו י
בְּמוֹ כְּהִדּוֹשׁ מַתְבֵּן בְּמִי מַדְמֵנָה׃ וּפֵרַשׂ יָדָיו בְּקִרְבּוֹ כַּאֲשֶׁר יְפָרֵשׂ יא
הַשֹּׂחֶה לִשְׂחוֹת וְהִשְׁפִּיל גַּאֲוָתוֹ עִם אָרְבּוֹת יָדָיו׃ וּמִבְצַר מִשְׂגַּב יב
חוֹמֹתֶיךָ הֵשַׁח הִשְׁפִּיל הִגִּיעַ לָאָרֶץ עַד־עָפָר׃ בַּיּוֹם א כו
הַהוּא יוּשַׁר הַשִּׁיר־הַזֶּה בְּאֶרֶץ יְהוּדָה עִיר עָז־לָנוּ יְשׁוּעָה יָשִׁית
חוֹמוֹת וָחֵל׃ פִּתְחוּ שְׁעָרִים וְיָבֹא גוֹי־צַדִּיק שֹׁמֵר אֱמֻנִים׃ יֵצֶר ב ג
סָמוּךְ תִּצֹּר שָׁלוֹם ׀ שָׁלוֹם כִּי בְךָ בָּטוּחַ׃ בִּטְחוּ בַיהוה עֲדֵי־עַד כִּי ד
בְּיָהּ יהוה צוּר עוֹלָמִים׃ כִּי הֵשַׁח יֹשְׁבֵי מָרוֹם קִרְיָה נִשְׂגָּבָה ה

ביאור | ואתה הגנת מפני זרם שוטף זה.[20] ה **כְּחֹרֶב**, כמו חום לוהט **בְּצָיוֹן**, במדבר, המייבש ומצמית הכול – כך את **שְׁאוֹן**, מהומת **הַזָּרִים**, נכרים **תַּכְנִיעַ**,[21] **כחֹרֶב** המוכנע **בְּצֵל עָב**, ענן, כך את **זְמִיר** חיתוך וקיצוץ, או: שירת **עָרִיצִים יַעֲנֶה**. ה׳ יגיב בהכנעת התקיפים המושחתים,[22] או: ה׳ יתן מענה לקול זמרתם של התקיפים.[23]

המשך תיאור נפלאות הגאולה: ו **וְעָשָׂה ה׳ צְבָאוֹת לְכָל הָעַמִּים בָּהָר הַזֶּה** – הר ציון הנזכר, **מִשְׁתֵּה שְׁמָנִים**, **מִשְׁתֵּה שְׁמָרִים**, משתה משובח של משמנים ויין המשומר; **שְׁמָנִים מְמֻחָיִם**, שמקורם במח העצמות, **שְׁמָרִים מְזֻקָּקִים**. אפשר לפרש את הדימויים באירוניה, כמציינים מלכודת ומהומה, אבל מסתבר שהם מכוונים גם להתגלות ה׳ בהר הבית ולשפע שיורק משם לכל מבקשי האמת מן העמים.[24] ז **וּבִלַּע**,

ה׳ ישחית, יסיר **בָּהָר הַזֶּה** את **פְּנֵי הַלּוֹט**, המְכסה **הַלּוֹט**, המְכסה **עַל כָּל הָעַמִּים**, וְאת **הַמַּסֵּכָה הַנְּסוּכָה**, הארוגה **עַל כָּל הַגּוֹיִם**. הלוט והמסכה מבטאים את הסתר פניו של ה׳ מברואיו,[25] המתבטא בהופעת הרוע במציאות, בסבל ובהשחתה. הגאולה מתאפיינת בשינוי משמעותי בעולם, בסילוק הרע לכל סוגיו: ח **בִּלַּע**, ייעלם מן העולם **הַמָּוֶת** המכסה את המציאות, וכל הכרוך בו **לָנֶצַח**. **וּמָחָה ה׳ אֱלֹהִים דִּמְעָה מֵעַל כָּל פָּנִים**. לא רק המוות יסולק, אלא גם הצער והקדרות. ולא רק הכאב החומרי, אלא אף הרוחני – **וְחֶרְפַּת עַמּוֹ יָסִיר מֵעַל כָּל הָאָרֶץ, כִּי ה׳ דִּבֵּר**. ט **וְאָמַר** ישראל **בַּיּוֹם הַהוּא**: **הִנֵּה אֱלֹהֵינוּ זֶה** המתגלה לנו עתה, הוא אשר תמיד **קִוִּינוּ לוֹ** וְציפינו **שיוֹשִׁיעֵנוּ**.[26] **זֶה ה׳** שקִוִּינוּ **לוֹ** מכבר, **נָגִילָה וְנִשְׂמְחָה בִּישׁוּעָתוֹ**.

הערה נלווית: י **כִּי**, כאשר **תָנוּחַ**, תתגלה **יַד ה׳ בָּהָר הַזֶּה** – בהר ציון, **וְנָדוֹשׁ מוֹאָב תַּחְתָּיו**, העם המואבי שבשכנות ישראל יירמס תחת כפות רגליהם, **כְּהִדּוֹשׁ מַתְבֵּן**, ערמת תבן **בְּמוֹ מַדְמֵנָה**, במי טיט. כדי לייצר לבנים מערבבים תבן בטיט ודורכים אותם יחד לעיסה. זה יהיה גורל המואבים.[27] יא **וּפֵרַשׂ** ה׳ את **יָדָיו בְּקִרְבּוֹ**, בתוך מואב, **כַּאֲשֶׁר יְפָרֵשׂ**, כמו שפורש **הַשֹּׂחֶה** את ידיו למלוא אורכן **לִשְׂחוֹת**. **וְהִשְׁפִּיל** ה׳ את **גַּאֲוָתוֹ** של מואב **עִם**, באמצעות **אָרְבּוֹת יָדָיו**, זרועותיו, כדרך השוחה המכה ודוחה את כל הנמצא בטווח ידיו.[28] עתה פונה אל מואב: יב **ואת מִבְצַר מִשְׂגַּב**, המבצר הבטוח **שבחוֹמֹתֶיךָ** המתנשאות **הֵשַׁח**, כופף, **הִשְׁפִּיל** אותו **והִגִּיעַ** אותו **לָאָרֶץ עַד עָפָר**. הגאולה העתידה להופיע בישראל, תחולל שינוי מהותי בעולם כולו. בתוך כך יימחו אויבי ישראל הקטנים, ולא במלחמה. תוך כדי תנועת התגלותו של ה׳ בארץ לא יישאר מכבודם דבר.

ושוב לדברי השיר שייאמרו בישועה העתידה: פרק כו א **בַּיּוֹם הַהוּא** – יום הגאולה **יוּשַׁר הַשִּׁיר הַזֶּה בְּאֶרֶץ יְהוּדָה: בעִיר עָז לָנוּ**, עיר מעוזנו, **יְשׁוּעָה יָשִׁית**, ישים ה׳, בחוֹמוֹת **וָחֵל**, חומת המגן המשנית.[29] ובך, ירושלים הנושעת, תיאמר תפילה ותהילה לה׳: ב **פִּתְחוּ שְׁעָרִים וְיָבֹא** הגוי **הצַדִּיק**, **שֹׁמֵר אֱמֻנִים**, שנשאר נאמן לה׳ עד עתה. ג **יֵצֶר**, רצונו של אותו גוי נאמן הוא להיות **סָמוּךְ** עליך. **תִּצֹּר**, תשמור **שָׁלוֹם שָׁלוֹם**, את שלומו, **כִּי בְךָ** הוא **בָּטוּחַ**. ד **בִּטְחוּ בַה׳ עֲדֵי עַד**, לעד, **כִּי בְּיָהּ ה׳ צוּר עוֹלָמִים**, בשמו יוצר ה׳ את העולמות ומקיימם, ולא קצרה ידו מלהושיע.[30] הוא מקור הכול ועצמת הכול. ה **כִּי** מצד אחד **הֵשַׁח**, השפיל **יֹשְׁבֵי מָרוֹם**, אנשים גבוהים. **קִרְיָה נִשְׂגָּבָה**, עיר גדולה ומפוארת

יַשְׁפִּילֶנָּה יַשְׁפִּילָהּ עַד־אֶרֶץ יַגִּיעֶנָּה עַד־עָפָר׃ תִּרְמְסֶנָּה רָגֶל רַגְלֵי ו
עָנִי פַּעֲמֵי דַלִּים׃ אֹרַח לַצַּדִּיק מֵישָׁרִים יָשָׁר מַעְגַּל צַדִּיק תְּפַלֵּס׃ ז
אַף אֹרַח מִשְׁפָּטֶיךָ יְהוָה קִוִּינוּךָ לְשִׁמְךָ וּלְזִכְרְךָ תַּאֲוַת־נָפֶשׁ׃ ח
נַפְשִׁי אִוִּיתִךָ בַּלַּיְלָה אַף־רוּחִי בְקִרְבִּי אֲשַׁחֲרֶךָּ כִּי כַּאֲשֶׁר מִשְׁפָּטֶיךָ ט
לָאָרֶץ צֶדֶק לָמְדוּ יֹשְׁבֵי תֵבֵל׃ יֻחַן רָשָׁע בַּל־לָמַד צֶדֶק בְּאֶרֶץ י
נְכֹחוֹת יְעַוֵּל וּבַל־יִרְאֶה גֵּאוּת יְהוָה׃ יְהוָה רָמָה יָדְךָ יא
בַּל־יֶחֱזָיוּן יֶחֱזוּ וְיֵבֹשׁוּ קִנְאַת־עָם אַף־אֵשׁ צָרֶיךָ תֹאכְלֵם׃ יְהוָה יב
תִּשְׁפֹּת שָׁלוֹם לָנוּ כִּי גַּם כָּל־מַעֲשֵׂינוּ פָּעַלְתָּ לָּנוּ׃ יְהוָה אֱלֹהֵינוּ יג
בְּעָלוּנוּ אֲדֹנִים זוּלָתֶךָ לְבַד־בְּךָ נַזְכִּיר שְׁמֶךָ׃ מֵתִים בַּל־יִחְיוּ יד
רְפָאִים בַּל־יָקֻמוּ לָכֵן פָּקַדְתָּ וַתַּשְׁמִידֵם וַתְּאַבֵּד כָּל־זֵכֶר
לָמוֹ׃ יָסַפְתָּ לַגּוֹי יְהוָה יָסַפְתָּ לַגּוֹי נִכְבָּדְתָּ רִחַקְתָּ כָּל־קַצְוֵי־ טו
אָרֶץ׃ יְהוָה בַּצַּר פְּקָדוּךָ צָקוּן לַחַשׁ מוּסָרְךָ טז
לָמוֹ׃ כְּמוֹ הָרָה תַּקְרִיב לָלֶדֶת תָּחִיל תִּזְעַק בַּחֲבָלֶיהָ כֵּן הָיִינוּ יז
מִפָּנֶיךָ יְהוָה׃ הָרִינוּ חַלְנוּ כְּמוֹ יָלַדְנוּ רוּחַ יְשׁוּעֹת בַּל־נַעֲשֶׂה אֶרֶץ יח
וּבַל־יִפְּלוּ יֹשְׁבֵי תֵבֵל׃ יִחְיוּ מֵתֶיךָ נְבֵלָתִי יְקוּמוּן הָקִיצוּ וְרַנְּנוּ שֹׁכְנֵי יט
עָפָר כִּי טַל אוֹרֹת טַלֶּךָ וָאָרֶץ רְפָאִים תַּפִּיל׃ לֵךְ עַמִּי כ
דְּלָתְךָ | יַעֲבָר־ בֹּא בַחֲדָרֶיךָ וּסְגֹר דלתיך בַּעֲדֶךָ חֲבִי כִמְעַט־רֶגַע עַד־יעבור־זָעַם׃

ביאור | יַשְׁפִּילֶנָּה, יַשְׁפִּילָהּ עַד אֶרֶץ, יַגִּיעֶנָּה עַד עָפָר. ו תִּרְמְסֶנָּה, תדרוך על העיר המושפלת הזו רָגֶל – רַגְלֵי עָנִי, פַּעֲמֵי, רגלי דַלִּים. העניים אשר דוכאו תחת בני המעמדות הגבוהים שישבו בקריה הנשגבה, ידרכו על בתיה וחורבותיה. ז ומצד אחר, אֹרַח, הדרך המתוקנת לַצַּדִּיק – מֵישָׁרִים, דרך יושר. יָשָׁר מַעְגַּל, מסלול צַדִּיק תְּפַלֵּס, תפלס את מסלול הצדיק כך שיהיה ישר.[31]

ח כמו הצדיק אַף אנו באֹרַח מִשְׁפָּטֶיךָ, ה׳, קִוִּינוּךָ, מצפים שתוליכנו בדרך משפטיך. לְשִׁמְךָ וּלְזִכְרְךָ תַּאֲוַת נָפֶשׁ. נפשנו תאבה לך. ט נַפְשִׁי, אני עצמי[32] אִוִּיתִךָ, אני מתגעגע אליך בַּלַּיְלָה, גם בזמנים שאינם מוקדשים לתפילה, לתורה ולעשייה.[33] אַף, בעוד[34] רוּחִי בְקִרְבִּי אֲשַׁחֲרֶךָּ,

אחפש אותך, כִּי כַּאֲשֶׁר מִשְׁפָּטֶיךָ, השכר והעונש שלך מתגלים לָאָרֶץ,
צֶדֶק יושר ואמת שבהם מתנהל העולם לָמְדוּ יֹשְׁבֵי תֵבֵל. י ומנגד –
האם יֻחַן, תינתן חנינה לְרָשָׁע בַּל לָמַד צֶדֶק –[35] זה שבְּאֶרֶץ נְכֹחוֹת,
בארץ מישרים יְעַוֵּל, יעשה עוול, וּבַל יִרְאֶה גֵּאוּת ה'?! יא ה', רָמָה יָדְךָ,
ברוממות פעולתך בַּל יֶחֱזָיוּן, הרשעים לא יראו, אלא – יֶחֱזוּ וְיֵבֹשׁוּ
קִנְאַת עָם הם יראו רק את טובת העם שתעורר את קנאתם.[36] אַף
אֵשׁ צָרֶיךָ, האש שהבעירו אויביך תֹאכְלֵם.[37]

יב ה', תִּשְׁפֹּת, תשים, תניח[38] שָׁלוֹם לָנוּ, כִּי גַּם כָּל מַעֲשֵׂינוּ פָּעַלְתָּ לָּנוּ.
מעבר לכל המעשים שאנחנו עושים, אתה הוא שפועל אותם
בעבורנו. יג אמנם, ה' אֱלֹהֵינוּ, בְּעָלוּנוּ אֲדֹנִים זוּלָתֶךָ, לא תמיד
חיינו בצלך בלבד. הכנענו עצמנו בפני עמים שונים, בחומר ואף
ברוח; עם זאת, בסופו של דבר – לְבַד בְּךָ נַזְכִּיר שְׁמֶךָ, אתה לבדך
מבטחנו.[39] יד אלו שבעלונו זולתך, הנחשבים כבר עתה מֵתִים, בַּל
יִחְיוּ, לא ראוי שישובו ויחיו.[40] רְפָאִים, נפשות ללא גוף,[41] או: הרפים
הנוטים למות –[42] בַּל יָקֻמוּ. לָכֵן פָּקַדְתָּ וַתַּשְׁמִידֵם, וַתְּאַבֵּד כָּל זֵכֶר לָמוֹ,
להם. טו יָסַפְתָּ, הוספת לַגּוֹי, ה', יָסַפְתָּ לַגּוֹי – נִכְבָּדְתָּ. ככל שהרבית
והוספת לעמך רוב טובה, שמך נכבד על ידם.[43] רִחַקְתָּ כָּל קַצְוֵי אָרֶץ.
הרחבת את גבולות ארץ עמך, גבולות התגלות כבודך, אל קצות
הארץ.

טז ה', בַּצַּר, בעת צרה פְּקָדוּךָ, מזכירים את שמך בני עמך. צָקוּן, יָצְקוּ
לַחַשׁ, שפכו לפניך תפילה, בעת מוּסָרְךָ לָמוֹ, כאשר אתה מייסר
אותם.[44] יז כְּמוֹ אשה הָרָה בשעה שתַּקְרִיב לָלֶדֶת, תָּחִיל, תרעד ותִזְעַק
בַּחֲבָלֶיהָ מתוך כאביה, כֵּן הָיִינוּ מִפָּנֶיךָ ה'. יח גם אנחנו הָרִינוּ, חַלְנוּ,
כאבנו, אבל – כְּמוֹ יָלַדְנוּ רוּחַ, בלא לידת ולד ממשי. יְשׁוּעֹת בַּל נַעֲשֶׂה
אֶרֶץ, הישועות לא יצאו אל הפועל,[45] ולוואי שיגיעו הישועות בַּל
יִפְּלוּ, קודם שיתמוטטו יֹשְׁבֵי תֵבֵל.

יט יִחְיוּ מֵתֶיךָ, מתי עמך ישראל, נְבֵלָתִי יְקוּמוּן, יקומו לאחר שהפכו
כבר לגופות מתות. הָקִיצוּ וְרַנְּנוּ, ושירו, שֹׁכְנֵי עָפָר, כִּי טַל אוֹרֹת טַלֶּךָ.
טלך, ה', הוא טל של אורה,[46] שעל ידו יחיו המתים באחרית הימים.[47]
וָאָרֶץ רְפָאִים תַּפִּיל, ואתה מפיל ארצה את נטולי החיות בגופם או
ברוחם.[48] אתה משמיד את העולם הקיים, עולם הרשע, ובונה
עולם חדש. כ ובינתיים, עד שיבוא היום הגדול הזה –[49] לֵךְ, עַמִּי,
בֹּא, היכנס בַחֲדָרֶיךָ, וּסְגֹר דְּלָתְךָ בַּעֲדֶךָ. חֲבִי, היחבאי, בת ציון, כִּמְעַט

כִּי־הִנֵּה יהוה יֹצֵא מִמְּקוֹמוֹ לִפְקֹד עֲוֺן יֹשֵׁב־הָאָרֶץ עָלָיו וְגִלְּתָה כא
הָאָרֶץ אֶת־דָּמֶיהָ וְלֹא־תְכַסֶּה עוֹד עַל־הֲרוּגֶיהָ׃ בַּיּוֹם א **כז**
הַהוּא יִפְקֹד יהוה בְּחַרְבּוֹ הַקָּשָׁה וְהַגְּדוֹלָה וְהַחֲזָקָה עַל לִוְיָתָן
נָחָשׁ בָּרִחַ וְעַל לִוְיָתָן נָחָשׁ עֲקַלָּתוֹן וְהָרַג אֶת־הַתַּנִּין אֲשֶׁר
בַּיָּם׃ בַּיּוֹם הַהוּא כֶּרֶם חֶמֶר עַנּוּ־לָהּ׃ אֲנִי יהוה נֹצְרָהּ ב ג
לִרְגָעִים אַשְׁקֶנָּה פֶּן יִפְקֹד עָלֶיהָ לַיְלָה וָיוֹם אֶצֳּרֶנָּה׃ חֵמָה אֵין לִי ד
מִי־יִתְּנֵנִי שָׁמִיר שַׁיִת בַּמִּלְחָמָה אֶפְשְׂעָה בָהּ אֲצִיתֶנָּה יָּחַד׃ אוֹ ה
יַחֲזֵק בְּמָעֻזִּי יַעֲשֶׂה שָׁלוֹם לִי שָׁלוֹם יַעֲשֶׂה־לִּי׃ הַבָּאִים יַשְׁרֵשׁ ו
יַעֲקֹב יָצִיץ וּפָרַח יִשְׂרָאֵל וּמָלְאוּ פְנֵי־תֵבֵל תְּנוּבָה׃ הַכְּמַכַּת ז
מַכֵּהוּ הִכָּהוּ אִם־כְּהֶרֶג הֲרֻגָיו הֹרָג׃ בְּסַאסְּאָה בְּשַׁלְחָהּ תְּרִיבֶנָּה ח
הָגָה בְּרוּחוֹ הַקָּשָׁה בְּיוֹם קָדִים׃ לָכֵן בְּזֹאת יְכֻפַּר עֲוֺן־יַעֲקֹב וְזֶה ט

ביאור | **רֶגַע**, לרגע קט, **עַד יַעֲבָר זָעַם**. כא **כִּי הִנֵּה ה׳ יֹצֵא מִמְּקוֹמוֹ**, מתגלה[50] **לִפְקֹד**, להעניש על **עֲוֺן** חטאי **יֹשֵׁב הָאָרֶץ עָלָיו. וְגִלְּתָה הָאָרֶץ אֶת דָּמֶיהָ, וְלֹא תְכַסֶּה עוֹד עַל הֲרוּגֶיהָ.** ההרוגים ודמיהם הבלועים באדמה ישובו ויתגלו. כל שופכי הדמים יבואו על עונשם.[51] ובשעת מהומה כזאת עליך, עמי, להיחבא.[52]

פרק כז א **בַּיּוֹם הַהוּא** של הדין הגדול, **יִפְקֹד**, ידון ויעניש **ה׳ בְּחַרְבּוֹ הַקָּשָׁה וְהַגְּדוֹלָה וְהַחֲזָקָה** – תוארי חרבו מקבילים לתוארי ה׳ עצמו: הַגָּדֹל, הַגִּבֹּר וְהַנּוֹרָא,[53] **עַל לִוְיָתָן נָחָשׁ בָּרִחַ** – לויתן-נחש זה מדומה לבריח בשל חוזקו, תפקידו המרכזי או צורתו,[54] **וְעַל לִוְיָתָן נָחָשׁ עֲקַלָּתוֹן**, מתפתל, **וְהָרַג ה׳ אֶת הַתַּנִּין אֲשֶׁר בַּיָּם.**

הרחבות | **היצורים המסתוריים** נזכרו כבריאה לעצמה במעשה בראשית, וכונו שם 'התנינים הגדולים' (בראשית א,כא. ראו בבא בתרא עד ע"ב; רשב"ם בראשית שם). מכאן וממקומות אחרים עולה שהלוויתן והתנין הם שמותיהם של יצורים שונים שהצד השווה בהם הוא היותם בעלי חיים גדולים, אימתניים ומסוכנים. (ראו רד"ק על אתר; תהלים עד,יג-יד; איוב מ,כא והלאה). אלה הם יצורים שמעבר לזואולוגיה, מעין כוחות קדמוניים המתקיימים בין המציאות הממשית לבין עולם הרוח. אף על פי שאין הם רעים בהכרח, הם אינם מניחים לשלטון האלוקי לפעול בעולם בשלמות. (ראו יחזקאל כט,ג; איוב כו,יב-יג; מ,כה-לב; יונתן על אתר; סוכה נב ע"א; קדושין כט ע"ב; בבא בתרא עה ע"א). תיאורם כשוכני תהומות הים מבטא את ההסתר הגדול שמתוכו הם פועלים. כאן צופה הנביא שבאחרית הימים עתיד ה׳ להרוג אותם, מכיוון שהם מגלמים את ההתנגדות התמידית של המציאות לשלטונו.

עתה חוזר לדברי שירה ומליצה שייאמרו בזמן שיתגלה ה' בארץ, בגאולה: ב **בַּיּוֹם הַהוּא כֶּרֶם חֶמֶר**, יין.[55] הכרם והגפן הם דימוי רווח במקרא לישראל בהקשרי משמעות שונים.[56] **עַנּוּ לָהּ**, שירו עליה. ג **אֲנִי ה' נֹצְרָהּ**, שומר אותה, **לִרְגָעִים**, מדֵי רגע **אַשְׁקֶנָּה**, **פֶּן יִפְקֹד עָלֶיהָ** פן יחסר בה דבר,[57] או פן יפגע בה האויב.[58] **לַיְלָה וָיוֹם אֶצֳּרֶנָּה**. ד **חֵמָה**, כעס **אֵין לִי** על הכרם. על כן אטפח אותו בלא לאות ואגן עליו, ולא אניח לקוצים ולעשבים השוטים לקלקלו – **מִי שֶׁיִּתְּנֵנִי**, שיתן את כרמי, שאני מזוהה עמו, **שָׁמִיר שַׁיִת בַּמִּלְחָמָה**. האויבים שמבית ומחוץ מדומים לגידולי פרא המשתלטים על הכרם להשחיתו –[59] **אֶפְשְׂעָה**, אפסע **בָהּ** – בזירת המלחמה **וַאֲצִיתֶנָּה יָּחַד**, על כל הנמצא בה. את התיאור של כוח הרֶשע כבעל עצמות קמאיות כלוויתן, תופס כאן דימוי פרוזאי הרבה יותר: האויבים מדומים כאן לקוצים בכרם, שהדרך הטובה ביותר לטפל בהם היא לרמסם ואז לשרפם.

דברי הכרם: ה **אוֹ** אז **יַחֲזֵק** ה' **בְּמָעוּזִּי** להיות מוגן **וַיַעֲשֶׂה שָּׁלוֹם לִי, שָׁלוֹם יַעֲשֶׂה לִּי**. ו בימים[60] **הַבָּאִים**, לאחר סילוק הקוצים **יַשְׁרֵשׁ** כרם **יַעֲקֹב**, **יָצִיץ**, יצמיח, יוציא ציץ **וּפָרַח יִשְׂרָאֵל**. **וּמָלְאוּ פְנֵי תֵבֵל תְּנוּבָה**, מפרי הכרם הטוב.[61]

ה' כילה את קוצי הכרם ופגע תוך כדי כך בכרם עצמו. ז אולם – **הַכְּמַכַּת מַכֵּהוּ הִכָּהוּ**, האם ה' הכה את הכרם ופגע בה באותו אופן שהכה בקוצים, באויבים?! **אִם כְּהֶרֶג הֲרֻגָיו** – הורגיו, **הֹרָג**?! – אין להשוות את מכת הכרם למכת הקוצים. ח **בְּסַאסְּאָה**, באופן מדוד[62] **בְּשַׁלְחָהּ** את המכה בישראל **תְּרִיבֶנָּה**, תריב עמם. המכֶּה **הָגָה**, השמיע קול נהמה[63] **בְּרוּחוֹ הַקָּשָׁה בְּיוֹם קָדִים**, ביום נשיבת רוח עזה, כלומר ביום הדין. הכאת כרם ישראל אינה באה לכלותו אלא לתקנו. ט **לָכֵן, בְּזֹאת יְכֻפַּר עֲוֹן יַעֲקֹב, וְזֶה כָּל פְּרִי**, תוצאת **הָסִר חַטָּאתוֹ: בְּשׂוּמוֹ כָּל אַבְנֵי**

סירה קוצנית ('שמיר')

העולם | **שָׁמִיר וָשַׁיִת** שיחיב קוצניים המשתלטים על קרקע במהירות רבה. צמד זה מופיע בספר ישעיה ע"ע פעמים. השמיר מזוהה עם הסירה הקוצנית (שם מדעי: Sarcopoterium spinosum) והשית עם הקורנית, הטימין (שם מדעי: Thymus).

כָּל־פְּרִי הָסִר חַטָּאתוֹ בְּשׂוּמוֹ ׀ כָּל־אַבְנֵי מִזְבֵּחַ כְּאַבְנֵי־גִר מְנֻפָּצוֹת
י לֹא־יָקֻמוּ אֲשֵׁרִים וְחַמָּנִים׃ כִּי עִיר בְּצוּרָה בָּדָד נָוֶה מְשֻׁלָּח וְנֶעֱזָב
יא כַּמִּדְבָּר שָׁם יִרְעֶה עֵגֶל וְשָׁם יִרְבָּץ וְכִלָּה סְעִפֶיהָ׃ בִּיבֹשׁ קְצִירָהּ
תִּשָּׁבַרְנָה נָשִׁים בָּאוֹת מְאִירוֹת אוֹתָהּ כִּי לֹא עַם־בִּינוֹת הוּא עַל־
יב כֵּן לֹא־יְרַחֲמֶנּוּ עֹשֵׂהוּ וְיֹצְרוֹ לֹא יְחֻנֶּנּוּ׃ וְהָיָה בַּיּוֹם
הַהוּא יַחְבֹּט יְהוָה מִשִּׁבֹּלֶת הַנָּהָר עַד־נַחַל מִצְרָיִם וְאַתֶּם תְּלֻקְּטוּ
יג לְאַחַד אֶחָד בְּנֵי יִשְׂרָאֵל׃ וְהָיָה ׀ בַּיּוֹם הַהוּא יִתָּקַע
בְּשׁוֹפָר גָּדוֹל וּבָאוּ הָאֹבְדִים בְּאֶרֶץ אַשּׁוּר וְהַנִּדָּחִים בְּאֶרֶץ מִצְרָיִם
כח א וְהִשְׁתַּחֲווּ לַיהוָה בְּהַר הַקֹּדֶשׁ בִּירוּשָׁלִָם׃ הוֹי עֲטֶרֶת
גֵּאוּת שִׁכֹּרֵי אֶפְרַיִם וְצִיץ נֹבֵל צְבִי תִפְאַרְתּוֹ אֲשֶׁר עַל־רֹאשׁ גֵּיא־

ביאור | **מִזְבֵּחַ** לפולחן זר **כְּאַבְנֵי גִר**, אבני בניין מצויות שהן רכות יחסית, **מְנֻפָּצוֹת**, מנותצות. עם נתיצת המזבחות הופכות האבנים לשברי גיר. בתהליך הניקיון הזה **לֹא יָקֻמוּ**, יתקיימו עוד **אֲשֵׁרִים וְחַמָּנִים**, אילנות ומצבות העשויים לאלילים.

י **כִּי עִיר** הרֶשע של האויבים שהייתה **בְּצוּרָה** – **בָּדָד** תיוותר, בלא חוסן וביטחון. וכן הנָוֶה המיושב יהיה **מְשֻׁלָּח**, נטוש **וְנֶעֱזָב כַּמִּדְבָּר**. **שָׁם יִרְעֶה עֵגֶל, וְשָׁם יִרְבָּץ וְכִלָּה סְעִפֶיהָ**, ענפיה. מקומות היישוב ייעזבו, והעגל יוכל לרעות את צמחיית הבר הגדלה שם באין מפריע. יא **בִּיבֹשׁ קְצִירָהּ תִּשָּׁבַרְנָה**. כאשר הצמחייה הנאכלת הזאת תבשיל, היא תתייבש ותישבר, ואז **נָשִׁים בָּאוֹת מְאִירוֹת אוֹתָהּ**, ידליקו בה את האוּר, האש. אלו הם ביטויים סמליים של שבירת הרע וכליונו, מיצוי הלחלוחית הטובה האצורה בו וניקוי פגמיו עד תום. **כִּי לֹא עַם בִּינוֹת**, עם שיש בו בינה לשוב מעצמו אל ה' **הוּא** – עם ישראל. **עַל כֵּן לֹא יְרַחֲמֶנּוּ עֹשֵׂהוּ, וְיֹצְרוֹ לֹא יְחֻנֶּנּוּ**, והוא יוכה ללא רחמים וחנינה עד שיגיע העולם לניקיון שלם.

העולם | **אַבְנֵי גִר** אבני מִשקע המורכבות מסידן פחמתי ששימשו בימי קדם ומשמשות גם היום חומר בנייה בסיסי בגלל שכיחותן ורכותן היחסית וכן משום שהן נוחות לעיבוד. הגיר משמש גם להפקת סיד לטיוח קירות (ראו דניאל ה,ה).

חַמָּן חפץ עשוי עץ שהוצב על מזבחות עבודה זרה, ועליו צורות של שמש, חמה. (ראו דברי הימים ב' לד,ד; יחזקאל ו,ד).

נַחַל מִצְרָיִם נחלקו המפרשים והחוקרים בזיהויו: יונתן ורש"י זיהו אותו עם נהר

הנבואה מסתיימת בדימוי חקלאי אחר – החבטה על עצי הזית כדי
להשיר את פֵּרותיהם: יב **וְהָיָה בַּיּוֹם הַהוּא יַחְבֹּט ה׳** את כל האזור
מִשִּׁבֹּלֶת, מזרם[64] **הַנָּהָר**, כנראה נקודת המפגש של הפרת והחידקל
המכונה כעת שט-אל-ערב, **עַד נַחַל מִצְרָיִם**, הנילוס, המצוי בקצה
השני של הארץ. **וְאַתֶּם תְּלֻקְּטוּ לְאַחַד אֶחָד בְּנֵי יִשְׂרָאֵל**. לאחר הכאת
העץ הכרוכה לעתים בשבירת ענפים קטנים, מתאפשרת לקיטת
הזיתים אחד אחד.[65] יג **וְהָיָה בַּיּוֹם הַהוּא יִתָּקַע בְּשׁוֹפָר גָּדוֹל** לאות
ניצחון, וגם כקריאה להתקבץ ולשוב הביתה.[66] **וּבָאוּ הָאֹבְדִים בְּאֶרֶץ
אַשּׁוּר** אשר באזור שיבולת הנהר המוזכרת, **וְהַנִּדָּחִים בְּאֶרֶץ מִצְרָיִם**,
מקום נחל מצרים. ישראל תעו בכל הארצות הללו והתבוללו בין
העמים. כאשר ינער ה׳ את העולם, הם יתעוררו ויבואו, **וְהִשְׁתַּחֲווּ
לַה׳ בְּהַר הַקֹּדֶשׁ בִּירוּשָׁלִָם**.

תוכחה לחברה הוללת
פרק כח

נכבדי אפרים ויהודה שותים ומתהוללים. אנשים סובאים ומתקשטים, מחליפים אמירות שנונות, מתבדחים על המצב, וממשיכים לחיות את חייהם בלי להקשיב לדברי תורה ומוסר. בהתלוצצויותיהם הם הודפים את אזהרת הנביא ואת דאגת המחר. על הרקע הזה נאמרות הנבואות שלפנינו. הראשונה פונה אל גאות שיכורי שומרון הנובלת, והשנייה – אל יושבי ירושלים, שאף הם עתידים ללקות.

הנבואות מתארות מדינה מסואבת, המתעלמת ממי שמראה לה הזדמנות להיחלץ ממצבה או מורה לה כיוון לתיקון. באדישותה היא הודפת דברי מוסר ותורה, כאילו דוברו בלשון זרה או כדברים השייכים לתינוקות.[1]

כמו במקומות אחרים בספר, גם כאן מוכיח ישעיהו על פריעת המוסר המשפט והצדקה. הוא יוצא חוצץ נגד מי שמקיימים את הטקסים, הצומות והתפילות, אך לבם אטום בפני עקרונות היושר והמוסר.[2] סגנון התיאורים הנוקבים מלמד כי אין הוא רוחש כלפיהם כבוד.

בנבואות שלפנינו מְשלים ודימויים רבים, כמה מהם חוזרים ונשנים, ויש בהן גם ביטויים סתומים. הן מכילות גם דברי נחמה לשארית העם על כבוד, משפט וסדרים יציבים שייכונו בעתיד.

פרק כח א **הוֹי, עֲטֶרֶת**, הכתר שעל **גֵּאוּת**, ראשם הגאה של **שִׁכֹּרֵי
אֶפְרַיִם**, דימוי למנהיגי ממלכת ישראל. **וְצִיץ**, תכשיט הנתון על הראש,
אולי דמוי פרח **נֹבֵל צְבִי תִפְאַרְתּוֹ**. פארו של אפרים אינו אלא פרח
נובל. ייתכן שתכשיט ממשי זה ענדו הנכבדים במשתה[3] או אנשי
המלחמה; ושמא זהו ביטוי סמלי בלבד. **אֲשֶׁר עַל רֹאשׁ גֵּיא שְׁמָנִים**

מצרים, הוא הנילוס, ואילו רס"ג בפירושו למלים נַחְלָה מִצְרָיִם (במדבר לד,ה) וכן תרגום השבעים כאן זיהו אותו עם ואדי-אל-עריש, ששימש גבולה הצפוני של מצרים בתקופות שונות. כיוון זה עולה גם ממפת מידבא. נראה שכאן מדובר בנילוס, שהוא המאפיין את מצרים ולא את גבולה, וזאת - בהקבלה לשִׁבֹּלֶת הַנָּהָר המופיעה קודם בפסוק, המאפיינת את בבל.

העולם

ב שְׁמָנִים הֲלוּמֵי יָיִן: הִנֵּה חָזָק וְאַמִּץ לַאדֹנָי כְּזֶרֶם בָּרָד שַׂעַר קָטֶב
ג כְּזֶרֶם מַיִם כַּבִּירִים שֹׁטְפִים הִנִּיחַ לָאָרֶץ בְּיָד: בְּרַגְלַיִם תֵּרָמַסְנָה
ד עֲטֶרֶת גֵּאוּת שִׁכּוֹרֵי אֶפְרָיִם: וְהָיְתָה צִיצַת נֹבֵל צְבִי תִפְאַרְתּוֹ
אֲשֶׁר עַל־רֹאשׁ גֵּיא שְׁמָנִים כְּבִכּוּרָהּ בְּטֶרֶם קַיִץ אֲשֶׁר יִרְאֶה
ה הָרֹאֶה אוֹתָהּ בְּעוֹדָהּ בְּכַפּוֹ יִבְלָעֶנָּה: בַּיּוֹם הַהוּא
יִהְיֶה יהוה צְבָאוֹת לַעֲטֶרֶת צְבִי וְלִצְפִירַת תִּפְאָרָה לִשְׁאָר עַמּוֹ:
ו וּלְרוּחַ מִשְׁפָּט לַיּוֹשֵׁב עַל־הַמִּשְׁפָּט וְלִגְבוּרָה מְשִׁיבֵי מִלְחָמָה
ז שָׁעְרָה: וְגַם־אֵלֶּה בַּיַּיִן שָׁגוּ וּבַשֵּׁכָר תָּעוּ כֹּהֵן וְנָבִיא שָׁגוּ בַשֵּׁכָר
ח נִבְלְעוּ מִן־הַיַּיִן תָּעוּ מִן־הַשֵּׁכָר שָׁגוּ בָּרֹאֶה פָּקוּ פְּלִילִיָּה: כִּי כָּל־
ט שֻׁלְחָנוֹת מָלְאוּ קִיא צֹאָה בְּלִי מָקוֹם: אֶת־מִי יוֹרֶה
י דֵעָה וְאֶת־מִי יָבִין שְׁמוּעָה גְּמוּלֵי מֵחָלָב עַתִּיקֵי מִשָּׁדָיִם: כִּי צַו
יא לָצָו צַו לָצָו קַו לָקָו קַו לָקָו זְעֵיר שָׁם זְעֵיר שָׁם: כִּי בְּלַעֲגֵי שָׂפָה
יב וּבְלָשׁוֹן אַחֶרֶת יְדַבֵּר אֶל־הָעָם הַזֶּה: אֲשֶׁר ׀ אָמַר אֲלֵיהֶם זֹאת
יג הַמְּנוּחָה הָנִיחוּ לֶעָיֵף וְזֹאת הַמַּרְגֵּעָה וְלֹא אָבוּא שְׁמוֹעַ: וְהָיָה
לָהֶם דְּבַר־יהוה צַו לָצָו צַו לָצָו קַו לָקָו קַו לָקָו זְעֵיר שָׁם זְעֵיר שָׁם

ביאור | **הֲלוּמֵי יָיִן.** הכתר הזה מונח על ראש שאינו משמש אלא לסיכה בשמן לשם תענוג ולשכרות מיין.[4] ב **הִנֵּה** בא יום[5] **חָזָק וְאַמִּץ לַאדֹנָי כְּזֶרֶם בָּרָד, שַׂעַר,** סער **קָטֶב,** מכלה **כְּזֶרֶם מַיִם כַּבִּירִים שֹׁטְפִים,** אשר **הִנִּיחַ** את כתר אפרים **לָאָרֶץ בְּיָד.** הזרם שוטף ומפיל בחזקה את כל המתנשא.[6] הסערה וזרימת המים מטלטלות, מנערות ואולי אף מטהרות את העם השיכור השוכב והוזה. ג **בְּרַגְלַיִם תֵּרָמַסְנָה עֲטֶרֶת גֵּאוּת** שבראש **שִׁכּוֹרֵי אֶפְרָיִם.** ד **וְהָיְתָה צִיצַת,** ציץ **נֹבֵל צְבִי תִפְאַרְתּוֹ, אֲשֶׁר עַל רֹאשׁ גֵּיא שְׁמָנִים, כְּבִכּוּרָהּ,** כמו תאנה המקדימה להבשיל **בְּטֶרֶם קַיִץ,** לפני זמן קציצת התאנים, **אֲשֶׁר יִרְאֶה הָרֹאֶה אוֹתָהּ – בְּעוֹדָהּ בְּכַפּוֹ יִבְלָעֶנָּה.** כאשר כל יתר התאנים עדיין פגים, ותאנה אחת הבשילה, היא בולטת לעין. הרואה אותה חוטף אותה ובולעה מיד, בלי להביאה הביתה. באופן דומה, קישוטי ההדר של אפרים ייבלעו כהרף עין. ה במקום הקישוטים הנובלים שהתקשטו בהם שיכורי אפרים – **בַּיּוֹם הַהוּא**

יִהְיֶה ד' צְבָאוֹת לַעֲטֶרֶת צְבִי וְלִצְפִירַת, זר, מקלעת[7] תִּפְאָרָה לִשְׁאָר עַמּוֹ.
ה' יהיה תפארתם של שאר העם, ממלכת יהודה.[8] ו ואולם ה' לא
יהיה רק לפאר וכבוד לעם, אלא גם לְרוּחַ מִשְׁפָּט – לַיּוֹשֵׁב עַל כס
הַמִּשְׁפָּט, וְלִגְבוּרָה – לאותם שהם מְשִׁיבֵי מִלְחָמָה שָׁעְרָה.

תרבות השתייה וההוללות פשתה גם ביהודה. ז וְגַם אֵלֶּה, יושבי
ירושלים, בַּיַּיִן שָׁגוּ וּבַשֵּׁכָר תָּעוּ. כֹּהֵן וְנָבִיא שָׁגוּ בַשֵּׁכָר, נִבְלְעוּ, נעשו
מעורפלים מִן הַיַּיִן. תָּעוּ מדרכם מִן, מחמת הַשֵּׁכָר, שָׁגוּ בָּרֹאֶה, לא
הבינו נכון את אשר עיניהם רואות. פָּקוּ, פוקקו, שברו פְּלִילִיָּה,
משפט. הנהגתה הרוחנית והמדינית של ירושלים ניתנה בידי קבוצת
שיכורים מטושטשים. ח כִּי כָּל הַשֻּׁלְחָנוֹת מָלְאוּ קִיא צֹאָה בְּלִי מָקוֹם
פנוי ונקי. אין זה משתה של שמחה, אלא מסיבת שיכורים שאינם
שולטים בנקביהם, וכל זוהמתם יוצאת החוצה. ט כאשר המבוגרים
הוללים ומחוסרי דעה – אֶת מִי יוֹרֶה דֵעָה, וְאֶת מִי יָבִין שְׁמוּעָה? את מי
אפשר ללמד? את גְּמוּלֵי מֵחָלָב, התינוקות הקטנים שנגמלו מיניקה,
עַתִּיקֵי, תינוקות שזה עתה הועתקו, הורחקו מִשָּׁדָיִם?! י התורה
נתפסת בעיני האנשים כקובץ מגבלות ודקויות חסרי משמעות כִּי
כאשר מנסים ללמדם תורה ודעת, אין הם רואים בתורה אלא צַו
לָצָו, צַו לָצָו, פקודות והוראות, קַו לָקָו, קַו לָקָו, גדרים וגבולות, זְעֵיר
שָׁם, זְעֵיר שָׁם, מעט כאן מעט כאן. הם רואים את התורה כמקבץ
פקודות, הגבלות וסעיפים קטנים חסרי חשיבות לאנשים בוגרים
מביני עניין. יא כִּי בְּלַעֲגֵי שָׂפָה וּבְלָשׁוֹן אַחֶרֶת יְדַבֵּר הנביא אֶל הָעָם הַזֶּה.
לשונו זרה לעם ונלעגת בעיניו. יב אין הם מבינים את אֲשֶׁר אָמַר
אֲלֵיהֶם: "זֹאת הַמְּנוּחָה, כך תשיגו את שלוותכם: הָנִיחוּ לֶעָיֵף, לחלש
ולמסכן לחיות את חייו בכבוד, וְזֹאת הַמַּרְגֵּעָה. הוראותיה של התורה
מדריכות כיצד לבנות חברה הגונה יציבה". וְלֹא אָבוּא, רצו לִשְׁמוֹעַ
לקבל את תוכני הנבואה. יג וְהָיָה לָהֶם דְּבַר ה' צַו לָצָו, צַו לָצָו, קַו
לָקָו, קַו לָקָו, זְעֵיר שָׁם, זְעֵיר שָׁם. דבר ה' נראה בעיניהם כלקט חוקים

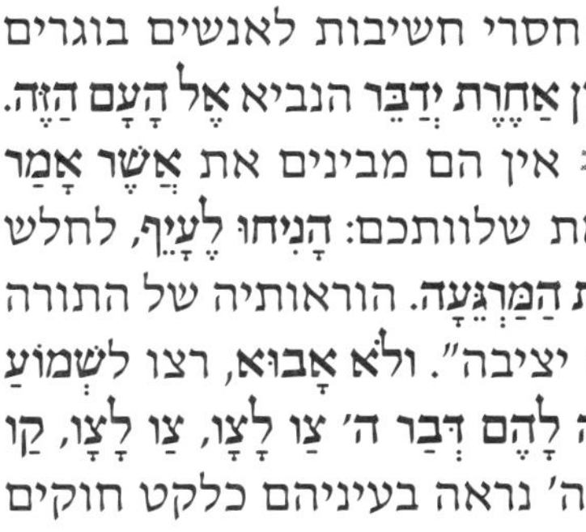

"כבכורה בטרם קיץ"

לְמַעַן יֵלְכוּ וְכָשְׁלוּ אָחוֹר וְנִשְׁבָּרוּ וְנוֹקְשׁוּ וְנִלְכָּדוּ׃ לָכֵן יד
שִׁמְעוּ דְבַר־יהוה אַנְשֵׁי לָצוֹן מֹשְׁלֵי הָעָם הַזֶּה אֲשֶׁר בִּירוּשָׁלָםִ׃
כִּי אֲמַרְתֶּם כָּרַתְנוּ בְרִית אֶת־מָוֶת וְעִם־שְׁאוֹל עָשִׂינוּ חֹזֶה טו
שִׁיט שׁוֹטֵף כִּי־עבר לֹא יְבוֹאֵנוּ כִּי שַׂמְנוּ כָזָב מַחְסֵנוּ וּבַשֶּׁקֶר שׁוֹט יַעֲבוֹר
נִסְתָּרְנוּ׃ לָכֵן כֹּה אָמַר אֲדֹנָי יֱהֹוִה הִנְנִי יִסַּד בְּצִיּוֹן טז
אָבֶן אֶבֶן בֹּחַן פִּנַּת יִקְרַת מוּסָד מוּסָּד הַמַּאֲמִין לֹא יָחִישׁ׃ וְשַׂמְתִּי יז
מִשְׁפָּט לְקָו וּצְדָקָה לְמִשְׁקָלֶת וְיָעָה בָרָד מַחְסֵה כָזָב וְסֵתֶר מַיִם
יִשְׁטֹפוּ׃ וְכֻפַּר בְּרִיתְכֶם אֶת־מָוֶת וְחָזוּתְכֶם אֶת־שְׁאוֹל לֹא תָקוּם יח
שׁוֹט שׁוֹטֵף כִּי יַעֲבֹר וִהְיִיתֶם לוֹ לְמִרְמָס׃ מִדֵּי עָבְרוֹ יִקַּח אֶתְכֶם יט
כִּי־בַבֹּקֶר בַּבֹּקֶר יַעֲבֹר בַּיּוֹם וּבַלָּיְלָה וְהָיָה רַק־זְוָעָה הָבִין שְׁמוּעָה׃
כִּי־קָצַר הַמַּצָּע מֵהִשְׂתָּרֵעַ וְהַמַּסֵּכָה צָרָה כְּהִתְכַּנֵּס׃ כִּי כְהַר־ כ כא
פְּרָצִים יָקוּם יהוה כְּעֵמֶק בְּגִבְעוֹן יִרְגָּז לַעֲשׂוֹת מַעֲשֵׂהוּ זָר מַעֲשֵׂהוּ
וְלַעֲבֹד עֲבֹדָתוֹ נָכְרִיָּה עֲבֹדָתוֹ׃ וְעַתָּה אַל־תִּתְלוֹצָצוּ פֶּן־יֶחְזְקוּ כב
מוֹסְרֵיכֶם כִּי־כָלָה וְנֶחֱרָצָה שָׁמַעְתִּי מֵאֵת אֲדֹנָי יֱהֹוִה צְבָאוֹת
עַל־כָּל־הָאָרֶץ׃ הַאֲזִינוּ וְשִׁמְעוּ קוֹלִי הַקְשִׁיבוּ כג
וְשִׁמְעוּ אִמְרָתִי׃ הֲכֹל הַיּוֹם יַחֲרֹשׁ הַחֹרֵשׁ לִזְרֹעַ יְפַתַּח וִישַׂדֵּד כד

ביאור | ומשפטים חסרי משמעות, לְמַעַן, וכתוצאה מכך יֵלְכוּ וְכָשְׁלוּ אָחוֹר וְנִשְׁבָּרוּ וְנוֹקְשׁוּ וְנִלְכָּדוּ. הם הלכו אחור בעוורונם ונכשלו.

יד לָכֵן שִׁמְעוּ דְּבַר ה׳, אַנְשֵׁי לָצוֹן, מֹשְׁלֵי, שליטי העם ושריו, או גם: מושלי משלים ואומרי מליצות[9] בפני הָעָם הַזֶּה אֲשֶׁר בִּירוּשָׁלָםִ. טו כִּי כאשר שאלו אתכם אם אינכם חוששים מהעתיד לבוא עליכם, אֲמַרְתֶּם, בבדיחות דעת, בין בדיבור פה ובין בהתנהגותכם: כָּרַתְנוּ בְרִית אֶת, עם מָוֶת, וְעִם שְׁאוֹל עָשִׂינוּ חֹזֶה, המוות והשאול הם בני בריתנו, ואיננו חוששים מפניהם. שׁוֹט שׁוֹטֵף, דוהר, מחריב כִּי יַעֲבֹר להכות – לֹא יְבוֹאֵנוּ, כִּי שַׂמְנוּ כָזָב מַחְסֵנוּ, וּבַשֶּׁקֶר נִסְתָּרְנוּ. כך מכנה הנביא את מבטחיהם, או שמא זהו ציטוט המדיניות המוצהרת

שלהם – אנו סומכים על התכסיס, התחבולה והכזב. מכל מקום, המחשבה על סוף החיים או על אחריתה של הנורמה ההתנהגותית אינה מעניינת איש. הם חיים בהכחשה, מתהוללים ומשתכרים ואינם שומעים מוסר.

טז **לָכֵן כֹּה אָמַר ה' אֱלֹהִים:** כעת העיר עומדת על מרמה, הכול בה מעורער ומכזיב, אבל עוד ייבנה בה מרכז יציב של אמת – **הִנְנִי יִסַּד**, מייסד **בְּצִיּוֹן אָבֶן – אֶבֶן בֹּחַן**, אבן המשמשת לבחינת מתכות יקרות. לפי הסימנים שמשאירה המתכת על האבן, אפשר לבדוק את סוג המתכת ואיכותה. זהו דימוי למקום מבחן. **פִּנַּת יִקְרַת**, מקום יציב ומכובד, **מוּסָד מוּסָּד**, מיוסד על בסיס איתן[10] שבו **הַמַּאֲמִין לֹא יָחִישׁ**, ימהר. כיוון שיישען על מבטח אמת. יז **וְשַׂמְתִּי** את **הַמִּשְׁפָּט לְקָו** המידה, **וּצְדָקָה** אשים **לְמִשְׁקָלֶת**. המשפט והצדקה יהיו קני המידה שבהם יימדד ויישקל הכול. **וְיָעָה**, יגרוף **בָרָד מַחְסֵה כָזָב, וְסֵתֶר**, ואת מקומות המסתור השקריים שחשבו להתחבא בהם – **מַיִם יִשְׁטֹפוּ**.

ותגובת הנביא לדברי העם על בריתם עם המוות: יח **וְכֻפַּר**, ויימחה **בְּרִיתְכֶם אֶת**, עם **מָוֶת, וְחָזוּתְכֶם**, חוזכם **אֶת שְׁאוֹל לֹא תָקוּם. שׁוֹט שׁוֹטֵף כִּי יַעֲבֹר – וִהְיִיתֶם לוֹ**, תחתיו **לְמִרְמָס**. יט **מִדֵּי עָבְרוֹ יִקַּח אֶתְכֶם, כִּי בַבֹּקֶר בַּבֹּקֶר**, בוקר בוקר[11] **יַעֲבֹר, בַּיּוֹם וּבַלָּיְלָה**, הפורענות תבוא גם ביום גם בלילה. **וְהָיָה רַק זְוָעָה הָבִין שְׁמוּעָה**. מה שתשמעו ותבינו יהיה רק זוועה. כ **כִּי קָצַר הַמַּצָּע מֵהִשְׂתָּרֵעַ**, המבטח שחשבתם לנוח עליו, לא יספק, **וְהַמַּסֵּכָה** המסך שאתם מנסים לסוכך בו על עצמכם, **צָרָה כְּהִתְכַּנֵּס**, יהיה צר מלהתכנס אל תוכה.[12]

כא **כִּי** כְבמלחמה הנסית של דוד **בְהַר פְּרָצִים יָקוּם ה'**, העומד להילחם לכם.[13] **כְּעֵמֶק בְּגִבְעוֹן**, שבו נלחם יהושע,[14] **יִרְגָּז**, יזעם **לַעֲשׂוֹת מַעֲשֵׂהוּ**. ואף על פי כן **זָר מַעֲשֵׂהוּ**, לא תבינו את מעשיו, וכשיקום **לַעֲבֹד עֲבֹדָתוֹ – נָכְרִיָּה עֲבֹדָתוֹ** בעיניכם.[15] כב **וְעַתָּה אַל תִּתְלוֹצָצוּ, פֶּן יֶחְזְקוּ מוֹסְרֵיכֶם**, ייסוריכם,[16] או מוסרותיכם, חבלי הרתמה שאתם קשורים בהם. כעת אתם מתלוצצים, אבל הפורענות שאתם מנסים להתעלם ממנה או להסתתר מפניה, אכן בוא תבוא – **כִּי כָלָה וְנֶחֱרָצָה**, כיליון גמור,[17] או: גזרה מוחלטת **שָׁמַעְתִּי מֵאֵת ה' אֱלֹהִים צְבָאוֹת עַל כָּל הָאָרֶץ**.

הנביא פותח בדברי משל: כג **הַאֲזִינוּ וְשִׁמְעוּ קוֹלִי, הַקְשִׁיבוּ וְשִׁמְעוּ אִמְרָתִי:** כד **הֲכֹל הַיּוֹם יַחֲרֹשׁ הַחֹרֵשׁ לִזְרֹעַ, יְפַתַּח וִישַׂדֵּד**, יפורר את

כה אַדְמָתוֹ׃ הֲלוֹא אִם־שִׁוָּה פָנֶיהָ וְהֵפִיץ קֶצַח וְכַמֹּן יִזְרֹק וְשָׂם חִטָּה
כו שׂוֹרָה וּשְׂעֹרָה נִסְמָן וְכֻסֶּמֶת גְּבֻלָתוֹ׃ וְיִסְּרוֹ לַמִּשְׁפָּט אֱלֹהָיו יוֹרֶנּוּ׃
כז כִּי לֹא בֶחָרוּץ יוּדַשׁ קֶצַח וְאוֹפַן עֲגָלָה עַל־כַּמֹּן יוּסָּב כִּי בַמַּטֶּה
כח יֵחָבֶט קֶצַח וְכַמֹּן בַּשָּׁבֶט׃ לֶחֶם יוּדָק כִּי לֹא לָנֶצַח אָדוֹשׁ יְדוּשֶׁנּוּ
כט וְהָמַם גַּלְגַּל עֶגְלָתוֹ וּפָרָשָׁיו לֹא יְדֻקֶּנּוּ׃ גַּם־זֹאת מֵעִם יְהוָה צְבָאוֹת

ביאור | רגבי **אַדְמָתוֹ**?! האם האיכר רק מכין את הקרקע לזריעה?! כה **הֲלוֹא אִם שִׁוָּה פָנֶיהָ**, הרי אחרי שהוא חורש ומיישר את פני האדמה, הוא זורע את הזרעים המתאימים: **וְהֵפִיץ**, יפזר **קֶצַח**, **וְכַמֹּן יִזְרֹק**, מיני תבלין, **וְשָׂם** באדמה **חִטָּה**, **שׂוֹרָה**, מין חיטה, אולי חיטה חד-טורית **וּשְׂעֹרָה נִסְמָן**, במקום המסומן[18] **וְכֻסֶּמֶת גְּבֻלָתוֹ**. בקצה גבול השדה יזרע כוסמת.[19] כו **וְיִסְּרוֹ**, ולימד את האיכר **לַמִּשְׁפָּט**, את הסדר הנכון בעבודתו, **אֱלֹהָיו יוֹרֶנּוּ**.[20] קיימת חכמה מסודרת הכוללת חוקים באשר לעבודת האדמה – תחילה מגיע זמן החריש והשידוד, ולאחריו זמן הזריעה, שאף היא נעשית לפי הוראות מדויקות. כז **כִּי לֹא בֶחָרוּץ יוּדַשׁ קֶצַח**. את הקצח אין דשים באמצעות חרוץ – כלי דיש קשה וחזק ובו מסמרים, העלול להזיק לתבלין זה. **וְ**אף שלפעמים היו מסיעים עגלה על גבי חיטה או שעורה כדי להוציא את גרעיניהן מן השיבולים, **אוֹפַן**, גלגל **עֲגָלָה** לא **עַל כַּמֹּן יוּסָּב**. כאשר רוצים להפריד את זרעי הכמון מן הצמח, אין עושים זאת באמצעות אופן, משום שהכמון הוא צמח עדין וגרעיניו דקים. **כִּי** אם **בַמַּטֶּה**, מקל עץ **יֵחָבֶט קֶצַח**, **וְכַמֹּן** ייחבט **בַּשָּׁבֶט**, במקל. כח לאחר דישת גרעיני הדגן

העולם | **קֶצַח** נקרא גם כמון שחור (שם מדעי: Nigella sativa), צמח תבלין ומרפא ממשפחת הנוריתיים שזרעיו שחורים והוא צומח עד לגובה של כ-90 ס"מ. נזכר במשנה ובתלמוד כתבלין ללחם וכתרופה יעילה כנגד מחלות לב (משנה עדויות ה,ג; תוספתא טבול יום א,ב; כלה א,יג. וראו ברכות מ ע"ב).

כַּמֹּן (שם מדעי: Cuminum), צמח תבלין ממשפחת הסוככיים שגובהו כ-50 ס"מ. נהגו לתבל בו את הפת ולרפא בו פצעים (ראו משנה תרומות י,ד ושבת יט,ב).

כֻּסֶּמֶת מופיעה בתורה בצד פשתה ומיני דגן הגדלים בארץ מצרים (שמות ט,לא-לב) וכן במשנה (פסחים ב,ה). מרבית הפרשנים והחוקרים מזהים אותה עם אחד ממיני החיטה, חיטת הספלטה (שם מדעי: Triticum spelta) או חיטה דו-גרגרית (שם מדעי: Triticum dicoccum) הדומות זו לזו במראן. (אין מדובר בצמח הנקרא בימינו כוסמת ששמו המדעי: Fagopyrum esculentum ממשפחת הארכוביתיים).

חָרוּץ כלי עבודה חקלאי המשמש לדיש (ישעיה מא,טו; עמוס א,ג). החרוץ הוא לוח עץ שבצדו התחתון קבועים המוֹרגים – אבנים או פיסות ברזל משוננות. הלוח נגרר באמצעות בהמות על גבי הדגן, והלחץ מפריד את גרעיני החיטה מהמוץ.

לטחנם עד דק - **לֶחֶם יוּדָק**, ייטחן, **כִּי לֹא לָנֶצַח אָדוֹשׁ יְדוּשֶׁנּוּ**. יש סוף
לדישה, שהרי גם אם ידושו את הגרעינים עוד ועוד, הם לא ייטחנו -
וְגם אם **הָמַם**, החריד וסער[21] **גִּלְגַּל**, **גַּ**לגל **עֶגְלָתוֹ וּפָרָשָׁיו**, המורגים
המפרישים את הקליפה מהגרעין - **לֹא יְדֻקֶּנּוּ** בלא טחינה.[22] כט **גַּם
זֹאת מֵעִם ה' צְבָאוֹת יָצָאָה, הִפְלִיא עֵצָה**, חכמה, **הִגְדִּיל תּוּשִׁיָּה**, תבונה.
הנביא מוכיח ומתריע כנגד תפיסת העולם כאוסף מקרים,
כתכסיסנות וכמִקבץ אינטרסים אקראיים. הוא ממחיש את דבריו
באמצעות דימויים חקלאיים. כשם שאין החקלאי מזלזל בחוקיה של
עבודת האדמה ואינו מתבדח סביבם, כשם שמי שמעוניין ששדהו
יצמיח את יבולו לא יתחכם ולא ינהג בערמומיות כלפי חוקים אלה

מימין: קצח

משמאל: כמון

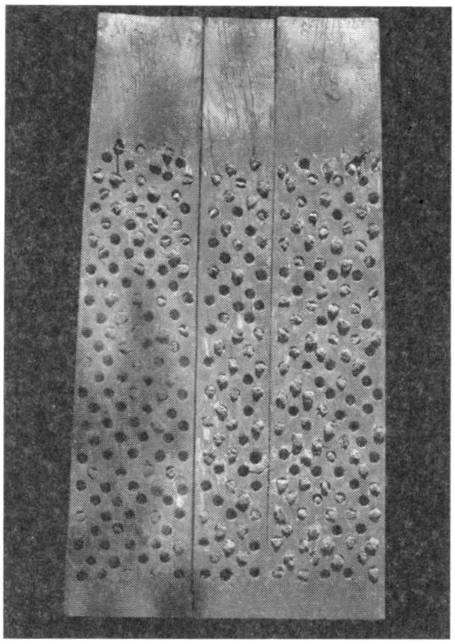

מימין: חיטה דו-גרגרית ('כֻּסמת'?)

משמאל: חרוץ

מימין: דיש באמצעות חבטה

הרחבות

התיאור החקלאי מכוון גם לתושביה העירוניים של ירושלים. כיוון שבאותה תקופה גם יושבי העיר לא היו מנותקים מן השדות, ועבודת האדמה לא הייתה זרה להם, הם ידעו היטב שהצלחת גידולי השדה אינה עניין מקרי. ישנם חוקים הקובעים כיצד מכינים את האדמה, והיכן זורעים כל צמח, באילו כלי דיש משתמשים ולכמה זמן, מה מתאים לצמחים עדינים, ומה לגרעינים קשים. באותו אופן, עליהם לזכור שגם בעולם יש סדר קבוע, וה' עתיד להשיבו על כנו.

יָצְאָה הִפְלִא עֵצָה הִגְדִּיל תּוּשִׁיָּה׃ הוֹי אֲרִיאֵל א כט
אֲרִיאֵל קִרְיַת חָנָה דָוִד סְפוּ שָׁנָה עַל־שָׁנָה חַגִּים יִנְקֹפוּ׃ וַהֲצִיקוֹתִי ב
לַאֲרִיאֵל וְהָיְתָה תַאֲנִיָּה וַאֲנִיָּה וְהָיְתָה לִּי כַּאֲרִיאֵל׃ וְחָנִיתִי כַדּוּר ג
עָלָיִךְ וְצַרְתִּי עָלַיִךְ מֻצָּב וַהֲקִימֹתִי עָלַיִךְ מְצֻרֹת׃ וְשָׁפַלְתְּ מֵאֶרֶץ ד
תְּדַבֵּרִי וּמֵעָפָר תִּשַּׁח אִמְרָתֵךְ וְהָיָה כְּאוֹב מֵאֶרֶץ קוֹלֵךְ וּמֵעָפָר
אִמְרָתֵךְ תְּצַפְצֵף׃ וְהָיָה כְּאָבָק דַּק הֲמוֹן זָרָיִךְ וּכְמֹץ עֹבֵר הֲמוֹן ה
עָרִיצִים וְהָיָה לְפֶתַע פִּתְאֹם׃ מֵעִם יְהוָה צְבָאוֹת תִּפָּקֵד בְּרַעַם ו
וּבְרַעַשׁ וְקוֹל גָּדוֹל סוּפָה וּסְעָרָה וְלַהַב אֵשׁ אוֹכֵלָה׃ וְהָיָה כַּחֲלוֹם ז
חֲזוֹן לַיְלָה הֲמוֹן כָּל־הַגּוֹיִם הַצֹּבְאִים עַל־אֲרִיאֵל וְכָל־צֹבֶיהָ
וּמְצֹדָתָהּ וְהַמְּצִיקִים לָהּ׃ וְהָיָה כַּאֲשֶׁר יַחֲלֹם הָרָעֵב וְהִנֵּה אוֹכֵל ח
וְהֵקִיץ וְרֵיקָה נַפְשׁוֹ וְכַאֲשֶׁר יַחֲלֹם הַצָּמֵא וְהִנֵּה שֹׁתֶה וְהֵקִיץ וְהִנֵּה
עָיֵף וְנַפְשׁוֹ שׁוֹקֵקָה כֵּן יִהְיֶה הֲמוֹן כָּל־הַגּוֹיִם הַצֹּבְאִים עַל־הַר

ביאור ולא יתחמק מחובותיו, אלא יעבד את שדהו בסדר הנקבע על פי חוקים מוגדרים, כך אין מנוס מן הציות לחוקי ה' שמוסר הנביא. הנביא פונה אל נמעניו ואומר להם כי אם יכחישו את סדרי העולם וחוקי התורה, תישא אותם הרוח, וכל הישגיהם ירדו לטמיון.

צרת ציון וישועתה
פרק כט

כאן פונה הנביא אל שומעיו העיקריים – בני ירושלים, ומשמיע באוזניהם דברי תוכחה בצד נבואת נחמה. הוא פותח בקריאת הצער, הוי, על מצוקת ירושלים בבואה במצור, כנראה על ידי חילות סנחריב. לאחר שרוחה של ירושלים תישבר, תבוא ישועתה במפתיע. בהמשך דבריו מתוארים הבלבול והמבוכה הגדולה שיאחזו בעם ובמנהיגיו. את אלה כורך הנביא ביראת ה' חיצונית בלא לב, כאילו יושבי העיר נשמעים לפקודה חברתית או שלטונית בלבד. שוב בוקעת קריאת הוי כלפי עושי רעה בסתר, המניחים שאינם נראים. גם הם מגבילים את עבודת ה' אל הממד החיצוני הגלוי, ואילו במסתרים הכול מותר בעיניהם. הנביא מתריע כי אחריתם של אלו אבדון. אין לדמות את היצור ליוצרו, ואי אפשר להיסתר מה'. דווקא הנדכאים, השכוחים והנעזבים יוסיפו שמחה בה'. לבסוף יתחולל שינוי בעולם: יחדלו החוטאים וקלי הדעת, ובית יעקב יקדיש את ה' מתוך הכרה פנימית.

הרחבות אריאל איננו רק כינוי לעיר אלא גם דימוי כלשהו. ייתכן שהמזבח, האש הרבוצה עליו, או היכל המקדש, מדומים לאריה או ליצור אחר – שהפך לסמל העיר. (ראו יחזקאל מג,טו; משנה מידות ד,ז; יומא כא ע"ב; וראו יונתן, רש"י ורד"ק על אתר). במקום אחר בספר ישעיה מופיע השם אראל במשמע מלאך (להלן לג,ז; וראו רד"ק שם), ואולי על דמות כזו מדובר. גם במצבת מישע מלך מואב מופיע ביטוי

פרק כט א **הוֹי, אֲרִיאֵל, אֲרִיאֵל**, כינוי לירושלים,[1] **קִרְיַת**, העיר שבה
חָנָה דָוִד, ביטוי פיוטי נוסף לירושלים, **סְפוּ**, הוסיפו **שָׁנָה עַל שָׁנָה, חַגִּים**
יִנְקֹפוּ, ישובו ויגיעו.[2] כלומר, השנים יחלפו על חגיהן ומאורעותיהן,
ויגיע הזמן שאלחץ את ירושלים המהוללה – ב **וַהֲצִיקוֹתִי לַאֲרִיאֵל**,
וְהָיְתָה תַאֲנִיָּה וַאֲנִיָּה, אבל ובכי. ובעקבות המצוקה – **וְהָיְתָה לִּי** העיר,
כַּאֲרִיאֵל, ראויה לשמה, המבטא גבורה והשראת שכינה.[3]

עתה יתואר התהליך מראשיתו: ג **וְחָנִיתִי כַדּוּר עָלָיִךְ**, יקיף אותך
מחנה צבא,[4] או: כמו דור, שורה, טור,[5] או: כמו עיגול.[6] **וְצַרְתִּי עָלַיִךְ**
מֻצָּב, עמדת צבא, **וַהֲקִימֹתִי עָלַיִךְ מְצֻרֹת**, חומות מצור. ד **אַתְּ**, ירושלים,
שהיית מפוארת – **וְשָׁפַלְתְּ, מֵאֶרֶץ**, מגובה האדמה **תְּדַבֵּרִי, וּמֵעָפָר**
תִּשַּׁח, תונמך **אִמְרָתֵךְ**, אמירתך. **וְהָיָה** כקול הנמוך שהשמיעו בעלי
אוֹב שכביכול הוא יוצא **מֵאֶרֶץ**, מהמת הטמון באדמה[7] **קוֹלֵךְ, וּמֵעָפָר**
אִמְרָתֵךְ תְּצַפְצֵף.

ה לאחר המצור והשפל – **וְהָיָה כְּאָבָק דַּק הֲמוֹן זָרָיִךְ**. צרייך הרבים,
המְזרים ומפזרים אותך, יהיו כמו אבק דק.[8] **וּכְמֹץ עֹבֵר**, פסולת
הקליפות הנפרדת מן התבואה בדיש, הנעלמת ברוח קלה – כך
יהיו **הֲמוֹן עָרִיצִים. וְהָיָה** הדבר **לְפֶתַע פִּתְאֹם**. האויבים ייעלמו בהפתעה
ובמהירות. ו **מֵעִם ה' צְבָאוֹת** העיר **תִּפָּקֵד**, תיזכר לטובה **בְּרַעַם וּבְרַעַשׁ**,
בזעזוע **וְקוֹל גָּדוֹל, סוּפָה וּסְעָרָה וְלַהַב אֵשׁ אוֹכֵלָה**. מהומה גדולה תפזר
את כל אויביה. ז **וְהָיָה כַּחֲלוֹם, חֲזוֹן לַיְלָה**, חלום ביעותים, **הֲמוֹן כָּל**
הַגּוֹיִם הַצֹּבְאִים עַל אֲרִיאֵל, וְכָל צֹבֶיהָ, צובאיה המעמידים עליה חיל
מצב לכבשה,[9] **וּמְצֹדָתָהּ**, האורבים לה המנסים לצודה, **וְהַמְּצִיקִים לָהּ**.
כל אלה ייעלמו כחלום. ח **וְהָיָה כַּאֲשֶׁר יַחֲלֹם הָרָעֵב וְהִנֵּה הוּא אוֹכֵל,**
וְהֵקִיץ – וְרֵיקָה נַפְשׁוֹ; וְכַאֲשֶׁר יַחֲלֹם הַצָּמֵא וְהִנֵּה הוּא שֹׁתֶה, וְהֵקִיץ – וְהִנֵּה
עָיֵף, צמא, **וְנַפְשׁוֹ שׁוֹקֵקָה**, מתאווה כמקודם – **כֵּן יִהְיֶה הֲמוֹן כָּל הַגּוֹיִם**

הרחבות

סתום, מעין 'אריאל של דוד', שלדברי מישע לקחו עמו לארצו. אולי אלו הם פסלים או סמלים ממשיים אחרים של עיר הממלכה של יהודה.

'וְשָׁפַלְתְּ מארץ תדברי' כאשר הגאווה ותחושת הגדולה העצמית נעלמות, והדימוי העצמי יורד, הקול הופך שקט והדיבור - ממוכמל ועמום. יש יסוד סביר להניח שנבואה זו מרמזת למצור סנחריב מלך אשור, שהיה האירוע היחיד בזמנו של ישעיהו שבו עמדה העיר במצור. הסכנה החמורה בוודאי גרמה להרגשת שפלות ונמיכות רוח.

החלום כהגשמת מאוויים יש חלומות הנחווים בזמן החלימה כריאליים וממשיים מאוד, ורק ביקיצה מתברר שאינם אלא חלום. תיאור החלום כהגשמת משאלות, המופיע כאן, מקדים בהרבה את התיאוריה של פרויד. אפשר להרחיב את הדימוי גם כלפי המון החיילים המצֵרים על ירושלים, בחלומם כבר נאכלה ירושלים על ידם, ולפתע תוחלתם נכזבת. (בדומה לחלום

צִיּוֹן׃ הִתְמַהְמְהוּ וּתְמָהוּ הִשְׁתַּעַשְׁעוּ וָשֹׁעוּ שָׁכְרוּ ט
וְלֹא־יַיִן נָעוּ וְלֹא שֵׁכָר׃ כִּי־נָסַךְ עֲלֵיכֶם יהוה רוּחַ תַּרְדֵּמָה וַיְעַצֵּם י
אֶת־עֵינֵיכֶם אֶת־הַנְּבִיאִים וְאֶת־רָאשֵׁיכֶם הַחֹזִים כִּסָּה׃ וַתְּהִי יא
לָכֶם חָזוּת הַכֹּל כְּדִבְרֵי הַסֵּפֶר הֶחָתוּם אֲשֶׁר־יִתְּנוּ אֹתוֹ אֶל־יוֹדֵעַ
סֵפֶר הספר לֵאמֹר קְרָא נָא־זֶה וְאָמַר לֹא אוּכַל כִּי חָתוּם הוּא׃ וְנִתַּן יב
הַסֵּפֶר עַל אֲשֶׁר לֹא־יָדַע סֵפֶר לֵאמֹר קְרָא נָא־זֶה וְאָמַר לֹא
יָדַעְתִּי סֵפֶר׃ וַיֹּאמֶר אֲדֹנָי יַעַן כִּי נִגַּשׁ הָעָם הַזֶּה יג
בְּפִיו וּבִשְׂפָתָיו כִּבְּדוּנִי וְלִבּוֹ רִחַק מִמֶּנִּי וַתְּהִי יִרְאָתָם אֹתִי מִצְוַת
אֲנָשִׁים מְלֻמָּדָה׃ לָכֵן הִנְנִי יוֹסִף לְהַפְלִיא אֶת־הָעָם־הַזֶּה הַפְלֵא יד
וָפֶלֶא וְאָבְדָה חָכְמַת חֲכָמָיו וּבִינַת נְבֹנָיו תִּסְתַּתָּר׃ הוֹי טו
הַמַּעֲמִיקִים מֵיהוָה לַסְתִּר עֵצָה וְהָיָה בְמַחְשָׁךְ מַעֲשֵׂיהֶם וַיֹּאמְרוּ
מִי רֹאֵנוּ וּמִי יֹדְעֵנוּ׃ הַפְכְּכֶם אִם־כְּחֹמֶר הַיֹּצֵר יֵחָשֵׁב כִּי־יֹאמַר טז
מַעֲשֶׂה לְעֹשֵׂהוּ לֹא עָשָׂנִי וְיֵצֶר אָמַר לְיֹצְרוֹ לֹא הֵבִין׃ הֲלֹא־עוֹד יז

ביאור | **הַצֹּבְאִים עַל הַר צִיּוֹן.** פתאום יתברר כי כל חילות הגויים הממשיים אינם אלא חלום שהיה ואיננו.

את דברי התוכחה הבאים פותח ישעיהו בלשונו העשירה ובאליטרציה המאפיינים את סגנונו המיוחד: ט **הִתְמַהְמְהוּ**, התעכבו **וּתְמָהוּ**, הֱיו תמהים ונבוכים.[10] **הִשְׁתַּעַשְׁעוּ וָשֹׁעוּ**. פנו שוב ושוב כדי לראות.[11] ההתרחשויות מבלבלות אתכם, כי אנשים **שָׁכְרוּ וְלֹא**, בלא **יַיִן**, **נָעוּ**, התנודדו כשיכור **וְלֹא שֵׁכָר**. י **כִּי נָסַךְ**, שפך **עֲלֵיכֶם ה׳ רוּחַ תַּרְדֵּמָה**, טשטוש וחוסר בהירות, **וַיְעַצֵּם אֶת עֵינֵיכֶם – אֶת הַנְּבִיאִים, וְאֶת רָאשֵׁיכֶם – הַחֹזִים – כִּסָּה.** יא **וַתְּהִי לָכֶם חָזוּת**, ראיית[12] **הַכֹּל**, כל אשר אתם רואים – **כְּדִבְרֵי הַסֵּפֶר הֶחָתוּם**. תחושת הבלבול וחוסר הפשר שתשלוט בכול דומה לעמידה מול מגילה חתומה. כאשר תוכנה

הרחבות | **החייל במחנה מדין, הרואה את גדעון כחררת לחם נאכלת** - ראו שופטים ז,יג-יד ור"י מטראני שם).

׳המעמיקים מה׳ לַסְתִּר עצה׳ חז"ל הבהירו פסוקים אלו במשל על ארכיטקט שבנה במדינה מבנים ומקומות מסתור. לאחר זמן ניסו בני המדינה להערים עליו ולהטמין מפניו דברים בתוך המבנים ובמקומות המחבוא. אמר להם: הרי אני הוא שתכננתי ובניתי את מקומות המחבוא... (ראו בראשית רבה כד,א).

היה חסוי, היו כורכים אותה וחותמים בחותמת. **אֲשֶׁר** אם **יִתְּנוּ אֹתוֹ**
אֶל יוֹדֵעַ לקרוא **בַסֵּפֶר לֵאמֹר: קְרָא נָא** את **זֶה – וְאָמַר: לֹא אוּכַל** לקרוא,
כִּי חָתוּם הוּא, ואין לי רשות לקרוע את החותם. יב **וְ**אם **נִתַּן** אותו
הַסֵּפֶר עַל, אל **אֲשֶׁר לֹא יָדַע סֵפֶר לֵאמֹר: קְרָא נָא זֶה – וְאָמַר: לֹא יָדַעְתִּי**
סֵפֶר, גם אילו היה פתוח. המאורעות יהיו כחידה סתומה הן בעבור
קוראי הקורות הן בעבור מי שאינם מתבוננים בהם.

יג **וַיֹּאמֶר אֲדֹנָי: יַעַן כִּי נִגַּשׁ** אלי **הָעָם הַזֶּה** להתפלל לכאורה, אבל רק
בְּפִיו וּבִשְׂפָתָיו כִּבְּדוּנִי, וְאילו את **לִבּוֹ רִחַק מִמֶּנִּי, וַתְּהִי יִרְאָתָם אֹתִי מִצְוַת**
אֲנָשִׁים מְלֻמָּדָה, מורגלת. למראית עין האנשים ממלמלים תפילות
ובאים לבית המקדש, אבל כל מעשיהם נעשים כטקס חיצוני וכנימוס
מקובל לפי נורמה חברתית או פקודת שלטון, כאילו אינן מצוות
ה׳ אלא מצוות אנשים.[13] יד **לָכֵן הִנְנִי יוֹסִף**, אוסיף **לְהַפְלִיא**, להתמיה
אֶת הָעָם הַזֶּה הַפְלֵא וָפֶלֶא. וְאָבְדָה חָכְמַת חֲכָמָיו, וּבִינַת נְבֹנָיו תִּסְתַּתָּר.
כשם שהם מקיימים רק את המבנה החיצוני של המערכת, כך ה׳
יראה להם את הפן החיצוני בלבד של ההתרחשויות. את תוכנן לא
יבינו אפילו החכמים והנבונים.[14]

עתה פונה התוכחה אל עושי רע בתחבולות: טו **הוֹי, הַמַּעֲמִיקִים**
לחפור ולהתחבא, כביכול, **מֵה׳, לַסְתִּר**, להסתיר **עֵצָה**, מזימה. **וְהָיָה**
בְמַחְשָׁךְ מַעֲשֵׂיהֶם, וַיֹּאמְרוּ: מִי רֹאֵנוּ וּמִי יוֹדְעֵנוּ?! כיוון שאין איש יודע
ורואה אותנו, גם ה׳ לא יראה.

טז **הַפְכְּכֶם**! ההיפך הוא הנכון.[15] **הַאִם כְּחֹמֶר**, כאדמה המשמשת
ליצירת כלים, **הַיֹּצֵר**, הקדר-האומן[16] **יֵחָשֵׁב**?! האם עושה הכלי
דומה בעיניכם לחומר שבו הוא משתמש לעשיית הכלי?! האם
חוקי החומר ומגבלותיו חלים על היוצר?! יתרה מזו - **כִּי יֹאמַר**
מַעֲשֶׂה לְעֹשֵׂהוּ, על עושהו: "**לֹא עָשָׂנִי**"?! רעיון בסיסי זה חוזר בכמה
מקומות.[17] אדם אינו יכול להסתיר דברים ממי שעשה אותו או
להתכחש אליו. **וְיֵצֶר**, יצור **אָמַר לְיוֹצְרוֹ**, על יוצרו: "**לֹא הֵבִין**"?! האם
יכול הכד לטעון כי הקדר אינו מבין בכדים?! יז **הֲלוֹא עוֹד מְעַט מִזְעָר**,

חומר ביד יוצר

מְעַט מִזְעָר וְשָׁב לְבָנוֹן לַכַּרְמֶל וְהַכַּרְמֶל לַיַּעַר יֵחָשֵׁב: וְשָׁמְעוּ יח
בַיּוֹם־הַהוּא הַחֵרְשִׁים דִּבְרֵי־סֵפֶר וּמֵאֹפֶל וּמֵחֹשֶׁךְ עֵינֵי עִוְרִים
תִּרְאֶינָה: וְיָסְפוּ עֲנָוִים בַּיהוָה שִׂמְחָה וְאֶבְיוֹנֵי אָדָם בִּקְדוֹשׁ יט
יִשְׂרָאֵל יָגִילוּ: כִּי־אָפֵס עָרִיץ וְכָלָה לֵץ וְנִכְרְתוּ כָּל־שֹׁקְדֵי אָוֶן: כ
מַחֲטִיאֵי אָדָם בְּדָבָר וְלַמּוֹכִיחַ בַּשַּׁעַר יְקֹשׁוּן וַיַּטּוּ בַתֹּהוּ כא
צַדִּיק: לָכֵן כֹּה־אָמַר יהוה אֶל־בֵּית יַעֲקֹב אֲשֶׁר פָּדָה כב
אֶת־אַבְרָהָם לֹא־עַתָּה יֵבוֹשׁ יַעֲקֹב וְלֹא עַתָּה פָּנָיו יֶחֱוָרוּ: כִּי כג
בִרְאוֹתוֹ יְלָדָיו מַעֲשֵׂה יָדַי בְּקִרְבּוֹ יַקְדִּישׁוּ שְׁמִי וְהִקְדִּישׁוּ אֶת־
קְדוֹשׁ יַעֲקֹב וְאֶת־אֱלֹהֵי יִשְׂרָאֵל יַעֲרִיצוּ: וְיָדְעוּ תֹעֵי־רוּחַ בִּינָה כד
וְרוֹגְנִים יִלְמְדוּ־לֶקַח: הוֹי בָּנִים סוֹרְרִים נְאֻם־יהוה א ל
לַעֲשׂוֹת עֵצָה וְלֹא מִנִּי וְלִנְסֹךְ מַסֵּכָה וְלֹא רוּחִי לְמַעַן סְפוֹת
חַטָּאת עַל־חַטָּאת: הַהֹלְכִים לָרֶדֶת מִצְרַיִם וּפִי לֹא שָׁאָלוּ לָעוֹז ב
בְּמָעוֹז פַּרְעֹה וְלַחְסוֹת בְּצֵל מִצְרָיִם: וְהָיָה לָכֶם מָעוֹז פַּרְעֹה ג
לְבֹשֶׁת וְהֶחָסוּת בְּצֵל־מִצְרַיִם לִכְלִמָּה: כִּי־הָיוּ בְצֹעַן שָׂרָיו ד

ביאור | בעוד זמן קצר **וְשָׁב**, יהפוך **לְבָנוֹן**, המשופע בעצים נישאים **לַכַּרְמֶל**, לאזור נגיש של שדות וכרמים, **וְהַכַּרְמֶל** – **לַיַּעַר** עצי סרק **יֵחָשֵׁב**.[18] יחולו תהפוכות במעמדם ובכוחם של הבריות לטוב ולרע. יח **וְשָׁמְעוּ בַיּוֹם הַהוּא** – ביום הגאולה **הַחֵרְשִׁים דִּבְרֵי סֵפֶר**, **וּמֵאֹפֶל וּמֵחֹשֶׁךְ עֵינֵי עִוְרִים תִּרְאֶינָה**. מגבלות אנוש יוסרו, ויכולות חדשות יתפתחו; בין שהדבר יקרה באופן ממשי או במליצה המבטאת את יציאתה של האמת לאור.[19] יט **וְיָסְפוּ**, יוסיפו **עֲנָוִים**, עניים, עלובים, אלו הנתונים כעת במצב שפל[20] **בַּה׳ שִׂמְחָה** בעולם החדש, **וְאֶבְיוֹנֵי אָדָם**, אנשים דלים ועזובים, **בִּקְדוֹשׁ יִשְׂרָאֵל**, בה׳ **יָגִילוּ**. כ השפלים יוגבהו, והמתנשאים יושפלו **כִּי אָפֵס עָרִיץ**, אדם תקיף וכוחני,[21] **וְכָלָה לֵץ**, רשע,[22] **וְנִכְרְתוּ כָּל שֹׁקְדֵי אָוֶן**, המזדרזים בחריצות להרשיע, כא **מַחֲטִיאֵי אָדָם בְּדָבָר**, בדיבור, וְאותם אנשים **שֶׁלַּמּוֹכִיחַ** העומד **בַּשַּׁעַר** – בשער העיר התכנסו לפעילות מסחרית, פוליטית ומשפטית, ובו גם נאספו נכבדיה להכריז, לדון, לשפוט ולהוכיח[23] – **יְקֹשׁוּן**, יטמנו מוקשים ומלכודות.

וַיַּטּוּ בַתֹּהוּ, בדברי ריק **צַדִּיק** מדרכו. כל אלה ייכרתו מן העולם, ולא יישאר זכר מעושי רעה ומאנשי ערמה.

כב **לָכֵן כֹּה אָמַר ה׳ אֶל בֵּית יַעֲקֹב אֲשֶׁר פָּדָה אֶת אַבְרָהָם**. יעקב וביתו
הוא שהציל את אברהם מבחינה היסטורית, בכך שמימש את דרכו.
לולא משפחת יעקב לא היה נשאר מאברהם אלא זיכרון רחוק.[24]
לֹא עַתָּה, בזמן הגאולה **יֵבוֹשׁ יַעֲקֹב, וְלֹא עַתָּה פָּנָיו יֶחֱוָרוּ**, לא ילבינו
פניו מבושה. כג **כִּי בִרְאֹתוֹ**, כאשר יראה את **יְלָדָיו**, שהם **מַעֲשֵׂה יָדַי
בְּקִרְבּוֹ, יַקְדִּישׁוּ** את **שְׁמִי**, ולא יהיה מעשיהם מן השפה ולחוץ כמקודם,
וְהִקְדִּישׁוּ אֶת קְדוֹשׁ יַעֲקֹב, וְאֶת אֱלֹהֵי יִשְׂרָאֵל יַעֲרִיצוּ. כד **וְיָדְעוּ תֹעֵי רוּחַ**,
אלו שלא מצאו את דרכם עד אז, **בִּינָה, וְרוֹגְנִים**, מתלוננים, אנשים
שלעולם אינם מרוצים,[25] **יִלְמְדוּ לֶקַח**, ולא ירגנו עוד.[26]

מבטחי שווא שיכזיבו, הבטחות אמת שיתגלו
פרקים ל–לג

גם הנבואות הבאות מכילות דברי תוכחה ונחמה ליושבי ירושלים. הן עוסקות בנושאי מדיניות עכשווית בצד אירועים עתידים.

הנביא מתייחס לניסיונותיהם של אנשי השלטון בממלכת יהודה להתערב בפוליטיקה הגדולה. ממלכות יהודה וישראל הקטנות היו ממוקמות במשך דורות רבים בין שתי המעצמות של ראזור; מצרים בדרום ואשור המתחזקת והולכת בצפון. מאוחר יותר החליפה המעצמה הצפונית בבבל ואחר כך בפרס. את המתח ששרר בין המעצמות הגדולות הללו, ניסו המדינות שבתווך לנצל לטובתן. הנביא ישעיהו מתריע על הנטייה, המבוהלת משהו, לסמוך על מצרים ולהיעזר בה. אמנם למצרים היה כוח עמידה, אבל להבטחותיה לא היה משקל רב. גם נביאים אחרים אמרו דברים דומים,[1] ולהבדיל, גם השליחים האשוריים הצהירו שאין לסמוך על המצרים.[2] נראה כי שרי יהודה ניסו לקומם מדינה חזקה שתנהל משא ומתן עם מצרים כשווה מול שווה, אבל לאמתו של דבר לא היה ליהודה כל כוח פוליטי. ישעיהו מנבא שמדיניות זו תקרוס בקרוב, ועם זאת ה׳ ישבור את אשור ומלכה.

לאחר שיתנפצו אלילי בני האדם ותחבולותיהם, וידעו לפנות אל ה׳ המפעיל מעצמות ומשדד מערכות, יקום עולם חדש, שבו יפעלו השמים והארץ יחדיו. בני האדם יפנו אל ה׳ ואל נביאיו, והוא ייענה, יורה להם דרך ישרה ובטוחה ויברך את מעשה ידיהם. ה׳ יגונן על ירושלים וישכון בה, והיא תקבל את מלכותו.

פרק ל א **הוֹי, בָּנִים סוֹרְרִים, נְאֻם ה׳**, הרוצים **לַעֲשׂוֹת עֵצָה וְלֹא מִנִּי**, ממני
וְלִנְסֹךְ מַסֵּכָה וְלֹא רוּחִי. נראה שמסכה זו אינה עבודה זרה מובהקת
אלא עיצוב הוכניות וקביעת תבניות ביד בני אדם שלא ברצון ה׳,[3]
לְמַעַן סְפוֹת, להוסיף **חַטָּאת עַל חַטָּאת**.

הנביא מפרש כלפי מה הדברים אמורים: ב **הַהֹלְכִים לָרֶדֶת מִצְרַיִם**
לדיונים מדיניים, ואת **פִּי לֹא שָׁאָלוּ**, כדי **לָעוֹז בְּמָעוֹז**, לשאוב ביטחון
מכוחו של **פַּרְעֹה וְלַחְסוֹת בְּצֵל מִצְרָיִם**. המבטח הזה יכזיב ויבייש: ג **וְהָיָה
לָכֶם מָעוֹז פַּרְעֹה לְבֹשֶׁת**, לבושה, **וְהֶחָסוּת בְּצֵל מִצְרַיִם לִכְלִמָּה**. ד **כִּי הָיוּ**

וּמַלְאָכָיו חָנֵס יַגִּיעוּ׃ כֹּל הֹבְאִישׁ עַל־עַם לֹא־יוֹעִילוּ לָמוֹ לֹא לְעֵזֶר ה
וְלֹא לְהוֹעִיל כִּי לְבֹשֶׁת וְגַם־לְחֶרְפָּה׃ מַשָּׂא בַּהֲמוֹת ו
נֶגֶב בְּאֶרֶץ צָרָה וְצוּקָה לָבִיא וָלַיִשׁ מֵהֶם אֶפְעֶה וְשָׂרָף מְעוֹפֵף
יִשְׂאוּ עַל־כֶּתֶף עוֹרִים חֵילֵיהֶם וְעַל־דַּבֶּשֶׁת גְּמַלִּים אוֹצְרֹתָם עַל־ עֲיָרִים
עַם לֹא יוֹעִילוּ׃ וּמִצְרַיִם הֶבֶל וָרִיק יַעְזֹרוּ לָכֵן קָרָאתִי לָזֹאת רַהַב ז
הֵם שָׁבֶת׃ עַתָּה בּוֹא כָתְבָהּ עַל־לוּחַ אִתָּם וְעַל־סֵפֶר חֻקָּהּ וּתְהִי ח
לְיוֹם אַחֲרוֹן לָעַד עַד־עוֹלָם׃ כִּי עַם מְרִי הוּא בָּנִים כֶּחָשִׁים בָּנִים ט
לֹא־אָבוּ שְׁמוֹעַ תּוֹרַת יהוה׃ אֲשֶׁר אָמְרוּ לָרֹאִים לֹא תִרְאוּ י
וְלַחֹזִים לֹא תֶחֱזוּ־לָנוּ נְכֹחוֹת דַּבְּרוּ־לָנוּ חֲלָקוֹת חֲזוּ מַהֲתַלּוֹת׃
סוּרוּ מִנֵּי־דֶרֶךְ הַטּוּ מִנֵּי־אֹרַח הַשְׁבִּיתוּ מִפָּנֵינוּ אֶת־קְדוֹשׁ יא
יִשְׂרָאֵל׃ לָכֵן כֹּה אָמַר קְדוֹשׁ יִשְׂרָאֵל יַעַן יב
מָאָסְכֶם בַּדָּבָר הַזֶּה וַתִּבְטְחוּ בְּעֹשֶׁק וְנָלוֹז וַתִּשָּׁעֲנוּ עָלָיו׃ לָכֵן יג

ביאור

בְצֹעַן, עיר הבירה של מצרים[4] **שָׂרָיו** של מלך יהודה,[5] **וּמַלְאָכָיו**, שליחי יהודה **לחָנֵס** עיר עתיקה מרכזית במצרים, **יַגִּיעוּ**. ה **כֹּל**, כל מעשיהם של בני יהודה[6] **הֹבְאִישׁ**, מביישים ומבזים וכן מבאישים ומצחינים,[7] בהישענם **עַל עַם** שלא **יוֹעִילוּ לָמוֹ**, להם, **לֹא לְעֵזֶר וְלֹא לְהוֹעִיל, כִּי לְבֹשֶׁת וְגַם לְחֶרְפָּה**. אין כל ממש בתמיכה המצרית. הנביא ממחיש את הפנייה למצרים בדמות מסע לערי מצרים הכרוך בסיכונים. ו **מַשָּׂא בַּהֲמוֹת** בהמות טעונות משא צועדות לכיוון **נֶגֶב**, דרומה,[8] **בְּאֶרֶץ צָרָה וְצוּקָה**, שבה **לָבִיא וָלַיִשׁ**, אריה **מֵהֶם**, מהמהם, משמיע קול, וכן **אֶפְעֶה וְשָׂרָף**, נחש **מְעוֹפֵף**.[9] **יִשְׂאוּ עַל כֶּתֶף עֲיָרִים**, חמורים צעירים את **חֵילֵיהֶם**, רכושם, **וְעַל דַּבֶּשֶׁת גְּמַלִּים** הם מעמיסים את **אוֹצְרֹתָם**, לסחור בהם עם המצרים, להביאם כמנחה, או על מנת לרדת לגור שם, **עַל**, אל **עַם לֹא יוֹעִילוּ**. ז **וּמִצְרַיִם הֶבֶל וָרִיק יַעְזֹרוּ. לָכֵן קָרָאתִי לָזֹאת: רַהַב**, התרברבות

העולם

חָנֵס שמה מוזכר בתעודות מצריות כעיר הבירה של מצרים במאה ה–21 לפנה"ס, וכן בתעודות אשוריות מהמאה ה–7 לפנה"ס. נחלקו החוקרים בזיהוי מקומה. היו שזיהו אותה, בגלל דמיון השם, עם הֶנֶן–נֶשׁוּת במצרים התיכונה, (שמה היווני מהמאה ה–3 לפנה"ס: 'היראקליופוליס מגנה'), מצפון לבני סואף; והיו שזיהו אותה עם תחפנחס (ירמיה ב,טז), תל דפנה שבצפון–מזרח הדלתה של הנילוס, סמוך לקנטרה של היום.

הֵם – המצרים. **שָׁבֶת**, חדלו מהם, מאחר שאין בהם תועלת ותוחלת.

ה׳ ממשיך להוכיח את הבנים הסוררים: ח **עַתָּה בּוֹא**, הנביא, **כָתְבָהּ**
את נבואתך **עַל לוּחַ** שיהיה **אִתָּם**, **וְעַל סֵפֶר חֻקָּהּ**, חקוק אותה, **וּתְהִי**
לְיוֹם אַחֲרוֹן לָעַד עַד עוֹלָם. ט **כִּי עַם מְרִי**, מורד הוא, **בָּנִים כֶּחָשִׁים**,
מכחישים, **בָּנִים לֹא אָבוּ**, רצו **לִשְׁמוֹעַ תּוֹרַת ה׳.** י **אֲשֶׁר אָמְרוּ לָרֹאִים**,
לכל מי שרואה, ובפרט לנביאים: **״לֹא תִרְאוּ״**, **וְלַחֹזִים**: **״לֹא תֶחֱזוּ לָנוּ**
נְכֹחוֹת, דברי תוכחת אמת. אם אתם רוצים לדבר ולהתנבא – **דַּבְּרוּ**
לָנוּ חֲלָקוֹת, נבאו נבואות פופולריות, ולא דברים שלא יתקבלו
בציבור. **חֲזוּ מַהֲתַלּוֹת.** חזיונותיכם על העתיד יהיו רק משמחים
ומשעשעים. יא **סוּרוּ מִנֵּי**, מן **הַדֶּרֶךְ. הַטּוּ**, פנו **מִנֵּי אֹרַח**, דרך. **הַשְׁבִּיתוּ**
מִפָּנֵינוּ אֶת קְדוֹשׁ יִשְׂרָאֵל. אל תדברו בשם ה׳.[10] הניחו לנו לנהל את
ענייננו״.

יב **לָכֵן כֹּה אָמַר קְדוֹשׁ יִשְׂרָאֵל: יַעַן מָאָסְכֶם**, כיוון שאתם מואסים
בַּדָּבָר הַזֶּה – בדברי, **וַתִּבְטְחוּ בְּעֹשֶׁק וְנָלוֹז**, עקום, **וַתִּשָּׁעֲנוּ עָלָיו**, יג **לָכֵן**

מצרים התחתונה
- צֹעַן וחָנֵס

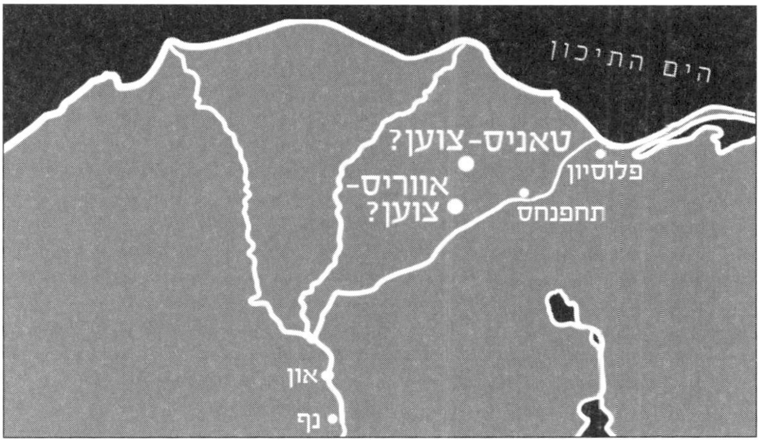

הרחבות

רהב ושֶׁבֶת ייתכן שזהו דימוי זואולוגי: הרהב הוא יצור ימי גדול, והשבת הוא מעין דיונון או סרטן וכיוצא בו. הנביא אומר בכך שהישות היהירה המידמה למפלצת ים אימתניה, אינה אלא יצור שורט קטן. (רַהַב, המזוהה עם דמות ימית גדולה ומאיימת, ומכונה גם ׳שרו של ים׳, הוא כינוי למצרים או ל׳שרו של מצרים׳ בכמה מקומות. ראו למשל להלן נא,ט תהלים פז,ד; בבא בתרא עד ע״ב ומהרש״א שם; זוהר שמות קע ו–ע״ב ורש״י איוב ט,יג. ייתכן שרהב מתחלפת בלהב, שכן אצל המצרים לא הייתה הבחנה ברורה בין ל׳ ל–ר׳, ואולי יש קשר לשוני בין מלה זו ללוב הגובלת עם מצרים).

הרבה מעבר לכתוב במקרא על גאוותם ויהירותם של המצרים, עולה תכונה זו מתוך הכתבים המצריים עצמם. המצרים הקדמונים האמינו שבידם נמצאת כל חכמת העולם ושהם המציאו הכול. הם ראו את עצמם כמשכילים וכתרבותיים, ואילו את שאר העמים תפסו כברברים מחוסרי תרבות וחסרי כל ערך. (ראו עוד יחזקאל כט,טו; רשב״ם וחזקוני בראשית מג,לב).

יִהְיֶה לָכֶם הֶעָוֺן הַזֶּה כְּפֶרֶץ נֹפֵל נִבְעֶה בְּחוֹמָה נִשְׂגָּבָה אֲשֶׁר־
פִּתְאֹם לְפֶתַע יָבוֹא שִׁבְרָהּ: וּשְׁבָרָהּ כְּשֵׁבֶר נֵבֶל יוֹצְרִים כָּתוּת לֹא י ד
יַחְמֹל וְלֹא־יִמָּצֵא בִמְכִתָּתוֹ חֶרֶשׂ לַחְתּוֹת אֵשׁ מִיָּקוּד וְלַחְשֹׂף מַיִם
מִגֶּבֶא: כִּי כֹה־אָמַר אֲדֹנָי יֱהֹוִה קְדוֹשׁ יִשְׂרָאֵל טו
בְּשׁוּבָה וָנַחַת תִּוָּשֵׁעוּן בְּהַשְׁקֵט וּבְבִטְחָה תִּהְיֶה גְּבוּרַתְכֶם וְלֹא
אֲבִיתֶם: וַתֹּאמְרוּ לֹא־כִי עַל־סוּס נָנוּס עַל־כֵּן תְּנוּסוּן וְעַל־קַל טז
נִרְכָּב עַל־כֵּן יִקַּלּוּ רֹדְפֵיכֶם: אֶלֶף אֶחָד מִפְּנֵי גַּעֲרַת אֶחָד מִפְּנֵי יז
גַּעֲרַת חֲמִשָּׁה תָּנֻסוּ עַד אִם־נוֹתַרְתֶּם כַּתֹּרֶן עַל־רֹאשׁ הָהָר וְכַנֵּס
עַל־הַגִּבְעָה: וְלָכֵן יְחַכֶּה יהוה לַחֲנַנְכֶם וְלָכֵן יָרוּם לְרַחֶמְכֶם כִּי־ יח
אֱלֹהֵי מִשְׁפָּט יהוה אַשְׁרֵי כָּל־חוֹכֵי לוֹ: כִּי־עַם יט
בְּצִיּוֹן יֵשֵׁב בִּירוּשָׁלִָם בָּכוֹ לֹא־תִבְכֶּה חָנוֹן יָחְנְךָ לְקוֹל זַעֲקֶךָ
כְּשָׁמְעָתוֹ עָנָךְ: וְנָתַן לָכֶם אֲדֹנָי לֶחֶם צָר וּמַיִם לָחַץ וְלֹא־יִכָּנֵף עוֹד כ
מוֹרֶיךָ וְהָיוּ עֵינֶיךָ רֹאוֹת אֶת־מוֹרֶיךָ: וְאָזְנֶיךָ תִּשְׁמַעְנָה דָבָר כא
מֵאַחֲרֶיךָ לֵאמֹר זֶה הַדֶּרֶךְ לְכוּ בוֹ כִּי תַאֲמִינוּ וְכִי תַשְׂמְאִילוּ:
וְטִמֵּאתֶם אֶת־צִפּוּי פְּסִילֵי כַסְפֶּךָ וְאֶת־אֲפֻדַּת מַסֵּכַת זְהָבֶךָ תִּזְרֵם כב
כְּמוֹ דָוָה צֵא תֹּאמַר לוֹ: וְנָתַן מְטַר זַרְעֲךָ אֲשֶׁר־תִּזְרַע אֶת־ כג
הָאֲדָמָה וְלֶחֶם תְּבוּאַת הָאֲדָמָה וְהָיָה דָשֵׁן וְשָׁמֵן יִרְעֶה מִקְנֶיךָ
בַּיּוֹם הַהוּא כַּר נִרְחָב: וְהָאֲלָפִים וְהָעֲיָרִים עֹבְדֵי הָאֲדָמָה בְּלִיל כד

ביאור | **יִהְיֶה לָכֶם הֶעָוֺן הַזֶּה כְּפֶרֶץ**, סדק **נֹפֵל** שנִבְעֶה, נחשף **בְּחוֹמָה נִשְׂגָּבָה**, גבוהה. הסדק הולך ומתרחב, וכשמגיעה הזדמנות, **פִּתְאֹם לְפֶתַע יָבוֹא שִׁבְרָהּ**, ייפרץ הסדק והחומה תיהרס. כגובה החומה – כך גודל נזק נפילתה. יד **וּשְׁבָרָהּ כְּשֵׁבֶר נֵבֶל יוֹצְרִים**, כלי חרס המשמש בעיקר ליין,[11] **כָּתוּת**, מנופץ – **לֹא יַחְמֹל** השובר, **וְלֹא יִמָּצֵא בִמְכִתָּתוֹ**, בין שבריו **חֶרֶשׂ**, חרס **לַחְתּוֹת אֵשׁ**, גחלת **מִיָּקוּד**, ממוקד, ממקום הבערה, **וְלַחְשֹׂף**, לדלות **מַיִם מִגֶּבֶא**, מגומה קטנה. השברים יהיו כה זעירים שלא יהיו ראויים לשימוש כלשהו.

טו **כִּי כֹה אָמַר ה' אֱלֹהִים קְדוֹשׁ יִשְׂרָאֵל: בְּשׁוּבָה וָנַחַת תִּוָּשֵׁעוּן**. ישועתכם
תהיה במתינות. **בְּהַשְׁקֵט וּבְבִטְחָה תִּהְיֶה גְּבוּרַתְכֶם**,
וְאילו אתם **לֹא אֲבִיתֶם** שכך יהיה. טז **וַתֹּאמְרוּ: "לֹא כִי**, אלא **עַל סוּס
נָנוּס**, נתרומם".[12]
עַל כֵּן תְּנוּסוּן. זהו משחק מצלולי בעיצורים נ' ו־ס' – לא תתנוססו
על סוס, אלא תנוסו.[13]
וכאמרכם: **עַל** סוס או גמל[14] **קַל נִרְכָּב**.
עַל כֵּן לא אתם תהיו קלים, אלא **יִקַּלּוּ רֹדְפֵיכֶם**.
יז **אֶלֶף אֶחָד** מאנשיכם ינוסו **מִפְּנֵי גַּעֲרַת אֶחָד, מִפְּנֵי גַּעֲרַת חֲמִשָּׁה
תָּנֻסוּ, עַד אִם נוֹתַרְתֶּם** לבסוף **כַּתֹּרֶן** הנשאר לבדו **עַל רֹאשׁ הָהָר, וְכַנֵּס**,
כדגל או מוט בולט **עַל הַגִּבְעָה**. יח ומכיוון שאינכם מעוניינים
בישועת ה', **לָכֵן יְחַכֶּה ה'** ולא ימהר **לַחֲנַנְכֶם**, לחון אתכם, **וְלָכֵן יָרוּם**,
יתרחק **מְלַרַחֶמְכֶם**,[15] **כִּי אֱלֹהֵי מִשְׁפָּט ה'. אַשְׁרֵי כָּל חוֹכֵי**, המחכים
לוֹ.

עתה עיבר הנביא לנחם את יושבי ירושלים. יט **כִּי עַם בְּצִיּוֹן יֵשֵׁב,
בִּירוּשָׁלָם**, ושם **בָּכוֹ לֹא תִבְכֶּה**, כי **חָנוֹן יָחְנְךָ** ה' **לְקוֹל זַעֲקֶךָ, כְּשָׁמְעָתוֹ**,
כפי שהוא שומע זעקתך **עָנָךְ**, הוא יענה לך. אולם הישועה לא תגיע
מיד באופן מלא, אלא תופיע תחילה בצמצום ובהדרגה: כ **וְנָתַן לָכֶם
אֲדֹנָי לֶחֶם צָר וּמַיִם לָחַץ**, ולמרות זאת **לֹא יִכָּנֵף עוֹד מוֹרֶיךָ**, מורה הצדק
שלכם לא ייסתר עוד, בין אם זהו המשיח,[16] בין אם ה' עצמו,[17] **וְהָיוּ
עֵינֶיךָ רֹאוֹת אֶת מוֹרֶיךָ**. הוא יתגלה לעיני כול. כא ובאותו זמן – **אָזְנֶיךָ
תִּשְׁמַעְנָה דָבָר מֵאַחֲרֶיךָ**. האוזניים יהיו כרויות, וההנחיה תימצא
לֵאמֹר: זֶה הַדֶּרֶךְ, לְכוּ בוֹ, כִּי בין אם **תַאֲמִינוּ**, תפנו ימינה, **וְכִי**, ובין אם
תַשְׂמְאִילוּ, תפנו שמאלה. לא הכול יתגלה בבת אחת, שכן מתחילה
לא תראו דבר, וההדרכה תבוא מאחוריכם. ובכל זאת תקבלו הוראה
מפורשת על דרך הישר.[18] כב **וְטִמֵּאתֶם אֶת**, תמאסו **בְּצִפּוּי פְּסִילֵי
כַסְפֶּךָ וְאֶת אֲפֻדַּת**, קישוט **מַסֵּכַת זְהָבֶךָ**, האלילים ואביזריהם. **תִּזְרֵם**,
תפזרם **כְּמוֹ דָוָה**, כמו חולה וכאובה וגם: טמאה.[19] תדחו מעליכם
את העבודה הזרה כפי שדוחים לכלוך וזוהמה – **"צֵא"**,[20] **תֹּאמַר לוֹ** –
לפסל.

כג או אז – **וְנָתַן ה' מְטַר זַרְעֲךָ אֲשֶׁר תִּזְרַע אֶת הָאֲדָמָה**, וכן את **לֶחֶם
תְּבוּאַת הָאֲדָמָה, וְהָיָה** הלחם[21] **דָשֵׁן וְשָׁמֵן**.[22] **יִרְעֶה מִקְנֶיךָ בַּיּוֹם הַהוּא כַּר
נִרְחָב**, במישור רחב ידיים.[23] כד **וְהָאֲלָפִים**, השוורים **וְהָעֲיָרִים**, החמורים

כה חָמִיץ יֹאכֵלוּ אֲשֶׁר־זֹרֶה בָרַחַת וּבַמִּזְרֶה׃ וְהָיָה ׀ עַל־כָּל־הַר גָּבֹהַ
וְעַל כָּל־גִּבְעָה נִשָּׂאָה פְּלָגִים יִבְלֵי־מָיִם בְּיוֹם הֶרֶג רָב בִּנְפֹל
כו מִגְדָּלִים׃ וְהָיָה אוֹר־הַלְּבָנָה כְּאוֹר הַחַמָּה וְאוֹר הַחַמָּה יִהְיֶה
שִׁבְעָתַיִם כְּאוֹר שִׁבְעַת הַיָּמִים בְּיוֹם חֲבֹשׁ יהוה אֶת־שֶׁבֶר עַמּוֹ
כז וּמַחַץ מַכָּתוֹ יִרְפָּא׃ הִנֵּה שֵׁם־יהוה בָּא מִמֶּרְחָק בֹּעֵר
כח אַפּוֹ וְכֹבֶד מַשָּׂאָה שְׂפָתָיו מָלְאוּ זַעַם וּלְשׁוֹנוֹ כְּאֵשׁ אֹכָלֶת׃ וְרוּחוֹ
כְּנַחַל שׁוֹטֵף עַד־צַוָּאר יֶחֱצֶה לַהֲנָפָה גוֹיִם בְּנָפַת שָׁוְא וְרֶסֶן
כט מַתְעֶה עַל לְחָיֵי עַמִּים׃ הַשִּׁיר יִהְיֶה לָכֶם כְּלֵיל הִתְקַדֶּשׁ־חָג
וְשִׂמְחַת לֵבָב כַּהוֹלֵךְ בֶּחָלִיל לָבוֹא בְהַר־יהוה אֶל־צוּר יִשְׂרָאֵל׃
ל וְהִשְׁמִיעַ יהוה אֶת־הוֹד קוֹלוֹ וְנַחַת זְרוֹעוֹ יַרְאֶה בְּזַעַף אַף וְלַהַב
לא אֵשׁ אוֹכֵלָה נֶפֶץ וָזֶרֶם וְאֶבֶן בָּרָד׃ כִּי־מִקּוֹל יהוה יֵחַת אַשּׁוּר
לב בַּשֵּׁבֶט יַכֶּה׃ וְהָיָה כֹּל מַעֲבַר מַטֵּה מוּסָדָה אֲשֶׁר יָנִיחַ יהוה עָלָיו
לג בְּתֻפִּים וּבְכִנֹּרוֹת וּבְמִלְחֲמוֹת תְּנוּפָה נִלְחַם־בָּה׃ כִּי־עָרוּךְ בָּם

ביאור | הצעירים עֹבְדֵי הָאֲדָמָה – בְּלִיל חָמִיץ יֹאכֵלוּ. תערובת מספוא מובחרת המכילה דגן וקטניות. אֲשֶׁר זֹרֶה, שבורר ממוץ בָרַחַת וּבַמִּזְרֶה, כלי זרייה. כה וְהָיָה עַל כָּל הַר גָּבֹהַ וְעַל כָּל גִּבְעָה נִשָּׂאָה פְּלָגִים יִבְלֵי, נחלי מָיִם, כך יהיה בְּיוֹם הֶרֶג רָב, בִּנְפֹל מִגְדָּלִים. המגדלים, המחסה המדומה של ישראל, יתמוטטו. החומות ייהרסו, ורבים ייהרגו. עם זאת, ייפתחו מעיינות ומים ישפעו בכל מקום. מתוך חורבנו של העולם הישן יצמח עולם חדש וגאול. כו ובאותה תקופה – וְהָיָה אוֹר הַלְּבָנָה

העולם | חָמִיץ מזוהה עם הקטנית חימצה, חומוס (שם מדעי: Cicer arietinum), צמח ממשפחת הקטניות, שגובהו 20–50 ס"מ. גם בימינו מאכילים את הבקר בתערובות של דגן וקטניות.

רַחַת כלי זרייה הדומה לכף עץ מרובעת ושטוחה. לעתים הייתה לרחת מסגרת דפנות.

מִזְרֶה מין קלשון המשמש להעברת תבואה או להפרדת השיבולים מגרעיני התבואה על ידי זרייתה, כלומר הנפתה, של התבואה לרוח.

חָלִיל כלי נשיפה. קנה מפולש העשוי עץ, עצם, ולעתים מתכת או מצופה בה. נזכר מספר פעמים בתנ"ך (שמואל א' י,ה ומלכים א' א,מ). קולו מזכיר המיה (ראו ירמיה מח,לו). בהיותו קל למשא שימש החליל לנגינה בתהלוכות. הנגינה בו מכונה בלשון משנה 'הכאה' (ביכורים ג,ג) בגלל הקשת האצבעות על נקביו להפקת צלילים שונים בסתימת הנקבים ובפתיחתם.

כְּאוֹר הַחַמָּה, וְאוֹר הַחַמָּה יִהְיֶה שִׁבְעָתַיִם פי שבע מכפי שהוא כעת
-[24] כְּאוֹר שִׁבְעַת הַיָּמִים. האור הכביר שהיה בעולם בראשיתו, עוד
קודם שנבראו המאורות. אור זה, הנעלה מאור השמש, יזרח ביום
הגאולה -[25] בְּיוֹם חֲבֹשׁ ה' אֶת שֶׁבֶר עַמּוֹ, וּמַחַץ, פגיעת מַכָּתוֹ יִרְפָּא.

הנביא ממשיך בדימוי הכפול של ההתגלות העתידית: כו הִנֵּה שֵׁם
ה' בָּא להתגלות מִמֶּרְחָק, בֹּעֵר אַפּוֹ, כעסו וְכֹבֶד מַשָּׂאָה, משא כבד
מחמת העברות.[26] שְׂפָתָיו מָלְאוּ זַעַם, וּלְשׁוֹנוֹ כְּאֵשׁ אֹכָלֶת. כח וְרוּחוֹ
תהיה כְּנַחַל שׁוֹטֵף שעַד צַוָּאר יֶחֱצֶה, לַהֲנָפָה, להניף גּוֹיִם בְּנָפַת שָׁוְא,
נפה מדומה. לא יצטרכו לדבר ממשי ומוחשי להניפם, וְרֶסֶן, בלם
מַתְעֶה, למרות שאינו אמתי, יונח עַל לְחָיֵי עַמִּים, ויהא די בו שלא
יעזו למרוד.[27] כט הַשִּׁיר יִהְיֶה לָכֶם - לישראל כְּלֵיל הִתְקַדֶּשׁ חָג, כשירי
ליל הפסח, שבו מתכנסים כל ישראל סביב הקרבן בשירה והלל.[28]
וְשִׂמְחַת לֵבָב תהיה בעולם בכלל כַּהוֹלֵךְ בֶּחָלִיל, כמו בתהלוכה חגיגית
שבראשה צועד המנגן בחליל לאות שמחה.[29] לָבוֹא בְהַר ה' אֶל צוּר
יִשְׂרָאֵל. בצד התחושה המרנינה יתגלה גם זעם ה': ל וְהִשְׁמִיעַ ה' אֶת
הוֹד קוֹלוֹ וְנַחַת זְרוֹעוֹ יַרְאֶה בְּזַעַף אַף, בכעס וְלַהַב, להבת אֵשׁ אוֹכֵלָה,
נֶפֶץ, קולות התפוצצות וָזֶרֶם, גשם עז וְאֶבֶן בָּרָד. לא כִּי מִקּוֹל ה' יֵחַת,
יישבר אַשּׁוּר, בַּשֵּׁבֶט יַכֶּה אותם ה'.[30] לב וְהָיָה כֹּל מקום מַעֲבַר מַטֵּה,
שוט ההכאה מוּסָדָה, בכל מקום מבוסס ויציב אֲשֶׁר יָנִיחַ ה' עָלָיו
את ידו – בְּתֻפִּים וּבְכִנֹּרוֹת וּבְמִלְחֲמוֹת תְּנוּפָה נִלְחַם בָּם. התגלות ה'
תלֻווה מצד אחד בשיר ונגן, ומצד אחר - בסערה וזעם.[31] לג כִּי

חומוס
('חמיץ'?)

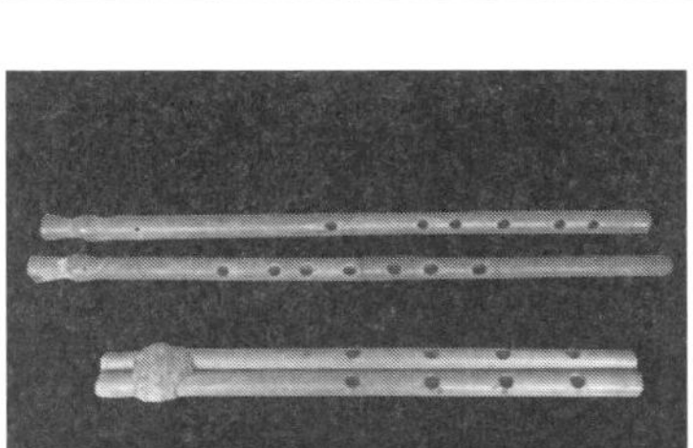

מימין:
זורה במִזְרֶה

משמאל:
חלילים
המחצית האחרונה
של האלף ה-2
לפנה"ס
מצרים

הִיא מֵאֶתְמוּל תָּפְתֶּה גַּם־הִוא לַמֶּלֶךְ הוּכָן הֶעְמִיק הִרְחִב
מְדֻרָתָהּ אֵשׁ וְעֵצִים הַרְבֵּה נִשְׁמַת יהוה כְּנַחַל גָּפְרִית בֹּעֲרָה
בָּהּ׃ הוֹי הַיֹּרְדִים מִצְרַיִם לְעֶזְרָה עַל־סוּסִים יִשָּׁעֵנוּ א לא
וַיִּבְטְחוּ עַל־רֶכֶב כִּי רָב וְעַל פָּרָשִׁים כִּי־עָצְמוּ מְאֹד וְלֹא שָׁעוּ
עַל־קְדוֹשׁ יִשְׂרָאֵל וְאֶת־יְהוָה לֹא דָרָשׁוּ׃ וְגַם־הוּא חָכָם וַיָּבֵא רָע ב
וְאֶת־דְּבָרָיו לֹא הֵסִיר וְקָם עַל־בֵּית מְרֵעִים וְעַל־עֶזְרַת פֹּעֲלֵי אָוֶן׃
וּמִצְרַיִם אָדָם וְלֹא־אֵל וְסוּסֵיהֶם בָּשָׂר וְלֹא־רוּחַ וַיהוָה יַטֶּה יָדוֹ ג
וְכָשַׁל עוֹזֵר וְנָפַל עָזֻר וְיַחְדָּו כֻּלָּם יִכְלָיוּן׃ כִּי כֹה ד
אָמַר־יְהוָה ׀ אֵלַי כַּאֲשֶׁר יֶהְגֶּה הָאַרְיֵה וְהַכְּפִיר עַל־טַרְפּוֹ אֲשֶׁר
יִקָּרֵא עָלָיו מְלֹא רֹעִים מִקּוֹלָם לֹא יֵחָת וּמֵהֲמוֹנָם לֹא יַעֲנֶה כֵּן יֵרֵד
יְהוָה צְבָאוֹת לִצְבֹּא עַל־הַר־צִיּוֹן וְעַל־גִּבְעָתָהּ׃ כְּצִפֳּרִים עָפוֹת ה
כֵּן יָגֵן יְהוָה צְבָאוֹת עַל־יְרוּשָׁלִָם גָּנוֹן וְהִצִּיל פָּסֹחַ וְהִמְלִיט׃ שׁוּבוּ ו
לַאֲשֶׁר הֶעְמִיקוּ סָרָה בְּנֵי יִשְׂרָאֵל׃ כִּי בַּיּוֹם הַהוּא יִמְאָסוּן אִישׁ ז

ביאור | עָרוּךְ מֵאֶתְמוּל, משכבר הימים תָּפְתֶּה, התופת. **גַּם הִיא לַמֶּלֶךְ הוּכָן.** הגיהינום הוכנה לכול, אפילו למלך. **הֶעְמִיק הִרְחִב מְדֻרָתָהּ, אֵשׁ וְעֵצִים הַרְבֵּה, נִשְׁמַת ה׳** ורוחו **כְּנַחַל גָּפְרִית בֹּעֲרָה בָּהּ.**

כפל פנים להתגלות עתידית זו של ה׳: מצד אחד, כל הניסיונות להשיג כוח ועצמה ייכשלו; ומצד אחר, ה׳ יושיע את עמו לפי דרכו ויבנה עולם חדש. הגאולה תופיע במגוון גילויים – הרס ופריחה, מחץ וריפוי, קולות שיר ורינה וקולות מלחמה ונפץ.

הנביא שב לגנות את החיזורים אחר מצרים: פרק לא א **הוֹי, הַיֹּרְדִים מִצְרַיִם לְעֶזְרָה,** לקבל סיוע צבאי ומדיני, **עַל סוּסִים יִשָּׁעֵנוּ.** הסוסים המצריים נחשבו כמובחרים. הם היו כעין מונופול של הממלכה המצרית.[32] **וַיִּבְטְחוּ עַל רֶכֶב** מצרים **כִּי רָב, וְעַל פָּרָשִׁים כִּי עָצְמוּ מְאֹד,**

העולם | **כְּצִפֳּרִים עָפוֹת** מהמפרשים החדשים היו שראו בדימוי של ירושלים לציפור המגוננת על קנה, תגובה לדברי סנחריב הרשומים על מנסרת טין שנמצאת בידינו. שם הוא מתאר את המצור על חזקיהו בירושלים במלים "אותו כלאתי בירושלים עיר מלכותו כציפור בכלוב". (מטבע לשון דומה נמצא רק פעם אחת נוספת בתעודות אשוריות – בתיאור מצור תגלת פלסר השלישי על רצין מלך ארם בדמשק).

וְלֹא שָׁעוּ, פנו **עַל** אל **קְדוֹשׁ יִשְׂרָאֵל, וְאֶת ה׳ לֹא דָרָשׁוּ**. עיסוקם הפוליטי הסיח את דעתם מלפנות אל ה׳ ולשמוע אל דברו.

כנגד חכמתם ותחבולותיהם של אלו, מזהיר הנביא: ב **וְגַם הוּא** – קדוש ישראל, **חָכָם**, ולכן לא יוכלו להערים עליו ולעמוד כנגדו, **וַיָּבֵא רָע**, בכוחו להביא את הרעות שבהן איים, **וְאֶת דְּבָרָיו**, דברי אזהרותיו **לֹא הֵסִיר**. **וְקָם**, והוא יכול להסתער **עַל בֵּית מְרֵעִים, וְעַל עֶזְרַת**, עוזרי **פֹּעֲלֵי אָוֶן**, פושעים. ג ומנגד **מִצְרַיִם** אינם אלא **אָדָם וְלֹא אֵל, וְסוּסֵיהֶם בָּשָׂר וְלֹא רוּחַ**. כוחותיהם ארציים ביותר. ואם רק ה׳ **יַטֶּה**, יושיט, או יפנה מהם את[33] **יָדוֹ** – **וְכָשַׁל עוֹזֵר וְנָפַל עָזֻר, וְיַחְדָּו כֻּלָּם יִכְלָיוּן**, יאבדו. המצרים אינם די חזקים להחזיק את עצמם, כל שכן להוות משענת לאחרים.

ד **כִּי כֹה אָמַר ה׳ אֵלַי: כַּאֲשֶׁר יֶהְגֶּה**, ינהם **הָאַרְיֵה, וְהַכְּפִיר**, אריה צעיר וחזק יהמה **עַל טַרְפּוֹ, אֲשֶׁר**, ואם **יִקָּרֵא**, יוזעק **עָלָיו מְלֹא**, קיבוץ **רֹעִים**, להקים רעש גדול ממרחק בטוח כדי להבריחו – **מִקּוֹלָם לֹא יֵחָת**, יפחד, **וּמֵהֲמוֹנָם לֹא יַעֲנֶה**, יגיב, או: ייכנע – **כֵּן יֵרֵד ה׳ צְבָאוֹת לִצְבֹּא**, לחנות כנגד צבא אשור המאיים[34] ולגונן **עַל הַר צִיּוֹן וְעַל גִּבְעָתָהּ**, ואין מוחה בעדו.

ובדימוי אחר מעולם החי: ה **כְּצִפֳּרִים עָפוֹת**, המעופפות ומגוננות על קניהן, **כֵּן יָגֵן ה׳ צְבָאוֹת עַל יְרוּשָׁלִָם, גָּנוֹן וְהִצִּיל, פָּסֹחַ**, מדלג על מקומות אחדים, או: חונן[35] **וְהִמְלִיט**, וממלט אחרים.[36]

ו כיוון שה׳ הוא המגונן ורק עליו אפשר להישען – **שׁוּבוּ לַאֲשֶׁר הֶעְמִיקוּ סָרָה**, על הדברים הרעים שהשתרשו בכם, **בְּנֵי יִשְׂרָאֵל**. ז **כִּי**, אכן **בַּיּוֹם**

מנסרת סנחריב

אֱלִילֵי כַסְפּוֹ וֶאֱלִילֵי זְהָבוֹ אֲשֶׁר עָשׂוּ לָכֶם יְדֵיכֶם חֵטְא׃ וְנָפַל ח
אַשּׁוּר בְּחֶרֶב לֹא־אִישׁ וְחֶרֶב לֹא־אָדָם תְּאכְלֶנּוּ וְנָס לוֹ מִפְּנֵי־חֶרֶב
וּבַחוּרָיו לָמַס יִהְיוּ׃ וְסַלְעוֹ מִמָּגוֹר יַעֲבוֹר וְחַתּוּ מִנֵּס שָׂרָיו נְאֻם־ ט
יהוה אֲשֶׁר־אוּר לוֹ בְּצִיּוֹן וְתַנּוּר לוֹ בִּירוּשָׁלִָם׃ הֵן א לב
לְצֶדֶק יִמְלָךְ־מֶלֶךְ וּלְשָׂרִים לְמִשְׁפָּט יָשֹׂרוּ׃ וְהָיָה־אִישׁ כְּמַחֲבֵא־ ב
רוּחַ וְסֵתֶר זָרֶם כְּפַלְגֵי־מַיִם בְּצָיוֹן כְּצֵל סֶלַע־כָּבֵד בְּאֶרֶץ עֲיֵפָה׃
וְלֹא תִשְׁעֶינָה עֵינֵי רֹאִים וְאָזְנֵי שֹׁמְעִים תִּקְשַׁבְנָה׃ וּלְבַב נִמְהָרִים ג ד
יָבִין לָדָעַת וּלְשׁוֹן עִלְּגִים תְּמַהֵר לְדַבֵּר צָחוֹת׃ לֹא־יִקָּרֵא עוֹד ה
לְנָבָל נָדִיב וּלְכִילַי לֹא יֵאָמֵר שׁוֹעַ׃ כִּי נָבָל נְבָלָה יְדַבֵּר וְלִבּוֹ ו
יַעֲשֶׂה־אָוֶן לַעֲשׂוֹת חֹנֶף וּלְדַבֵּר אֶל־יהוה תּוֹעָה לְהָרִיק נֶפֶשׁ
רָעֵב וּמַשְׁקֶה צָמֵא יַחְסִיר׃ וְכֵלַי כֵּלָיו רָעִים הוּא זִמּוֹת יָעָץ לְחַבֵּל ז
עֲנִיִּים ענוים בְּאִמְרֵי־שֶׁקֶר וּבְדַבֵּר אֶבְיוֹן מִשְׁפָּט׃ וְנָדִיב נְדִיבוֹת יָעָץ ח
וְהוּא עַל־נְדִיבוֹת יָקוּם׃ נָשִׁים שַׁאֲנַנּוֹת קֹמְנָה ט
שְׁמַעְנָה קוֹלִי בָּנוֹת בֹּטְחוֹת הַאְזֵנָּה אִמְרָתִי׃ יָמִים עַל־שָׁנָה י
תִּרְגַּזְנָה בֹּטְחוֹת כִּי כָּלָה בָצִיר אֹסֶף בְּלִי יָבוֹא׃ חִרְדוּ שַׁאֲנַנּוֹת יא
רְגָזָה בֹּטְחוֹת פְּשֹׁטָה וְעֹרָה וַחֲגוֹרָה עַל־חֲלָצָיִם׃ עַל־שָׁדַיִם יב

ביאור | הַהוּא, שבו יתגלה ה׳ בכוחו, יִמְאָסוּן אִישׁ את אֱלִילֵי כַסְפּוֹ וֶאֱלִילֵי זְהָבוֹ אֲשֶׁר עָשׂוּ לָכֶם יְדֵיכֶם, שהם מעשי חֵטְא. ח ובאשר לפחדכם מאשור – המאמצים להיעזר במצרים לא ישנו דבר כי לבסוף – וְנָפַל אַשּׁוּר בְּחֶרֶב לֹא אִישׁ, וְחֶרֶב לֹא אָדָם תְּאכְלֶנּוּ. חרב שאיננה אנושית תכלה אותו.[37] וְנָס לוֹ אשור מִפְּנֵי חֶרֶב הרודפת, וּבַחוּרָיו ייתפסו ולָמַס עובד יִהְיוּ. ט וְסַלְעוֹ, תוקפו של אשור מִמָּגוֹר, מחמת האימה יַעֲבוֹר, ייעלם. וְחַתּוּ, יפחדו מִנֵּס, מפני דגל המלחמה שָׂרָיו, נְאֻם ה׳, אֲשֶׁר אוּר לוֹ, שהאש שלו בוערת בְּצִיּוֹן, וְתַנּוּר לוֹ במקום המקדש בִּירוּשָׁלִָם. בידו עצמתן של אש ולהבה, והוא שיגן על עירו ועל ביתו.[38]

הרחבות | ׳לֹא יִקָּרֵא עוד לְנָבָל נדיב׳ בחברה שאינה מתוקנת עשויים להתייחס לנבל כאל נדיב; אם מפעם לפעם יתרום דבר מה, יהללו אותו וישבחוהו על כך. בחברות שונות מעדיפים להחניף לעשירים, להזכיר את שמם, להרעיף עליהם שבחים ולהעניק להם תארי כבוד, רק בשל כספם או עצמתם.

עתה יתאר הנביא את ההתנהגות הראויה לשלטון, ואת הטובה
הבאה בעקבותיה; ומנגד – את המפלה המדינית והחברתית הצפויה,
אם לא יתוקנו הפגמים: פרק לב א **הֵן** לְמַעַן שמירת **הַצֶּדֶק יִמְלָךְ**
מֶלֶךְ, וּלְשָׂרִים, ועל שרים ייאמר:[39] **לְמִשְׁפָּט יָשֹׂרוּ.** שררתם נתונה להם
כדי לבונן משפט. ב **וְהָיָה הָאִישׁ**, המלך השולט בצדק **כְּמַחֲבֵא**, כמו
מחבוא מפני **רוּחַ, וְסֵתֶר**, וכמו מסתור מפני **זָרֶם.** במשול הצדק ירגיש
כל אדם מוגן ובטוח. ובאופן אחר – **כְּפַלְגֵי מַיִם**, נחלים קטנים **בְּצָיוֹן**,
במדבר שומם, **כְּצֵל סֶלַע כָּבֵד בְּאֶרֶץ עֲיֵפָה**, צמאה ויבשה. המלך
והשרים הראויים מדומים למקורות הגנה אמינים ונחוצים. כאשר
תינתן ההגנה, והרעננות תישמר, ייפתחו החושים לקלוט דברי אמת
– ג **וְלֹא תִשְׁעֶינָה עֵינֵי רֹאִים**, העיניים לא יסטו מראייה נכוחה, **וְאָזְנֵי**
שֹׁמְעִים תִּקְשַׁבְנָה לדבר ה'.[40] ד ואפילו **לְבַב נִמְהָרִים**, קצרי רוח, חסרי
מנוחה, שאין דעתם מיושבת ללמוד – לבם **יָבִין לָדָעַת, וּלְשׁוֹן עִלְּגִים**,
כבדי לשון שאינם יודעים לדבר כראוי[41] **תְּמַהֵר לְדַבֵּר צָחוֹת.** ה **לֹא**
יִקָּרֵא עוֹד לְנָבָל, לרע עין –[42] **נָדִיב, וּלְכִילַי**, על קמצן[43] **לֹא יֵאָמֵר שׁוֹעַ**,
איש גדול ונכבד[44] הפועל בנדיבות.[45] ו **כִּי** בסופו של דבר **הַנָּבָל** – דברי
נְבָלָה יְדַבֶּר, וְלִבּוֹ יַעֲשֶׂה, יצמיח, יגרום **אָוֶן**, עוול, **לַעֲשׂוֹת חֹנֶף**, להחניף
וּלְדַבֵּר אֶל, על **ה' תּוֹעָה**, דברים מגונים, **לְהָרִיק**, לרוקן **נֶפֶשׁ רָעֵב, וּמַשְׁקֶה**
מִצָּמֵא יַחְסִיר. הנבל לוקח מרכושם של העניים ואינו מתחשב ביושר
ובמוסר. ז **וְכֵלַי**, והקמצן – **כֵּלָיו**, אבריו, כוחות פעולתו **רָעִים; הוּא**
זִמּוֹת, מזימות רשע **יָעָץ, לְחַבֵּל**, להזיק **לַעֲנִיִּים בְּאִמְרֵי שֶׁקֶר** ולחבל **בְּדַבֵּר**
אֶבְיוֹן מִשְׁפָּט, כששוטח האביון את טענותיו הישרות. ח ולעומת
זאת, **נָדִיב** אמתי – **נְדִיבוֹת יָעָץ**, יוזם ומדבר על חשיבותם של מעשי
חסד ונדיבות, **וְהוּא עַל נְדִיבוֹת** גם **יָקוּם.** מקיים זאת גם בפועל. אין
הוא מסתפק בכך ששמו מתפרסם בחוצות כנדיב.

מתיאור המציאות הרצויה פונה הנביא אל המציאות העכשווית
הרעועה, המזמינה קינה והספד: ט **נָשִׁים שַׁאֲנַנּוֹת**, שלוות, נטולות כל
דאגה, **קֹמְנָה שְׁמַעְנָה קוֹלִי, בָּנוֹת בֹּטְחוֹת, הַאְזֵנָּה אִמְרָתִי**:[46] כעת העולם
רגוע, אבל יבוא זמן שבו הביטחון יתערער. י **יָמִים עַל שָׁנָה**, שנה
אחר שנה[47] **תִּרְגַּזְנָה**, ירעדו **הַבֹּטְחוֹת, כִּי כָּלָה**, ואין עוד **בָצִיר, אֹסֶף**,
אסיף התבואה והפֵּרות[48] **בְּלִי, לֹא יָבוֹא** הביתה. יא **חִרְדוּ, שַׁאֲנַנּוֹת!**
רְגָזָה, רגזו, **בֹּטְחוֹת!** זמנים קשים באים. אדישותם של המנהיגים
הרסה את החברה, ותוצאות הדבר ישפיעו על הכול. **פְּשֹׁטָה** בגדיכן,
וְעֹרָה, וחשפו בשרכן, **וַחֲגוֹרָה עַל חֲלָצַיִם**, מותניים, לאות אבל

סֹפְדִים עַל־שְׂדֵי־חֶמֶד עַל־גֶּפֶן פֹּרִיָּה׃ עַל אַדְמַת עַמִּי קוֹץ שָׁמִיר יג
תַּעֲלֶה כִּי עַל־כָּל־בָּתֵּי מָשׂוֹשׂ קִרְיָה עַלִּיזָה׃ כִּי־אַרְמוֹן נֻטָּשׁ הֲמוֹן יד
עִיר עֻזָּב עֹפֶל וָבַחַן הָיָה בְעַד מְעָרוֹת עַד־עוֹלָם מְשׂוֹשׂ פְּרָאִים
מִרְעֵה עֲדָרִים׃ עַד־יֵעָרֶה עָלֵינוּ רוּחַ מִמָּרוֹם וְהָיָה מִדְבָּר לַכַּרְמֶל טו
(וְהַכַּרְמֶל) וכרמל לַיַּעַר יֵחָשֵׁב׃ וְשָׁכַן בַּמִּדְבָּר מִשְׁפָּט וּצְדָקָה בַּכַּרְמֶל תֵּשֵׁב׃ טז
וְהָיָה מַעֲשֵׂה הַצְּדָקָה שָׁלוֹם וַעֲבֹדַת הַצְּדָקָה הַשְׁקֵט וָבֶטַח עַד־ יז
עוֹלָם׃ וְיָשַׁב עַמִּי בִּנְוֵה שָׁלוֹם וּבְמִשְׁכְּנוֹת מִבְטַחִים וּבִמְנוּחֹת יח
שַׁאֲנַנּוֹת׃ וּבָרַד בְּרֶדֶת הַיָּעַר וּבַשִּׁפְלָה תִּשְׁפַּל הָעִיר׃ אַשְׁרֵיכֶם יט כ
זֹרְעֵי עַל־כָּל־מָיִם מְשַׁלְּחֵי רֶגֶל־הַשּׁוֹר וְהַחֲמוֹר׃ הוֹי שׁוֹדֵד א לג
וְאַתָּה לֹא שָׁדוּד וּבוֹגֵד וְלֹא־בָגְדוּ בָךְ כַּהֲתִמְךָ שׁוֹדֵד תּוּשַּׁד
כַּנְּלֹתְךָ לִבְגֹּד יִבְגְּדוּ־בָךְ׃ יְהוָה חָנֵּנוּ לְךָ קִוִּינוּ הֱיֵה זְרֹעָם ב
לַבְּקָרִים אַף־יְשׁוּעָתֵנוּ בְּעֵת צָרָה׃ מִקּוֹל הָמוֹן נָדְדוּ עַמִּים ג

ביאור | או כביטוי ליציאה לגלות בחוסר כול.

יב **עַל שָׁדַיִם סֹפְדִים.** נשים מכות על לבן, כפי שהיה נהוג בשעת קינה בימים עברו,[49]

עַל חורבן **שְׂדֵי**, שדות **חֶמֶד**,

עַל גֶּפֶן פֹּרִיָּה שאיננה עוד,

יג **עַל אַדְמַת עַמִּי**, אשר **קוֹץ שָׁמִיר**, שיח קוצני[50] **תַּעֲלֶה**, תצמיח,

כִּי, כמו גם **עַל כָּל בָּתֵּי מָשׂוֹשׂ**, שמחה של **קִרְיָה עַלִּיזָה**. יד **כִּי אַרְמוֹן**

הרחבות | **'יֵעָרֶה עלינו רוח ממרום'** דימוי זה מקביל למגוון ביטויים של התחדשות רוחנית עתידית, המופיעים בנבואות אחרות – הברית החדשה שיכרות ה' עם ישראל (ירמיה לא,ל-לג), המים הטהורים שהוא עתיד לזרוק עליהם (יחזקאל לו,כה) ורוח הנבואה ודעת ה' שתישפך על כל בשר (יואל ג,א).

בנבואה כללית זו מתוארים זמנים שבהם עולם כמנהגו נוהג – התפקידים מוגדרים, וכל אחד עומד במדרגתו הראויה לו; ולעומתם – מצבים שבהם הכול מתמוטט, שלום החברה וביטחונה מתערערים, וכל זה מביא לשפלות ושיממון. הנביא צופה שלעתיד לבוא ישוב הכול על מכונו. אין הוא חוזה כאן גאולה מפוארת ורבת רושם, אלא חיים שקטים של חברה מתוקנת, המשופעת במים והחיה בשלווה על אדמתה המעובדת.

בהמשך תחזור ותישנה התבנית הכוללת של מצבי סבל ופחד שלאחריהם ניצחון. אפשר – כפי שכתבו כמה מהמפרשים – שאף הנבואה הזו מתייחסת למצור סנחריב על ירושלים ולמפלתו בימי חזקיהו. עם זאת, הדברים הללו – שאין להם תאריך ולא כתובת – כלליים מאוד, והם יכולים להתייחס גם למעגלי אימה וניצחון בזמנים אחרים. (ראו רד"ק ואברבנאל בסוף הפרק).

נָטָשׁ, ננטש, הֲמוֹן עִיר עֻזָּב, נעזב. עֹפֶל, תל או מגדל מבוצר[51] וָבַחַן,
מעין מגדל צופים[52] הָיָה בְעַד, הפך לִמְעָרוֹת עַד עוֹלָם, לִמְשׂוֹשׂ פְּרָאִים,
לְמִרְעֵה עֲדָרִים. חיות פרא משוטטות בשמחה בחורבות המבנים
שננטשו.

אך לבסוף תהיה תקנה: טו עַד יֵעָרֶה, יישפך עָלֵינוּ רוּחַ שתתקן את כל
הדרוש תיקון, מִמָּרוֹם. וְהָיָה אז מִדְבָּר לַכַּרְמֶל, מקום מרעה ונטיעות,
וְהַכַּרְמֶל לַיַּעַר יֵחָשֵׁב, כי יצמיח עצים רבים ועבותים. המקומות העזובים
והשוממים ייושבו ויוריקו.[53] טז וְשָׁכַן אפילו בַּמִּדְבָּר מִשְׁפָּט, המשפט
יימצא בכל מקום. וּצְדָקָה גם בַּכַּרְמֶל תֵּשֵׁב. יז וְהָיָה מַעֲשֵׂה הַצְּדָקָה
מתוך שָׁלוֹם ושלווה, וַעֲבֹדַת הַצְּדָקָה תהיה הַשְׁקֵט וָבֶטַח, ללא מאמץ
ויגיעה רבה עַד עוֹלָם. כל הזקוקים לעזרה יקבלו אותה לבטח. יח וְיָשַׁב
עַמִּי בִּנְוֵה שָׁלוֹם וּבְמִשְׁכְּנוֹת מִבְטַחִים וּבִמְנוּחֹת שַׁאֲנַנּוֹת. העם ישב
במקומו בשלווה. יט וּבָרַד בְּרֶדֶת, גם כאשר ירד הברד על עצי
הַיָּעַר, וּבַשִּׁפְלָה תִּשְׁפַּל הָעִיר, ומי הגשמים יסחפו את האדמה, עד
כדי כך שהקרקע תונמך – כ אַשְׁרֵיכֶם, יושבי בטח המנהלים את
חייכם בשלווה, כי תהיו זֹרְעֵי עַל כָּל מָיִם, הממשיכים לזרוע על כל
סוגי המים ולמרות כל הסיכונים, וּמְשַׁלְּחֵי רֶגֶל הַשּׁוֹר וְהַחֲמוֹר לחרוש
ולעבוד.[54]

פנייה אל האויב: פרק לג א הוֹי, שׁוֹדֵד, וְאַתָּה לֹא שָׁדוּד. אתה נראה
כבעל עצמה המסוגל לפגוע באחרים, אך חסין בפני כל פגיעה; וּבוֹגֵד
באחרים, וְלֹא בָגְדוּ בוֹ, אתה, השפל מבחינה מוסרית, דע כי חוסנך
אינו לעד - כַּהֲתִמְךָ, כאשר תסיים שׁוֹדֵד, לשדוד – תּוּשַּׁד, תישדד
בידי אחרים. כַּנְּלֹתְךָ, ככלותך[55] לִבְגֹּד – יִבְגְּדוּ בָךְ.

לאחר שהזכיר את האויב מתפלל הנביא תפילה קצרה על
הישועה: ב ה', חָנֵּנוּ, לְךָ קִוִּינוּ. הֱיֵה זְרֹעָם, חוזקם של ישראל לַבְּקָרִים,
בכל בוקר, אַף יְשׁוּעָתֵנוּ תהיה בְּעֵת צָרָה. ג מִקּוֹל הָמוֹן, הרעש שהשמעת
בעבר נָדְדוּ עַמִּים, מֵרוֹמְמֻתֶךָ נָפְצוּ, נפוצו, התפזרו גּוֹיִם.

פראים

מֵרֽוֹמְמֻתֶךָ נָפְצוּ גּוֹיִם: וְאֻסַּף שְׁלַלְכֶם אֹסֶף הֶחָסִיל כְּמַשַּׁק גֵּבִים ד
שֹׁקֵק בּוֹ: נִשְׂגָּב יהוה כִּי שֹׁכֵן מָרוֹם מִלֵּא צִיּוֹן מִשְׁפָּט וּצְדָקָה: ה
וְהָיָה אֱמוּנַת עִתֶּיךָ חֹסֶן יְשׁוּעֹת חָכְמַת וָדָעַת יִרְאַת יהוה הִיא ו
אוֹצָרוֹ: הֵן אֶרְאֶלָּם צָעֲקוּ חֻצָה מַלְאֲכֵי שָׁלוֹם מַר יִבְכָּיוּן: ז
נָשַׁמּוּ מְסִלּוֹת שָׁבַת עֹבֵר אֹרַח הֵפֵר בְּרִית מָאַס עָרִים לֹא חָשַׁב ח
אֱנוֹשׁ: אָבַל אֻמְלְלָה אָרֶץ הֶחְפִּיר לְבָנוֹן קָמַל הָיָה הַשָּׁרוֹן כָּעֲרָבָה ט
וְנֹעֵר בָּשָׁן וְכַרְמֶל: עַתָּה אָקוּם יֹאמַר יהוה עַתָּה אֵרוֹמָם עַתָּה י
אֶנָּשֵׂא: תַּהֲרוּ חֲשַׁשׁ תֵּלְדוּ קַשׁ רוּחֲכֶם אֵשׁ תֹּאכַלְכֶם: וְהָיוּ עַמִּים יא יב
מִשְׂרְפוֹת שִׂיד קוֹצִים כְּסוּחִים בָּאֵשׁ יִצַּתּוּ: שִׁמְעוּ יג
רְחוֹקִים אֲשֶׁר עָשִׂיתִי וּדְעוּ קְרוֹבִים גְּבֻרָתִי: פָּחֲדוּ בְצִיּוֹן חַטָּאִים יד
אָחֲזָה רְעָדָה חֲנֵפִים מִי ׀ יָגוּר לָנוּ אֵשׁ אוֹכֵלָה מִי־יָגוּר לָנוּ מוֹקְדֵי
עוֹלָם: הֹלֵךְ צְדָקוֹת וְדֹבֵר מֵישָׁרִים מֹאֵס בְּבֶצַע מַעֲשַׁקּוֹת נֹעֵר טו
כַּפָּיו מִתְּמֹךְ בַּשֹּׁחַד אֹטֵם אָזְנוֹ מִשְּׁמֹעַ דָּמִים וְעֹצֵם עֵינָיו
מֵרְאוֹת בְּרָע: הוּא מְרוֹמִים יִשְׁכֹּן מְצָדוֹת סְלָעִים מִשְׂגַּבּוֹ טז

ביאור | וחוזר לנבא על אחריתו של האויב: ד **וְאֻסַּף**, יישמד **שְׁלַלְכֶם**, השלל ששדדתם, **כאֹסֶף הֶחָסִיל**, כמו היבול שאוסף ומכחיד הארבה, **כְּמַשַּׁק גֵּבִים**, כמו שקשוק המים הזורמים בדרכים ובתעלות ומתנקזים לבסוף בגומות, כך יהיה **שׁוֹקֵק**, רועש **בּוֹ** – בשלל. רכוש האויב ייאסף בהמולה אל מקום אחד.[56] ה **נִשְׂגָּב ה׳**, **כִּי**, אשר הוא **שֹׁכֵן מָרוֹם**, **מִלֵּא צִיּוֹן מִשְׁפָּט וּצְדָקָה**.

לפני שהנביא יתאר את החורבן, הוא מזכיר ליושב ציון: ו **וְהָיָה אֱמוּנַת עִתֶּיךָ**, אמונתך בכל הזמנים תהיה **חֹסֶן יְשׁוּעֹת**, חוזק תמידי להיוושע בו, **חָכְמַת**, חכמה **וָדָעַת**. ועם כל זה **יִרְאַת ה׳ הִיא אוֹצָרוֹ** – של

הרחבות | **׳מי יגור לנו אש אוכלה, מי יגור לנו מוקדי עולם׳** בבית ה׳ ניצבה המנורה שבה דלקה אש תמיד. המנורה סימלה את נוכחותו הקבועה של ה׳ שם. הישיבה בירושלים – שבה שכן בית זה, ובו אש הקודש, המגלמת גם סכנה – דורשת התנהגות מיוחדת. ומי שלא עמד בה, נתקף בעתה נוכח האויב המתקרב.

מטבעות הלשון כאן מזכירים את הדמות האידיאלית המופיעה בספר תהלים. כך שואל דוד: מִי יָגוּר בְּאָהֳלֶךָ? ועונה: הוֹלֵךְ תָּמִים וּפֹעֵל צֶדֶק וְדֹבֵר אֱמֶת בִּלְבָבוֹ... כַּסְפּוֹ לֹא נָתַן בְּנֶשֶׁךְ וְשֹׁחַד עַל נָקִי לֹא לָקָח. עֹשֵׂה אֵלֶּה לֹא יִמּוֹט לְעוֹלָם (תהלים טו).

ה' או של החוסן. כלומר, יראת ה' היא הדבר המשמר את התוקף, הישועה והדעת, כמחסן שבו נשמרת התבואה.[57]

תיאור החורבן והאימה: ז **הֵן אֶרְאֶלָּם**, מלאכי ישראל[58] **צָעֲקוּ חֻצָה**, בחוצות, על צרותיהם של ישראל. **מַלְאֲכֵי שָׁלוֹם מַר יִבְכָּיוּן**, יבכו: ח **נָשַׁמּוּ מְסִלּוֹת**, הדרכים שוממות, כי **שָׁבַת**, פסק **עֹבֵר אֹרַח**. **הֵפֵר** האויב את **הַבְּרִית** שכרת עם ישראל,[59] **מָאַס עָרִים**, **לֹא חָשַׁב**, לא ייחס חשיבות **לֶאֱנוֹשׁ**. האויב דרס הכול. ט **אָבַל**, אבלה, נעזבה **וְאֻמְלְלָה אָרֶץ**, **הֶחְפִּיר**, נכלם כביכול **לְבָנוֹן**, השטח הפורה משום **שֶׁקָּמַל**, איבד את חיוניותו ויופיו. **הָיָה הַשָּׁרוֹן** שמם **כָּעֲרָבָה**, **וְנֹעֵר**, התרוקנו **בָּשָׁן וְכַרְמֶל**.

והשינוי: י **עַתָּה אָקוּם**, **יֹאמַר ה'**, **עַתָּה אֵרוֹמָם**, אתרומם, **עַתָּה אֶנָּשֵׂא**. ואתב, השונאים,[60] סוף כל תכניותיכם ומעשיכם הבל וריק. יא **תַּהֲרוּ חֲשַׁשׁ**, עשב יבש, **תֵּלְדוּ קַשׁ**, **רוּחֲכֶם**, מחשבתכם היא עצמה **הָאֵשׁ שֶׁתֹּאכַלְכֶם**.[61] יב ובהמשך לדימוי השריפה – **וְהָיוּ עַמִּים** כמו **מִשְׂרְפוֹת שִׂיד**, סיד. את הסיד שורפים בכבשן שבו בוערת אש גדולה וממושכת, ועשנו רב. וכמו **קוֹצִים כְּסוּחִים**, קצוצים, אשר **בָּאֵשׁ יִצַּתּוּ**. יג **שִׁמְעוּ**, **רְחוֹקִים**, את **אֲשֶׁר עָשִׂיתִי**, **וּדְעוּ**, **קְרוֹבִים**, את **גְּבֻרָתִי**.

שוב מתואר מצבם הרעוע של אנשי ירושלים החוטאים, תוך השוואתו לביטחון שהיה צפוי להם אילו חייהם היו מתוקנים: יד **פָּחֲדוּ בְצִיּוֹן חַטָּאִים**, אנשי חטא, **אָחֲזָה רְעָדָה חֲנֵפִים**, מרעים.[62] כיוון שאין להם הגנה אמתית, הם חוששים מפני האויב: **מִי יָגוּר לָנוּ**, מי מאתנו יוכל לשכון בתוך **אֵשׁ אוֹכֵלָה**?! **מִי יָגוּר לָנוּ בְּמוֹקְדֵי**, במדורות **עוֹלָם**?! טו **הֹלֵךְ צְדָקוֹת וְדֹבֵר מֵישָׁרִים**, מדבר דיבורי יושר, **מֹאֵס בְּבֶצַע מַעֲשַׁקּוֹת**, מתעב כסף שנלקח שלא כדין,[63] **נֹעֵר**, מנער **כַּפָּיו מִתְּמֹךְ בַּשֹּׁחַד**, מי שדוחה כל מגע עם השוחד, לבל ידבק בו ממנו דבר, **אֹטֵם אָזְנוֹ מִשְּׁמֹעַ** מזימת **דָּמִים**, **וְעֹצֵם עֵינָיו מֵרְאוֹת** בכל דבר **רָע**. אדם נקי זה בטוח ומבורך. טז **הוּא מְרוֹמִים יִשְׁכֹּן**, **מְצָדוֹת סְלָעִים מִשְׂגַּבּוֹ**. מבוצר ומוגן מכל

משרפת סיד גדולה
התקופה העותמנית
מגדל אפק

לַחְמוֹ נִתָּן מֵימָיו נֶאֱמָנִים׃ מֶלֶךְ בְּיׇפְיוֹ תֶּחֱזֶינָה עֵינֶיךָ תִּרְאֶינָה אֶרֶץ יז
מַרְחַקִּים׃ לִבְּךָ יֶהְגֶּה אֵימָה אַיֵּה סֹפֵר אַיֵּה שֹׁקֵל אַיֵּה סֹפֵר אֶת־ יח
הַמִּגְדָּלִים׃ אֶת־עַם נוֹעָז לֹא תִרְאֶה עַם עִמְקֵי שָׂפָה מִשְּׁמוֹעַ נִלְעַג יט
לָשׁוֹן אֵין בִּינָה׃ חֲזֵה צִיּוֹן קִרְיַת מוֹעֲדֵנוּ עֵינֶיךָ תִרְאֶינָה יְרוּשָׁלַ͏ִם כ
נָוֶה שַׁאֲנָן אֹהֶל בַּל־יִצְעָן בַּל־יִסַּע יְתֵדֹתָיו לָנֶצַח וְכׇל־חֲבָלָיו בַּל־
יִנָּתֵקוּ׃ כִּי אִם־שָׁם אַדִּיר יהוה לָנוּ מְקוֹם־נְהָרִים יְאֹרִים רַחֲבֵי כא
יָדָיִם בַּל־תֵּלֶךְ בּוֹ אֳנִי־שַׁיִט וְצִי אַדִּיר לֹא יַעַבְרֶנּוּ׃ כִּי יהוה שֹׁפְטֵנוּ כב
יהוה מְחֹקְקֵנוּ יהוה מַלְכֵּנוּ הוּא יוֹשִׁיעֵנוּ׃ נִטְּשׁוּ חֲבָלָיִךְ בַּל־יְחַזְּקוּ כג
כֵן־תׇּרְנָם בַּל־פָּרְשׂוּ נֵס אָז חֻלַּק עַד־שָׁלָל מַרְבֶּה פִּסְחִים בָּזְזוּ בַז׃
וּבַל־יֹאמַר שָׁכֵן חָלִיתִי הָעָם הַיֹּשֵׁב בָּהּ נְשֻׂא עָוֺן׃ קִרְבוּ כד א לד
גוֹיִם לִשְׁמֹעַ וּלְאֻמִּים הַקְשִׁיבוּ תִּשְׁמַע הָאָרֶץ וּמְלֹאָהּ תֵּבֵל וְכׇל־
צֶאֱצָאֶיהָ׃ כִּי קֶצֶף לַיהוה עַל־כׇּל־הַגּוֹיִם וְחֵמָה עַל־כׇּל־צְבָאָם ב

ביאור סכנה העלולה להגיע מחוצה לו, ועם זאת, תחול בו ברכת הארץ – **לַחְמוֹ נִתָּן** לו ללא עיכוב, **מֵימָיו נֶאֱמָנִים**, מצויים ומזומנים לו תמיד.

ושוב מתאר ישעיהו את מעגל האימה והתשועה: יז בשלב הראשון – **מֶלֶךְ** אשור, **בְּיׇפְיוֹ תֶּחֱזֶינָה עֵינֶיךָ**, יושב ירושלים, **תִּרְאֶינָה** אותו **מֵאֶרֶץ מַרְחַקִּים**. המלך נראה לך בהדר מלכותו, אלא שמלכותו מרוחקת ומבודדת. כאשר יתקרב אליך האויב, תחוש מחוסר הגנה.[64] יח **לִבְּךָ יֶהְגֶּה אֵימָה**, יתעוררו בך מחשבות מפחידות מול העיר הנצורה: **אַיֵּה סֹפֵר**?! היכן מי שאמור לבדוק את אנשי הצבא וכליו?! **אַיֵּה שֹׁקֵל** את הכספים?! **אַיֵּה סֹפֵר אֶת הַמִּגְדָּלִים**?![65]

יט בסופו של דבר לא יהיה צורך בכל אלה, כי **אֶת עַם נוֹעָז לֹא תִרְאֶה** אצלך, **עַם עִמְקֵי שָׂפָה מִשְּׁמוֹעַ**, ששפתו זרה לאוזנך, **נִלְעַג לָשׁוֹן**,

הרחבות **'אהל בל יצען'** אל מול פחדם של החוטאים בציון ותחושתם כאילו הם מתגוררים במוקד האש, מתואר מצבו של ישר הדרך – כאוהל נטוע לבטח באי שאין דרך להגיע אליו.

אכן כשנחל סנחריב מפלה, הייתה ירושלים, חרף קטנותה, המקום היחיד בעולם שמלך אשור ניגש אליו למלחמה ולא הצליח לנצחו. התבוסה הפתאומית – שגרמה לאויב להיראות כאגדה רחוקה ולא כאיום ממשי – נסכה על העיר תחושת שלווה וביטחון.

שלשונו העילגת מעוררת לעג ובוז, אֵין בִּינָה, שלשונו אינה מובנת.
האיום יחלוף בלא שתצטרך להתמודד עמו ישירות. הכתוב רומז
על צבאות אשור שנחלו מפלה פלאית לפני שהספיקו להילחם
בירושלים. כ כי אם חֲזֵה, רְאה בצִיּוֹן קִרְיַת מוֹעֲדֵנוּ, בה ניוועד בחגינו.[66]
עֵינֶיךָ, שראו מקודם את המלך הזר, תִרְאֶינָה את יְרוּשָׁלִַם כנָוֶה שַׁאֲנָן,
אֹהֶל בַּל יִצְעָן, שלא ייעקר,[67] לא יישח ויתכופף,[68] או: לא ינוע וינדוד
ממקום למקום,[69] בַּל יִסַּע, לא ייעקרו יְתֵדֹתָיו לָנֶצַח, וְכָל חֲבָלָיו בַּל
יִנָּתֵקוּ. למרות שזהו אוהל המחובר ליתדות וחבלים, הוא לא ינדוד
כשאר אוהלים, אלא יהיה בולט וקבוע במקומו. כא כִּי אִם, אכן,
שָׁם – בירושלים אַדִּיר ה׳ לָנוּ. משכנו בציון יהיה בלתי נגיש לאויבים,
כאילו הוא מְקוֹם נְהָרִים, יְאֹרִים רַחֲבֵי יָדָיִם, מוקף בנהרות גדולים, בַּל
תֵּלֶךְ בּוֹ אֳנִי שַׁיִט, מקום שאניות האויב השטות לא יוכלו להגיע אליו,
וְצִי, ספינה אַדִּיר לֹא יַעַבְרֶנּוּ, שכן המקום יהיה מוגן מכל אויב. כב כִּי
ה׳ שֹׁפְטֵנוּ, ה׳ מְחֹקְקֵנוּ, הקובע את חוקינו, ה׳ מַלְכֵּנוּ – הוּא יוֹשִׁיעֵנוּ,
והוא מקור ביטחוננו.

הנביא עובר לדמות את ירושלים לאנייה הנחה בביטחון
ושקט: כג נִטְּשׁוּ, נעזבו חֲבָלָיִךְ, כי אין בהם צורך. בַּל יְחַזְּקוּ אין הם
מחזקים את כֵן, בסיס תָרְנָם, בַּל פָּרְשׂוּ נֵס, מִפרשים.

ישעיהו מסיים בעניין שפתח בו, שדידת השודד: אָז, באותם ימים
חֻלַּק עַד, שללו של האויב, כנראה סנחריב, שְׁלַל מַרְבֶּה, לרוב. השלל כה
מצוי, שאפילו פִּסְחִים, שאינם בני מלחמה והילוך, בָּזְזוּ בַז, מצליחים
להשיגו.[70] כד וּבַל יֹאמַר שָׁכֵן, השוכן במקום הזה לא יאמר עוד:
"חָלִיתִי, אני כובל מחולי", כי הָעָם הַיֹּשֵׁב בָּהּ – בציון הוא נְשֻׂא עָוֺן.
כל עוונותיו כופרו לו, ולכן אינו צריך לחשוש מחולשה ומחלה.

ציית אדום ופריחת ציון
פרקים לד–לה

נבואה זו עוסקת במפלת הגויים בכלל ובגורלה של ארץ אדום בפרט. שורשי היריבות בין ישראל ואדום עתיקים ועמוקים, והם נעוצים עוד בהתרוצצותם של התאומים עשו ויעקב ברחם אמם במאבקם על הבכורה ועל ברכת אביהם. כבר אז נגזר כי נוכח היחלשותם של ישראל יתמרדו כנגדם האדומים, צאצאי עשו.[1] בתקופות אחדות החריפה היריבות בינם לבין ישראל.[2] לנבואת הזעם הזו, שעיקרה על אדום, סמוכה נבואה שכולה נחמה ושמחה לציון, הדומה לנבואות רבות המופיעות בסוף הספר.

פרק לד א קִרְבוּ גוֹיִם לִשְׁמֹעַ וּלְאֻמִּים הַקְשִׁיבוּ, תִּשְׁמַע הָאָרֶץ וּמְלֹאָהּ,
תֵּבֵל וְכָל צֶאֱצָאֶיהָ, תולדותיה, יצורי תבל.[3] ב כִּי קֶצֶף, כעס לַה׳ עַל
כָּל הַגּוֹיִם, וְחֵמָה, כעס עַל כָּל צְבָאָם. לכן הֶחֱרִימָם, המיתם, נְתָנָם

ג הַחֲרִימָם נְתָנָם לַטָּבַח: וְחַלְלֵיהֶם יֻשְׁלָכוּ וּפִגְרֵיהֶם יַעֲלֶה בָאְשָׁם
ד וְנָמַסּוּ הָרִים מִדָּמָם: וְנָמַקּוּ כָּל־צְבָא הַשָּׁמַיִם וְנָגֹלּוּ כַסֵּפֶר
ה הַשָּׁמָיִם וְכָל־צְבָאָם יִבּוֹל כִּנְבֹל עָלֶה מִגֶּפֶן וּכְנֹבֶלֶת מִתְּאֵנָה: כִּי־
רִוְּתָה בַשָּׁמַיִם חַרְבִּי הִנֵּה עַל־אֱדוֹם תֵּרֵד וְעַל־עַם חֶרְמִי לְמִשְׁפָּט:
ו חֶרֶב לַיהוָה מָלְאָה דָם הֻדַּשְּׁנָה מֵחֵלֶב מִדַּם כָּרִים וְעַתּוּדִים
מֵחֵלֶב כִּלְיוֹת אֵילִים כִּי זֶבַח לַיהוָה בְּבָצְרָה וְטֶבַח גָּדוֹל בְּאֶרֶץ
ז אֱדוֹם: וְיָרְדוּ רְאֵמִים עִמָּם וּפָרִים עִם־אַבִּירִים וְרִוְּתָה אַרְצָם
ח מִדָּם וַעֲפָרָם מֵחֵלֶב יְדֻשָּׁן: כִּי יוֹם נָקָם לַיהוָה שְׁנַת שִׁלּוּמִים לְרִיב
ט צִיּוֹן: וְנֶהֶפְכוּ נְחָלֶיהָ לְזֶפֶת וַעֲפָרָהּ לְגָפְרִית וְהָיְתָה אַרְצָהּ
י לְזֶפֶת בֹּעֵרָה: לַיְלָה וְיוֹמָם לֹא תִכְבֶּה לְעוֹלָם יַעֲלֶה עֲשָׁנָהּ מִדּוֹר
יא לָדוֹר תֶּחֱרָב לְנֵצַח נְצָחִים אֵין עֹבֵר בָּהּ: וִירֵשׁוּהָ קָאַת וְקִפּוֹד

ביאור | **לַטָּבַח**, להרג. ג **וְחַלְלֵיהֶם יֻשְׁלָכוּ, וּפִגְרֵיהֶם יַעֲלֶה בָאְשָׁם**, סירחונם כי יהיו מושלכים על פני האדמה ללא קבורה.[4] **וְנָמַסּוּ הָרִים** מרוב **דָּמָם**.

בשמים ייראו אותות. ד **וְנָמַקּוּ**, ירקבו **כָּל צְבָא הַשָּׁמַיִם, וְנָגֹלּוּ**, ייגָּללו, **כַסֵּפֶר הַשָּׁמָיִם**. השמים מדומים לספר הכתוב, הנסגר עתה, שכן אותיותיו מתפוררות. **וְכָל צְבָאָם** של השמים **יִבּוֹל כִּנְבֹל עָלֶה מִגֶּפֶן, וּכְנֹבֶלֶת**, פגה המתייבשת ונופלת מעץ **הַתְּאֵנָה**.[5] אותות השמים הללו רומזים לפעולת ה' בארץ,[6] או שהם דימוי המבטא את חווייתם של יושבי הארץ.[7] ה **כִּי**, כאשר **רִוְּתָה**, שתתה לרוויה **בַשָּׁמַיִם חַרְבִּי**,

העולם | **בָּצְרָה** יש המזהים אותה עם הכפר בֻּצֵירָה השוכן 11 ק"מ מדרום לאטפילה (תופל המקראית), במקום החולש על הדרך הראשית באדום לאורך הרכס המערבי של הר שעיר. בדברי ירמיהו (מח,כד) מופיעה בצרה בין ערי מואב, ועל כן ראה בה רש"י (על אתר ולהלן סג,א ובבראשית לו,לג על פי מדרש בראשית רבה פג,ג) עיר מואבית שלקתה עם אדום משום שהעמידה לאדום מלך. (וראו עוד מכות יב ע"א; שו"ת הריב"ש, מכון ירושלים, נספח בכרך ב עמ' תשע"ד).

וְנֶהֶפְכוּ נְחָלֶיהָ לְזֶפֶת וַעֲפָרָהּ לְגָפְרִית, וְהָיְתָה אַרְצָהּ לְזֶפֶת בֹּעֵרָה בדרום ים המלח וסביבו היו בעבר נביעות של נפט גולמי שמהן הפיקו זפת (אספלט). אלו הן בֶּאֱרֹת בֶּאֱרֹת חֵמָר שנזכרו בספר בראשית (יד,י). נביעות אלו תוארו גם בדברי היסטוריונים מהמאות הראשונות לסה"נ (יוספוס, טקיטוס, דיוסקורידס). הנפט הגולמי והאספלט מכילים תרכובות גופרית המתלקחת בקלות. התפרצותם של חומרים אלה עלולה להפוך את האדמה למקום בערה גדול.

הִנֵּה עתה עַל ארץ אֱדוֹם תֵּרֵד החרב הזו, וְעַל עַם חֶרְמִי, העם שהרגתי
מפני האיבה[8] לְשם עשיית מִשְׁפָּט. ו חֶרֶב לַה' מָלְאָה דָם, הֻדַּשְּׁנָה,
שֻׂבעה מֵחֵלֶב, משומן, מִדַּם כָּרִים, כבשים שמנים וְעַתּוּדִים, תיישים,
זכרי העזים הבוגרים, מֵחֵלֶב כִּלְיוֹת אֵילִים, זכרי הכבשים הבוגרים.
בהמות אלה מסמלות את מנהיגי אדום.[9] כִּי זֶבַח לַה' בְּבָצְרָה, עיר
חשובה באדום,[10] וְטֶבַח גָּדוֹל לו בְּאֶרֶץ אֱדוֹם. ז וְיָרְדוּ רְאֵמִים, חיות בר
גדולות ומקרינות,[11] אולי תאואים, שגודלם כפרים אך הם פראיים
יותר, לטבח עִמָּם, וּפָרִים עִם אַבִּירִים, בקר חזק. מיני בקר אלה
מייצגים את השרים או המלכים שיפלו עם המנהיגים הזוטרים,
שנמשלו לצאן.[12] וְרִוְּתָה אַרְצָם מִדָּם, וַעֲפָרָם מֵחֵלֶב יְדֻשָּׁן. הדם הרב
שיישפך והשומן שיצא בזמן ההרג, ידשנו את האדמה. ח כִּי אז
יבוא יוֹם נָקָם לַה', וּשְׁנַת שִׁלּוּמִים לפרוע מאדום את רִיב צִיּוֹן. ט וְנֶהֶפְכוּ
נְחָלֶיהָ לְזֶפֶת, וַעֲפָרָהּ לְגָפְרִית, וְהָיְתָה אַרְצָהּ לְזֶפֶת בֹּעֵרָה. י לַיְלָה וְיוֹמָם
לֹא תִכְבֶּה האש הזו, לְעוֹלָם יַעֲלֶה עֲשָׁנָהּ. מִדּוֹר לָדוֹר תֶּחֱרַב ארץ אדום,
לְנֵצַח נְצָחִים אֵין עֹבֵר בָּהּ. יא וִירֵשׁוּהָ קָאַת וְקִפּוֹד, עופות בר מובהקים

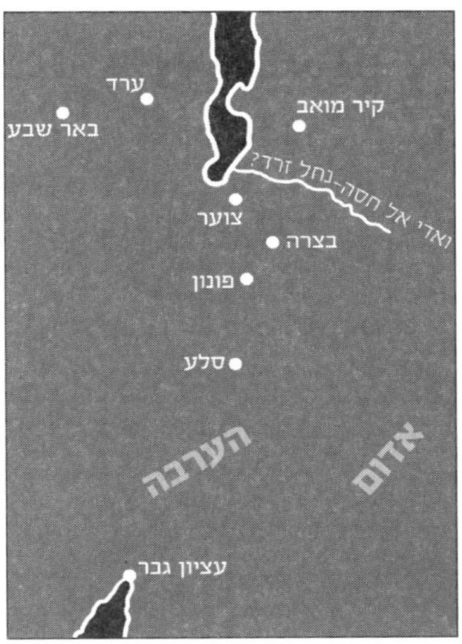

מימין: אוח עיטי ('קאת'?)
משמאל: אזור אדום

מימין: קטופה ('קִפּוֹד'?)

העולם

קָאַת עוף דורס, הנמנה עם העופות הטמאים בתורה (ויקרא יא,יח ודברים יד,יז) ונזכר בתהלים (קב,ז) גם כדימוי בצירוף קְאַת מִדְבָּר. שמו נגזר כנראה מהקאת הצנפות (חלקי מזון בלתי מעוכלים שדורסי הלילה מקיאים) האופיינית לדורסי הלילה. לפי הגמרא (חולין סג ע"א) 'זו הקוק', הקוקיה (שם מדעי: Cuculidae). היו חוקרים שזיהו אותו עם כוס החרבות (שם מדעי: Athene noctua), דורס לילי קטן ממשפחת הינשופים שאורכו כ־22 ס"מ, ואחרים זיהו אותו עם האוח העיטי, eagle owl (שם מדעי: Bubo bubo), הפעיל במקומות שאינם מיושבים.

וְיַנְשׁוֹף וְעֹרֵב יִשְׁכְּנוּ־בָהּ וְנָטָה עָלֶיהָ קַו־תֹהוּ וְאַבְנֵי־בֹהוּ: חֹרֶיהָ יב
וְאֵין־שָׁם מְלוּכָה יִקְרָאוּ וְכָל־שָׂרֶיהָ יִהְיוּ אָפֶס: וְעָלְתָה יג
אַרְמְנֹתֶיהָ סִירִים קִמּוֹשׂ וָחוֹחַ בְּמִבְצָרֶיהָ וְהָיְתָה נְוֵה תַנִּים חָצִיר
לִבְנוֹת יַעֲנָה: וּפָגְשׁוּ צִיִּים אֶת־אִיִּים וְשָׂעִיר עַל־רֵעֵהוּ יִקְרָא יד
אַךְ־שָׁם הִרְגִּיעָה לִּילִית וּמָצְאָה לָהּ מָנוֹחַ: שָׁמָּה קִנְּנָה קִפּוֹז טו
וַתְּמַלֵּט וּבָקְעָה וְדָגְרָה בְצִלָּהּ אַךְ־שָׁם נִקְבְּצוּ דַיּוֹת אִשָּׁה רְעוּתָהּ:

ביאור | השוכנים רק במקומות ריקים מבני אדם.[13] **וְיַנְשׁוֹף וְעֹרֵב יִשְׁכְּנוּ בָהּ.** כאשר תישום הארץ בעקבות הריגת תושביה, לא יימצאו בה אלא עופות אלה. **וְנָטָה עָלֶיהָ** קַו המידה העשוי **תֹהוּ וְאַבְנֵי** בניין של **בֹהוּ.** ארץ אדום תחרב ותתרוקן. יב **חֹרֶיהָ,** חשוביה ואציליה, גם אם ישרדו – יהיו נטולי שלטון,[14] **וְאֵין שָׁם מְלוּכָה** אשר **יִקְרָאוּ,** יכריזו עליה, או: יאספו בשמה את העם, **וְכָל שָׂרֶיהָ יִהְיוּ אָפֶס.** הנהגת המדינה תיעלם. יג **וְעָלְתָה בְּאַרְמְנֹתֶיהָ סִירִים,** מיני קוצים, **קִמּוֹשׂ וָחוֹחַ,** מיני

הרחבות | **'קו תֹהו ואבני בֹהו'** ביטוי סתום זה מזכיר את הפסוק וְהָאָרֶץ הָיְתָה תֹהוּ וָבֹהוּ וְחֹשֶׁךְ עַל פְּנֵי תְהוֹם וְרוּחַ אֱלֹהִים מְרַחֶפֶת עַל פְּנֵי הַמָּיִם, שבבריאת העולם (בראשית א,ב), והוא שימש בסיס להשערות שונות באשר למצבה הקדמון של הארץ. מכאן אפשר להתרשם שתֹהו ובֹהו הם שני מונחים נפרדים. רבים עסקו בבירור מהותם ובשאלה אם הם חלק מתופעותיו של העולם הזה. (ראו חגיגה יב ע"א ומהרש"א; ויקרא רבה ו,ו; רש"י ורמב"ן תחילת בראשית; עבודת ישראל, בלק ד"ה כי מראש; דובר צדק עמ' 61; סוד ישרים תנינא, בראשית ה). מכל מקום, הכתוב כאן אומר כי החורבן יקעקע את מדינתה ותרבותה של אדום עד כדי כך שהיא תדמה לעולם בעת בריאתו.

העולם | **יַנְשׁוֹף** ככל הנראה מדורסי הלילה. הוא נמנה עם העופות הטמאים בתורה (ויקרא יא,יז ודברים יד, טז). שמו נגזר מן הנשיפות שהוא משמיע. לפי ראב"ע שמו נגזר מהמלה נשף, שמשמעה לילה: "והוא עוף יעופף בנשף, כי לא יראה ביום מפני להט אור השמש". תרגומי אונקלוס ויונתן זיהו אותו עם הקִפּוּפָא השונה מעופות אחרים בעיניו הקדמיות ובלסתותיו הזקופות, הדומות יותר למבנה פני האדם. (ראו נדה כג ע"א ורש"י). היום מקובל לזהותו עם עוף ממשפחת הינשופים המצוי בארץ ישראל (שם מדעי: Asio otus), שאורכו 40-30 ס"מ.

קִמּוֹשׂ וָחוֹחַ צמחים הגדלים בצפיפות במקומות נטושים ובשדות מוזנחים. הקימוש והחוח מופיעים במקביל גם בהושע (ט, ו). היו שפירשו שקִמּוֹשׂ וָחוֹחַ הם מיני בעלי חיים.

היו שהציעו שהקימוש הוא הגדילן המצוי (שם מדעי: Silybum marianum), צמח קוצני בעל פרחים גדולים ועגולים ורודים-סגולים המתנשא עד לגובה 2 מ'.

החוח מתואר במקרא כצמח בר נמוך וקוצני המסמל דבר בזוי הנתון למרמס (ראו שיר השירים ב,ב; מלכים ב' יד,ט; איוב לא,מ). הוא מזוהה עם החוח העקוד (שם מדעי: Scolymus

עשבי בר קוצניים, יצמחו בְּמִבְצָרֶיהָ. וְהָיְתָה נְוֵה, מקום מנוחה, מעון
לְתַנִּים, חָצִיר – חצר[15] לִבְנוֹת יַעֲנָה, דורס לילי כלשהו.[16] יד וּפָגְשׁוּ
צִיִּים, בעלי חיים מדבריים,[17] אֶת אִיִּים, חתולי בר.[18] ייתכן שזהו שמם
המקורי של החתולים, המרמז על הקולות שהם משמיעים.[19] וְשָׂעִיר,
עוף לילי[20] עַל רֵעֵהוּ יִקְרָא, אַךְ, אכן שָׁם הִרְגִּיעָה, רגעה, שקטה לִילִית,
עוף לילי,[21] וּמָצְאָה לָהּ מָנוֹחַ. טו שָׁמָּה קִנְּנָה קִפּוֹז, ככל הנראה היא
הקיפוד שנזכרה מקודם.[22] וַתְּמַלֵּט, הצילה עצמה או הטילה ביציה,[23]
וּבָקְעָה וְדָגְרָה בְצִלָּהּ של הארץ, בצל החורבות. אַךְ שָׁם נִקְבְּצוּ דַיּוֹת,
שם ציפור אִשָּׁה עם רְעוּתָהּ בדרך נדודיהן.

ינשוף

מימין: גדילן מצוי ('קמוש'?)

משמאל: חוח עקוד ('חוח')

מימין: לילית

משמאל: דיות

העולם

maculatus), קוץ הגדל לרוב סמוך לשדות מעובדים. גובהו מגיע עד 1.3 מ', ופרחיו צהובים.

לִילִית מזוהה כאחד ממיני הינשופים (שם מדעי: Strix aluco). עוף קטן מסדרת דורסי הלילה, ומכאן נגזר שמו. יש ששיערו שהוא סוג של שֵׁדָה מעופפת ומזיקה ששמה נגזר מ'ליל' בשומריה, שפירושו רוח, והיא נזכרת בתרבות הבבלית בשם lilītu. על דרך זו תרגמו השבעים.

דַּיָּה (שם מדעי: Milvus), נמנתה עם העופות הדורסים הטמאים (דברים יד,יג). גודלה כתרנגולת, אורכה כ-60 ס"מ, ומוטת כנפיה 135-150 ס"מ. הדיה שוכנת במישורי עשב פתוחים ובאזורים מדבריים למחצה.

טז דִּרְשׁוּ מֵעַל־סֵפֶר יְהוָה וּקְרָאוּ אַחַת מֵהֵנָּה לֹא נֶעְדָּרָה אִשָּׁה
יז רְעוּתָהּ לֹא פָקָדוּ כִּי־פִי הוּא צִוָּה וְרוּחוֹ הוּא קִבְּצָן: וְהוּא־הִפִּיל
לָהֶן גּוֹרָל וְיָדוֹ חִלְּקַתָּה לָהֶם בַּקָּו עַד־עוֹלָם יִירָשׁוּהָ לְדוֹר וָדוֹר
לה א יִשְׁכְּנוּ־בָהּ: יְשֻׂשׂוּם מִדְבָּר וְצִיָּה וְתָגֵל עֲרָבָה וְתִפְרַח
ב כַּחֲבַצָּלֶת: פָּרֹחַ תִּפְרַח וְתָגֵל אַף גִּילַת וְרַנֵּן כְּבוֹד הַלְּבָנוֹן נִתַּן־לָהּ
הֲדַר הַכַּרְמֶל וְהַשָּׁרוֹן הֵמָּה יִרְאוּ כְבוֹד־יְהוָה הֲדַר
ג אֱלֹהֵינוּ: חַזְּקוּ יָדַיִם רָפוֹת וּבִרְכַּיִם כֹּשְׁלוֹת אַמֵּצוּ:
ד אִמְרוּ לְנִמְהֲרֵי־לֵב חִזְקוּ אַל־תִּירָאוּ הִנֵּה אֱלֹהֵיכֶם נָקָם יָבוֹא
ה גְּמוּל אֱלֹהִים הוּא יָבוֹא וְיֹשַׁעֲכֶם: אָז תִּפָּקַחְנָה עֵינֵי עִוְרִים וְאָזְנֵי
ו חֵרְשִׁים תִּפָּתַחְנָה: אָז יְדַלֵּג כָּאַיָּל פִּסֵּחַ וְתָרֹן לְשׁוֹן אִלֵּם כִּי־
ז נִבְקְעוּ בַמִּדְבָּר מַיִם וּנְחָלִים בָּעֲרָבָה: וְהָיָה הַשָּׁרָב לַאֲגַם וְצִמָּאוֹן
ח לְמַבּוּעֵי מָיִם בִּנְוֵה תַנִּים רִבְצָהּ חָצִיר לְקָנֶה וָגֹמֶא: וְהָיָה־שָׁם
מַסְלוּל וָדֶרֶךְ וְדֶרֶךְ הַקֹּדֶשׁ יִקָּרֵא לָהּ לֹא־יַעַבְרֶנּוּ טָמֵא וְהוּא־לָמוֹ

ביאור

טו **דִּרְשׁוּ מֵעַל סֵפֶר ה׳**, התבוננו בתורה ולמדו,[24] **וּקְרָאוּ**, ותיווכחו שאף **אַחַת מֵהֵנָּה** – מהקללות או מהנבואות הכתובות כאן **לֹא נֶעְדָּרָה**. **אִשָּׁה רְעוּתָהּ**, אף אחת מהן **לֹא פָקָדוּ**, נפקדה, חסרה. כל הנבואות הללו יתקיימו, עד הפרט האחרון.[25] **כִּי פִי ה׳ הוּא צִוָּה, וְרוּחוֹ הוּא קִבְּצָן** – את כל החיות הללו, יז **וְהוּא הִפִּיל לָהֶן גּוֹרָל**, לחלק בין בעלי החיים הללו את השטח, **וְיָדוֹ חִלְּקַתָּה**, חילקה **לָהֶם** את הארץ **בַּקָּו**, באמצעות כלי מדידה. **עַד עוֹלָם** החיות **יִירָשׁוּהָ, לְדוֹר וָדוֹר יִשְׁכְּנוּ בָהּ**.

הרחבות

ארץ אדום תהפוך לשממה בעבור בני האדם, ולנחלת עדן לחיות הבר. לא תישאר באדום כל מנהיגות; בני אדם ייהרגו, ופגריהם יימצאו בכל מקום; והטבע הפראי - חיות הבר ועופות הטרף - ישלטו במקום. החיות הנמנות כאן בעיקרן הן יצורי הפרא הקטנים, שייאספו למקום השומם. ברשימה זאת אין זכר לחיות הגדולות ביותר, אולי משום שלא יהיה בעבורן די טרף.

׳דִּרשו מעל ספר ה׳׳ באמירה זו אפשר לשמוע קריאה לדרוש את ה׳ על ידי הספר. דרישת ה׳ מופיעה בכמה מקומות במקרא, (ראו בראשית כה,כב; שמות יח,טו; מלכים א׳ כב,ח; יחזקאל כ,א-ג; הושע י,יב; צפניה א,ו ועוד); ועיקרה חיפוש פעיל אחר ה׳ מצד מי שאינו מסתפק בישיבה סבילה ובהימנעות מעבֵרה. דורשי ה׳ רוצים את קרבתו ומתאמצים ללמוד ולהתבונן בדבריו ובהוראותיו. קריאה דומה נשמעת בכמה מקומות נוכח מצוקה או לרגל התרחשויות משמעותיות. (השוו בראשית כה,כב, רש״י, רמב״ן ור״ן שם; מלכים ב׳ ח,ח; ירמיה כא,ב; תהלים עז,ג ועזרא ז,י).

לעומת אדום, שתהפוך לשממה, נגב יהודה יפרח: פרק לה א יְשֻׂשׂוּם,
ישמחו[26] מִדְבָּר, שאינו מקום שמם לחלוטין. בימות הגשמים הוא
ראוי למרעה, אך בימות החמה אין בו די מים לקיומה של חקלאות,[27]
וְצִיָּה, מקום שומם כל השנה, וְתָגֵל, ותשמח עֲרָבָה, אזור בלתי מיושב,
וְתִפְרַח כַּחֲבַצָּלֶת, פרח נאה. ב פָּרֹחַ תִּפְרַח וְתָגֵל הערבה, אַף גִּילַת, ישמחו
וְרַנֵּן, וישירו בה. כְּבוֹד הַלְּבָנוֹן, אזור גשום, פורה ומיוער[28] נִתַּן לָהּ, על
הערבה יושפעו מים ופריחה כמו בלבנון, הֲדַר הַכַּרְמֶל, מקום תבואה
ונטיעה[29] וְהַשָּׁרוֹן, אזור שפלת החוף. המקומות שהיום הם צחיחים
ויבשים בארץ, יעוטרו בירק יפה כמו במקומות הפוריים.[30] הֵמָּה –
רואי המקומות הללו יִרְאוּ בהחייאתם את כְּבוֹד ה׳, את הֲדַר אֱלֹהֵינוּ.

ג חַזְּקוּ יָדַיִם רָפוֹת, חלשות, וּבִרְכַּיִם כֹּשְׁלוֹת אַמֵּצוּ, חזקו. ד אִמְרוּ לְנִמְהֲרֵי
לֵב, למי שנחפזים להסיק מסקנות, ומתוך כך נחלשים ומתייאשים
בנקל נוכח מציאות שאינה מאירה פנים: חִזְקוּ, אַל תִּירָאוּ! הִנֵּה אֱלֹהֵיכֶם
לְנָקָם יָבוֹא, לשילום גְּמוּל, אֱלֹהִים הוּא יָבוֹא וְיֹשַׁעֲכֶם. אל תחששו
מהחורבן שעיניכם רואות בעמים שמסביבכם. אתכם הוא יושיע
וירפא –[31] ה אָז, כשתבוא הישועה, תִּפָּקַחְנָה עֵינֵי עִוְרִים, וְאָזְנֵי חֵרְשִׁים
תִּפָּתַחְנָה. ו אָז יְדַלֵּג כָּאַיָּל פִּסֵּחַ, צולע, וְתָרֹן, ותשיר לְשׁוֹן אִלֵּם. אין
הכרח לפרש נבואה זו כפשוטה.[32] עם הגאולה תבוא הטובה לארץ
עצמה וליושביה. כִּי נִבְקְעוּ בַמִּדְבָּר מַיִם, וּנְחָלִים בָּעֲרָבָה. ז וְהָיָה הַשָּׁרָב
לַאֲגַם, ומקום צִמָּאוֹן יהפוך לְמַבּוּעֵי, למעינות מָיִם. בִּנְוֵה תַנִּים רִבְצָהּ,
במקום השומם והיבש שבו רובצים התנים, הֶחָצִיר הרגיל לצמוח שם,
יוחלף לְקָנֶה וָגֹמֶא, צמחים הצומחים בארץ שפעת מים.[33] ח וְהָיָה
שָׁם – באותן ארצות שהיו שוממות, מַסְלוּל וָדֶרֶךְ, וְדֶרֶךְ הַקֹּדֶשׁ יִקָּרֵא
לָהּ, כי לֹא יַעַבְרֶנּוּ טָמֵא, שכן היא תשמש את ההולכים להר ה׳,
וְהוּא – המסלול יהיה מיוחד לָמוֹ, להם – להולכים אל הקודש. גם

חבצלת החוף
(׳חבצלת׳?)

העולם | חֲבַצֶּלֶת מזורה עם חבצלת החוף (שם מדעי: Pancratium maritimum), פרח לבן וגדול, שאורכו עד 13 ס״מ, שופע צוף ומדיף ריח נעים וחזק, מצויה באדמות חול ליד חוף הים. החבצלת נזכרת גם בשיר השירים (ב,א).

ט הַלֵּךְ דֶּרֶךְ וֶאֱוִילִים לֹא יִתְעוּ: לֹא־יִהְיֶה שָׁם אַרְיֵה וּפְרִיץ חַיּוֹת
י בַּל־יַעֲלֶנָּה לֹא תִמָּצֵא שָׁם וְהָלְכוּ גְּאוּלִים: וּפְדוּיֵי יהוה יְשֻׁבוּן
וּבָאוּ צִיּוֹן בְּרִנָּה וְשִׂמְחַת עוֹלָם עַל־רֹאשָׁם שָׂשׂוֹן וְשִׂמְחָה יַשִּׂיגוּ
וְנָסוּ יָגוֹן וַאֲנָחָה:

לו א וַיְהִי בְּאַרְבַּע עֶשְׂרֵה שָׁנָה לַמֶּלֶךְ חִזְקִיָּהוּ עָלָה סַנְחֵרִיב מֶלֶךְ־
ב אַשּׁוּר עַל כָּל־עָרֵי יְהוּדָה הַבְּצֻרוֹת וַיִּתְפְּשֵׂם: וַיִּשְׁלַח מֶלֶךְ־אַשּׁוּר
אֶת־רַבְשָׁקֵה מִלָּכִישׁ יְרוּשָׁלַיְמָה אֶל־הַמֶּלֶךְ חִזְקִיָּהוּ בְּחֵיל כָּבֵד
ג וַיַּעֲמֹד בִּתְעָלַת הַבְּרֵכָה הָעֶלְיוֹנָה בִּמְסִלַּת שְׂדֵה כוֹבֵס: וַיֵּצֵא אֵלָיו
אֶלְיָקִים בֶּן־חִלְקִיָּהוּ אֲשֶׁר עַל־הַבָּיִת וְשֶׁבְנָא הַסֹּפֵר וְיוֹאָח בֶּן־
ד אָסָף הַמַּזְכִּיר: וַיֹּאמֶר אֲלֵיהֶם רַבְשָׁקֵה אִמְרוּ־נָא אֶל־חִזְקִיָּהוּ

ביאור | **הֹלֵךְ דֶּרֶךְ** שאינו מכיר את המקום, ואפילו **אֱוִילִים**, תועים, מי שבדרך כלל אינם מוצאים את דרכם, **לֹא יִתְעוּ** בה כי תהיה ישרה ורחבה דיה.

ט **לֹא יִהְיֶה שָׁם** – בארץ המדברית, שתהיה שופעת וירוקה, נוחה ובטוחה להליכה, **אַרְיֵה, וּפְרִיץ חַיּוֹת**, חיה טורפת[34] **בַּל יַעֲלֶנָּה**, לא תעלה על הדרך. **לֹא תִמָּצֵא שָׁם** חיה רעה או סכנה כלשהי, **וְהָלְכוּ** שם **גְּאוּלִים** בביטחון. כבר בימים ההם היו יהודים שנשבו במלחמות, וישבו ברצון או שלא ברצון בארצות רחוקות. י **וּפְדוּיֵי ה' יְשֻׁבוּן** מארצות הגולה, **וּבָאוּ** לציון **בְּרִנָּה וְשִׂמְחַת עוֹלָם** תהיה **עַל רֹאשָׁם. שָׂשׂוֹן וְשִׂמְחָה יַשִּׂיגוּ**. הששון והשמחה כביכול ירדפו את ישראל וישיגו אותם,[35] ומנגד – **וְנָסוּ יָגוֹן וַאֲנָחָה**. שני המצבים הרגשיים מתוארים כאן באופן סמלי וציורי כדמויות ממשיות: ששון ושמחה מצד אחד, שישיגו את הגאולים, ויגון ואנחה מהצד השני, שינוסו ויתרחקו מהם. הגאולה מתוארת כשפע פיזי-גיאוגרפי – חבלי הארץ היבשים ייהפכו למקום פורה והדור, הארץ תהיה מאוכלסת יותר, ודרכיה

הרחבות | **רַבְשָׁקֵה** עשוי להיות שם פרטי, אך אפשר לפרשו כשר המשקים (רב-שקה) של מלך אשור (על פי שד"ל). לרוב שר המשקים של המלך לא היה אדם העוסק בטבחות גרידא, אלא איש קרוב מאוד אל המלך, שנאמנותו אליו מוחלטת, שהרי המלך סומך עליו בהכנת משקהו בלא שיחשוש מהרעלה. (ראו עוד בביאור לבראשית מ,א). זהותו של רבשקה איננה ידועה, אך מסורת הייתה ביד החכמים שגדל ביהודה והגיע לחצר מלך אשור. (ראו ירושלמי, מועד קטן ג,ז; ברכות י. לפי הגהות הב"ח

יהיו נחות לעוברים ולשבים - וגם באופן מופשט ורוחני - כְּבוֹד הַלְּבָנוֹן וַהֲדַר הַכַּרְמֶל הֵם כְּבוֹד ה׳ וַהֲדַר אֱלֹהֵינוּ.[36] דרך הקודש תיסלל בארץ, הששון והשמחה יימצאו בכל, ואילו היגון והאנחה ייעלמו.

עליית סנחריב על יהודה ומפלתו

פרקים לו-לז

העניין שלפנינו וזה שלאחריו, רובם סיפור היסטורי ומקצתם דברי נבואה הפונים אל חזקיהו המלך. תיאור האירועים מופיע גם בספר מלכים באופן כמעט זהה.[1] נראה כי שני הספרים הללו יינקים זה מזה; ספר ישעיה שואב מספר מלכים את ההיבט ההיסטורי, שבתור כפר נבואה אינו טבעי לו, ואילו דברי הנבואה של ישעיהו מסופחים לסיפורים ההיסטוריים של ספר מלכים, הן בחלקם הכלל-לאומי הן בחלק המתייחס לחזקיהו המלך באופן פרטי.

הרקע ההיסטורי - סנחריב מלך אשור ערך את צבאו ופנה לכיוון דרום-מערב אל הפלשתים שמרדו בו בגיבויה של מצרים. ממלכת ישראל נכבשה בידי האשורים זמן רב קודם לכן, ויושביה הוגלו מכבר. כעת עולה אשור על ממלכת יהודה שאינה אלא מכשול צדדי בדרכו. הוא מעוניין להבטיח שהדרך לפלשת תהיה פתוחה בפניו. חילות סנחריב כבשו תחילה את כל הערים הבצורות שביהודה, אך כיבושים אלה לא נחשבו עדיין לניצחון גמור, אלא נתפסו כהכנה לעיקר המלחמה - הקרב על ירושלים, עיר הבירה הגדולה והמבוצרת ביותר.

פרק לו א **וַיְהִי בְּאַרְבַּע עֶשְׂרֵה שָׁנָה לַמֶּלֶךְ חִזְקִיָּהוּ, עָלָה סַנְחֵרִיב מֶלֶךְ
אַשּׁוּר עַל כָּל עָרֵי יְהוּדָה הַבְּצֻרוֹת וַיִּתְפְּשֵׂם.** ב **וַיִּשְׁלַח מֶלֶךְ אַשּׁוּר אֶת
רַבְשָׁקֵה.** שר חשוב זה נשלח **מִלָּכִישׁ,** שעליה צר מלך אשור באותו
זמן, **יְרוּשָׁלַמָה אֶל הַמֶּלֶךְ חִזְקִיָּהוּ בְּחֵיל כָּבֵד. וַיַּעֲמֹד** רבשקה **בִּתְעָלַת
הַבְּרֵכָה הָעֶלְיוֹנָה, בִּמְסִלַּת שְׂדֵה כוֹבֵס** אל מול העיר. מצב המלחמה
מנע את כניסתו אל העיר המסוגרת. על כן התייצב בקרבת מקום
ומשם פתח במעין משא-ומתן. ג במסגרת קבלת פני השר האשורי
הגדול - **וַיֵּצֵא אֵלָיו אֶלְיָקִים בֶּן חִלְקִיָּהוּ אֲשֶׁר עַל הַבָּיִת,** השר הגדול,
מעין ראש הממשלה,[2] **וְשֶׁבְנָא הַסֹּפֵר וְיוֹאָח בֶּן אָסָף הַמַּזְכִּיר,** אף זה
תפקיד חשוב בבית המלוכה.

ד **וַיֹּאמֶר אֲלֵיהֶם רַבְשָׁקֵה: אִמְרוּ נָא אֶל חִזְקִיָּהוּ.** על רקע שתי ההיקרויות הקודמות של שמו, שבהן תואר כמלך, בולט זלזולו של רבשקה בחזקיהו. לכל אורך נאומו בחר לכנותו בשמו הפרטי, בלי להזכיר את תוארו המלכותי. מנגד, את סנחריב הזכיר בכל דבריו רק בתור

הרחבות

שם; סנהדרין ס ע״א; תרגום לקהלת ט,ט), ויש לכך יסוד בכתובים. (ראו להלן פס׳ י-יא).

שֶׁבְנָא הסופר מהקשרים שונים עולה שהסופר לא היה רק מי שכתב את מסמכי המלך. הסופר היה מדינאי בכיר שהיה כותב וקורא בעבור המלך את התכתובת אתו בשפות זרות. מבעל תפקיד זה נדרשה גם התמצאות ביחסים הבינלאומיים, ובין השאר היה ממונה על יחסי החוץ של המדינה, מעין שר החוץ.

כֹּה־אָמַר הַמֶּלֶךְ הַגָּדוֹל מֶלֶךְ אַשּׁוּר מָה הַבִּטָּחוֹן הַזֶּה אֲשֶׁר
ה בָּטָחְתָּ׃ אָמַרְתִּי אַךְ־דְּבַר־שְׂפָתַיִם עֵצָה וּגְבוּרָה לַמִּלְחָמָה עַתָּה
ו עַל־מִי בָטַחְתָּ כִּי מָרַדְתָּ בִּי׃ הִנֵּה בָטַחְתָּ עַל־מִשְׁעֶנֶת הַקָּנֶה
הָרָצוּץ הַזֶּה עַל־מִצְרַיִם אֲשֶׁר יִסָּמֵךְ אִישׁ עָלָיו וּבָא בְכַפּוֹ וּנְקָבָהּ
ז כֵּן פַּרְעֹה מֶלֶךְ־מִצְרַיִם לְכָל־הַבֹּטְחִים עָלָיו׃ וְכִי־תֹאמַר אֵלַי
אֶל־יְהוָה אֱלֹהֵינוּ בָּטָחְנוּ הֲלוֹא הוּא אֲשֶׁר הֵסִיר חִזְקִיָּהוּ אֶת־
בָּמֹתָיו וְאֶת־מִזְבְּחֹתָיו וַיֹּאמֶר לִיהוּדָה וְלִירוּשָׁלַםִ לִפְנֵי הַמִּזְבֵּחַ
ח הַזֶּה תִּשְׁתַּחֲווּ׃ וְעַתָּה הִתְעָרֶב נָא אֶת־אֲדֹנִי הַמֶּלֶךְ אַשּׁוּר וְאֶתְּנָה
ט לְךָ אַלְפַּיִם סוּסִים אִם־תּוּכַל לָתֶת לְךָ רֹכְבִים עֲלֵיהֶם׃ וְאֵיךְ תָּשִׁיב
אֵת פְּנֵי פַחַת אַחַד עַבְדֵי אֲדֹנִי הַקְּטַנִּים וַתִּבְטַח לְךָ עַל־מִצְרַיִם
י לְרֶכֶב וּלְפָרָשִׁים׃ וְעַתָּה הֲמִבַּלְעֲדֵי יְהוָה עָלִיתִי עַל־הָאָרֶץ הַזֹּאת
לְהַשְׁחִיתָהּ יְהוָה אָמַר אֵלַי עֲלֵה אֶל־הָאָרֶץ הַזֹּאת וְהַשְׁחִיתָהּ׃
יא וַיֹּאמֶר אֶלְיָקִים וְשֶׁבְנָא וְיוֹאָח אֶל־רַבְשָׁקֵה דַּבֶּר־נָא אֶל־עֲבָדֶיךָ

ביאור 'המלך' או 'המלך הגדול', בלא אזכור שמו.[3] **כֹּה אָמַר הַמֶּלֶךְ הַגָּדוֹל מֶלֶךְ אַשּׁוּר:** "**מָה הַבִּטָּחוֹן הַזֶּה אֲשֶׁר בָּטָחְתָּ**?! כיצד אתה מעז פנים כנגדי? ה **אָמַרְתִּי**, חשבתי: **אַךְ דְּבַר שְׂפָתַיִם** דיבורך על **עֵצָה וּגְבוּרָה לַמִּלְחָמָה**. אמנם אתה מדבר, אך ברור לך שבסופו של דבר אין די בכך.[4] **עַתָּה**, משהדברים באים להכרעה מעשית, **עַל מִי בָטַחְתָּ כִּי מָרַדְתָּ בִּי**?! הרי בוודאי לא עולה על דעתך שתוכל לעמוד בכוחך

הרחבות **'הנה בטחת על משענת הקנה הרצוץ, על מצרים'** רבשקה לא דיבר כנביא. דבריו נשענו על הניסיון ההיסטורי בלבד. אולם גם נביאי ישראל שהתייחסו לבעיה זו, ביטאו גישה דומה כלפי המצרים. הם לא סמכו על הבטחותיה של מצרים ועל הדיפלומטיה שלה וסברו שההישענות עליה היא טעות אסטרטגית גדולה. (ראו לעיל ל,א-יד; לא,א-ג; ירמיה ב,לו; יחזקאל יז,יא-יח; כג,כז; כט,ו-ז; נחום ג,ח).

רבשקה היה מעודכן בנעשה ביהודה בין אם ידע את הדברים במישרין, ובין אם שמעם מפי מרגלים ואנשי סוד. לטענתו שני פנים:

הטיעון העניני - כיוון שחזקיהו מלך יהודה מיעט בכבוד ה' כשצמצם את מקומות הפולחן המיועדים לו, כיצד הוא חושב להסתמך עליו בעת צרה? הרי את מאות המזבחות שהיו לה' בכל הארץ מיעט חזקיהו, והותיר רק מזבח אחד לצדו, קרוב לכיסאו. (ראו אברבנאל ומצודת דוד). טיעון מוצהר זה בא לשרת גם מטרה עקיפה: אין ספק שרבים דבקו בבמות שהרס חזקיהו. אותן במות התקיימו במשך דורות רבים חרף מאמציהם של

הקטן בנגד המעצמה האשורית הגדולה. ו **הִנֵּה** נראה כי **בָטַחְתָּ עַל**
מִשְׁעֶנֶת הַקָּנֶה הָרָצוּץ הַזֶּה, עַל מִצְרַיִם, אֲשֶׁר אם **יִסָּמֵךְ אִישׁ עָלָיו – וּבָא**
הקנה הרצוץ **בְכַפּוֹ וּנְקָבָהּ**. אף קנה שלם איננו חזק דיו להישען עליו,
אך הנשען על קנה שבור עלול גם להיפצע. **כֵּן פַּרְעֹה מֶלֶךְ מִצְרַיִם**
לְכָל הַבֹּטְחִים עָלָיו, אין הוא חזק דיו, ולא זו אף זו, אין הוא נאמן,
והסומך עליו יינזק".
ז **וְכִי תֹאמַר אֵלַי: "אֶל ה' אֱלֹהֵינוּ בָּטָחְנוּ"**. איך תוכלו לטעון טענה כזאת
– **הֲלוֹא הוּא אֲשֶׁר הֵסִיר חִזְקִיָּהוּ אֶת בָּמֹתָיו וְאֶת מִזְבְּחֹתָיו**. חזקיהו אסר
את פולחן הבמות בכל הארץ, אף על פי שהן נועדו להקרבה לה',[5]
וַיֹּאמֶר חזקיהו **לִיהוּדָה וְלִירוּשָׁלַםִ: "רק לִפְנֵי הַמִּזְבֵּחַ הַזֶּה תִּשְׁתַּחֲווּ"**. כל
המעוניין להקריב קרבן - יעשה זאת רק בבית המקדש שבירושלים.
מכיוון שחזקיהו צמצם את הפולחן לה' ומיעטו, איך הוא מתיימר
עכשיו לבטוח בו. חזקיהו אינו אלא שליט בממלכה קטנה. אין
לו לא רכב ולא פרשים. ח **וְעַתָּה הִתְעָרֶב**, התחרה **נָא אֶת**, עם **אֲדֹנִי**
הַמֶּלֶךְ, מלך **אַשּׁוּר – וְאֶתְּנָה לְךָ אַלְפַּיִם סוּסִים, אִם תּוּכַל לָתֶת לְךָ רֹכְבִים**
עֲלֵיהֶם. גם אם מלכי ייתן לך סוסים - לא יהיו לך די אנשים שידעו
לרכב עליהם. ט **וְאֵיךְ תָּשִׁיב**, תדחה **אֵת פְּנֵי פַחַת**, הפֶּחה, נציב המלך,
שהוא **אַחַד מֵעַבְדֵי אֲדֹנִי הַקְּטַנִּים**. רבשקה מתכוון לעצמו. אף שהוא
שר גדול בממלכה, ביחס למלכו הגדול הוא מעמיד עצמו כאחד
מקטני העבדים. **וַתִּבְטַח לְךָ עַל מִצְרַיִם לְרֶכֶב וּלְפָרָשִׁים**, המצויים שם,
שהרי בידיך אין כוח כזה?!

וטענה נוספת: י **וְעַתָּה הֲמִבַּלְעֲדֵי ה' עָלִיתִי עַל הָאָרֶץ הַזֹּאת לְהַשְׁחִיתָהּ**?!
האם אתה הושב שאני נלחם נגד ה'?! ה' עצמו **אָמַר אֵלַי: "עֲלֵה אֶל**
הָאָרֶץ הַזֹּאת וְהַשְׁחִיתָהּ".

יא **וַיֹּאמֶר אֶלְיָקִים וְשֶׁבְנָא וְיוֹאָח אֶל רַבְשָׁקֵה: דַּבֶּר נָא אֶל עֲבָדֶיךָ**

הרחבות

מלכים מסוימים להסירן. השר האשורי ניסה להכית כנגד חזקיהו את כל אותם אנשים שהיו קשורים לבמות שמעשי חזקיהו הרגיזו אותם. על כן חשוב היה לו שקולו יישמע גם באוזני האנשים שעל החומה. (ראו עוד סנהדרין כו ע"א - סיעת שבנא נטתה לעשות הסכם שלום עם אשור בניגוד לתפיסה המדינית של סיעתו הקטנה של חזקיהו).

'ה' אמר אלי עלה אל הארץ הזאת והשחיתה' ייתכן שאלה דיבורים בעלמא, כמקובל בין העוסקים במשא ומתן מדיני, (ראו רד"ק מלכים ב' יח,כה), אך ייתכן שנביאי שקר או חולמי חלומות אמרו למלך אשור שמעשיו רצויים לפני ה'. אולי נהג רבשקה להטיל גורלות ולשאול לדעתו של אלוהי המקום על המלחמה, כפי שנהגו גם שליטים אחרים. (ראו יחזקאל כא,כו; גטין נו ע"א). ושמא רצה להיתלות בדברי הנביא ישעיהו, שאולי הכירם מעברו: הִנֵּה ה' מַעֲלֶה עֲלֵיהֶם אֶת מֵי הַנָּהָר הָעֲצוּמִים וְהָרַבִּים, אֶת מֶלֶךְ אַשּׁוּר וְאֶת כָּל כְּבוֹדוֹ (לעיל ח,ז. על פי רד"ק מלכים ב' יח,כה; אברבנאל על אתר).

אֲרָמִית כִּי שֹׁמְעִים אֲנָחְנוּ וְאַל־תְּדַבֵּר אֵלֵינוּ יְהוּדִית בְּאָזְנֵי הָעָם
אֲשֶׁר עַל־הַחוֹמָה׃ וַיֹּאמֶר רַבְשָׁקֵה הַאֶל אֲדֹנֶיךָ וְאֵלֶיךָ שְׁלָחַנִי יב
אֲדֹנִי לְדַבֵּר אֶת־הַדְּבָרִים הָאֵלֶּה הֲלֹא עַל־הָאֲנָשִׁים הַיֹּשְׁבִים
עַל־הַחוֹמָה לֶאֱכֹל אֶת־חראיהם וְלִשְׁתּוֹת אֶת־שֵׁינֵיהֶם עִמָּכֶם׃
וַיַּעֲמֹד רַבְשָׁקֵה וַיִּקְרָא בְקוֹל־גָּדוֹל יְהוּדִית וַיֹּאמֶר שִׁמְעוּ אֶת־ יג
דִּבְרֵי הַמֶּלֶךְ הַגָּדוֹל מֶלֶךְ אַשּׁוּר׃ כֹּה אָמַר הַמֶּלֶךְ אַל־יַשִּׁא לָכֶם יד
חִזְקִיָּהוּ כִּי לֹא־יוּכַל לְהַצִּיל אֶתְכֶם׃ וְאַל־יַבְטַח אֶתְכֶם חִזְקִיָּהוּ טו
אֶל־יהוָה לֵאמֹר הַצֵּל יַצִּילֵנוּ יהוָה לֹא תִנָּתֵן הָעִיר הַזֹּאת
בְּיַד מֶלֶךְ אַשּׁוּר׃ אַל־תִּשְׁמְעוּ אֶל־חִזְקִיָּהוּ כִּי כֹה אָמַר הַמֶּלֶךְ טז
אַשּׁוּר עֲשׂוּ אִתִּי בְרָכָה וּצְאוּ אֵלַי וְאִכְלוּ אִישׁ־גַּפְנוֹ וְאִישׁ
תְּאֵנָתוֹ וּשְׁתוּ אִישׁ מֵי־בוֹרוֹ׃ עַד־בֹּאִי וְלָקַחְתִּי אֶתְכֶם אֶל־אֶרֶץ יז
כְּאַרְצְכֶם אֶרֶץ דָּגָן וְתִירוֹשׁ אֶרֶץ לֶחֶם וּכְרָמִים׃ פֶּן־יַסִּית אֶתְכֶם יח
חִזְקִיָּהוּ לֵאמֹר יהוָה יַצִּילֵנוּ הַהִצִּילוּ אֱלֹהֵי הַגּוֹיִם אִישׁ אֶת־
אַרְצוֹ מִיַּד מֶלֶךְ אַשּׁוּר׃ אַיֵּה אֱלֹהֵי חֲמָת וְאַרְפָּד אַיֵּה אֱלֹהֵי יט

צוֹאָתָם | מֵימֵי רַגְלֵיהֶם

ביאור | **אֲרָמִית**, שלא הייתה השפה המדוברת באשור, אך שימשה כשפת הדיפלומטיה הבינלאומית,[6] **כִּי שֹׁמְעִים**, מבינים **אֲנָחְנוּ**. כיוון שהם אנשים משכילים, ורבשקה בא לכאורה לשם משא–ומתן מדיני, הם ביקשו ממנו להשתמש בשפה המקובלת. **וְאַל תְּדַבֵּר אֵלֵינוּ יְהוּדִית**, לשון יהודה, **בְּאָזְנֵי הָעָם אֲשֶׁר עַל הַחוֹמָה**, שהרי לא היו מעוניינים שהחיילים יבינו את שיחתם, ותיפול רוחם.

יב **וַיֹּאמֶר רַבְשָׁקֵה**: האם אתה חושב **שֶׁאֶל אֲדֹנֶיךָ וְאֵלֶיךָ שְׁלָחַנִי אֲדֹנִי**,

הרחבות | **ארמית ויהודית** למרות ששתיהן לשונות שמיות, הן רחוקות זו מזו. ייתכן שהעובדה שרבשקה דיבר יהודית היא הבסיס להנחה שהיה לו קשר קודם לארץ יהודה, אולי אף היה אחד מתושבי הארץ לשעבר, (ראו ההרחבה לעיל פס' ב), אם כי ייתכן שלמד את השפה המקומית לרגל תפקידו.

קרי וכתיב בכתיב מופיעות המלים המגונות 'חראיהם' ו'שיניהם', שאותן ביטא רבשקה האשורי קבל עם. בקריאת הספר הן אינן מושמעות אלא בכינוי, כפי שהן נעדרות מן התורה ומניב הנביאים. (ראו תוספתא מגילה ד; מורה נבוכים ח"ג ח).

'ולקחתי אתכם אל ארץ כארצכם...' לרבשקה לא הייתה ברֵרה אלא להוסיף את המשפט האחרון, שכן הכול הכירו את מדיניותם הקבועה של מלכי אשור – הגליית תושבי הארצות שכבשו וחילופי אוכלוסין. גם החיילים שעמדו על החומה לא היו נבערים

מלך אשור, לְדַבֵּר אֶת הַדְּבָרִים הָאֵלֶּה?! לא אליך ואל מלכך – יושבי
הארמון בבטחה יחסית – אני פונה. דברי מכוונים אל הסובלים מן
המצור – הֲלֹא אני פונה דווקא עַל, אל הָאֲנָשִׁים הַיֹּשְׁבִים עַל הַחוֹמָה,
לֶאֱכֹל אֶת צוֹאָתָם וְלִשְׁתּוֹת אֶת מֵימֵי רַגְלֵיהֶם עִמָּכֶם. הוא מתאר את
אחריתם של החיילים הפשוטים בלשון גסה של חיילים, וטוען
שהוא מבקש לשכנע את מי שלא יימצא להם לאכול ולשתות
במצור מלבד פסולת גופם. באמצעות נאום תעמולה זה מנסה
רבשקה להסב ליהודה נזק מורלי גדול ככל האפשר.
יג ואכן – וַיַּעֲמֹד רַבְשָׁקֵה וַיִּקְרָא בְקוֹל גָּדוֹל, שיישמע לכול, יְהוּדִית, וַיֹּאמֶר:
שִׁמְעוּ אֶת דִּבְרֵי הַמֶּלֶךְ הַגָּדוֹל, מֶלֶךְ אַשּׁוּר. יד כֹּה אָמַר הַמֶּלֶךְ: אַל יַשִּׁא,
יסית, יפתה לָכֶם, אתכם חִזְקִיָּהוּ – כִּי לֹא יוּכַל לְהַצִּיל אֶתְכֶם. טו וְאַל
יַבְטַח אֶתְכֶם חִזְקִיָּהוּ אֶל ה׳ לֵאמֹר: ״הַצֵּל יַצִּילֵנוּ ה׳, ולכן לֹא תִנָּתֵן הָעִיר
הַזֹּאת בְּיַד מֶלֶךְ אַשּׁוּר״. טז אַל תִּשְׁמְעוּ אֶל חִזְקִיָּהוּ. אני מציע לכם
אפשרות מציאותית יותר וטובה הרבה יותר – כִּי כֹה אָמַר הַמֶּלֶךְ
אַשּׁוּר: עֲשׂוּ אִתִּי בְרָכָה, הסכם שלום ופיוס,[7] וּצְאוּ אֵלַי, אל המחנה.
ובינתיים המשיכו לחיות את חייכם בשקט – אִכְלוּ אִישׁ גַּפְנוֹ וְאִישׁ
תְּאֵנָתוֹ, וּשְׁתוּ אִישׁ מֵי בוֹרוֹ. יז עַד בֹּאִי וְלָקַחְתִּי אֶתְכֶם אֶל אֶרֶץ כְּאַרְצְכֶם
– אֶרֶץ דָּגָן וְתִירוֹשׁ, אֶרֶץ לֶחֶם וּכְרָמִים. יח פֶּן יַסִּית אֶתְכֶם חִזְקִיָּהוּ לֵאמֹר:
״ה׳ יַצִּילֵנוּ״; דעו כי טענת הבל היא – הַהִצִּילוּ אֱלֹהֵי הַגּוֹיִם אִישׁ אֶת
אַרְצוֹ מִיַּד מֶלֶךְ אַשּׁוּר?! האם קיים אל שיוכל להציל את עמו מיד
מלך אשור?! יט אַיֵּה אֱלֹהֵי חֲמָת וְאַרְפָּד שבצפון סוריה?! אַיֵּה אֱלֹהֵי
סְפַרְוָיִם, שחלק מתושביהן הוגלו לאחר זמן לארץ ישראל עצמה?![8]

המקומות הנזכרים בעניין עליית אשור

הרחבות

מדעת, ואף הם ידעו שהאשורים הגלו את אחיהם שבממלכת ישראל הסמוכה, ושתחתיהם יישבו מלכי אשור בשומרון כותיים ושאר עמים. (ראו מלכים ב׳ יז,כד; ברכות כח ע״א; סוטה מו ע״ב). רבשקה אינו מכחיש מדיניות זו, אך מדגיש שאין בכוונת המלך לפגוע בתנאי חייהם או להשמידם. אמנם הוא מבקש להעבירם מכאן, אבל מובטחים להם חיים טובים בארץ פורייה כארצם.

סְפַרְוָיִם וְכִי־הִצִּילוּ אֶת־שֹׁמְרוֹן מִיָּדִי׃ מִי בְּכָל־אֱלֹהֵי הָאֲרָצוֹת כ
הָאֵלֶּה אֲשֶׁר־הִצִּילוּ אֶת־אַרְצָם מִיָּדִי כִּי־יַצִּיל יהוה אֶת־יְרוּשָׁלַםִ
מִיָּדִי׃ וַיַּחֲרִישׁוּ וְלֹא־עָנוּ אֹתוֹ דָּבָר כִּי־מִצְוַת הַמֶּלֶךְ הִיא לֵאמֹר כא
לֹא תַעֲנֻהוּ׃ וַיָּבֹא אֶלְיָקִים בֶּן־חִלְקִיָּהוּ אֲשֶׁר־עַל־הַבַּיִת וְשֶׁבְנָא כב
הַסֹּפֵר וְיוֹאָח בֶּן־אָסָף הַמַּזְכִּיר אֶל־חִזְקִיָּהוּ קְרוּעֵי בְגָדִים וַיַּגִּידוּ
לוֹ אֵת דִּבְרֵי רַבְשָׁקֵה׃ וַיְהִי כִּשְׁמֹעַ הַמֶּלֶךְ חִזְקִיָּהוּ א לז
וַיִּקְרַע אֶת־בְּגָדָיו וַיִּתְכַּס בַּשָּׂק וַיָּבֹא בֵּית יהוה׃ וַיִּשְׁלַח אֶת־ ב
אֶלְיָקִים אֲשֶׁר־עַל־הַבַּיִת וְאֵת ׀ שֶׁבְנָא הַסּוֹפֵר וְאֵת זִקְנֵי הַכֹּהֲנִים
מִתְכַּסִּים בַּשַּׂקִּים אֶל־יְשַׁעְיָהוּ בֶן־אָמוֹץ הַנָּבִיא׃ וַיֹּאמְרוּ אֵלָיו כֹּה ג
אָמַר חִזְקִיָּהוּ יוֹם־צָרָה וְתוֹכֵחָה וּנְאָצָה הַיּוֹם הַזֶּה כִּי בָאוּ בָנִים
עַד־מַשְׁבֵּר וְכֹחַ אַיִן לְלֵדָה׃ אוּלַי יִשְׁמַע יהוה אֱלֹהֶיךָ אֵת ׀ דִּבְרֵי ד
רַבְשָׁקֵה אֲשֶׁר שְׁלָחוֹ מֶלֶךְ־אַשּׁוּר ׀ אֲדֹנָיו לְחָרֵף אֱלֹהִים חַי
וְהוֹכִיחַ בַּדְּבָרִים אֲשֶׁר שָׁמַע יהוה אֱלֹהֶיךָ וְנָשָׂאתָ תְפִלָּה בְּעַד
הַשְּׁאֵרִית הַנִּמְצָאָה׃ וַיָּבֹאוּ עַבְדֵי הַמֶּלֶךְ חִזְקִיָּהוּ אֶל־יְשַׁעְיָהוּ׃ ה
וַיֹּאמֶר אֲלֵיהֶם יְשַׁעְיָהוּ כֹּה תֹאמְרוּן אֶל־אֲדֹנֵיכֶם כֹּה ׀ אָמַר יהוה ו
אַל־תִּירָא מִפְּנֵי הַדְּבָרִים אֲשֶׁר שָׁמַעְתָּ אֲשֶׁר גִּדְּפוּ נַעֲרֵי מֶלֶךְ־

ביאור | **וְכִי הִצִּילוּ אֶת שֹׁמְרוֹן מִיָּדִי?!** גם יושבי שומרון עבדו לאלוהיהם. אילו היה בו כוח, הרי היה מציל את שומרון.[9] כ **מִי בְּכָל אֱלֹהֵי הָאֲרָצוֹת הָאֵלֶּה אֲשֶׁר הִצִּילוּ אֶת אַרְצָם מִיָּדִי, כִּי יַצִּיל ה' אֶת יְרוּשָׁלַםִ מִיָּדִי?!** מדוע אתם סומכים על מלככם, המבטיח שאלוקיכם יוכל לעשות זאת?!

כא **וַיַּחֲרִישׁוּ**, שתקו שתיקה מכובדת **וְלֹא עָנוּ אֹתוֹ** האנשים שיצאו אל

הרחבות | **סופו של סנחריב** גם ההיסטוריונים מספרים על אסון מסתורי שאירע לסנחריב במסעו למצרים וגרם לנסיגתו ללא מלחמה. לא ברור אם בדרכו חזרה מכיוון מצרים שב לירושלים; מכל מקום האיום האשורי על העיר חלף לגמרי. סנחריב חזר לארצו, ולאחר זמן נהרג שם בחרב, כפי שניבא ישעיהו הנביא. (ראו מאמרו של א' גרוסמן "נבואות לדורות כבבואה למציאות ההיסטורית", מוסר מלחמה וכיבוש, תבונות תש"ס).

רבשקה **דָּבָר**, אף על פי שיכלו לענות לו, **כִּי מִצְוַת הַמֶּלֶךְ הִיא לֵאמֹר: "לֹא תַעֲנֻהוּ"**. חזקיהו אסר עליהם להיכנס עמו בשיחה כדי לשמור על הנוהג המלכותי וגם כדי שלא יעמדו בפני הצעות מעשיות יותר שרבשקה עשוי להציע להם.

כב **וַיָּבֹא אֶלְיָקִים בֶּן חִלְקִיָּהוּ אֲשֶׁר עַל הַבַּיִת וְשֶׁבְנָא הַסּוֹפֵר וְיוֹאָח בֶּן אָסָף הַמַּזְכִּיר אֶל חִזְקִיָּהוּ קְרוּעֵי בְגָדִים**, נבוכים ומבוישים. מעבר לכל איומיו, רבשקה פגע הן בכבוד המלך הן בכבוד ה'. בדבריו הפך את אלוקי ישראל לאחד מאלוהי העמים שמסביב. בגלל דברי הגידוף וחילול ה' – קרעו בגדיהם.[10] **וַיַּגִּידוּ לוֹ אֵת דִּבְרֵי רַבְשָׁקֵה**.

פרק לו א **וַיְהִי כִּשְׁמֹעַ הַמֶּלֶךְ חִזְקִיָּהוּ** את הדברים **וַיִּקְרַע אֶת בְּגָדָיו וַיִּתְכַּס**
בַּשָּׂק, וַיָּבֹא אֶל בֵּית ה' להתפלל. ב **וַיִּשְׁלַח אֶת אֶלְיָקִים אֲשֶׁר עַל הַבַּיִת**
וְאֵת שֶׁבְנָא הַסּוֹפֵר וְאֵת זִקְנֵי הַכֹּהֲנִים מִתְכַּסִּים בַּשַּׂקִּים, לאות אבל וצער
אֶל יְשַׁעְיָהוּ בֶן אָמוֹץ הַנָּבִיא. ג **וַיֹּאמְרוּ אֵלָיו, כֹּה אָמַר חִזְקִיָּהוּ: יוֹם צָרָה**
וְתוֹכֵחָה, עונש **וּנְאָצָה**, וקללה **הַיּוֹם הַזֶּה**. העיר במצוקה **כִּי בָאוּ בָנִים**
עַד מַשְׁבֵּר, מושב היולדת, שעליו הוולד שובר ופורץ החוצה,[11] **וְכֹחַ**
אַיִן לְלֵדָה. מצבנו כמצבה של יולדת שבעת שהוולד צריך לצאת אפסו כוחותיה, ואין היא מסוגלת ללדת. דבר–מה מוכרח לקרות עכשיו, אך אין בנו הכוח לפעול.[12] ד **אוּלַי יִשְׁמַע ה' אֱלֹהֶיךָ אֵת דִּבְרֵי**
רַבְשָׁקֵה, אֲשֶׁר שְׁלָחוֹ מֶלֶךְ אַשּׁוּר אֲדֹנָיו לְחָרֵף, לגדף **אֱלֹהִים חַי**. רבשקה לא הקריא את דברי מלכו. סנחריב לא שלח בפיו את המלים שעליו לומר, אלא מסר לו הנחיות כלליות. בנאומו ניסה רבשקה לערער את מורל שומעיו בתיאור כיבושי סנחריב מדינה אחר מדינה, ואין מציל מידו; הוא הציע לעם ששמע את דבריו להיכנע ולהסכים לגלות ממקומו; אולם מעל לכול, הוא פגע בכבוד שמים. **וְהוֹכִיחַ**, והתווכח[13] **בַּדְּבָרִים, כַּאֲשֶׁר שָׁמַע ה' אֱלֹהֶיךָ**. אשר על כן, **וְנָשָׂאתָ תְפִלָּה**
בְּעַד הַשְּׁאֵרִית של העם **הַנִּמְצָאָה** בעיר.
ה **וַיָּבֹאוּ עַבְדֵי הַמֶּלֶךְ חִזְקִיָּהוּ אֶל יְשַׁעְיָהוּ**.
ו **וַיֹּאמֶר אֲלֵיהֶם יְשַׁעְיָהוּ: כֹּה תֹאמְרוּן אֶל אֲדֹנֵיכֶם: כֹּה אָמַר ה': אַל תִּירָא**
מִפְּנֵי הַדְּבָרִים אֲשֶׁר שָׁמַעְתָּ, אֲשֶׁר גִּדְּפוּ נַעֲרֵי מֶלֶךְ אַשּׁוּר, אספסוף של צעירים פרועים. ביטוי מזלזל המכוון כלפי רבשקה, שהיה שר גדול

העולם

סְפַרְוָיִם עם ועיר הסמוכה לחמת. תושביה היו שׂרפים את בניהם בָּאֵשׁ לְאַדְרַמֶּלֶךְ וַעֲנַמֶּלֶךְ (מלכים ב' יז,לא). מלך אשור הגלה אותם ממקומם והושיבם בשומרון. היו שזיהו את עירם עם העיר סִבְרַיִם הנזכרת ביחזקאל (מז,טז) הממוקמת בֵּין גְּבוּל דַּמֶּשֶׂק וּבֵין גְּבוּל חֲמָת, חָצֵר הַתִּיכוֹן אֲשֶׁר אֶל גְּבוּל חַוְרָן. ואחרים טענו שהיא העיר ספר (Sippar), שחורבותיה נמצאות בתל אבו–חבה כ–60 ק"מ מצפון לעיר בבל.

ז אַשּׁוּר אוֹתִי: הִנְנִי נוֹתֵן בּוֹ רוּחַ וְשָׁמַע שְׁמוּעָה וְשָׁב אֶל־אַרְצוֹ
ח וְהִפַּלְתִּיו בַּחֶרֶב בְּאַרְצוֹ: וַיָּשָׁב רַבְשָׁקֵה וַיִּמְצָא אֶת־מֶלֶךְ אַשּׁוּר
ט נִלְחָם עַל־לִבְנָה כִּי שָׁמַע כִּי נָסַע מִלָּכִישׁ: וַיִּשְׁמַע עַל־תִּרְהָקָה
מֶלֶךְ־כּוּשׁ לֵאמֹר יָצָא לְהִלָּחֵם אִתָּךְ וַיִּשְׁמַע וַיִּשְׁלַח מַלְאָכִים
י אֶל־חִזְקִיָּהוּ לֵאמֹר: כֹּה תֹאמְרוּן אֶל־חִזְקִיָּהוּ מֶלֶךְ־יְהוּדָה לֵאמֹר
אַל־יַשִּׁאֲךָ אֱלֹהֶיךָ אֲשֶׁר אַתָּה בּוֹטֵחַ בּוֹ לֵאמֹר לֹא תִנָּתֵן יְרוּשָׁלִַם
יא בְּיַד מֶלֶךְ אַשּׁוּר: הִנֵּה ׀ אַתָּה שָׁמַעְתָּ אֲשֶׁר עָשׂוּ מַלְכֵי אַשּׁוּר
יב לְכָל־הָאֲרָצוֹת לְהַחֲרִימָם וְאַתָּה תִּנָּצֵל: הַהִצִּילוּ אוֹתָם אֱלֹהֵי
הַגּוֹיִם אֲשֶׁר הִשְׁחִיתוּ אֲבוֹתַי אֶת־גּוֹזָן וְאֶת־חָרָן וְרֶצֶף וּבְנֵי־עֶדֶן
יג אֲשֶׁר בִּתְלַשָּׂר: אַיֵּה מֶלֶךְ־חֲמָת וּמֶלֶךְ אַרְפָּד וּמֶלֶךְ לָעִיר

ביאור | בממלכת אשור,[14] **אותי** – את ה'. ז **הִנְנִי נוֹתֵן בּוֹ רוּחַ**, רצון או בהלה, **וְשָׁמַע שְׁמוּעָה וְשָׁב אֶל אַרְצוֹ**, ולאחר מכן – **וְהִפַּלְתִּיו בַּחֶרֶב בְּאַרְצוֹ**.

ח **וַיָּשָׁב רַבְשָׁקֵה** לבסיסו, **וַיִּמְצָא אֶת מֶלֶךְ אַשּׁוּר נִלְחָם עַל לִבְנָה, כִּי שָׁמַע כִּי נָסַע מִלָּכִישׁ**. קודם לכן צר סנחריב על לכיש. כעת מצא אותו רבשקה נלחם נגד העיר החשובה לבנה שבאותו אזור.[15]

ט **וַיִּשְׁמַע** מלך אשור **עַל תִּרְהָקָה מֶלֶךְ כּוּשׁ**. תרהקה היה בן לשושלת הנובית שמוצאה בכוש ומלך אז במצרים, **לֵאמֹר: יָצָא לְהִלָּחֵם אִתָּךְ**. היעד העיקרי של אשור היה תחזוקתה של שליטת האימפריה שלו בפלשת לאחר המרידות שהיו שם. הצבא הנובי–מצרי בא לסייע לפלשת נגד אשור.[16] כאשר שמע מלך אשור שמלך מצרים יצא לקראתו, לא רצה להפנות את כוחותיו לכיבוש עיר נוספת בממלכה הקטנה שבדרך.

העולם | **לִבְנָה** עיר חשובה ועיר כהנים בנחלת יהודה הסמוכה לערים מקדה, לכיש ועדולם בשפלה (יהושע יב,טו; כא,יג). לבנה נזכרת גם כעיר מוצאה של חמוטל בת ירמיהו, אם יהואחז וצדקיהו, מלכי יהודה האחרונים (מלכים ב' כג,לא; כד,יח). יש המזהים אותה עם תל א-צפי (תל צפית), השוכן על דרך עתיקה שהוליכה מהחוף אל הרי יהודה דרך עמק האלה, ומייחסים את שמה לצבעם הלבן של סלעי התל. אחרים מזהים אותה עם תל בורנה, השוכן כ–2 ק"מ מדרום לקיבוץ בית ניר. באתר זה נתגלה קמע אשורי כתוב אכדית שאולי היה שייך לחייל בצבא סנחריב מלך אשור.

תִּרְהָקָה בן לשושלת ה–25 של הפרעונים שפלשו למצרים בסוף המאה ה–8 לפנה"ס מאזור נוביה (סודן של ימינו). הוא מוזכר כמלך מצרים וכוש בתעודות אשוריות. במסגרת מאבקו המתמיד עם אשור הוא עורר מדינות בסוריה ובארץ ישראל למרוד בה. במספר קרבות עם אשור הוא הובס ובסוף ימיו נמלט לנוביה.

לְמרות שהצבא האשורי התכונן עתה למסע דרומה, ועזב את
מקומות החניה שלו סביב ירושלים – **וַיִּשְׁמַע, וַיִּשְׁלַח מַלְאָכִים**, שליחים
ובפיהם מסר נוסף **אֶל חִזְקִיָּהוּ לֵאמֹר:** י **כֹּה תֹאמְרוּן אֶל חִזְקִיָּהוּ מֶלֶךְ
יְהוּדָה לֵאמֹר: אַל יַשִּׁאֲךָ**, ישלה אותך **אֱלֹהֶיךָ אֲשֶׁר אַתָּה בּוֹטֵחַ בּוֹ, לֵאמֹר:
לֹא תִנָּתֵן יְרוּשָׁלַיִם בְּיַד מֶלֶךְ אַשּׁוּר.** אין זו אלא הפוגה זמנית. יא **הִנֵּה
אַתָּה שָׁמַעְתָּ אֲשֶׁר עָשׂוּ מַלְכֵי אַשּׁוּר לְכָל הָאֲרָצוֹת לְהַחֲרִימָם** – **וְכִי**
רק **אַתָּה תִּנָּצֵל?!** יב **הַהִצִּילוּ אוֹתָם אֱלֹהֵי הַגּוֹיִם אֲשֶׁר הִשְׁחִיתוּ** אותם
אֲבוֹתַי – **אֶת גּוֹזָן וְאֶת חָרָן וְרֶצֶף וּבְנֵי עֶדֶן אֲשֶׁר בִּתְלַשָּׂר.** ממלכת אשור
הייתה אז בשיאה. סנחריב ושושלת המלכים הגדולים שלפניו כבשו
בהתמדה עוד ועוד ארצות. יג **אַיֵּה מֶלֶךְ חֲמָת וּמֶלֶךְ אַרְפָּד וּמֶלֶךְ לָעִיר**

פסל תרהקה
המאה ה-7
לפנה"ס
נורי, נוביה

העולם

גּוֹזָן עיר השוכנת במעלה נהר החבור, אחד מיובלי הפרת. היא מזוהה עם תל-חלאף שבגבול סוריה-תורכיה. על פי תעודות אשוריות הייתה עיר בירה של ממלכה ארמית בשם בית בח'ין שהוחרבה על ידי האשורים בשנת 858 לפנה"ס והפכה לפחווה אשורית. אל גוזן הוגלו תושבי שומרון (מלכים ב' יח,יא).

חָרָן עיר מושבם של תרח ואברם בדרכם לארץ כנען (בראשית יא,לא), הנמצאת בחלקו העליון של נהר הבליח, אחד מיובלי הפרת, כ-100 ק"מ ממערב לגוזן. הייתה עיר מרכזית מבחינה כלכלית ובתקופות קדומות שימשה מרכז דתי של האליל הבבלי סין (=ירח).

רֶצֶף יש שזיהו אותה עם אל-רספה (Sergiopolis בעבר) כ-30 ק"מ מדרום לעיר א-רקה, היושבת על הפרת התיכון בסוריה של היום; ויש שזיהו אותה עם רג'פה שבבקעת סנג'ר, כ-120 ק"מ ממערב לנינוה.

בְנֵי־עֶדֶן תושבי המדינה הארמית בית עדן ששכנה על גדות הפרת משפך נהר סג'ור בצפון עד שפך הנהר בליח' בדרום. בשנת 856 לפנה"ס כבש אותה שלמנאסר מלך אשור.

תְּלַשָּׂר מקום גלותם של בני עדן. במקורות האשוריים מוזכר המקום Til-Assuri ממזרח לחידקל, אך יש חוקרים הסבורים שתלשר שוכנת בצפון סוריה סמוך לגוזן וחרן.

סְפַרְוָיִם הֵנַע וְעִוָּה׃ וַיִּקַּח חִזְקִיָּהוּ אֶת־הַסְּפָרִים מִיַּד הַמַּלְאָכִים יד
וַיִּקְרָאֵהוּ וַיַּעַל בֵּית יהוה וַיִּפְרְשֵׂהוּ חִזְקִיָּהוּ לִפְנֵי יהוה׃ וַיִּתְפַּלֵּל טו
חִזְקִיָּהוּ אֶל־יהוה לֵאמֹר׃ יהוה צְבָאוֹת אֱלֹהֵי יִשְׂרָאֵל יֹשֵׁב טז
הַכְּרֻבִים אַתָּה־הוּא הָאֱלֹהִים לְבַדְּךָ לְכֹל מַמְלְכוֹת הָאָרֶץ אַתָּה
עָשִׂיתָ אֶת־הַשָּׁמַיִם וְאֶת־הָאָרֶץ׃ הַטֵּה יהוה ׀ אָזְנְךָ וּשְׁמָע פְּקַח יז
יהוה עֵינֶךָ וּרְאֵה וּשְׁמַע אֵת כָּל־דִּבְרֵי סַנְחֵרִיב אֲשֶׁר שָׁלַח לְחָרֵף
אֱלֹהִים חָי׃ אָמְנָם יהוה הֶחֱרִיבוּ מַלְכֵי אַשּׁוּר אֶת־כָּל־הָאֲרָצוֹת יח
וְאֶת־אַרְצָם׃ וְנָתֹן אֶת־אֱלֹהֵיהֶם בָּאֵשׁ כִּי לֹא אֱלֹהִים הֵמָּה כִּי יט
אִם־מַעֲשֵׂה יְדֵי־אָדָם עֵץ וָאֶבֶן וַיְאַבְּדוּם׃ וְעַתָּה יהוה אֱלֹהֵינוּ כ
הוֹשִׁיעֵנוּ מִיָּדוֹ וְיֵדְעוּ כָּל־מַמְלְכוֹת הָאָרֶץ כִּי־אַתָּה יהוה לְבַדֶּךָ׃
וַיִּשְׁלַח יְשַׁעְיָהוּ בֶן־אָמוֹץ אֶל־חִזְקִיָּהוּ לֵאמֹר כֹּה־אָמַר יהוה כא
אֱלֹהֵי יִשְׂרָאֵל אֲשֶׁר הִתְפַּלַּלְתָּ אֵלַי אֶל־סַנְחֵרִיב מֶלֶךְ אַשּׁוּר׃ זֶה כב
הַדָּבָר אֲשֶׁר־דִּבֶּר יהוה עָלָיו בָּזָה לְךָ לָעֲגָה לְךָ בְּתוּלַת בַּת־צִיּוֹן
אַחֲרֶיךָ רֹאשׁ הֵנִיעָה בַּת יְרוּשָׁלָםִ׃ אֶת־מִי חֵרַפְתָּ וְגִדַּפְתָּ וְעַל־מִי כג
הֲרִימוֹתָה קּוֹל וַתִּשָּׂא מָרוֹם עֵינֶיךָ אֶל־קְדוֹשׁ יִשְׂרָאֵל׃ בְּיַד עֲבָדֶיךָ כד
חֵרַפְתָּ ׀ אֲדֹנָי וַתֹּאמֶר בְּרֹב רִכְבִּי אֲנִי עָלִיתִי מְרוֹם הָרִים יַרְכְּתֵי
לְבָנוֹן וְאֶכְרֹת קוֹמַת אֲרָזָיו מִבְחַר בְּרֹשָׁיו וְאָבוֹא מְרוֹם קִצּוֹ יַעַר
כַּרְמִלּוֹ׃ אֲנִי קַרְתִּי וְשָׁתִיתִי מָיִם וְאַחְרִב בְּכַף־פְּעָמַי כֹּל יְאֹרֵי כה

ביאור | סְפַרְוָיִם?! היכן מלכי הֵנַע וְעִוָּה?![17] הממלכה האשורית מנצחת כל אויב, ואף לכם אין סיכוי.

יד וַיִּקַּח חִזְקִיָּהוּ אֶת הַסְּפָרִים, המכתבים הללו[18] מִיַּד הַמַּלְאָכִים, וַיִּקְרָאֵהוּ

העולם | הֵנַע וְעִוָּה יונתן, רש"י ותרגום השבעים פירשו מלים אלו כפעלים שעניינם עיוות ועיקום. אחרים ראו בהם שמות מקומות, אף שאין זיהויין ודאי. משערים כי הנע היא העיר בענת השוכנת על הפרת התיכון, ושמה היום Anah. עיר זו סופחה לאימפריה האשורית בשנת 838 לפנה"ס. עוה מזוהה עם העיר אמה (Emma) שממזרח לעיר חַלֶב.

– את המכתב. וַיַּעַל אל בֵּית ה׳, וַיִּפְרְשֵׂהוּ חִזְקִיָּהוּ לִפְנֵי ה׳. הוא שטח
את המכתב כך שהכתב פונה כלפי מעלה. טו וַיִּתְפַּלֵּל חִזְקִיָּהוּ אֶל ה׳
לֵאמֹר: טז ה׳ צְבָאוֹת, אֱלֹהֵי יִשְׂרָאֵל, יֹשֵׁב הַכְּרֻבִים, השוכן בין הכרובים,
בבית הזה, אשר סנחריב בא עליו,[19] אַתָּה הוּא הָאֱלֹהִים לְבַדְּךָ, היחיד
לְכֹל מַמְלְכוֹת הָאָרֶץ. אַתָּה עָשִׂיתָ אֶת הַשָּׁמַיִם וְאֶת הָאָרֶץ. כיוון שהכול
בידך, יכול אני לבקש ממך בקשה מיוחדת: יז הַטֵּה, ה׳, אָזְנְךָ וּשְׁמָע,
פְּקַח, ה׳, עֵינְךָ וּרְאֵה, וּשְׁמַע אֵת כָּל דִּבְרֵי סַנְחֵרִיב אֲשֶׁר שָׁלַח לְחָרֵף
אֱלֹהִים חָי. יח אָמְנָם, ה׳, הֶחֱרִיבוּ מַלְכֵי אַשּׁוּר אֶת כָּל גויי[20] הָאֲרָצוֹת וְאֶת
אַרְצָם, יט וְנָתֹן, נתנו אֶת אֱלֹהֵיהֶם בָּאֵשׁ, אך הם הצליחו לעשות זאת
כִּי לֹא אֱלֹהִים הֵמָּה, כִּי אִם מַעֲשֵׂה יְדֵי אָדָם, עֵץ וָאֶבֶן, וַיְאַבְּדוּם. כ וְעַתָּה,
ה׳ אֱלֹהֵינוּ, הוֹשִׁיעֵנוּ מִיָּדוֹ של סנחריב, וְיֵדְעוּ כָּל מַמְלְכוֹת הָאָרֶץ כִּי אַתָּה
ה׳ לְבַדֶּךָ.

חזקיהו, שלא היה נביא, לא היה מסוגל לשמוע את מענה ה׳.
לעומתו, הנביא ישעיהו לא היה זקוק לשמוע על תפילת חזקיהו.
הוא קיבל את תשובת ה׳ לתפילת חזקיהו ומסרה למלך. כא וַיִּשְׁלַח
יְשַׁעְיָהוּ בֶן אָמוֹץ אֶל חִזְקִיָּהוּ לֵאמֹר: כֹּה אָמַר ה׳ אֱלֹהֵי יִשְׂרָאֵל. אֲשֶׁר, יען[21]
הִתְפַּלַּלְתָּ אֵלַי אֶל, על דבר סַנְחֵרִיב מֶלֶךְ אַשּׁוּר – כב זֶה הַדָּבָר אֲשֶׁר דִּבֶּר
ה׳ עָלָיו: בָּזָה לְךָ, לָעֲגָה לְךָ בְּתוּלַת בַּת צִיּוֹן, דימוי נשי של האומה או
הממלכה.[22] אַחֲרֶיךָ רֹאשׁ הֵנִיעָה בַּת יְרוּשָׁלִָם בתוכחה, בלעג או בתנועה
המבטאת רחמים כלפיך. ירושלים אינה מתרשמת ממך. כג אֶת מִי
חֵרַפְתָּ וְגִדַּפְתָּ, וְעַל מִי הֲרִימוֹתָה קּוֹל, וַתִּשָּׂא מָרוֹם עֵינֶיךָ?! – אֶל קְדוֹשׁ
יִשְׂרָאֵל, ה׳. כד בְּיַד עֲבָדֶיךָ חֵרַפְתָּ אֲדֹנָי וַתֹּאמֶר: ״בְּרֹב רִכְבִּי אֲנִי עָלִיתִי
מְרוֹם הָרִים, הגעתי עד יַרְכְּתֵי לְבָנוֹן, המגלמים את פסגות ההרים
הגבוהות, וְאֶכְרֹת קוֹמַת אֲרָזָיו, מִבְחַר בְּרֹשָׁיו, בכוחי לעשות הכול,
וְאָבוֹא אל מְרוֹם קִצּוֹ, תכלית גובהו של הלבנון ולְיַעַר כַּרְמִלּוֹ, לחלקו
המשובח ביותר. כה כמו כן, אֲנִי קַרְתִּי, ניקרתי, חפרתי וְשָׁתִיתִי מָיִם,
וְאַחְרִב, וייבשתי בְּכַף פְּעָמַי, רגלי את כֹּל יְאֹרֵי מָצוֹר, מקווי המים של

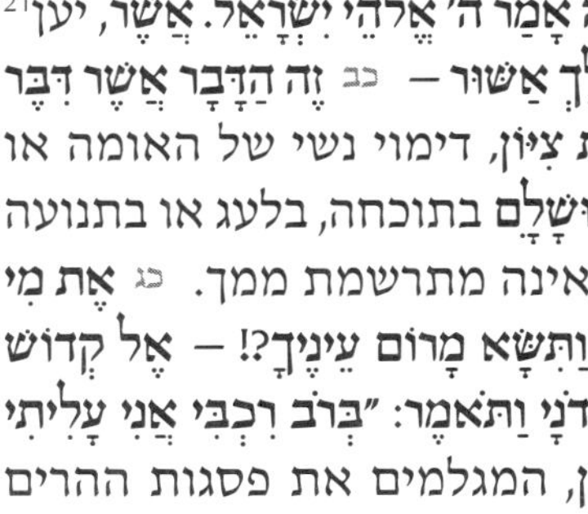

ארזים בלבנון

כו מָצוֹר: הֲלוֹא־שָׁמַעְתָּ לְמֵרָחוֹק אוֹתָהּ עָשִׂיתִי מִימֵי קֶדֶם וִיצַרְתִּיהָ
כז עַתָּה הֲבֵאתִיהָ וּתְהִי לְהַשְׁאוֹת גַּלִּים נִצִּים עָרִים בְּצֻרוֹת: וְיֹשְׁבֵיהֶן
קִצְרֵי־יָד חַתּוּ וָבֹשׁוּ הָיוּ עֵשֶׂב שָׂדֶה וִירַק דֶּשֶׁא חֲצִיר גַּגּוֹת וּשְׁדֵמָה
כח כט לִפְנֵי קָמָה: וְשִׁבְתְּךָ וְצֵאתְךָ וּבוֹאֲךָ יָדָעְתִּי וְאֵת הִתְרַגֶּזְךָ אֵלָי: יַעַן
הִתְרַגֶּזְךָ אֵלַי וְשַׁאֲנַנְךָ עָלָה בְאָזְנָי וְשַׂמְתִּי חַחִי בְּאַפֶּךָ וּמִתְגִּי
ל בִּשְׂפָתֶיךָ וַהֲשִׁיבֹתִיךָ בַּדֶּרֶךְ אֲשֶׁר־בָּאתָ בָּהּ: וְזֶה־לְּךָ הָאוֹת אָכוֹל
הַשָּׁנָה סָפִיחַ וּבַשָּׁנָה הַשֵּׁנִית שָׁחִיס וּבַשָּׁנָה הַשְּׁלִישִׁית זִרְעוּ
לא וְקִצְרוּ וְנִטְעוּ כְרָמִים ואכול פִּרְיָם: וְיָסְפָה פְּלֵיטַת בֵּית־יְהוּדָה וְאִכְלוּ
לב הַנִּשְׁאָרָה שֹׁרֶשׁ לְמָטָּה וְעָשָׂה פְרִי לְמָעְלָה: כִּי מִירוּשָׁלִַם תֵּצֵא
שְׁאֵרִית וּפְלֵיטָה מֵהַר צִיּוֹן קִנְאַת יהוה צְבָאוֹת תַּעֲשֶׂה־
לג זֹּאת: לָכֵן כֹּה־אָמַר יהוה אֶל־מֶלֶךְ אַשּׁוּר לֹא יָבוֹא
אֶל־הָעִיר הַזֹּאת וְלֹא־יוֹרֶה שָׁם חֵץ וְלֹא־יְקַדְּמֶנָּה מָגֵן וְלֹא־יִשְׁפֹּךְ
לד עָלֶיהָ סֹלְלָה: בַּדֶּרֶךְ אֲשֶׁר־בָּא בָּהּ יָשׁוּב וְאֶל־הָעִיר הַזֹּאת לֹא
לה יָבוֹא נְאֻם־יהוה: וְגַנּוֹתִי עַל־הָעִיר הַזֹּאת לְהוֹשִׁיעָהּ לְמַעֲנִי
לו וּלְמַעַן דָּוִד עַבְדִּי: וַיֵּצֵא ׀ מַלְאַךְ יהוה וַיַּכֶּה בְּמַחֲנֵה אַשּׁוּר
מֵאָה וּשְׁמֹנִים וַחֲמִשָּׁה אָלֶף וַיַּשְׁכִּימוּ בַבֹּקֶר וְהִנֵּה כֻלָּם פְּגָרִים

ביאור | העיר שצרתי עליה.[23] כו אולם **הֲלוֹא שָׁמַעְתָּ**: **לְמֵרָחוֹק אוֹתָהּ** – את תבל ומלואה **עָשִׂיתִי**, כוננתי ויצרתי אותה ואת אשר נגזר בה, **מִימֵי קֶדֶם** עשיתיה **וִיצַרְתִּיהָ** – **עַתָּה הֲבֵאתִיהָ** – את יצירתי הקדומה, **וּתְהִי לְהַשְׁאוֹת**, להפוך לשממה, ולְ**גַלִּים נִצִּים**, לתלי חורבות פורחים,[24] הפכו **עָרִים בְּצֻרוֹת**. חורבן הערים הבצורות שחשבת שהבאת אתה, אינו אלא מעשה ידי. כז **וְיֹשְׁבֵיהֶן** של הערים הללו הם **קִצְרֵי יָד**, חדלי כוח, ולכן **חַתּוּ**, נשברו **וָבֹשׁוּ**. **הָיוּ** כְּ**עֵשֶׂב שָׂדֶה וִירַק דֶּשֶׁא**, **חֲצִיר** הגדל על **הַגַּגּוֹת**, **וּשְׁדֵמָה**, שיבולי השדה **לִפְנֵי** צמיחת **הַקָּמָה**, במצבן השפל והריק, קודם שצמחו ונתמלאו בגרעינים. לנוכח גזֵרתי הכול נחשבים עשבים חלושים שקל לתלשם ולעקרם. גם אתה, סנחריב, אחד

העולם | **חַח** טבעת או וו שנותנים באף הבהמה או בלחיה כדי להובילה או להדריכה. באכזריותם נהגו מלכי אשור לתת חחים בלחיי שבוייהם על מנת להובילם ולהשפילם.

השחקנים בתוכניתי הקדומה. כח וְכל צעדיך ידועים לי – **שִׁבְתְּךָ**
וְצֵאתְךָ וּבוֹאֲךָ יָדָעְתִּי, וְאֵת הִתְרַגֶּזְךָ, התמרמרותך **אֵלָי.** כט **יַעַן הִתְרַגֶּזְךָ**
אֵלַי, מכיוון שהכעסת אותי בגידופיך,[25] **וְשַׁאֲנַנְךָ**, שאננותך, ביטחונך
העצמי[26] **עָלָה בְאָזְנָי** – **וְשַׂמְתִּי** את **חַחִי**, טבעת הברזל שלי **בְּאַפֶּךָ**, כשם
שנותנים באפם הרגיש של שוורים ובהמות גדולות אחרות לשם
משיכתם והולכתם, ואת **מִתְגִּי**, יתד ברזל המחוברת לרסן **בִּשְׂפָתֶיךָ**,
כשם שנותנים בפיו של הסוס או החמור כדי לרסנו ולהנהיגו,
וַהֲשִׁיבֹתִיךָ בַּדֶּרֶךְ אֲשֶׁר בָּאתָ בָּהּ, בלא שיעלה בידך מה שתכננת.

וכאן פונה הנביא אל שומעיו בני יהודה: ל **וְזֶה לְּךָ הָאוֹת**: בגלל
המצור **אָכוֹל הַשָּׁנָה סָפִיחַ**, הגדל מעצמו בשדות, **וּבַשָּׁנָה הַשֵּׁנִית** – **שָׁחִיס**,
ספיחי הספיחים שיישארו,[27] **וּבַשָּׁנָה הַשְּׁלִישִׁית זִרְעוּ וְקִצְרוּ וְנִטְעוּ כְרָמִים**
וְאִכְלוּ פִרְיָם. אמנם בשנה הקרובה וזו שלאחריה יהיה קשה, שכן
האויב השחית את התבואה, אך לאחר מכן תהיה שנה חקלאית
רגילה ופורייה. לא **וְיָסְפָה פְלֵיטַת בֵּית יְהוּדָה הַנִּשְׁאָרָה שֹׁרֶשׁ לְמָטָּה,**
וְעָשָׂה השורש **פְרִי לְמָעְלָה.** שארית הפליטה תצמח ותשגשג. לב **כִּי**
מִירוּשָׁלִַם תֵּצֵא שְׁאֵרִית, וּפְלֵיטָה מֵהַר צִיּוֹן. קִנְאַת ה' צְבָאוֹת, המקנא
לירושלים ודואג לה, היא **תַּעֲשֶׂה זֹּאת.**

לג **לָכֵן כֹּה אָמַר ה' אֶל מֶלֶךְ אַשּׁוּר: לֹא יָבוֹא אֶל הָעִיר הַזֹּאת** – ירושלים,
וְלֹא יוֹרֶה, יירה **שָׁם חֵץ, וְלֹא יְקַדְּמֶנָּה בְמָגֵן וְלֹא יִשְׁפֹּךְ עָלֶיהָ סֹלְלָה**, סוללת
מצור. לד **בַּדֶּרֶךְ אֲשֶׁר בָּא** – **בָּהּ יָשׁוּב, וְאֶל הָעִיר הַזֹּאת לֹא יָבוֹא, נְאֻם**
ה'. לה **וְגַנּוֹתִי**, אגונן **עַל הָעִיר הַזֹּאת לְהוֹשִׁיעָהּ, לְמַעֲנִי וּלְמַעַן דָּוִד עַבְדִּי.**
זו הנבואה שישלח ישעיהו למלך חזקיהו. הדברים נוסחו כפנייה
למלך אשור, אך בין אם סנחריב ישמע אותם ובין אם לאו – אלו
הם דברי הרגעה לחזקיהו.

לו **וַיֵּצֵא מַלְאַךְ ה' וַיַּכֶּה בְּמַחֲנֵה אַשּׁוּר מֵאָה וּשְׁמֹנִים וַחֲמִשָּׁה אָלֶף.**
וַיַּשְׁכִּימוּ בַבֹּקֶר, הנותרים בחיים – **וְהִנֵּה** גילו כי **כֻלָּם פְּגָרִים מֵתִים.**

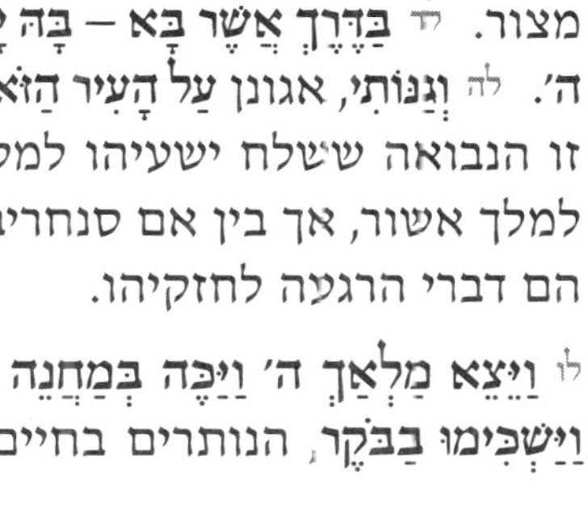

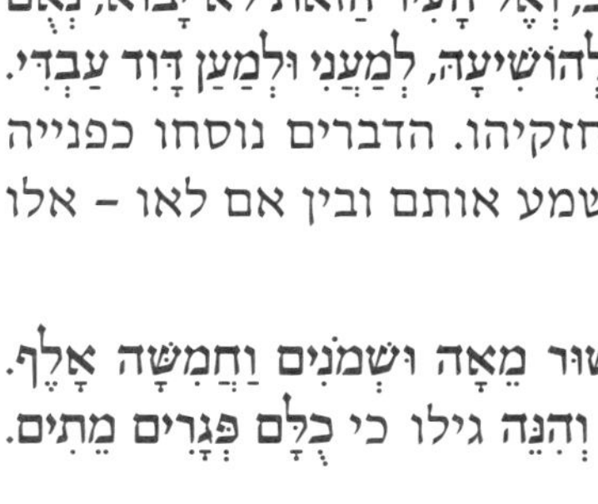

מימין:
שבויים מובלים
וְחַח באפם
תבליט אשורי

משמאל:
מתג בפי בהמה

מֵתִים: וַיִּסַּע וַיֵּלֶךְ וַיָּשׇׁב סַנְחֵרִיב מֶלֶךְ־אַשּׁוּר וַיֵּשֶׁב בְּנִינְוֵה: וַיְהִי לז לח
הוּא מִשְׁתַּחֲוֶה בֵּית ׀ נִסְרֹךְ אֱלֹהָיו וְאַדְרַמֶּלֶךְ וְשַׂרְאֶצֶר בָּנָיו הִכֻּהוּ
בַחֶרֶב וְהֵמָּה נִמְלְטוּ אֶרֶץ אֲרָרָט וַיִּמְלֹךְ אֵסַר־חַדֹּן בְּנוֹ
תַּחְתָּיו: בַּיָּמִים הָהֵם חָלָה חִזְקִיָּהוּ לָמוּת וַיָּבוֹא אֵלָיו א לח
יְשַׁעְיָהוּ בֶן־אָמוֹץ הַנָּבִיא וַיֹּאמֶר אֵלָיו כֹּה־אָמַר יהוה צַו לְבֵיתֶךָ
כִּי מֵת אַתָּה וְלֹא תִחְיֶה: וַיַּסֵּב חִזְקִיָּהוּ פָּנָיו אֶל־הַקִּיר וַיִּתְפַּלֵּל ב
אֶל־יהוה: וַיֹּאמַר אָנָּה יהוה זְכׇר־נָא אֵת אֲשֶׁר הִתְהַלַּכְתִּי ג
לְפָנֶיךָ בֶּאֱמֶת וּבְלֵב שָׁלֵם וְהַטּוֹב בְּעֵינֶיךָ עָשִׂיתִי וַיֵּבְךְּ חִזְקִיָּהוּ
בְּכִי גָדוֹל: וַיְהִי דְּבַר־יהוה אֶל־יְשַׁעְיָהוּ לֵאמֹר: ד
הָלוֹךְ וְאָמַרְתָּ אֶל־חִזְקִיָּהוּ כֹּה־אָמַר יהוה אֱלֹהֵי דָּוִד אָבִיךָ ה
שָׁמַעְתִּי אֶת־תְּפִלָּתֶךָ רָאִיתִי אֶת־דִּמְעָתֶךָ הִנְנִי יוֹסִף עַל־יָמֶיךָ

ביאור | לז וַיִּסַּע וַיֵּלֶךְ וַיָּשׇׁב סַנְחֵרִיב מֶלֶךְ אַשּׁוּר לארצו וַיֵּשֶׁב בְּנִינְוֵה עירו, ולא נלחם עוד.

לח וַיְהִי הוּא מִשְׁתַּחֲוֶה בבית נִסְרֹךְ אֱלֹהָיו, אחד מאלילי אשור, ובעת שפנה אליו, אַדְרַמֶּלֶךְ וְשַׂרְאֶצֶר בָּנָיו הִכֻּהוּ בַחֶרֶב, הרגוהו. וְהֵמָּה נִמְלְטוּ אל אֶרֶץ אֲרָרָט למצוא מחסה. אררט הייתה כפופה לממלכת החתים, שלא נכבשה בידי אשור. וַיִּמְלֹךְ אֵסַר חַדֹּן בְּנוֹ הנוסף של סנחריב, שכנראה לא היה מעורב ברצח אביו, תַּחְתָּיו.

העולם | **נִסְרֹךְ** שם זה אינו מופיע בשום מקור אחר. לפי הגמרא (סנהדרין צו ע״א) נסרוך הוא נסר מתיבת נח שעשאוהו לאליל. במחקר יש המזהים אותו עם אחד האליל האשורי נסכ (Nusku), שהיה אליל האור והאש, מקדשו המרכזי היה בחרן, וסמלו היה להבה. אחרים טוענו שהוא שיבוש של שמות אלילים בבליים.

הריגת סנחריב לפי כרוניקות אשוריות סנחריב נרצח במרד בשנת 681 לפנה״ס. בתעודה אשורית (S. Parpola 1980) אחרת מוזכר כי נרצח על ידי בניו.

אֶרֶץ אֲרָרָט ממלכה הררית הכוללת את הרי כורדיסטן ומרכזה היה בימת ואן שבתורכיה של היום. בשיאה שלטה על השטח שבין נהר מטקורי (Metkuari) בדרום גיאורגיה ועד מישורי מסופוטמיה. אררט הייתה במאבק מתמיד עם אשור.

חוליו של חזקיהו והחלמתו

פרק לח

סיפור רנבואה הבא נושא אופי אישי יותר. הוא עוסק במלך חזקיהו וביחסיו עם ישעיהו הנביא. קודם שהגיע לזקנה[1] חלה חזקיהו ושכב על ערש דווי. ישעיהו בא אליו וניבא לו את מותו. לאחר שהתפלל חזקיהו מקירות לבו אל ה׳, שב ישעיהו לחזקיהו, ובפיו הבשורה שייוושע ויתחזק, וגם העיר תיוושע מיד אשור.

אפשר לראות מאורע זה גם בהקשרם של הכתובים הסמוכים: זהו המקרה היחיד שבו מתבשר מלך בישראל שיצליח לעמוד כנגד מעצמה גדולה. שאר נביאים שניבאו למלכי ישראל יהודה ניצחון במלחמות התייחסו לרוב למלחמות קטנות, ואילו אשור הייתה מעצמה אדירה, שאף הציעה מעין הסכם כניעה. למרות האיום הגדול עודד ישעיהו את חזקיהו וחיזקו להתנגד לאשור. ייתכן שלאחר הישועה הגדולה והמשמעותית הזו חייו של חזקיהו אמורים להגיע לקצם, שכן בכך מוצו חייו. עם זאת ראוי לציין שהכתובים אינם מעידים במפורש על העיתוי המדויק של מחלת חזקיהו ביחס למפלת אשור – האם חלה לאחר שיצא סנחריב מהאזור או תוך כדי איום המלחמה.[2]

אל סיפור מחלתו של חזקיהו מתלווה גם ה׳מכתב׳ שלו. זהו שיר תודה העוסק במחלה וברפואר, ובו מתוארים פחד המוות, המחשבה על החיים שלא נשאר מהם זכר, הסבל והייסורים. ב׳מכתב׳ חזקיהו אינו מניח שפניו מועדות אל מקום טוב יותר.[3] הוא מביע כאן את משאלתו להישאר חי על מנת להודות ולנגן לה׳.

פרק לח א **בַּיָּמִים הָהֵם** – ימי איומו של סנחריב או מפלתו, **חָלָה**
חִזְקִיָּהוּ לָמוּת. וַיָּבוֹא אֵלָיו יְשַׁעְיָהוּ בֶן אָמוֹץ הַנָּבִיא, וַיֹּאמֶר אֵלָיו – כֹּה
אָמַר ה׳: צַו, תן צוואה **לְבֵיתֶךָ**, לקרוביך, **כִּי מֵת אַתָּה וְלֹא תִחְיֶה** מן
המחלה הזו.

מן ההמשך עולה שחזקיהו עצמו הרגיש חולה מאוד, אבל כאן נאמר לו הדבר בנבואה. כעת שמע מפורשות מישעיהו כי כלו כל הקיצים, ואין לו ישועה.

במקום לכתוב צוואה, בחר חזקיהו להתייחד עם קונו.[4] ב **וַיַּסֵּב**
חִזְקִיָּהוּ פָּנָיו אֶל הַקִּיר, וַיִּתְפַּלֵּל אֶל ה׳ בקיצור גדול. ג **וַיֹּאמַר: אָנָּה ה׳,**
זְכָר נָא אֵת אֲשֶׁר הִתְהַלַּכְתִּי לְפָנֶיךָ בֶּאֱמֶת וּבְלֵב שָׁלֵם, וְהַטּוֹב בְּעֵינֶיךָ
עָשִׂיתִי, ועכשיו אני מת – ולפי כמה דעות – ערירי. אין לי ולפעולתי
הטובה שם ושארית.

וַיֵּבְךְּ חִזְקִיָּהוּ בְּכִי גָדוֹל מהתרגשות וממפח נפש.

ד **וַיְהִי דְּבַר ה׳ אֶל יְשַׁעְיָהוּ** שוב **לֵאמֹר:** ה **הָלוֹךְ וְאָמַרְתָּ אֶל חִזְקִיָּהוּ: כֹּה**
אָמַר ה׳ אֱלֹהֵי דָּוִד אָבִיךָ: שָׁמַעְתִּי אֶת תְּפִלָּתֶךָ, רָאִיתִי אֶת דִּמְעָתֶךָ, ולכן
בטלה גזרת מותך – **הִנְנִי יוֹסִף**, עתיד להוסיף **עַל יָמֶיךָ** הקצובים לך

מימין: מלכי אשור כורעים ברך בפני נסרכ תבליט על עמוד אבן (מזבח) המאה ה-13 לפנה״ס

משמאל: ארץ אררט

חָמֵשׁ עֶשְׂרֵה שָׁנָה׃ וּמִכַּף מֶלֶךְ־אַשּׁוּר אַצִּילְךָ וְאֵת הָעִיר ו
הַזֹּאת וְגַנּוֹתִי עַל־הָעִיר הַזֹּאת׃ וְזֶה־לְּךָ הָאוֹת מֵאֵת יְהוָה אֲשֶׁר ז
יַעֲשֶׂה יְהוָה אֶת־הַדָּבָר הַזֶּה אֲשֶׁר דִּבֵּר׃ הִנְנִי מֵשִׁיב אֶת־צֵל ח
הַמַּעֲלוֹת אֲשֶׁר יָרְדָה בְמַעֲלוֹת אָחָז בַּשֶּׁמֶשׁ אֲחֹרַנִּית עֶשֶׂר
מַעֲלוֹת וַתָּשָׁב הַשֶּׁמֶשׁ עֶשֶׂר מַעֲלוֹת בַּמַּעֲלוֹת אֲשֶׁר
יָרָדָה׃ מִכְתָּב לְחִזְקִיָּהוּ מֶלֶךְ־יְהוּדָה בַּחֲלֹתוֹ וַיְחִי ט
מֵחָלְיוֹ׃ אֲנִי אָמַרְתִּי בִּדְמִי יָמַי אֵלֵכָה בְּשַׁעֲרֵי שְׁאוֹל פֻּקַּדְתִּי יֶתֶר י
שְׁנוֹתָי׃ אָמַרְתִּי לֹא־אֶרְאֶה יָהּ יָהּ בְּאֶרֶץ הַחַיִּים לֹא־אַבִּיט אָדָם יא
עוֹד עִם־יוֹשְׁבֵי חָדֶל׃ דּוֹרִי נִסַּע וְנִגְלָה מִנִּי כְּאֹהֶל רֹעִי קִפַּדְתִּי יב
כָאֹרֵג חַיַּי מִדַּלָּה יְבַצְּעֵנִי מִיּוֹם עַד־לַיְלָה תַּשְׁלִימֵנִי׃ שִׁוִּיתִי עַד־ יג
בֹּקֶר כָּאֲרִי כֵּן יְשַׁבֵּר כָּל־עַצְמוֹתָי מִיּוֹם עַד־לַיְלָה תַּשְׁלִימֵנִי׃

ביאור

עוד **חָמֵשׁ עֶשְׂרֵה שָׁנָה** מעכשיו.[5] ו ובשורה טובה נוספת: **מִכַּף מֶלֶךְ אַשּׁוּר אַצִּילְךָ** – הן אותך וְהן **אֵת הָעִיר הַזֹּאת**. לא רק בפעם הזו, אלא אף בעתיד לא יתעורר איום אשורי עליה – **וְגַנּוֹתִי**, אגן **עַל הָעִיר הַזֹּאת**.

בשורת ישעיהו כה מפתיעה על רקע חולשתו של חזקיהו, ותחושתו שהוא עומד על סף מותו, שמתלווה אליה חיזוק באמצעות מופת שיוכיח כבר עתה לחזקיהו שהשינוי הדרמטי הזה אכן עומד להתחולל: ז **וְזֶה לְּךָ הָאוֹת מֵאֵת ה׳**, שיוכיח את **אֲשֶׁר יַעֲשֶׂה ה׳ אֶת הַדָּבָר הַזֶּה אֲשֶׁר דִּבֵּר**: ח **הִנְנִי מֵשִׁיב אֶת צֵל** השמש על **הַמַּעֲלוֹת אֲשֶׁר יָרְדָה בְמַעֲלוֹת אָחָז בַּשֶּׁמֶשׁ**, מעין שעון שמש שהיה בנוי ממדרגות המכוונות צפונה, **אֲחֹרַנִּית עֶשֶׂר מַעֲלוֹת**. כיוון שהשמש שוקעת בדרום-מערב, כאשר הצל יורד במדרגות אפשר לדעת שעברה שעה נוספת.

הרחבות

האות שניתן לחזקיהו הולם את תוכן הנבואה שקיבל. שינוי הצל והיפוך תנועת גרמי השמים מסמלים כי לא תמיד העתיד הצפוי והטבעי הוא שיתממש. מסר דומה עולה גם מן הבשורה כי לא ימות ממחלתו הסופנית.

חָדֶל הוא כינוי לארץ ולעולם, ובהשאלה – לחייו של האדם על האדמה. (ראו תהלים מט,ב; לט,ו). המלה הדומה חָדֶל, המופיעה כאן, עשויה להיות צורה נוספת של ׳חלד׳ בחילוף אותיות. ייתכן שזהו משחק מלים מכוון: החלד - הארץ או חיי אנוש - חדל, חולף, ואין לו קיום. (ראו ראב״ע ורד״ק).

שיבת הצל אחורה, במקום שתמשיך לרדת במסלולה הרגיל, היא נס שלא נשמע כמוהו.[6] ואכן – **וַתָּשָׁב הַשֶּׁמֶשׁ עֶשֶׂר מַעֲלוֹת בַּמַּעֲלוֹת אֲשֶׁר יָרָדָה.** שינוי במהלך השמש אינו מאורע מקומי, אלא דבר הניכר לכול. באיטור הוא יוחס לאות שקיבל המלך חזקיהו ולניצחונו, כבודו של המלך גדל בכל העולם.[7]

כאן מופיע מכתב חזקיהו, שאינו חלק מדברי הנביא ישעיהו: ט **מִכְתָּב,**
כמו מכתב, כינוי למזמור,[8] **לְחִזְקִיָּהוּ מֶלֶךְ יְהוּדָה בַּחֲלֹתוֹ, וַיְחִי מֵחָלְיוֹ.** זוהי הכותרת לדברים השיריים שאמר חזקיהו בשעה שהבריא מחוליו.

י **אֲנִי אָמַרְתִּי,** חשבתי **שבִּדְמִי יָמַי,** בעודני במיטב שנותי, באמצע החיים **אֵלֵכָה בְּשַׁעֲרֵי שְׁאוֹל. פֻּקַּדְתִּי,** הפסדתי את **יֶתֶר שְׁנוֹתָי,** שהייתי צריך לחיות.[9]

יא **אָמַרְתִּי: לֹא אֶרְאֶה יָהּ,** את ה', כלומר לא אראה **יָהּ בְּאֶרֶץ הַחַיִּים,**
בעולם הזה, כל עוד נשמתי נתונה בתוך גופי.[10] **לֹא אַבִּיט,** אראה **אָדָם עוֹד** יחד עם שאר **יוֹשְׁבֵי חָדֶל,** חלד, העולם.

יב אמרתי: **דּוֹרִי,** מקורבי ואנשי דורי **נִסַּע,** נותקו **וְנִגְלָה,** גלו **מִנִּי,** ממני.[11]
עולם שלם של קשרים ויחסי רעות נעקר ממקומו נוכח חוליי, וחיי נעשו **כְּאֹהֶל רֹעִי,** כמו אוהל רועים, שכאשר מקפלים אותו, לא נותר ממנו דבר.

קִפַּדְתִּי, כָּרַתִּי, קצצתי **כָאֹרֵג** את חוט **חַיָּי.** החיים מדומים כאן לאריגת המסכת בבד. כשאריגת הבגד מגיעה אל סיומה, מנתק האורג את החוט מן הכישור.[12] **מִדַּלָּה,** מקצות חוטי האורגים,[13] מענף,[14] או: מתוך מחלתי[15] **יְבַצְּעֵנִי,** ישבור אותי.

מִיּוֹם עַד לַיְלָה אתה, ה', **תַּשְׁלִימֵנִי,** תשלים, תכלה את חיי.[16]

יג **שִׁוִּיתִי לנגד** עיני כל הלילה **עַד בֹּקֶר** את חוליי **כָּאֲרִי, כֵּן יְשַׁבֵּר כָּל עַצְמוֹתָי.**[17] לא ברור מה הייתה מחלתו, אך כנראה הייתה כרוכה בכאבים עזים. מההמשך עולה שחזקיהו סבל גם מפצעים עמוקים.

מִיּוֹם עַד לַיְלָה תַּשְׁלִימֵנִי, תגמור את חיי.

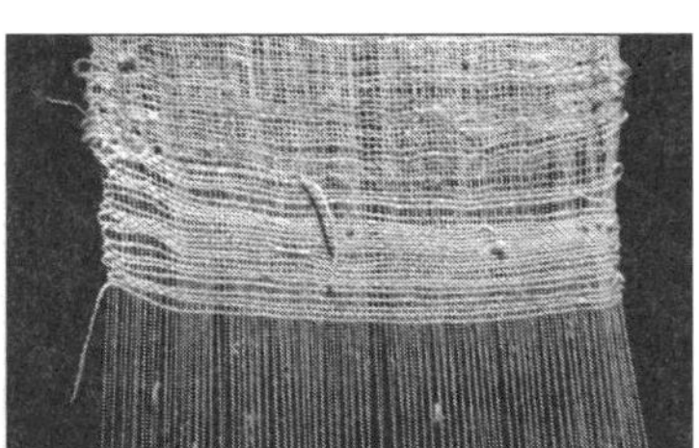

חוט הארג נפסק באמצע האריגה

יד כְּסוּס עָגוּר כֵּן אֲצַפְצֵף אֶהְגֶּה כַּיּוֹנָה דַּלּוּ עֵינַי לַמָּרוֹם אֲדֹנָי עָשְׁקָה־
טו לִּי עָרְבֵנִי׃ מָה־אֲדַבֵּר וְאָמַר־לִי וְהוּא עָשָׂה אֶדַּדֶּה כָל־שְׁנוֹתַי
טז עַל־מַר נַפְשִׁי׃ אֲדֹנָי עֲלֵיהֶם יִחְיוּ וּלְכָל־בָּהֶן חַיֵּי רוּחִי וְתַחֲלִימֵנִי
יז וְהַחֲיֵנִי׃ הִנֵּה לְשָׁלוֹם מַר־לִי מָר וְאַתָּה חָשַׁקְתָּ נַפְשִׁי מִשַּׁחַת בְּלִי
יח כִּי הִשְׁלַכְתָּ אַחֲרֵי גֵוְךָ כָּל־חֲטָאָי׃ כִּי לֹא שְׁאוֹל תּוֹדֶךָּ מָוֶת יְהַלְלֶךָּ
יט לֹא־יְשַׂבְּרוּ יוֹרְדֵי־בוֹר אֶל־אֲמִתֶּךָ׃ חַי חַי הוּא יוֹדֶךָ כָּמוֹנִי הַיּוֹם
כ אָב לְבָנִים יוֹדִיעַ אֶל־אֲמִתֶּךָ׃ יְהוָה לְהוֹשִׁיעֵנִי וּנְגִנוֹתַי נְנַגֵּן כָּל־
כא יְמֵי חַיֵּינוּ עַל־בֵּית יְהוָה׃ וַיֹּאמֶר יְשַׁעְיָהוּ יִשְׂאוּ דְּבֶלֶת תְּאֵנִים
כב וְיִמְרְחוּ עַל־הַשְּׁחִין וְיֶחִי׃ וַיֹּאמֶר חִזְקִיָּהוּ מָה אוֹת כִּי אֶעֱלֶה בֵּית

ביאור

יד **כְּסוּס**, כמו סיס,[18] ציפור נודדת המשמיעה קול אופייני, **וְעָגוּר**, ציפור בעלת רגליים וצוואר ארוכים, **כֵּן אֲצַפְצֵף, אֶהְגֶּה**, אשמיע קול **כַּיּוֹנָה**. עצמתם של כאבי כעצמתו של אריה, ואני עצמי מרגיש כציפור קטנה, נוהם וגונח, ובקושי יכול לדבר. **דַּלּוּ**, הורמו **עֵינַי לַמָּרוֹם, אֲדֹנָי**, מחלתי **עָשְׁקָה לִּי**, אותי מהעולם -[19] **עָרְבֵנִי**, התערב במצבי והצילני.

טו **מָה אֲדַבֵּר** בתפילתי, והרי ה' **אָמַר לִי** שאמות, **וְהוּא עָשָׂה**, גזר, ואין מידו מציל.[20] **אֶדַּדֶּה**, אני משתרך בקושי **כָל שְׁנוֹתַי עַל**, מחמת **מַר**, מרירות **נַפְשִׁי** וחלישות כוחי.[21]

טז ועם כל זאת אני יודע שכל אלו **שֶׁאֲדֹנָי** משפיע **עֲלֵיהֶם** את ברכתו - **יִחְיוּ, וּלְכָל** רקמותי, **שֶׁבָּהֶן** תלויים **חַיֵּי רוּחִי** - גם הם יחיו כאשר ה' עליהם.[22] **וְ**אכן אתה **תַחֲלִימֵנִי וְהַחֲיֵנִי**.

יז **הִנֵּה לְשָׁלוֹם**, עם בשורת השלום המפתיעה והסרת האימה מעל העיר, **מַר לִי מָר**, מר היה לי מאוד על חיי המתקרבים לקצם.[23] **וְאַתָּה חָשַׁקְתָּ**, רצית את **נַפְשִׁי**, והצלת אותה **מִשַּׁחַת בְּלִי**, מבור הבלייה, בור השאול המבלה את הכול,[24] **כִּי הִשְׁלַכְתָּ אַחֲרֵי גֵוְךָ**, גבך את **כָּל חֲטָאָי**. מאסת בחטאי. עתה אוכל לחיות מחדש בעולם חדש של שלום.

העולם

סוס סיס (שם מדעי: Apus). ציפור נודדת המגיעה לארץ מפעם לפעם, מקננת בחורי מבנים, מערות או חללי עצים. נקראת בשם זה בגלל הצלילים שהיא משמיע. אורך גופה כ–20 ס"מ, ומוטת כנפיה כ–45 ס"מ.

עָגוּר בימינו הוא שמו של עוף הדומה לחסידה (שם מדעי: Grus). אורך גופו 120–140 ס"מ, הוא מקנן באזורי ביצה.

יח **כִּי לֹא שְׁאוֹל תּוֹדֶךָּ, מָוֶת לֹא יְהַלְלֶךָּ**, המתים אינם יכולים להודות
ולהלל לך. **לֹא יְשַׂבְּרוּ**, יְצַפּוּ **יוֹרְדֵי בוֹר**, המתים **אֶל אֲמִתֶּךָ**.
יט רק אדם **חַי חַי הוּא יוֹדֶךָ**, מסוגל להודות לך, **כָּמוֹנִי הַיּוֹם**, שאני
מתאושש. אילו מַתִי, לא יכולתי להודות. **אָב** הזוכה **לְבָנִים יוֹדִיעַ**,
יוכל לספר גם לבניו[25] **אֶל**, את **אֲמִתֶּךָ**. כ **ה׳** בא **לְהוֹשִׁיעֵנִי**, ומעתה,
נְגִנוֹתַי נְנַגֵּן כָּל יְמֵי חַיֵּינוּ עַל בֵּית ה׳, בבית ה׳[26] ונודה לו על חסדיו ועל
ישועתו.

כא **וַיֹּאמֶר יְשַׁעְיָהוּ: יִשְׂאוּ**, יטלו **דְּבֶלֶת תְּאֵנִים**, תאנה מיובשת, **וְיִמְרְחוּ**
עַל פצעי **הַשְּׁחִין** של המלך, **וְיֶחִי**, הוא יתרפא.
דבלה אינה תרופה, ואולי היא עלולה להזיק לפצע בגלל זיהום. מכל
מקום הסיפור רצוף מופתים היוצאים מסדר העולם.[27]

כב לאור עצתו של הנביא לריפוי פצעיו – **וַיֹּאמֶר חִזְקִיָּהוּ: מָה** יהיה
הָאוֹת שאכן נרפאתי?! – **כִּי אֶעֱלֶה בֵּית ה׳**. כאשר אחוש מאושש
דיי לקום ממיטת חוליי ולעלות אל בית ה׳, הרי הַגעתי אל המקום
הראוי לשם הודאה תהיה האות לרפואתי השלמה.

מימין: סיס ('סוס'?)

משמאל: עגור

הרחבות

'כי לא שאול תודך' רעיון זה שאמר חזקיהו במזמור ההודיה שלו, מופיע גם במזמורי תהלים מפי דוד המלך, (ראו תהלים ו,ו; ל,י; פח,יא-יג; קטו,יז), שאליו יוחס חזקיהו שוב ושוב (למשל לעיל פס' ה; מלכים ב' יח,ג).

על המלך חזקיהו ועל מעשיו מסופר מעט בספר זה. קורותיו מסופרות בהרחבה בספרי מלכים (ב' יח-כ) ודברי הימים (ב' כט-לב). מן התיאורים שם מתקבל הרושם שחזקיהו היה מלך גדול שניסה בכל כוחותיו לחדש את הברית עם ה' במדינתו. הוא עלה לשלטון לאחר שממלכת ישראל נפלה, ונשארו ממנה רק שרידים. באותה עת היה ברור שעתידה של הנאמנות לברית עם ה' תלוי במדינתו. דברי תפילתו ושירתו של המלך הזה, שהיה בעל שאר רוח, נכנסו אל ספר ישעיה כלשונם, וכך הונצחו לדורי דורות.
לפי חז"ל, מחלתו של חזקיהו באה לו כעונש על כך שלא הוליד ילדים. (ראו ברכות י ע"א; תנא דבי אליהו רבה ח,ג; רש"י פס' א). מסופר כי חשב שילדיו לא יהיו הגונים, ולכן תחילה נמנע מהולדה. לאחר שקם ממחלתו, התחתן עם בתו של ישעיהו כדי לנסות להעמיד זרע הגון. עם כל זאת, יצא מהם מנשה, אחד המלכים הרשעים שעמדו לישראל.

יְהוָה׃ בָּעֵת הַהִוא שָׁלַח מְרֹאדַךְ בַּלְאֲדָן בֶּן־בַּלְאֲדָן לט א
מֶלֶךְ־בָּבֶל סְפָרִים וּמִנְחָה אֶל־חִזְקִיָּהוּ וַיִּשְׁמַע כִּי חָלָה וַיֶּחֱזָק׃
וַיִּשְׂמַח עֲלֵיהֶם חִזְקִיָּהוּ וַיַּרְאֵם אֶת־בֵּית נְכֹתֹה אֶת־הַכֶּסֶף וְאֶת־ ב
הַזָּהָב וְאֶת־הַבְּשָׂמִים וְאֵת ׀ הַשֶּׁמֶן הַטּוֹב וְאֵת כָּל־בֵּית כֵּלָיו וְאֵת
כָּל־אֲשֶׁר נִמְצָא בְּאוֹצְרֹתָיו לֹא־הָיָה דָבָר אֲשֶׁר לֹא־הֶרְאָם
חִזְקִיָּהוּ בְּבֵיתוֹ וּבְכָל־מֶמְשַׁלְתּוֹ׃ וַיָּבֹא יְשַׁעְיָהוּ הַנָּבִיא אֶל־הַמֶּלֶךְ ג
חִזְקִיָּהוּ וַיֹּאמֶר אֵלָיו מָה אָמְרוּ ׀ הָאֲנָשִׁים הָאֵלֶּה וּמֵאַיִן יָבֹאוּ
אֵלֶיךָ וַיֹּאמֶר חִזְקִיָּהוּ מֵאֶרֶץ רְחוֹקָה בָּאוּ אֵלַי מִבָּבֶל׃ וַיֹּאמֶר מָה ד
רָאוּ בְּבֵיתֶךָ וַיֹּאמֶר חִזְקִיָּהוּ אֵת כָּל־אֲשֶׁר בְּבֵיתִי רָאוּ לֹא־הָיָה
דָבָר אֲשֶׁר לֹא־הִרְאִיתִים בְּאוֹצְרֹתָי׃ וַיֹּאמֶר יְשַׁעְיָהוּ אֶל־חִזְקִיָּהוּ ה
שְׁמַע דְּבַר־יְהוָה צְבָאוֹת׃ הִנֵּה יָמִים בָּאִים וְנִשָּׂא ׀ כָּל־אֲשֶׁר ו
בְּבֵיתֶךָ וַאֲשֶׁר אָצְרוּ אֲבֹתֶיךָ עַד־הַיּוֹם הַזֶּה בָּבֶל לֹא־יִוָּתֵר דָּבָר

גזרת גלות בבל
פרק לט

בעקבות האירועים הקודמים התפתחו קשרים בין המלך חזקיהו לשליט בבל. בתגובה לכך, ישעיהו מנבא לחזקיהו את גזרת גלות בבל העתידה. ואולם חזקיהו, הנוטה לראות את הטוב, מקבל בברכה את הנבואה שממנה משתמע שהעתיד הקרוב יהיה שלֵו ויציב.

באופן כללי סברו הנביאים שהיחסים הפוליטיים עם ממלכות הגויים אינם מועילים.[1] על אחת כמה וכמה שהתנגדו לחנופה כלפיהן. על כן היו להכנעתו העצמית של חזקיהו בפני הבבלים השלכות חמורות. ייתכן שבעקבותיה נגזר שהמקדש ייחרב על ידי בבל דווקא. זוהי דוגמה להשפעת מעשיו של המלך על ההשתלשלויות הלאומיות.

ביאור | **פרק לט** א **בָּעֵת הַהִיא**, לאחר שהוסר מצור סנחריב, וחזקיהו הבריא ממחלתו, **שָׁלַח מְרֹדַךְ בַּלְאֲדָן בֶּן בַּלְאֲדָן**, נראה שגם אביו היה מלך ונקרא אף הוא בלאדן, **מֶלֶךְ בָּבֶל סְפָרִים וּמִנְחָה אֶל חִזְקִיָּהוּ, וַיִּשְׁמַע כִּי חָלָה וַיֶּחֱזָק**, והבריא. כיוון שגם מלך בבל היה נתון תחת שלטון האשורים, אם כי לא שועבד להם לגמרי, היה לשתי המדינות – שהיו קטנות באותה עת – יהודה ובבל – אינטרס משותף. על

הרחבות | **'ויראם את בית נכֹתֹה'** חשיפת האוצרות נעשתה בוודאי ביתר קלות ופשטות בפני מלך בבל, מאשר אילו היה מבקר את חזקיהו מלך קרוב, שעלול להעלות בדעתו לקחת מאוצרות יהודה, ואשר עלול גם לתכנן כיצד יממש רעיונות אלה. כיוון שהמרחק בין בבל לבין ממלכתו הוא כ־1,500 ק"מ, היחסים נראו לחזקיהו בטוחים ביותר, ועל כן היה נדיב וידידותי מאוד כלפי השליחים.

כן שמח מרודך בלאדן בשמחת חזקיהו, כאשר עלה בידו למרוד
בסנחריב. ב **וַיִּשְׂמַח עֲלֵיהֶם** – על הספרים והמנחה **חִזְקִיָּהוּ**, שכן היה
זה סיוע דיפלומטי משמעותי ממקום רחוק, מעבר לגבולות ארם
ואשור, **וַיַּרְאֵם** – חזקיהו לשליחי מלך בבל **אֶת בֵּית נְכֹתוֹ**, הבית שבו
מונחים אוצרותיו המיוחדים, **אֶת הַכֶּסֶף וְאֶת הַזָּהָב וְאֶת הַבְּשָׂמִים וְאֵת
הַשֶּׁמֶן הַטּוֹב וְאֵת כָּל בֵּית כֵּלָיו וְאֵת כָּל אֲשֶׁר נִמְצָא בְּאֹצְרֹתָיו. לֹא הָיָה
דָבָר אֲשֶׁר לֹא הֶרְאָם חִזְקִיָּהוּ בְּבֵיתוֹ וּבְכָל מֶמְשַׁלְתּוֹ.**
ג **וַיָּבֹא יְשַׁעְיָהוּ הַנָּבִיא אֶל הַמֶּלֶךְ חִזְקִיָּהוּ, וַיֹּאמֶר אֵלָיו: מָה אָמְרוּ הָאֲנָשִׁים
הָאֵלֶּה, וּמֵאַיִן יָבֹאוּ**, באו **אֵלֶיךָ**? בכמה מקומות במקרא מופיעה שאלה
כגון זו, שתשובתה ידועה לשואל, ושאלתו אינה אלא מבוא מנומס
לשיחה.[2]
וַיֹּאמֶר חִזְקִיָּהוּ: מֵאֶרֶץ רְחוֹקָה בָּאוּ אֵלַי, מִבָּבֶל.
ד **וַיֹּאמֶר: מָה רָאוּ בְּבֵיתֶךָ?**
**וַיֹּאמֶר חִזְקִיָּהוּ: אֵת כָּל אֲשֶׁר בְּבֵיתִי רָאוּ. לֹא הָיָה דָבָר אֲשֶׁר לֹא הִרְאִיתִים
בְּאוֹצְרֹתָי.**
ה **וַיֹּאמֶר יְשַׁעְיָהוּ אֶל חִזְקִיָּהוּ – שְׁמַע דְּבַר ה' צְבָאוֹת:** ו כעת נדמה לך
שאין לך כל זיקה לבבל, אך **הִנֵּה יָמִים בָּאִים**, עוד יבוא זמן **וְנִשָּׂא**,
יילקח **כָּל אֲשֶׁר בְּבֵיתֶךָ וַאֲשֶׁר אָצְרוּ אֲבֹתֶיךָ עַד הַיּוֹם הַזֶּה, לְבָבֶל, לֹא
יִוָּתֵר דָּבָר, אָמַר ה'.** כאשר אשור תתמוטט, תעלה בבל ותגדל, ולבסוף
תשלוט בך. יתר על כן, המעשה שעשית בחשיפת כל אוצרותיך
לעיניהם, נושא משמעות סמלית – הראית להם את האוצרות,

תבליט של מרודך בלאדן המעניק אדמה לפקידו
סוף המאה ה-8 לפנה"ס

מְרֹדַךְ בַּלְאֲדָן משמעות שמו: Marduk-ai pa-iddina – האל מרודך נתן (לי) יורש. מונה מטעב ממלכת אשור על בית יכין (החלק הדרום-מערבי של בבל). עם מותו של סרגון אבי סנחריב מרד באשור וכבש את בבל. במסגרת מאמציו למוטט את שלטון אשור יצר קשרים עם חזקיהו.

העולם

אָמַר יהוָה: וּמִבָּנֶיךָ אֲשֶׁר יֵצְאוּ מִמְּךָ אֲשֶׁר תּוֹלִיד יִקָּחוּ וְהָיוּ ז
סָרִיסִים בְּהֵיכַל מֶלֶךְ בָּבֶל: וַיֹּאמֶר חִזְקִיָּהוּ אֶל־יְשַׁעְיָהוּ טוֹב ח
דְּבַר־יהוָה אֲשֶׁר דִּבַּרְתָּ וַיֹּאמֶר כִּי יִהְיֶה שָׁלוֹם וֶאֱמֶת
בְּיָמָי: נַחֲמוּ נַחֲמוּ עַמִּי יֹאמַר אֱלֹהֵיכֶם: דַּבְּרוּ א ב מ
עַל־לֵב יְרוּשָׁלַםִ וְקִרְאוּ אֵלֶיהָ כִּי מָלְאָה צְבָאָהּ כִּי נִרְצָה עֲוֺנָהּ כִּי
לָקְחָה מִיַּד יהוָה כִּפְלַיִם בְּכָל־חַטֹּאתֶיהָ: קוֹל קוֹרֵא ג
בַּמִּדְבָּר פַּנּוּ דֶּרֶךְ יהוָה יַשְּׁרוּ בָּעֲרָבָה מְסִלָּה לֵאלֹהֵינוּ: כָּל־גֶּיא ד
יִנָּשֵׂא וְכָל־הַר וְגִבְעָה יִשְׁפָּלוּ וְהָיָה הֶעָקֹב לְמִישׁוֹר וְהָרְכָסִים
לְבִקְעָה: וְנִגְלָה כְּבוֹד יהוָה וְרָאוּ כָל־בָּשָׂר יַחְדָּו כִּי פִּי יהוָה ה
דִּבֵּר: קוֹל אֹמֵר קְרָא וְאָמַר מָה אֶקְרָא כָּל־הַבָּשָׂר ו
חָצִיר וְכָל־חַסְדּוֹ כְּצִיץ הַשָּׂדֶה: יָבֵשׁ חָצִיר נָבֵל צִיץ כִּי רוּחַ ז
יהוָה נָשְׁבָה בּוֹ אָכֵן חָצִיר הָעָם: יָבֵשׁ חָצִיר נָבֵל צִיץ וּדְבַר אֱלֹהֵינוּ ח
יָקוּם לְעוֹלָם: עַל הַר־גָּבֹהַ עֲלִי־לָךְ מְבַשֶּׂרֶת צִיּוֹן ט

ביאור

שאותם הם עתידים לקחת לארצם.[3] ז **וּמִבָּנֶיךָ אֲשֶׁר יֵצְאוּ מִמְּךָ, אֲשֶׁר תּוֹלִיד**, צאצאיך בדורות המאוחרים יותר, **יִקָּחוּ, וְהָיוּ סָרִיסִים**, משרתים **בְּהֵיכַל מֶלֶךְ בָּבֶל.**

ח **וַיֹּאמֶר חִזְקִיָּהוּ אֶל יְשַׁעְיָהוּ: טוֹב דְּבַר ה׳ אֲשֶׁר דִּבַּרְתָּ.** והוא מסביר את עצמו – **וַיֹּאמֶר: כִּי יִהְיֶה שָׁלוֹם וֶאֱמֶת בְּיָמָי.** מדבריך, שכך עתיד לקרות רק בימי בנֵי בנַי, אני מבין שלכל הפחות בזמני צפויה שלווה.

קריאות נחמה
פרק מ פס׳ א–יא

מכאן עד סוף הספר מופיעות בעיקר נבואות נחמה. נבואות הנחמה של ישעיהו הן מקור נחמה ועידוד לצרותיו של ישראל בכל הדורות, בין היתר משום שאין הן מתוארכות, ואין בהן כמעט שום התייחסות למאורעות פרטיים, אלא הן עוסקות בתמורות עולמיות רחבות היקף. אמנם בפרקים הראשונים מוזכרת כמה פעמים שיבת ציון מגולת בבל, אך בהמשך בבל איננה מוזכרת כלל.[1]

הרחבות

׳והיו סריסים בהיכל מלך בבל׳ מסתבר שמדובר בחנניה, מישאל ועזריה, ואולי גם בדניאל, שאמנם אין ודאות לגבי מוצאם, אך נראה שהיו מבכירי עם הארץ ושימשו משרתים לנבוכדנצר מלך בבל. (ראו דניאל א,א-ו; רש״י על אתר; רד״ק מלכים ב׳ כ,יח).

תגובתו של חזקיהו מעידה שוב על אישיותו העצמאית. כזכור, נוכח הנבואה בדבר

העניין שלפנינו פותח את הנחמות בארבע הכרזות סביב הבטחת ה' לנחם את עמו ולגאלו: בהכרזה הראשונה קורא ה' לנחמת עמו ועירו; לאחריה נשמע קול המכריז על הכנת הגאולה, וקורא לסלול דרך לה' ולגאוליו השבים מגלויותיהם; הקול השלישי מורה לנמעניו להצהיר כי דבר ה' – לנחם את עמו ולגאלו – עומד לעולם; ולבסוף נשמע קול רם בירושלים המבשר על הופעת ה' המקבץ נידחיו.

פרק מ א **נַחֲמוּ נַחֲמוּ** את[2] **עַמִּי, יֹאמַר אֱלֹהֵיכֶם.** ב **דַּבְּרוּ עַל לֵב יְרוּשָׁלַ͏ִם** דברי נחמה, הרגעה וריצוי[3] **וְקִרְאוּ אֵלֶיהָ, כִּי מָלְאָה צְבָאָהּ,** נשלמה תקופת הסבל שנקצבה לה, **כִּי נִרְצָה,** כופר **עֲוֺנָהּ,** חטאה, **כִּי לָקְחָה מִיַּד** ה' עונש **כִּפְלַיִם** בשל **כָּל חַטֹּאתֶיהָ.** עליכם להודיע לירושלים שהגיעה שעת המחילה וההתפייסות.

אחר קריאת הנחמה הכללית, נשמעים קולות מבשרי גאולה: ג **הנה קוֹל קוֹרֵא: בַּמִּדְבָּר פַּנּוּ דֶּרֶךְ** לה', **יַשְּׁרוּ בָּעֲרָבָה מְסִלָּה,** מסלול, נתיב **לֵאלֹהֵינוּ.** בדרך הזו הוא יביא את גאוליו מכל הארצות.[4] ד **כָּל גֶּיא,** עמק **יִנָּשֵׂא,** יתרומם ויהפוך למישור, **וְכָל הַר וְגִבְעָה יִשְׁפָּלוּ,** יונמכו, **וְהָיָה הֶעָקֹב,** העקום, המפותל **לְמִישׁוֹר,** למקום ישר ושטוח, **וְהָרְכָסִים** של ההרים והגבעות, אשר ביניהם גאיות צרים –[5] יהיו **לְבִקְעָה,** מרחב נמוך מישורי.[6] לא יהיה כל עיכוב וקושי בדרך המדברית שתיפתח לשבים. ה אז – **וְנִגְלָה כְּבוֹד ה', וְרָאוּ כָל בָּשָׂר,** בגאולת עם ה' יתגלה כבודו לכל העמים **יַחְדָּו, כִּי פִּי ה' דִּבֵּר.**

לאחר הקול שקרא לפנות דרך, נשמע קול נוסף: ו **קוֹל אֹמֵר: קְרָא!**
וְאָמַר השומע את הקול, הנביא: **מָה אֶקְרָא?**
והתשובה: **כָּל הַבָּשָׂר,** בני האדם דומים **לְחָצִיר,** עשב ירוק המשמש מספוא לבהמות, שאין לו קיום ממושך, **וְכָל חַסְדּוֹ,** אהבתו וחנו של האדם – **כְּצִיץ הַשָּׂדֶה,** כפרחי השדה, שפריחתם אורכת לכל היותר מספר שבועות.

ז עם הזמן **יָבֵשׁ חָצִיר, נָבֵל צִיץ, כִּי רוּחַ ה' נָשְׁבָה בּוֹ.**
אָכֵן, באמת **חָצִיר** הוא **הָעָם,** מין האדם שעל פני האדמה.[7] חיי אדם חולפים ביעף. אין הנביא מבקש כאן להשפיל את הקיום הארעי האנושי, אלא להדגיש את הצד ההפוך –
ח **יָבֵשׁ חָצִיר, נָבֵל צִיץ, וּדְבַר אֱלֹהֵינוּ יָקוּם לְעוֹלָם.** דורות וחסדיהם חולפים וכלים, ורק דבר ה' נותר יציב לנצח.

ט **עַל הַר גָּבֹהַ עֲלִי לָךְ, מְבַשֶּׂרֶת צִיּוֹן,** דמות אלגורית, המקבילה הנשית

הרחבות

מותו ממחלתו הקשה לא התייאש, אלא התחזק והתפלל. אף שהנביא הודיעו שלא יקום ממחלתו, חזקיהו לא ויתר והשתדל בתפילתו ככל יכולתו. (ראו ברכות י ע"א; רש"י, ר"י מטראני, מצודת דוד ומלבי"ם על אתר). גם מול הנבואה הקשה שהוא שומע עתה אין הוא מתכופף, אלא משלים עם המציאות וחושב באופן עצמאי. (ראו עוד ר"י קרא קהלת ז,יד).

הָרִ֤ימִי בַכֹּ֙חַ֙ קוֹלֵ֔ךְ מְבַשֶּׂ֖רֶת יְרוּשָׁלִָ֑ם הָרִ֙ימִי֙ אַל־תִּירָ֔אִי אִמְרִי֙
לְעָרֵ֣י יְהוּדָ֔ה הִנֵּ֖ה אֱלֹהֵיכֶֽם׃ הִנֵּ֨ה אֲדֹנָ֤י יֱהוִה֙ בְּחָזָ֣ק יָב֔וֹא י
וּזְרֹע֖וֹ מֹ֣שְׁלָה ל֑וֹ הִנֵּ֤ה שְׂכָרוֹ֙ אִתּ֔וֹ וּפְעֻלָּת֖וֹ לְפָנָֽיו׃ כְּרֹעֶה֙ יא
עֶדְר֣וֹ יִרְעֶ֔ה בִּזְרֹעוֹ֙ יְקַבֵּ֣ץ טְלָאִ֔ים וּבְחֵיק֖וֹ יִשָּׂ֑א עָל֖וֹת
יְנַהֵֽל׃ מִֽי־מָדַ֨ד בְּשָׁעֳל֜וֹ מַ֗יִם וְשָׁמַ֙יִם֙ בַּזֶּ֣רֶת תִּכֵּ֔ן יב
וְכָ֤ל בַּשָּׁלִשׁ֙ עֲפַ֣ר הָאָ֔רֶץ וְשָׁקַ֤ל בַּפֶּ֙לֶס֙ הָרִ֔ים וּגְבָע֖וֹת בְּמֹאזְנָֽיִם׃
מִֽי־תִכֵּ֥ן אֶת־ר֖וּחַ יְהוָ֑ה וְאִ֥ישׁ עֲצָת֖וֹ יוֹדִיעֶֽנּוּ׃ אֶת־מִ֤י נוֹעָץ֙ יג יד
וַיְבִינֵ֔הוּ וַיְלַמְּדֵ֖הוּ בְּאֹ֣רַח מִשְׁפָּ֑ט וַיְלַמְּדֵ֣הוּ דַ֔עַת וְדֶ֥רֶךְ תְּבוּנ֖וֹת
יוֹדִיעֶֽנּוּ׃ הֵ֤ן גּוֹיִם֙ כְּמַ֣ר מִדְּלִ֔י וּכְשַׁ֥חַק מֹאזְנַ֖יִם נֶחְשָׁ֑בוּ הֵ֥ן אִיִּ֖ים כַּדַּ֥ק טו
יִטּֽוֹל׃ וּלְבָנ֕וֹן אֵ֥ין דֵּ֖י בָּעֵ֑ר וְחַיָּת֔וֹ אֵ֥ין דֵּ֖י עוֹלָֽה׃ כָּל־ טז יז
הַגּוֹיִ֖ם כְּאַ֣יִן נֶגְדּ֑וֹ מֵאֶ֥פֶס וָתֹ֖הוּ נֶחְשְׁבוּ־לֽוֹ׃ וְאֶל־מִ֖י תְּדַמְּי֣וּן אֵ֑ל יח
וּמַה־דְּמ֖וּת תַּ֥עַרְכוּ לֽוֹ׃ הַפֶּ֙סֶל֙ נָסַ֣ךְ חָרָ֔שׁ וְצֹרֵ֖ף בַּזָּהָ֣ב יט

ביאור | למבשר.[8] הָרִימִי בַכֹּחַ קוֹלֵךְ, מְבַשֶּׂרֶת יְרוּשָׁלִָם, להודיע חדשות לעיר כולה. הָרִימִי את קולך ככל יכולתך, אַל תִּירָאִי, אִמְרִי לְעָרֵי יְהוּדָה: הִנֵּה אֱלֹהֵיכֶם מופיע.

י הִנֵּה ה' אֱלֹהִים בְּחָזָק, בחוזק יָבוֹא, וּזְרֹעוֹ מֹשְׁלָה לוֹ. בכוח זרועו הוא מושל כחפצו.[9]

הִנֵּה שְׂכָרוֹ השכר שהוא מעניק, נמצא אִתּוֹ, וּפְעֻלָּתוֹ, משכורת פועליו[10] מוכנה לְפָנָיו. אמנם ה' יתגלה בתוקף, אך הוא יביא עמו את הגמול המיועד לעושי טוב. יא כְּרֹעֶה עֶדְרוֹ יִרְעֶה, בִּזְרֹעוֹ יְקַבֵּץ טְלָאִים. את צעירי הצאן, שהליכתם עם שאר העדר קשה, יאסוף הרועה בזרועו המושטת, כדי שלא יאבדו, וּבְחֵיקוֹ יִשָּׂא אותם. ואת העָלוֹת, הבהמות

צורף זהב
תמשיח קיר
המאה ה-14 לפנה"ס
קבר בעמק המלכים
תבי, מצרים

הצעירות, או: המבכירות **יְנַהֵל**, יוליכן בסדר ובנחת. ה׳ ינחה את עמו כרועה טוב ונאמן הדואג לשלום צאנו.

גדולת ה׳ וישועתו
פרק מ פס׳ יב–לא

בנבואות הנחמה שלפנינו מבקש הנביא לנסוך מרץ וחיזוק בנפשותיהם של העייפים והמיואשים. לאחר הקריאות הקודמות על מימושו של דבר ה׳ לגאול את עמו, מוסיף הנביא לדבר בגדולת ה׳, שהיא מעבר לכל הגדרה, דמות והערכה אנושית, והוא מדגיש באוזני העם שעליהם לתלות את תקוותם בה׳ לבדו.

יב **מִי מָדַד בְּשָׁעֳלוֹ**, בפסיעתו,[1] בכף רגלו **מַיִם**, את מימי העולם, **וְשָׁמַיִם בַּזֶּרֶת**, מידת אורך הנמדדת מקצה האגודל עד קצה הזרת של יד פשוטה – כחצי אמה, **תִּכֵּן**, מדד, הגדיר את התוכן, **וְכָל**, מדד, קבע את נפר ההכלה **בַּשָּׁלִשׁ**, כלי מידה קטן[2] את **עֲפַר הָאָרֶץ**, **וְשָׁקַל בַּפֶּלֶס**, מכשיר שקילה[3] את **הָרִים**, ואת **הַגְּבָעוֹת** הוא שוקל **בְּמֹאזְנָיִם**?! הבורא מודד כביכול את היקום כולו בכלים קטנים. בריאת העולם מתוארת כאן כמשחק בצעצועים.

יג **מִי תִכֵּן**, מי יכול להגדיר ולהכיל **אֶת רוּחַ ה׳**. כמו המים, השמים והארץ שהוזכרו כאן, אף רוח אלוקים נזכרה בראשית בריאת העולם – וְרוּחַ אֱלֹהִים מְרַחֶפֶת עַל פְּנֵי הַמָּיִם.[4] ומיהו **אִישׁ עֲצָתוֹ** של ה׳ – **יוֹדִיעֶנּוּ**, שהוא מודיע לו את מעשיו?!

יד **אֶת מִי נוֹעָץ**, עם מי התייעץ הבורא **וַיְבִינֵהוּ**, ולימד את הבורא בינה, **וַיְלַמְּדֵהוּ** ללכת **בְּאֹרַח מִשְׁפָּט**, בדרך הראויה לכל עניין ועניין, **וַיְלַמְּדֵהוּ דַעַת**, **וְדֶרֶךְ תְּבוּנוֹת יוֹדִיעֶנּוּ**?! הרי אין מקורם של הרוח, התבונה והדעת אלא בה׳ לבדו.

טו **הֵן** לעומת הבורא נחשבים **גּוֹיִם**, העמים **כְּמַר**, כטיפה[5] **מִדְּלִי**, **וּכְשַׁחַק מֹאזְנַיִם**, האבקות המצטברות על המאזניים בעקבות שקילתם של חומרים שונים שחוקים[6] **נֶחְשָׁבוּ**.

הֵן אִיִּים, איי הים או הארצות הרחוקות[7] **כַּדַּק יִטּוֹל**, הוא נוטלם ומשליכם.[8]

טז **וּלְבָנוֹן** לקרבנות – עצי הר **לְבָנוֹן אֵין דֵּי בָּעֵר**, אינם מספיקים להבערת האש על המזבח לכבוד ה׳, **וְחַיָּתוֹ**, החיות שביער הלבנון, אשר היו מצויות בו בעבר לרוב,[9] **אֵין דֵּי** לקרבנות **עוֹלָה**.

יז **כָּל הַגּוֹיִם כְּאַיִן נֶגְדּוֹ**, **מֵאֶפֶס** ומתהו **נֶחְשְׁבוּ לוֹ**. הם מהאין, מהריק.
כיוון שהבורא נשגב, אי אפשר לשוות לו דמות: יח **וְאֶל מִי תְּדַמְּיוּן**,
תדמו **אֵל**, **וּמַה דְּמוּת תַּעַרְכוּ**, תשוו לו?!
יט **האם**[10] תדמוהו **לַפֶּסֶל** אשר **נָסַךְ**, יצק **חָרָשׁ**, **וְצֹרֵף בַּזָּהָב**, אומן

יְרַקְּעֶנּוּ וּרְתֻקוֹת כֶּסֶף צוֹרֵף׃ הַֽמְסֻכָּן תְּרוּמָה עֵץ לֹא־יִרְקַב יִבְחָר כ
חָרָשׁ חָכָם יְבַקֶּשׁ־לוֹ לְהָכִין פֶּסֶל לֹא יִמּוֹט׃ הֲלוֹא תֵדְעוּ הֲלוֹא כא
תִשְׁמָעוּ הֲלוֹא הֻגַּד מֵרֹאשׁ לָכֶם הֲלוֹא הֲבִינוֹתֶם מוֹסְדוֹת הָאָרֶץ׃
הַיֹּשֵׁב עַל־חוּג הָאָרֶץ וְיֹשְׁבֶיהָ כַּחֲגָבִים הַנּוֹטֶה כַדֹּק שָׁמַיִם כב
וַיִּמְתָּחֵם כָּאֹהֶל לָשָׁבֶת׃ הַנּוֹתֵן רוֹזְנִים לְאָיִן שֹׁפְטֵי אֶרֶץ כַּתֹּהוּ כג
עָשָׂה׃ אַף בַּל־נִטָּעוּ אַף בַּל־זֹרָעוּ אַף בַּל־שֹׁרֵשׁ בָּאָרֶץ גִּזְעָם וְגַם כד
נָשַׁף בָּהֶם וַיִּבָשׁוּ וּסְעָרָה כַּקַּשׁ תִּשָּׂאֵם׃ וְאֶל־מִי כה
תְדַמְּיוּנִי וְאֶשְׁוֶה יֹאמַר קָדוֹשׁ׃ שְׂאוּ־מָרוֹם עֵינֵיכֶם וּרְאוּ מִי־בָרָא כו
אֵלֶּה הַמּוֹצִיא בְמִסְפָּר צְבָאָם לְכֻלָּם בְּשֵׁם יִקְרָא מֵרֹב אוֹנִים
וְאַמִּיץ כֹּחַ אִישׁ לֹא נֶעְדָּר׃ לָמָּה תֹאמַר יַעֲקֹב וּתְדַבֵּר כז
יִשְׂרָאֵל נִסְתְּרָה דַרְכִּי מֵיהוה וּמֵאֱלֹהַי מִשְׁפָּטִי יַעֲבוֹר׃ הֲלוֹא כח
יָדַעְתָּ אִם־לֹא שָׁמַעְתָּ אֱלֹהֵי עוֹלָם ׀ יהוה בּוֹרֵא קְצוֹת הָאָרֶץ לֹא
יִיעַף וְלֹא יִיגָע אֵין חֵקֶר לִתְבוּנָתוֹ׃ נֹתֵן לַיָּעֵף כֹּחַ וּלְאֵין אוֹנִים כט
עָצְמָה יַרְבֶּה׃ וְיִעֲפוּ נְעָרִים וְיִגָעוּ וּבַחוּרִים כָּשׁוֹל יִכָּשֵׁלוּ׃ וְקוֹיֵ יהוה ל לא
יַחֲלִיפוּ כֹחַ יַעֲלוּ אֵבֶר כַּנְּשָׁרִים יָרוּצוּ וְלֹא יִיגָעוּ יֵלְכוּ וְלֹא

ביאור | הזהב יְרַקְּעֶנּוּ, מצפהו בריקועים, ובנוסף לכך, קושרים בו וּרְתֻקוֹת, שלשלאות כֶּסֶף מעשה צוֹרֵף?! כ הַמְסֻכָּן, הסוכן, האוסף[11] ומרים תְּרוּמָה, להכין ממנה אליל, עֵץ לֹא יִרְקַב יִבְחָר, בוחר עץ קשה כדי שלא יירקב, חָרָשׁ חָכָם יְבַקֶּשׁ, יחפש לוֹ לְהָכִין פֶּסֶל שלֹא יִמּוֹט. האם תדמו את האל שיצר הכול לפסל המעוצב, המיופה, הרתוק, הנברר והמשומר בהשתדלויות אנושיות?!

כא הֲלוֹא, האם לא תֵדְעוּ, הֲלוֹא תִשְׁמָעוּ, הֲלוֹא הֻגַּד מֵרֹאשׁ לָכֶם, הֲלוֹא הֲבִינוֹתֶם מוֹסְדוֹת, יסודות הָאָרֶץ?! האם אינכם מבינים מי מעמיד את הארץ?![12] הלוא הוא –

כב הַיֹּשֵׁב עַל חוּג, מעגל הָאָרֶץ,[13] וְיֹשְׁבֶיהָ בעיניו כַּחֲגָבִים; הַנּוֹטֶה, הפורש כַדֹּק, כמו קרום, יריעה דקה את הַשָּׁמַיִם, וַיִּמְתָּחֵם מסביב לארץ כָּאֹהֶל לָשָׁבֶת תחתיו;[14] כג הַנּוֹתֵן רוֹזְנִים לְאָיִן, ואת שֹׁפְטֵי הָאָרֶץ – כַּתֹּהוּ עָשָׂה.

כד **אַף** כל אותם תקיפים, הנחשבים כמייצבי החברה, הרי לפניו הם
כצמחים **בַּל נִטָּעוּ**, שאינם נטועים באדמה, **אַף בַּל זֹרָעוּ**, לא נזרעו,
אַף בַּל שֹׁרֵשׁ, לא הכה שורשים **בָּאָרֶץ גִּזְעָם**. **וְגַם**, ואף זאת –[15] **נָשַׁף ה'**
בָּהֶם – וַיִּבָשׁוּ, וּסְעָרָה כַּקַּשׁ תִּשָּׂאֵם.
כה **וְאֶל מִי תְדַמְּיוּנִי**, תדמו אותי **וְאֶשְׁוֶה**?! **יֹאמַר קָדוֹשׁ**. כינויו של ה'
הנפוץ בעיקר בספר ישעיה.
כו **שְׂאוּ מָרוֹם עֵינֵיכֶם, וּרְאוּ מִי בָרָא** כוכבים **אֵלֶּה**, הסדורים במשמרותיהם
ברקיע, **הַמּוֹצִיא בְמִסְפָּר צְבָאָם, לְכֻלָּם בְּשֵׁם יִקְרָא**. ממה ששמעתם
מאבותיכם ומניסיונכם שלכם אתם יודעים שמסלול הכוכבים
קבוע. כל כוכב דומה לחייל הקרוא לתפקיד מסוים וממלא אותו
בדייקנות. כל זה נעשה **מֵרֹב אוֹנִים וְאַמִּיץ כֹּחַ**, מגודל כוחו של הבורא.
ולכן **אִישׁ**, אף כוכב **לֹא נֶעְדָּר**, נעלם.[16]

אינסופיותו של הבורא כוללת גם את ידיעתו והשגחתו: כז **לָמָּה**
תֹאמַר, יַעֲקֹב, וּתְדַבֵּר, יִשְׂרָאֵל: "**נִסְתְּרָה דַרְכִּי מֵה'**", אין הוא רואה אותי,
וּמֵאֱלֹהַי מִשְׁפָּטִי יַעֲבוֹר. הגמול הראוי לי מסולק מלפניו. אלוקים אינו
משגיח עלי, ולכן אני כה סובל"?![17]
כח **הֲלוֹא יָדַעְתָּ, אִם לֹא שָׁמַעְתָּ**: **אֱלֹהֵי עוֹלָם ה', בּוֹרֵא** הכול עד **קְצוֹת**
הָאָרֶץ, לֹא יִיעַף וְלֹא יִיגָע, אינו מתעייף ואינו מתייגע, **אֵין חֵקֶר לִתְבוּנָתוֹ**.
אי אפשר לחקור, לתפוס ולהגביל את תבונתו. כט **נֹתֵן לַיָּעֵף**, לעייף
כֹּחַ, וּלְאֵין, ולחסר **אוֹנִים – עָצְמָה יַרְבֶּה**. והוא מפרט: ל **וְיִעֲפוּ נְעָרִים**
וְיִגָעוּ, וּבַחוּרִים, שהם במלוא כוחם **כָּשׁוֹל יִכָּשֵׁלוּ**. כאשר אדם סומך
על כוחו שלו בלבד, גם הצעירים והחזקים עשויים להתעייף
ולהיכשל. לא ולעומת זאת, **קוֹיֵ ה'**, המקווים והמצפים אליו **יַחֲלִיפוּ**
כֹחַ, יחדשו את כוחם. **יַעֲלוּ אֵבֶר**, יצמיחו כנפיים חדשות **כַּנְּשָׁרִים**,
המגדלים את נוצות כנפיהם לאחר שנשלו נוצותיהם הישנות.[18]
יָרוּצוּ וְלֹא יִיגָעוּ, יֵלְכוּ וְלֹא יִיעָפוּ. המחוברים אל מקור כוחם כוחותיהם
יתחדשו.[19] לפיכך אל לך, העם הגולה, להתייאש. תוכל לשאוב את
כוחותיך מן הבורא.

הרחבות

דברי הנבואה המליצים אינם נאמרים בסגנון פילוסופי תיאורטי. אין בהם תיאולוגיה סדורה. הנביא מבקש להוכיח את העם על דימויים אליליים ותפיסות מגבילות ביחס לאל. הוא מחדד את הדברים ומביאם לידי אבסורד: כיצד יכולים אתם לחשוב על הקדוש ברוך הוא כדמותו של פסלון קטן?!

מא יִיעָֽפוּ׃ הַחֲרִ֤ישׁוּ אֵלַי֙ אִיִּ֔ים וּלְאֻמִּ֖ים יַחֲלִ֣יפוּ כֹ֑חַ יִגְּשׁוּ֙ א
אָ֣ז יְדַבֵּ֔רוּ יַחְדָּ֖ו לַמִּשְׁפָּ֥ט נִקְרָֽבָה׃ מִ֤י הֵעִיר֙ מִמִּזְרָ֔ח צֶ֖דֶק יִקְרָאֵ֣הוּ ב
לְרַגְל֑וֹ יִתֵּ֨ן לְפָנָ֤יו גּוֹיִם֙ וּמְלָכִ֣ים יַ֔רְדְּ יִתֵּ֤ן כֶּֽעָפָר֙ חַרְבּ֔וֹ כְּקַ֥שׁ נִדָּ֖ף
קַשְׁתּֽוֹ׃ יִרְדְּפֵ֖ם יַעֲב֣וֹר שָׁל֑וֹם אֹ֥רַח בְּרַגְלָ֖יו לֹ֥א יָבֽוֹא׃ מִֽי־פָעַ֣ל ג ד
וְעָשָׂ֔ה קֹרֵ֥א הַדֹּר֖וֹת מֵרֹ֑אשׁ אֲנִ֤י יהוה֙ רִאשׁ֔וֹן וְאֶת־אַחֲרֹנִ֖ים אֲנִי־
הֽוּא׃ רָא֤וּ אִיִּים֙ וְיִירָ֔אוּ קְצ֥וֹת הָאָ֖רֶץ יֶחֱרָ֑דוּ קָרְב֖וּ וַיֶּאֱתָיֽוּן׃ אִ֥ישׁ ה
אֶת־רֵעֵ֖הוּ יַעְזֹ֑רוּ וּלְאָחִ֖יו יֹאמַ֥ר חֲזָֽק׃ וַיְחַזֵּ֤ק חָרָשׁ֙ אֶת־צֹרֵ֔ף מַחֲלִ֥יק ו
פַּטִּ֖ישׁ אֶת־ה֣וֹלֶם פָּ֑עַם אֹמֵ֤ר לַדֶּ֙בֶק֙ ט֣וֹב ה֔וּא וַיְחַזְּקֵ֥הוּ בְמַסְמְרִ֖ים
לֹ֥א יִמּֽוֹט׃ וְאַתָּה֙ יִשְׂרָאֵ֣ל עַבְדִּ֔י יַעֲקֹ֖ב אֲשֶׁ֣ר בְּחַרְתִּ֑יךָ ח
זֶ֖רַע אַבְרָהָ֥ם אֹהֲבִֽי׃ אֲשֶׁ֤ר הֶחֱזַקְתִּ֙יךָ֙ מִקְצ֣וֹת הָאָ֔רֶץ וּמֵאֲצִילֶ֖יהָ ט
קְרָאתִ֑יךָ וָאֹ֤מַר לְךָ֙ עַבְדִּי־אַ֔תָּה בְּחַרְתִּ֖יךָ וְלֹ֥א מְאַסְתִּֽיךָ׃ אַל־ י
תִּירָא֙ כִּ֣י עִמְּךָ־אָ֔נִי אַל־תִּשְׁתָּ֖ע כִּֽי־אֲנִ֣י אֱלֹהֶ֑יךָ אִמַּצְתִּ֙יךָ֙
אַף־עֲזַרְתִּ֔יךָ אַף־תְּמַכְתִּ֖יךָ בִּימִ֥ין צִדְקִֽי׃ הֵ֤ן יֵבֹ֙שׁוּ֙ וְיִכָּ֣לְמ֔וּ כֹּ֖ל יא
הַנֶּחֱרִ֣ים בָּ֑ךְ יִהְי֧וּ כְאַ֛יִן וְיֹאבְד֖וּ אַנְשֵׁ֥י רִיבֶֽךָ׃ תְּבַקְשֵׁם֙ וְלֹ֣א יב

משפט ה׳ עם העמים מול נחמתו לעם בחירו

פרק מא

במרכזה של נבואה זו דברי ניחומים והרגעה של ה׳ לישראל, הכרוכים מלפניהם ומאחריהם בדברי תוכחה ומשפט עם הגויים. אף על פי שאפשר להבין את תוכנה העיקרי של הנבואה, מושאיה הפרטיים אינם ברורים. אפשר לראות בה נבואה המופנית אל שבי גולת בבל או נבואה המדברת על הגאולה העתידה.

הנביא פונה בשם ה׳ אל המדינות הרחוקות: פרק מא א **הַחֲרִישׁוּ**, שתקו והקשיבו **אֵלַי אִיִּים**, מדינות רחוקות, **וּלְאֻמִּים יַחֲלִיפוּ כֹחַ**, יירגעו ויתחזקו. **יִגְּשׁוּ אָז יְדַבֵּרוּ, יַחְדָּו לַמִּשְׁפָּט נִקְרָבָה**. הבה נדון בדברים מתוך קרבה וללא פחד. אין זה בהכרח משפט כנגדכם, אלא דיון משותף במציאות –

הרחבות

זהותו של המתעורר ממזרח אינה ברורה. חכמים דרשו פסוק זה כמדבר באברהם אבינו, שבכל דרכיו הכריז על ערך הצדק ואף נלחם עם אויבים וניצחם, כפי שיתואר בהמשך. (ראו בבא בתרא טו ע״א; יונתן; בראשית רבה ב,ג; רש״י ורד״ק ואברבנאל על אתר). לפי דרשת חכמים נע הכוכב הגדול צדק לכבוד אברהם. (ראו שבת קנו).

על פי הפשט פירשו רבים את הפסוק כמתייחס לניצחונו של מלך פרס, שמדובר עליו בהמשך בביטויים דומים. אף הוא בא מארץ צפון–מזרחית וחולל בעולם תמורות גדולות. (ראו ראב״ע, ר״י קרא

ב **מִי הֵעִיר**, עורר **מִמִּזְרָח**, את זה **שֶׁצֶּדֶק יִקְרָאֵהוּ לְרַגְלוֹ**, שהכריז בכל
דרכיו על האמת והיושר. או: שהניצחון והישועה באים בעקבותיו.
מדובר באישיות מסוימת, מהעבר או מהעתיד הקרוב או הרחוק,
הפועלת ישועות; **יִתֵּן**, יכניע **לְפָנָיו גּוֹיִם, וּמְלָכִים יַרְדְּ**, ישעבד. **יִתֵּן
כֶּעָפָר חַרְבּוֹ, כְּקַשׁ נִדָּף קַשְׁתּוֹ**. חרבות וקשתות רבות מצויות לו כעפר
וכקש.[1] ג **יִרְדְּפֵם** – את הגויים והמלכים **יַעֲבוֹר** את הדרך **בְּשָׁלוֹם**,[2]
אֹרַח בְּרַגְלָיו לֹא יָבוֹא. אין הוא נצרך לדרך צדדית שבה יסתתר. הוא
הולך ברחבה, בדרך המלך.[3] ד **מִי פָעַל וְעָשָׂה** את כל זאת? – מי **שקֹרֵא**,
אומר, מזמין או קובע את קורות **הַדֹּרוֹת מֵרֹאשׁ**. **אֲנִי ה' רִאשׁוֹן** לכל
הנמצא, **וְאֶת**, וגם עם **אַחֲרֹנִים**, אתכם – **אֲנִי הוּא**.[4]

ה **רָאוּ אִיִּים** את ההתרחשויות הגדולות הללו **וְיִירָאוּ, קְצוֹת הָאָרֶץ
יֶחֱרָדוּ, קָרְבוּ**, נקבצו **וַיֶּאֱתָיוּן**, ובאו.[5] כולם מנסים להתגונן נוכח איומו
של המלך הגדול, בהישענם על אליליהם: ו **אִישׁ אֶת רֵעֵהוּ יַעְזֹרוּ,
וּלְאָחִיו יֹאמַר**: **חֲזָק**. הכול ישתפו פעולה אלו עם אלו. ז **וַיְחַזֵּק חָרָשׁ**
העושה בעץ **אֶת צֹרֵף**, מי **שמַחֲלִיק** את הכלי ומיישרו **בפַּטִּישׁ** מחזק
אֶת הוֹלֶם פָּעַם, המכה על חומר הגלם או על הכלי לעצבו ולקבעו.
משנגמרו מלאכות הצורף, המחליק וההולם, **אֹמֵר** עושה הכלי **לַדֶּבֶק**,
לחיבור: **טוֹב הוּא**, צימוד החלקים נעשה היטב, ואז **וַיְחַזְּקֵהוּ בְמַסְמְרִים**
כדי **שלֹא יִמּוֹט**, יתמוטט.[6]

ח התוכחה, היראה והחרדה יהיו מנת חלקו של שאר העולם, **וְ**אילו
אַתָּה, יִשְׂרָאֵל עַבְדִּי, יַעֲקֹב אֲשֶׁר בְּחַרְתִּיךָ, זֶרַע אַבְרָהָם אֹהֲבִי, ט **אֲשֶׁר
הֶחֱזַקְתִּיךָ**, לקחתיך לחלקי[7] **מִקְצוֹת הָאָרֶץ, וּמֵאֲצִילֶיהָ**, מגדולי הארץ
קְרָאתִיךָ אלי, לצאת מרשותם של אלו.[8] **וָאֹמַר לְךָ: עַבְדִּי אַתָּה, בְּחַרְתִּיךָ,
וְלֹא מְאַסְתִּיךָ** גם בגלות הארוכה.[9] י גם אם כל העולם יזדעזע, אתה
אַל תִּירָא, אינך צריך לפחוד, **כִּי עִמְּךָ אָנִי. אַל תִּשְׁתָּע**, תפנה, תסור
מדרכך,[10] **כִּי אֲנִי אֱלֹהֶיךָ** בכל מצב. **אִמַּצְתִּיךָ**, חיזקתיך **אַף עֲזַרְתִּיךָ, אַף
תְּמַכְתִּיךָ בִּימִין צִדְקִי**, בימיני הצודקת, המנצחת והמושיעה. ה' מבטיח
לעמו שיגן עליו מכל רע. יא **הֵן יֵבֹשׁוּ וְיִכָּלְמוּ כֹּל הַנֶּחֱרִים**, המתגרים,[11]
המחרחרים ריב **בָּךְ**. **יִהְיוּ כְאַיִן וְיֹאבְדוּ אַנְשֵׁי רִיבֶךָ**. יב **תְּבַקְשֵׁם וְלֹא**

הרחבות

בצד האפשרויות שמדובר כאן באישיות מהעבר או מהעתיד הקרוב, אפשר שהפסוק מדבר בדמות החיה בהווה הנבואה, ואולי הוא מתייחס למלך המשיח שעתיד למשול בכל העולם. (ראו מלבי"ם).

ור"י כספי). לפי הבנה זו יתפרשו המלים צֶדֶק יִקְרָאֵהוּ לְרַגְלוֹ – המלך שלו מזומנים תמיד הניצחון והישועה. (כמו המשמעות של צְדָקָה ושל צַדִּיק בספר הזה – ראו הערה לישעיה ה,טז; להלן פס' כו בפרקנו; מה,כג; מט,כד).

תְּמַצָּאֵם אַנְשֵׁי מַצֻּתֶךָ יִהְיוּ כְאַיִן וּכְאֶפֶס אַנְשֵׁי מִלְחַמְתֶּךָ: כִּי יג
אֲנִי יהוה אֱלֹהֶיךָ מַחֲזִיק יְמִינֶךָ הָאֹמֵר לְךָ אַל־תִּירָא אֲנִי
עֲזַרְתִּיךָ: אַל־תִּירְאִי תּוֹלַעַת יַעֲקֹב מְתֵי יִשְׂרָאֵל אֲנִי יד
עֲזַרְתִּיךְ נְאֻם־יהוה וְגֹאֲלֵךְ קְדוֹשׁ יִשְׂרָאֵל: הִנֵּה שַׂמְתִּיךְ לְמוֹרַג טו
חָרוּץ חָדָשׁ בַּעַל פִּיפִיּוֹת תָּדוּשׁ הָרִים וְתָדֹק וּגְבָעוֹת כַּמֹּץ תָּשִׂים:
תִּזְרֵם וְרוּחַ תִּשָּׂאֵם וּסְעָרָה תָּפִיץ אוֹתָם וְאַתָּה תָּגִיל בַּיהוה טז
בִּקְדוֹשׁ יִשְׂרָאֵל תִּתְהַלָּל: הָעֲנִיִּים וְהָאֶבְיוֹנִים יז
מְבַקְשִׁים מַיִם וָאַיִן לְשׁוֹנָם בַּצָּמָא נָשָׁתָּה אֲנִי יהוה אֶעֱנֵם אֱלֹהֵי
יִשְׂרָאֵל לֹא אֶעֶזְבֵם: אֶפְתַּח עַל־שְׁפָיִים נְהָרוֹת וּבְתוֹךְ בְּקָעוֹת יח
מַעְיָנוֹת אָשִׂים מִדְבָּר לַאֲגַם־מַיִם וְאֶרֶץ צִיָּה לְמוֹצָאֵי מָיִם: אֶתֵּן יט
בַּמִּדְבָּר אֶרֶז שִׁטָּה וַהֲדַס וְעֵץ שָׁמֶן אָשִׂים בָּעֲרָבָה בְּרוֹשׁ תִּדְהָר

ביאור | תְּמַצָּאֵם, את אַנְשֵׁי מַצֻּתֶךָ, ריבך. הם ייעלמו. יִהְיוּ כְאַיִן וּכְאֶפֶס אַנְשֵׁי מִלְחַמְתֶּךָ. יג כִּי אֲנִי ה׳ אֱלֹהֶיךָ מַחֲזִיק יְמִינֶךָ, הָאֹמֵר לְךָ: אַל תִּירָא, אֲנִי עֲזַרְתִּיךָ.

יד אַל תִּירְאִי, תּוֹלַעַת יַעֲקֹב, מְתֵי, אנשי יִשְׂרָאֵל. אֲנִי עֲזַרְתִּיךְ, נְאֻם ה׳, וְגֹאֲלֵךְ אני, קְדוֹשׁ יִשְׂרָאֵל. טו אדרבא, הִנֵּה, למרות שאת תולעת רכה ועדינה לכאורה, שַׂמְתִּיךְ לְמוֹרַג, אבן או ברזל הנעוצים במכשיר הדישה הנקרא חָרוּץ. המורג חָדָשׁ וּבַעַל פִּיפִיּוֹת, חידודים.[12] אתה, המורג, תָּדוּשׁ הָרִים וְתָדֹק, עד דק, וּגְבָעוֹת כַּמֹּץ תָּשִׂים בדישתך. ישראל

העולם | אֶרֶז (שם מדעי: Cedrus), עץ מחט ממשפחת האורנים. מרשים בגודלו והדרו. הארז מגיע לגובה של 30 מ׳ ועובי גזעו עשוי להגיע ל־3 מ׳. הוא גדל באזורים גבוהים וקרים, בעיקר בלבנון. בגלל חוזקו וענפיו הישרים והארוכים השתמשו בו כחומר לבניין, במיוחד למבנים ציבוריים וארמונות. הארז מסמל חוזק וחוסן.

שִׁטָּה נזכרת כחומר בניין במלאכת המשכן (ראו שמות כה). אין לדעת באיזה מסוגי עצי השיטה המצויים בארץ מדובר כאן. יש המזהים את השיטה שבפסוק עם השיטה המלבינה (שם מדעי: Acacia albida) הגדלה בסביבה עשירה במים, וגובהה מגיע ל־20 מ׳. לפי התלמוד הבבלי (ראש השנה כג ע״א) השיטה היא 'תורניתא' - אחד ממיני הארז, ולפי רש״י ורשב״ם היא מין ממיני האורן.

עֵץ שֶׁמֶן מוזכר בתנ״ך (מלכים א׳ ו,כו; ו,לא) ובמשנה כעץ בניין שממנו עשו את הכרובים ואת דלתות הדביר, כעץ שרפה למערכה (תמיד ב,ג) ולהשאת משואות (ראש השנה ב,ג). יונתן ורש״י זיהו אותו עם עץ זית, רד״ק וחוקרים מזהים את עץ

יעבור על פני עמים וממלכות וירמסס. טז **תִּזְרֵם**, תפזר את האויבים,
וְרוּחַ תִּשָּׂאֵם, וּסְעָרָה תָּפִיץ אוֹתָם. לעומת החרדה והערעור שאחזו
באומות נוכח השינויים העולמיים, הנביא מרגיע את ישראל: **וְאַתָּה
תָּגִיל בַּה׳, בִּקְדוֹשׁ יִשְׂרָאֵל תִּתְהַלָּל.**

הנבואה ממשיכה בדברי הבטחה ואמונה לגולים המעונים: יז **הָעֲנִיִּים
וְהָאֶבְיוֹנִים מְבַקְשִׁים מַיִם – וָאַיִן, לְשׁוֹנָם בַּצָּמָא נָשָׁתָּה**, נעתקה, או:
נשכחה, כביכול, מחמת יובש או חוסר שימוש. **אֲנִי ה׳ אֶעֱנֵם**, אני
אֱלֹהֵי יִשְׂרָאֵל לֹא אֶעֶזְבֵם. יח **אֶפְתַּח עַל שְׁפָיִים**, פסגות הרים –
נְהָרוֹת, וּבְתוֹךְ בְּקָעוֹת – **מַעְיָנוֹת. אָשִׂים מִדְבָּר לַאֲגַם מַיִם, וְאֶרֶץ צִיָּה**
אשים **לְמוֹצָאֵי**, מקורות **מָיִם.** יט **אֶתֵּן בַּמִּדְבָּר** עצים שונים: **אֶרֶז,
שִׁטָּה וַהֲדַס וְעֵץ שָׁמֶן**, כנראה אורן,[13] **אָשִׂים בָּעֲרָבָה בְּרוֹשׁ, תִּדְהָר**

מימין: דישה במורג חרוץ

משמאל: שיטה מלבינה (׳שִׁטָּה׳)

מימין: עץ מילה (׳תדהר׳?)

העולם

השמן עם האורן הירושלמי (שם מדעי: Pinus halepensis) שאפשר להפיק ממנו כמות גדולה של שמן–עץ המשמש כעטרן (זפת).

בְּרוֹשׁ הברוש מופיע בתנ״ך בדרך כלל בצד הארז, ואף מקור גידולו בהר הלבנון (ראו מלכים א׳ ה,כב; יחזקאל כז,ה), בבניין מקדש שלמה השתמשו בו לעשיית דלתות ורהיטים ולחיפוי (מלכים א׳ ו). מכאן שאין הוא הברוש של ימינו (שם מדעי: Cupressus), אלא הוא העץ המכונה בפינו ערער (שם מדעי: Juniperus excels). עץ זה שכיח בלבנון וגובהו מגיע ל–30 מ׳.

תִּדְהָר מופיע בקבוצת העצים שיובאו מלבנון לבניין בית המקדש (ישעיה ס,יג). על פי התלמוד הבבלי (ראש השנה כג ע״א) הוא אחד ממיני הארזים הקרוי ׳שאגה׳, עץ תיק (שם מדעי: Tectonia Grandis). ולפי התלמוד הירושלמי (כתובות ז,ט) ומדרש תנחומא (תרומה ט) הוא ככל הנראה העץ המכונה האדר הסורי (שם מדעי: Acer obtusifolium). יונתן תרגם: מורנין, שהוא עץ מילה (שם מדעי: Fraxinus).

וּתְאַשּׁ֖וּר יַחְדָּֽו׃ לְמַ֨עַן יִרְא֜וּ וְיֵדְע֗וּ וְיָשִׂ֤ימוּ וְיַשְׂכִּ֙ילוּ֙ יַחְדָּ֔ו כִּ֥י יַד־ כ
יְהוָ֖ה עָ֣שְׂתָה זֹּ֑את וּקְד֥וֹשׁ יִשְׂרָאֵ֖ל בְּרָאָֽהּ׃ קָרְב֥וּ רִֽיבְכֶ֖ם יֹאמַ֣ר כא
יְהוָ֑ה הַגִּ֙ישׁוּ֙ עֲצֻמ֣וֹתֵיכֶ֔ם יֹאמַ֖ר מֶ֥לֶךְ יַעֲקֹֽב׃ יַגִּ֤ישׁוּ וְיַגִּ֙ידוּ֙ לָ֔נוּ אֵ֖ת כב
אֲשֶׁ֣ר תִּקְרֶ֑ינָה הָרִאשֹׁנ֣וֹת ׀ מָ֣ה הֵ֗נָּה הַגִּ֜ידוּ וְנָשִׂ֤ימָה לִבֵּ֙נוּ֙ וְנֵֽדְעָ֣ה
אַחֲרִיתָ֔ן א֥וֹ הַבָּא֖וֹת הַשְׁמִיעֻֽנוּ׃ הַגִּ֙ידוּ֙ הָאֹתִיּ֣וֹת לְאָח֔וֹר וְנֵ֣דְעָ֔ה כִּ֥י כג
אֱלֹהִ֖ים אַתֶּ֑ם אַף־תֵּיטִ֣יבוּ וְתָרֵ֔עוּ וְנִשְׁתָּ֖עָה וְנִרְאֶ֥ יַחְדָּֽו׃ הֵן־אַתֶּ֣ם כד
מֵאַ֔יִן וּפָעָלְכֶ֖ם מֵאָ֑פַע תּוֹעֵבָ֖ה יִבְחַ֥ר בָּכֶֽם׃ הַעִירוֹתִ֤י מִצָּפוֹן֙ כה
וַיַּ֔את מִמִּזְרַח־שֶׁ֖מֶשׁ יִקְרָ֣א בִשְׁמִ֑י וְיָבֹ֤א סְגָנִים֙ כְּמוֹ־חֹ֔מֶר וּכְמ֥וֹ יוֹצֵ֖ר
יִרְמָס־טִֽיט׃ מִֽי־הִגִּ֤יד מֵרֹאשׁ֙ וְנֵדָ֔עָה וּמִלְּפָנִ֖ים וְנֹאמַ֣ר צַדִּ֑יק אַ֣ף כו
אֵין־מַגִּ֗יד אַ֚ף אֵ֣ין מַשְׁמִ֔יעַ אַ֖ף אֵין־שֹׁמֵ֥עַ אִמְרֵיכֶֽם׃ רִאשׁ֥וֹן לְצִיּ֖וֹן כז
הִנֵּ֣ה הִנָּ֑ם וְלִירוּשָׁלִַ֖ם מְבַשֵּׂ֥ר אֶתֵּֽן׃ וְאֵ֙רֶא֙ וְאֵ֣ין אִ֔ישׁ וּמֵאֵ֖לֶּה וְאֵ֣ין כח
יוֹעֵ֑ץ וְאֶשְׁאָלֵ֖ם וְיָשִׁ֥יבוּ דָבָֽר׃ הֵ֣ן כֻּלָּ֔ם אָ֥וֶן אֶ֖פֶס מַעֲשֵׂיהֶ֑ם ר֥וּחַ וָתֹ֖הוּ כט

ביאור | **וּתְאַשּׁוּר יַחְדָּו.** עצי נוי וסרק שונים ששימשו לבניין.[14] המדבר יהפוך לאזור פורה שצמחייתו מגוונת. כך יפנימו הכול שאין זה מעשה ידי אדם: כ **לְמַעַן יִרְאוּ** הכול **וְיֵדְעוּ וְיָשִׂימוּ** לב **וְיַשְׂכִּילוּ יַחְדָּו, כִּי יַד ה' עָשְׂתָה זֹּאת, וּקְדוֹשׁ יִשְׂרָאֵל בְּרָאָהּ.**

הנביא שב ופונה אל העמים השונים ומנהיגיהם: כא **קָרְבוּ** אלי לשיפוט **רִיבְכֶם**, הטענות והמענות שבידכם. **יֹאמַר ה'. הַגִּישׁוּ עֲצֻמוֹתֵיכֶם**, תביעותיכם, דברי תלונתכם, **יֹאמַר מֶלֶךְ יַעֲקֹב**, אלוקים. כב **יַגִּישׁוּ וְיַגִּידוּ לָנוּ** אליליכם וקוסמיכם, **אֵת** הקורות **אֲשֶׁר תִּקְרֶינָה, הָרִאשֹׁנוֹת מָה הֵנָּה**, ספרו על המאורעות משכבר הימים, כדי להבין את פשרם ומשמעותם – **הַגִּידוּ וְנָשִׂימָה לִבֵּנוּ וְנֵדְעָה אַחֲרִיתָן**, תכליתן, **אוֹ הַבָּאוֹת**, העתידות **הַשְׁמִיעֻנוּ**. כלומר, אם יש לכם יומרה לגדולה כלשהי, אם אתם חושבים כי ידועים לכם העתיד או סודו של המהלך ההיסטורי – אדרבא, גשו והציגום.[15] כג **הַגִּידוּ** את **הָאֹתִיּוֹת**, הבאות[16] **לְאָחוֹר**,

הרחבות | **'הגידו האֹתיות לאחור'** מכמה מקומות עולה התפיסה שלפיה העתיד, העלום, נמצא מאחורי האדם ולא לפניו. (ראו קהלת י,יד; ראב"ע ושד"ל על אתר). 'אחור' (בממד המרחב) קרוב לאַחַר (בממד הזמן), אחריתם ותוצאתם של הדברים. וכן 'לפני' – משמעו לנוכח (בממד המרחב), ומשמעו גם קודם (בממד הזמן). (ראו עוד רד"ק יהושע א,א.)

לעתיד, הדברים העתידים לבוא. אם אתם מסוגלים לכך - **וְנֵדְעָה**
כִּי אֱלֹהִים אַתֶּם, אַף תֵּיטִיבוּ וְתָרֵעוּ, וְאז **נִשְׁתָּעָה**, נשוחח **וְנִרְאֶה** את
הדברים **יַחְדָּו** כאחד.[17] כד בסופו של דבר, **הֵן אַתֶּם**, על טענותיכם
ויומרותיכם, באים **מֵאַיִן, וּפָעָלְכֶם מֵאָפַע**, מאפס. **תּוֹעֵבָה** הוא מי
שִׁיִבְחַר בָּכֶם.[18] או: הבוחר בכם בתועבה הוא בוחר.[19] כה **הַעִירוֹתִי**,
אעיר את הגואל **מִצָּפוֹן וַיַּאת**, והוא יבוא. אזמן **מִמִּזְרַח שֶׁמֶשׁ** את זה
אשר **יִקְרָא בִשְׁמִי, וְיָבֹא** וירמוס את **הַסְּגָנִים**, השרים **כְּמוֹ** שדורכים על
חֹמֶר, מין אדמה, לרככו כדי להכשירו למלאכתו, לבניין או לייצור
כלים. **וּכְמוֹ** שיּוֹצֵר **יִרְמָס טִיט**. כו **מִי** מכם **הִגִּיד מֵרֹאשׁ** את מה שקרה
או שיקרה – **וְנֵדָעָה**. ומי יגיד את הדברים **מִלְּפָנִים** - **וְנֹאמַר: צַדִּיק**,
צודק הוא בטענותיו. אכן, **אַף אֵין** ביניכם **מַגִּיד, אַף אֵין מַשְׁמִיעַ, אַף**
אֵין שֹׁמֵעַ אִמְרֵיכֶם. אינכם יודעים על העתיד דבר.

כז **רִאשׁוֹן לְצִיּוֹן הִנֵּה הִנָּם**, החדשות מגיעות לראשונה לציון, **וְלִירוּשָׁלַ͏ִם**
מְבַשֵּׂר, נביא שיבשר את העתיד להתרחש, כנבואה זו האמורה
למעלה, **אֶתֵּן**. רק ליושבי ציון וירושלים יש נבואה ותקשורת אמינה
עם קורא הדורות מראש. כח **וְאֵרֶא** בכל העמים **וְאֵין אִישׁ** מְבשר,
וּמֵאֵלֶּה הדתות, האמונות והפילוסופיות השונות – **וְאֵין יוֹעֵץ**, וְאין
מי **שֶׁאֶשְׁאָלֵם וְיָשִׁיבוּ דָבָר**. והוא שב ומסכם: כט **הֵן כֻּלָּם אָוֶן**, הבל,
אֶפֶס מַעֲשֵׂיהֶם, רוּחַ וָתֹהוּ נִסְכֵּיהֶם, מסכותיהם, צלמיהם.[20]

תאשור

תְּאַשּׁוּר גם עץ זה יובא מלבנון ואיי הכיתים (יחזקאל כז,ו) ושימש לפאר את בית המקדש (ישעיה ס,יג). לפי הירושלמי (כתובות ז,ט) ויונתן הוא Buxus, עץ שגובהו 1-9 מ׳, וקוטר גזעו 20 ס״מ, הגדל בהרי הלבנון ובצפון אנטוליה. זהו עץ איכותי קשה וחזק, שנמצא בממצא הארכיאולוגי ברהיטים ובתעודות אכדיות קדומות נזכר שהוא נדרש על ידי מלכים. בתלמוד הבבלי (ראש השנה כג ע״א) התאשור מזוהה כשורבינא (Cupressus), הוא הברוש של ימינו, אולם עץ זה אינו מתאים כלל לחרושת עץ.

העולם

מב א נִסְכֵּיהֶם׃ הֵן עַבְדִּי אֶתְמָךְ־בּוֹ בְּחִירִי רָצְתָה נַפְשִׁי נָתַתִּי
ב רוּחִי עָלָיו מִשְׁפָּט לַגּוֹיִם יוֹצִיא׃ לֹא יִצְעַק וְלֹא יִשָּׂא וְלֹא־יַשְׁמִיעַ
ג בַּחוּץ קוֹלוֹ׃ קָנֶה רָצוּץ לֹא יִשְׁבּוֹר וּפִשְׁתָּה כֵהָה לֹא יְכַבֶּנָּה לֶאֱמֶת
ד יוֹצִיא מִשְׁפָּט׃ לֹא יִכְהֶה וְלֹא יָרוּץ עַד־יָשִׂים בָּאָרֶץ מִשְׁפָּט
ה וּלְתוֹרָתוֹ אִיִּים יְיַחֵילוּ׃ כֹּה־אָמַר הָאֵל ׀ יהוה בּוֹרֵא
הַשָּׁמַיִם וְנוֹטֵיהֶם רֹקַע הָאָרֶץ וְצֶאֱצָאֶיהָ נֹתֵן נְשָׁמָה לָעָם עָלֶיהָ
ו וְרוּחַ לַהֹלְכִים בָּהּ׃ אֲנִי יהוה קְרָאתִיךָ בְצֶדֶק וְאַחְזֵק בְּיָדֶךָ וְאֶצָּרְךָ
ז וְאֶתֶּנְךָ לִבְרִית עָם לְאוֹר גּוֹיִם׃ לִפְקֹחַ עֵינַיִם עִוְרוֹת לְהוֹצִיא
ח מִמַּסְגֵּר אַסִּיר מִבֵּית כֶּלֶא יֹשְׁבֵי חֹשֶׁךְ׃ אֲנִי יהוה הוּא שְׁמִי וּכְבוֹדִי
ט לְאַחֵר לֹא־אֶתֵּן וּתְהִלָּתִי לַפְּסִילִים׃ הָרִאשֹׁנוֹת הִנֵּה־בָאוּ
י וַחֲדָשׁוֹת אֲנִי מַגִּיד בְּטֶרֶם תִּצְמַחְנָה אַשְׁמִיעַ אֶתְכֶם׃ שִׁירוּ
לַיהוה שִׁיר חָדָשׁ תְּהִלָּתוֹ מִקְצֵה הָאָרֶץ יוֹרְדֵי הַיָּם וּמְלֹאוֹ אִיִּים
יא וְיֹשְׁבֵיהֶם׃ יִשְׂאוּ מִדְבָּר וְעָרָיו חֲצֵרִים תֵּשֵׁב קֵדָר יָרֹנּוּ יֹשְׁבֵי סֶלַע
יב מֵרֹאשׁ הָרִים יִצְוָחוּ׃ יָשִׂימוּ לַיהוה כָּבוֹד וּתְהִלָּתוֹ בָּאִיִּים יַגִּידוּ׃
יג יהוה כַּגִּבּוֹר יֵצֵא כְּאִישׁ מִלְחָמוֹת יָעִיר קִנְאָה יָרִיעַ אַף־יַצְרִיחַ
יד עַל־אֹיְבָיו יִתְגַּבָּר׃ הֶחֱשֵׁיתִי מֵעוֹלָם אַחֲרִישׁ אֶתְאַפָּק

עתידו של עבד ה׳

פרק מב – פרק מג פס׳ יג

העניין שלפנינו עוסק בעבד ה׳, תוארו, ייעודיו ופעולתו העתידה. הכינוי עֶבֶד ה׳ במובנו המצומצם מתייחס לאדם שה׳ בחר לגאול את עמו ולהאיר לעולמו, בין שהוא הנביא ובין שהוא המלך המשיח. במובן רחב יותר משמעו עם ישראל כולו, כפי שהוא מתואר במפורש – יַעֲקֹב עַבְדִּי וכדומה.[1] ייתכן שתוך כדי הנבואה מתחלפת זהותו של עֶבֶד ה׳.

במשך הגלות חש עבד זה עזוב ודחוי מאדוניו, הוא דוכא וחושיו קהו. ה׳ מנחם את עבדו כי ישמור לו את בריתו, ילחם את מלחמותיו ויוציאו מאפלה לאורה. באמצעות גאולתו המופלאה, המנובאת מראש, יֵדע העבד את רבו ויהיה לו לעֵד.

ביאור | פרק מב א הֵן עַבְדִּי, מלך המשיח, הגואל –[2] אֶתְמָךְ בּוֹ, בְּחִירִי – רָצְתָה בו נַפְשִׁי. נָתַתִּי רוּחִי עָלָיו. הוא לא ינהיג את ישראל בלבד – מִשְׁפָּט לַגּוֹיִם יוֹצִיא. הוא יהיה שופט לכל הארץ.[3] ב לֹא יִצְעַק וְלֹא יִשָּׂא, ירים קול וְלֹא יַשְׁמִיעַ בַּחוּץ קוֹלוֹ. הוא לא יצטרך לצעוק, כדי שקולו יישמע ברבים. הילוכו יהיה בנחת. ג קָנֶה רָצוּץ, שהכול רגילים לשברו, הוא

לֹא יִשְׁבּוֹר, ופתילת **פִּשְׁתָּה כֵהָה**, שאורה הולך ודועך, **לֹא יְכַבֶּנָּה**. הוא
ייזהר שהנדכאים והנחשלים בחברה לא ייפגעו. **לֶאֱמֶת יוֹצִיא מִשְׁפָּט**.
ובמטבעות לשון דומות: ד הוא עצמו **לֹא יִכְהֶה**, יחלש **וְלֹא יָרוּץ**, לא
ירוצַץ, לא יישבר **עַד יָשִׂים בָּאָרֶץ מִשְׁפָּט**, **וּלְתוֹרָתוֹ** גם **אִיִּים יְיַחֵילוּ**, יצפו.
הוא יהיה מוכר ומבוקש בכל העולם, ולא יידרש לשום מאמץ כדי
שדבריו יישמעו בכל מקום.[4]

ה **כֹּה אָמַר הָאֵל ה', בּוֹרֵא הַשָּׁמַיִם וְנוֹטֵיהֶם**, השמים מתוארים כאוהל
פרוש,[5] **רֹקַע**, שוטח **הָאָרֶץ וְצֶאֱצָאֶיהָ**, החיות והצמחים היוצאים ממנה
והגדלים בה, **נֹתֵן נְשָׁמָה לָעָם שֶׁעָלֶיהָ וְרוּחַ לַהֹלְכִים בָּהּ**, המעניק חיים
לבריותיו: ו **אֲנִי ה' קְרָאתִיךָ**, ייעדתי אותך, עבדי, **בְצֶדֶק**, לנַצח ולהושיע,
וְאַחְזֵק בְּיָדֶךָ וְאֶצָּרְךָ, שמרתיך,[6] **וְאֶתֶּנְךָ** להקים **בְּרִית עָם** כמלך ישראל,[7]
וּלְאוֹר לְגוֹיִם, ז **לִפְקֹחַ עֵינַיִם עִוְרוֹת**, **לְהוֹצִיא מִמַּסְגֵּר**, ממקום סגור **אַסִּיר**,
מִבֵּית כֶּלֶא יֹשְׁבֵי חֹשֶׁךְ. מעבר לכך שתופקד על שמירת הסדר החברתי,
כאמור, גם תשחרר את הנדכאים מכבליהם. ח **אֲנִי ה', הוּא שְׁמִי,
וּכְבוֹדִי לְאַחֵר לֹא אֶתֵּן**, לא אאפשר לאחר להתיימר להשתמש בשמי
או להשתתף בו. ולא אתן את **תְהִלָּתִי לַפְּסִילִים**. ט הנבואות **הָרִאשֹׁנוֹת
הִנֵּה בָאוּ** והתגשמו, ונבואות **חֲדָשׁוֹת אֲנִי מַגִּיד**. **בְּטֶרֶם תִּצְמַחְנָה**, קודם
שיתממשו הדברים **אַשְׁמִיעַ אֶתְכֶם**.

תיאור כללי של התגלות ה' בגאולה: י **שִׁירוּ לַה' שִׁיר חָדָשׁ**. יתייחסו
מחדש אל נושא שאינו חדש. **תְּהִלָּתוֹ** תושר **מִקְצֵה הָאָרֶץ**, מהרחוקים
והמבודדים ביותר – **יוֹרְדֵי הַיָּם וּמְלֹאוֹ, אִיִּים וְיֹשְׁבֵיהֶם**. יא **יִשְׂאוּ** קול
וישירו **מִדְבָּר וְעָרָיו**, **חֲצֵרִים**, חצרות אשר **תֵּשֵׁב** בהן עדת **קֵדָר**,[8] **יָרֹנּוּ**,
ישירו **יֹשְׁבֵי סֶלַע**, **מֵרֹאשׁ הָרִים יִצְוָחוּ**, ירימו קול. יב **יָשִׂימוּ לַה' כָּבוֹד**,
וּתְהִלָּתוֹ בָּאִיִּים, בעמים הרחוקים **יַגִּידוּ**: יג **ה' כַּגִּבּוֹר יֵצֵא, כְּאִישׁ
מִלְחָמוֹת יָעִיר**, יעורר **קִנְאָה**, רוגז ונקמה בעושי רע. **יָרִיעַ אַף יַצְרִיחַ**,
יצעק כדרך החיילים בקרב,[9] **עַל אֹיְבָיו יִתְגַּבָּר**.

כאן מדבר הנביא בשם ה': יד **הֶחֱשֵׁיתִי**, שתקתי **מֵעוֹלָם**, **אַחֲרִישׁ**,

קנה

כַּיּוֹלֵדָה אֶפְעֶה אֶשֹּׁם וְאֶשְׁאַף יָחַד׃ אַחֲרִיב הָרִים וּגְבָעוֹת וְכָל־ טו
עֶשְׂבָּם אוֹבִישׁ וְשַׂמְתִּי נְהָרוֹת לָאִיִּים וַאֲגַמִּים אוֹבִישׁ׃ וְהוֹלַכְתִּי טז
עִוְרִים בְּדֶרֶךְ לֹא יָדָעוּ בִּנְתִיבוֹת לֹא־יָדְעוּ אַדְרִיכֵם אָשִׂים מַחְשָׁךְ
לִפְנֵיהֶם לָאוֹר וּמַעֲקַשִּׁים לְמִישׁוֹר אֵלֶּה הַדְּבָרִים עֲשִׂיתִם וְלֹא
עֲזַבְתִּים׃ נָסֹגוּ אָחוֹר יֵבֹשׁוּ בֹשֶׁת הַבֹּטְחִים בַּפָּסֶל הָאֹמְרִים יז
לְמַסֵּכָה אַתֶּם אֱלֹהֵינוּ׃ הַחֵרְשִׁים שְׁמָעוּ וְהַעִוְרִים יח
הַבִּיטוּ לִרְאוֹת׃ מִי עִוֵּר כִּי אִם־עַבְדִּי וְחֵרֵשׁ כְּמַלְאָכִי אֶשְׁלָח מִי יט
רָאוֹת עִוֵּר כִּמְשֻׁלָּם וְעִוֵּר כְּעֶבֶד יְהוָה׃ ראית רַבּוֹת וְלֹא תִשְׁמֹר פָּקוֹחַ כ
אָזְנַיִם וְלֹא יִשְׁמָע׃ יְהוָה חָפֵץ לְמַעַן צִדְקוֹ יַגְדִּיל תּוֹרָה וְיַאְדִּיר׃ כא
וְהוּא עַם־בָּזוּז וְשָׁסוּי הָפֵחַ בַּחוּרִים כֻּלָּם וּבְבָתֵּי כְלָאִים הָחְבָּאוּ כב
הָיוּ לָבַז וְאֵין מַצִּיל מְשִׁסָּה וְאֵין־אֹמֵר הָשַׁב׃ מִי בָכֶם יַאֲזִין זֹאת כג
לִמְשִׁסָּה יַקְשִׁב וְיִשְׁמַע לְאָחוֹר׃ מִי־נָתַן למשוסה יַעֲקֹב וְיִשְׂרָאֵל לְבֹזְזִים כד
הֲלוֹא יְהוָה זוּ חָטָאנוּ לוֹ וְלֹא־אָבוּ בִדְרָכָיו הָלוֹךְ וְלֹא שָׁמְעוּ
בְּתוֹרָתוֹ׃ וַיִּשְׁפֹּךְ עָלָיו חֵמָה אַפּוֹ וֶעֱזוּז מִלְחָמָה וַתְּלַהֲטֵהוּ מִסָּבִיב כה
וְלֹא יָדָע וַתִּבְעַר־בּוֹ וְלֹא־יָשִׂים עַל־לֵב׃ וְעַתָּה א מג
כֹּה־אָמַר יְהוָה בֹּרַאֲךָ יַעֲקֹב וְיֹצֶרְךָ יִשְׂרָאֵל אַל־תִּירָא כִּי גְאַלְתִּיךָ
קָרָאתִי בְשִׁמְךָ לִי־אָתָּה׃ כִּי־תַעֲבֹר בַּמַּיִם אִתְּךָ אָנִי וּבַנְּהָרוֹת לֹא ב
יִשְׁטְפוּךָ כִּי־תֵלֵךְ בְּמוֹ־אֵשׁ לֹא תִכָּוֶה וְלֶהָבָה לֹא תִבְעַר־בָּךְ׃ כִּי ג

ביאור | **אֶתְאַפָּק**. עד כה קולי לא נשמע, אך מעתה **כַּיּוֹלֵדָה**, כמו יולדת **אֶפְעֶה**, אצעק. **אֶשֹּׁם**, אנשום **וְאֶשְׁאַף יָחַד** בנשימות מקוטעות של יללות מתוך כאב. כך תיוולד גם הגאולה:[10] טו **אַחֲרִיב הָרִים וּגְבָעוֹת, וְכָל עֶשְׂבָּם אוֹבִישׁ**, אייבש, **וְשַׂמְתִּי נְהָרוֹת לָאִיִּים**, למקומות יבשתיים, **וַאֲגַמִּים אוֹבִישׁ**. מתכונתם של הדברים תשתנה. אפשרויות חדשות ייפתחו בעולם החדש: טז **וְהוֹלַכְתִּי עִוְרִים בְּדֶרֶךְ לֹא יָדָעוּ, בִּנְתִיבוֹת לֹא יָדְעוּ אַדְרִיכֵם**. כל אלה שאינם יודעים את דרכם, ימצאו נתיבות ופתרונות חדשים.[11] **אָשִׂים מַחְשָׁךְ לִפְנֵיהֶם לָאוֹר, וּמַעֲקַשִּׁים**, דרכים

פתלתלות אשים לְמִישׁוֹר. אשדד מערכות, אשנה את מאזני הכוחות
וגם את טבעו של עולם. אֵלֶּה הַדְּבָרִים עֲשִׂיתִם וְלֹא עֲזַבְתִּים.

במאמר מוסגר: יז נָסֹגוּ אָחוֹר, יֵבֹשׁוּ בֹשֶׁת הַבֹּטְחִים בַּפָּסֶל, הָאֹמְרִים
לְמַסֵּכָה: אַתֶּם אֱלֹהֵינוּ. כל הבוטחים באלילים יירתעו הן מחמת
הבושה בטיפשותם, הן מתוך שלא יוכלו לעמוד בפני גדולת ה׳.

יח הַחֵרְשִׁים, שְׁמָעוּ! וְהַעִוְרִים, הַבִּיטוּ לִרְאוֹת את השינוי שאחולל
בעולם! יט מִי עִוֵּר כִּי אִם עַבְדִּי, וְחֵרֵשׁ כְּמַלְאָכִי, שליחי שאֶשְׁלָח? עבד
ה׳ ושליחו סגור בתוך עצמו כעיוור וכחירש. לכאורה אינו רואה
ואינו שומע דבר.[12] מִי עִוֵּר כִּמְשֻׁלָּם, כמו התמים המושלם,[13] וְעִוֵּר
כְּעֶבֶד ה׳?! כ רָאוֹת רַבּוֹת, הוא אמנם רואה רבות, ואולם לֹא תִשְׁמֹר.
אין הוא נותן לבו למה שהוא רואה. פָּקוֹחַ אָזְנַיִם – וְלֹא יִשְׁמָע. כא ה׳
חָפֵץ בעבדו לְמַעַן צִדְקוֹ, צדקתו. על אף עיוורונו וחירשותו של עבד
ה׳ טמונים בו דברים רבים שעוד יאמר – הוא יַגְדִּיל, ירבה תּוֹרָה
וְיַאְדִּיר.

כב וְהוּא – עבד ה׳ במובן הרחב – ישראל, עַם בָּזוּז וְשָׁסוּי, גזול, הָפֵחַ
בַּחוּרִים כֻּלָּם. כל בחוריו ברחו ונעלמו כאילו נפחה בהם רוח,[14]
וּבְבָתֵּי כְלָאִים, ובבתי כלא הָחְבָּאוּ. הָיוּ לָבַז, בזזו אותם וְאֵין מַצִּיל.
ניתנו לִמְשִׁסָּה, לשלל, וְאֵין מי שׁאֹמֵר: הָשַׁב, החזר את השלל. כג מִי
בָכֶם יַאֲזִין זֹאת, יַקְשִׁב וְיִשְׁמַע לְאָחוֹר, את אחריתם ותוצאתם של
דברים?![15] כד אם יקשיב יבין: מִי נָתַן לִמְשִׁסָּה, לגזל את יַעֲקֹב ואת
יִשְׂרָאֵל לְבֹזְזִים? מי גרם לכך? – הֲלוֹא ה׳, זו, אשר חָטָאנוּ לוֹ, וְלֹא
אָבוּ, רצו בִדְרָכָיו הָלוֹךְ, ללכת, וְלֹא שָׁמְעוּ בְּתוֹרָתוֹ. הוא הענישנו על
כך. כה וַיִּשְׁפֹּךְ ה׳ עָלָיו – על העם חֵמָה אַפּוֹ, כעסו, וֶעֱזוּז, כוח מִלְחָמָה.
וַתְּלַהֲטֵהוּ החֵמה מִסָּבִיב וְלֹא יָדָע, לא נתן לב על כך שחטאיו גרמו
זאת.[16] וַתִּבְעַר בּוֹ וְלֹא יָשִׂים עַל לֵב.

בבוא הזמן, ישים ישראל לב לכל הדברים הללו, ואז ייגאל וייוושע
מן הגלות ומכל צרותיו. פרק מג א וְעַתָּה, כֹּה אָמַר ה׳, שהוא בֹּרַאֲךָ,
יַעֲקֹב, וְיֹצֶרְךָ, יִשְׂרָאֵל: אַל תִּירָא מחרון האף כִּי גְאַלְתִּיךָ. קָרָאתִי בְשִׁמְךָ,
החשבתיך, הענקתי לך מעמד ותפקיד.[17] לִי אָתָּה. ב על כן, כִּי תַעֲבֹר
בַּמַּיִם – אִתְּךָ אָנִי, ובעברך בַּנְּהָרוֹת – לֹא יִשְׁטְפוּךָ. כִּי תֵלֵךְ בְּמוֹ, בתוך
אֵשׁ – לֹא תִכָּוֶה, וְלֶהָבָה לֹא תִבְעַר בָּךְ. אף גזרות שמד והעברה על דת

הרחבות

זיהוי עבד ה׳ העיוור והחירש עם הנביא מדגיש שהנביא אינו נואם או איש שיחה. הוא סגור ומכונס, אדם שאינו מתעניין בעולם; ועם זאת, הכול שומעים אותו. גם אם הוא עצמו אינו רואה, הוא מראה לאחרים את הדרך. (ראו עוד אברבנאל).

אֲנִי יְהוָה אֱלֹהֶיךָ קְדוֹשׁ יִשְׂרָאֵל מוֹשִׁיעֶךָ נָתַתִּי כָפְרְךָ מִצְרַיִם כּוּשׁ
וּסְבָא תַּחְתֶּיךָ׃ מֵאֲשֶׁר יָקַרְתָּ בְעֵינַי נִכְבַּדְתָּ וַאֲנִי אֲהַבְתִּיךָ וְאֶתֵּן ד
אָדָם תַּחְתֶּיךָ וּלְאֻמִּים תַּחַת נַפְשֶׁךָ׃ אַל־תִּירָא כִּי אִתְּךָ־אָנִי ה
מִמִּזְרָח אָבִיא זַרְעֶךָ וּמִמַּעֲרָב אֲקַבְּצֶךָּ׃ אֹמַר לַצָּפוֹן תֵּנִי וּלְתֵימָן ו
אַל־תִּכְלָאִי הָבִיאִי בָנַי מֵרָחוֹק וּבְנוֹתַי מִקְצֵה הָאָרֶץ׃ כֹּל הַנִּקְרָא ז
בִשְׁמִי וְלִכְבוֹדִי בְּרָאתִיו יְצַרְתִּיו אַף־עֲשִׂיתִיו׃ הוֹצִיא עַם־עִוֵּר ח
וְעֵינַיִם יֵשׁ וְחֵרְשִׁים וְאָזְנַיִם לָמוֹ׃ כָּל־הַגּוֹיִם נִקְבְּצוּ יַחְדָּו וְיֵאָסְפוּ ט
לְאֻמִּים מִי בָהֶם יַגִּיד זֹאת וְרִאשֹׁנוֹת יַשְׁמִיעֻנוּ יִתְּנוּ עֵדֵיהֶם
וְיִצְדָּקוּ וְיִשְׁמְעוּ וְיֹאמְרוּ אֱמֶת׃ אַתֶּם עֵדַי נְאֻם־יְהוָה וְעַבְדִּי אֲשֶׁר י
בָּחָרְתִּי לְמַעַן תֵּדְעוּ וְתַאֲמִינוּ לִי וְתָבִינוּ כִּי־אֲנִי הוּא לְפָנַי לֹא־
נוֹצַר אֵל וְאַחֲרַי לֹא יִהְיֶה׃ אָנֹכִי אָנֹכִי יְהוָה וְאֵין יא
מִבַּלְעָדַי מוֹשִׁיעַ׃ אָנֹכִי הִגַּדְתִּי וְהוֹשַׁעְתִּי וְהִשְׁמַעְתִּי וְאֵין בָּכֶם יב
זָר וְאַתֶּם עֵדַי נְאֻם־יְהוָה וַאֲנִי־אֵל׃ גַּם־מִיּוֹם אֲנִי הוּא וְאֵין יג
מִיָּדִי מַצִּיל אֶפְעַל וּמִי יְשִׁיבֶנָּה׃ כֹּה־אָמַר יְהוָה יד

ביאור | לא ינתקו אותך ממני.[18] ג כִּי אֲנִי ה' אֱלֹהֶיךָ, קְדוֹשׁ יִשְׂרָאֵל מוֹשִׁיעֶךָ. נָתַתִּי כָפְרְךָ, תמורתך את מִצְרַיִם, כּוּשׁ וּסְבָא תַּחְתֶּיךָ. עמים אחרים יהיו כפרתך, והם יקבלו את העונש במקומך. ד מֵאֲשֶׁר, כיוון שֶׁיָּקַרְתָּ בְעֵינַי, נִכְבַּדְתָּ, וַאֲנִי אֲהַבְתִּיךָ, לכן – וְאֶתֵּן אָדָם אחר תַּחְתֶּיךָ, וּלְאֻמִּים יבואו תַּחַת נַפְשֶׁךָ.

ה אַל תִּירָא, כִּי אִתְּךָ אָנִי. מִמִּזְרָח אָבִיא זַרְעֶךָ, וּמִמַּעֲרָב אֲקַבְּצֶךָּ, ו אֹמַר לַצָּפוֹן: "תֵּנִי", וּלְתֵימָן, לדרום: "אַל תִּכְלָאִי. הָבִיאִי בָנַי מֵרָחוֹק וּבְנוֹתַי מִקְצֵה הָאָרֶץ". ה' מצווה על הרוחות לסייע להשיב את פזורות ישראל, אם כדימוי אלגורי המורה על מהירות,[19] או כציווי ממשי, על ידי השטת האניות.[20] ז לא הרוחות בלבד יסייעו אלא המציאות כולה – כֹּל הַנִּקְרָא בִשְׁמִי וְלִכְבוֹדִי בְּרָאתִיו, יְצַרְתִּיו אַף עֲשִׂיתִיו. כיוון שהכול

הרחבות | **משמעות היותכם 'עדי ה'** היא הידיעה וההודעה, האמונה וההבנה שהוא היה, הווה ויהיה, ושלא ייתכן קיומו של אל אחר לפניו ואחריו. חליפות הזמן וחלוקתו בין עבר ועתיד מתקיימות בתפיסתם של הנבראים בלבד, ואין להם כל משמעות לגבי ה', מקור ההוויה.

נברא לכבודי, יעזור העולם כולו בגאולתכם:[21] ח **לְהוֹצִיא עַם עִוֵּר, וְעֵינַיִם יֵשׁ**, העם שהם עבד ה׳ שהוזכר למעלה, שלמרות שיש לו עיניים, בפועל הוא עיוור, **וְחֵרְשִׁים – וְאָזְנַיִם לָמוֹ**, להם, אך הם אינם שומעים.

ט הלוא אילו[22] **כָל הַגּוֹיִם נִקְבְּצוּ יַחְדָּו, וְיֵאָסְפוּ לְאֻמִּים – מִי בָהֶם יַגִּיד זֹאת**, היה יודע מראש להגיד את בשורת הגאולה, ותשועות **וְרִאשֹׁנוֹת יַשְׁמִיעֻנוּ**, כפי שאתם שמעתם מפי נביאיכם?! אדרבא, **יִתְּנוּ** הגויים **עֵדֵיהֶם**, הוכחותיהם **וְ**אז **יִצְדָּקוּ**,[23] **וְיִשְׁמְעוּ** השומעים את עדיהם **וְיֹאמְרוּ: אֱמֶת**. בגויים אין מי שיוכל להוכיח ולהעיד. י לעומת זאת, **אַתֶּם עֵדַי**, המעידים על אלוהותי בקיום נבואות גאולתכם, **נְאֻם ה׳**, **וְ**אתם[24] **עַבְדִּי אֲשֶׁר בָּחָרְתִּי** לי, **לְמַעַן תֵּדְעוּ וְתַאֲמִינוּ לִי, וְתָבִינוּ כִּי אֲנִי הוּא; לְפָנַי לֹא נוֹצַר אֵל, וְאַחֲרַי לֹא יִהְיֶה**. יא **אָנֹכִי אָנֹכִי ה׳, וְאֵין מִבַּלְעָדַי מוֹשִׁיעַ**. יב **אָנֹכִי הִגַּדְתִּי וְהוֹשַׁעְתִּי וְהִשְׁמַעְתִּי, וְאֵין בָּכֶם אֵל זָר** שהגיד והושיע. **וְאַתֶּם עֵדַי**, זהו תפקידכם בעולם, **נְאֻם ה׳, וַאֲנִי אֵל**. יג **גַּם מִיּוֹם**, מזמן,[25] מאז היות יום בעולם[26] **אֲנִי הוּא, וְאֵין מִיָּדִי מַצִּיל**, אין יוצא מתחת רשותי. **אֶפְעַל וּמִי יְשִׁיבֶנָּה**. אין מי שיבטל את פעולתי. אלוהותי שלמה ומקפת כול, על כן אף עדותכם לגבי צריכה להיות שלמה, וממילא גם הגאולה תהיה שלמה ותקיף את הכול.

אזור כוש וסבא

העולם

סְבָא נזכר כאחד מבני כוש ברשימת העמים בבראשית (י,ז). הסבאים נזכרים כאנשי מידות וכסוחרים (להלן מה,יד; תהלים עב,י). על כן מזהים את סבא עם הנובים יושבי כוש. הנובים היו אנשים גבוהים שישבו באזור העיר מורואי (Meroe) שנקראה בעבר סבא, כ–200 ק"מ מצפון לחרטום. היו שזיהו את סבא בפסוק זה עם ממלכת שבא, מצאצאי שם (בראשית י,כח), שמקורה בדרום חצי–האי ערב, והיא הרחיבה את שליטתה למזרח אפריקה (אריתריאה וצפון אתיופיה של היום). גם שם מצויות מספר ערים ששמן דומה.

גֹּאַלְכֶם קְדוֹשׁ יִשְׂרָאֵל לְמַעַנְכֶם שִׁלַּחְתִּי בָבֶלָה וְהוֹרַדְתִּי בָרִיחִים
כֻּלָּם וְכַשְׂדִּים בָּאֳנִיּוֹת רִנָּתָם׃ אֲנִי יְהוָה קְדוֹשְׁכֶם בּוֹרֵא יִשְׂרָאֵל טו
מַלְכְּכֶם׃ כֹּה אָמַר יְהוָה הַנּוֹתֵן בַּיָּם דָּרֶךְ וּבְמַיִם טז
עַזִּים נְתִיבָה׃ הַמּוֹצִיא רֶכֶב־וָסוּס חַיִל וְעִזּוּז יַחְדָּו יִשְׁכְּבוּ בַּל־ יז
יָקוּמוּ דָּעֲכוּ כַּפִּשְׁתָּה כָבוּ׃ אַל־תִּזְכְּרוּ רִאשֹׁנוֹת וְקַדְמֹנִיּוֹת אַל־ יח
תִּתְבֹּנָנוּ׃ הִנְנִי עֹשֶׂה חֲדָשָׁה עַתָּה תִצְמָח הֲלוֹא תֵדָעוּהָ אַף אָשִׂים יט
בַּמִּדְבָּר דֶּרֶךְ בִּישִׁמוֹן נְהָרוֹת׃ תְּכַבְּדֵנִי חַיַּת הַשָּׂדֶה תַּנִּים וּבְנוֹת כ
יַעֲנָה כִּי־נָתַתִּי בַמִּדְבָּר מַיִם נְהָרוֹת בִּישִׁימֹן לְהַשְׁקוֹת עַמִּי בְחִירִי׃
עַם־זוּ יָצַרְתִּי לִי תְּהִלָּתִי יְסַפֵּרוּ׃ וְלֹא־אֹתִי קָרָאתָ יַעֲקֹב כִּי־יָגַעְתָּ כא כב
בִּי יִשְׂרָאֵל׃ לֹא־הֵבֵיאתָ לִּי שֵׂה עֹלֹתֶיךָ וּזְבָחֶיךָ לֹא כִבַּדְתָּנִי לֹא כג
הֶעֱבַדְתִּיךָ בְּמִנְחָה וְלֹא הוֹגַעְתִּיךָ בִּלְבוֹנָה׃ לֹא־קָנִיתָ לִּי בַכֶּסֶף כד
קָנֶה וְחֵלֶב זְבָחֶיךָ לֹא הִרְוִיתָנִי אַךְ הֶעֱבַדְתַּנִי בְּחַטֹּאותֶיךָ הוֹגַעְתַּנִי
בַּעֲוֹנֹתֶיךָ׃ אָנֹכִי אָנֹכִי הוּא מֹחֶה פְשָׁעֶיךָ לְמַעֲנִי וְחַטֹּאתֶיךָ לֹא כה
אֶזְכֹּר׃ הַזְכִּירֵנִי נִשָּׁפְטָה יָחַד סַפֵּר אַתָּה לְמַעַן תִּצְדָּק׃ אָבִיךָ כו כז
הָרִאשׁוֹן חָטָא וּמְלִיצֶיךָ פָּשְׁעוּ בִי׃ וַאֲחַלֵּל שָׂרֵי קֹדֶשׁ וְאֶתְּנָה כח
לַחֵרֶם יַעֲקֹב וְיִשְׂרָאֵל לְגִדּוּפִים׃ וְעַתָּה שְׁמַע יַעֲקֹב א מד

ה׳ יגאל את ישראל על אף חטאיו

פרק מג פס׳ יד — פרק מד פס׳ ה

הגאולה העתידה כרוכה בשינוי סדרי עולם ובנפלאות גדולות. עם ישראל חטא לה׳ ונענש קשות במשך הדורות, אך חטאיו עתידים להימחק. רוח ה׳ תישפך על זרעו ותצמיחנו מחדש, והברית בינו לבין אלוקים שבחר בו תשוב ותקום.

יד **כֹּה אָמַר ה׳ גֹּאַלְכֶם, קְדוֹשׁ יִשְׂרָאֵל: לְמַעַנְכֶם שִׁלַּחְתִּי** אנשים **בָּבֶלָה,** כדי להשיב משם את ישראל. מדובר בחיל כורש המדי, שהפיל את בבל. **וְהוֹרַדְתִּי,** הסרתי **בָרִיחִים כֻּלָּם,** פתחתי את כל גבולות המדינה,[1] **וְכַשְׂדִּים,** הבבלים יימצאו **בָּאֳנִיּוֹת רִנָּתָם,** על אניות הגולים השבים מבבל בשירה, כדי לסייע להם בעברם את נהרות בבל.[2] טו **אֲנִי ה׳ קְדוֹשְׁכֶם, בּוֹרֵא יִשְׂרָאֵל, מַלְכְּכֶם.**

הנביא מתאר כיצד יגיעו ישראל הנגאלים מכל מקום: טז **כֹּה אָמַר**

ה׳, הַנּוֹתֵן בַּיָּם דָּרֶךְ, וּבְמַיִם עַזִּים מכין נְתִיבָה, נתיב. הוא המפלס דרך
בים סוף, והוא המכניע צבא עז: יז הַמּוֹצִיא למלחמה רֶכֶב וָסוּס,
חַיִל וְעִזּוּז, וגיבור, והוא מי שמנחילם מפלה – יַחְדָּו יִשְׁכְּבוּ בַּל יָקוּמוּ,
דָּעֲכוּ, כַּפִּשְׁתָּה כָבוּ. הצבא העצום ידמה לפתיל פשתה דולק הדועך
עד שכָּבה. יח אַל תִּזְכְּרוּ רִאשֹׁנוֹת, וְקַדְמֹנִיּוֹת אַל תִּתְבֹּנָנוּ. יט למרות
שנפלאות רבות אירעו לכם בעבר, לא תזכרו אותן[3] כי הִנְנִי עֹשֶׂה
חֲדָשָׁה אף ביחס לנסים הקודמים, עַתָּה תִצְמָח, הֲלוֹא תֵדָעוּהָ: אַף אָשִׂים
בַּמִּדְבָּר דֶּרֶךְ, בִּישִׁמוֹן נְהָרוֹת. כ תְּכַבְּדֵנִי חַיַּת הַשָּׂדֶה, תַּנִּים וּבְנוֹת יַעֲנָה,
כִּי נָתַתִּי בַמִּדְבָּר מַיִם, נְהָרוֹת בִּישִׁימֹן, כדי לְהַשְׁקוֹת עַמִּי בְחִירִי. כא עַם
זוּ, אשר יָצַרְתִּי לִי, תְּהִלָּתִי יְסַפֵּרוּ.

עד כה דובר בדרכים הייחודיות והחריגות שבהן יגאל ה׳ את ישראל.
כעת עורך הנביא עם ישראל חשבונות מסוג אחר: כב וְלֹא אֹתִי
קָרָאתָ, יַעֲקֹב, כִּי יָגַעְתָּ בִּי יִשְׂרָאֵל. יגיעתך בעבודתי זרה לי ואינה לרוחי.[4]
משמעות נוספת: אם אתה מתייגע, הרי שלא אותי אתה קורא.[5]
והנביא מפרט: כג לֹא הֵבֵיאתָ לִּי שֵׂה עֹלֹתֶיךָ, וּזְבָחֶיךָ לֹא כִבַּדְתָּנִי.
הבאת קרבנות אינה לכבוד לי.[6] ובכלל – לֹא הֶעֱבַדְתִּיךָ בְּמִנְחָה,
וְלֹא הוֹגַעְתִּיךָ, הטרחתי אותך בִּלְבוֹנָה. כד לֹא קָנִיתָ לִּי בַכֶּסֶף קָנֶה.
אם קניתם קנה בושם להקטיר במקדש, לא עשיתם בכך דבר למעני,
כפי שנדמה לכם בטעות.[7] וּבחֵלֶב, שומן זְבָחֶיךָ, קרבנותיך לֹא הִרְוִיתָנִי.
אין לי צורך בו ולא נחת ממנו. אַךְ לעומתי, שלא הטרחתי אותך,
אתה הֶעֱבַדְתַּנִי בְּחַטֹּאותֶיךָ, הוֹגַעְתַּנִי בַּעֲוֹנֹתֶיךָ. חטאיכם, שבעטיים
אתם מרבים בקרבנות, קשים עלי.[8] כה למרות ההתנהגות המאכזבת
והקרבנות הזרים לי – אָנֹכִי אָנֹכִי, אני לבדי הוּא מֹחֶה פְשָׁעֶיךָ לְמַעֲנִי,
שהרי פשעיך קשים עלי,[9] וְחַטֹּאתֶיךָ לֹא אֶזְכֹּר. בכוחי למחוק לחלוטין
את חטאיכם.

כו הַזְכִּירֵנִי, נִשָּׁפְטָה יָחַד. הבה נערוך משפט בינינו. סַפֵּר אַתָּה טענותיך
תחילה לְמַעַן תִּצְדָּק, כדי שתישמע צודק, שכן תוכל להטביע את
הרושם הראשון.[10] כז הלוא בסופו של דבר ידעת שכבר אָבִיךָ
הָרִאשׁוֹן, אדם חָטָא, או: האבות הראשונים בכלל חטאו, וּמְלִיצֶיךָ,
המדברים בזכותך, המכפרים עליך, גם הם פָּשְׁעוּ בִי. מנהיגי ישראל
לדורותיהם לא נהגו כראוי בשלמות. כח על כן גזרתי – וַאֲחַלֵּל שָׂרֵי
קֹדֶשׁ, אחריב את מקדשכם, והכהנים המשמשים בקודש ועוסקים
במלאכת הקרבנות יחוללו, וְאֶתְּנָה לַחֵרֶם, לחורבן את יַעֲקֹב, וְאת
יִשְׂרָאֵל – לְגִדּוּפִים.

עַבְדִּי וְיִשְׂרָאֵל בָּחַרְתִּי בוֹ: כֹּה־אָמַר יהוה עֹשֶׂךָ וְיֹצֶרְךָ מִבֶּטֶן ב
יַעְזְרֶךָּ אַל־תִּירָא עַבְדִּי יַעֲקֹב וִישֻׁרוּן בָּחַרְתִּי בוֹ: כִּי אֶצָּק־מַיִם ג
עַל־צָמֵא וְנֹזְלִים עַל־יַבָּשָׁה אֶצֹּק רוּחִי עַל־זַרְעֶךָ וּבִרְכָתִי עַל־
צֶאֱצָאֶיךָ: וְצָמְחוּ בְּבֵין חָצִיר כַּעֲרָבִים עַל־יִבְלֵי־מָיִם: זֶה יֹאמַר ד ה
לַיהוה אָנִי וְזֶה יִקְרָא בְשֵׁם־יַעֲקֹב וְזֶה יִכְתֹּב יָדוֹ לַיהוה וּבְשֵׁם
יח יִשְׂרָאֵל יְכַנֶּה: כֹּה־אָמַר יהוה מֶלֶךְ־יִשְׂרָאֵל וְגֹאֲלוֹ ו
יהוה צְבָאוֹת אֲנִי רִאשׁוֹן וַאֲנִי אַחֲרוֹן וּמִבַּלְעָדַי אֵין אֱלֹהִים: וּמִי־ ז
כָמוֹנִי יִקְרָא וְיַגִּידֶהָ וְיַעְרְכֶהָ לִי מִשּׂוּמִי עַם־עוֹלָם וְאֹתִיּוֹת וַאֲשֶׁר
תָּבֹאנָה יַגִּידוּ לָמוֹ: אַל־תִּפְחֲדוּ וְאַל־תִּרְהוּ הֲלֹא מֵאָז הִשְׁמַעְתִּיךָ ח
וְהִגַּדְתִּי וְאַתֶּם עֵדָי הֲיֵשׁ אֱלוֹהַּ מִבַּלְעָדַי וְאֵין צוּר בַּל־יָדָעְתִּי:
יֹצְרֵי־פֶסֶל כֻּלָּם תֹּהוּ וַחֲמוּדֵיהֶם בַּל־יוֹעִילוּ וְעֵדֵיהֶם הֵמָּה בַּל־ ט
יִרְאוּ וּבַל־יֵדְעוּ לְמַעַן יֵבֹשׁוּ: מִי־יָצַר אֵל וּפֶסֶל נָסָךְ לְבִלְתִּי הוֹעִיל: י
הֵן כָּל־חֲבֵרָיו יֵבֹשׁוּ וְחָרָשִׁים הֵמָּה מֵאָדָם יִתְקַבְּצוּ כֻלָּם יַעֲמֹדוּ יא
יִפְחֲדוּ יֵבֹשׁוּ יָחַד: חָרַשׁ בַּרְזֶל מַעֲצָד וּפָעַל בַּפֶּחָם וּבַמַּקָּבוֹת יב

ביאור | ה' יודע שלפי שורת הדין, לא היו ישראל זוכים במשפט על חטאיהם. ובכל זאת ימחל על פשעיהם, ובחסדו יאפשר להם להתחדש.

פרק מד א וְעַתָּה שְׁמַע, יַעֲקֹב עַבְדִּי וְיִשְׂרָאֵל שֶׁבָּחַרְתִּי בוֹ. ב כֹּה אָמַר ה' עֹשֶׂךָ וְיֹצֶרְךָ אשר מִבֶּטֶן יַעְזְרֶךָּ, קודם שנולדת כעם, מאז יצירתו של יעקב[11] או אף קודם לכן, השגחתי עליך, תמכתי בך וטיפחתי אותך. אַל תִּירָא, עַבְדִּי יַעֲקֹב, אף על פי שחטאת לי,[12] וִישֻׁרוּן, כינוי לישראל – שֶׁבָּחַרְתִּי בוֹ. ג כִּי, כשם שאֶצָּק מַיִם עַל מקום[13] צָמֵא, צחיח, וְנֹזְלִים עַל יַבָּשָׁה, שהם נקלטים בה מיד, כך אֶצֹּק רוּחִי עַל זַרְעֶךָ, וּבִרְכָתִי עַל צֶאֱצָאֶיךָ, והיא תחלחל לתוכם, תיספג בהם ותרווה אותם. ד וְצָמְחוּ זרע ישראל בְּבֵין, כמו חָצִיר, שצמיחתו מרובה, מהירה וצפופה,[14] כַּעֲרָבִים, כמו עצי ערבה הצומחים עַל יִבְלֵי מָיִם, על נחלים. אלו הם

הרחבות | יְשֻׁרוּן הוא שמו השלישי של ישראל. יַעֲקֹב היה שמו מלידה, יִשְׂרָאֵל הוא השם שניתן לו אחרי מאבקו עם המלאך. משמעות השם יְשֻׁרוּן - שאף הוא הופיע בתורה, (ראו דברים לב,טו; לג,ה ו–כו) – הפוכה ממשמעותו של יַעֲקֹב - אם יעקב רומז לעקיבה, פתלתלות ואף רמאות, הרי שישורון מורה על יושר. (ראו רד"ק).

התנאים המיטביים לצמיחת עצי הערבה ולרעננותם.[15] ה בעת ההיא **זֶה יֹאמַר: לַה׳ אָנִי, וְזֶה יִקְרָא** לעצמו **בְשֵׁם יַעֲקֹב, וְזֶה יִכְתֹּב**, תכתוב[16] **יָדוֹ** שהוא קשור **לַה׳, וּבְשֵׁם יִשְׂרָאֵל יְכַנֶּה** את עצמו.[17]

תוכחה על אלילות

פרק מד פס׳ ו–כג

בדברי התוכחה הבאים מבקש ישעיהו להרחיק את ישראל מהאלילות הרווחת בגולה. הנביא מלגלג על רייהם הכפולים של עובדי האלילים הסוגדים לחפץ שעיצבו בעצמם מאותם חומרים המספקים את צורכי גופם. ישעיהו מנגיד בין יוצרי האלילים ועדיהם, השבויים בטעותם, לבין עבדי ה׳ הגאולים ועדיו.

ו **כֹּה אָמַר ה׳, מֶלֶךְ יִשְׂרָאֵל וְגֹאֲלוֹ**. תארים אלו לה׳ מאפיינים את ספר ישעיה.[1] **ה׳ צְבָאוֹת: אֲנִי רִאשׁוֹן וַאֲנִי אַחֲרוֹן**, אין לפני ואין אחרי, **וּמִבַּלְעָדַי אֵין אֱלֹהִים**. ז ומכיוון שכך, **מִי כָמוֹנִי יִקְרָא**, יכריז את הקורות, יזמינם לבוא, **וְיַגִּידֶהָ וְיַעְרְכֶהָ לִי**, יציע לפנַי את הקריאה **מִשּׂוּמִי**, מאז בראתי **עַם עוֹלָם**, את כל יצורי העולם[2] **וְאֹתִיּוֹת**, והמאורעות המתרחשים ובאים,[3] **וַאֲשֶׁר תָּבֹאנָה** בעתיד - **יַגִּידוּ לָמוֹ**, להם?! מלבדי אין מי שמסוגל לקבוע את דברי ימי עולם שהיו ולנבא את שעתידים להיות.

ח **אַל תִּפְחֲדוּ וְאַל תִּרְהוּ**, תיראו. אל לכם לחשוש מן האלילים ומאיומי עובדיהם, **הֲלֹא מֵאָז**, משכבר **הִשְׁמַעְתִּיךָ וְהִגַּדְתִּי, וְאַתֶּם עֵדָי**. הן מתוך מה שראיתם בעצמכם, הן בעצם קיומכם וגאולתכם הפלאיים אתם מעידים על הדבר שהשמעתי לכם - **הֲיֵשׁ אֱלוֹהַּ מִבַּלְעָדַי**?! **וְאֵין צוּר**, כוח **בַּל יָדָעְתִּי**, שאיני מכירו.[4] ט לכאורה העולם מלא באלילים, אבל **יֹצְרֵי פֶסֶל - כֻּלָּם תֹּהוּ, וַחֲמוּדֵיהֶם**, מושאי הערצתם - **בַּל יוֹעִילוּ. וְעֵדֵיהֶם הֵמָּה**, האלילים ועובדיהם מעידים אלה על אלה. אלו ואלו הבלים חסרי קיום -[5] **בַּל יִרְאוּ וּבַל יֵדְעוּ, לְמַעַן**, כדי שהיוצרים והעובדים **יֵבֹשׁוּ**, יתביישו. י **מִי יָצַר אֵל, וּפֶסֶל נָסָךְ**, יצק **לְבִלְתִּי הוֹעִיל**?! מי הם היוצרים את האלים חסרי התועלת הללו?! יא **הֵן כָּל חֲבֵרָיו** של הפֶּסֶל, המשתתפים בעשייתו **יֵבֹשׁוּ, וְחָרָשִׁים הֵמָּה מֵאָדָם**. הפסל אינו אלא מעשה אנוש.[6] **יִתְקַבְּצוּ כֻלָּם** - כל בעלי המלאכה, **יַעֲמֹדוּ יִפְחֲדוּ, יֵבֹשׁוּ יָחַד** במעשיהם.

הנביא מביע את יחסו לאלילות באמצעות דוגמא סאטירית: יב **חָרַשׁ בַּרְזֶל** תופס **בַּמַּעֲצָד**, כלי חיתוך[7] **וּפָעַל בַּפֶּחָם** לצורך היתוך הברזל

הרחבות

׳זה יאמר לה׳ אני וזה יקרא בשם יעקב...׳ כאשר בני ישראל יתרבו, ורוח הגאולה תישפך עליהם, יחסם לעמם יתהפך. אם במשך דורות רבים הסתירו יהודים את זהותם ונמלטו ממנה, הרי שאז גם אנשים שלא היה ידוע על זיקתם ליהדות, יזהו עצמם כיהודים, ויצהירו על שייכותם לקדוש ברוך הוא. הצמיחה תתבטא לא רק בריבויו של המוכּר, אלא גם בהופעות חדשות.

יִצְּרֵהוּ וַיִּפְעָלֵהוּ בִּזְרוֹעַ כֹּחוֹ גַּם־רָעֵב וְאֵין כֹּחַ לֹא־שָׁתָה מַיִם וַיִּיעָף׃
חָרַשׁ עֵצִים נָטָה קָו יְתָאֲרֵהוּ בַשֶּׂרֶד יַעֲשֵׂהוּ בַּמַּקְצֻעוֹת וּבַמְּחוּגָה יג
יְתָאֳרֵהוּ וַיַּעֲשֵׂהוּ כְּתַבְנִית אִישׁ כְּתִפְאֶרֶת אָדָם לָשֶׁבֶת בָּיִת׃
לִכְרָת־לוֹ אֲרָזִים וַיִּקַּח תִּרְזָה וְאַלּוֹן וַיְאַמֶּץ־לוֹ בַּעֲצֵי־יָעַר נָטַע יד
אֹרֶן וְגֶשֶׁם יְגַדֵּל׃ וְהָיָה לְאָדָם לְבָעֵר וַיִּקַּח מֵהֶם וַיָּחָם אַף־יַשִּׂיק טו
וְאָפָה לָחֶם אַף־יִפְעַל־אֵל וַיִּשְׁתָּחוּ עָשָׂהוּ פֶסֶל וַיִּסְגָּד־לָמוֹ׃ חֶצְיוֹ טז
שָׂרַף בְּמוֹ־אֵשׁ עַל־חֶצְיוֹ בָּשָׂר יֹאכֵל יִצְלֶה צָלִי וְיִשְׂבָּע אַף־יָחֹם
וְיֹאמַר הֶאָח חַמּוֹתִי רָאִיתִי אוּר׃ וּשְׁאֵרִיתוֹ לְאֵל עָשָׂה לְפִסְלוֹ יז
יִסְגָּד־ יסגוד־לוֹ וְיִשְׁתַּחוּ וְיִתְפַּלֵּל אֵלָיו וְיֹאמַר הַצִּילֵנִי כִּי אֵלִי אָתָּה׃ לֹא יח
יָדְעוּ וְלֹא יָבִינוּ כִּי טַח מֵרְאוֹת עֵינֵיהֶם מֵהַשְׂכִּיל לִבֹּתָם׃ וְלֹא־ יט
יָשִׁיב אֶל־לִבּוֹ וְלֹא דַעַת וְלֹא־תְבוּנָה לֵאמֹר חֶצְיוֹ שָׂרַפְתִּי בְמוֹ־
אֵשׁ וְאַף אָפִיתִי עַל־גֶּחָלָיו לֶחֶם אֶצְלֶה בָשָׂר וְאֹכֵל וְיִתְרוֹ לְתוֹעֵבָה
אֶעֱשֶׂה לְבוּל עֵץ אֶסְגּוֹד׃ רֹעֶה אֵפֶר לֵב הוּתַל הִטָּהוּ וְלֹא־יַצִּיל כ
אֶת־נַפְשׁוֹ וְלֹא יֹאמַר הֲלוֹא שֶׁקֶר בִּימִינִי׃ זְכָר־אֵלֶּה כא
יַעֲקֹב וְיִשְׂרָאֵל כִּי עַבְדִּי־אָתָּה יְצַרְתִּיךָ עֶבֶד־לִי אַתָּה יִשְׂרָאֵל לֹא

ביאור | ויציקתו.[8] ולאחר מכן בַּמַּקָּבוֹת, פטישים[9] **יִצְּרֵהוּ** – את האליל. **וַיִּפְעָלֵהוּ בִּזְרוֹעַ כֹּחוֹ**. הוא מעצב אותו בכל כוחותיו.[10] הנביא מוסיף הערה לעגנית: **גַּם רָעֵב וְאֵין כֹּחַ, לֹא שָׁתָה מַיִם וַיִּיעָף**. האומן בעבודתו הקשה נעשה רעב, חלש וצמא, ובזמן שלו עצמו אין כוח, הוא מתיימר ליצור אליל שכוחותיו ישפיעו על יוצרו ועל אחרים.[11] יג כיוצא בזה – **חָרַשׁ עֵצִים**, נגר המפסל בעץ **נָטָה קָו**, מותח את חוט המדידה, **יְתָאֲרֵהוּ**, מסמן על העץ את גבולות התבנית **בַשֶּׂרֶד**, בצבע.[12] אחר כך **יַעֲשֵׂהוּ בַּמַּקְצֻעוֹת**, כלי לחיתוך העץ או להחלקתו, **וּבַמְּחוּגָה**, מכשיר לחיתוכים עגולים[13] **יְתָאֳרֵהוּ**, יקבע את גבולותיו, **וַיַּעֲשֵׂהוּ** – את בול העץ **כְּתַבְנִית אִישׁ, כְּתִפְאֶרֶת אָדָם** כדי **לָשֶׁבֶת** ב**בָּיִת**, הפסל נשאר לשבת במקומו המכובד, ואינו זז ממנו.[14]

משתיאר את מלאכת החרש, חוזר אל חומר הגלם: יד **לִכְרָת**, כורת **לוֹ אֲרָזִים, וַיִּקַּח תִּרְזָה וְאַלּוֹן**, עצי בניין גדולים. האלון הוא עץ מוכר,[15]

ואילו התרזה אינה מזוהה בוודאות. **וַיְאַמֶּץ לוֹ בַּעֲצֵי יָעַר**, הוא משתדל
לבחור עץ טוב. ארזים בדרך כלל לא נטעו, אלא מצאו אותם
ביערות. **נָטַע אֹרֶן**, כנראה עץ יער גדול שאינו האורן של ימינו. אולי
הוא דומה לברוש. **וְגֶשֶׁם יְגַדֵּל** אותו מאליו.[16] טו **וְהָיָה** העץ לאחר
חטיבתו **לְ**שימוש **אָדָם לְבָעֵר**, להבערת אש, **וַיִּקַּח מֵהֶם** האדם **וַיָּחָם, אַף
יַשִּׂיק**, יסיק **וְאָפָה לָחֶם**. בחלק מן העץ הוא משתמש למדורות, בחלק
להסקת תנור, ובחלק אחר **אַף יִפְעַל אֵל**, מכין אליל **וַיִּשְׁתָּחוּ** לו. **עָשָׂהוּ
פֶסֶל וַיִּסְגָּד לָמוֹ**, לו. הנביא חוזר וממחיש את הצרכים האנושיים שהעץ
מספק, ובכלל הצורך האנושי באליל: טז **חֶצְיוֹ שָׂרַף בְּמוֹ**, בתוך **אֵשׁ.
עַל חֶצְיוֹ בָּשָׂר יֹאכֵל**, כלומר **יִצְלֶה** עליו **צָלִי וְיִשְׂבָּע, אַף יָחֹם וְיֹאמַר: הֶאָח!
חַמּוֹתִי, רָאִיתִי אוּר**, אש. לאחר שנתחממתי, מה טוב ונעים לראות
לפני את להבת האש. יז **וּשְׁאֵרִיתוֹ - לְאֵל עָשָׂה**, דהיינו **לְפִסְלוֹ** אשר
יִסְגָּד לו. **וְיִשְׁתַּחוּ**, ומשתחווה לו **וְיִתְפַּלֵּל אֵלָיו, וְיֹאמַר: הַצִּילֵנִי כִּי אֵלִי
אָתָּה.** יח **לֹא יָדְעוּ וְלֹא יָבִינוּ, כִּי טַח מֵרְאוֹת עֵינֵיהֶם**, עיניהם מטויחות,
כמו מכוסות בטיח, **מֵהַשְׂכִּיל** כוסו גם **לִבֹּתָם.** יט **וְלֹא יָשִׁיב אֶל לִבּוֹ,
וְלֹא דַעַת וְלֹא תְבוּנָה** בלבו, **לֵאמֹר: חֶצְיוֹ שָׂרַפְתִּי בְמוֹ אֵשׁ, וְאַף אָפִיתִי עַל
גֶּחָלָיו לֶחֶם, אֶצְלֶה בָשָׂר וְאֹכֵל, וְיִתְרוֹ**, ומהנותר **לְתוֹעֵבָה**, אליל[17] **אֶעֱשֶׂה,
לְבוּל עֵץ** שלו **אֶסְגּוֹד**. לאחר שנהנה גופי משני חלקי העץ, אני הופך
את סרח העודף לדמות קדושה בעבורי, שאסורה בהנאה. לה אסגוד,
וממנה אבקש עזרה. כ אדם זה **רֹעֶה**, נוטה אחר **אֵפֶר**, הולך אחרי
דברים חסרי ערך, שערכם אינו עולה על אפר. **לֵב הוּתַל**, שוטה **הִטָּהוּ**,
עיקם אותו, **וְלֹא יַצִּיל אֶת נַפְשׁוֹ, וְלֹא יֹאמַר: הֲלוֹא שֶׁקֶר בִּימִינִי.** העובדות
הללו ניכרות לעין, ובכל זאת אנשים ממשיכים לעבוד את אליליהם.

כא **זְכָר אֵלֶּה, יַעֲקֹב וְיִשְׂרָאֵל, כִּי עַבְדִּי אָתָּה.** זכור מי אתה, ומה
אתה צריך להיות. **יְצַרְתִּיךָ עֶבֶד לִי, אַתָּה, יִשְׂרָאֵל, לֹא תִנָּשֵׁנִי**, תזנח

קטלב
('תרזה'?)

העולם | **תִּרְזָה** במחקר מזוהה עם אלון הבלוט (פליקס) או הקטלב (קריספיל). בימינו שם זה ניתן לעץ טיליה (שם מדעי: Tilia) שאינו מצוי בארץ ישראל.

תִּנָּשֵׁנִי: מָחִיתִי כָעָב פְּשָׁעֶיךָ וְכֶעָנָן חַטֹּאותֶיךָ שׁוּבָה אֵלַי כִּי כב
גְאַלְתִּיךָ: רָנּוּ שָׁמַיִם כִּי־עָשָׂה יהוה הָרִיעוּ תַּחְתִּיּוֹת אָרֶץ פִּצְחוּ כג
הָרִים רִנָּה יַעַר וְכָל־עֵץ בּוֹ כִּי־גָאַל יהוה יַעֲקֹב וּבְיִשְׂרָאֵל
יִתְפָּאָר: כֹּה־אָמַר יהוה גֹּאֲלֶךָ וְיֹצֶרְךָ מִבָּטֶן אָנֹכִי כד
מֵאִתִּי יהוה עֹשֶׂה כֹּל נֹטֶה שָׁמַיִם לְבַדִּי רֹקַע הָאָרֶץ מִי אתִי: מֵפֵר אֹתוֹת כה
בַּדִּים וְקֹסְמִים יְהוֹלֵל מֵשִׁיב חֲכָמִים אָחוֹר וְדַעְתָּם יְסַכֵּל: מֵקִים כו
דְּבַר עַבְדּוֹ וַעֲצַת מַלְאָכָיו יַשְׁלִים הָאֹמֵר לִירוּשָׁלַםִ תּוּשָׁב וּלְעָרֵי
יְהוּדָה תִּבָּנֶינָה וְחָרְבוֹתֶיהָ אֲקוֹמֵם: הָאֹמֵר לַצּוּלָה חֳרָבִי וְנַהֲרֹתַיִךְ כז
אוֹבִישׁ: הָאֹמֵר לְכוֹרֶשׁ רֹעִי וְכָל־חֶפְצִי יַשְׁלִם וְלֵאמֹר לִירוּשָׁלַםִ כח
תִּבָּנֶה וְהֵיכָל תִּוָּסֵד: כֹּה־אָמַר יהוה לִמְשִׁיחוֹ א מה
לְכוֹרֶשׁ אֲשֶׁר־הֶחֱזַקְתִּי בִימִינוֹ לְרַד לְפָנָיו גּוֹיִם וּמָתְנֵי מְלָכִים
אֲפַתֵּחַ לִפְתֹּחַ לְפָנָיו דְּלָתַיִם וּשְׁעָרִים לֹא יִסָּגֵרוּ: אֲנִי לְפָנֶיךָ אֵלֵךְ ב
אֲיַשֵּׁר וַהֲדוּרִים אושר דְּלָתוֹת נְחוּשָׁה אֲשַׁבֵּר וּבְרִיחֵי בַרְזֶל אֲגַדֵּעַ:
וְנָתַתִּי לְךָ אוֹצְרוֹת חֹשֶׁךְ וּמַטְמֻנֵי מִסְתָּרִים לְמַעַן תֵּדַע כִּי ג
אֲנִי יהוה הַקּוֹרֵא בְשִׁמְךָ אֱלֹהֵי יִשְׂרָאֵל: לְמַעַן עַבְדִּי יַעֲקֹב ד
וְיִשְׂרָאֵל בְּחִירִי וָאֶקְרָא לְךָ בִּשְׁמֶךָ אֲכַנְּךָ וְלֹא יְדַעְתָּנִי: אֲנִי יהוה ה

ביאור | אותי. צורת הפועל הסבילה משמעה גם לא תישָׁכח ממני, כלומר, אני לא אעזבך. כב מָחִיתִי כָעָב, כענן מאפיל שנשבה בו הרוח ואינו, את פְּשָׁעֶיךָ, וְכֶעָנָן מתפזר העברתי את חַטֹּאותֶיךָ. אינך מקובע בחטא. על כן, שׁוּבָה אֵלַי כִּי גְאַלְתִּיךָ. כג רָנּוּ, שִׂמחו ושירו שָׁמַיִם, כִּי עָשָׂה ה׳, הָרִיעוּ תַּחְתִּיּוֹת אָרֶץ, פִּצְחוּ הָרִים רִנָּה, שירה, יַעַר וְכָל עֵץ בּוֹ – כִּי גָאַל ה׳ את יַעֲקֹב וּבְיִשְׂרָאֵל יִתְפָּאָר. הכול יראו זאת.

הרחבות | כורש ייתכן שכבר בזמנו של ישעיהו היה מלך בשם כורש בשושלת האחמנית הארוכה שבפרס, אבל כאן מדובר על כורש השני, שחי שנים רבות לאחר מכן. הוא כבש את כל אזור מסופוטמיה וסיפח אותו למדינתו – שכללה את פרס, מדי ועילם, אך כנראה לא ערך מלחמות גדולות לשם כך. שערי המדינות כמו נפתחו בפניו.

הנבואות על ניצחון כורש ומפלת בבל

פרק מד פס' כד – פרק מז

הנבואה שלפנינו עוסקת בפירוש בניצחונות המלך כורש וכיבוש בבל בידו. גם הנבואות שלאחריה עוסקות במפלת בבל אף שלא מוזכר בהן שמו של כורש במפורש.

הנביא קורא לישראל לדבוק בה' אלוקיו ומזהיר אותו שלא יתייאש מן הגאולה. אלילי בבל הגדולים יתמוטטו בביזיון ולא יצילו אפילו את עצמם. תרבות בבל וחכמתה לא יעמדו לה, ואילו העם שגלה לבבל עוד ישוב למקומו הראשון, על פי גזרתו של ה' על כורש – העיט שיביס את בבל ויאפשר לגולים לשוב לארצם.

כד **כֹּה אָמַר ה' גֹּאֲלֶךָ**, ישראל, **וְיֹצֶרְךָ מִבָּטֶן: אָנֹכִי ה' עֹשֶׂה כֹּל, נֹטֶה שָׁמַיִם**
לְבַדִּי, רֹקַע הָאָרֶץ מֵאִתִּי, מכוחי בלבד. כה **מֵפֵר אֹתוֹת בַּדִּים**, כזב,[1]
וְקֹסְמִים יְהוֹלֵל, יוליכם שולל. **מֵשִׁיב חֲכָמִים אָחוֹר, וְדַעְתָּם יְסַכֵּל**, יהפוך
לסכלות, לטיפשות. לבסוף יגלו שמחשבותיהם מופרכות.
כו לעומת אלה, **מֵקִים**, מקיים את **דְּבַר עַבְדּוֹ** הנביא, **וַעֲצַת מַלְאָכָיו**,
שליחיו הנביאים **יַשְׁלִים**,
הָאֹמֵר על ידי הנביא **לִירוּשָׁלִַם**, על ירושלים שהיא **תּוּשָׁב**, תתיישב
מחדש, **וּלְעָרֵי יְהוּדָה** שהן **תִּבָּנֶינָה, וְחָרְבוֹתֶיהָ אֲקוֹמֵם**.
כז **הָאֹמֵר לַצּוּלָה**, למצולה: **חֳרָבִי**, התייבשי, **וְנַהֲרֹתַיִךְ אוֹבִישׁ**, אייבש. ה'
מטלטל ומשנה את סדרי העולם. כשם שהוא מרטיב ומפריח את
המדבר,[2] כך הוא מייבש את מקומות המים. הוא מחריב את בבל
הבנויה, ומפריח את ירושלים החרבה.
כח **הָאֹמֵר לְכוֹרֶשׁ: רֹעִי**, מלך על עמי, **וְכָל חֶפְצִי**, רצוני הוא **יַשְׁלִם**,
ימלא. **וְלֵאמֹר לִירוּשָׁלִַם תִּבָּנֶה וְהֵיכָל: תִּוָּסֵד**.[3]

פרק מה א **כֹּה אָמַר ה' לִמְשִׁיחוֹ**, על מלכו אשר משח,[4] **לְכוֹרֶשׁ, אֲשֶׁר**
הֶחֱזַקְתִּי בִימִינוֹ נתתי לו כוח ותוקף, ואמרתי **לְרַד**, לרדד, להכניע[5]
לְפָנָיו גּוֹיִם, וּמָתְנֵי מְלָכִים אֲפַתֵּחַ, המלכים ייכנעו לפניו. הלוחמים
יוצאים לקרב חגורים; פתיחת החגור מעל המותניים – משמעה
הפסקת המלחמה.[6] **לִפְתֹּחַ לְפָנָיו דְּלָתַיִם, וּשְׁעָרִים** של ערים ומדינות **לֹא**
יִסָּגֵרוּ לפניו. ב **אֲנִי לְפָנֶיךָ אֵלֵךְ, וַהֲדוּרִים**, הרים, גבשושיות, מכשולים
וסיבובים[7] **אֲיַשֵּׁר**. כל הדרכים ייפתחו לפניך. **דַּלְתוֹת נְחוּשָׁה**, נחושת
אֲשַׁבֵּר, וּבְרִיחֵי בַרְזֶל אֲגַדֵּעַ. ג **וְנָתַתִּי לְךָ**, כורש, **אוֹצְרוֹת חֹשֶׁךְ** הקבורים
באדמה,[8] **וּמַטְמֻנֵי מִסְתָּרִים, לְמַעַן תֵּדַע כִּי אֲנִי ה' הַקּוֹרֵא בְשִׁמְךָ, אֱלֹהֵי**
יִשְׂרָאֵל. עליך להכיר ששליחותי היא שהפכה אותך למלך כה גדול.
בלעדיה לא היית מולך על בבל. ד ואת כל זאת אני עושה **לְמַעַן**
עַבְדִּי יַעֲקֹב וְיִשְׂרָאֵל בְּחִירִי, וָאֶקְרָא לְךָ בִּשְׁמֶךָ, אֲכַנְּךָ, אתן לך שם וזאת

הרחבות

נראה כי אפילו המצור על בבל – שהייתה עיר הבירה של מעצמה גדולה – לא היה חמור. אפילו שם לא נתקל כורש בהתנגדות חזקה ולא נדרש לנהל קרבות קשים.

צבאות פרס ומדי כבשו את כל שטחה של הממלכה הבבלית – שגבולותיה הורחבו מעבר לאלה שהיו שייכים לאשור לפניה. למרות התפוררותה הפנימית של

וְאֵין עוֹד זוּלָתִי אֵין אֱלֹהִים אֲאַזֶּרְךָ וְלֹא יְדַעְתָּנִי: לְמַעַן יֵדְעוּ ו
מִמִּזְרַח־שֶׁמֶשׁ וּמִמַּעֲרָבָה כִּי־אֶפֶס בִּלְעָדָי אֲנִי יהוה וְאֵין עוֹד:
יוֹצֵר אוֹר וּבוֹרֵא חֹשֶׁךְ עֹשֶׂה שָׁלוֹם וּבוֹרֵא רָע אֲנִי יהוה עֹשֶׂה ז
כָל־אֵלֶּה: הַרְעִיפוּ שָׁמַיִם מִמַּעַל וּשְׁחָקִים יִזְּלוּ־ ח
צֶדֶק תִּפְתַּח־אֶרֶץ וְיִפְרוּ־יֶשַׁע וּצְדָקָה תַצְמִיחַ יַחַד אֲנִי יהוה
בְּרָאתִיו: הוֹי רָב אֶת־יֹצְרוֹ חֶרֶשׂ אֶת־חַרְשֵׂי ט
אֲדָמָה הֲיֹאמַר חֹמֶר לְיֹצְרוֹ מַה־תַּעֲשֶׂה וּפָעָלְךָ אֵין־יָדַיִם
לוֹ: הוֹי אֹמֵר לְאָב מַה־תּוֹלִיד וּלְאִשָּׁה מַה־ י
תְּחִילִין: כֹּה־אָמַר יהוה קְדוֹשׁ יִשְׂרָאֵל וְיֹצְרוֹ הָאֹתִיּוֹת יא
שְׁאָלוּנִי עַל־בָּנַי וְעַל־פֹּעַל יָדַי תְּצַוֻּנִי: אָנֹכִי עָשִׂיתִי אֶרֶץ וְאָדָם יב
עָלֶיהָ בָרָאתִי אֲנִי יָדַי נָטוּ שָׁמַיִם וְכָל־צְבָאָם צִוֵּיתִי: אָנֹכִי יג
הַעִירֹתִהוּ בְצֶדֶק וְכָל־דְּרָכָיו אֲיַשֵּׁר הוּא־יִבְנֶה עִירִי וְגָלוּתִי יְשַׁלֵּחַ
לֹא בִמְחִיר וְלֹא בְשֹׁחַד אָמַר יהוה צְבָאוֹת: כֹּה ׀ יד
אָמַר יהוה יְגִיעַ מִצְרַיִם וּסְחַר־כּוּשׁ וּסְבָאִים אַנְשֵׁי מִדָּה עָלַיִךְ
יַעֲבֹרוּ וְלָךְ יִהְיוּ אַחֲרַיִךְ יֵלֵכוּ בַּזִּקִּים יַעֲבֹרוּ וְאֵלַיִךְ יִשְׁתַּחֲווּ אֵלַיִךְ
יִתְפַּלָּלוּ אַךְ בָּךְ אֵל וְאֵין עוֹד אֶפֶס אֱלֹהִים: אָכֵן אַתָּה אֵל מִסְתַּתֵּר טו

ביאור

אף על פי שלֹא יְדַעְתָּנִי. עד כה אינך יודע עלי דבר. ה אֲנִי ה׳ וְאֵין עוֹד, זוּלָתִי אֵין אֱלֹהִים. אֲאַזֶּרְךָ, אחזק אותך, וְלֹא יְדַעְתָּנִי.
ו לְמַעַן יֵדְעוּ מִמִּזְרַח שֶׁמֶשׁ וּמִמַּעֲרָבָה כִּי אֶפֶס בִּלְעָדָי, אֲנִי ה׳ וְאֵין עוֹד. ז אני יוֹצֵר אוֹר וּבוֹרֵא חֹשֶׁךְ, עֹשֶׂה שָׁלוֹם וּבוֹרֵא רָע. אֲנִי ה׳ עֹשֶׂה כָל אֵלֶּה. אני אחראי למפלות ולניצחונות, לנפילה ולתקומה. ח אני ה׳ האומר: הַרְעִיפוּ, הורידו גשם, שָׁמַיִם מִמַּעַל, וּשְׁחָקִים, שמים יִזְּלוּ צֶדֶק, תִּפְתַּח אֶרֶץ,

הרחבות

בבל, היא עדיין הייתה אז ממלכת הצפון הגדולה.

׳יוצר אור ובורא חשך׳ במשך דורות התפרשה הצהרה זו כמכוונת כנגד הדת הפרסית, המפרידה באופן מוחלט בין שתי מהויות – טוב ורע, אור וחושך.

(ראו האמונות והדעות לרס״ג א,ג ד״ה כן לא אסתפק, מובא ברד״ק כאן). אולם התברר שהדואליזם הפרסי התחיל דורות רבים אחרי ישעיהו, וזמן רב אחרי שכורש מת. ראוי אפוא להבין הצהרה זו בהקשר של הכיבוש שנזכר לפניה. (ראו אברבנאל).

וְיִפְרוּ הצמחים **יֶשַׁע**, ישועה, **וּצְדָקָה תַצְמִיחַ** הארץ **יַחַד** עם השמים.[9] **אֲנִי ה׳ בְּרָאתִיו** – את הטובה הזאת, הבאה מכל הצדדים, מלמעלה ומלמטה.[10] על פי דברי יוצרים השמים והארץ יצירה חדשה.

הנביא ממשיך בדברים העוסקים בגדולת ה׳ בכלל: ט **הוֹי**, למי **שָׁרָב אֶת**, עם **יֹצְרוֹ**, עושהו. הוי, לאדם שאינו עשוי אלא **מֵחֶרֶשׂ אֶת**, חרס אחד מתוך **חַרְשֵׂי אֲדָמָה. הֲיֹאמַר חֹמֶר לְיֹצְרוֹ**, הקדר: **מַה תַּעֲשֶׂה**?! האם יכול החומר להתקומם כנגד הקדר ולבקרו ולומר לו: **פָעָלְךָ – אֵין יָדַיִם לוֹ**. מעשיך נראים כאילו לא נעשו בידיים.[11]

י **הוֹי**, לבן **הָאֹמֵר לְאָב: מַה תּוֹלִיד**? אל תוליד, **וּלְאִשָּׁה**, לאמו: **מַה תְּחִילִין**? אל תחוללי, אל תהרי או אל תלדי.[12]

יא **כֹּה אָמַר ה׳**, קְדוֹשׁ **יִשְׂרָאֵל וְיֹצְרוֹ**: על **הָאֹתִיּוֹת**, המאורעות העתידים לבוא, **שְׁאָלוּנִי**, שאלו אותי.[13] ומכיוון שאני יודע את העתיד, ואני הוא שמביאו – **עַל בָּנַי וְעַל פֹּעַל יָדַי תְּצַוֻּנִי**?! אינכם יכולים להורות לי כיצד לנהוג.[14] יב **אָנֹכִי עָשִׂיתִי אֶרֶץ, וְאָדָם עָלֶיהָ בָרָאתִי. אֲנִי יָדַי נָטוּ שָׁמַיִם, וְכָל צְבָאָם צִוֵּיתִי** שייבראו – ונבראו.[15]

הנביא שב לעסוק בכורש: יג **אָנֹכִי הַעִירֹתִהוּ**, הערתי את כורש **בְצֶדֶק**, לעשות צדק, **וְכָל דְּרָכָיו אֲיַשֵּׁר. הוּא יִבְנֶה עִירִי, וְגָלוּתִי יְשַׁלֵּחַ לֹא בִמְחִיר וְלֹא בְשֹׁחַד, אָמַר ה׳ צְבָאוֹת**. בדרך כלל נגבה מחיר בעבור מחוות מדיניות גדולות, אך במקרה זה, היהודים לא היו חשובים מספיק כדי שכורש ירוויח דבר מן הצעד הפוליטי שעשה. ההצהרה ניתנה לגמרי מרצונו.[16]

יד **כֹּה אָמַר ה׳: יְגִיעַ מִצְרַיִם**, תוצרי התעשייה המצרית **וּסְחַר**, המסחר של **כּוּשׁ וּסְבָאִים**, שהיו כנראה חיילים באותם צבאות[17] והיו **אַנְשֵׁי מִדָּה**, גדולי גוף – כל אלה בסופו של דבר **עָלַיִךְ יַעֲבֹרוּ וְלָךְ יִהְיוּ**, יהיו תחת מרותם של ישראל.[18] **אַחֲרַיִךְ יֵלֵכוּ, בַּזִּקִּים**, באזיקים **יַעֲבֹרוּ, וְאֵלַיִךְ יִשְׁתַּחֲווּ, אֵלַיִךְ יִתְפַּלָּלוּ**. גם העמים השוכנים בדרום יכירו בגדולת ה׳ ויכבדו את יהודה.[19] מרצון או שלא מרצון יבואו, מתוך ההכרה **שֶׁאַךְ בָּךְ** שוכן **הָאֵל וְאֵין עוֹד, אֶפֶס אֱלֹהִים** מלבדו. וכך הם יאמרו, או שאלו הם דברי הנביא מעצמו:[20] טו **אָכֵן**, שלא כשאר האלים, שיש להם

הרחבות

'הוא יבנה עירי וגלותי ישלח' כורש אכן הצהיר כי הרשות נתונה לישראל שבגולת בבל לשוב לארצם ולבנות את המקדש. (ראו עזרא א,א-ד). ידוע שהוא נהג בנדיבות גם כלפי עמים אחרים, אבל מדיניותו ביחס לישראל לא שיקפה עמדה סובלנית גרידא; בהצהרתו הידידותית כורש לא רק אפשר לכל המעוניין לשוב למדינת יהודה ולבנות את ירושלים מחדש, אלא אף קרא ליהודים ועודד אותם לעשות זאת בפועל. מסופר שעל מנת לשכנע את כורש להעניק את האישור, הראו לו היהודים את הכתוב בספר ישעיה ואמרו לו: כבר בספרי הנבואה העתיקים שלנו אתה מוזכר בתור גואל,

טז אֱלֹהֵי יִשְׂרָאֵל מוֹשִׁיעַ: בּוֹשׁוּ וְגַם־נִכְלְמוּ כֻּלָּם יַחְדָּו הָלְכוּ בַכְּלִמָּה
יט יז חָרָשֵׁי צִירִים: יִשְׂרָאֵל נוֹשַׁע בַּיהוָה תְּשׁוּעַת עוֹלָמִים לֹא־תֵבֹשׁוּ
יח וְלֹא־תִכָּלְמוּ עַד־עוֹלְמֵי עַד: כִּי כֹה אָמַר־יְהוָה
בּוֹרֵא הַשָּׁמַיִם הוּא הָאֱלֹהִים יֹצֵר הָאָרֶץ וְעֹשָׂהּ הוּא כוֹנְנָהּ לֹא־
יט תֹהוּ בְרָאָהּ לָשֶׁבֶת יְצָרָהּ אֲנִי יְהוָה וְאֵין עוֹד: לֹא בַסֵּתֶר דִּבַּרְתִּי
בִּמְקוֹם אֶרֶץ חֹשֶׁךְ לֹא אָמַרְתִּי לְזֶרַע יַעֲקֹב תֹּהוּ בַקְּשׁוּנִי אֲנִי יְהוָה
כ דֹּבֵר צֶדֶק מַגִּיד מֵישָׁרִים: הִקָּבְצוּ וָבֹאוּ הִתְנַגְּשׁוּ יַחְדָּו פְּלִיטֵי
הַגּוֹיִם לֹא יָדְעוּ הַנֹּשְׂאִים אֶת־עֵץ פִּסְלָם וּמִתְפַּלְלִים אֶל־אֵל לֹא
כא יוֹשִׁיעַ: הַגִּידוּ וְהַגִּישׁוּ אַף יִוָּעֲצוּ יַחְדָּו מִי הִשְׁמִיעַ זֹאת מִקֶּדֶם מֵאָז
הִגִּידָהּ הֲלוֹא אֲנִי יְהוָה וְאֵין־עוֹד אֱלֹהִים מִבַּלְעָדַי אֵל־צַדִּיק
כב וּמוֹשִׁיעַ אַיִן זוּלָתִי: פְּנוּ־אֵלַי וְהִוָּשְׁעוּ כָּל־אַפְסֵי־אָרֶץ כִּי אֲנִי־אֵל
כג וְאֵין עוֹד: בִּי נִשְׁבַּעְתִּי יָצָא מִפִּי צְדָקָה דָּבָר וְלֹא יָשׁוּב כִּי־לִי
כד תִּכְרַע כָּל־בֶּרֶךְ תִּשָּׁבַע כָּל־לָשׁוֹן: אַךְ בַּיהוָה לִי אָמַר צְדָקוֹת וָעֹז
כה עָדָיו יָבוֹא וְיֵבֹשׁוּ כֹּל הַנֶּחֱרִים בּוֹ: בַּיהוָה יִצְדְּקוּ וְיִתְהַלְלוּ כָּל־זֶרַע
מו א יִשְׂרָאֵל: כָּרַע בֵּל קֹרֵס נְבוֹ הָיוּ עֲצַבֵּיהֶם לַחַיָּה וְלַבְּהֵמָה נְשֻׂאֹתֵיכֶם

ביאור דמות ופסל מוחשים, **אַתָּה אֵל מִסְתַּתֵּר**, האל הנסתר,[21] **אֱלֹהֵי יִשְׂרָאֵל מוֹשִׁיעַ.** טז **בּוֹשׁוּ וְגַם נִכְלְמוּ כֻּלָּם, יַחְדָּו הָלְכוּ בַכְּלִמָּה חָרָשֵׁי צִירִים**, אמני ציורים וצורות.[22] כל בעלי המלאכה המייצרים את האלילים עתידים להתבייש כשיתברר שה׳ אלוקי ישראל – שאין לו צורה – הוא בעל

הרחבות ועליך למלא את תפקידך. (ראו ילקוט שמעוני אסתר תתרמט).

מינויו של מושיע לישראל שאינו מבני עמם הוא אירוע יוצא דופן. (כך אירע למשל, בזמן הצהרת בלפור. היו שהעירו על הדמיון בין שני האירועים הללו). בניגוד לגאולה שתבוא על ידי המלך המשיח, המתוארת במקומות אחרים בספר, כאן מדובר בישועת ביניים בלבד, שהעם היה זקוק לה ביותר באותה עת. בתקופה זו חש העם שעתידו לוט בערפל, שכן עשרת השבטים הוגלו לקצה העולם, אצולת מדינת יהודה גלתה אף היא, והעם כולו היה שבור ומפוזר, חסר מדינה ומקדש, ובארץ נותרו רק מעט יהודים. בנקודת שפל זו לא יכלו ישראל לפעול בעצמם, ועל כן נזקקו לכוח חיצוני שיקבצם וישיב אותם לארצם. זו הייתה ההצדקה למינויו של כורש.

׳לא בסתר דִּברתי׳ מצד אחד, ה׳ הוא אֵל מִסְתַּתֵּר, כאמור. אין לו דמות ואי אפשר לראותו. מצד אחר, האמונה בו אינה מסתורית. נסיו נעשו לעיני רבים, תורתו ניתנה בפומבי, ונבואותיו מפורשות. עניין זה הקשה על אנשים רבים עד היום. (ראו ר״י בכור שור שמות כ,ד).

הכוח האמתי. יז **יִשְׂרָאֵל נוֹשַׁע בַּה' תְּשׁוּעַת עוֹלָמִים. לֹא תֵבֹשׁוּ וְלֹא**
תִכָּלְמוּ עַד עוֹלְמֵי עַד, לנצח.

יח **כִּי כֹה אָמַר ה', בּוֹרֵא הַשָּׁמַיִם הוּא הָאֱלֹהִים, יֹצֵר הָאָרֶץ וְעֹשָׂהּ הוּא**
כוֹנְנָהּ. הוא לא ברא את העולם באופן דאיסטי ועזבו, אלא ממשיך
להעמידו. **לֹא לתֹהוּ בְרָאָהּ** – את הארץ, אלא **לָשֶׁבֶת** עליה **יְצָרָהּ: אֲנִי**
ה' וְאֵין עוֹד. יט **לֹא בַסֵּתֶר דִּבַּרְתִּי, בִּמְקוֹם אֶרֶץ חֹשֶׁךְ**. איני מדבר בסוד.
דברי גלויים.[23] **לֹא אָמַרְתִּי לְזֶרַע יַעֲקֹב: תֹּהוּ**, לריק, לשווא[24] **בַקְּשׁוּנִי**.
אֲנִי ה' דֹּבֵר צֶדֶק, מַגִּיד מֵישָׁרִים. איני מעלים או מכסה דברים מפני
איש. דברי כנים וישירים. כ **הִקָּבְצוּ וָבֹאוּ, הִתְנַגְּשׁוּ**, גשו[25] **יַחְדָּו, פְּלִיטֵי**
הַגּוֹיִם, הנשארים מהמלחמות,[26] **לֹא יָדְעוּ**, שאין בהם דעה, **הַנֹּשְׂאִים**
עמם **אֶת עֵץ פִּסְלָם וּמִתְפַּלְלִים אֶל אֵל** אשר **לֹא יוֹשִׁיעַ**. כא **הַגִּידוּ וְהַגִּישׁוּ**
אַף יִוָּעֲצוּ, יתייעצו **יַחְדָּו: מִי הִשְׁמִיעַ זֹאת מִקֶּדֶם, מֵאָז הִגִּידָהּ**?! מי צפה
מראש את כל השינויים שיתחוללו בעולם, את המלחמות אשר
עברתם?! נראה כי הוא מתייחס לעלייתו של כורש ולמפלת בבל.
עולם שהיה נראה כה יציב וחזק נהרס פתאום לחלוטין, ועולם חדש
בא במקומו.[27] מי הודיע זאת שנים לפני שהדבר יכול היה לעלות
במחשבה?! – **הֲלוֹא אֲנִי ה' וְאֵין עוֹד אֱלֹהִים מִבַּלְעָדַי**, אני **אֵל צַדִּיק**
וּמוֹשִׁיעַ, אַיִן זוּלָתִי. כב לכן **פְּנוּ אֵלַי וְהִוָּשְׁעוּ, כָּל אַפְסֵי אָרֶץ**, קצות
העולם, **כִּי אֲנִי אֵל וְאֵין עוֹד**. אין מקור אחר לישועה. אלוהותי אינה
תלויה בגזע ובמקום. גם בפינות הנידחות בעולם אין לפנות לאל
אחר. כג **בִּי נִשְׁבַּעְתִּי, יָצָא מִפִּי** דבר **צְדָקָה**, אמת, משפט.[28] יצא **דָּבָר**, חוק,
פקודה **וְלֹא יָשׁוּב, כִּי** בסופו של דבר **לִי תִּכְרַע כָּל בֶּרֶךְ, תִּשָּׁבַע כָּל לָשׁוֹן**.
ומכאן דברי הנביא עצמו: כד **אַךְ בַּה'** – **לִי אָמַר ה'** – **צְדָקוֹת וָעֹז**
יימצאו.[29] רק בו יש אחיזת אמת מפני שהוא נוהג בצדק עם הבריות
ומחזקן. ומנגד – **עָדָיו**, עד אליו **יָבוֹא**, יבואו **וְיֵבֹשׁוּ**, ויתביישו **כֹּל**
הַנֶּחֱרִים, הנלחמים בחרון **בּוֹ**. כה **בַּה' יִצְדְּקוּ**, תיווכח צדקתם,[30] **וְיִתְהַלְלוּ**
כָּל זֶרַע יִשְׂרָאֵל. איש מהם לא ייעדר.[31]

וממשיך בתיאור מפלת אלילי בבל, לעומת נצח ישראל: פרק מו א **כָּרַע**
האליל הבבלי **בֵל, קֹרֵס נְבוֹ**, אף הוא אליל בבלי. **הָיוּ עֲצַבֵּיהֶם**, פסליהם
של בל ונבו ייפלו ממעמדם, והשודד או הנמלטים ממנו יעבירו אותם
לַחַיָּה וְלַבְּהֵמָה. הם ייטענו על גבם של בעלי החיים. גם במשמע:

העולם

בֵּל משמעו באכדית אדון, והוא כינוי לאליל הראשי של בבל, מרדך. (ראו ירמיה נ,ב).

נְבוֹ בנו של מרדך, ראש אלילי בבל, שנחשב אל החכמה, הסופרים והכתיבה. בגלל חשיבותו שמו היה מרכיב בשמותיהם של מלכים בבבל – נבופלאסר, נבוכדראצר, נבונאיד, נבוזראדן ועוד.

עֲמוּסוֹת מַשָּׂא לַעֲיֵפָה: קָרְסוּ כָרְעוּ יַחְדָּו לֹא יָכְלוּ מַלֵּט מַשָּׂא ב
וְנַפְשָׁם בַּשְּׁבִי הָלָכָה: שִׁמְעוּ אֵלַי בֵּית יַעֲקֹב וְכָל־ ג
שְׁאֵרִית בֵּית יִשְׂרָאֵל הָעֲמֻסִים מִנִּי־בֶטֶן הַנְּשֻׂאִים מִנִּי־רָחַם:
וְעַד־זִקְנָה אֲנִי הוּא וְעַד־שֵׂיבָה אֲנִי אֶסְבֹּל אֲנִי עָשִׂיתִי וַאֲנִי אֶשָּׂא ד
וַאֲנִי אֶסְבֹּל וַאֲמַלֵּט: לְמִי תְדַמְּיוּנִי וְתַשְׁווּ וְתַמְשִׁלוּנִי ה
וְנִדְמֶה: הַזָּלִים זָהָב מִכִּיס וְכֶסֶף בַּקָּנֶה יִשְׁקֹלוּ יִשְׂכְּרוּ צוֹרֵף ו
וְיַעֲשֵׂהוּ אֵל יִסְגְּדוּ אַף־יִשְׁתַּחֲווּ: יִשָּׂאֻהוּ עַל־כָּתֵף יִסְבְּלֻהוּ וְיַנִּיחֻהוּ ז
תַחְתָּיו וְיַעֲמֹד מִמְּקוֹמוֹ לֹא יָמִישׁ אַף־יִצְעַק אֵלָיו וְלֹא יַעֲנֶה
מִצָּרָתוֹ לֹא יוֹשִׁיעֶנּוּ: זִכְרוּ־זֹאת וְהִתְאֹשָׁשׁוּ הָשִׁיבוּ ח
פוֹשְׁעִים עַל־לֵב: זִכְרוּ רִאשֹׁנוֹת מֵעוֹלָם כִּי אָנֹכִי אֵל וְאֵין עוֹד ט
אֱלֹהִים וְאֶפֶס כָּמוֹנִי: מַגִּיד מֵרֵאשִׁית אַחֲרִית וּמִקֶּדֶם אֲשֶׁר לֹא־ י
נַעֲשׂוּ אֹמֵר עֲצָתִי תָקוּם וְכָל־חֶפְצִי אֶעֱשֶׂה: קֹרֵא מִמִּזְרָח עַיִט יא
מֵאֶרֶץ מֶרְחָק אִישׁ עצתו אַף־דִּבַּרְתִּי אַף־אֲבִיאֶנָּה יָצַרְתִּי אַף עֲצָתִי

ביאור | בל ונבו יושלכו ארצה ויינתנו למרמס לפני בהמת הארץ וחית השדה.[32] **נְשֻׂאֹתֵיכֶם**, הבהמות הנושאות אתכם, בל ונבו, **עֲמוּסוֹת מַשָּׂא לַעֲיֵפָה**, משאן גדוש, והן עייפות מכובדו. ב **קָרְסוּ כָרְעוּ יַחְדָּו, לֹא יָכְלוּ מַלֵּט**, להציל **מַשָּׂא. וְנַפְשָׁם בַּשְּׁבִי הָלָכָה.** הם עצמם נלקחו בשבי.

הרחבות | **'קרסו כרעו יחדו, לא יכלו מַלט משא'** מעבר למפלת האלילים והבהמות הנושאות אותם, חכמים הבינו ביטוי זה כדברי ליצנות הבאים לביזוי האלילים: לא היה בכוחם לעצור את משא הצואה שבתוכם, עד שלבסוף כרעו ונתרוקנו מעיהם בשלשול. (ראו סנהדרין סג ע"ב ורש"י שם ועל אתר).

מכאן וממקומות דומים למדו חז"ל כי למרות שכל ליצנות אסורה, ליצנות של עבודה זרה מותרת (כדברי רב נחמן בסנהדרין סג ע"ב). אין מדובר כאן בדברי תוכחה כבדי משקל הנובעים מתיאולוגיה גבוהה, אלא בליצנות שאינה מעודנת, שאינה לגיטימית בעיני חכמים בשום הקשר אחר, אלא בהתייחסות לאלילים שבני אדם סוגדים להם.

'העֲמֻסים מני בטן, הנְּשֻׂאים מני רחם' תיאור זה מרמז ליציאת מצרים, שם נאמר: וָאֶשָּׂא אֶתְכֶם עַל כַּנְפֵי נְשָׁרִים (שמות יט,ד), והוא מקביל גם לדברי הנביא הושע: וְאָנֹכִי תִרְגַּלְתִּי לְאֶפְרַיִם קָחֵם עַל זְרוֹעֹתָיו (הושע יא,ג). מכאן גם המקור לתואר הַנְּשׂוּאִים לישראל, המוזכר בתפילה – וְיִגְעַר בְּיֵצֶר הָרָע מִן הַנְּשׂוּאִים, כלומר, ה' לא יניח לו להתקרב לישראל.

את דמויות האלים עומסים עובדיהם על בהמותיהם. לעומת זאת
אתכם, ישראל, נושא אלוקיכם. ג שִׁמְעוּ אֵלַי בֵּית יַעֲקֹב וְכָל שְׁאֵרִית
בֵּית יִשְׂרָאֵל, הַעֲמֻסִים מִנִּי, מן הבֶטֶן, הַנְּשֻׂאִים מִנִּי רָחַם, מן הרֶחם. מאז
יצירתכם ה׳ משגיח עליכם ומטפל בכם. ד ומכיוון שכך, אל לכם
לדאוג מן העתיד לבוא. עַד זִקְנָה - אֲנִי הוּא, וְעַד שֵׂיבָה - אֲנִי אֶסְבֹּל,
אשא, אֲנִי עָשִׂיתִי, וַאֲנִי אֶשָּׂא את אשר עשיתי, וַאֲנִי אֶסְבֹּל וַאֲמַלֵּט
אתכם מן הצרות גם בהמשך.

ה לְמִי תְדַמְּיוּנִי, תדמו אותי וְתַשְׁווּ, ולמי תַמְשִׁלוּנִי וְנִדְמֶה אני והוא?!
הלוא אין לי דמות שאפשר לתארה, כשם שמתארים את דמויות
האלילים - ו הַזָּלִים, המריקים זָהָב מִכִּיס, עובדי האלילים מוציאים
זהב רב מכיסיהם, וְכֶסֶף בַּקָּנֶה, אמצעי שקילה מעין מאזניים יִשְׁקֹלוּ.
ולאחר ששקלו את הכסף, יִשְׂכְּרוּ צוֹרֵף, וְיַעֲשֵׂהוּ אֵל, והם יִסְגְּדוּ אַף
יִשְׁתַּחֲווּ לו. ז יִשָּׂאֻהוּ עַל כָּתֵף, יִסְבְּלֻהוּ, לעומת ה׳, הנושא את ישראל,
את האל הזה צריכים עובדיו לשאת, לאחר שהוציאו עליו ממון.
וְיַנִּיחֻהוּ תַחְתָּיו וְיַעֲמֹד, מִמְּקוֹמוֹ לֹא יָמִישׁ, יזוז. אַף אם מישהו יִצְעַק
אֵלָיו - וְלֹא יַעֲנֶה, מִצָּרָתוֹ לֹא יוֹשִׁיעֶנּוּ.

ח זִכְרוּ זֹאת וְהִתְאֹשָׁשׁוּ, התחזקו,[33] הָשִׁיבוּ, אתם הפוֹשְׁעִים, החוטאים,
עַל לֵב, עימו לבכם, התבוננו בכך. ט זִכְרוּ רִאשֹׁנוֹת מֵעוֹלָם, כִּי אָנֹכִי
אֵל, וְאֵין עוֹד אֱלֹהִים, וְאֶפֶס כָּמוֹנִי. י אני מַגִּיד מֵרֵאשִׁית את הָאַחֲרִית,
וּמִקֶּדֶם אני מודיע את הדברים אֲשֶׁר לֹא נַעֲשׂוּ. אֹמֵר אני: עֲצָתִי תָקוּם,
וְכָל חֶפְצִי אֶעֱשֶׂה. יא אני קֹרֵא מִמִּזְרָח עַיִט, רמז לכורש, הטורף העט
מצפון-מזרח לבבל. מֵאֶרֶץ מֶרְחָק אִישׁ עֲצָתִי, האיש שתכננתי את בואו.
אַף דִּבַּרְתִּי שכך אעשה, אַף אֲבִיאֶנָּה, אממש את הנבואה הזו, יָצַרְתִּי

קנה שקילה

העולם

וְכֶסֶף בַּקָּנֶה יִשְׁקֹלוּ ייתכן שהקנה היה המוט שעליו תליות כפות המאזניים, ועל כן נקראו המאזניים עצמם על שמו. לחלופין, הקנה הוא מוט עץ או מתכת שבצדו הקצר ווים שעליהם תולים חפצים לשקילה, ועל צדו הארוך, שעליו מסומנות שנתות, משקולת. על ידי הסטת המשקולת לאורך השנתות הקנה מתאזן וכך אפשר לדעת את משקל החפץ התלוי. יש לציין כי בממצא הארכיאולוגי נמצאו כמותו רק מתקופות מאוחרות יותר.

אֶעֱשֶׂנָּה׃ שִׁמְעוּ אֵלַי אַבִּירֵי לֵב הָרְחוֹקִים מִצְּדָקָה׃ יב
קֵרַבְתִּי צִדְקָתִי לֹא תִרְחָק וּתְשׁוּעָתִי לֹא תְאַחֵר וְנָתַתִּי בְצִיּוֹן יג
מז תְּשׁוּעָה לְיִשְׂרָאֵל תִּפְאַרְתִּי׃ רְדִי ׀ וּשְׁבִי עַל־עָפָר א
בְּתוּלַת בַּת־בָּבֶל שְׁבִי־לָאָרֶץ אֵין־כִּסֵּא בַּת־כַּשְׂדִּים כִּי לֹא
תוֹסִיפִי יִקְרְאוּ־לָךְ רַכָּה וַעֲנֻגָּה׃ קְחִי רֵחַיִם וְטַחֲנִי קָמַח גַּלִּי צַמָּתֵךְ ב
חֶשְׂפִּי־שֹׁבֶל גַּלִּי־שׁוֹק עִבְרִי נְהָרוֹת׃ תִּגָּל עֶרְוָתֵךְ גַּם תֵּרָאֶה ג
חֶרְפָּתֵךְ נָקָם אֶקָּח וְלֹא אֶפְגַּע אָדָם׃ גֹּאֲלֵנוּ יְהוָה ד
צְבָאוֹת שְׁמוֹ קְדוֹשׁ יִשְׂרָאֵל׃ שְׁבִי דוּמָם וּבֹאִי בַחֹשֶׁךְ בַּת־כַּשְׂדִּים ה
כִּי לֹא תוֹסִיפִי יִקְרְאוּ־לָךְ גְּבֶרֶת מַמְלָכוֹת׃ קָצַפְתִּי עַל־עַמִּי ו
חִלַּלְתִּי נַחֲלָתִי וָאֶתְּנֵם בְּיָדֵךְ לֹא־שַׂמְתְּ לָהֶם רַחֲמִים עַל־זָקֵן
הִכְבַּדְתְּ עֻלֵּךְ מְאֹד׃ וַתֹּאמְרִי לְעוֹלָם אֶהְיֶה גְבָרֶת עַד לֹא־שַׂמְתְּ ז
אֵלֶּה עַל־לִבֵּךְ לֹא זָכַרְתְּ אַחֲרִיתָהּ׃ וְעַתָּה שִׁמְעִי־זֹאת ח
עֲדִינָה הַיּוֹשֶׁבֶת לָבֶטַח הָאֹמְרָה בִּלְבָבָהּ אֲנִי וְאַפְסִי עוֹד לֹא אֵשֵׁב
אַלְמָנָה וְלֹא אֵדַע שְׁכוֹל׃ וְתָבֹאנָה לָּךְ שְׁתֵּי־אֵלֶּה רֶגַע בְּיוֹם אֶחָד ט

ביאור | **אַף אֶעֱשֶׂנָּה.** יב **שִׁמְעוּ אֵלַי, אַבִּירֵי לֵב,** בעלי הלב החזק והקשה, אשר מתוך כך הם **הָרְחוֹקִים מִצְּדָקָה,** מדרך הצדק והיושר, מפני שאינם מקשיבים לדברי. יג **קֵרַבְתִּי צִדְקָתִי, לֹא תִרְחָק.** אוציא את משפטי אל הפועל בקרוב, **וּתְשׁוּעָתִי לֹא תְאַחֵר. וְנָתַתִּי בְצִיּוֹן תְּשׁוּעָה לְיִשְׂרָאֵל,** שהם עם **תִּפְאַרְתִּי.**

כאן פונה ה׳ אל בבל, שנשקף לה הרס מקיף: פרק מז א **רְדִי וּשְׁבִי עַל**

הרחבות | **׳בתולת בת בבל׳** דמות אשה המסמלת את העיר או העם מופיעה גם ביחס לציון ולממלכות אחרות. (בְּתוּלַת בַּת צִיּוֹן – לעיל לז,כב; מיכה ד,ח; איכה ד,כב; בְּתוּלַת בַּת צִידוֹן – לעיל כג,יב; בַּת מִצְרָיִם – ירמיה מו,כד). דמות נשית המגלמת עיר או עם, מוכרת גם מתחומי הציור והפיסול.

׳נקם אקח ולא אפגע אדם׳ תיאור זה הולם את מה שאכן אירע לבבל. בסופו של דבר העיר המרהיבה ועִמה הממלכה התמוטטו בהתקפתו של כורש, אף על פי שההתקפה הזו כנראה לא לֻוותה בשפיכות דמים. בבל ירדה מגדולתה עד כדי כך שעיר הממלכה שמשלה קודם לכן בכל העולם, נעשתה פינה נידחת, שמאות שנים מאוחר יותר התקשו אנשים למצוא אפילו את חורבותיה.

נבואה זו והנבואות הדומות לה על מפלת בבל יוצאות דופן. (ראו לעיל פרקים יג,

עָפָר, בְּתוּלַת בַּת בָּבֶל, העם הבבלי. **שְׁבִי לָאָרֶץ** כשפחה או כאבלה, **אֵין
כִּסֵּא**, חדלה מלכות,[34] **בַּת כַּשְׂדִּים. כִּי לֹא תוֹסִיפִי** שיִקְרְאוּ **לָךְ** עוד **רַכָּה
וַעֲנֻגָּה**, מפונקת. ב **קְחִי רֵחַיִם וְטַחֲנִי קָמַח**. עסקי בעבודת שפחות בזויה
וקשה.[35] בבל מתוארת כאשה שמחמת עוניה ודיכויה אינה מסוגלת
אפילו לשמור על לבוש מהוגן, והופעתה מבוזה - **גַּלִּי צַמָּתֵךְ**, מקלעת
שֵׂעָר האשה[36] מכוסה בדרך כלל, וגילויה מבטא התבזות בעיני כול.
חֶשְׂפִּי שֹׁבֶל, הרימי את שולי הבגד,[37] **גַּלִּי שׁוֹק** כדרך הנכנסים בדרכם
במים - **עִבְרִי נְהָרוֹת**. ג בכך **תִּגָּל**, תתגלה **עֶרְוָתֵךְ, גַּם תֵּרָאֶה חֶרְפָּתֵךְ.
נָקָם אֶקָּח, וְלֹא אֶפְגַּע אָדָם**, לא יישפך דם.[38]

בתגובה לדברי ה' על מפלת בבל, קורא הנביא: ד **גֹּאֲלֵנוּ ה' צְבָאוֹת
שְׁמוֹ**, הוא מנהל את המערכה. בתבוסת בבל הוא גואל את עמו
ישראל - **קְדוֹשׁ יִשְׂרָאֵל**.

וחוזר לפרט את נפילת בבל ואת סיבותיה, בהקשר הישראלי: ה **שְׁבִי
דוּמָם**, בשקט **וּבֹאִי בַחֹשֶׁךְ, בַּת כַּשְׂדִּים, כִּי לֹא תוֹסִיפִי יִקְרְאוּ לָךְ גְּבֶרֶת
מַמְלָכוֹת**. את תחדלי מלהיות מעצמה ותשובי להיות מקום קטן
ושכוח. ו אמנם **קָצַפְתִּי**, כעסתי **עַל עַמִּי** ישראל, **חִלַּלְתִּי נַחֲלָתִי וָאֶתְּנֵם
בְּיָדֵךְ**, אני זה שמסרתי את ארץ יהודה תחת כיבושייך, אבל את
מצדך הרשעת מאוד - **לֹא שַׂמְתְּ לָהֶם רַחֲמִים**, אפילו **עַל זָקֵן הִכְבַּדְתְּ
עֻלֵּךְ מְאֹד**. ז **וַתֹּאמְרִי: לְעוֹלָם אֶהְיֶה גְבָרֶת**, ממלכה שלטת, **עַד שֶׁלֹּא
שַׂמְתְּ אֵלֶּה עַל לִבֵּךְ, לֹא זָכַרְתְּ אַחֲרִיתָהּ** של הממלכה. לא שמת לב
למהלכי המציאות שלפיהם מדינות קמות ונופלות. ח **וְעַתָּה שִׁמְעִי
זֹאת, עֲדִינָה**, מפונקת, אצילה **הַיּוֹשֶׁבֶת לָבֶטַח**. בבל, בירתה המפוארת
של האימפריה שהייתה גם בעלת מסורת עתיקה, החשיבה את
עצמה מאוד, והייתה שאננה - **הָאֹמְרָה בִּלְבָבָהּ: אֲנִי וְאַפְסִי עוֹד**. אין
עוד כמוני,[39] ולכן **לֹא אֵשֵׁב אַלְמָנָה, וְלֹא אֵדַע שְׁכוֹל**, כגבירה היושבת
בכבודו של עולם החשה שהכול בשליטתה, ושלא יפקוד אותה שום
אסון. ט **וְתָבֹאנָה לָּךְ שְׁתֵּי אֵלֶּה רֶגַע בְּיוֹם אֶחָד - שְׁכוֹל וְאַלְמֹן**. בבת אחת

הרחבות

יד ו–כא). ספר זה נכתב שנים רבות קודם עלייתה של בבל, והנבואה עוסקת במפלתה של ממלכה שטרם צמחה קרנה.

'קדוש ישראל' כאמור, כינוי זה אופייני לנביא ישעיהו, והוא מופיע אף כשהוא מתנבא על אומות אחרות. (ראו לעיל א,ד).

'ואתנם בידך... לא זכרת אחריתה' מי שפוגע בישראל פועל בלא יודעין מכוחה של שליחות עליונה. הוא משמש כלי זעם להענשת ישראל, ולפעמים אפילו נקרא עבד ה'. (ראו ירמיה כה,ט; כז,ו; מג,י - מֶלֶךְ בָּבֶל עַבְדִּי. וראו גם יחזקאל כט,כ). אולם דווקא בתור שכזה עליו להיזהר כי הכעס על ישראל הוא זמני, ולבסוף הם יזכו למחילה ולכפרה, ואילו המציק להם ייענש. בבל לא נתנה את לבה לכך שהיא ממלאת תפקיד בתור שבט זעמו של ה', ועל כן סופה ליפול בביזיון. (ראו מלבי"ם. וראו עוד לעיל י,ה–יט).

שְׁכוֹל וְאַלְמֹן כְּתֻמָּם בָּאוּ עָלַיִךְ בְּרֹב כְּשָׁפַיִךְ בְּעָצְמַת חֲבָרַיִךְ
י מְאֹד׃ וַתִּבְטְחִי בְרָעָתֵךְ אָמַרְתְּ אֵין רֹאָנִי חָכְמָתֵךְ וְדַעְתֵּךְ הִיא
יא שׁוֹבְבָתֶךְ וַתֹּאמְרִי בְלִבֵּךְ אֲנִי וְאַפְסִי עוֹד׃ וּבָא עָלַיִךְ רָעָה לֹא
תֵדְעִי שַׁחְרָהּ וְתִפֹּל עָלַיִךְ הֹוָה לֹא תוּכְלִי כַּפְּרָהּ וְתָבֹא עָלַיִךְ
יב פִּתְאֹם שׁוֹאָה לֹא תֵדָעִי׃ עִמְדִי־נָא בַחֲבָרַיִךְ וּבְרֹב כְּשָׁפַיִךְ בַּאֲשֶׁר
יג יָגַעַתְּ מִנְּעוּרָיִךְ אוּלַי תּוּכְלִי הוֹעִיל אוּלַי תַּעֲרוֹצִי׃ נִלְאֵית בְּרֹב
עֲצָתָיִךְ יַעַמְדוּ־נָא וְיוֹשִׁיעֻךְ הברו שָׁמַיִם הַחֹזִים בַּכּוֹכָבִים הֹבְרֵי
יד מוֹדִיעִים לֶחֳדָשִׁים מֵאֲשֶׁר יָבֹאוּ עָלָיִךְ׃ הִנֵּה הָיוּ כְקַשׁ אֵשׁ שְׂרָפָתַם
לֹא־יַצִּילוּ אֶת־נַפְשָׁם מִיַּד לֶהָבָה אֵין־גַּחֶלֶת לַחְמָם אוּר לָשֶׁבֶת
טו נֶגְדּוֹ׃ כֵּן הָיוּ־לָךְ אֲשֶׁר יָגָעַתְּ סֹחֲרַיִךְ מִנְּעוּרַיִךְ אִישׁ לְעֶבְרוֹ תָּעוּ
אֵין מוֹשִׁיעֵךְ׃ א שִׁמְעוּ־זֹאת בֵּית־יַעֲקֹב הַנִּקְרָאִים מח
בְּשֵׁם יִשְׂרָאֵל וּמִמֵּי יְהוּדָה יָצָאוּ הַנִּשְׁבָּעִים ׀ בְּשֵׁם יהוה וּבֵאלֹהֵי
ב יִשְׂרָאֵל יַזְכִּירוּ לֹא בֶאֱמֶת וְלֹא בִצְדָקָה׃ כִּי־מֵעִיר הַקֹּדֶשׁ נִקְרָאוּ כ

ביאור | תהפכי לאלמנה ולשכולה. ואכן כאשר כורש הגיע לבבל, הוא היה ידידותי כלפיה ולא החריבה, אך בסופו של דבר בבל איבדה הכול - את השלטון הפוליטי ואת כל כוחה והשפעתה - **כְּתֻמָּם**, בשלמותם **בָּאוּ עָלַיִךְ**, בגלל **רֹב כְּשָׁפַיִךְ וּבְעָצְמַת חֲבָרַיִךְ** - מכשפייך, חוברי חבר, **מְאֹד**.
י **וַתִּבְטְחִי בְרָעָתֵךְ, אָמַרְתְּ: אֵין רֹאָנִי. חָכְמָתֵךְ**, חכמת העבודה הזרה והכשפים שלך **וְדַעְתֵּךְ** בענייניהם נטעו בך את ההרגשה כאילו כוחות עליונים מסורים בידייך -[40] **הִיא שׁוֹבְבָתֶךְ**, הם שהפכו אותך שובבה, המסרבת לקבל מרות. **וַתֹּאמְרִי בְלִבֵּךְ** כשהיית בגדולתך: **אֲנִי וְאַפְסִי עוֹד**.
יא **וּבָא עָלַיִךְ רָעָה** שלא **תֵדְעִי שַׁחְרָהּ**, פשרה. לא תביני אותה, לא תדעי לפרשה.[41] **וְתִפֹּל עָלַיִךְ הֹוָה**, שבר, צרה שלא **תוּכְלִי כַּפְּרָהּ**, להסירה.[42] **וְתָבֹא עָלַיִךְ פִּתְאֹם שׁוֹאָה** שלא **תֵדָעִי**. לא תהיי מוכנה כלל למפלתך.

הרחבות | **'ותבֹא עליך פתאם שואה לא תדעי'** אכן, בספר דניאל מסופר שעל הקיר הופיעה כתובת שבישרה את מפלת בבל, ואיש מחכמי בבל וגדוליה לא הצליח לקראה. הבבלים לא העלו על דעתם אפשרות של מפלה. הם הניחו שכל בעיותיהם קטנות וזמניות. (ראו דניאל ה; מלבי"ם על אתר).

'הֹברי שמים החזים בכוכבים' בבבל התפתחה אמנות חיזוי העתיד שכללה אסטרולוגיה. הבבלים הורישו לעולם

יב **עִמְדִי נָא** נסי להתייצב באמצעות **חֲבָרַיִךְ וּבְרֹב כְּשָׁפַיִךְ**, בדברים
אֲשֶׁר יָגַעַתְּ השקעת את כוחך בהם **מִנְּעוּרָיִךְ**, מאז ומעולם. **אוּלַי תּוּכְלִי**
הוֹעִיל, אוּלַי תַּעֲרוֹצִי, תתחזקי.[43] יג **אַת** אשר **נִלְאֵית**, התייגעת **בְּרֹב**
עֲצָתָיִךְ, מרוב חכמות ומזימות. דורות רבים קודם לכן הייתה בבל
עיר גדולה. במשך הזמן ירדה מגדולתה, ובתקופת נבוכדנצר חזרה
ונעשתה אימפריה. הנביא לועג ליכולתם של הבבלים להשתמש
בחכמת הכישוף שנצברה אצלם, כדי להשיב לעצמם את מעמדם.
יַעַמְדוּ נָא וְיוֹשִׁיעֻךְ הֹבְרֵי שָׁמַיִם, אסטרולוגים **הַחֹזִים בַּכּוֹכָבִים**,[44] **מוֹדִיעִם**
לֶחֳדָשִׁים, מתיימרים להודיע מדי חודש[45] מהעתידות **אֲשֶׁר יָבֹאוּ**
עָלָיִךְ. יד **הִנֵּה הָיוּ כְקַשׁ, אֵשׁ שְׂרָפָתַם**, שרפה אותם, **לֹא יַצִּילוּ אֶת נַפְשָׁם**
מִיַּד לֶהָבָה. אפילו את מפלת עצמם לא חזו. שרפת הקש הייתה
מוחלטת - **אֵין גַּחֶלֶת** לאפיית **לַחְמָם** או כדי להתחמם,[46] ואין **אוּר**,
אש **לָשֶׁבֶת נֶגְדּוֹ**. מפלה גמורה שלא נותר ממנה דבר. טו **כֵּן הָיוּ לָךְ**
אלו **אֲשֶׁר יָגָעַתְּ** בהשגתם - **סֹחֲרַיִךְ מִנְּעוּרַיִךְ**, מי שהיו קשורים אלייך
בקשרי ידידות או בקשרי מסחר, **אִישׁ לְעֶבְרוֹ תָּעוּ**, הלכו ונעלמו איש
לדרכו. **אֵין מוֹשִׁיעֵךְ**.

תוכחה לגולי יהודה

פרק מח

הנביא קובל על גולי יהודה המסרבים לדברי הנבואה למרות שבפיהם הם קשורים לה', ולפי דעתם הם בוטחים בו. העם הקשה את עורפו כברזל ולא השתכנע באמיתות דברי הנבואה, אף על פי שכל מה שאירע לו עד לאותה שעה לא היה ידוע לאיש מראש, ונצפה רק על ידי נביאי ה'. אף על פי כן הגאולה בוא תבוא, אם לא בזכות ישראל - למען שם ה' ולשם מניעת חילול כבודו. עוני הגלות הוא כור המזקק את העם מדעתו ושלא מדעתו.

בדברי התוכחה לגולי יהודה שלפנינו משולבים גם דברי נחמה. הנביא מכין את העם ליציאה מבבל, וקורא לו שלא יפחד מן הנדודים. ישראל יתברך ויתרבה בנחלתו בהקשיבו למצוות ה'.

פרק מח א **שִׁמְעוּ זֹאת, בֵּית יַעֲקֹב הַנִּקְרָאִים בְּשֵׁם יִשְׂרָאֵל וּמִמֵּי**, ממקור,
מזרע, ממעי **יְהוּדָה יָצָאוּ**. הנבואה פונה בעיקר לבני יהודה, בדורו
של הנביא ובדורות אחרים. **הַנִּשְׁבָּעִים בְּשֵׁם ה' וּבֵאלֹהֵי יִשְׂרָאֵל יַזְכִּירוּ**.
תוך הזכרת שם ה' הם מצהירים שהוא אלוקיהם ונשבעים בו.
הנביא מעיר כי שבועתם בה' היא **לֹא בֶאֱמֶת וְלֹא בִצְדָקָה**. הזדהותם
כמאמיניו בה' אינה רצינית ומחייבת, לא מבחינת זהותם העצמית
ולא מבחינת אמינות שבועתם. ב **כִּי**, והרי **מֵעִיר הַקֹּדֶשׁ נִקְרָאוּ**, הם

הרחבות

גם את חכמת האסטרונומיה, אבל יותר מכך - את האסטרולוגיה. הם שהניחו את הבסיס לאסטרולוגיה המוכרת עד ימינו.

נבואה זו על נפילה בבל נתקיימה לאחר זמן רב. בירת הממלכה - שהייתה גם עיר מסחר גדולה - שקעה ונתנוונה. גדולתה וחכמתה, על הכשפים והידע האסטרולוגי שלה, לא סייעו בידה למנוע את האסון, וממרכז גדול של תרבות ועצמה היא הפכה למקום אלמוני וחסר חשיבות.

ג וְעַל־אֱלֹהֵי יִשְׂרָאֵל נִסְמָכוּ יְהוָה צְבָאוֹת שְׁמוֹ: הָרִאשֹׁנוֹת
מֵאָז הִגַּדְתִּי וּמִפִּי יָצְאוּ וְאַשְׁמִיעֵם פִּתְאֹם עָשִׂיתִי וַתָּבֹאנָה:
ד ה מִדַּעְתִּי כִּי קָשֶׁה אָתָּה וְגִיד בַּרְזֶל עָרְפֶּךָ וּמִצְחֲךָ נְחוּשָׁה: וָאַגִּיד
לְךָ מֵאָז בְּטֶרֶם תָּבוֹא הִשְׁמַעְתִּיךָ פֶּן־תֹּאמַר עָצְבִּי עָשָׂם וּפִסְלִי
ו וְנִסְכִּי צִוָּם: שָׁמַעְתָּ חֲזֵה כֻּלָּהּ וְאַתֶּם הֲלוֹא תַגִּידוּ הִשְׁמַעְתִּיךָ
ז חֲדָשׁוֹת מֵעַתָּה וּנְצֻרוֹת וְלֹא יְדַעְתָּם: עַתָּה נִבְרְאוּ וְלֹא מֵאָז
ח וְלִפְנֵי־יוֹם וְלֹא שְׁמַעְתָּם פֶּן־תֹּאמַר הִנֵּה יְדַעְתִּין: גַּם לֹא־שָׁמַעְתָּ
גַּם לֹא יָדַעְתָּ גַּם מֵאָז לֹא־פִתְּחָה אָזְנֶךָ כִּי יָדַעְתִּי בָּגוֹד תִּבְגּוֹד
ט וּפֹשֵׁעַ מִבֶּטֶן קֹרָא לָךְ: לְמַעַן שְׁמִי אַאֲרִיךְ אַפִּי וּתְהִלָּתִי אֶחֱטָם־
י לָךְ לְבִלְתִּי הַכְרִיתֶךָ: הִנֵּה צְרַפְתִּיךָ וְלֹא בְכָסֶף בְּחַרְתִּיךָ בְּכוּר
יא עֹנִי: לְמַעֲנִי לְמַעֲנִי אֶעֱשֶׂה כִּי אֵיךְ יֵחָל וּכְבוֹדִי לְאַחֵר לֹא־
יב אֶתֵּן: שְׁמַע אֵלַי יַעֲקֹב וְיִשְׂרָאֵל מְקֹרָאִי אֲנִי־הוּא
יג אֲנִי רִאשׁוֹן אַף אֲנִי אַחֲרוֹן: אַף־יָדִי יָסְדָה אֶרֶץ וִימִינִי טִפְּחָה
יד שָׁמָיִם קֹרֵא אֲנִי אֲלֵיהֶם יַעַמְדוּ יַחְדָּו: הִקָּבְצוּ כֻלְּכֶם וּשֲׁמָעוּ מִי
בָהֶם הִגִּיד אֶת־אֵלֶּה יְהוָה אֲהֵבוֹ יַעֲשֶׂה חֶפְצוֹ בְּבָבֶל וּזְרֹעוֹ

ביאור | מכונים על שם ירושלים, עיר מוצאם, **וְעַל אֱלֹהֵי יִשְׂרָאֵל נִסְמָכוּ, ה׳ צְבָאוֹת שְׁמוֹ**. הוא הנותן להם את כל הכוח והתוקף.

עתה פותח בדברי תוכחה: ג את ההתרחשויות **הָרִאשֹׁנוֹת - מֵאָז הִגַּדְתִּי, וּמִפִּי יָצְאוּ וְאַשְׁמִיעֵם** מראש. **פִּתְאֹם עָשִׂיתִי וַתָּבֹאנָה** העתידות שניבאתי עליהן. ד **מִדַּעְתִּי**, מתוך ידיעתי **כִּי קָשֶׁה אָתָּה, וְגִיד בַּרְזֶל עָרְפֶּךָ, וּמִצְחֲךָ נְחוּשָׁה**, עשוי נחושת. קשה מאוד לשכנע, להכניע או לרכך אותך בדברי מוסר. ה ולכן **וָאַגִּיד לְךָ מֵאָז**, אמרתי לך משכבר, **בְּטֶרֶם תָּבוֹא** ההתרחשות, **הִשְׁמַעְתִּיךָ** עליה, **פֶּן תֹּאמַר**: "**עָצְבִּי**, האליל שלי **עָשָׂם, וּפִסְלִי וְנִסְכִּי**, דמות מתכת יצוקה **צִוָּם**". הודעתי לכם מראש כדי שתדעו שאני הוא העושה את המעשים. ו את אשר **שָׁמַעְתָּ חֲזֵה**, רְאה איך **כֻּלָּהּ**, הכול מתגשם, **וְאַתֶּם הֲלוֹא תַגִּידוּ** ש**הִשְׁמַעְתִּיךָ חֲדָשׁוֹת מֵעַתָּה**, עכשיו אני משמיעך חדשות **וּנְצֻרוֹת**, נסתרות **וְלֹא**, שלא **יְדַעְתָּם**,

ז **עַתָּה נִבְרְאוּ** החדשות הללו **וְלֹא מֵאָז**, ואפילו **לִפְנֵי יוֹם וְלֹא שְׁמַעְתָּם, פֶּן**,
כדי שלא **תֹּאמַר: הִנֵּה יְדַעְתִּין** כבר קודם.[1] ח והנה, על אף התגשמות
הנבואות ודברי התוכחה **גַּם לֹא שָׁמַעְתָּ, גַּם לֹא יָדַעְתָּ, גַּם מֵאָז לֹא פִתְּחָה
אָזְנֶךָ**. אינכם מקשיבים לדברי, ואינכם פותחים את לבכם ואוזניכם
כִּי יָדַעְתִּי שלבסוף **בָּגוֹד תִּבְגּוֹד, וּפֹשֵׁעַ מִבֶּטֶן קֹרָא לָךְ**. חוטאים אתם
מלידה. זו הכונתכם מאז ומעולם.[2] ט עם זאת - **לְמַעַן שְׁמִי אַאֲרִיךְ
אַפִּי**, ואיני מעניש מיד - כאדם הנרגע מרוגזו ונשימותיו מתארכות.[3]
וּלמען תְהִלָּתִי אֶחֱטָם, ארסן, אבליג[4] **לָךְ**, למענך, **לְבִלְתִּי הַכְרִיתֶךָ**, כדי
שלא להשמיד אותך. י **הִנֵּה צְרַפְתִּיךָ וְלֹא בְ**מצרף **כָסֶף**, שבו הסיגים
כָּלים, ונותר רק כסף צרוף, אלא **בְּחַרְתִּיךָ בְּכוּר עֹנִי**. את תהליך
הצירוף אתם עוברים בעוני הגלות ובסבלה, ואין אתם כָּלים כסיגים
הנשרפים, אלא מתבררים בירור פנימי. זוהי הארכת אפי.[5] יא **לְמַעֲנִי
לְמַעֲנִי אֶעֱשֶׂה, כִּי אֵיךְ יֵחָל**, יתחלל שמי?! **וּכְבוֹדִי לְאַחֵר לֹא אֶתֵּן**! המשך
קיומכם נובע מכך שאני שומר על כבודי, ואתם קשורים בי.

כיוון שאין רבים מקשיבים לדברי מוסר, נצרך הנביא לעוררם להאזין
לו. הוא עושה זאת באמירותיו הכלליות על גדולתו של אלוקים ועל
היותו יוצר כול, ולא אליליהם: יב **שְׁמַע אֵלַי, יַעֲקֹב וְיִשְׂרָאֵל מְקֹרָאִי**,
שאני קורא לו תדיר,[6] שנקרא בשמי, או: שנקרא על ידי.[7] **אֲנִי הוּא,
אֲנִי רִאשׁוֹן אַף אֲנִי אַחֲרוֹן**. אני הבורא, ואתקיים גם אחרי מציאותו
של העולם. יג **אַף יָדִי יָסְדָה אֶרֶץ, וִימִינִי טִפְּחָה שָׁמָיִם**, קבעה את
מתכונתם.[8] **קֹרֵא אֲנִי אֲלֵיהֶם**, מצווה עליהם, או: קוראם בשם - והם
לקול קריאתי **יַעַמְדוּ יַחְדָּו**. יד **הִקָּבְצוּ כֻלְּכֶם**, ישראל, **וּשֲׁמָעוּ**: על **מִי
בָהֶם** - בעובדי האלילים **הִגִּיד אֶת אֵלֶּה: ה' אֲהֵבוֹ, יַעֲשֶׂה חֶפְצוֹ בְּבָבֶל**
ויפעיל **זְרֹעוֹ**, כוחו **בַּכַּשְׂדִּים**?![9] על מי מלבדכם אפשר לומר כי ה'

כור להתכת
מתכות וצריפתן

כּוּר בא בדברי הנביאים בשני מובנים; כלי שבו מתיכים מתכת על מנת לצרף, כלומר לבודד את המתכת הרצויה מסיגיה, או התנור שנועד להפקת טמפרטורות גבוהות מאוד, שבו מניחים את כלי ההתכה. העצמת החום בתנור נעשתה באמצעות תוספת חמצן לבערה בהֲפחת אויר לתנור, בצינור או במפוח.

העולם

טו כַּשְׂדִּים: אֲנִי אֲנִי דִּבַּרְתִּי אַף־קְרָאתִיו הֲבִיאֹתִיו וְהִצְלִיחַ דַּרְכּוֹ:
טז קִרְבוּ אֵלַי שִׁמְעוּ־זֹאת לֹא מֵרֹאשׁ בַּסֵּתֶר דִּבַּרְתִּי מֵעֵת הֱיוֹתָהּ
יז שָׁם אָנִי וְעַתָּה אֲדֹנָי יֱהוִה שְׁלָחַנִי וְרוּחוֹ: כֹּה־אָמַר
יהוה גֹּאַלְךָ קְדוֹשׁ יִשְׂרָאֵל אֲנִי יהוה אֱלֹהֶיךָ מְלַמֶּדְךָ לְהוֹעִיל
יח מַדְרִיכְךָ בְּדֶרֶךְ תֵּלֵךְ: לוּא הִקְשַׁבְתָּ לְמִצְוֹתָי וַיְהִי כַנָּהָר שְׁלוֹמֶךָ
יט וְצִדְקָתְךָ כְּגַלֵּי הַיָּם: וַיְהִי כַחוֹל זַרְעֶךָ וְצֶאֱצָאֵי מֵעֶיךָ כִּמְעֹתָיו
כ לֹא־יִכָּרֵת וְלֹא־יִשָּׁמֵד שְׁמוֹ מִלְּפָנָי: צְאוּ מִבָּבֶל בִּרְחוּ
מִכַּשְׂדִּים בְּקוֹל רִנָּה הַגִּידוּ הַשְׁמִיעוּ זֹאת הוֹצִיאוּהָ עַד־קְצֵה
כא הָאָרֶץ אִמְרוּ גָּאַל יהוה עַבְדּוֹ יַעֲקֹב: וְלֹא צָמְאוּ בֶּחֳרָבוֹת הוֹלִיכָם
כב מַיִם מִצּוּר הִזִּיל לָמוֹ וַיִּבְקַע־צוּר וַיָּזֻבוּ מָיִם: אֵין שָׁלוֹם אָמַר יהוה
מט א לָרְשָׁעִים: שִׁמְעוּ אִיִּים אֵלַי וְהַקְשִׁיבוּ לְאֻמִּים מֵרָחוֹק
ב יהוה מִבֶּטֶן קְרָאָנִי מִמְּעֵי אִמִּי הִזְכִּיר שְׁמִי: וַיָּשֶׂם פִּי כְּחֶרֶב חַדָּה
ג בְּצֵל יָדוֹ הֶחְבִּיאָנִי וַיְשִׂימֵנִי לְחֵץ בָּרוּר בְּאַשְׁפָּתוֹ הִסְתִּירָנִי: וַיֹּאמֶר
ד לִי עַבְדִּי־אָתָּה יִשְׂרָאֵל אֲשֶׁר־בְּךָ אֶתְפָּאָר: וַאֲנִי אָמַרְתִּי לְרִיק
יָגַעְתִּי לְתֹהוּ וְהֶבֶל כֹּחִי כִלֵּיתִי אָכֵן מִשְׁפָּטִי אֶת־יהוה וּפְעֻלָּתִי
ה אֶת־אֱלֹהָי: וְעַתָּה ׀ אָמַר יהוה יֹצְרִי מִבֶּטֶן לְעֶבֶד לוֹ
לְשׁוֹבֵב יַעֲקֹב אֵלָיו וְיִשְׂרָאֵל לֹא יֵאָסֵף וְאֶכָּבֵד בְּעֵינֵי יהוה וֵאלֹהַי לוֹ
ו הָיָה עֻזִּי: וַיֹּאמֶר נָקֵל מִהְיוֹתְךָ לִי עֶבֶד לְהָקִים אֶת־שִׁבְטֵי יַעֲקֹב

ביאור | אהבו ויגאלנו מבבל?![10] טו אֲנִי אֲנִי דִּבַּרְתִּי אַף קְרָאתִיו – את הגואל, הֲבִיאֹתִיו, וְהִצְלִיחַ דַּרְכּוֹ. טז קִרְבוּ אֵלַי, שִׁמְעוּ זֹאת: לֹא מֵרֹאשׁ בַּסֵּתֶר דִּבַּרְתִּי את נבואתי, אלא באוזני כול. מֵעֵת הֱיוֹתָהּ, מאז נגזרה הגזרה, שָׁם אָנִי. וְעַתָּה ה' אֱלֹהִים שְׁלָחַנִי וְרוּחוֹ תנבא אותי לאמרה לכם.

יז כֹּה אָמַר ה' גֹּאַלְךָ, קְדוֹשׁ יִשְׂרָאֵל: אֲנִי ה' אֱלֹהֶיךָ הַמְלַמֶּדְךָ לְהוֹעִיל לך, מַדְרִיכְךָ בְּדֶרֶךְ שבה ראוי שתֵּלֵךְ. יח לוּא, אילו[11] הִקְשַׁבְתָּ לְמִצְוֹתָי ועשית כפי שלימדתי אותך – וַיְהִי כַנָּהָר שְׁלוֹמֶךָ, שלומך היה רב וזורם כנהר, וְצִדְקָתְךָ, והצלחתך הייתה עצומה כְּגַלֵּי הַיָּם. יט וַיְהִי

כַחוֹל הרב זַרְעֶךָ, וְצֶאֱצָאֵי מֵעֶיךָ כִּמְעֹתָיו של החול, כגרגיריו.[12] **לֹא יִכָּרֵת
וְלֹא יִשָּׁמֵד שְׁמוֹ מִלְּפָנָי.**

כ **צְאוּ מִבָּבֶל, בִּרְחוּ מִכַּשְׂדִּים**, אך לא כנמלטים מפני חרב, אלא **בְּקוֹל
רִנָּה הַגִּידוּ, הַשְׁמִיעוּ זֹאת** - שבאה הישועה. **הוֹצִיאוּהָ** - את הבשורה **עַד
קְצֵה הָאָרֶץ. אִמְרוּ: גָּאַל ה' עַבְדּוֹ יַעֲקֹב.** כא **וְלֹא צָמְאוּ** ישראל ביציאתם
ממצרים, אף על פי **שֶׁבָּחֳרָבוֹת**, במקומות יבשים **הוֹלִיכָם. מַיִם מִצּוּר**,
מסלע **הִזִּיל לָמוֹ**, להם, **וַיִּבְקַע צוּר וַיָּזֻבוּ**, נזלו **מָיִם**. זיכרון זה יוביל את
העם גם ביציאתו מבבל.[13] כב לעומת יציאתכם המבורכת מבבל
ושיבתכם לארצכם - **אֵין שָׁלוֹם, אָמַר ה' לָרְשָׁעִים.** להם לא תהיה
תקנה. הם ייתמו בבבל.

עבד ה' בגאולה

פרק מט פס' א–יג

דמותו של הדובר בנבואה זו אינה מוגדרת בבירור; לכאורה זהו הנביא עצמו, אבל בהמשך נראה כי זהי הגואל העתיד לבוא. חלקים מן הנבואה אף אפשר לפרש כמכוונים לעם ישראל כולו, לדמותו הפנימית. הנבואה מדגישה את תפקידו של עבד ה' בגילוי כבוד ה' ובביאת הגאולה לעולם. לא רק שישראל יחזרו למקומם מכל קצווי תבל, גאולתם אף תאיר את עיני העמים כולם.

ביטויים רבים בנבואה זו מופיעים גם בנבואות קודמות המתארות את הגאולה העתידה.[1]

פרק מט א **שִׁמְעוּ אִיִּים**, מדינות הים **אֵלַי, וְהַקְשִׁיבוּ לְאֻמִּים מֵרָחוֹק.**
נבואתי נוגעת גם למקומות רחוקים.[2] **ה' מִבֶּטֶן קְרָאָנִי**, הזמין אותי
לתפקיד,[3] עוד לפני שנולדתי. **מִמְּעֵי אִמִּי הִזְכִּיר** את **שְׁמִי.** ב **וַיָּשֶׂם** את
פִּי כְּחֶרֶב חַדָּה, לדבר דיבורים חדים, ועם זאת **בְּצֵל יָדוֹ הֶחְבִּיאָנִי**, כחרב
הנתונה בתוך נדנה. **וַיְשִׂימֵנִי לְחֵץ בָּרוּר**, מלוטש וחד, אבל **בְּאַשְׁפָּתוֹ**,
באשפת החצים **הִסְתִּירָנִי** עד שיגיע זמני להיגלות. באופן חי וציורי
מתוארים הכלים שהנביא קיבל לשם מילוי תפקידו. ג **וַיֹּאמֶר לִי:
עַבְדִּי אָתָּה, יִשְׂרָאֵל אֲשֶׁר בְּךָ אֶתְפָּאָר.**

ד **וַאֲנִי אָמַרְתִּי** בעבר: **לְרִיק יָגַעְתִּי, לְתֹהוּ וְהֶבֶל כֹּחִי כִלֵּיתִי.** למרות כל
כישורי פעולותי לא הועילו כלום. **אָכֵן**, עכשיו אני יודע **שֶׁמִּשְׁפָּטִי**,
מנהגי, או: חלקי המגיע לי **אֶת**, עם ה', **וּפְעֻלָּתִי אֶת אֱלֹהָי**, שהרי
הוא פועל באמצעותי ומתפאר בי - ה **וְעַתָּה אָמַר ה', יֹצְרִי מִבֶּטֶן**,
להיות **לְעֶבֶד לוֹ, לְשׁוֹבֵב**, כדי להשיב את **יַעֲקֹב אֵלָיו, וְיִשְׂרָאֵל לוֹ**, אליו
יֵאָסֵף, יתכנס.[4] **וְאֶכָּבֵד בְּעֵינֵי ה'**, ה' יכבד אותי משום שהחזרתי את
ישראל אליו, **וֵאלֹהַי הָיָה עֻזִּי**, מקור כוחי. ו **וַיֹּאמֶר ה': נָקֵל**, קל מדי
בעיני **מִהְיוֹתְךָ**, שתהיה **לִי עֶבֶד**, שתפקידו **לְהָקִים אֶת שִׁבְטֵי יַעֲקֹב**, ואת

הרחבות

'ה' מבטן קראני...' מעין הביטויים הללו מופיעים גם בראשית דבר ה' אל ירמיהו הנביא. (ראו ירמיה א,ה).

וּנְצִירֵי יִשְׂרָאֵל לְהָשִׁיב וּנְתַתִּיךָ לְאוֹר גּוֹיִם לִהְיוֹת יְשׁוּעָתִי עַד־ וּנְצוּרֵי
ז קְצֵה הָאָרֶץ׃ כֹּה אָמַר־יהוה גֹּאֵל יִשְׂרָאֵל קְדוֹשׁוֹ לִבְזֹה־
נֶפֶשׁ לִמְתָעֵב גּוֹי לְעֶבֶד מֹשְׁלִים מְלָכִים יִרְאוּ וָקָמוּ שָׂרִים וְיִשְׁתַּחֲווּ
ח לְמַעַן יהוה אֲשֶׁר נֶאֱמָן קְדֹשׁ יִשְׂרָאֵל וַיִּבְחָרֶךָּ׃ כֹּה ׀
אָמַר יהוה בְּעֵת רָצוֹן עֲנִיתִיךָ וּבְיוֹם יְשׁוּעָה עֲזַרְתִּיךָ וְאֶצָּרְךָ
ט וְאֶתֶּנְךָ לִבְרִית עָם לְהָקִים אֶרֶץ לְהַנְחִיל נְחָלוֹת שֹׁמֵמוֹת׃ לֵאמֹר
לַאֲסוּרִים צֵאוּ לַאֲשֶׁר בַּחֹשֶׁךְ הִגָּלוּ עַל־דְּרָכִים יִרְעוּ וּבְכָל־שְׁפָיִים
י מַרְעִיתָם׃ לֹא יִרְעָבוּ וְלֹא יִצְמָאוּ וְלֹא־יַכֵּם שָׁרָב וָשָׁמֶשׁ כִּי־
יא מְרַחֲמָם יְנַהֲגֵם וְעַל־מַבּוּעֵי מַיִם יְנַהֲלֵם׃ וְשַׂמְתִּי כָל־הָרַי לַדָּרֶךְ
יב וּמְסִלֹּתַי יְרֻמוּן׃ הִנֵּה־אֵלֶּה מֵרָחוֹק יָבֹאוּ וְהִנֵּה־אֵלֶּה מִצָּפוֹן וּמִיָּם
יג וְאֵלֶּה מֵאֶרֶץ סִינִים׃ רָנּוּ שָׁמַיִם וְגִילִי אֶרֶץ יפצחו הָרִים רִנָּה כִּי־ וּפִצְחוּ
יד נִחַם יהוה עַמּוֹ וַעֲנִיָּו יְרַחֵם׃ וַתֹּאמֶר צִיּוֹן עֲזָבַנִי יהוה
טו וַאדֹנָי שְׁכֵחָנִי׃ הֲתִשְׁכַּח אִשָּׁה עוּלָהּ מֵרַחֵם בֶּן־בִּטְנָהּ גַּם־אֵלֶּה

ביאור | **נְצוּרֵי יִשְׂרָאֵל**, אלה שלבם סגור - **לְהָשִׁיב** בלבד. מכובד יותר מכך - **וּנְתַתִּיךָ לְאוֹר גּוֹיִם, לִהְיוֹת יְשׁוּעָתִי עַד קְצֵה הָאָרֶץ**. לא תגאל רק את ישראל, אלא תאיר לכל הגויים ותפיץ את הישועה בעולם כולו.[5] כאן נראה כי הדיבור מופנה אל הגואל.[6]

ז **כֹּה אָמַר ה׳, גֹּאֵל יִשְׂרָאֵל, קְדוֹשׁוֹ**,[7] **לִבְזֹה נֶפֶשׁ**, למי שמבזים את נפשו, **לִמְתָעֵב גּוֹי**, למי שהגוי מתעב אותו, לְזה שהיה עד כה **עֶבֶד לְמֹשְׁלִים**: עד כה היית בזוי, מתועב ועבד; ומעתה **מְלָכִים יִרְאוּ** אותך **וָקָמוּ, שָׂרִים - וְיִשְׁתַּחֲווּ, לְמַעַן ה׳ אֲשֶׁר נֶאֱמָן** בהבטחתו, **קְדֹשׁ יִשְׂרָאֵל וַיִּבְחָרֶךָּ**. אין הפסוק מבהיר אם מדובר באדם מסוים - אולי הגואל שדובר בו קודם, או שזהו העם כולו.

ח **כֹּה אָמַר ה׳: בְּעֵת רָצוֹן**, כאשר יגיע הזמן הראוי, **עֲנִיתִיךָ**, איעתר לבקשתך, אשיב על שאלותיך, **וּבְיוֹם יְשׁוּעָה עֲזַרְתִּיךָ, וְאֶצָּרְךָ**, אשמור אותך **וְאֶתֶּנְךָ** לכונן **בְּרִית עָם, לְהָקִים אֶרֶץ, לְהַנְחִיל נְחָלוֹת שֹׁמֵמוֹת**.

העולם | **סִינִים** הסיני הוא אחד מבני כנען שישבו בפיניקיה, סמוך לאוגרית בצפון לבנון של היום (בראשית י,יז). סין היא גם שם מקום במצרים (יחזקאל ל,טו) וגם שמו של מדבר בין אילים ובין סיני (שמות טז,א). נראה שפסוק זה מתייחס לסין שבמצרים. אפשר

ט אז תקבל תשובות ותזכה גם בכוח עשייה לגאול - **לֵאמֹר לַאֲסוּרִים:**
צֵאוּ! לַאֲשֶׁר בַּחֹשֶׁךְ: הִגָּלוּ! התגלו! אל לכם לפחד ולהיסתר. **עַל דְּרָכִים**
האסירים היוצאים **יִרְעוּ**, ימצאו את צורכיהם, **וּבְכָל שְׁפָיִים**, ברכסים
תהיה **מַרְעִיתָם**, מקומות רעייתם.[8] י **לֹא יִרְעָבוּ וְלֹא יִצְמָאוּ, וְלֹא יַכֵּם**
שָׁרָב וָשָׁמֶשׁ, כִּי מְרַחֲמָם, המרחם עליהם הוא **שֶׁיְּנַהֲגֵם**, ינהיג אותם,
וְלכן **עַל מַבּוּעֵי**, מקורות **מַיִם יְנַהֲלֵם.** יא **וְשַׂמְתִּי**, אהפוך את **כָל הָרַי**
לַדָּרֶךְ ישרה, **וּמְסִלֹּתַי** ששקעו, או המסילות שבעמקים, שהליכתן אינה
נוחה, **יְרֻמוּן**, יתרוממו כדי לאפשר את המעבר בהן בנוחות.[9] יב **הִנֵּה**
אֵלֶּה - בני הגלויות **מֵרָחוֹק יָבֹאוּ, וְהִנֵּה אֵלֶּה מִצָּפוֹן וּמִיָּם**, ממערב,
וְאֵלֶּה מֵאֶרֶץ סִינִים, היא כנראה ארץ הדרום. גולי ישראל ישובו מכל
הכיוונים והארצות.[10] יג **רָנּוּ**, זמרו **שָׁמַיִם, וְגִילִי**, שמחי **אָרֶץ, וּפִצְחוּ**
הָרִים רִנָּה, כִּי נִחַם ה׳ את **עַמּוֹ**, ואת **עֲנִיָּו** שהוגלו בכור העוני,[11] **יְרַחֵם.**

ציון לא נעזבה

פרק מט פס׳ יד – פרק נ פס׳ ג

נבואה העוסקת בנרמת עם ישראל בקיבוץ גלויותיו. כאשר ה׳ יילחם לישראל ויגאלם, ישתנה העולם כולו; האויבים יחדלו מאיבתם, והארץ ובניה השבים אליה יחיו מחדש.

נעימתה של המשך נבואת הנחמה הזאת חריפה יותר - הנביא מבהיר לעם כי יציאתו לגלות תלויה במעשיו ואינה תוצאה של גזרה שרירותית.

יד **וַתֹּאמֶר צִיּוֹן**, העיר ירושלים, הארץ והאומה:[1] **עֲזָבַנִי ה׳, וַאדֹנָי שְׁכֵחָנִי.**
ה׳ מגיב לטענה זו ואומר: הייתכן?! טו **הֲתִשְׁכַּח אִשָּׁה**, האם אשה
יכולה לשכוח את **עוּלָהּ**, עוללה?! האם היא יכולה לשכוח **מֵרַחֵם** על

ארץ סינים

העולם

לזהותה עם שתי ערים: האחת, בצפון-מזרח הדלתה של מצרים, שנקראה על ידי היוונים פלוסיון (Πηλούσιον), היום: תל אל-פראמא; האחרת, אסואן, שנקראה 'סון' בארמית, ו'סונון' ביוונית. היא נזכרת גם ביחזקאל (כט,י): מִמִּגְדֹּל סְוֵנֵה וְעַד גְּבוּל כּוּשׁ.

טז תִשְׁכַּחְנָה וְאָנֹכִי לֹא אֶשְׁכָּחֵךְ: הֵן עַל־כַּפַּיִם חַקֹּתִיךְ חוֹמֹתַיִךְ נֶגְדִּי
יז יח תָּמִיד: מִהֲרוּ בָּנָיִךְ מְהָרְסַיִךְ וּמַחֲרִבַיִךְ מִמֵּךְ יֵצֵאוּ: שְׂאִי־סָבִיב
עֵינַיִךְ וּרְאִי כֻּלָּם נִקְבְּצוּ בָאוּ־לָךְ חַי־אָנִי נְאֻם־יהוה כִּי כֻלָּם כַּעֲדִי
יט תִלְבָּשִׁי וּתְקַשְּׁרִים כַּכַּלָּה: כִּי חָרְבֹתַיִךְ וְשֹׁמְמֹתַיִךְ וְאֶרֶץ הֲרִסֻתֵךְ
כ כִּי עַתָּה תֵּצְרִי מִיּוֹשֵׁב וְרָחֲקוּ מְבַלְּעָיִךְ: עוֹד יֹאמְרוּ בְאָזְנַיִךְ בְּנֵי
כא שִׁכֻּלָיִךְ צַר־לִי הַמָּקוֹם גְּשָׁה־לִּי וְאֵשֵׁבָה: וְאָמַרְתְּ בִּלְבָבֵךְ מִי יָלַד־
לִי אֶת־אֵלֶּה וַאֲנִי שְׁכוּלָה וְגַלְמוּדָה גֹּלָה ׀ וְסוּרָה וְאֵלֶּה מִי גִדֵּל הֵן
כב אֲנִי נִשְׁאַרְתִּי לְבַדִּי אֵלֶּה אֵיפֹה הֵם: כֹּה־אָמַר
אֲדֹנָי יֱהֹוִה הִנֵּה אֶשָּׂא אֶל־גּוֹיִם יָדִי וְאֶל־עַמִּים אָרִים נִסִּי וְהֵבִיאוּ
כג בָנַיִךְ בְּחֹצֶן וּבְנֹתַיִךְ עַל־כָּתֵף תִּנָּשֶׂאנָה: וְהָיוּ מְלָכִים אֹמְנַיִךְ
וְשָׂרוֹתֵיהֶם מֵינִיקֹתַיִךְ אַפַּיִם אֶרֶץ יִשְׁתַּחֲווּ־לָךְ וַעֲפַר רַגְלַיִךְ יְלַחֵכוּ
כד וְיָדַעַתְּ כִּי־אֲנִי יהוה אֲשֶׁר לֹא־יֵבֹשׁוּ קֹוָי: הֲיֻקַּח
כה מִגִּבּוֹר מַלְקוֹחַ וְאִם־שְׁבִי צַדִּיק יִמָּלֵט: כִּי־כֹה ׀ אָמַר יהוה גַּם־
שְׁבִי גִבּוֹר יֻקָּח וּמַלְקוֹחַ עָרִיץ יִמָּלֵט וְאֶת־יְרִיבֵךְ אָנֹכִי אָרִיב
כו וְאֶת־בָּנַיִךְ אָנֹכִי אוֹשִׁיעַ: וְהַאֲכַלְתִּי אֶת־מוֹנַיִךְ אֶת־בְּשָׂרָם וְכֶעָסִיס כא
דָּמָם יִשְׁכָּרוּן וְיָדְעוּ כָל־בָּשָׂר כִּי אֲנִי יהוה מוֹשִׁיעֵךְ וְגֹאֲלֵךְ אֲבִיר

ביאור | בֶּן בִּטְנָהּ?! אשה אינה שוכחת את תינוקה ואת רחמיה ואהבתה אליו, אבל גַּם אם[2] אֵלֶּה תִשְׁכַּחְנָה – וְאָנֹכִי בוודאי לֹא אֶשְׁכָּחֵךְ. הקשר שבין ה' לעמו אמיץ יותר מהקשר של אם לבנה. אי אפשר לשכוח אותו.[3] טז הֵן עַל כַּפַּיִם, כפות ידי חַקֹּתִיךְ, חקקתי אותך, כמי שקובע דבר כלשהו בידו כדי לראותו תמיד.[4] חוֹמֹתַיִךְ ההרוסות[5] נֶגְדִּי תָּמִיד. אינני מפסיק לחשוב עלייך ועל הגנתך. יז מִהֲרוּ, ימהרו בָּנָיִךְ לשוב אלייך, ואילו מְהָרְסַיִךְ וּמַחֲרִבַיִךְ מִמֵּךְ יֵצֵאוּ וייעלמו.[6] הריק יתמלא, והשיממון ייהפך למקום מפואר. יח שְׂאִי סָבִיב עֵינַיִךְ וּרְאִי, כֻּלָּם, כל הבנים הנידחים נִקְבְּצוּ בָאוּ לָךְ. חַי אָנִי, נְאֻם ה', כִּי כֻלָּם כַּעֲדִי, כתכשיט תִלְבָּשִׁי, וּתְקַשְּׁרִים כַּכַּלָּה המקושרת ברצועות קישוט. ציון, שחשה עזובה ונשכחת מאישה, עוד תשוב להתקשט בפניו ולהתפאר בריבוי בניה.

יט **כִּי** עד עכשיו היו בך **חָרְבֹתַיִךְ וְשֹׁמְמֹתַיִךְ וְאֶרֶץ הֲרִסֻתֵךְ** - **כִּי עַתָּה**
תֵּצְרִי מִיּוֹשֵׁב. תגדל בך הצפיפות מרוב תושבים, אך יושבייך
המרובים לא יהיו זרים עוינים, שהרי אלו יצאו ממך -[7] **וְרָחֲקוּ**
מְבַלְּעָיִךְ, משהיתייך. כ **עוֹד** יבוא היום **שֶׁיֹּאמְרוּ בְאָזְנַיִךְ בְּנֵי שִׁכֻּלָיִךְ**,
בנייך האבודים: **צַר לִי הַמָּקוֹם**, צפוף לי מדי. **גְּשָׁה לִּי**, התרחק מעט
הלאה **וְאֵשֵׁבָה**, כדי שאוכל גם אני לשבת.[8] אם הבנים תהיה מופתעת
לשמע הבקשות על מקומות ישיבה. כא **וְאָמַרְתְּ בִּלְבָבֵךְ** בהשתאות:
מִי יָלַד לִי אֶת אֵלֶּה, וַאֲנִי שְׁכוּלָה וְגַלְמוּדָה, עזובה, **גֹּלָה וְסוּרָה**, מרוחקת
או זועפת, ואת כל הצאצאים **הָאֵלֶּה מִי גִדֵּל**? **הֵן אֲנִי נִשְׁאַרְתִּי לְבַדִּי**,
אֵלֶּה אֵיפֹה, מאין באו **הֵם**?

כב **כֹּה אָמַר ה׳ אֱלֹהִים** בתשובה לשאלת ציון על הבנים השבים
שאינם מוכרים לה: **הִנֵּה אֶשָּׂא אֶל גּוֹיִם**, אנופף להם **יָדִי**, **וְאֶל עַמִּים**
אָרִים נִסִּי, דגלי לסמן להם שהגיע הזמן,[9] **וְהֵבִיאוּ בָנַיִךְ בְּחֹצֶן**, על
כנף הבגד,[10] **וּבְנֹתַיִךְ עַל כָּתֵף תִּנָּשֶׂאנָה**, כפי שנושאים ילדים קטנים
להנאתם. כג **וְהָיוּ מְלָכִים אֹמְנַיִךְ**, המטפלים בבנייך, **וְשָׂרוֹתֵיהֶם** יהיו
מֵינִיקֹתַיִךְ. אַפַּיִם אֶרֶץ יִשְׁתַּחֲווּ לָךְ, וַעֲפַר רַגְלַיִךְ יְלַחֵכוּ. תזכי בכבוד ואהבה
מכל העולם. **וְיָדַעַתְּ כִּי אֲנִי ה׳ אֲשֶׁר לֹא יֵבֹשׁוּ קֹוָי**, המקווים לי.

וכי יישאל: כד **הֲיֻקַּח מִגִּבּוֹר מַלְקוֹחַ**?! אם גיבור לקח שלל - האם
אפשר להוציאו מידו?! **וְאִם שְׁבִי צַדִּיק**, מנצח ותקיף[11] **יִמָּלֵט**?! האם
אפשר להציל מידי המנצח את שביו?!

כה **כִּי כֹה אָמַר ה׳**, בתשובה לתמיהה זו: **גַּם שְׁבִי גִבּוֹר יֻקָּח, וּמַלְקוֹחַ**
עָרִיץ, תקיף **יִמָּלֵט**. והטעם הוא - כי **אֶת יְרִיבֵךְ אָנֹכִי אָרִיב**. אמנם
קשה להילחם באויבים גדולים וחזקים, אך לא אתם תעשו זאת,
אלא אני אלחם באויביכם.[12] **וְאֶת בָּנַיִךְ אָנֹכִי אוֹשִׁיעַ**. כו **וְהַאֲכַלְתִּי**
אֶת מוֹנַיִךְ, מציקייך **אֶת בְּשָׂרָם**, **וְכֶעָסִיס** את **דָּמָם** שלהם הם ישתו
וְיִשְׁכָּרוּן כנקמה. **וְיָדְעוּ כָל בָּשָׂר כִּי אֲנִי ה׳ מוֹשִׁיעֵךְ, וְגֹאֲלֵךְ** אני **אֲבִיר**,
אדון, המנושא על[13] **יַעֲקֹב**.

עדיי כלה תימנייה וקישוריה

יַעֲקֹב׃
נ א כֹּה ׀ אָמַר יְהוָה אֵי זֶה סֵפֶר כְּרִיתוּת אִמְּכֶם
אֲשֶׁר שִׁלַּחְתִּיהָ אוֹ מִי מִנּוֹשַׁי אֲשֶׁר־מָכַרְתִּי אֶתְכֶם לוֹ הֵן
בַּעֲוֺנֹתֵיכֶם נִמְכַּרְתֶּם וּבְפִשְׁעֵיכֶם שֻׁלְּחָה אִמְּכֶם׃ מַדּוּעַ בָּאתִי וְאֵין ב
אִישׁ קָרָאתִי וְאֵין עוֹנֶה הֲקָצוֹר קָצְרָה יָדִי מִפְּדוּת וְאִם־אֵין־בִּי
כֹחַ לְהַצִּיל הֵן בְּגַעֲרָתִי אַחֲרִיב יָם אָשִׂים נְהָרוֹת מִדְבָּר תִּבְאַשׁ
דְּגָתָם מֵאֵין מַיִם וְתָמֹת בַּצָּמָא׃ אַלְבִּישׁ שָׁמַיִם קַדְרוּת וְשַׂק ג
אָשִׂים כְּסוּתָם׃ אֲדֹנָי יֱהוִה נָתַן לִי לְשׁוֹן לִמּוּדִים ד
לָדַעַת לָעוּת אֶת־יָעֵף דָּבָר יָעִיר ׀ בַּבֹּקֶר בַּבֹּקֶר יָעִיר לִי אֹזֶן
לִשְׁמֹעַ כַּלִּמּוּדִים׃ אֲדֹנָי יֱהוִה פָּתַח־לִי אֹזֶן וְאָנֹכִי לֹא מָרִיתִי אָחוֹר ה
לֹא נְסוּגֹתִי׃ גֵּוִי נָתַתִּי לְמַכִּים וּלְחָיַי לְמֹרְטִים פָּנַי לֹא הִסְתַּרְתִּי ו
מִכְּלִמּוֹת וָרֹק׃ וַאדֹנָי יֱהוִה יַעֲזָר־לִי עַל־כֵּן לֹא נִכְלָמְתִּי עַל־כֵּן ז
שַׂמְתִּי פָנַי כַּחַלָּמִישׁ וָאֵדַע כִּי־לֹא אֵבוֹשׁ׃ קָרוֹב מַצְדִּיקִי מִי־יָרִיב ח
אִתִּי נַעַמְדָה יָּחַד מִי־בַעַל מִשְׁפָּטִי יִגַּשׁ אֵלָי׃ הֵן אֲדֹנָי יֱהוִה יַעֲזָר־ ט

ביאור | כהמשך התגובה לתחושת הנטישה של ציון, שבביטוייה נפתחה הנבואה, אומר ה׳ דברים חריפים יותר: פרק נ א **כֹּה אָמַר ה׳** לישראל: **אֵי זֶה**, היכן **סֵפֶר כְּרִיתוּת**, הגט של **אִמְּכֶם**, הדמות הסמלית של ישראל, כנסת ישראל,[14] **אֲשֶׁר שִׁלַּחְתִּיהָ**?! הגלות, הייסורים או הסבל יכולים להתפרש כגירושין הכורתים את העם מאלוקיו. ה׳ שולל זאת בשאלה הרטורית: היכן הוא הגט שניתן בידה?! **אוֹ מִי מִנּוֹשַׁי**, מי הוא הנושה התובע ממני את חובו, **אֲשֶׁר מָכַרְתִּי אֶתְכֶם לוֹ**?! לא נמכרתם כעבדים לעמים אחרים בגלל עסקות או רווחים כלשהם, ולא מפני שרציתי להיפטר מכם, אלא כעונש על מעשיכם - **הֵן בַּעֲוֺנֹתֵיכֶם נִמְכַּרְתֶּם, וּבְפִשְׁעֵיכֶם שֻׁלְּחָה אִמְּכֶם.**

על כן מן הראוי שתבואו לקול קריאתי:[15] ב **מַדּוּעַ בָּאתִי וְאֵין אִישׁ, קָרָאתִי וְאֵין עוֹנֶה?! הֲקָצוֹר קָצְרָה יָדִי** מלהביא **פְּדוּת**, ישועה, **וְהאִם אֵין**

הרחבות | **׳הקצור קצרה ידי מפדות...׳** אני מושל בכול. בידי להשפיל כוחות עליונים, להכניע עריצים ולייבש את מקור חיותם. ראו מה חוללתי בקריעת ים סוף, בהצחנת היאור במות דגתו ובמכת חושך. בכוחי גם להעיב את השמים בענני מטר רבים. אל לכם לחשוב כי מפני קוצר ידי נעזבתם או משום גזירה שרירותית. אתם במעשיכם

כִּי כֹּחַ **לְהַצִּיל**?! **הֵן בְּגַעֲרָתִי אַחֲרִיב**, אייבש **יָם, אָשִׂים נְהָרוֹת לְמִדְבָּר**. אז
תִּבְאַשׁ דְּגָתָם, הדגים יצחינו **מֵאֵין מַיִם וְתָמֹת בַּצָּמָא**. ג **אַלְבִּישׁ שָׁמַיִם**
קַדְרוּת, וְשַׂק אָשִׂים כְּסוּתָם. ביכולתי להביא לקדרות ואבל בעולם.

הנביא מול יריביו

פרק נ פס׳ ד–יא

הדברים שלפנינו עוסקים בעיקרם בעניין אישי: נכונותו של הנביא למלא את תפקידו על אף הקושי הכרוך בו. יש שתוכן נבואתו אינו פופולרי כלל; הוא אומר דברים שאינם ערבים לאוזן שומעיו. בספר ישעיה מובאות כמה נבואות העולבות ביותר בתושבי יהודה וירושלים, בישראל ובמלכיהם. מכיוון שהנביא אינו סופר המבקש להשאיר ספר לדורות, אלא בראש ובראשונה הוא פונה אל אנשים חיים, אנשים אלו נפגעים ומגיבים מתוך פגיעתם. המכובדים שבהם מכלימים אותו בדברים, ואחרים אף יורקים בפניו או פועלים בחזקת היד. ייתכן שההקשר העניני של נבואה זו לכאן הוא סירובם של הגולים לקבל את דברי הנבואה על יציאתם ממקום מושבם, כפי שבא לידי ביטוי בחתימת העניין הקודם: מַדּוּעַ בָּאתִי וְאֵין אִישׁ, קָרָאתִי וְאֵין עוֹנֶה?!

שלא כנביאים אחרים, ישעיהו ממעט מאוד להזכיר את צרותיו, המביאות אותו לבכי ולתחנונים לפני ה׳. זוהי הנבואה הראשונה שבה הוא מבטא את כאביו וייסורי נפשו. ישעיהו, המצטייר כאדם גדול מהיבטים שונים, מגלה את תעצומותיו גם בתגובותיו לקשיים הכרוכים בתפקידו. קשיי ההתקבלות של נבואתו אינם מערערים את ביטחונו ואינם מביאים אותו לידי אומללות. הוא איננו נשבר או מבכה את גורלו; להיפך, הוא בז לשומעיו האטומיב, ובמקום לעסוק בגורלו, הוא מעורר אותם לדאוג לגורל שנועד להם.

ד **ה׳ אֱלֹהִים נָתַן לִי לְשׁוֹן לִמּוּדִים**, מלומדת, בהירה ומיומנת[1] **לָדַעַת**
לָעוּת, לייעץ דבר בעתו,[2] או: לעזור ולעודד[3] **אֶת יָעֵף**, עייף, מותש
דָּבָר. ה׳ **יָעִיר** אותי **בַּבֹּקֶר בַּבֹּקֶר, יָעִיר לִי אֹזֶן**, יעורר את אוזני **לִשְׁמֹעַ**
כַּלִּמּוּדִים. לא רק את כישרון הדיבור קיבלתי מה׳, אלא גם את
המיומנות להקשיב.
ה **ה׳ אֱלֹהִים פָּתַח לִי אֹזֶן** לשמוע הן את דברו והן את בני האדם, **וְאָנֹכִי**
לֹא מָרִיתִי. אף על פי שיכולתי לסרב לקבל כוחות מיוחדים אלו ולהיות
כאחד האדם, הייתי נכון לקבלם. **אָחוֹר לֹא נְסוּגֹתִי**. ו כתוצאה מכך
אירע שאת **גֵּוִי**, גופי **נָתַתִּי לְמַכִּים**, ואת **לְחָיַי** נתתי **לְמֹרְטִים** את שער
זקני. את **פָּנַי לֹא הִסְתַּרְתִּי מִכְּלִמּוֹת וָרֹק**.
ז אף על פי שאני כה שנוא ובזוי – **ה׳ אֱלֹהִים יַעֲזָר לִי, עַל כֵּן לֹא נִכְלָמְתִּי**.
עַל כֵּן שַׂמְתִּי פָנַי כַּחַלָּמִישׁ, כאבן קשה. המכות והיריקות אינן עושות
עלי כל רושם. **וָאֵדַע** שנבואתי היא דבר ה׳, **כִּי**, על כן **לֹא אֵבוֹשׁ** מן
ההשפלה.[4] ח אינני עומד לבדי – **קָרוֹב מַצְדִּיקִי**, ה׳ המאשר את
צדקתי, עומד בצדי, ואני פועל תחת חסותו. לכן **מִי יָרִיב אִתִּי**?! הבה
נַעַמְדָה יָּחַד ונתעמת, **מִי בַעַל מִשְׁפָּטִי – יִגַּשׁ אֵלָי** להתווכח ולדון כנגדי.

הוצאתם את עצמכם לגלות, ובידכם לחזור. הדלת פתוחה בפניכם, ויש מי שמצפה לשיבתכם (על פי רד״ק ומצודת דוד).

הרחבות

1 **׳לדעת לעות את יעף דבר׳** בעיקרו של דבר הנביא הוא כלי למסור את דבר ה׳, ולכן הוא נתפס בדרך כלל כדמות הפונה רק בכיוון אחד – מלמעלה למטה, מה׳ אל האדם.

לִי מִי־הוּא יַרְשִׁיעֵנִי הֵן כֻּלָּם כַּבֶּגֶד יִבְלוּ עָשׁ יֹאכְלֵם׃ מִי י
בָכֶם יְרֵא יהוה שֹׁמֵעַ בְּקוֹל עַבְדּוֹ אֲשֶׁר ׀ הָלַךְ חֲשֵׁכִים וְאֵין נֹגַהּ
לוֹ יִבְטַח בְּשֵׁם יהוה וְיִשָּׁעֵן בֵּאלֹהָיו׃ הֵן כֻּלְּכֶם קֹדְחֵי אֵשׁ מְאַזְּרֵי יא
זִיקוֹת לְכוּ ׀ בְּאוּר אֶשְׁכֶם וּבְזִיקוֹת בִּעַרְתֶּם מִיָּדִי הָיְתָה־זֹּאת לָכֶם
לְמַעֲצֵבָה תִּשְׁכָּבוּן׃ שִׁמְעוּ אֵלַי רֹדְפֵי צֶדֶק מְבַקְשֵׁי א נא
יהוה הַבִּיטוּ אֶל־צוּר חֻצַּבְתֶּם וְאֶל־מַקֶּבֶת בּוֹר נֻקַּרְתֶּם׃ הַבִּיטוּ ב
אֶל־אַבְרָהָם אֲבִיכֶם וְאֶל־שָׂרָה תְּחוֹלֶלְכֶם כִּי־אֶחָד קְרָאתִיו
וַאֲבָרְכֵהוּ וְאַרְבֵּהוּ׃ כִּי־נִחַם יהוה צִיּוֹן נִחַם כָּל־חָרְבֹתֶיהָ וַיָּשֶׂם ג
מִדְבָּרָהּ כְּעֵדֶן וְעַרְבָתָהּ כְּגַן־יהוה שָׂשׂוֹן וְשִׂמְחָה יִמָּצֵא בָהּ תּוֹדָה
וְקוֹל זִמְרָה׃ הַקְשִׁיבוּ אֵלַי עַמִּי וּלְאוּמִּי אֵלַי הַאֲזִינוּ כִּי ד
תוֹרָה מֵאִתִּי תֵצֵא וּמִשְׁפָּטִי לְאוֹר עַמִּים אַרְגִּיעַ׃ קָרוֹב צִדְקִי יָצָא ה
יִשְׁעִי וּזְרֹעַי עַמִּים יִשְׁפֹּטוּ אֵלַי אִיִּים יְקַוּוּ וְאֶל־זְרֹעִי יְיַחֵלוּן׃ שְׂאוּ ו
לַשָּׁמַיִם עֵינֵיכֶם וְהַבִּיטוּ אֶל־הָאָרֶץ מִתַּחַת כִּי־שָׁמַיִם כֶּעָשָׁן

ביאור | ט **הֵן ה' אֱלֹהִים יַעֲזָר לִי, מִי הוּא יַרְשִׁיעֵנִי?!** מי יכול להרשיע אותי?! **הֵן** אני נשען על אלוקים נצחי, ואילו **כֻּלָּם** - כל אנשי ריבי **כַּבֶּגֶד יִבְלוּ, עָשׁ יֹאכְלֵם.** קיומם עראי כסמרטוטים בלויים אכולי עש. י **מִי,** האם יש **בָכֶם יְרֵא ה', שֹׁמֵעַ בְּקוֹל עַבְדּוֹ,** הנביא, **אֲשֶׁר** אותו העבד נראה בעיניהם כמי **שהָלַךְ חֲשֵׁכִים, וְאֵין נֹגַהּ,** אור **לוֹ.** כאדם חשוך, בן לימים עברו **שיִבְטַח בְּשֵׁם ה' וְיִשָּׁעֵן בֵּאלֹהָיו?!** אתם, לעומת זאת, נאורים ומוארים בעיני עצמכם. יא **הֵן כֻּלְּכֶם קֹדְחֵי אֵשׁ,** עמלים כדי להבעיר אש,[5] **מְאַזְּרֵי זִיקוֹת,** מחזקים ו'קושרים' את זיקוקי האש שיצרתם כדי שיהיו ללהבה. אם כן **לְכוּ בְּאוּר אֶשְׁכֶם וּבְזִיקוֹת שבִּעַרְתֶּם.** שמרו על נאורותכם העלובה, ולכו לאורה.[6] **מִיָּדִי הָיְתָה זֹּאת** - הגורל שיביא עליכם ה' **לָכֶם, לְמַעֲצֵבָה,** בלא מרגוע, אכולי דאגה וספקות **תִּשְׁכָּבוּן.** האור שיצרתם ידעך, ותישארו בחשכה.

הרחבות | כאן מצטיירת דמות דו-סטרית; הנביא נדרש גם להבין את האנשים, להיות ער למצוקתם, לעודד אותם ולהתייחס למה שהם חווים. (ראו כיוצא בזה להלן סא,א).

'כִּי נִחַם ה' צִיּוֹן' מלבד המשמעות הפשוטה של נחמה, משתמע גם שה' מתחרט, כביכול, על הצרות שהביא על ציון ועל חורבנה. (ראו עמוס ז,ג).

נחמה ועידוד

פרק נא –
פרק נב פס׳ יב

בדברי הנחמה הבאים, המשופעים במלים ובניבים כפולים, מעודד הנביא את החוששים ונוסך בהם ביטחון ותקווה לעולם חדש. יש בהם נבואות המתאימות לגאולת גולי בבל, ונראה שהן מכוונות אליה, ויש בהם נבואות המתייחסות לגאולה העתידה, שאין אחריה גלות, כגון הנבואר על תורה ומשפט שיצאו מירושלים לקצות תבל.

פרק נא א **שִׁמְעוּ אֵלַי, רֹדְפֵי צֶדֶק** שהם **מְבַקְשֵׁי ה׳**. הנביא מציע
למעוניינים בקרבת ה׳: **הַבִּיטוּ אֶל צוּר**, הסלע שממנו **חֻצַּבְתֶּם**, שממנו
נחצבו אבני היסוד שלכם, **וְאֶל מַקֶּבֶת**, נקיבת **הבּוֹר** שממנו **נֻקַּרְתֶּם**,
הוצאתם או נבקעתם.[1] חזרו אל מקורותיכם הראשוניים.[2] לאבני
המקור הללו מדומים אבי העם ואמו הראשונים: ב **הַבִּיטוּ אֶל
אַבְרָהָם אֲבִיכֶם וְאֶל שָׂרָה תְּחוֹלֶלְכֶם**, יולדתכם, **כִּי אֶחָד קְרָאתִיו** אלי,
וכן: הכרזתי עליו, ייחדתיו בשם וטיפחתי אותו. אברהם ושרה
היו זוג אחד בלבד, אבל אני גידלתי את אברהם ועשיתיו לעם –[3]
וַאֲבָרְכֵהוּ וְאַרְבֵּהוּ. כמו אברהם ושרה, זוג ערירי אחד שהייתה לו
עדנה אח־י בל־תו והצמיח עם שיָרש את הארץ, כך אבניו הלקוחים
ממנו, אַתם – תגדלו ותבנו את הארץ מחדש.[4] ג **כִּי נִחַם**, ינחם[5] ה׳
את **צִיּוֹן, נִחַם** א־ת **כָּל חָרְבֹתֶיהָ, וַיָּשֶׂם מִדְבָּרָהּ כְּעֵדֶן**, כמקום פורה ונעים,
וְאת **עַרְבָתָהּ** עשה **כְּגַן ה׳. שָׂשׂוֹן וְשִׂמְחָה יִמָּצֵא בָהּ, תּוֹדָה וְקוֹל זִמְרָה.**

ד **הַקְשִׁיבוּ אֵלַי עַמִּי, וּלְאוּמִּי אֵלַי הַאֲזִינוּ, כִּי תוֹרָה מֵאִתִּי תֵצֵא**, ואת
מִשְׁפָּטִי שיהיה **לְאוֹר עַמִּים אַרְגִּיעַ**, אשכין בעולם.[6] ה **קָרוֹב** להתגלות
צִדְקִי, דין האמת שלי, גבורתי וישועתי. התגמול קרוב לבוא –[7] **יָצָא
יִשְׁעִי**, ישועתי תופיע, **וּזְרֹעַי**, זרועותי **עַמִּים יִשְׁפֹּטוּ. אֵלַי אִיִּים יְקַוּוּ, וְאֶל
זְרֹעִי**, לכוח מעשי **יְיַחֵלוּן**, יצפו. כוח ה׳ יבוקש ויתגלה בזמן הגאולה
אפילו במקומות הרחוקים.[8] ו **שְׂאוּ לַשָּׁמַיִם עֵינֵיכֶם, וְהַבִּיטוּ אֶל הָאָרֶץ
מִתַּחַת, כִּי שָׁמַיִם כֶּעָשָׁן נִמְלָחוּ**, נשחקו, הושחתו,[9] **וְ**גם **הָאָרֶץ כַּבֶּגֶד**

זחל העש

עָשׁ הוא עש הבגדיב המצוי (שם מדעי: Tineola bisselliella), מין פרפר שהזחל שלו ניזון מכרסום סיבי בגדים. בתנאי חשֵׁכה, טמפרטורה ולחות נוחים, מעמיד העש ארבעה דורות בשנה, המסוגלים להשמיד כ–50 ק״ג צמר.

שורש השם עש הוא ע,ש,ש, שפירושו רפיון וחולשה, כמו: עָשְׁשָׁה מִכַּעַס עֵינִי (תהלים ו,ח, וראו גם שם לא,יא). ומכאן גם שמו הנוסף ׳סס׳ (להלן נא,ח). כך הוא נקרא בשפות שמיות אחרות כמו באכדית.

העולם

נִמְלָחוּ וְהָאָרֶץ כַּבֶּגֶד תִּבְלֶה וְיֹשְׁבֶיהָ כְּמוֹ־כֵן יְמוּתוּן וִישׁוּעָתִי
לְעוֹלָם תִּהְיֶה וְצִדְקָתִי לֹא תֵחָת: שִׁמְעוּ אֵלַי יֹדְעֵי ז
צֶדֶק עַם תּוֹרָתִי בְלִבָּם אַל־תִּירְאוּ חֶרְפַּת אֱנוֹשׁ וּמִגִּדֻּפֹתָם אַל־
תֵּחָתּוּ: כִּי כַבֶּגֶד יֹאכְלֵם עָשׁ וְכַצֶּמֶר יֹאכְלֵם סָס וְצִדְקָתִי לְעוֹלָם ח
תִּהְיֶה וִישׁוּעָתִי לְדוֹר דּוֹרִים: עוּרִי עוּרִי לִבְשִׁי־עֹז ט
זְרוֹעַ יְהוָה עוּרִי כִּימֵי קֶדֶם דֹּרוֹת עוֹלָמִים הֲלוֹא אַתְּ־הִיא
הַמַּחְצֶבֶת רַהַב מְחוֹלֶלֶת תַּנִּין: הֲלוֹא אַתְּ־הִיא הַמַּחֲרֶבֶת יָם מֵי י
תְּהוֹם רַבָּה הַשָּׂמָה מַעֲמַקֵּי־יָם דֶּרֶךְ לַעֲבֹר גְּאוּלִים: וּפְדוּיֵי יְהוָה יא
יְשׁוּבוּן וּבָאוּ צִיּוֹן בְּרִנָּה וְשִׂמְחַת עוֹלָם עַל־רֹאשָׁם שָׂשׂוֹן וְשִׂמְחָה
יַשִּׂיגוּן נָסוּ יָגוֹן וַאֲנָחָה: אָנֹכִי אָנֹכִי הוּא מְנַחֶמְכֶם יב
מִי־אַתְּ וַתִּירְאִי מֵאֱנוֹשׁ יָמוּת וּמִבֶּן־אָדָם חָצִיר יִנָּתֵן: וַתִּשְׁכַּח יג
יְהוָה עֹשֶׂךָ נוֹטֶה שָׁמַיִם וְיֹסֵד אָרֶץ וַתְּפַחֵד תָּמִיד כָּל־הַיּוֹם מִפְּנֵי
חֲמַת הַמֵּצִיק כַּאֲשֶׁר כּוֹנֵן לְהַשְׁחִית וְאַיֵּה חֲמַת הַמֵּצִיק: מִהַר יד
צֹעֶה לְהִפָּתֵחַ וְלֹא־יָמוּת לַשַּׁחַת וְלֹא יֶחְסַר לַחְמוֹ: וְאָנֹכִי יְהוָה טו
אֱלֹהֶיךָ רֹגַע הַיָּם וַיֶּהֱמוּ גַּלָּיו יְהוָה צְבָאוֹת שְׁמוֹ: וָאָשִׂם דְּבָרַי בְּפִיךָ טז
וּבְצֵל יָדִי כִּסִּיתִיךָ לִנְטֹעַ שָׁמַיִם וְלִיסֹד אָרֶץ וְלֵאמֹר לְצִיּוֹן עַמִּי־
אָתָּה: הִתְעוֹרְרִי הִתְעוֹרְרִי קוּמִי יְרוּשָׁלַםִ אֲשֶׁר שָׁתִית יז

ביאור

תִּבְלֶה. יתרחשו מהפכות גדולות; השמים והארץ לא ייראו כפי שנראו עד כה.[10] **וְיֹשְׁבֶיהָ** של הארץ **כְּמוֹ כֵן יְמוּתוּן**, ואולם **יְשׁוּעָתִי לְעוֹלָם תִּהְיֶה, וְצִדְקָתִי לֹא תֵחָת**, לא תתיירא מלגבור ולהתפשט בעולם.[11]

ז ובינתיים – **שִׁמְעוּ אֵלַי, יֹדְעֵי צֶדֶק, עַם אשר תּוֹרָתִי בְלִבָּם: אַל תִּירְאוּ** מ**חֶרְפַּת אֱנוֹשׁ, וּמִגִּדֻּפֹתָם**, מדברי הגידופים והנאצות של בני האדם **אַל תֵּחָתּוּ**, ח **כִּי** האויבים המחרפים **כַבֶּגֶד יֹאכְלֵם עָשׁ, וְכַצֶּמֶר יֹאכְלֵם סָס**, זחל האוכל את הבגדים.[12] האויבים אינם מהווים איום של ממש. הם דומים לבגד הנראה שלם, אך מקרוב ניכר שהוא אכול ומחורר ואינו ראוי ללבישה. ולעומת זאת – **וְצִדְקָתִי לְעוֹלָם תִּהְיֶה, וִישׁוּעָתִי לְדוֹר דּוֹרִים**.

עתה קורא הנביא אל זרוע ה׳: ט **עוּרִי עוּרִי, לִבְשִׁי עֹז, זְרוֹעַ ה׳**, גבורת ה׳ - התעוררי והתגלי מחדש בעולם. **עוּרִי כִּימֵי קֶדֶם**, כמו **בְּדֹרוֹת עוֹלָמִים**, בזמנים אחרים. **הֲלוֹא אַתְּ**, זרוע ה׳, **הִיא הַמַּחְצֶבֶת**, השוברת את **רַהַב**, יצור ימי גדול ומאיים המשמש גם דימוי למצרים,[13] **מְחוֹלֶלֶת**, הורגת, הופכת לחלל[14] **תַּנִּין**, לווייתן. אף הוא מין מפלצת קדומה שיד ה׳ תכלה מן העולם.[15] י **הֲלוֹא אַתְּ הִיא** הזרוע **הַמַּחֲרֶבֶת**, המייבשת **יָם** ואת **מֵי תְּהוֹם רַבָּה, הַשָּׂמָה**, ההופכת **מַעֲמַקֵּי יָם** להיות **דֶּרֶךְ לַעֲבֹר גְּאוּלִים**. כוח ה׳ הוא שקרע את ים סוף בדורות הראשונים, והוא שהפך את מעמקיו לדרך למען גאולי ה׳ ממצרים. וכך יהיה גם בעתיד: יא **וּפְדוּיֵי**, וגאולי **ה׳ יְשׁוּבוּן וּבָאוּ צִיּוֹן בְּרִנָּה, וְשִׂמְחַת עוֹלָם**, שמחת נצח, וגם: שמחה חסרת גבולות,[16] תהיה **עַל רֹאשָׁם**. אז **שָׂשׂוֹן וְשִׂמְחָה יַשִּׂיגוּן, נָסוּ**, יברחו **יָגוֹן**, צער **וַאֲנָחָה**.[17]

נבואות נחמה נוספות: יב **אָנֹכִי אָנֹכִי הוּא מְנַחֶמְכֶם**, ולכן - **מִי אַתְּ וַתִּירְאִי מֵאֱנוֹשׁ** שבסופו **יָמוּת**?! האם כנסת ישראל צריכה לפחד מבן תמותה, **וּמִבֶּן אָדָם** אשר **כְּחָצִיר יִנָּתֵן**, הנדמה כעשב נובל או נקצר וכלה?! יראתך מאנוש בן חלוף כרוכה בשכחת מקור כוחך. יג **וַתִּשְׁכַּח ה׳ עֹשֶׂךָ, נוֹטֶה שָׁמַיִם וְיֹסֵד אָרֶץ**, הרי ביכולתו של ה׳ לכונן את העולם, ורק מכיוון שאינך זוכר אותו - **וַתְּפַחֵד תָּמִיד כָּל הַיּוֹם מִפְּנֵי חֲמַת**, זעמו ואיבתו של **הַמֵּצִיק**, האויב, **כַּאֲשֶׁר כּוֹנֵן**, מכוון את כליו, מתכונן **לְהַשְׁחִית**, הסתכל סביבך וחפש - **וְאַיֵּה חֲמַת הַמֵּצִיק**?! היכן הוא האויב שאתה ירא משנאתו?! מה נותר מכל אותם איומים וכיווני הקשתות?! אתם מכלים את זמנכם ואת כוחכם בדאגות הרגע המיותרות. תחת זאת סִמכו על גבורת ה׳ שאינה מוגבלת בזמן, במקום וביכולת. יד **מִהַר צֹעֶה**, ימהר הנודד, הכפוף, היושב במצוק או הצועק,[18] הוא עם ישראל בגולה, **לְהִפָּתֵחַ**, לצאת ממסגר הגלות,[19] **וְלֹא יָמוּת לַשַּׁחַת**, לבור, לאבדון, **וְלֹא יֶחְסַר לַחְמוֹ**. טו **וְאָנֹכִי ה׳ אֱלֹהֶיךָ רֹגַע**, מחזיק[20] את **הַיָּם**, ובמצוותי - **וַיֶּהֱמוּ גַּלָּיו**. ה׳ שולט בסער הים וגליו כרצונו, ועל אחת כמה וכמה בכוחו לשלוט בהמיית רגשותיהם ובסערת רוחם של המציקים.[21] **ה׳ צְבָאוֹת שְׁמוֹ**. טז **וָאָשִׂים דְּבָרַי** הבוראים, המחיים והמנחמים **בְּפִיךָ** - בפי העם. בכך שמתי אותך תחת חסותי,[22] **וּבְצֵל יָדִי כִּסִּיתִיךָ**. אני הוא ה׳ אשר אמרתי **לִנְטֹעַ שָׁמַיִם וְלִיסֹד אָרֶץ וְלֵאמֹר לְצִיּוֹן: עַמִּי אָתָּה**.[23] אלה הם הדברים הגדולים והיציבים שברא אלוקים בעולמו: שמים, ארץ ועם ישראל.[24]

דברי התנחומים נמשכים, ובאופן פיוטי: יז **הִתְעוֹרְרִי הִתְעוֹרְרִי**,

מִיַּד יְהוָה אֶת־כּוֹס חֲמָתוֹ אֶת־קֻבַּעַת כּוֹס הַתַּרְעֵלָה שָׁתִית
מָצִית׃ אֵין־מְנַהֵל לָהּ מִכָּל־בָּנִים יָלָדָה וְאֵין מַחֲזִיק בְּיָדָהּ מִכָּל־ יח
בָּנִים גִּדֵּלָה׃ שְׁתַּיִם הֵנָּה קֹרְאֹתַיִךְ מִי יָנוּד לָךְ הַשֹּׁד וְהַשֶּׁבֶר יט
וְהָרָעָב וְהַחֶרֶב מִי אֲנַחֲמֵךְ׃ בָּנַיִךְ עֻלְּפוּ שָׁכְבוּ בְּרֹאשׁ כָּל־חוּצוֹת כ
כְּתוֹא מִכְמָר הַמְלֵאִים חֲמַת־יְהוָה גַּעֲרַת אֱלֹהָיִךְ׃ לָכֵן שִׁמְעִי־נָא כא
זֹאת עֲנִיָּה וּשְׁכֻרַת וְלֹא מִיָּיִן׃ כֹּה־אָמַר אֲדֹנַיִךְ יְהוָה כב
וֵאלֹהַיִךְ יָרִיב עַמּוֹ הִנֵּה לָקַחְתִּי מִיָּדֵךְ אֶת־כּוֹס הַתַּרְעֵלָה אֶת־
קֻבַּעַת כּוֹס חֲמָתִי לֹא־תוֹסִיפִי לִשְׁתּוֹתָהּ עוֹד׃ וְשַׂמְתִּיהָ בְּיַד־ כג
מוֹגַיִךְ אֲשֶׁר־אָמְרוּ לְנַפְשֵׁךְ שְׁחִי וְנַעֲבֹרָה וַתָּשִׂימִי כָאָרֶץ גֵּוֵךְ
וְכַחוּץ לַעֹבְרִים׃ עוּרִי עוּרִי לִבְשִׁי עֻזֵּךְ צִיּוֹן לִבְשִׁי ׀ א נב
בִּגְדֵי תִּפְאַרְתֵּךְ יְרוּשָׁלַםִ עִיר הַקֹּדֶשׁ כִּי לֹא יוֹסִיף יָבֹא־בָךְ עוֹד
הִתְפַּתְּחִי עָרֵל וְטָמֵא׃ הִתְנַעֲרִי מֵעָפָר קוּמִי שְּׁבִי יְרוּשָׁלָםִ התפתחו מוֹסְרֵי ב
צַוָּארֵךְ שְׁבִיָּה בַּת־צִיּוֹן׃ כִּי־כֹה אָמַר יְהוָה חִנָּם ג
נִמְכַּרְתֶּם וְלֹא בְכֶסֶף תִּגָּאֵלוּ׃ כִּי כֹה אָמַר אֲדֹנָי יֱהוִה ד

ביאור | קוּמִי, יְרוּשָׁלַםִ, אֲשֶׁר סבלת וּשָׁתִית מִיַּד ה' אֶת כּוֹס חֲמָתוֹ, כעסו, אֶת קֻבַּעַת, מעין גביע, כלי קיבול גדול[25] כּוֹס הַתַּרְעֵלָה שָׁתִית מָצִית עד תומה. יח לפי תחושתה של ציון, אֵין מְנַהֵל, מנהיג, מדריך לָהּ מִכָּל בָּנִים יָלָדָה. אף אחד מהבנים הרבים שילדה אינו מעוניין לטפל בה. כולם עסוקים בענייניהם. וְאֵין מַחֲזִיק בְּיָדָהּ מִכָּל בָּנִים גִּדֵּלָה. ציון מדומה לאשה שילדיה גדלו ועזבוה לנפשה; ובהיעלמם, באו אחרים לבקרה – יט שְׁתַּיִם הֵנָּה, צרות כפולות הן[26] קֹרְאֹתַיִךְ, ההתרחשויות הנקראות לבוא אלייך, קורותייך.[27] מִי יָנוּד לָךְ?! מי ישתתף בצערך?! הַשֹּׁד וְהַשֶּׁבֶר, וְהָרָעָב וְהַחֶרֶב הם אלה שבאים לבקרך בעזיבת הבנים. מִי אֲנַחֲמֵךְ, ינחמך?! כ בָּנַיִךְ עֻלְּפוּ, התעלפו, שָׁכְבוּ בְּרֹאשׁ כָּל חוּצוֹת

העולם | קֻבַּעַת צלוחית שתייה. 'קובעת' נזכרת כשם נרדף לכוס גם בכתבי אוגרית (עלילת אקהת מהמאה ה־14 לפנה"ס). בממצא ארכיאולוגי מלבנון (ראו איור) נמצאה צלוחית שתייה מברונזה, שקוטרה כ־18 ס"מ וגובהה 3 ס"מ, ובה כתובת הקדשה המציינת שהכלי הוא קובעת המוקדשת ל'מרזח של שמש'.

תּוֹא מִכְמָר מרבית המפרשים והחוקרים

כְּתוֹא, תאו, ביזון, בָּקר פראי למחצה שנפל **בְּמִכְמָר**, מלכודת. כתאו
כלוא השוכב חסר אונים, כך בנייך **הַמְלֵאִים חֲמַת ה׳, גַּעֲרַת אֱלֹהָיִךְ**. אף
הם שוכבים ברחובות עלובים ומדוכאים. כא **לָכֵן שִׁמְעִי נָא זֹאת, עֲנִיָּה**
וּשְׁכֻרַת, שיכורה **וְלֹא מִיָּיִן**, אלא מכוס תרעלת הצרות. אדם מיוסר
עשוי להגיע למצב דמוי שכרות; הוא מבולבל ומטושטש, חסר
יציבות ואובד עשתונות.[28] כב **כֹּה אָמַר אֲדֹנַיִךְ ה׳ וֵאלֹהַיִךְ** שלבסוף
יָרִיב, יילהם בעד **עַמּוֹ: הִנֵּה לָקַחְתִּי מִיָּדֵךְ אֶת כּוֹס הַתַּרְעֵלָה** שאת שותה,
אֶת קֻבַּעַת כּוֹס חֲמָתִי – לֹא תוֹסִיפִי לִשְׁתּוֹתָהּ עוֹד. הצרות, השחיטות,
הרדיפות, האפליה, הגזרות, הגָלויות והפוגרומים שמהם סבלת
לאורך זמן רב, ייפסקו. כג **וְשַׂמְתִּיהָ** – את הכוס הזו **בְּיַד מוֹגַיִךְ**,
מצערייך, מביאי תוגתך,[29] **אֲשֶׁר אָמְרוּ לְנַפְשֵׁךְ**, לגופך החי: "**שְׁחִי**,
התכופפי **וְנַעֲבֹרָה** עליך, נרמוס אותך". **וַתָּשִׂימִי כָאָרֶץ גֵּוֵךְ**, גופך, **וְכַחוּץ**,
כרחוב תהיי **לַעֹבְרִים** ושבים. אותם גויים גאים שדרסו אותך, ישתו
עתה את כוס התרעלה ששתית אַת. אַת תתאוששי, ואילו הם יבינו
עכשיו מה היה מצבך.

ושוב, קריאת נחמה ועידוד לציון בהגיע זמן הגאולה: פרק נב א **עוּרִי**
עוּרִי, לִבְשִׁי עֻזֵּךְ, צִיּוֹן, לִבְשִׁי בִּגְדֵי תִפְאַרְתֵּךְ, יְרוּשָׁלַםִ עִיר הַקֹּדֶשׁ. הנביא
מעורר ומעודד אותה בניצחונה ובנצחיותה, **כִּי לֹא יוֹסִיף יָבֹא בָךְ עוֹד**
עָרֵל וְטָמֵא. ב **הִתְנַעֲרִי מֵעָפָר**, קומי מהעפר **וּשְׁבִי, יְרוּשָׁלָםִ, הִתְפַּתְּחִי**,
פתחי את **מוֹסְרֵי**, העול אשר על **צַוָּארֵךְ, שְׁבִיָּה**, שבויה[30] **בַּת צִיּוֹן**, כלל
העם. הגיעה העת שתשתחררי.

ג **כִּי כֹה אָמַר ה׳: חִנָּם נִמְכַּרְתֶּם**. כאשר נמכרתם בידי אויביכם, לא
נתקבלה תמורה כלשהי בעדכם, ולכן **לֹא בְכֶסֶף תִּגָּאֵלוּ**. אינכם חייבים
לשלם כסף לפדיון נפשכם, לא לה׳ ולא לאחרים. ד **כִּי כֹה אָמַר ה׳**

מימין: קובעת עתיקה מברונזה המאה ה-4 לפנה"ס לבנון

משמאל: ביזון ('תוא מכמר'?)

העולם

זיהו תְּאוֹ זה עם אחת משבע החיות הטהורות הנזכרות בספר דברים (יד,ה). היו שזיהו אותו עם הביזון האירופאי (שם מדעי: Bison bonasus), שור יער מרשים ופראי שהיה מצוי בארץ ונכחד.

אולם היו שפירשו שהוא מין עוף (ראב"ע וראו שמואל הנגיד), ובתרגום השבעים מתורגם: ὡς σευτλίον ἡμίεφθον, שמשמעותו סלק חצי מבושל או מצומק.

מִצְרַיִם יָרַד־עַמִּי בָרִאשֹׁנָה לָגוּר שָׁם וְאַשּׁוּר בְּאֶפֶס עֲשָׁקוֹ: וְעַתָּה ה
מַה־לִּי־פֹה נְאֻם־יהוה כִּי־לֻקַּח עַמִּי חִנָּם מֹשְׁלָו יְהֵילִילוּ נְאֻם־
יהוה וְתָמִיד כָּל־הַיּוֹם שְׁמִי מִנֹּאָץ: לָכֵן יֵדַע עַמִּי שְׁמִי לָכֵן בַּיּוֹם ו
כב הַהוּא כִּי־אֲנִי־הוּא הַמְדַבֵּר הִנֵּנִי: מַה־נָּאווּ עַל־הֶהָרִים ז
רַגְלֵי מְבַשֵּׂר מַשְׁמִיעַ שָׁלוֹם מְבַשֵּׂר טוֹב מַשְׁמִיעַ יְשׁוּעָה אֹמֵר
לְצִיּוֹן מָלַךְ אֱלֹהָיִךְ: קוֹל צֹפַיִךְ נָשְׂאוּ קוֹל יַחְדָּו יְרַנֵּנוּ כִּי עַיִן בְּעַיִן ח
יִרְאוּ בְּשׁוּב יהוה צִיּוֹן: פִּצְחוּ רַנְּנוּ יַחְדָּו חָרְבוֹת יְרוּשָׁלָםִ כִּי־נִחַם ט
יהוה עַמּוֹ גָּאַל יְרוּשָׁלָםִ: חָשַׂף יהוה אֶת־זְרוֹעַ קָדְשׁוֹ לְעֵינֵי כָּל־ י
הַגּוֹיִם וְרָאוּ כָּל־אַפְסֵי־אָרֶץ אֵת יְשׁוּעַת אֱלֹהֵינוּ: סוּרוּ יא
סוּרוּ צְאוּ מִשָּׁם טָמֵא אַל־תִּגָּעוּ צְאוּ מִתּוֹכָהּ הִבָּרוּ נֹשְׂאֵי כְּלֵי
יהוה: כִּי לֹא בְחִפָּזוֹן תֵּצֵאוּ וּבִמְנוּסָה לֹא תֵלֵכוּן כִּי־הֹלֵךְ לִפְנֵיכֶם יב
יהוה וּמְאַסִּפְכֶם אֱלֹהֵי יִשְׂרָאֵל: הִנֵּה יַשְׂכִּיל עַבְדִּי יג
יָרוּם וְנִשָּׂא וְגָבַהּ מְאֹד: כַּאֲשֶׁר שָׁמְמוּ עָלֶיךָ רַבִּים כֵּן־מִשְׁחַת יד

ביאור | אֱלֹהִים: לְמִצְרַיִם יָרַד עַמִּי בָרִאשֹׁנָה לָגוּר שָׁם, ושם סָבַל, כידוע. וְאַשּׁוּר בְּאֶפֶס, בלא כל סיבה עֲשָׁקוֹ, גזל את עמי במשך שנים. ה וְעַתָּה מַה לִּי פֹה, בגלות, נְאֻם ה'?! כִּי לֻקַּח עַמִּי חִנָּם, בלי הצדקה, וּמֹשְׁלָו יְהֵילִילוּ, יתפארו בהצלחתם,[31] נְאֻם ה', וְתָמִיד כָּל הַיּוֹם שְׁמִי מִנֹּאָץ, מחולל, באשר עַמִּי שרוי בגלות.[32] ו לָכֵן כאשר תבוא הגאולה יֵדַע עַמִּי את שְׁמִי, שהיום הוא מנואץ, ואת גדולתו. לָכֵן בַּיּוֹם הַהוּא יתקיים הדבר ויתאמת כִּי אֲנִי הוּא הַמְדַבֵּר, הִנֵּנִי.

ז מַה נָּאווּ, כמה יפות עַל הֶהָרִים רַגְלֵי מְבַשֵּׂר. כמה יפה יהיה כאשר יופיעו הרצים על ההרים להודיע את בשורות הגאולה העתידה. בניגוד למבשרי מלחמה, פורענות ושבי, מבשר זה יהיה מַשְׁמִיעַ שָׁלוֹם, מְבַשֵּׂר טוֹב, מַשְׁמִיעַ יְשׁוּעָה, אֹמֵר לְצִיּוֹן: "מָלַךְ אֱלֹהָיִךְ". ח הנה

הרחבות | **יציאת מצרים והגאולה העתידה** הנביא הזכיר את ירידת העם למצרים בתחילת הנבואה (פס' ד). בהמשכה נאמר שה' ייראה אל שבי ציון עַיִן בְּעַיִן (פס' ח לעיל), כשם שנאמר בהקשר של מסעם של ישראל שיצאו ממצרים במדבר (במדבר יד,יד). אף ההגנה האלוקית שתקיף את השבים לארץ לעתיד לבוא לפניהם ואחריהם, המתוארת בסוף הנבואה, מזכירה את מחנה ישראל במדבר, שהיה מוקף במדבר בענן, אש

קול – צֹפַיִךְ, נביאייך,[33] שחזו לך נחמה ועתה הם רואים בהתגשמותה,
נָשְׂאוּ, הרימו **קוֹל. יַחְדָּו יְרַנֵּנוּ, כִּי עַיִן בְּעַיִן**, ראייה מוחשית[34] **יִרְאוּ בְּשׁוּב**
ה׳ צִיּוֹן. ט **פִּצְחוּ** בשיר **רַנְּנוּ יַחְדָּו**, אפילו **חָרְבוֹת יְרוּשָׁלִָם, כִּי נִחַם ה׳**
עַמּוֹ, גָּאַל את **יְרוּשָׁלִָם.** י **חָשַׂף ה׳ אֶת זְרוֹעַ קָדְשׁוֹ לְעֵינֵי כָּל הַגּוֹיִם,**
וְרָאוּ כָּל אַפְסֵי, קצות **הָאָרֶץ אֵת יְשׁוּעַת אֱלֹהֵינוּ.**
כך תיראה הגאולה, וכך יזמרו את שיריה כשתתגלה לעין כול, וכשהכול ייווכחו לדעת כי הנבואות והציפיות התממשו, וציון נוחמה.

יא **סוּרוּ סוּרוּ, צְאוּ מִשָּׁם** – מן הגולה. בכל דבר **טָמֵא אַל תִּגָּעוּ**, כי אתם
עתידים לנגוע בדברים טהורים. **צְאוּ מִתּוֹכָהּ, הִבָּרוּ**, התנקו, **נֹשְׂאֵי כְּלֵי**
ה׳. יב **כִּי** כאשר תשובו מהגולה הזו, **לֹא בְחִפָּזוֹן תֵּצֵאוּ, וּבִמְנוּסָה לֹא**
תֵלֵכוּן. לא תשובו מתוך בריחה, מהומה וחשש כמו בשעת יציאת מצרים.[35] הפעם תצאו ברוגע ותלכו בנחת, **כִּי הֹלֵךְ לִפְנֵיכֶם ה׳**, ואף **מְאַסִּפְכֶם**, הולך מאחוריכם **אֱלֹהֵי יִשְׂרָאֵל.** אתם מצויים תחת החסות המלאה והשלמה ביותר, ועל כן אין לכם סיבה לחשוש.

סבלו ומעלתו של עבד ה׳

פרק נב פס׳ יג – פרק נג

הנבואה על עבד ה׳ עוסקת לכאורה בדמותו של אדם יחיד, ואכן מסורות שונות פירשוה כמתייחסת למשיח העתיד לגאול את ישראל.[1] אולם מתוך ההקשר הכללי נראה שהיא מכוונת בעיקרה ל־מות הקולקטיבית של עם ישראל. רבים מן המפרשים פנו לכיוון זה,[2] בין השאר מכני שעניין זה נהיה פרשה כריסטולוגית מרכזית בתיאולוגיה הנוצרית. אגב, גם חלוקת הפרקים כאן אינה עניינית, והיא משרתת תעמולה נוצרית בלבד.

האופנים והמצבים השונים שבהם מתואר עבד ה׳, המלך או הגואל, אינם מצטרפים לדמותו של אדם פרטי כלשהו, ואף לא לדמותו של מלך שימלוך בדור אחד. בזמן הגלות מופיע עבד ה׳ כעלוב, נדכא, נבזה, מוכה ומקולל, ובזמן הגאולה כולו הוד והדר, גאון ועצמה. תמורות אלה הולמות את הפנים המתחדשות שלובשת מהותו הפנימית של עם ישראל בכל דור ודור. כשם ש׳בת ציון׳, המתוארת לעתים באופן מפורט למדי, אינה נערה מסוימת מארץ ישראל, כך ׳עבד ה׳׳ הוא דימוי המבטא את העם כולו. המשיח, שדמותו נתונה בין הממשות לחלום, הוא אישיות פרטית, מצד אחד; ומצד אחר, הוא מסמל את גאולת ישראל. הנביא משרטט את תכונותיו המסוימות כאדם פרטי חי, ועם זאת הוא מתאר את תפקידו ומפעליו הציבוריים בעם ובעולם. זוהי דמות אנושית המייצגת את העם.

יג **הִנֵּה יַשְׂכִּיל**, יצליח[3] **עַבְדִּי.** עבד ה׳ עשוי להיות דמות פרטית, אך ממקומות אחרים בספר עולה שזוהי גם דמות סמלית המייצגת את עם ישראל כולו.[4] **יָרוּם וְנִשָּׂא וְגָבַהּ מְאֹד.** יד **כַּאֲשֶׁר שָׁמְמוּ**, השתוממו
עָלֶיךָ רַבִּים ואמרו: ״**כֵּן**, באמת, **מִשְׁחַת**, מושחת וחשוך[5] יותר מכל

הרחבות

ומלאך מלפנים ומאחור. (ראו שמות יג,כא-כב; יד,יט).

׳ירום ונשא וגבה מאד׳ בנבואות הללו מתוארת הגאולה כמעבר לשלב אחר במציאות, ולא כמאורע נסי החורג מטבעו של עולם. עם ישראל יעבור שינוי קיצוני – מעם סובל, בזוי ומושפל, לדמות מופת ודגם לחיקוי. הכפלות התיאורים, כגון: יָרוּם וְנִשָּׂא וְגָבַהּ מְאֹד, מדגישות את

מֵאִישׁ מַרְאֵהוּ וְתֹאֲרוֹ מִבְּנֵי אָדָם׃ כֵּן יַזֶּה גּוֹיִם רַבִּים עָלָיו יִקְפְּצוּ טו
מְלָכִים פִּיהֶם כִּי אֲשֶׁר לֹא־סֻפַּר לָהֶם רָאוּ וַאֲשֶׁר לֹא־שָׁמְעוּ
הִתְבּוֹנָנוּ׃ מִי הֶאֱמִין לִשְׁמֻעָתֵנוּ וּזְרוֹעַ יְהוָה עַל־מִי נִגְלָתָה׃ וַיַּעַל א ב נג
כַּיּוֹנֵק לְפָנָיו וְכַשֹּׁרֶשׁ מֵאֶרֶץ צִיָּה לֹא־תֹאַר לוֹ וְלֹא הָדָר וְנִרְאֵהוּ
וְלֹא־מַרְאֶה וְנֶחְמְדֵהוּ׃ נִבְזֶה וַחֲדַל אִישִׁים אִישׁ מַכְאֹבוֹת וִידוּעַ ג
חֹלִי וּכְמַסְתֵּר פָּנִים מִמֶּנּוּ נִבְזֶה וְלֹא חֲשַׁבְנֻהוּ׃ אָכֵן חֳלָיֵנוּ הוּא ד
נָשָׂא וּמַכְאֹבֵינוּ סְבָלָם וַאֲנַחְנוּ חֲשַׁבְנֻהוּ נָגוּעַ מֻכֵּה אֱלֹהִים
וּמְעֻנֶּה׃ וְהוּא מְחֹלָל מִפְּשָׁעֵנוּ מְדֻכָּא מֵעֲוֺנֹתֵינוּ מוּסַר שְׁלוֹמֵנוּ ה
עָלָיו וּבַחֲבֻרָתוֹ נִרְפָּא־לָנוּ׃ כֻּלָּנוּ כַּצֹּאן תָּעִינוּ אִישׁ לְדַרְכּוֹ פָּנִינוּ ו
וַיהוָה הִפְגִּיעַ בּוֹ אֵת עֲוֺן כֻּלָּנוּ׃ נִגַּשׂ וְהוּא נַעֲנֶה וְלֹא יִפְתַּח־פִּיו ז
כַּשֶּׂה לַטֶּבַח יוּבָל וּכְרָחֵל לִפְנֵי גֹזְזֶיהָ נֶאֱלָמָה וְלֹא יִפְתַּח פִּיו׃
מֵעֹצֶר וּמִמִּשְׁפָּט לֻקָּח וְאֶת־דּוֹרוֹ מִי יְשׂוֹחֵחַ כִּי נִגְזַר מֵאֶרֶץ חַיִּים ח
מִפֶּשַׁע עַמִּי נֶגַע לָמוֹ׃ וַיִּתֵּן אֶת־רְשָׁעִים קִבְרוֹ וְאֶת־עָשִׁיר בְּמֹתָיו ט
עַל לֹא־חָמָס עָשָׂה וְלֹא מִרְמָה בְּפִיו׃ וַיהוָה חָפֵץ דַּכְּאוֹ הֶחֱלִי י

ביאור **אִישׁ מַרְאֵהוּ, וְתֹאֲרוֹ מִבְּנֵי אָדָם**". בתקופות שונות היו ישראל בזויים בגולה. דמותם שימשה כמוקד ללעג ולעלבון, והיו דורות ומקומות שבהם נתפס יהודי כתת–אדם.[6] טו **כֵּן יַזֶּה**, יַדֶּה, יפיץ[7] עבד ה' **גּוֹיִם רַבִּים. עָלָיו יִקְפְּצוּ**, יסגרו **מְלָכִים פִּיהֶם**, ולא יעזו לדבר כנגדו, **כִּי אֲשֶׁר לֹא סֻפַּר לָהֶם רָאוּ, וַאֲשֶׁר לֹא שָׁמְעוּ הִתְבּוֹנָנוּ**. הם יהיו עדים לתופעה שלא ראו מעולם. הם ייווכחו לדעת כי מי שנראה מסכן ובזוי בעיני הכול, הופך מושא לכבוד, והכול מביטים בו בתדהמה ומהללים אותו.[8]

וכך יתמהו הרבים בראותם את עבד ה' הנישא מאוד: פרק נג א **מִי הֶאֱמִין לִשְׁמֻעָתֵנוּ**, מי היה מאמין לבשורת הגאולה הזו,[9] **וּזְרוֹעַ ה' עַל**

הרחבות התמורה העצומה במעמד העם בבוא הגאולה.

'לא תֹאר לו ולא הדר, וְנִראהו ולא מרְאה וְנחמדהו' יחס פרדוקסלי ובעייתי זה כלפי ישראל בולט מאוד בכתבי הנצרות, ובמידה רבה הוא מצוי גם באסלאם: מחד גיסא, בזים ליהודים הקיימים, מדכאים ומשפילים אותם; ומאידך גיסא, ממשיכים להתפאר בשם ישראל. אלפיים שנה ויותר מתייחסים

מִי נִגְלָתָה?! ראו כיצד מתגלה כוחו של ה' על עמו הדחוי. ב וַיַּעַל
העם הזה כַּיּוֹנֵק, כענף קטן לְפָנָיו – לפני ה',[10] וְכַשֹּׁרֶשׁ הבוקע
וצומח מֵאֶרֶץ צִיָּה, שממה. הוא יופיע ויתגלה מחדש באופן בלתי
צפוי לחלוטין. לֹא תֹאַר לוֹ וְלֹא הָדָר, וְנִרְאֵהוּ וְלֹא מַרְאֶה. קודם לכן
לא היה בו דבר מרשים, ולא שמנו לב אליו, ואף על פי כן –[11]
וְנֶחְמְדֵהוּ.
ג נִבְזֶה, בזוי וַחֲדַל אִישִׁים, חסר כוח של אנשים,[12] אִישׁ מַכְאֹבוֹת וִידוּעַ
חֹלִי, הוא תמיד סובל וחולה, וּכְמַסְתֵּר פָּנִים מִמֶּנּוּ. הוא נראה כאילו
הוא מסתיר פניו מאתנו מחמת בושה או תחושת טומאה.[13]
נִבְזֶה וְלֹא חֲשַׁבְנֻהוּ מפני שפלות ערכו.
ד אָכֵן, ההסבר הנכון לאומללותו הוא שאת חֳלָיֵנוּ הוּא נָשָׂא, וּמַכְאֹבֵינוּ
סְבָלָם, הוא סובל את כאבו של העולם. וַאֲנַחְנוּ חֲשַׁבְנֻהוּ נָגוּעַ, מֻכֵּה
אֱלֹהִים וּמְעֻנֶּה, חשבנו שה' מעוניין להכותו ולבזותו באשמתו, אך
בעצם ייסוריו באים לכפר על עוונות העולם.[14] ה וְהוּא מְחֹלָל, מוכה
ודקור[15] מִפני פְּשָׁעֵנוּ, מְדֻכָּא מֵעֲוֺנֹתֵינוּ. מוּסַר שְׁלוֹמֵנוּ הייסורים שהיו
ראויים לבוא עלינו ולא באו, כי שלום לנו – נופלים עָלָיו. הוא מיוסר
במחיר השלום שממנו אנו נהנים. וּבַחֲבֻרָתוֹ, בפצעו נִרְפָּא לָנוּ. פצעיו
הם רפואת העולם; סבלו הוא תקנתם של אחרים. ו כֻּלָּנוּ כַּצֹּאן תָּעִינוּ,
אִישׁ לְדַרְכּוֹ פָּנִינוּ באדישות. וַה' הִפְגִּיעַ בּוֹ, גרם לו להיפגע אֵת, מֵעֲוֺן
כֻּלָּנוּ. ז נִגַּשׂ, נלחץ על ידי אחרים וְהוּא נַעֲנֶה, נכנע תחת נוגשיו וְלֹא
יִפְתַּח פִּיו. כַּשֶּׂה לַטֶּבַח, לשחיטה יוּבָל, שאינו מתנגד או מוחה. וּכְרָחֵל,
ככבשה שלִפְנֵי גֹזְזֶיהָ נֶאֱלָמָה, נשתתקה, וְלֹא יִפְתַּח פִּיו. רגיל הוא לשאת
את סבלו בדממה.[16] ח מֵעֹצֶר, ממקום המעצר וּמִבית המִשְׁפָּט לֻקָּח,[17]
וְאֶת דּוֹרוֹ, עם בני דורו, או: עם אלו שמסביבו[18] מִי יְשׂוֹחֵחַ. אין אחד
שמעוניין להתעסק עמו, או: לשאול ולדבר עם הסובבים אותו על
יחסם אליו[19] כִּי הגויים אומרים עליו: נִגְזַר, נכרת מֵאֶרֶץ חַיִּים מִפֶּשַׁע
עַמִּי, מחמת פשעינו עבד ה' נותק מהחיים, ובא נֶגַע לָמוֹ, להם,
לישראל.[20] ט וַיִּתֵּן, נתנו אֶת, עם רְשָׁעִים קִבְרוֹ, קברו אותו בביזיון, בין
הרשעים. וְהוא נמנה אֶת עָשִׁיר, עם העשירים בְּמֹתָיו, במותו. הרגוהו
רק מפני הקנאה בעושרו או בעלילה שנתעשר מניצול אחרים עַל
לֹא חָמָס עָשָׂה, וְלֹא מִרְמָה בְּפִיו. י וַה' חָפֵץ דַּכְּאוֹ הֶחֱלִי, לדכאו עד

הרחבות

בבוז לדמותו הגלויה של עם ישראל, ועם זאת, מה שהוא מייצג מעורר כבוד פנימי גדול.

וה' חפץ דַּכְּאוֹ הֶחֱלִי אם תשים אָשָׁם נפשו יראה זרע יאריך ימים' לפי התפיסה המובעת כאן, בעצם הסבל כשהוא לעצמו אין כדי לכפר על אחרים. הייסורים יכולים למרק עוונות ולגרום טובה וברכה באחריתם רק אם האדם מקבל אותם ברצון ובאהבה.

אִם־תָּשִׂים אָשָׁם נַפְשׁוֹ יִרְאֶה זֶרַע יַאֲרִיךְ יָמִים וְחֵפֶץ יְהוָה בְּיָדוֹ
יא יִצְלָח׃ מֵעֲמַל נַפְשׁוֹ יִרְאֶה יִשְׂבָּע בְּדַעְתּוֹ יַצְדִּיק צַדִּיק עַבְדִּי
יב לָרַבִּים וַעֲוֺנֹתָם הוּא יִסְבֹּל׃ לָכֵן אֲחַלֶּק־לוֹ בָרַבִּים וְאֶת־עֲצוּמִים
יְחַלֵּק שָׁלָל תַּחַת אֲשֶׁר הֶעֱרָה לַמָּוֶת נַפְשׁוֹ וְאֶת־פֹּשְׁעִים נִמְנָה
נד א וְהוּא חֵטְא־רַבִּים נָשָׂא וְלַפֹּשְׁעִים יַפְגִּיעַ׃ רָנִּי
עֲקָרָה לֹא יָלָדָה פִּצְחִי רִנָּה וְצַהֲלִי לֹא־חָלָה כִּי־רַבִּים בְּנֵי־שׁוֹמֵמָה
ב מִבְּנֵי בְעוּלָה אָמַר יְהוָה׃ הַרְחִיבִי ׀ מְקוֹם אָהֳלֵךְ וִירִיעוֹת
מִשְׁכְּנוֹתַיִךְ יַטּוּ אַל־תַּחְשֹׂכִי הַאֲרִיכִי מֵיתָרַיִךְ וִיתֵדֹתַיִךְ חַזֵּקִי׃
ג כִּי־יָמִין וּשְׂמֹאול תִּפְרֹצִי וְזַרְעֵךְ גּוֹיִם יִירָשׁ וְעָרִים נְשַׁמּוֹת יוֹשִׁיבוּ׃
ד אַל־תִּירְאִי כִּי־לֹא תֵבוֹשִׁי וְאַל־תִּכָּלְמִי כִּי לֹא תַחְפִּירִי כִּי בֹשֶׁת
ה עֲלוּמַיִךְ תִּשְׁכָּחִי וְחֶרְפַּת אַלְמְנוּתַיִךְ לֹא תִזְכְּרִי־עוֹד׃ כִּי בֹעֲלַיִךְ
עֹשַׂיִךְ יְהוָה צְבָאוֹת שְׁמוֹ וְגֹאֲלֵךְ קְדוֹשׁ יִשְׂרָאֵל אֱלֹהֵי כָל־הָאָרֶץ

ביאור | שֶׁחלה. **אִם תָּשִׂים אָשָׁם נַפְשׁוֹ**, אם נפשו תאשים את עצמה ותראה בייסורים כפרה לחטאיה, הרי בסופו של דבר **יִרְאֶה זֶרַע**, **יַאֲרִיךְ יָמִים**, **וְחֵפֶץ ה' בְּיָדוֹ יִצְלָח**. יא **מֵעֲמַל**, מסבל **נַפְשׁוֹ יִרְאֶה** ברעה **וְיִשְׂבַּע** צרות.[21] **בְּדַעְתּוֹ**, מתוך דעה ורצון **יַצְדִּיק** הצַדִּיק, שהוא **עַבְדִּי** - **לָרַבִּים**, את הגויים הרבים,[22] **וַעֲוֺנֹתָם הוּא יִסְבֹּל**. יב **לָכֵן אֲחַלֶּק לוֹ** לעתיד לבוא חלק טוב **בָרַבִּים**, בתוך הרבים ולעיניהם, **וְאֶת**, עם **עֲצוּמִים**, גדולי עולם **יְחַלֵּק שָׁלָל**. וכל זאת **תַּחַת אֲשֶׁר הֶעֱרָה**, הריק, שפך **לַמָּוֶת נַפְשׁוֹ**, מסר את עצמו למיתה, **וְאֶת**, עם **פֹּשְׁעִים נִמְנָה**, נחשב, אף על פי

הרחבות | (ראו ברכות ה ע"א; מצודת דוד על אתר).

קבלת ייסורים למען הזולת רעיון הסבל למען האחר - מרצון או שלא מרצון - מופיע גם בדברי חכמים. (ראו שבת לג ע"ב; סוטה יד ע"א; תנא דבי אליהו רבה כז,ד. על מיתת צדיקים המכפרת על הדור - ראו מועד קטן כח ע"א; ויקרא רבה סוף פרשה כ). במידה רבה עם ישראל הוא השעיר לעזאזל של העולם. הוא מתייסר, מושפל או נופל מפני שבמקומות אחרים בעולם דבר-מה חסר ופגום.

הופעתו זו של עבד ה' קודרת למדי - המציאות אינה מאירה לו פנים; העולם אינו מכיר בטבעו; הוא נותר פסיבי ואינו נלחם או מורד; ויחסו אל המציאות ופעילותו חשאיים בעיקרם. אולם מכיוון שהוא חי בתוך המציאות הפגומה והוא נכון לקבל על עצמו את הרוע שבה ולהכיל את תוצאותיו - בסופו של דבר בו תתחיל הגאולה מפגמי המציאות.

תמציתה של נבואה זו נוסחה בספר הכוזרי (ב,לו) במלים: "ישראל באומות הם בבחינת הלב באברים". הלב, מרכזו של הגוף, הוא

שלאמתו של דבר הוא חֵטְא רַבִּים נָשָׂא על עצמו, וְלַפֹּשְׁעִים, ובעבור החוטאים יַפְגִּיעַ, התפלל.[23]

נחמת ציון השוממה והענייה

פרק נד

כמו הנבואות הדומות לפניה ואחריה, גם הנבואה שלפנינו משמיעה דברי נחמה לישראל. ואולם כאן מתבשרת ציון, הממאנת להתנחם, בדברים שלא נאמרו לה קודם: בשבועה שנשבע ה׳ להתקשר אִתה בברית עולם, בבניינה המפואר באבנים טובות ובהתפשטות תחומה.

הנביא פונה לדמות הנשית המגלמת את ישראל: פרק נד א רָנִּי,
שמחי ושירי, עֲקָרָה, שֶׁלֹּא יָלָדָה. כנסת ישראל בגלות מדומה לאשה
שלא ילדה ושלא תלד ילדים. פִּצְחִי רִנָּה, פתחי בשיר וְצַהֲלִי, זו שֶׁלֹּא
חָלָה, לא ילדה,[1] לכאורה, כִּי לאמתו של דבר רַבִּים יהיו בְנֵי שׁוֹמֵמָה,
העזובה, יותר מִבְּנֵי בְעוּלָה, אָמַר ה׳. ב הַרְחִיבִי מְקוֹם אָהֳלֵךְ כדי לקבל
את בנייך הרבים, וִירִיעוֹת מִשְׁכְּנוֹתַיִךְ יַטּוּ, יהיו פרושות. אַל תַּחְשֹׂכִי,
אל תקמצי במקום או ביריעות. הַאֲרִיכִי מֵיתָרַיִךְ, החבלים שבהם
נקשרות יריעות אוהלך אל היתדות, וִיתֵדֹתַיִךְ חַזֵּקִי, שכן הגיע הקץ
לנדודייך, ומעתה ייקבע אוהלך במקום אחד.[2] ג כִּי יָמִין וּשְׂמֹאול
תִּפְרֹצִי, וְזַרְעֵךְ גּוֹיִם, עמים יִירָשׁ, וְעָרִים נְשַׁמּוֹת, שוממות יוֹשִׁיבוּ, יישבו.

הנביא ממשיך בדבריו לציון, שדימה אותה קודם לאשה עקרה: ד אַל
תִּירְאִי מדבר, כִּי לֹא תֵבוֹשִׁי. דבר לא יבייש ולא יאכזב אותך. וְאַל
תִּכָּלְמִי, כִּי לֹא תַחְפִּירִי, תתביישי[3] עוד, כִּי בֹשֶׁת עֲלוּמַיִךְ, נעורייך
תִּשְׁכָּחִי, וְחֶרְפַּת אַלְמְנוּתַיִךְ לֹא תִזְכְּרִי עוֹד. שוב לא תזכרי לא את ימי
בדידותך, כשהיית רווקה, ולא את פגיעותך ואת חוסר הביטחון
שחווית כאלמנה. יבוא זמן שכל אלה יישכחו. ה כִּי בֹעֲלַיִךְ, אדונייך[4]
הוא עֹשַׂיִךְ, יוצרך, ה׳ צְבָאוֹת שְׁמוֹ. אינך רווקה או אלמנה, אלא
שהפְּרֵדה הממושכת מבעלך היא שהשכיחה ממך את קיומו. הנה
את עומדת להיפגש אתו מחדש. וְגֹאֲלֵךְ, קרובך ומושיעך הוא קְדוֹשׁ

הרחבות

האבר הבריא ביותר, ועם זאת הרגיש ביותר לכאב, משום שהוא נושא את כאבם של שאר האברים. עם ישראל הוא גם קרבן העולם כולו, הסובל ממחלות העולם והמסמל את ירידותיו, והוא גם הדמות הכללית שעל ידיה העולם מתעלה.

כנסת ישראל כיושבת אוהל ומשכן דימוי זה מצטרף לאזכורים נוספים המופיעים בנבואות אלה אשר מרמזים אל תקופת היציאה ממצרים. (לעיל מו,ג; מח,כא; הרחבה ל-נב,יב). האוהל אמנם אינו מבנה נוקשה, אבל זהו גם יתרונו – אפשר להרחיבו בקלות ולמתוח את יריעותיו כדי שיהיה בתוכו מקום רב יותר.

׳כי ימין ושמאול תפרֹצי׳ בראשית ימי הבית השני שבו ארצה רק מעט אנשים, והם שבנו הכול מחדש. היישוב היה עצוב ועלוב בהשוואה לתקופה שקדמה לגלות. הנביא צופה שבגאולה העתידה, גם אם יישאר בישראל רק ציבור קטן, הוא יגדל ויתפשט. הוא קורא לפתוח את ערי הארץ לקראת הגולים העתידים לשוב מארצות פזוריהם.

יִקָּרֵא׃ כִּי־כְאִשָּׁה עֲזוּבָה וַעֲצוּבַת רוּחַ קְרָאָךְ יְהוָה וְאֵשֶׁת נְעוּרִים ו
כִּי תִמָּאֵס אָמַר אֱלֹהָיִךְ׃ בְּרֶגַע קָטֹן עֲזַבְתִּיךְ וּבְרַחֲמִים גְּדֹלִים ז
אֲקַבְּצֵךְ׃ בְּשֶׁצֶף קֶצֶף הִסְתַּרְתִּי פָנַי רֶגַע מִמֵּךְ וּבְחֶסֶד עוֹלָם ח
רִחַמְתִּיךְ אָמַר גֹּאֲלֵךְ יְהוָה׃ כִּי־מֵי נֹחַ זֹאת לִי ט
אֲשֶׁר נִשְׁבַּעְתִּי מֵעֲבֹר מֵי־נֹחַ עוֹד עַל־הָאָרֶץ כֵּן נִשְׁבַּעְתִּי
מִקְּצֹף עָלַיִךְ וּמִגְּעָר־בָּךְ׃ כִּי הֶהָרִים יָמוּשׁוּ וְהַגְּבָעוֹת תְּמוּטֶינָה י
וְחַסְדִּי מֵאִתֵּךְ לֹא־יָמוּשׁ וּבְרִית שְׁלוֹמִי לֹא תָמוּט אָמַר מְרַחֲמֵךְ
יְהוָה׃ עֲנִיָּה סֹעֲרָה לֹא נֻחָמָה הִנֵּה אָנֹכִי מַרְבִּיץ בַּפּוּךְ יא
אֲבָנַיִךְ וִיסַדְתִּיךְ בַּסַּפִּירִים׃ וְשַׂמְתִּי כַּדְכֹד שִׁמְשֹׁתַיִךְ וּשְׁעָרַיִךְ יב
לְאַבְנֵי אֶקְדָּח וְכָל־גְּבוּלֵךְ לְאַבְנֵי־חֵפֶץ׃ וְכָל־בָּנַיִךְ לִמּוּדֵי יְהוָה יג

ביאור | **יִשְׂרָאֵל, אֱלֹהֵי כָל הָאָרֶץ יִקָּרֵא**, וביכולתו לעשות הכול.[5] ו **כִּי כְאִשָּׁה עֲזוּבָה וַעֲצוּבַת רוּחַ** עלובה, מדוכאת ומיואשת בגלותך **קְרָאָךְ ה'**, הזמינך אליו, **וְאֵשֶׁת נְעוּרִים כִּי תִמָּאֵס, אָמַר אֱלֹהָיִךְ**. בעיניו אַת אשת נעוריו, שאינה נמאסת לעולם. על כן הוא עוד יחדש את הקשר אתך.

ואלו דברי ה': ז **בְּ**משך **רֶגַע קָטֹן עֲזַבְתִּיךְ**. הגלות הארוכה היא כרגע קטן אצל הקדוש ברוך הוא. ולעומת זאת **בְרַחֲמִים גְּדֹלִים** וממושכים **אֲקַבְּצֵךְ** חזרה.[6] ח **בְּשֶׁצֶף קֶצֶף**, בשטף זעם המתפרץ בבת אחת[7] **הִסְתַּרְתִּי פָנַי רֶגַע מִמֵּךְ**. אין זו נקמה של ממש, אלא הסתרת פנים רגעית, שאם לא כן לא היה נשאר שריד ופליט מישראל. ומכל מקום, **בְחֶסֶד עוֹלָם**, נצחי **רִחַמְתִּיךְ, אָמַר גֹּאֲלֵךְ ה'**. כאשר הכול יחזור לתיקונו תראו כיצד ימי הדכדוך, הגלות והצרות שפקדו אתכם

העולם | **פּוּךְ** כאן הוא מין אבן יקרה, כמתואר בבניין בית המקדש הראשון: אַבְנֵי שֹׁהַם וּמִלּוּאִים אַבְנֵי פוּךְ וְרִקְמָה וְכֹל אֶבֶן יְקָרָה וְאַבְנֵי שַׁיִשׁ לָרֹב (דברי הימים א' כט,ב). אבן הפוך זוהתה עם הנֹּפֶךְ (שמות כח,יח), אחת מאבני החושן שצבעה כחול או שחור (ראו רד"ק ומלבי"ם על אתר). אחרים סברו כי הפוך הוא חומר מליטה שבו משתמשים למילוי הרווח שבין האבנים הטובות כדי להחזיקן ולהבליטן.

סַפִּירִים אבני ספיר של המינרל קורונדום (אנגלית: corundum), בעלות קשיות גבוהה ביותר. צבעם הנפוץ הוא כחול, אך הן מצויות בצבעים שונים, למעט אדום.

כַּדְכֹד בתרגום השבעים זיהו אבן זו עם

בעבר לא היו אלא מצב עראי. ט **כִּי**, כמו[8] **מֵי נֹחַ**, מי המבול – כך **זֹאת** ההבטחה **לִי**.[9] כלומר, **אֲשֶׁר**, כמו **שנִשְׁבַּעְתִּי מֵעֲבֹר מֵי נֹחַ עוֹד עַל הָאָרֶץ**, ומאז אכן לא היה מבול, **כֵּן נִשְׁבַּעְתִּי מִקְּצֹף עָלַיִךְ וּמִגְּעָר בָּךְ**, שלא אזעם עלייך ולא אעזבך כבעבר. י **כִּי** גם אם **הֶהָרִים יָמוּשׁוּ**, יזוזו ממקומם, **וְהַגְּבָעוֹת תְּמוּטֶנָה**, יזדעזעו, ודבר לא יישאר יציב – **חַסְדִּי מֵאִתֵּךְ לֹא יָמוּשׁ, וּבְרִית שְׁלוֹמִי לֹא תָמוּט**. הקשר עם ה׳ יישאר יציב תמיד.[10] **אָמַר מְרַחֲמֵךְ ה׳**.

פניית ניחומים נוספת לכנסת ישראל: יא **עֲנִיָּה סֹעֲרָה**, גולה ומטולטלת בלא מנוח, **שֶׁלֹּא נֻחָמָה**, עם כל ההבטחות שקדמו, עדיין לא נוחמה מרוב דכ־וכה וסבלה. **הִנֵּה אָנֹכִי מַרְבִּיץ**, מרצף[11] **בַּפּוּךְ**, באבנים יקרות את **אֲבָנַיִךְ**. כשתשוקמי במקומך, תיבני באבני בניין יקרות. **וִיסַדְתִּיךְ בַּסַּפִּירִים**, אבני היסוד שלך יהיו אבני ספיר.[12] יב **וְשַׂמְתִּי כַּדְכֹד**, שם אבן יקרה, שממנה ייעשו **שִׁמְשֹׁתַיִךְ**, לוחות נוצצים בשמש, העשויים לנוי ולאור, כגון לוח הזכוכית שבחלונות.[13] **וּשְׁעָרַיִךְ** אשים **לְאַבְנֵי אֶקְדָּח**, סוג נוסף של אבן טובה הדומה בגווניה לאש או לגחלים, **וְכָל גְּבוּלֵךְ**, שט־חך[14] **לְאַבְנֵי חֵפֶץ**, אבני חן שהבריות רוצות אותן.[15] באותם ימים תחדלי להיות ענייה וסוערת, כבר לא תגורי באוהל, אלא תשבי במשכנות מפוארים – בין באופן הממשי ובין כביטוי סמלי.

לא רק מקומה של ציון ותבנית מגוריה ישתנו; יחול שינוי משמעותי גם ביושבים בה. יג **וְכָל בָּנַיִךְ** יהיו **לִמּוּדֵי**, תלמידי ה׳, והם ידעו אותו

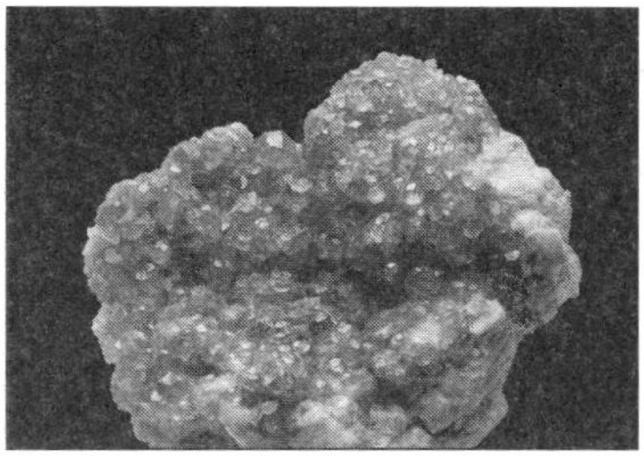

מימין: chalcedony (׳כדכד׳?)

משמאל: אבן הרובי (׳אבני אקדח׳?)

העולם

הַיָּשְׁפֵה, אחת מאבני החושן. בערבית מכונה אבן חן אדומה מסוימת ׳כדכדא׳. ביוונית נושאת אבן קוורץ המופיעה בצבעים שונים שם דומה, karchedon, אך ככל הנראה ריא קרויה על שמה הקדום של העיר קרתגו שבתוניס, אשר ממנה היו מביאים אבנים אלו. (באנגלית האבן נקראת chalcedony).

אַבְנֵי אֶקְדָּח השורש ק,ד,ח חוזר בפעלים הקשורים לבערת האש (ראו דברים לב,כב; ישעיה נ,יא; סד,א; ירמיה טו,יד; יז,ד). על כן היו שזיהו את אבני האקדח עם אבנים יקרות שיש להן מראה גחלי אש, כגון האודם (ruby). רבנו בחיי והמלבי״ם זיהו אותן עם הַבָּרֶקֶת, אבן מאבני החושן המכונה בימינו אמרלד.

וְרַב שְׁלוֹם בָּנָיִךְ: בִּצְדָקָה תִּכּוֹנָנִי רַחֲקִי מֵעֹשֶׁק כִּי־לֹא תִירָאִי יד
וּמִמְּחִתָּה כִּי לֹא־תִקְרַב אֵלָיִךְ: הֵן גּוֹר יָגוּר אֶפֶס מֵאוֹתִי מִי־גָר טו
הִנֵּה אִתָּךְ עָלַיִךְ יִפּוֹל: הֵן אָנֹכִי בָּרָאתִי חָרָשׁ נֹפֵחַ בְּאֵשׁ פֶּחָם וּמוֹצִיא טז
כְלִי לְמַעֲשֵׂהוּ וְאָנֹכִי בָּרָאתִי מַשְׁחִית לְחַבֵּל: כָּל־כְּלִי יוּצַר עָלַיִךְ יז
לֹא יִצְלָח וְכָל־לָשׁוֹן תָּקוּם־אִתָּךְ לַמִּשְׁפָּט תַּרְשִׁיעִי זֹאת נַחֲלַת
עַבְדֵי יְהוָה וְצִדְקָתָם מֵאִתִּי נְאֻם־יְהוָה: הוֹי א נה
כָּל־צָמֵא לְכוּ לַמַּיִם וַאֲשֶׁר אֵין־לוֹ כָּסֶף לְכוּ שִׁבְרוּ וֶאֱכֹלוּ וּלְכוּ
שִׁבְרוּ בְּלוֹא־כֶסֶף וּבְלוֹא מְחִיר יַיִן וְחָלָב: לָמָּה תִשְׁקְלוּ־כֶסֶף ב
בְּלוֹא־לֶחֶם וִיגִיעֲכֶם בְּלוֹא לְשָׂבְעָה שִׁמְעוּ שָׁמוֹעַ אֵלַי וְאִכְלוּ־טוֹב
וְתִתְעַנַּג בַּדֶּשֶׁן נַפְשְׁכֶם: הַטּוּ אָזְנְכֶם וּלְכוּ אֵלַי שִׁמְעוּ וּתְחִי ג
נַפְשְׁכֶם וְאֶכְרְתָה לָכֶם בְּרִית עוֹלָם חַסְדֵי דָוִד הַנֶּאֱמָנִים: הֵן עֵד ד

ביאור | ויורגלו ללכת בדרכיו,[16] **וְרַב**, ירבה **שְׁלוֹם בָּנָיִךְ**. הבנים המלומדים לא יריבו זה עם זה אלא יחיו יחדיו בשלום.

יד כאשר ישוקמו הריסותייך, **בִּצְדָקָה תִּכּוֹנָנִי**. תיבני על בסיס היושר והחוק.[17] **רַחֲקִי מֵעֹשֶׁק, כִּי לֹא תִירָאִי**. כיוון שתחיי בשלווה ולא תהיי נתונה תחת פחדים, תוכלי להתרחק מגזל, שכן לעתים חוסר יושר מופיע כתוצאה מפחד. ורחקי **מִמְּחִתָּה**, שבר,[18] צרה, **כִּי לֹא תִקְרַב אֵלָיִךְ**.[19] טו **הֵן**, הלוא **גּוֹר יָגוּר**, יפחד זה שהוא **אֶפֶס מֵאוֹתִי**, מי שאיננו אתי ושאינו נתון תחת השגחתי.[20] לעומת זאת **מִי שָׁגָר אִתָּךְ**, כנסת ישראל, ומצטרף אלייך – **עָלַיִךְ יִפּוֹל**, ישכון לבטח.[21] תוכלי להיבנות בלא כל פחד, כיוון שאני הוא השולט בכול – בכוחות היצירה ובכוחות ההרס. טז **הִנֵּה אָנֹכִי בָּרָאתִי** את **הֶחָרָשׁ**, האומן, שאחת מעבודותיו להיות **נֹפֵחַ בְּאֵשׁ פֶּחָם**, מלבה את האש, כדי להגדילה, ובכך הוא **מוֹצִיא כְלִי לְמַעֲשֵׂהוּ**, מייצר כלים כדי להשתמש בהם, ויחד עם זאת **אָנֹכִי בָּרָאתִי** גם **מַשְׁחִית לְחַבֵּל**. כשם שאני הוא שבראתי את בוני העולם ויוצרי כליו, אני הוא שבראתי את משחיתיו. יז כיוון

הרחבות | 'ולכו שִׁבְרוּ בלוא כסף ובלוא מחיר יין וחלב' החכמה מספקת גם דברים שאינם הכרחיים לקיום הבסיסי של העולם. מעבר לפסוק זה, הרעיון שהחכמה נקנית מופיע במקרא רק בספר משלי (ד,ה): קְנֵה חָכְמָה, קְנֵה בִינָה. לאמתו של

שהכול שלי, **כָּל כְּלִי יוּצַר**, שייעשה **עָלַיִךְ** להזיק לך – **לֹא יִצְלָח. וְכָל לָשׁוֹן**, אומה, או: כל פה דובר, אשר **תָּקוּם אִתָּךְ לַמִּשְׁפָּט – תַּרְשִׁיעִי**. מי שיבואו כנגדך בטענות משפטיות ובוויכוחים, יחויבו ויפסידו, כמו אלו שיבואו בכוח.[22] **זֹאת נַחֲלַת**, זהו חלקם המובטח של **עַבְדֵי ה'**, **וְזוּ צִדְקָתָם**, גמולם הצודק, או: שכר מעשי צדקותם,[23] שהם מקבלים **מֵאִתִּי, נְאֻם ה'**.

קריאה לשוב אל ה' ולקבל ברכתו

פרק נה – פרק נו פס' ח

נבואת העידוד ורחיזוק הזאת כוללת קריאה לישראל לשוב אל ה' ולדרוש אותו, וכן הבטחה לעזרת ה' ולגאולת עולם. כאן מתבטאת הגאולה בשפע טובה לישראל, בהפיכת העולם כולו למקום שמח, יפה ומסייע ובקיבוץ הנידחים.

פרק נה א **הוֹי, כָּל צָמֵא, לְכוּ לַמַּיִם**, אל ה', שהוא מקור חייכם, כמים.
וַאֲשֶׁר אֵין לוֹ כָּסֶף, לְכוּ שִׁבְרוּ, קנו מזון **וֶאֱכֹלוּ, וּלְכוּ שִׁבְרוּ בְּלוֹא כֶסֶף וּבְלוֹא**
מְחִיר יַיִן וְחָלָב, החכמה. לא רק המים החיוניים ניתנים לכם חינם, אף
במותרות – יין וחלב – תזכו ללא תשלום.[1] ב **לָמָּה תִשְׁקְלוּ**, תשלמו
כֶסֶף בעד דברים חסרי ערך, שאינם מזינים – **בְּלוֹא** לקבל **לֶחֶם**?! ולשם מה תשקיעו את **יְגִיעֲכֶם** מה שאתם מתייגעים בו, **בְּלוֹא לְשָׂבְעָה** בדבר שאינו משביע?! במקום להשקיע עמל וטרחה במה שאינו מועיל או מספק, **שִׁמְעוּ שָׁמוֹעַ אֵלַי, וְאִכְלוּ טוֹב, וְתִתְעַנַּג בַּדֶּשֶׁן נַפְשְׁכֶם**. בואו
אל ה', שהוא מקור הטוב, השפע והעונג.[2] ג **הַטּוּ אָזְנְכֶם וּלְכוּ אֵלַי,**
שִׁמְעוּ וּתְחִי נַפְשְׁכֶם, וְאֶכְרְתָה לָכֶם בְּרִית עוֹלָם, כמו **חַסְדֵי דָוִד הַנֶּאֱמָנִים**
כברית שכרתי עם דוד, שאינה פגה לעולם.[3] ד **הֵן עֵד לְאוּמִּים**, עמים[4]
נְתַתִּיו – את דוד ואת ביתו אחריו. דוד אינו מופיע כאן רק כאדם פרטי; דוד מלך ישראל ואבי שושלת המלוכה מייצג את עם ישראל כולו. על העם מוטל להעיד באוזני אומות העולם על מציאות ה'

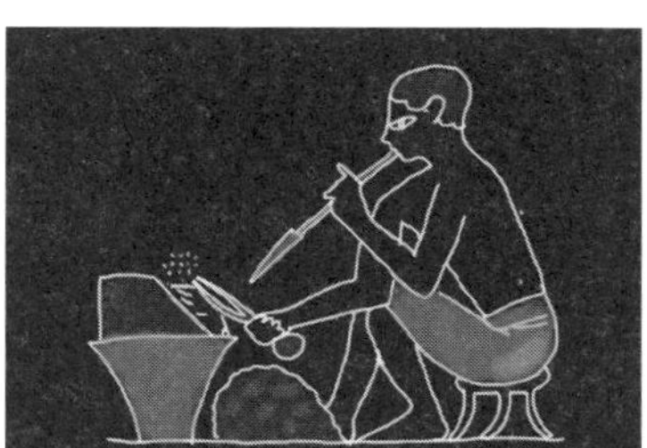

חרש מצרי נופח באש
תמשית קיר מקבר רחימר
המאה ה-15 לפנה"ס
תבי, מצרים

דבר, היה עליכם לשלם בעבור החכמה ובעד שאר המעלות הטובות, אך בפועל הן ניתנות גם למי שאין לו כסף. גם

הרחבות

דימויי החכמה למזון ולמשקה מופיעים בספר משלי. (ראו משלי ה,יט; ט,ה; יח,ד).

לְאוּמִּים נְתַתִּיו נָגִיד וּמְצַוֵּה לְאֻמִּים: ה הֵן גּוֹי לֹא־תֵדַע תִּקְרָא וְגוֹי
לֹא־יְדָעוּךָ אֵלֶיךָ יָרוּצוּ לְמַעַן יהוה אֱלֹהֶיךָ וְלִקְדוֹשׁ יִשְׂרָאֵל כִּי
ו פֵאֲרָךְ: דִּרְשׁוּ יהוה בְּהִמָּצְאוֹ קְרָאֻהוּ בִּהְיוֹתוֹ
ז קָרוֹב: יַעֲזֹב רָשָׁע דַּרְכּוֹ וְאִישׁ אָוֶן מַחְשְׁבֹתָיו וְיָשֹׁב אֶל־יהוה
ח וִירַחֲמֵהוּ וְאֶל־אֱלֹהֵינוּ כִּי־יַרְבֶּה לִסְלוֹחַ: כִּי לֹא מַחְשְׁבוֹתַי
ט מַחְשְׁבוֹתֵיכֶם וְלֹא דַרְכֵיכֶם דְּרָכָי נְאֻם יהוה: כִּי־גָבְהוּ שָׁמַיִם
י מֵאָרֶץ כֵּן גָּבְהוּ דְרָכַי מִדַּרְכֵיכֶם וּמַחְשְׁבֹתַי מִמַּחְשְׁבֹתֵיכֶם: כִּי
כַּאֲשֶׁר יֵרֵד הַגֶּשֶׁם וְהַשֶּׁלֶג מִן־הַשָּׁמַיִם וְשָׁמָּה לֹא יָשׁוּב כִּי אִם־
הִרְוָה אֶת־הָאָרֶץ וְהוֹלִידָהּ וְהִצְמִיחָהּ וְנָתַן זֶרַע לַזֹּרֵעַ וְלֶחֶם
יא לָאֹכֵל: כֵּן יִהְיֶה דְבָרִי אֲשֶׁר יֵצֵא מִפִּי לֹא־יָשׁוּב אֵלַי רֵיקָם כִּי אִם־
יב עָשָׂה אֶת־אֲשֶׁר חָפַצְתִּי וְהִצְלִיחַ אֲשֶׁר שְׁלַחְתִּיו: כִּי־בְשִׂמְחָה
תֵצֵאוּ וּבְשָׁלוֹם תּוּבָלוּן הֶהָרִים וְהַגְּבָעוֹת יִפְצְחוּ לִפְנֵיכֶם רִנָּה וְכָל־
יג עֲצֵי הַשָּׂדֶה יִמְחֲאוּ־כָף: תַּחַת הַנַּעֲצוּץ יַעֲלֶה בְרוֹשׁ תַּחַת הַסִּרְפַּד כג וְתַחַת

ביאור | ועל קדושתו, והוא גם נָגִיד, מושל וּמְצַוֵּה לְאֻמִּים. ה הֵן לעתיד לבוא גּוֹי לֹא תֵדַע, עם זר, תִּקְרָא. הם יסורו למשמעתך ולהוראותיך,[5] וְגוֹי לֹא יְדָעוּךָ, העמים הזרים אֵלֶיךָ יָרוּצוּ, ייאספו אליך לקבל ממך תורה וחכמה. כל זאת לְמַעַן ה' אֱלֹהֶיךָ, וְלִקְדוֹשׁ יִשְׂרָאֵל כִּי פֵאֲרָךְ, נתן לך פאר.

שוב נקרא העם לפנות אל ה', מקור החיים והכוח: ו דִּרְשׁוּ את ה' בְּהִמָּצְאוֹ, כאשר הוא נמצא לכם, קְרָאֻהוּ בִּהְיוֹתוֹ קָרוֹב. לקראת הגאולה ה' נוכח יותר. על כן ראוי שלא תסתפקו בקבלה סבילה של המצב, אלא תנצלו את זמינותו, תחפשוהו ותפעלו להתקרב אליו. בנסיבות אלה הנביא מבקש לעורר את שומעיו, אפילו את החוטאים שבהם: ז יַעֲזֹב רָשָׁע את דַּרְכּוֹ המעשית, את חטאיו שבפועל, וְאִישׁ אָוֶן, נבל יעזוב את מַחְשְׁבֹתָיו הרעות, וְיָשֹׁב אֶל ה', וה' יְרַחֲמֵהוּ, וְהוא ישוב אֶל אֱלֹהֵינוּ, כִּי אלוקים יַרְבֶּה לִסְלוֹחַ.

הרחבות | 'כִּי גבהו שמים מארץ כן גבהו דרכַי מדרכיכם' המרחק האינסופי וההבדל המהותי בין האדם לבורא נושאים משמעות תיאולוגית רבה ומשמשים עקרון יסוד בכל ספרי הפילוסופיה היהודית מראשית היותה של פילוסופיה מוגדרת בישראל. (ראו מורה נבוכים ח"ג כ; ספר העיקרים מאמר ב, ג; שו"ת הרשב"א ח"א ט; אברבנאל על אתר).

בבוא הגאולה יחשבו אנשים שאין בינם ובין הגאולה כל קשר, משום
שכל חייהם לא נהגו באופן הראוי לברכת ה׳. הנביא שולל מחשבה
כזו. אלוקים מרחם ומאפשר לכול לשוב אליו: ח **כִּי לֹא מַחְשְׁבוֹתַי**
מַחְשְׁבוֹתֵיכֶם, שיש בהן שמירת טינה על מעשיו הרעים של הזולת,
וְלֹא דַרְכֵיכֶם דְּרָכָי, אני אינני חושב כמותכם ואינני נוהג כך,[6] **נְאֻם ה׳**.
ט **כִּי**, כמו[7] ש**גָבְהוּ שָׁמַיִם מֵאָרֶץ, כֵּן גָּבְהוּ דְרָכַי מִדַּרְכֵיכֶם וּמַחְשְׁבֹתַי**
מִמַּחְשְׁבֹתֵיכֶם. אינכם יכולים להשוות את דרכי ומחשבותי לאלה
שלכם. ומעבר לתהום הפעורה בין מחשבותי למחשבות האנושיות,
גם דיבורי איננו דיבור סתם; הוא הוויה נוכחת ופעילה בעולם.[8] י **כִּי**
כַּאֲשֶׁר יֵרֵד הַגֶּשֶׁם וְהַשֶּׁלֶג מִן הַשָּׁמַיִם וְשָׁמָּה לֹא יָשׁוּב, אלא מגיע אל
הארץ וממלא בה את תפקידו - **כִּי אִם הִרְוָה אֶת הָאָרֶץ וְהוֹלִידָהּ**, הפרה
אותה **וְהִצְמִיחָהּ**. מי הגשמים והשלגים מרווים את הארץ וגורמים לה
להצמיח ולהחיות נפש - **וְנָתַן זֶרַע לַזֹּרֵעַ וְלֶחֶם לָאֹכֵל** - יא **כֵּן יִהְיֶה דְבָרִי**,
דיבורי **אֲשֶׁר יֵצֵא מִפִּי, לֹא יָשׁוּב אֵלַי רֵיקָם, כִּי אִם עָשָׂה אֶת אֲשֶׁר חָפַצְתִּי**,
וְהִצְלִיחַ אֲשֶׁר שְׁלַחְתִּיו. דבר ה׳ פועל את פעולתו ולבטח יטביע את
חותמו על המציאות, כפעולתו המפרה של הגשם. יב **כִּי בְשִׂמְחָה**
תֵצֵאוּ מכל גלות, מצוקה ובעיה, **וּבְשָׁלוֹם תּוּבָלוּן**, תזכו בהובלה -
בסיוע ובליווי. **הֶהָרִים וְהַגְּבָעוֹת יִפְצְחוּ לִפְנֵיכֶם רִנָּה**, ישירו לפניכם,
וְכָל עֲצֵי הַשָּׂדֶה המתנועעים **יִמְחֲאוּ כָף**. העולם כולו יהיה מקום
טוב יותר: יג **תַּחַת**, במקום **הַנַּעֲצוּץ**, סוג קוץ **יַעֲלֶה בְרוֹשׁ**, המביא
תועלת בעשיית צל או בהיותו חומר בניין ובעירה. **וְתַחַת הַסִּרְפַּד**

קידה שעירה
(נעצוץ?)

מימין:
סרפד
('סרפד'?)
משמאל:
טיון דביק
('סרפד'?)

העולם

סִרְפָּד יש המזהים אותו עם הצמח המכונה סרפד בימינו (שם מדעי: Urtica), וכך הוא בתרגום השבעים. שיח זה גדל בצדי דרכים, גובהו נע בין 100 ל–180

נו א יַעֲלֶה הֲדַס וְהָיָה לַיהוָה לְשֵׁם לְאוֹת עוֹלָם לֹא יִכָּרֵת׃ כֹּה
אָמַר יְהוָה שִׁמְרוּ מִשְׁפָּט וַעֲשׂוּ צְדָקָה כִּי־קְרוֹבָה יְשׁוּעָתִי לָבוֹא
ב וְצִדְקָתִי לְהִגָּלוֹת׃ אַשְׁרֵי אֱנוֹשׁ יַעֲשֶׂה־זֹּאת וּבֶן־אָדָם יַחֲזִיק בָּהּ
ג שֹׁמֵר שַׁבָּת מֵחַלְּלוֹ וְשֹׁמֵר יָדוֹ מֵעֲשׂוֹת כָּל־רָע׃ וְאַל־יֹאמַר בֶּן־
הַנֵּכָר הַנִּלְוָה אֶל־יְהוָה לֵאמֹר הַבְדֵּל יַבְדִּילַנִי יְהוָה מֵעַל עַמּוֹ
ד וְאַל־יֹאמַר הַסָּרִיס הֵן אֲנִי עֵץ יָבֵשׁ׃ כִּי־כֹה ׀
אָמַר יְהוָה לַסָּרִיסִים אֲשֶׁר יִשְׁמְרוּ אֶת־שַׁבְּתוֹתַי וּבָחֲרוּ בַּאֲשֶׁר
ה חָפָצְתִּי וּמַחֲזִיקִים בִּבְרִיתִי׃ וְנָתַתִּי לָהֶם בְּבֵיתִי וּבְחוֹמֹתַי יָד וָשֵׁם
טוֹב מִבָּנִים וּמִבָּנוֹת שֵׁם עוֹלָם אֶתֶּן־לוֹ אֲשֶׁר לֹא
ו יִכָּרֵת׃ וּבְנֵי הַנֵּכָר הַנִּלְוִים עַל־יְהוָה לְשָׁרְתוֹ
וּלְאַהֲבָה אֶת־שֵׁם יְהוָה לִהְיוֹת לוֹ לַעֲבָדִים כָּל־שֹׁמֵר שַׁבָּת מֵחַלְּלוֹ
ז וּמַחֲזִיקִים בִּבְרִיתִי׃ וַהֲבִיאוֹתִים אֶל־הַר קָדְשִׁי וְשִׂמַּחְתִּים
בְּבֵית תְּפִלָּתִי עוֹלֹתֵיהֶם וְזִבְחֵיהֶם לְרָצוֹן עַל־מִזְבְּחִי כִּי בֵיתִי

ביאור | **יַעֲלֶה הֲדַס. וְהָיָה לַה' לְשֵׁם**, לתפארת, או: לזיכרון, לא תהיה זו רווחה רגעית בלבד – **לְאוֹת עוֹלָם, לֹא יִכָּרֵת.**

נבואה זו ממשיכה את הקריאה לישראל לשוב אל ה': פרק נו א **כֹּה אָמַר ה': שִׁמְרוּ מִשְׁפָּט וַעֲשׂוּ צְדָקָה, כִּי קְרוֹבָה יְשׁוּעָתִי לָבוֹא, וְצִדְקָתִי**, הצדק שלי הכולל את משפטי,[9] קרוב **לְהִגָּלוֹת.** ב **אַשְׁרֵי אֱנוֹשׁ שיַּעֲשֶׂה זֹּאת, וּבֶן אָדָם שיַּחֲזִיק בָּהּ** – בתורה ובמצווה.[10] הקריאה כוללת את כל בני האדם,[11] אם כי בעיקרה היא מופנית לישראל – **שֹׁמֵר** את יום[12]

הדס

העולם | ס"מ. על גבעולו ועליו צומחות שערות, מעין מחטים זעירות המכילות רעלנים הגורמים צריבה. אחרים מזהים אותו עם הטיון הדביק (שם מדעי: Inula viscosa), שגובהו כמטר, וריחו חריף. הטיון הדביק גדל בצדי דרכים ובגדות נחלי אכזב. כאשר הוא גדל בצפיפות, הוא נראה ממרחק כסבכי שיחי הדס.

הַשַּׁבָּת מֵחַלְּלוֹ, וְשֹׁמֵר יָדוֹ מֵעֲשׂוֹת כָּל רָע, מכל דבר שהתורה אוסרתו.
גם אנשים שאינם מישראל עשויים לשמוע את הקריאה, ויהיו כאלו
שירצו להתקרב לה'. ג **וְאַל יֹאמַר בֶּן הַנֵּכָר הַנִּלְוָה אֶל ה' לֵאמֹר: "הַבְדֵּל
יַבְדִּילַנִי ה' מֵעַל עַמּוֹ"**. איני יכול להסתפח לעם ה' ולהתברך בברכתו.
וְאַל יֹאמַר הַסָּרִיס, שאינו ראוי להוליד: "**הֵן אֲנִי עֵץ יָבֵשׁ** חסר תועלת,
ועל כן לא תצמח ברכה מהתקרבותי אל ה'".
ד **כִּי כֹה אָמַר ה'** והבטיח **לַסָּרִיסִים אֲשֶׁר יִשְׁמְרוּ אֶת שַׁבְּתוֹתַי וּבָחֲרוּ
בַּאֲשֶׁר חָפָצְתִּי וּמַחֲזִיקִים בִּבְרִיתִי** – ה **וְנָתַתִּי לָהֶם בְּבֵיתִי וּבְחוֹמֹתַי יָד**,
מקום שייזכרו בו, כמו מצבת זיכרון,[13] **וָשֵׁם** לתפארת, שיהיה **טוֹב**
יותר **מִבָּנִים וּמִבָּנוֹת**. בנים ובנות ממשיכים ומזכירים את הוריהם, אך
זכרם הטוב של האנשים שייספחו אלי וידבקו בי יישמר אף יותר
מצאצאים בשר ודם -[14] **שֵׁם עוֹלָם אֶתֶּן לוֹ אֲשֶׁר לֹא יִכָּרֵת**. ו וכן **בְּנֵי הַנֵּכָר
הַנִּלְוִים עַל ה' לְשָׁרְתוֹ וּלְאַהֲבָה אֶת שֵׁם ה', לִהְיוֹת לוֹ לַעֲבָדִים – כָּל שֹׁמֵר
שַׁבָּת מֵחַלְּלוֹ וּמַחֲזִיקִים בִּבְרִיתִי**. לאותם בני נכר לשעבר ה' מבטיח כי
לא ייבדלו מעמו: ז **וַהֲבִיאוֹתִים**, אביא אותם **אֶל הַר קָדְשִׁי, וְשִׂמַּחְתִּים
בְּבֵית תְּפִלָּתִי**. אענה לתפילתם שם.[15] **עוֹלֹתֵיהֶם וְזִבְחֵיהֶם יעלו לְרָצוֹן עַל
מִזְבְּחִי**. גם אם יבחרו להיות קשורים לה' באופן חלקי בלבד, ויישארו

הרחבות

'תחת הסרפד יעלה הדס' במגע קרוב ההדס והסרפד יוצרים תחושה שונה לחלוטין זה מזה, אך במבט מרוחק יותר צורתם נראית דומה. יש בדמיון בין עליהם של השיחים המכונים בכינוי סרפד והדס כדי לאשש את זיהויים המקובל של צמחים אלה.

העולם החדש כאשר תצעדו לארצכם, העולם כולו ישמח אתכם. (ראו רד"ק ושד"ל). בשמחתכם ישתתפו ההרים והגבעות. שמחת גאולתכם תעלה על גדותיה ותשפיע אף על הצמחייה שתאיר פנים לאנושית. גם בספר תהלים מתוארת שמחת העולם המתוקן בהופעת ה' בעולם בהשתתפותם של עצים, נהרות, גלי הים ושאר נבראים דוממים. (ראו תהלים צח,ח; צג,ג; צד,יא-יב). ישעיהו מודיע כי העולם הפראי והפגום עתיד להפוך למקום נפלא, שיישאר הדור ומפואר לנצח, רווי בניחוחות, בקולות שירה ובהדר. (ראו רד"ק). בקריאה מסכמת זו הוא מדרבן את שומעיו ואומר להם: העולם החדש מוכן לכם, בואו והצטרפו.

'לסריסים' בכמה ספרים במקרא מוזכר שחלק מאנשי יהודה שהוגלו, כגון דניאל, נעשו סריסים בחצר מלך בבל. (ראו מלכים ב' כ,יח; לעיל לט,ז; ירמיה כט,ב; דניאל א-ג). ייתכן שנסתרסו בגופם או שבטלו מפריה ורביה מפני שנמסרו לעבודת המלך. (ראו סנהדרין צג ע"ב; ר"א מבלגנצי על אתר) אם כן אולי נתקיימה הבטחה זו בדניאל וחבריו שדבקו בה', והם נזכרים לעולם. (ראו דניאל א-ג; סנהדרין צג ע"ב).

שמירת שבת נזכרת ונשנית כאן בייחוד (וכדומה ביחזקאל כ,יא-כא. והיא הראשונה בעשרת הדיברות לאחר המצוות הקשורות באמונת ה' ובמוראו. שמות כ,ז), משום שהיא הסממן הבולט של האדם מישראל הנאמן לברית עם ה'. השבת היא אחת המצוות הקשות ביותר לקיום למי שלא הורגל בה. אין בה רק שינוי בולט באורחות החיים ובתפיסת העולם; היא אף מעמיסה נטל כבד על שומרה, במיוחד כאשר הסביבה אינה שובתת מפעילות. אין מדובר בדקות ספורות של תפילה, אלא ביום שלם שאינו פרודוקטיבי. לפיכך שמירת השבת מעידה על האדם יותר מכול שהוא מחזיק בברית ה' ועושה את רצונו, ואינו מסתפק בהצהרות ריקות מתוכן.

ח בֵּית־תְּפִלָּה יִקָּרֵא לְכָל־הָעַמִּים: נְאֻם אֲדֹנָי יֱהֹוִה מְקַבֵּץ נִדְחֵי
ט יִשְׂרָאֵל עוֹד אֲקַבֵּץ עָלָיו לְנִקְבָּצָיו: כֹּל חַיְתוֹ שָׂדָי אֵתָיוּ לֶאֱכֹל
י כָּל־חַיְתוֹ בַּיָּעַר: צֹפָו עִוְרִים כֻּלָּם לֹא יָדָעוּ כֻּלָּם כְּלָבִים
יא אִלְּמִים לֹא יוּכְלוּ לִנְבֹּחַ הֹזִים שֹׁכְבִים אֹהֲבֵי לָנוּם: וְהַכְּלָבִים עַזֵּי־
נֶפֶשׁ לֹא יָדְעוּ שָׂבְעָה וְהֵמָּה רֹעִים לֹא יָדְעוּ הָבִין כֻּלָּם לְדַרְכָּם פָּנוּ
יב אִישׁ לְבִצְעוֹ מִקָּצֵהוּ: אֵתָיוּ אֶקְחָה־יַיִן וְנִסְבְּאָה שֵׁכָר וְהָיָה כָזֶה
נז א יוֹם מָחָר גָּדוֹל יֶתֶר מְאֹד: הַצַּדִּיק אָבָד וְאֵין אִישׁ שָׂם עַל־לֵב
וְאַנְשֵׁי־חֶסֶד נֶאֱסָפִים בְּאֵין מֵבִין כִּי־מִפְּנֵי הָרָעָה נֶאֱסַף הַצַּדִּיק:
ב ג יָבוֹא שָׁלוֹם יָנוּחוּ עַל־מִשְׁכְּבוֹתָם הֹלֵךְ נְכֹחוֹ: וְאַתֶּם
ד קִרְבוּ־הֵנָּה בְּנֵי עֹנְנָה זֶרַע מְנָאֵף וַתִּזְנֶה: עַל־מִי תִּתְעַנָּגוּ עַל־מִי

ביאור | במעמד של 'בני נח', יש להם מקום אצלי, **כִּי בֵיתִי בֵּית תְּפִלָּה יִקָּרֵא לְכָל הָעַמִּים.**[16] וכך לעניין הקרבנות, אקבל את נדריהם ונדבותיהם של הנכרים שיועלו לבית מקדשי.[17] ח **נְאֻם ה' אֱלֹהִים, מְקַבֵּץ נִדְחֵי יִשְׂרָאֵל. עוֹד אֲקַבֵּץ עָלָיו** – על ישראל **לְנִקְבָּצָיו.** אוסיף נקבצים על אלו שכבר נקבצו. זהו חלק מתיאור הגאולה: מפעם לפעם יתגלו נידחים נוספים מישראל, ואת כולם יקבץ ה'.[18]

תוכחה קשה לעם ונחמה בסופה

פרק נו פס' ט – פרק נז

לאחר דברי הנחמה מגיעה נבואת תוכחה שרקעה אינו ברור לגמרי. מעבר לקושי הכללי בזיהוי זמנה של הנבואה ובזיהוי האירועים שאליהם היא מתייחסת, נבואה זו מכילה רמיזות סתומות. יש להניח כי קהל השומעים הבין את דברי הנביא, אולם אנו, הקוראים בנבואה ממרחק של זמן ומקום, יכולים רק לשער על מה באה תוכחתו המסוימת של הנביא.

העניין מסתיים בכך שאלוקים שוכן עם הדלים, חובק ורופא את אלו המאפשרים מקום לטוב, מכה את הנוהגים שלא כראוי עד שנפשם מתרפאת, ומן הרשעים, המקשים את לבם והממשיכים להרעיש ולהרשיע, הוא מסתיר את פניו.

לעומת נדחי ישראל והנלווים אליהם, יהיו בעתיד גם מי שיסרבו לקבל מרות, והם יבואו על עונשם.[1] הנביא מדמה את העם לעדר צאן ששמירתו נסתלקה. ט **כֹּל חַיְתוֹ,** חיות **שָׂדָי,** השדה **אֵתָיוּ,** בואו **לֶאֱכֹל** את פגריהם, **כָּל חַיְתוֹ** החיות אשר **בַּיָּעַר.** העדר איננו מוגן עוד מפני חיות הטרף, י כי **צֹפָיו,** המנהיגים הפוליטיים הגדולים שאמורים לצפות את העתיד – **עִוְרִים כֻּלָּם, לֹא יָדָעוּ** דבר. יתרה מזו, **כֻּלָּם כְּלָבִים אִלְּמִים שלֹא יוּכְלוּ לִנְבֹּחַ.** הצופים שהיו אמורים לשמש ככלבי שמירה,

גם כאשר הם רואים סכנה קרבה, אין בכוחם להזהיר - **הֹזִים שֹׁכְבִים,
אֹהֲבֵי לָנוּם**. מנהיגי העם מדומים לכלבים מנומנמים נחים וחולמים.[2]
גם אם אינם אילמים, הם עייפים ומעורפלים מכדי להתריע מפני
התקרבותו של זר ולהרתיעו.[3] יא **וְהַכְּלָבִים** הללו **עַזֵּי נֶפֶשׁ**, אבל עזותם
אינה מתבטאת בלחימתם כנגד אויבים אלא בתאוותנותם[4] - **לֹא
יָדְעוּ שָׂבְעָה**, ככלבים שאינם מבויתים החוטפים הכול לעצמם ולעולם
אינם באים על סיפוקם.[5] **וְהֵמָּה** - אותם כלבים אינם אלא משל
לרֹעִים, למנהיגים **שלֹא יָדְעוּ לְהָבִין** דבר. **כֻּלָּם לְדַרְכָּם פָּנוּ**. מנהיגי
העם אינם מבחינים בשינויים המתרחשים לנגד עיניהם, ושותקים
בשעה שבה צ״יך לדבר ולהוכיח מפני שהם אנשים קטנים העסוקים
בעסקיהם הפרטיים - **אִישׁ** איש פונה **לְבִצְעוֹ**, לממונו[6] **מִקָּצֵהוּ**, ממרום
מעמדו המרוחק, המנוכר לכלל.[7] במצב הזה אומרים אותם רועים
זה לזה: יב **אֵתָיוּ**, בואו **אֶקְחָה יַיִן וְנִסְבְּאָה**, נשתכר **מִשֵּׁכָר**. הם שבעי
רצון, לאחר שבמשך כל היום חמסו וחטפו כפי יכולתם, הם יושבים
לשתות לשכרה ומאחלים לעצמם: **וְהָיָה** כמו היום **הַזֶּה יוֹם מָחָר**, אך
מחר יהיה **גָּדוֹל יֶתֶר מְאֹד**, אף טוב יותר.[8]

פרק נז א בדור שאלו הם מנהיגיו **הַצַּדִּיק אָבָד** מן העולם, **וְאֵין אִישׁ
שָׂם עַל לֵב** לא את הצדיק החי, לא את סילוקו ואת מה שהוא ייצג.
אולי עורכים לצדיק הספד גדול, אך ממשיכים בשגרת החיים מתוך
אדישות. ובעקבות זאת, עוד **אַנְשֵׁי חֶסֶד נֶאֱסָפִים** ומתים **בְּאֵין מֵבִין**.
אנשים אינם מבינים את משמעות הקשר בין פטירת הצדיק לצרות
הפוקדות את דורו -[9] **כִּי מִפְּנֵי הָרָעָה** הקיימת בעולם **נֶאֱסַף הַצַּדִּיק** אל
עולם אחר, שה׳ אין הוא יכול לשאתה.[10] ועוד, פטירתו של הצדיק
קודמת לאסון הממשמש לבוא, כדי שלא יצטער ממנו -[11] ב **יָבוֹא**
הצדיק לבית עולמו **בְשָׁלוֹם** ושלווה,[12] **יָנוּחוּ**, הצדיק ואנשי החסד
הנאספים,[13] ייפטרו מן העולם במנוחה **עַל מִשְׁכְּבוֹתָם**, כל מי שהיה
הֹלֵךְ נְכֹחוֹ בדרך הישרה המתאימה לו.[14] לעומתם, מי שלא נהגו כך
יסבלו מן הצרות, ולא יהיו להם לא מנוחה ולא שלום.

הנביא מטיח דברים קשים באנשי דורו: ג **וְאַתֶּם** - הנשארים,[15]
קִרְבוּ הֵנָּה וקבלו את המגיע לכם,[16] או: בואו ושמעו את דעתי
עליכם. **בְּנֵי עֹנְנָה**, מכשפה.[17] או: אשה שאינה יציבה, שאין לתת
בה אמון, שכן היא הולכת ובאה כחילופי העונות. ומוסיף ביטוי
מפורש קשה מזה - **זֶרַע מְנָאֵף וַתִּזְנֶה**, בני נואפת שזנתה.[18] ד **עַל מִי
תִּתְעַנָּגוּ**, תתמלאו נחת בדיבוריכם היפים?![19] **עַל מִי תַּרְחִיבוּ פֶה, תַּאֲרִיכוּ**

תַּרְחִ֥יבוּ פֶ֖ה תַּאֲרִ֣יכוּ לָשׁ֑וֹן הֲלוֹא־אַתֶּ֥ם יִלְדֵי־פֶ֖שַׁע זֶ֥רַע שָֽׁקֶר׃
ה הַנֵּֽחָמִים֙ בָּֽאֵלִ֔ים תַּ֖חַת כָּל־עֵ֣ץ רַעֲנָ֑ן שֹׁחֲטֵ֤י הַיְלָדִים֙ בַּנְּחָלִ֔ים
ו תַּ֖חַת סְעִפֵ֥י הַסְּלָעִֽים׃ בְּחַלְּקֵי־נַ֙חַל֙ חֶלְקֵ֔ךְ הֵ֥ם הֵ֖ם גּוֹרָלֵ֑ךְ גַּם־לָהֶ֞ם
ז שָׁפַ֥כְתְּ נֶ֙סֶךְ֙ הֶעֱלִ֣ית מִנְחָ֔ה הַ֥עַל אֵ֖לֶּה אֶנָּחֵֽם׃ עַ֤ל הַר־גָּבֹהַּ֙ וְנִשָּׂ֔א
ח שַׂ֖מְתְּ מִשְׁכָּבֵ֑ךְ גַּם־שָׁ֥ם עָלִ֖ית לִזְבֹּ֥חַ זָֽבַח׃ וְאַחַ֤ר הַדֶּ֙לֶת֙ וְהַמְּזוּזָ֔ה
שַׂ֖מְתְּ זִכְרוֹנֵ֑ךְ כִּ֣י מֵאִתִּ֞י גִּלִּ֣ית וַתַּעֲלִ֗י הִרְחַ֙בְתְּ֙ מִשְׁכָּבֵ֔ךְ וַתִּכְרָת־לָ֣ךְ
ט מֵהֶ֔ם אָהַ֥בְתְּ מִשְׁכָּבָ֖ם יָ֥ד חָזִֽית׃ וַתָּשֻׁ֤רִי לַמֶּ֙לֶךְ֙ בַּשֶּׁ֔מֶן וַתַּרְבִּ֖י

ביאור | **לָשׁוֹן**?! אתם מרבים לדבר בצורה יפה וברורה כל כך, אך אין בכם אמת – **הֲלוֹא אַתֶּם יִלְדֵי פֶשַׁע, זֶרַע** של **שָׁקֶר**. וכאן מגיעים כמה תיאורים שקשה לדעת לְמה בדיוק הם מתייחסים: ה **הַנֵּחָמִים**, המתחממים בהתלהבות יצרים סביב האליל[20] **בָּאֵלִים**, ליד עצי האלה **תַּחַת כָּל עֵץ רַעֲנָן**, באופן פומבי ונפוץ מאוד,[21] **שֹׁחֲטֵי הַיְלָדִים בַּנְּחָלִים, תַּחַת סְעִפֵי**, שִׁני **הַסְּלָעִים**. ו **בְּחַלְּקֵי נַחַל**, עם האבנים החלקות שבנחל **חֶלְקֵךְ, הֵם הֵם גּוֹרָלֵךְ**. ייתכן שהיו מטילים גורלות באמצעות חלוקי הנחל לצורך מעשי הפולחן שנעשו בנחל, או שהיו עובדים לאבנים או אִתן ממש, ומשום כך חלוקי הנחל נחשבים לחלקם וגורלם של אותם אנשים.[22] **גַּם לָהֶם שָׁפַכְתְּ נֶסֶךְ, הֶעֱלִית מִנְחָה**. כמו בתיאורים אחרים של אלילות במקרא, מסתבר שגם כאן אין זו עבודה זרה אידיאולוגית, אלא פולחנים שהיוו חלק מהתרבות הסובבת, שאותם

הרחבות | **קורבנות ילדים** הם פולחן מובהק של עבודה זרה, המגונה בתורה כמה פעמים. (ראו לדוגמא ויקרא יח,כא; דברים יב,לא; וראו עוד ירמיה לב,לה; יחזקאל כג,לט; הושע יג,ב; תהלים קו,לז). קרבנות כאלה הקריבו אנשים שחשבו שכך יִרצו אלים שונים ויקבלו את ברכתם. ייתכן שבאותה תקופה התקיימו טקסים כאלה בישראל בסתר, בנקיקים, אם לא בגלוי.

'בחלְּקי נחל חלקך הם הם גורלך' השימוש בחלוקי נחל להטלת גורלות בחלוקת נחלות, היה מצוי בקרב הערבים תושבי הארץ עד לפני כמאה שנה. חלוקי נחל אלו נקראו בערבית جَرَل (jarral) גורל.

'הרחבתְּ משכבך' הנביא מתאר מציאות שבה העבודה הזרה נעשית חלק ממערך החיים. אנשים מרחיבים את ביתם, כביכול, ומכניסים בו אלילים גדולים וקטנים, מיני קמעות וסגולות בכל פינה. עיקר בעיית העבודה הזרה בכל הדורות לא היה נטישה גמורה של אלוקי ישראל לטובת פולחן זר, אלא סינקרטיזם – צירוף של דתות, אמונות ומנהגים שונים אל חייהם של מי ששייכים לתורת ישראל. (ראו ההרחבות לשמואל א' ז,ג וירמיה ז,לא).

'ותשֻׁרי למלך בשמן' מן האמור בכמה מקומות במקרא עולה שהשמן והבשמים שימשו כמוצרי סחר מאפיינים לארץ ישראל, ואולי השמן הריחני היה ענף יצוא מיוחד לארץ. (ראו בראשית מג,יא; יחזקאל כז,יז; ירמיה מו,יא; הושע יב,ב; רד"ק וראב"ע על אתר; וראו עוד 'העולם').

קיבלו מתחילה כמעין אמונות תפלות עממיות, אך עם הזמן הם הפכו לעבודה זרה גמורה וממשית. **הַעַל אֵלֶּה אֶנָּחֵם**?! האם אני יכול לוותר על מעשים כאלה, למחול ולנהוג כלפיהם באדישות?! ז לא רק בעמקים - גם **עַל הַר גָּבֹהַּ וְנִשָּׂא שַׂמְתְּ מִשְׁכָּבֵךְ**, לא לשם טיול או תצפית, אלא **גַּם שָׁם** טרחת **וְעָלִית** כדי **לִזְבֹּחַ זָבַח**. ח **וְאַחַר הַדֶּלֶת וְהַמְּזוּזָה שַׂמְתְּ זִכְרוֹנֵךְ**. מתוך חיבתך כלפי העבודה הזרה והיאחזותך בה הצבת את אליליך מאחרי הדלת, כדי שבפתיחתה הם ייראו מיד, וכדי שעם הכניסה לבית ייתקלו בהם.[23] **כִּי מֵאִתִּי** יצאת **וַתְּגַלִּי** את עצמך[24] **וַתַּעֲלִי**, הסתלקת ממני. **הִרְחַבְתְּ מִשְׁכָּבֵךְ**, ושוב אינך צמודה אלי. המרחב שנוצר לא נשאר ריק, אלא נכנסו בו זרים - **וַתִּכְרָת**, ותכרתי **לָךְ** ברית[25] **מֵהֶם**, עמהם. **אָהַבְתְּ מִשְׁכָּבָם** של הזרים, **יָד חָזִית**, בכל מקום שנראה לך מתאים לכך.[26]

מן ההתייחסות לענייני פולחן זרים עובר הנביא לבקר את הפן הפוליטי של היחס אל התרבויות הזרות; את, המדינה, קושרת קשרי חוץ מדיניים ותרבותיים עם ארצות אחרות כדי לשאת חן. ט **וַתָּשֻׁרִי**, נתת תשורה **לַמֶּלֶךְ** הזר **בַּשֶּׁמֶן** הטוב, **וַתַּרְבִּי** לו **רִקֻּחָיִךְ**, בשמייך ומעשי

מימין: קברי ילדים מהתופת בקרתגו ששימשה לשרפת הבנים

משמאל: Commiphora gileadensis ממנו הופק שמן האפרסמון

העולם

הקרבת ילדים למולך ולבעל הייתה נפוצה בקרב הצורים (רפיניקים). והשפעתם של הצורים על ישראל ויהודה בתקופת המלוכה בכלל, ובזמנו של ישעיהו בפרט, הייתה גדולה. במושבות הצורים בקרתגו, סיציליה, סרדיניה וכפרד נמצאו מתחמי 'תופת' - שטחי קבורה של אלפי תינוקות שהוקרבו. על מצבות שנמצאו במושבות אלה הופיעו כתובות הקדשה למולך ולבעל. בארץ ישראל לא נמצאו שטחים כאלו, אולי משום שכאן נעשו מעשים אלו מחוץ לגבולות הערים, כגון בגיא בן הינום. מממצאים ארכיאולוגיים שנחשפו ב-30 השנים האחרונות, עולה שבמאות ה-7–8 לפנה"ס נטמנו קרבנות הילדים בשקעי סלעים ולא בשדות קבורה מסודרים עם מצבות. הדבר עשוי להתאים לתיאור הנביא שֹׁחֲטֵי הַיְלָדִים בַּנְּחָלִים תַּחַת סְעִפֵי הַסְּלָעִים.

שֶׁמֶן החוקרים מזהים שמן מיודע זה עם שמן האפרסמון, הנקרא בתנ"ך גם צֳרִי (בראשית לז,כה ועוד). ארץ ישראל הייתה צומת מרכזי במסחר הבשמים של אפריקה, דרום ערב והודו, וכן בייצור שמן האפרסמון. שמן זה הופק מצמח הגדל באזור ים המלח ובקעת הירדן, המכונה בימינו Commiphora gileadensis. השמן הזה היה מרכיב מרכזי בתעשיית הבשמים (ראו למשל שיר השירים א,ג; ד,י). יוסף בן מתתיהו (קדמוניות ח,ו,ו) מייחס את הבאת האפרסמון לארץ למלכת שבא (ראו מלכים א' י,י). בגידול ייחודי זה התפרסמה ארץ ישראל גם בזמן הבית השני.

י רִקֻּחָיִךְ וַתְּשַׁלְּחִי צִרַיִךְ עַד־מֵרָחֹק וַתַּשְׁפִּילִי עַד־שְׁאוֹל׃ בְּרֹב
דַּרְכֵּךְ יָגַעַתְּ לֹא אָמַרְתְּ נוֹאָשׁ חַיַּת יָדֵךְ מָצָאת עַל־כֵּן לֹא חָלִית׃
יא וְאֶת־מִי דָּאַגְתְּ וַתִּירְאִי כִּי תְכַזֵּבִי וְאוֹתִי לֹא זָכַרְתְּ לֹא־שַׂמְתְּ עַל־
יב לִבֵּךְ הֲלֹא אֲנִי מַחְשֶׁה וּמֵעֹלָם וְאוֹתִי לֹא תִירָאִי׃ אֲנִי אַגִּיד צִדְקָתֵךְ
יג וְאֶת־מַעֲשַׂיִךְ וְלֹא יוֹעִילוּךְ׃ בְּזַעֲקֵךְ יַצִּילֻךְ קִבּוּצַיִךְ וְאֶת־כֻּלָּם
יִשָּׂא־רוּחַ יִקַּח־הָבֶל וְהַחוֹסֶה בִי יִנְחַל־אֶרֶץ וְיִירַשׁ הַר־קָדְשִׁי׃
יד טו וְאָמַר סֹלּוּ־סֹלּוּ פַּנּוּ־דָרֶךְ הָרִימוּ מִכְשׁוֹל מִדֶּרֶךְ עַמִּי׃ כִּי
כֹה אָמַר רָם וְנִשָּׂא שֹׁכֵן עַד וְקָדוֹשׁ שְׁמוֹ מָרוֹם וְקָדוֹשׁ אֶשְׁכּוֹן
וְאֶת־דַּכָּא וּשְׁפַל־רוּחַ לְהַחֲיוֹת רוּחַ שְׁפָלִים וּלְהַחֲיוֹת לֵב נִדְכָּאִים׃
טז כִּי לֹא לְעוֹלָם אָרִיב וְלֹא לָנֶצַח אֶקְּצוֹף כִּי־רוּחַ מִלְּפָנַי יַעֲטוֹף
יז וּנְשָׁמוֹת אֲנִי עָשִׂיתִי׃ בַּעֲוֹן בִּצְעוֹ קָצַפְתִּי וְאַכֵּהוּ הַסְתֵּר וְאֶקְצֹף
יח וַיֵּלֶךְ שׁוֹבָב בְּדֶרֶךְ לִבּוֹ׃ דְּרָכָיו רָאִיתִי וְאֶרְפָּאֵהוּ וְאַנְחֵהוּ וַאֲשַׁלֵּם
יט נִחֻמִים לוֹ וְלַאֲבֵלָיו׃ בּוֹרֵא נוב שְׂפָתָיִם שָׁלוֹם ׀ שָׁלוֹם לָרָחוֹק ניב
כ וְלַקָּרוֹב אָמַר יְהוָה וּרְפָאתִיו׃ וְהָרְשָׁעִים כַּיָּם נִגְרָשׁ כִּי הַשְׁקֵט לֹא

ביאור | מרקחתך.[27] **וַתְּשַׁלְּחִי צִרַיִךְ**, שליחייך **עַד לְמֵרָחֹק**,[28] **וַתַּשְׁפִּילִי**, ירדת **עַד שְׁאוֹל**. בסיכומו של דבר, כל הניסיונות לקשור קשרים עם מדינות ועמים אחרים הורידו את כבודך ולא הביאו לך תועלת.[29] י **בְּרֹב דַּרְכֵּךְ**, בדרכים הרבות[30] **יָגַעַתְּ**, ועם זאת **לֹא אָמַרְתְּ נוֹאָשׁ**. אם לא הצלחת ליצור קשר מדיני או מהלך דיפלומטי במקום אחד, את מנסה במקום אחר. **חַיַּת יָדֵךְ**, מחייתך,[31] או: כוח ידך[32] **מָצָאת**. הייתה לך הצלחה מסוימת, ובכך מצאת סיפוק, **עַל כֵּן לֹא חָלִית** במחלה גדולה וניכרת לעין, אף על פי שעדיין קיימים בך כל המחלות והפגמים הסמויים.[33] יא **וְאֶת מִי דָּאַגְתְּ**, ממי חששת **וַתִּירְאִי**, ותפחדי **כִּי תְכַזֵּבִי**, שהצטרכת לשקר?![34] דרך העולם לשקר לאויב כדי לרַצות אותו כאשר הוא הולך ומתחזק ומטיל אימה.[35] **וְאוֹתִי לֹא זָכַרְתְּ, לֹא**

הרחבות | **יחסים בינלאומיים** הטענה המופיעה כאן נשנית במקומות רבים אחרים – ההתערבות בחשבונות המדיניים של עמים אחרים, בתרבותם ובאמונתם אינה מביאה כל תועלת לעם ישראל עצמו. לרוב מסבות מערכות היחסים הללו נזק לישראל, באשר אין הן מייבאות את צדקותם של העמים הזרים, במידה שהיא קיימת,

שַׂמְתְּ עַל לִבֵּךְ. במקום לזכור אותי, את מנסה שוב ושוב לקשור
קשרים עם זרים בתחבולות יצירתיות. פיתחת עולם שלם של
עשייה, דיפלומטיה, יחסי תרבות ומסחר עם עמים שונים, ואילו אותי
אינך זוכרת. הֲלֹא מכיוון שאֲנִי מַחְשֶׁה, שותק וּמֵעֹלָם, מאז ומתמיד,
וְלכן אוֹתִי לֹא תִירָאִי.[36] יב אֲנִי אַגִּיד, מראה ומלמד לך את צִדְקָתֵךְ,
דרכי היושר המתאימים לך, וְאֶת מַעֲשַׂיִךְ הראויים, אך לשווא - וְלֹא
יוֹעִילוּךְ, כי אינך מקשיבה.[37] יג בְּזַעֲקֵךְ יַצִּילֻךְ קִבּוּצַיִךְ. אתם מתקבצים
יחדיו לזעוק, עורכים אספות גדולות ומקימים ארגון גדול, ואלו
עוזרים לך לפי שעה,[38] ואולם לבסוף אֶת כֻּלָּם יִשָּׂא רוּחַ, יִקַּח הָבֶל, הם
נמחקים, ולא נותר מהם דבר. וְאילו הַחוֹסֶה בִי יִנְחַל אֶרֶץ וְיִירַשׁ הַר
קָדְשִׁי. רק מעשיו של היחיד הנעשים מתוך ההתקשרות בה', יביאו
תועלת ממשית לאורך זמן. יד וְאָמַר החוסה[39] בי, נוחל הארץ, בזמן
הגאולה: סֹלּוּ סֹלּוּ, סללו, פַּנּוּ דָרֶךְ, הָרִימוּ מִכְשׁוֹל מִדֶּרֶךְ עַמִּי, כדי שיוכל
העם לשוב אל מקומו.

מכאן מעורבים גם דברי נחמה בדברי התוכחה: טו כִּי כֹה אָמַר ה'
שהוא רָם וְנִשָּׂא, שֹׁכֵן עַד, לנצח[40] וְקָדוֹשׁ שְׁמוֹ: מָרוֹם וְקָדוֹשׁ, למעלה
מעלה אֶשְׁכּוֹן, ואולם אֶת, עם דַּכָּא, עני ומדוכא וּשְׁפַל רוּחַ, למטה
מטה.[41] אני שוכן עם אלו כדי לְהַחֲיוֹת רוּחַ שְׁפָלִים וּלְהַחֲיוֹת לֵב נִדְכָּאִים,
שבורים. טז כִּי לֹא לְעוֹלָם אָרִיב עם מי שנענש וסובל, וְלֹא לָנֶצַח
אֶקְצוֹף, אכעס עליו. כִּי רוּחַ בני האדם מִלְּפָנַי יַעֲטוֹף, תיכנע ותיחלש,[42]
וּנְשָׁמוֹת אֲנִי עָשִׂיתִי, ולא אשחית את מעשה ידי. יז בַּעֲוֹן בִּצְעוֹ, בגלל
רדיפת הבצע שלו קָצַפְתִּי וְאַכֵּהוּ, הַסְתֵּר וְאֶקְצֹף. הכעס הוא הסתר
פניו של אלוקים.[43] וַיֵּלֶךְ אז החוטא שׁוֹבָב, בפראות בְּדֶרֶךְ לִבּוֹ, בלא
משמעת. יח אף שהסתרתי את פני ממנו ולמרות שמרד בי, את
דְּרָכָיו הרעים רָאִיתִי וְאֶרְפָּאֵהוּ, ריפאתי את כאביו, וְאַנְחֵהוּ בדרך טובה,
וַאֲשַׁלֵּם נִחֻמִים לוֹ על סבלו אף על פי שאין מגיע לו שכר על כך,
וְלַאֲבֵלָיו. אנחם את כל המתאבלים באבלה של ציון.[44] יט בּוֹרֵא נִיב,
פרי, תנובת שְׂפָתָיִם, ה' הבורא את היכולת לדבר, הוא הגוזר למוכה
ולאבלים דיבור של רפואה ושלום -[45] שָׁלוֹם, שָׁלוֹם הן לָרָחוֹק, לאלו
שנתרחקו ודוכאו,[46] והן לַקָּרוֹב, אָמַר ה', וּרְפָאתִיו בדיבור פי ובהאצלת
כוח הדיבור לזולתי.[47] כ ולעומתם, הָרְשָׁעִים כַּיָּם נִגְרָשׁ, סוער, כִּי

הרחבות

אלא בעיקר את אורחות חייהם הזרים ואת שכלולי האלילות שלהם. (לדוגמה, המלך אחז חיקה את המזבח שבדמשק. ראו מלכים ב' טז,י-יז). עם הרחבת האופקים והכללת מחוזות זרים בתחומם של ישראל, נכנסות בדרך כלל השפעות שליליות.

יוּכָל וַיִּגְרְשׁוּ מֵימָיו רֶפֶשׁ וָטִיט: אֵין שָׁלוֹם אָמַר אֱלֹהַי כא
לָרְשָׁעִים: קְרָא בְגָרוֹן אַל־תַּחְשֹׂךְ כַּשּׁוֹפָר הָרֵם קוֹלֶךָ א נח
וְהַגֵּד לְעַמִּי פִּשְׁעָם וּלְבֵית יַעֲקֹב חַטֹּאתָם: וְאוֹתִי יוֹם יוֹם יִדְרֹשׁוּן ב
וְדַעַת דְּרָכַי יֶחְפָּצוּן כְּגוֹי אֲשֶׁר־צְדָקָה עָשָׂה וּמִשְׁפַּט אֱלֹהָיו לֹא
עָזָב יִשְׁאָלוּנִי מִשְׁפְּטֵי־צֶדֶק קִרְבַת אֱלֹהִים יֶחְפָּצוּן: לָמָּה צַּמְנוּ ג
וְלֹא רָאִיתָ עִנִּינוּ נַפְשֵׁנוּ וְלֹא תֵדָע הֵן בְּיוֹם צֹמְכֶם תִּמְצְאוּ־חֵפֶץ
וְכָל־עַצְּבֵיכֶם תִּנְגֹּשׂוּ: הֵן לְרִיב וּמַצָּה תָּצוּמוּ וּלְהַכּוֹת בְּאֶגְרֹף ד
רֶשַׁע לֹא־תָצוּמוּ כַיּוֹם לְהַשְׁמִיעַ בַּמָּרוֹם קוֹלְכֶם: הֲכָזֶה יִהְיֶה צוֹם ה
אֶבְחָרֵהוּ יוֹם עַנּוֹת אָדָם נַפְשׁוֹ הֲלָכֹף כְּאַגְמֹן רֹאשׁוֹ וְשַׂק וָאֵפֶר
יַצִּיעַ הֲלָזֶה תִּקְרָא־צוֹם וְיוֹם רָצוֹן לַיהוָה: הֲלוֹא זֶה צוֹם אֶבְחָרֵהוּ ו

ביאור | **הַשְׁקֵט לֹא יוּכָל.** הרשע לא יוכל לנוח בסערתו המתמדת לעשות רע. **וַיִּגְרְשׁוּ מֵימָיו רֶפֶשׁ וָטִיט.** מי הים אינם חדלים מלגעוש ולפלוט החוצה את הרפש והטיט; כך רוחו הגועשת של הרשע מעכירה אותו ומפיקה ממנו מעשים שליליים.[48] כא אשר על כן, **אֵין שָׁלוֹם, אָמַר אֱלֹהַי לָרְשָׁעִים.** שלא כצדיקים, הרשעים רוגשים תמיד, ולעולם אין בהם שלום.[49]

קריאה לעשיית צדק וצדקה ולקידוש המעשים

פרקים נח–נט

בצד התוכחה שבנבואה זו והקריאה הנוקבת לתיקון מעשיה של החברה, היא כוללת גם דברי נחמה ועידוד.

בפתח הדברים עולות השאלות מהו הצום הראוי, וכיצד נכון לקיים את ימי הצומות. פירושו המקובל של המושג 'צום' הוא יום שאין אוכלים בו, אבל משמעותו במקרא אינה כה מוחלטת. בתורה הוא אינו מופיע, ובדברי הנביאים יום צום הוא יום של עצירה, התכנסות ומיעוט פעילות. ביום זה התאספו אנשים על מנת לבכות על צרה הבאה על הציבור, להתעורר ולטכס עצה.[1] משמעותה המקורית של קריאת צום הייתה אפוא קביעת יום לכינוס הציבור תוך עינוי נפשם, לדיון, למחאה או לזעקה, שלא היו קשורים בהכרח להימנעות מאכילה, ועל כל פנים לא היא הייתה נושאו המרכזי של הצום.[2]

הנביא מסתייג ממחוות של יראת שמים שאינן כרוכות בשינוי בנפשותיהם של הצמים ובהתנהגותם החברתית. רק אם הצמים ישנו את יחסם לסובלים ויטו כתף לזולתם, תתקבל תעניתם. בצד הקריאה לקדש את המעשים ביום הצום ולתקן תיקונים סוציאליים,

הרחבות | **על אף גורלם המר של הרשעים** המתואר כאן, לא נעשו מעשיהם בעולם לחינם בהכרת. ייתכן שלעתיד לבוא תצמח ממעשיהם טובה כלשהי. אמרו חכמים: "כשם שקילוסו של הקדוש ברוך הוא עולה מגן עדן מפני הצדיקים, כך עולה מגיהינם מפי הרשעים". (שמות רבה ז,ג).

'למה צמנו' באותה עת, ימי הבית הראשון,

ישעיהו קורא לעם להיזהר גם בקדושת יום השבת, שאף הוא יום עצירה וכינוס.

בהמשך חוזר הנביא לתוכחתו הכללית באשר לתיקון עוולות חברתיות. מתוך דבריו עולה תמונתה של חברה הנוטה מדרך הטוב והישר, אשר ישועתה ממנה והלאה.

דבר ה' אל נביאו: פרק נח א **קְרָא בְגָרוֹן, אַל תַּחְשֹׂךְ**, תחדל. **כַּשּׁוֹפָר**
הָרֵם קוֹלֶךָ. תפקידך להשמיע בקול רם גם דברים שאינם נעימים
לשמוע - **וְהַגֵּד לְעַמִּי פִּשְׁעָם, וּלְבֵית יַעֲקֹב חַטֹּאתָם:** ב **וְאוֹתִי יוֹם יוֹם**
יִדְרֹשׁוּן. בני עמי שבים ובאים לשאול את הנביאים, הכהנים והחכמים
שאלות שונות. **וְדַעַת דְּרָכַי יֶחְפָּצוּן**, רוצים **כְּ**מו **גּוֹי אֲשֶׁר צְדָקָה**
עָשָׂה, וּמִשְׁפַּט אֱלֹהָיו לֹא עָזָב. כלפי חוץ הם נראים צדיקים ויראי
אלוקים,[3] ולכן **יִשְׁאָלוּנִי מִשְׁפְּטֵי צֶדֶק, קִרְבַת אֱלֹהִים יֶחְפָּצוּן**. אחת
השאלות המטרידות אותם היא שאלה דתית רבת משמעות: ג **לָמָּה**
צַּמְנוּ - וְלֹא רָאִיתָ, עִנִּינוּ נַפְשֵׁנוּ - וְלֹא תֵדָע?

תשובתו של הנביא מגיעה מיד: **הֵן בְּיוֹם צֹמְכֶם תִּמְצְאוּ חֵפֶץ**, תתעניינו
בעסקיכם הרגילים במקום לקדש את היום הזה לתיקון.[4] **וְ**את **כָּל**
עַצְּבֵיכֶם, אלו שאתם רגילים לצער, **תִּנְגֹּשׂוּ**, אתם ממשיכים ללחוץ
ולהכביד עליהם.[5] ד **הֵן לְרִיב וּמַצָּה**, מריבה **תָּצוּמוּ**. ביום הצום אתם
מתקוטטים - אולי מפני שאז יש פנאי לכך, ואולי משום שמצב
רוחכם בעת הצום נוטה למריבות,[6] **וּלְהַכּוֹת בְּאֶגְרֹף רֶשַׁע**. כאשר
הקטטות מתלקחות, אתם מגיעים עד כדי הכאת זולתכם באגרוף.
לֹא תָצוּמוּ כַיּוֹם, לא נראה שאתם צמים עתה[7] כדי **לְהַשְׁמִיעַ בַּמָּרוֹם**
קוֹלְכֶם. אמנם אינכם אוכלים ואתם אף מתאספים יחד, אבל לא
מתחולל בכם שינוי פנימי.[8] ה **הֲ**אם **כָזֶה יִהְיֶה צוֹם אֶבְחָרֵהוּ**, האם זו
מהותו של הצום שבו אני בוחר - **יוֹם עַנּוֹת אָדָם נַפְשׁוֹ**, יום של סבל
לחינם?![9] **הֲ**אם אבחר לדרוש מכל אחד מכם **לָכֹף**, לכופף **כְּאַגְמֹן**, כמו
גומא הצומח באגם את **רֹאשׁוֹ**. האגמון עומד דרך קבע בראש מורכן
ומתנענע ברוח בגלל כובד השיבולים.[10]

וְשַׂק וָאֵפֶר יַצִּיעַ, יפרוש תחתיו לשבת או לשכב?! **הֲ**אם **לָזֶה תִּקְרָא צוֹם**
וְיוֹם רָצוֹן לַה'?! האם אתם חושבים שאני זקוק למחוות החיצוניות
של כיפוף הראש המלווה את הצום, שנועד לבטא ענווה, ואת ביטויי
האבל הטקסיים שלכם?!

ו **הֲלוֹא זֶה צוֹם אֶבְחָרֵהוּ**, הצום הרצוי לי - ראשית לכול, נסו להביא

הרחבות

טרם נקבעו הצומות המוכרים לנו מלוח השנה. הצום הממוסד היחידי שנהג אז היה יום הכיפורים, ולא נראה שבו מדובר כאן. (שהרי להלן מתואר יום אֵבל ולא יום חגיגי. כמו כן משתמע מן ההמשך שאנשים היו מקיימים עסקים ביום זה). מסתבר אפוא שהרקע לנבואה זו הוא המנהג שרווח גם בזמן הבית הראשון לקבוע עצרת ועינוי על צרות הציבור הבאות לפרקים. (ראו למשל ירמיה לו,ו; יואל א,יד; ב,טו).

פַּתֵּחַ חַרְצֻבּוֹת רֶשַׁע הַתֵּר אֲגֻדּוֹת מוֹטָה וְשַׁלַּח רְצוּצִים חָפְשִׁים
ז וְכָל־מוֹטָה תְּנַתֵּקוּ׃ הֲלוֹא פָרֹס לָרָעֵב לַחְמֶךָ וַעֲנִיִּים מְרוּדִים
ח תָּבִיא בָיִת כִּי־תִרְאֶה עָרֹם וְכִסִּיתוֹ וּמִבְּשָׂרְךָ לֹא תִתְעַלָּם׃ אָז
יִבָּקַע כַּשַּׁחַר אוֹרֶךָ וַאֲרֻכָתְךָ מְהֵרָה תִצְמָח וְהָלַךְ לְפָנֶיךָ צִדְקֶךָ
ט כְּבוֹד יהוה יַאַסְפֶךָ׃ אָז תִּקְרָא וַיהוה יַעֲנֶה תְּשַׁוַּע וְיֹאמַר הִנֵּנִי
י אִם־תָּסִיר מִתּוֹכְךָ מוֹטָה שְׁלַח אֶצְבַּע וְדַבֶּר־אָוֶן׃ וְתָפֵק לָרָעֵב
נַפְשֶׁךָ וְנֶפֶשׁ נַעֲנָה תַּשְׂבִּיעַ וְזָרַח בַּחֹשֶׁךְ אוֹרֶךָ וַאֲפֵלָתְךָ כַּצָּהֳרָיִם׃
יא וְנָחֲךָ יהוה תָּמִיד וְהִשְׂבִּיעַ בְּצַחְצָחוֹת נַפְשֶׁךָ וְעַצְמֹתֶיךָ יַחֲלִיץ
יב וְהָיִיתָ כְּגַן רָוֶה וּכְמוֹצָא מַיִם אֲשֶׁר לֹא־יְכַזְּבוּ מֵימָיו׃ וּבָנוּ מִמְּךָ
חָרְבוֹת עוֹלָם מוֹסְדֵי דוֹר־וָדוֹר תְּקוֹמֵם וְקֹרָא לְךָ גֹּדֵר פֶּרֶץ

ביאור | צדק לעולם - **פַּתֵּחַ**, התר **חַרְצֻבּוֹת**, כבלי **רֶשַׁע**, **הַתֵּר אֲגֻדּוֹת מוֹטָה**, שלשלאות וחבלים הקושרים את קורת העול למשועבדים. **וְשַׁלַּח**, שחרר **רְצוּצִים**, את הלחוצים הניגשים **חָפְשִׁים**, **וְכָל מוֹטָה**, עול שאתם מעמיסים על צווארי האנשים **תְּנַתֵּקוּ**, תכרתו לחלוטין.

הצום הראוי צריך לכלול גם עזרה לאנשים הסובלים: ז **הֲלוֹא פָרֹס** והושט **לָרָעֵב לַחְמֶךָ**,[11] **וַעֲנִיִּים מְרוּדִים**, מוכים ומרוטים[12] **תָּבִיא בָיִת**. תנו להם מחסה. **כִּי תִרְאֶה** אדם **עָרֹם** - **וְכִסִּיתוֹ**, דאג שיהיה לו כיסוי, **וּמִבְּשָׂרְךָ לֹא תִתְעַלָּם**. אל תיטוש את קרוביך הנזקקים.[13] אם אתה מתעורר להיטיב, חפש אחר קרוביך העניים, שאולי שכחת, ודאג לרווחתם. לא העינוי, הכיפוף והשק עיקרו של הצום, אלא הזנת העני, זקיפת קומת הרצוץ וכיסוי הערום.[14]

ח אם תקיים צומות באופן הזה, **אָז יִבָּקַע** פתאום **כַּשַּׁחַר אוֹרֶךָ**. אורך יופיע מתוך חשכתך כאור השחר החותך כביכול את השמים.[15] **וַאֲרֻכָתְךָ**, רפואתך **מְהֵרָה תִצְמָח**, **וְהָלַךְ לְפָנֶיךָ צִדְקֶךָ**. מעשי הצדק שלך יקבילו את פניך בכל אשר תלך. **כְּבוֹד ה׳ יַאַסְפֶךָ**, ילווה אותך מאחוריך. תתכבד, תצליח ותהיה מוגן.[16]

לשואלים אשר צמו והתפללו אך לא נענו, משיב הנביא: ט אם תעשו את המעשים הנכונים הללו, **אָז תִּקְרָא** - **וַה׳ יַעֲנֶה**, **תְּשַׁוַּע** - **וְיֹאמַר**:

"הִנֵּנִי". **אִם תָּסִיר מִתּוֹכְךָ מוֹטָה**, עול המכביד על המסכנים, ותסיר **שְׁלַח**,
שליחת **אֶצְבַּע** – תנועה שמשמעותה כנראה הצבעה על אדם בבוז,
בהאשמה או באיום, **וְדַבֶּר**, דיבור של **אָוֶן**, רֶשע. כדי לחולל תיקון
משמעותי יש לבער לא את האכילה, אלא התנהגויות כגון אלה.
י **וְתָפֵק**, ותוציא **לָרָעֵב** את **נַפְשֶׁךָ**. במקום להסתגר מפניו הוצא אליו
את עצמך, את רצונך או את תאוות לבך, כלומר, הוצא לו ממזונותיך,
או: הענק לו רצון, רוח נדיבה ופנים מסבירות.[17] **וְנֶפֶשׁ נַעֲנָה**, רעבה,
או: סובלת מצרות אחרות **תַּשְׂבִּיעַ**. אם כך תעשה, **וְזָרַח בַּחֹשֶׁךְ אוֹרֶךָ**,
וַאֲפֵלָתְךָ תזרח **כַּ**אור **צָהֳרָיִם** יא **וְנָחֲךָ**, ינחה אותך[18] **ה' תָּמִיד**, **וְהִשְׂבִּיעַ
בְּצַחְצָחוֹת**, אור צח, בהירות וטוהר[19] את **נַפְשֶׁךָ**, כשם שהשׂבעת אתה
נפש נענה, **וְ**את **עַצְמֹתֶיךָ יַחֲלִיץ**, ישחרר. לא תהיה כפוף ומוגבל, כשם
שהסרת מן הרצוצים את כבליהם. **וְהָיִיתָ** רענן ומרנין **כְּגַן רָוֶה**, **וּכְמוֹצָא
מַיִם**, כמעיין מפכה **אֲשֶׁר לֹא יְכַזְּבוּ מֵימָיו**, שאינו פוסק.

לכשתזכה לכך, תוכל להיטיב עם העולם: יב **וּבָנוּ מִמְּךָ**, תוכל לתקן,
או לגרום לאחרים שיתקנו **חָרְבוֹת עוֹלָם**, את מה שנחרב מימי קדם,
ולא רק את קלקולי ההווה. את **מוֹסְדֵי דוֹר וָדוֹר**, המבנים שנבנו
מדורי דורות, שלא נשאר מהם דבר מלבד יסודותיהם, **תְּקוֹמֵם**,
תקים מחדש. **וְקֹרָא**, יקראו **לְךָ** אז **גֹּדֵר פֶּרֶץ**. תיקון העוולות משול
לגידור פרצה שהוזנחה זמן רב. **מְשֹׁבֵב נְתִיבוֹת לָשָׁבֶת**. אתה תהיה
מי שמשיב את הדרכים השוממות להיות מיושבות כקדם.[20] במקום
לשבת בבכי ובחוסר מעש, קום ופעל: סקל אבני נגף, ובנה גדרות
הרוסות, תקן עוולות, ובנה הריסות. בדברים אלו יש גם הבטחה וגם
בקשה.

מעבר לתיקון החברתי מצפה הנביא ממי שמבקש לתקן את דרכו

שבויים באשור ועול על צווארם

רישום לפי תבליט משערי העיר בלאוואת ליד נינוה

המאה ה-9 לפנה"ס

העולם | **מוֹטָה** הקורה העליונה של העול המונח על צווארי בהמות ועל אסירים. (ראו ירמיה כח,יד ונחום א,יג).

מְשׁוֹבֵב נְתִיבוֹת לָשָׁבֶת׃ אִם־תָּשִׁיב מִשַּׁבָּת רַגְלֶךָ עֲשׂוֹת חֲפָצֶךָ יג
בְּיוֹם קׇדְשִׁי וְקָרָאתָ לַשַּׁבָּת עֹנֶג לִקְדוֹשׁ יהוה מְכֻבָּד וְכִבַּדְתּוֹ
כד מֵעֲשׂוֹת דְּרָכֶיךָ מִמְּצוֹא חֶפְצְךָ וְדַבֵּר דָּבָר׃ אָז תִּתְעַנַּג עַל־יהוה יד
בָּמֳתֵי וְהִרְכַּבְתִּיךָ עַל־בָּמוֹתי אָרֶץ וְהַאֲכַלְתִּיךָ נַחֲלַת יַעֲקֹב אָבִיךָ כִּי פִּי
יהוה דִּבֵּר׃ הֵן לֹא־קָצְרָה יַד־יהוה מֵהוֹשִׁיעַ וְלֹא־ א נט
כָבְדָה אׇזְנוֹ מִשְּׁמוֹעַ׃ כִּי אִם־עֲוֺנֹתֵיכֶם הָיוּ מַבְדִּלִים בֵּינֵכֶם לְבֵין ב
אֱלֹהֵיכֶם וְחַטֹּאותֵיכֶם הִסְתִּירוּ פָנִים מִכֶּם מִשְּׁמוֹעַ׃ כִּי כַפֵּיכֶם ג
נְגֹאֲלוּ בַדָּם וְאֶצְבְּעוֹתֵיכֶם בֶּעָוֺן שִׂפְתוֹתֵיכֶם דִּבְּרוּ־שֶׁקֶר לְשׁוֹנְכֶם
עַוְלָה תֶהְגֶּה׃ אֵין־קֹרֵא בְצֶדֶק וְאֵין נִשְׁפָּט בֶּאֱמוּנָה בָּטוֹחַ עַל־ ד
תֹּהוּ וְדַבֶּר־שָׁוְא הָרוֹ עָמָל וְהוֹלֵיד אָוֶן׃ בֵּיצֵי צִפְעוֹנִי בִּקֵּעוּ וְקוּרֵי ה
עַכָּבִישׁ יֶאֱרֹגוּ הָאֹכֵל מִבֵּיצֵיהֶם יָמוּת וְהַזּוּרֶה תִּבָּקַע אֶפְעֶה׃
קוּרֵיהֶם לֹא־יִהְיוּ לְבֶגֶד וְלֹא יִתְכַּסּוּ בְּמַעֲשֵׂיהֶם מַעֲשֵׂיהֶם מַעֲשֵׂי־ ו
אָוֶן וּפֹעַל חָמָס בְּכַפֵּיהֶם׃ רַגְלֵיהֶם לָרַע יָרֻצוּ וִימַהֲרוּ לִשְׁפֹּךְ דָּם ז
נָקִי מַחְשְׁבוֹתֵיהֶם מַחְשְׁבוֹת אָוֶן שֹׁד וָשֶׁבֶר בִּמְסִלּוֹתָם׃ דֶּרֶךְ שָׁלוֹם ח

ביאור | גם לשמור שבת: יג **אִם תָּשִׁיב מִשַּׁבָּת רַגְלֶךָ**, שלא ללכת מחוץ לתחום מקום השביתה ביום השבת, ותימנע מ**עֲשׂוֹת חֲפָצֶיךָ בְּיוֹם קָדְשִׁי**, ולא רק תשבות ממלאכה, אלא **וְקָרָאתָ**, תכריז, תזמן **לַשַּׁבָּת עֹנֶג, לִקְדוֹשׁ ה'**, ליום השבת תקרא **מְכֻבָּד**. כבד את היום המקודש לה', ככתוב בתורה.[21] וכיצד? - **וְכִבַּדְתּוֹ** מ**לַעֲשׂוֹת דְּרָכֶיךָ**, הימנע מלעסוק בו בענייני חול, מ**לִמְצוֹא חֶפְצְךָ**, מלתכנן תכניות ול**דַבֵּר** עליהן[22] **דָּבָר**. יד אם כך תעשה - **אָז תִּתְעַנַּג עַל ה', וְהִרְכַּבְתִּיךָ עַל בָּמֳתֵי אָרֶץ**. תהיה מרומם, תמשול בעולם, ודבר לא יעמוד בפניך.[23] **וְהַאֲכַלְתִּיךָ נַחֲלַת יַעֲקֹב אָבִיךָ**, תקבל את ברכת יעקב, על גודלה ומרחביה,[24] **כִּי פִּי ה' דִּבֵּר**. זוהי תשובתו והדרכתו של הנביא מפי ה'.

הרחבות | **'וקראת לשבת עֹנג'** זוהי הפעם הראשונה שמופיע במפורש הרעיון שהשבת אינה יום שביתה בלבד, אלא גם יום של עונג. מכאן מקורו של המושג 'עונג שבת'. (ראו שבת קיח ע"א).

'ממצוא חפצך ודבֵּר דבָר' העיסוק ברצונות ובעניינים האישיים כשלעצמו אינו גרוע, אבל על מנת להעניק ליום השבת תוכן, לכבדו ולהתענג בו יש להתרחק מטרדות השבוע. אם לא כן, יימנעו אמנם לבצע ביום זה מלאכות מסוימות בשל המחויבות

בהמשך לשאלתם של הצמים מדוע לא נענתה תעניתם, מצהיר
הנביא: פרק נט א **הֵן לֹא קָצְרָה יַד ה׳** מֵהוֹשִׁיעַ אתכם, **וְלֹא כָבְדָה אָזְנוֹ**
מִשְּׁמוֹעַ את תפילתכם. ב **כִּי אִם**, הסיבה היחידה להתעלמות מכם
היא העובדה **שֶׁעֲוֺנֹתֵיכֶם הָיוּ מַבְדִּלִים בֵּינֵכֶם לְבֵין אֱלֹהֵיכֶם, וְחַטֹּאותֵיכֶם**
הִסְתִּירוּ פָנִים מִכֶּם מִשְּׁמוֹעַ. התנהגותכם הקלוקלת היא שיצרה ריחוק
ומחיצה שחסמו כביכול את ה׳ מלשמוע אתכם.[25] והוא מפרט: ג **כִּי**
כַפֵּיכֶם נְגֹאֲלוּ, התלכלכו **בַדָּם** ששפכתם, **וְאֶצְבְּעוֹתֵיכֶם** התלכלכו **בֶּעָוֺן**.
שִׂפְתוֹתֵיכֶם דִּבְּרוּ שֶׁקֶר, לְשׁוֹנְכֶם עַוְלָה תֶהְגֶּה, תדבר. מעשיכם ודיבוריכם
רעים, ולכן אין ה׳ שועה אליכם. ד **אֵין קֹרֵא בְצֶדֶק**. פניית איש
לרעהו אינה ביושר, אלא במרמה ותחבולה.[26] **וְאֵין נִשְׁפָּט בֶּאֱמוּנָה**. בין
במשפט פורמלי בין בוויכוחים אחרים[27] שני הצדדים מרמים זה את
זה.

מצב זה מתואר באופן נוסף: **בָּטוֹחַ**, ביטחון **עַל תֹּהוּ וְדַבֵּר**, ודיבור
שָׁוְא. הדיבורים שקריים ונטולי בסיס. הנביא כאן אינו מוכיח על
מעשיהם משום העוון שבהם, אלא משום נביבותם וחוסר התועלת
שבהם. **הָרוֹ**, הריון **עָמָל וְהוֹלֵיד**, והולדת **אָוֶן**. תכנוני עוולה, שפֵרותיהם
רֶשע.

הנביא מדמה את העמל המוליד עוול בדימויים מעולם החי
הנמוך: ה **בֵּיצֵי צִפְעוֹנִי בִּקֵּעוּ**. כמו צפעונים המבקעים את ביציהם
ויוצאים לאוויר העולם, כך מחשבתם הרעה של הבריות מנקרת
בתוכם, עד שהיא מולידה פגע רע.[28] **וְקוּרֵי עַכָּבִישׁ**, הנארגים מקרבו
כדי לצוד בהם זבובים, **יֶאֱרֹגוּ**. **הָאֹכֵל מִבֵּיצֵיהֶם** של הצפעונים
יָמוּת מפני רעילותן, וְהביצה **הַזּוּרֶה**, הנמעכת[29] **תִּבָּקַע** ויצא ממנה
אֶפְעֶה. ו **קוּרֵיהֶם** של אותם אורגים **לֹא יִהְיוּ לְבֶגֶד** מועיל ומגן, **וְלֹא**
יִתְכַּסּוּ בְּמַעֲשֵׂיהֶם. טרחתם אינה משרתת הכנת מעטה לגופם, אלא
נעשית לשם מלכודת. האוון הנולד מהעמל מדומה כאן למעשה
מזיק שאין לו קיום. אלו הם אנשים **שמַעֲשֵׂיהֶם מַעֲשֵׂי אָוֶן**, משתמשים
בכוח שלא במקומו, או: עושים פעולות שאין להן קיום, **וּפֹעַל**
חָמָס בְּכַפֵּיהֶם. ז **רַגְלֵיהֶם לָרַע יָרֻצוּ, וִימַהֲרוּ לִשְׁפֹּךְ דָּם נָקִי. מַחְשְׁבוֹתֵיהֶם**
מַחְשְׁבוֹת אָוֶן, שֹׁד וָשֶׁבֶר בִּמְסִלּוֹתָם. דרכיהם מבוססות על שוד, וממילא

הרחבות

הפורמלית, אך בפועל יהפוך היום הפנוי לזמן שינוצל להשלמת עסקים, תכנון ודיבורי סרק.

עמל ואוון הם, בפשטות, ביטויים נרדפים לחטא, כלומר החטא מוליד חטא. באופן מדויק יותר משמעותו של עָמָל היא עבודה, ובמובן השלילי – עבודה שאינה נושאת פרי. אף אָוֶן קשור להפעלת כוח (קרוב לשם העצם און וגם למלה אַיִן), לריק, והוא מורה על מעשי חמס כוחניים שיסודם בהיעדר משען אמת.

לֹא יָדָעוּ וְאֵין מִשְׁפָּט בְּמַעְגְּלוֹתָם נְתִיבוֹתֵיהֶם עִקְּשׁוּ לָהֶם כֹּל דֹּרֵךְ
בָּהּ לֹא יָדַע שָׁלוֹם: עַל־כֵּן רָחַק מִשְׁפָּט מִמֶּנּוּ וְלֹא תַשִּׂיגֵנוּ צְדָקָה ט
נְקַוֶּה לָאוֹר וְהִנֵּה־חֹשֶׁךְ לִנְגֹהוֹת בָּאֲפֵלוֹת נְהַלֵּךְ: נְגַשְׁשָׁה כַעִוְרִים י
קִיר וּכְאֵין עֵינַיִם נְגַשֵּׁשָׁה כָּשַׁלְנוּ בַצָּהֳרַיִם כַּנֶּשֶׁף בָּאַשְׁמַנִּים
כַּמֵּתִים: נֶהֱמֶה כַדֻּבִּים כֻּלָּנוּ וְכַיּוֹנִים הָגֹה נֶהְגֶּה נְקַוֶּה לַמִּשְׁפָּט וָאַיִן יא
לִישׁוּעָה רָחֲקָה מִמֶּנּוּ: כִּי־רַבּוּ פְשָׁעֵינוּ נֶגְדֶּךָ וְחַטֹּאותֵינוּ עָנְתָה יב
בָּנוּ כִּי־פְשָׁעֵינוּ אִתָּנוּ וַעֲוֺנֹתֵינוּ יְדַעֲנוּם: פָּשֹׁעַ וְכַחֵשׁ בַּיהוָה וְנָסוֹג יג
מֵאַחַר אֱלֹהֵינוּ דַּבֶּר־עֹשֶׁק וְסָרָה הֹרוֹ וְהֹגוֹ מִלֵּב דִּבְרֵי־שָׁקֶר:
וְהֻסַּג אָחוֹר מִשְׁפָּט וּצְדָקָה מֵרָחוֹק תַּעֲמֹד כִּי־כָשְׁלָה בָרְחוֹב יד
אֱמֶת וּנְכֹחָה לֹא־תוּכַל לָבוֹא: וַתְּהִי הָאֱמֶת נֶעְדֶּרֶת וְסָר מֵרָע טו
מִשְׁתּוֹלֵל וַיַּרְא יְהוָה וַיֵּרַע בְּעֵינָיו כִּי־אֵין מִשְׁפָּט: וַיַּרְא כִּי־אֵין טז
אִישׁ וַיִּשְׁתּוֹמֵם כִּי אֵין מַפְגִּיעַ וַתּוֹשַׁע לוֹ זְרֹעוֹ וְצִדְקָתוֹ הִיא
סְמָכָתְהוּ: וַיִּלְבַּשׁ צְדָקָה כַּשִּׁרְיָן וְכוֹבַע יְשׁוּעָה בְּרֹאשׁוֹ וַיִּלְבַּשׁ יז
בִּגְדֵי נָקָם תִּלְבֹּשֶׁת וַיַּעַט כַּמְעִיל קִנְאָה: כְּעַל גְּמֻלוֹת כְּעַל יְשַׁלֵּם יח

ביאור | גם על שבר. ח **דֶּרֶךְ שָׁלוֹם לֹא יָדָעוּ**, כי לא דרכו בה. **וְאֵין מִשְׁפָּט**, צדק ויושר **בְּמַעְגְּלוֹתָם**, במסילותיהם, בדרכי חייהם.[30] **נְתִיבוֹתֵיהֶם עִקְּשׁוּ**, עיקמו **לָהֶם** – לעצמם. **כֹּל** מי **שדֹּרֵךְ בָּהּ** – בדרכם **לֹא יָדַע שָׁלוֹם**.

ממבטו של המשקיף החיצוני התיאור עובר אל הדברים כפי שיכולים היו לבטאם שומעי הנביא: אם אכן אנו מתנהגים כך, איננו צודקים בטענתנו כנגד ה׳. ט **עַל כֵּן רָחַק מִשְׁפָּט מִמֶּנּוּ**, מאתנו להצליח את דרכנו ולהעניש את אויבינו. **וְלֹא תַשִּׂיגֵנוּ צְדָקָה**. הישועה אינה מגיעה אלינו.[31] כאשר **נְקַוֶּה לָאוֹר** – **וְהִנֵּה חֹשֶׁךְ**, נצפה **לִנְגֹהוֹת**, לאורות – **בָּאֲפֵלוֹת**[32] **נְהַלֵּךְ**. י **נְגַשְׁשָׁה כַעִוְרִים** הממששים קיר למצוא בו פתח, **וּכְאֵין**, כחסר **עֵינַיִם נְגַשֵּׁשָׁה** למצוא מוצא. **כָּשַׁלְנוּ** גם **בַצָּהֳרַיִם**, כשהכול ברור, **כַּנֶּשֶׁף**, כמו בחשכת ליל, כעיוור שהאור שסביבו אינו מסייע

הרחבות | (ראו ראב״ע חבקוק א,ג). החטא מוגדר כאן אפוא כהשקעת מאמץ וכוח בפעולה שאין בה תוחלת. על כן הביטוי הָרוֹ עָמָל וְהוֹלִיד אָוֶן נושא גם משמעות של יגיעה לריק.

לו. **בָּאַשְׁמַנִּים**, במחשכים, או: בקברים[33] אנו שוכנים **כַּמֵּתִים**, שאינם
רואים או שומעים דבר. יא **נֶהֱמֶה** בתפילתנו **כַדֻּבִּים** המשמיעים
קולות מעין ריטון, **כֻּלָּנוּ, וְכַיּוֹנִים הָגֹה נֶהְגֶּה**, בקולן האופייני. אולי
מדובר כאן בגניחות ויללות כאב.[34] אנו מוצאים את עצמנו מדברים
ומצפצפים בלי יכולת להיחלץ ממצוקותינו. **נְקַוֶּה לַמִּשְׁפָּט** באויבינו –
וָאַיִן, לִישׁוּעָה – והיא **רָחֲקָה מִמֶּנּוּ**. העם חש כאילו הוא מצוי במבוך
חסר מוצא. הוא מבין שאינו זכאי לפתרון מחמת מעשיו, ואולי אף
אינו מסוגל להאזין ולקבל הדרכה כלשהי. יב **כִּי רַבּוּ פְשָׁעֵינוּ נֶגְדֶּךָ,
וְחַטֹּאותֵינוּ**, כל אחת ואחת מהן[35] **עָנְתָה בָּנוּ**. אין זו תוכחה חיצונית
אלא הכרה פנימית העולה מתוך החטאים והמחדלים עצמם. **כִּי
פְשָׁעֵינוּ אִתָּנוּ**, ולא נפטרנו מהם, **וַעֲוֹנֹתֵינוּ יְדַעֲנוּם**. ובניסוח חריף
יותר: יג **פָּשֹׁעַ וְכַחֵשׁ**, אנחנו פושעים ומכחשים **בַּה'**. אם אנו מזכירים
את שמו – אנו עושים זאת בהקשר שלילי בלבד, בדברי שקר או
בביטויי קללה. **וְנָסוֹג**, אנחנו מתרחקים **מֵאַחַר אֱלֹהֵינוּ. דַּבֶּר עֹשֶׁק וְסָרָה**,
ומרי,[36] **הֹרוֹ**, מהרהרים **וְהֹגוֹ**, ומבטאים[37] **מִלֵּב דִּבְרֵי שָׁקֶר**. יד **וְהֻסַּג**,
נדחק אי שם **לְאָחוֹר מִשְׁפָּט, וּצְדָקָה מֵרָחוֹק תַּעֲמֹד, כִּי כָשְׁלָה בָרְחוֹב
אֱמֶת**. אם האמת תהלך ברחובותינו, ודאי יכשילו אותה. **וּנְכֹחָה**,
אמרת היושר – **לֹא תוּכַל לָבוֹא**.

המרמה והכחש הם המטבעות הנפוצים בין הבריות, וסביבן סובבים
החיים. טו **וַתְּהִי הָאֱמֶת נֶעְדֶּרֶת**, ולכן מי שהוא **סָר מֵרָע** – **מִשְׁתּוֹלֵל**,
נחשב משוגע.[38] החברה רואה באדם שנמנע מעשיית רע בלתי
שפוי, מפני שאין הוא מנצל את ההזדמנויות שנקלעו לידיו. **וַיַּרְא
ה', וַיֵּרַע בְּעֵינָיו כִּי אֵין מִשְׁפָּט**. אין סדר, אין צדק. טז **וַיַּרְא כִּי אֵין אִישׁ**
הגון, **וַיִּשְׁתּוֹמֵם**, הוא משתאה **כִּי אֵין מַפְגִּיעַ**, על כך שאין בכל החברה
אחד המפציר או הנלחם למען הצדק.[39] כיוון שהמצב כה קשה עד
שלא נראה שבני האדם מסוגלים להיחלץ ממנו בכוחות עצמם,
ה' מתערב בעצמתו להשליט סדר בעולם – **וַתּוֹשַׁע לוֹ זְרֹעוֹ**. ה' לבדו
הוא יושיע את העם, **וְצִדְקָתוֹ**, צדקו וגבורתו של ה' **הִיא סְמָכָתְהוּ**,
עזרה לו. עליה נשענת ישועתו ולא על מעשי האדם. לשם כך ה'
מתלבש כאיש מלחמה,[40] יז **וַיִּלְבַּשׁ צְדָקָה כַּשִּׁרְיָן**, הצדק והמשפט
נעשים לו כשריון, **וְכוֹבַע יְשׁוּעָה**, קסדת לוחמים **בְּרֹאשׁוֹ, וַיִּלְבַּשׁ בִּגְדֵי
נָקָם**, מדי מלחמה **כִּתְלֹבֶשֶׁת, וַיַּעַט כַּמְעִיל קִנְאָה**. הוא מתעטף ברוגז

הרחבות

הֹרוֹ מרמז על הירין והרהור (הקרובים זה לזה בעניינם ובביטוים), והֹגוֹ – על הגייה והיגיון, דיבור ומחשבה. (ראו ראב"ע, רד"ק ומלבי"ם). כלומר, אנחנו מולידים מתוכנו דיבורי שקר ותפיסות של שקר.

יט חֵמָה לְצָרָיו גְּמוּל לְאֹיְבָיו לָאִיִּים גְּמוּל יְשַׁלֵּם׃ וְיִירְאוּ מִמַּעֲרָב
אֶת־שֵׁם יְהוָה וּמִמִּזְרַח־שֶׁמֶשׁ אֶת־כְּבוֹדוֹ כִּי־יָבֹא כַנָּהָר צָר רוּחַ
כ יְהוָה נֹסְסָה בוֹ׃ וּבָא לְצִיּוֹן גּוֹאֵל וּלְשָׁבֵי פֶשַׁע בְּיַעֲקֹב נְאֻם יְהוָה׃
כא וַאֲנִי זֹאת בְּרִיתִי אוֹתָם אָמַר יְהוָה רוּחִי אֲשֶׁר עָלֶיךָ וּדְבָרַי אֲשֶׁר־
שַׂמְתִּי בְּפִיךָ לֹא־יָמוּשׁוּ מִפִּיךָ וּמִפִּי זַרְעֲךָ וּמִפִּי זֶרַע זַרְעֲךָ אָמַר
א יְהוָה מֵעַתָּה וְעַד־עוֹלָם׃ קוּמִי אוֹרִי כִּי בָא אוֹרֵךְ וּכְבוֹד ס
ב יְהוָה עָלַיִךְ זָרָח׃ כִּי־הִנֵּה הַחֹשֶׁךְ יְכַסֶּה־אֶרֶץ וַעֲרָפֶל לְאֻמִּים
ג וְעָלַיִךְ יִזְרַח יְהוָה וּכְבוֹדוֹ עָלַיִךְ יֵרָאֶה׃ וְהָלְכוּ גוֹיִם לְאוֹרֵךְ וּמְלָכִים
ד לְנֹגַהּ זַרְחֵךְ׃ שְׂאִי־סָבִיב עֵינַיִךְ וּרְאִי כֻּלָּם נִקְבְּצוּ בָאוּ־לָךְ בָּנַיִךְ
ה מֵרָחוֹק יָבֹאוּ וּבְנֹתַיִךְ עַל־צַד תֵּאָמַנָה׃ אָז תִּרְאִי וְנָהַרְתְּ וּפָחַד
ו וְרָחַב לְבָבֵךְ כִּי־יֵהָפֵךְ עָלַיִךְ הֲמוֹן יָם חֵיל גּוֹיִם יָבֹאוּ לָךְ׃ שִׁפְעַת
גְּמַלִּים תְּכַסֵּךְ בִּכְרֵי מִדְיָן וְעֵיפָה כֻּלָּם מִשְּׁבָא יָבֹאוּ זָהָב וּלְבוֹנָה
ז יִשָּׂאוּ וּתְהִלֹּת יְהוָה יְבַשֵּׂרוּ׃ כָּל־צֹאן קֵדָר יִקָּבְצוּ לָךְ אֵילֵי נְבָיוֹת

ביאור | ובתביעת נקמה.[41] כיוון שצדקו ויושרו נעדרו, הוא מבקש להשיבם – יח כראוי להשיב **עַל גְּמֻלוֹת**, שילומים הניתנים בעד פעולה, **כְּעַל**, כראוי לשלם על מעשים **יְשַׁלֵּם**.[42] **חֵמָה לְצָרָיו, גְּמוּל לְאֹיְבָיו. לָאִיִּים גְּמוּל יְשַׁלֵּם.** הוא ידון את הארצות הרחוקות. לא מדובר בדין מקומי, אלא בשינוי כלל עולמי בזמן הגאולה. יט אז יתגלה כבוד ה׳ בעולם, **וְיִירְאוּ**, יפחדו **מִמַּעֲרָב** עד לקצה העולם **אֶת שֵׁם** ה׳, **וּמִמִּזְרַח שֶׁמֶשׁ** יעריצו **אֶת כְּבוֹדוֹ, כִּי יָבוֹא כַנָּהָר**, בשטף עצום **צָר**, האויב ההורס את כל העמים, **וְרוּחַ** ה׳ תתגבר גם עליו והיא **נֹסְסָה**, אוכלת ומכלה **בוֹ**.[43]

כ אז תבוא הגאולה – **וּבָא לְצִיּוֹן גּוֹאֵל** ישראל, שהוא ה׳,[44] ותהיה תשועה **לְשָׁבֵי פֶשַׁע**, לאלה שחזרו בתשובה מחטאיהם **בְּיַעֲקֹב. נְאֻם ה׳.**

כא **וַאֲנִי**, ה׳, **זֹאת בְּרִיתִי אוֹתָם** – עם שבי הפשע הנאמנים לי, **אָמַר**

הרחבות | **׳כי יבֹא כנהר צר׳** המצב כה קשה, עד שנראה כי אין האנשים מסוגלים להיחלץ ממנו בכוחות עצמם. רק התערבותו של ה׳ עשויה להשליט סדר בעולם. לעומת נבואות אחרות המתארות את הגאולה בביטויים אופטימיים, נבואה זו מסתיימת בדברים קשים ובמלחמה. על האויב הוטלה המשימה לטהר את העולם וליישר את עקמומיותו.

ה׳: רוּחִי אֲשֶׁר עָלֶיךָ, יעקב, וּדְבָרַי, דברי תורתי אֲשֶׁר שַׂמְתִּי בְּפִיךָ, לֹא יָמוּשׁוּ, יזוזו, יסתלקו מִפִּיךָ וּמִפִּי זַרְעֲךָ וּמִפִּי זֶרַע זַרְעֲךָ, אָמַר ה׳, ודבר זה לא יתקיים במשך דור או דורות אחדים, אלא יישאר כך מֵעַתָּה וְעַד עוֹלָם. כל זמן שישראל דבקים ברוח ה׳ ומדברים את דבריו, הם קשורים לה׳ ומובטחים בגאולתו. הברית מבטיחה שרוחו ודבריו לא ייכרתו מישראל.

אור עולם בציון

פרק ס

הנבואה הזו כל כולה נחמה לציון. היא מתארת באופן ציורי את גאולת ישראל; ציון החשוכה, העזובה והמרוששת תהיה מקור אור מופלא לעולם, הומייה מאדם, משופעת בכל טוב ומתנות. העמים יתאוו לקודש השורה בה, יבואו ליטול חלק בעבודת הקודש, ובכך יאורו באורה של ציון.

פרק ס א קוּמִי, כנסת ישראל, ציון, אוֹרִי, האירי כִּי בָא, הגיע[1] אוֹרֵךְ,
וּכְבוֹד ה׳ עָלַיִךְ זָרָח, ובו את מוארת. ב כִּי הִנֵּה הַחֹשֶׁךְ יְכַסֶּה אֶרֶץ, וַעֲרָפֶל
יכסה לְאֻמִּים. את העמים האחרים, אבל עָלַיִךְ יִזְרַח ה׳, וּכְבוֹדוֹ עָלַיִךְ
יֵרָאֶה. בעולם שכולו אופל, מוארת פינה אחת בלבד. ג כיוון שאת
תהיי מקור האור היחיד – וְהָלְכוּ גוֹיִם לְאוֹרֵךְ, וּמְלָכִים ילכו לְנֹגַהּ זַרְחֵךְ,
לאור זריחתך.

צדדים אחרים של גאולת ציון: ד שְׂאִי סָבִיב עֵינַיִךְ וּרְאִי: כֻּלָּם – כל
בנייך הגולים נִקְבְּצוּ בָאוּ לָךְ, אלייך. בָּנַיִךְ שנעלמו מֵרָחוֹק יָבֹאוּ, וּבְנֹתַיִךְ
הרכות עַל צַד הגוף[2] תֵּאָמַנָה, תינשאנה על ידי אומנות, מטפלות,
כדרך שנושאים ילדים קטנים, בסיוע ובהשגחה מוקפדת.[3] ה אָז
תִּרְאִי וְנָהַרְתְּ, הזרחי, וּפָחַד וְרָחַב לְבָבֵךְ. מריבוי חדשות נפלאות וטובות
הלב הנרגש יהיירא להאמין שהן אמתיות או שיוכל להכילן. כִּי יֵהָפֵךְ
עָלַיִךְ הֲמוֹן יָם, המונים יהפכו פניהם מכל מקום וינהרו אלייך בשפע
ובהמיה.[4] גם מתנות וגדולה יעניקו לך – חֵיל גּוֹיִם, כוחם ועושרם
יָבֹאוּ לָךְ. ו שִׁפְעַת, קבוצה גדולה של גְּמַלִּים תְּכַסֵּךְ. בלשון גוזמה: פני
הארץ לא ייראו מרוב הבהמות ומשאן. בִּכְרֵי, גמלים צעירים שמקורם
במדינות מִדְיָן וְעֵיפָה, כֻּלָּם מארץ שְׁבָא יָבֹאוּ, זָהָב וּלְבוֹנָה יִשָּׂאוּ אלייך.
תוצרים אלו, האופייניים לשבא, יוענקו לך, ובבואם, את תְּהִלֹּת ה׳
רוכביהם יְבַשֵּׂרוּ, יספרו בקול. ז כָּל צֹאן של השבט הישמעאלי קֵדָר
יִקָּבְצוּ לָךְ, אליך, לירושלים, אֵילֵי, בוגרי כבשי נְבָיוֹת יְשָׁרְתוּנֶךְ. נביות

העולם

נְבָיוֹת נזכר כבנו הבכור של ישמעאל (בראשית כה,יג), וכזוהה עם השבט הערבי Nabaiate, ששכן בספר המדברי של ארץ ישראל, והוזכר פעמים רבות בתעודות אשוריות (מהמאה ה-7 לפנה״ס). לפי מקורות אלו שבט זה שכן ממזרח או מדרום–מזרח לבני קדר. (יש לציין שאין אלו הנבטים, שהם שבטים שהגיעו מצפון ערב, ושמם ניתן להם במאה ה-4 לפנה״ס על ידי היוונים).

ח יְשָׁרְתוּנֶךְ יַעֲלוּ עַל־רָצוֹן מִזְבְּחִי וּבֵית תִּפְאַרְתִּי אֲפָאֵר: מִי־אֵלֶּה
ט כָּעָב תְּעוּפֶינָה וְכַיּוֹנִים אֶל־אֲרֻבֹּתֵיהֶם: כִּי־לִי | אִיִּים יְקַוּוּ וָאֳנִיּוֹת
תַּרְשִׁישׁ בָּרִאשֹׁנָה לְהָבִיא בָנַיִךְ מֵרָחוֹק כַּסְפָּם וּזְהָבָם אִתָּם לְשֵׁם
י יהוה אֱלֹהַיִךְ וְלִקְדוֹשׁ יִשְׂרָאֵל כִּי פֵאֲרָךְ: וּבָנוּ בְנֵי־נֵכָר חֹמֹתַיִךְ
יא וּמַלְכֵיהֶם יְשָׁרְתוּנֶךְ כִּי בְקִצְפִּי הִכִּיתִיךְ וּבִרְצוֹנִי רִחַמְתִּיךְ: וּפִתְּחוּ
שְׁעָרַיִךְ תָּמִיד יוֹמָם וָלַיְלָה לֹא יִסָּגֵרוּ לְהָבִיא אֵלַיִךְ חֵיל גּוֹיִם
יב וּמַלְכֵיהֶם נְהוּגִים: כִּי־הַגּוֹי וְהַמַּמְלָכָה אֲשֶׁר לֹא־יַעַבְדוּךְ יֹאבֵדוּ
יג וְהַגּוֹיִם חָרֹב יֶחֱרָבוּ: כְּבוֹד הַלְּבָנוֹן אֵלַיִךְ יָבוֹא בְּרוֹשׁ תִּדְהָר
יד וּתְאַשּׁוּר יַחְדָּו לְפָאֵר מְקוֹם מִקְדָּשִׁי וּמְקוֹם רַגְלַי אֲכַבֵּד: וְהָלְכוּ
אֵלַיִךְ שְׁחוֹחַ בְּנֵי מְעַנַּיִךְ וְהִשְׁתַּחֲווּ עַל־כַּפּוֹת רַגְלַיִךְ כָּל־מְנַאֲצָיִךְ
טו וְקָרְאוּ לָךְ עִיר יהוה צִיּוֹן קְדוֹשׁ יִשְׂרָאֵל: תַּחַת הֱיוֹתֵךְ עֲזוּבָה
טז וּשְׂנוּאָה וְאֵין עוֹבֵר וְשַׂמְתִּיךְ לִגְאוֹן עוֹלָם מְשׂוֹשׂ דּוֹר וָדוֹר: וְיָנַקְתְּ
חֲלֵב גּוֹיִם וְשֹׁד מְלָכִים תִּינָקִי וְיָדַעַתְּ כִּי אֲנִי יהוה מוֹשִׁיעֵךְ וְגֹאֲלֵךְ
יז אֲבִיר יַעֲקֹב: תַּחַת הַנְּחֹשֶׁת אָבִיא זָהָב וְתַחַת הַבַּרְזֶל אָבִיא כֶסֶף
וְתַחַת הָעֵצִים נְחֹשֶׁת וְתַחַת הָאֲבָנִים בַּרְזֶל וְשַׂמְתִּי פְקֻדָּתֵךְ
יח שָׁלוֹם וְנֹגְשַׂיִךְ צְדָקָה: לֹא־יִשָּׁמַע עוֹד חָמָס בְּאַרְצֵךְ שֹׁד וָשֶׁבֶר

ביאור

היה בנו הבכור של ישמעאל, ושני לו קדר.[5] כאן הם מייצגים את כלל הישמעאלים, שצאנם יובא לציון לשרת בקודש. **יַעֲלוּ עַל**, למען[6] **רָצוֹן** על **מִזְבְּחִי**, ובכך - את **בֵּית תִּפְאַרְתִּי אֲפָאֵר**. לא רק דרך היבשה ישובו הבנים האבודים; הם יבואו גם באוויר ובים:
ח **מִי אֵלֶּה כָּעָב**, כענן **תְּעוּפֶינָה**, **וְכַיּוֹנִים** השבות **אֶל אֲרֻבֹּתֵיהֶם**, תאי מושבם?!
ט **כִּי לִי**, לבוא אלי, לשכרי, או: לפקודתי **אִיִּים**, מדינות רחוקות[7] **יְקַוּוּ**, ייחלו, **וָאֳנִיּוֹת תַּרְשִׁישׁ** המפליגות ממרחקים[8] יקוו **בָּרִאשֹׁנָה** - **לְהָבִיא בָנַיִךְ** אלייך **מֵרָחוֹק**. לא כשבויים הנפדים תמורת כסף וזהב יבואו - **כַּסְפָּם וּזְהָבָם אִתָּם**, כשרים ונכבדים הנושאים עמם רכוש. כל זה ייעשה

הרחבות

'לְפָאֵר מְקוֹם מִקְדָּשִׁי וּמְקוֹם רַגְלַי אֲכַבֵּד' אמנם נאמר באופן כללי הַשָּׁמַיִם כִּסְאִי וְהָאָרֶץ הֲדֹם רַגְלָי (להלן סו,א), אבל בכמה מקומות מופיע ביטוי זה ביחס לבית המקדש בפרט. (ראו יחזקאל מג,ז; תהלים קלב,ז; איכה ב,א; לעיל ו,א; רד"ק על אתר; מורה נבוכים ח"א ט). ה' יכבד את המקדש, שהוא כביכול מקום הנחת רגליו.

לְשֵׁם ה׳ אֱלֹהַיִךְ, וְלִקְדוֹשׁ יִשְׂרָאֵל כִּי פֵאֲרָךְ.

י וּבָנוּ בְנֵי נֵכָר את חֹמֹתַיִךְ, וּמַלְכֵיהֶם יְשָׁרְתוּנֶךְ. מי שהרסו בתחילה את
חומותייך ושעבדו אותך, הם שיהיו שותפים בתקומתך. אז יתגלה[9]
כִּי בְקִצְפִּי הִכִּיתִיךְ, וּבִרְצוֹנִי, בעת ריצוי ופיוס רִחַמְתִּיךְ. יא וּפִתְּחוּ, יהיו
פתוחים שְׁעָרַיִךְ, ירושלים,[10] תָּמִיד, יוֹמָם וָלַיְלָה לֹא יִסָּגֵרוּ כדי לְהָבִיא אֵלַיִךְ
חֵיל את עושר הַגּוֹיִם, וּמַלְכֵיהֶם יבואו נְהוּגִים, רכובים על ידי אחרים,
כדרך המלכים.[11] יב כִּי הַגּוֹי וְהַמַּמְלָכָה אֲשֶׁר לֹא יַעַבְדוּךְ – יֹאבֵדוּ, וְהַגּוֹיִם
הללו חָרֹב יֶחֱרָבוּ. כל ממלכה שתסרב לעשות את רצון ה׳ תיעלם
מן העולם.[12] יג כְּבוֹד הַלְּבָנוֹן, העצים הגדולים המפוארים הגדלים
שם,[13] אֵלַיִךְ יָבוֹא – בְּרוֹשׁ, תִּדְהָר וּתְאַשּׁוּר יַחְדָּו,[14] כולם יבואו לְפָאֵר
מְקוֹם מִקְדָּשִׁי, כמו שהעצים שהגיעו מלבנון שימשו לבניין הבית
הראשון, וּמְקוֹם רַגְלַי אֲכַבֵּד. יד וְהָלְכוּ אֵלַיִךְ שְׁחוֹחַ, כפופים וכנועים
בְּנֵי מְעַנַּיִךְ, יִהִשְׁתַּחֲווּ עַל כַּפּוֹת רַגְלַיִךְ כָּל מְנַאֲצָיִךְ, מקללייך. וְקָרְאוּ לָךְ עִיר
ה׳ צִיּוֹן קְדוֹשׁ יִשְׂרָאֵל. ירושלים תשנה את שמה. שמותיה החדשים
יתייחסו אל ה׳.

טו תַּחַת הֱיוֹתֵךְ עֲזוּבָה וּשְׂנוּאָה בזמן הגלות וְאֵין עוֹבֵר בך. היית מחוז
קטן ונידח שאין מתעניינים בו, וְשַׂמְתִּיךְ לִגְאוֹן, לתפארת עוֹלָם,
לִמְשׂוֹשׂ דּוֹר וָדוֹר, למקור שמחה תמידית. טז וְיָנַקְתְּ חֲלֵב גּוֹיִם, שפע
ומתנות מכל העולם. ולא זו בלבד אלא – וְשֹׁד, שַׁד[15] מְלָכִים תִּינָקִי,
תזכי בשלל ורכוש של מלכים. וְיָדַעַתְּ אז כִּי אֲנִי ה׳ מוֹשִׁיעֵךְ וְגֹאֲלֵךְ
אֲבִיר יַעֲקֹב, המתנשא ומושל ביעקב.[16]

יז תַּחַת הַנְּחֹשֶׁת המצויה בך אָבִיא זָהָב.[17] לנחושת וגם לזהב יש גוון
צהבהב. הצבע נשמר, אך טיב החומרים עולה ומבטא את השפע
הגדול שעתיד לבוא.

וְתַחַת הַבַּרְזֶל אָבִיא כֶסֶף. אף כאן נשמר הצבע, שכן הברזל והכסף
שניהם מתכות אפורות-לבנות, אולם ערך הכסף גבוה בהרבה
מערכו של הברזל.

וְתַחַת הָעֵצִים, החומר הזול, תבוא נְחֹשֶׁת,
וְתַחַת הָאֲבָנִים – בַּרְזֶל.

וְשַׂמְתִּי פְקֻדָּתֵךְ שָׁלוֹם. פקידי השררה בעיר לא ינהגו כמפקחים
ותובעים, אלא בדרכי שלום. וְנֹגְשַׂיִךְ, מושלייך המטילים עול על
הציבור, ינהגו בִּצְדָקָה.[18]

הרחבות

'וקראו לך עיר ה׳ ציון קדוש ישראל' שינוי מעין זה אירע לאחר זמן, כאשר העיר נקראה ביוונית ירושלם, (Ἱερουσαλήμ ierós=ἱερός=מקודש) – מעין משחק מלים שפירושו 'שלם הקדושה'. הכינוי חלחל גם לכמה עמים ושפות שהושפעו מהיוונית.

בִּגְבוּלָיִךְ וְקָרָאת יְשׁוּעָה חוֹמֹתַיִךְ וּשְׁעָרַיִךְ תְּהִלָּה׃ לֹא־יִהְיֶה־לָּךְ יט
עוֹד הַשֶּׁמֶשׁ לְאוֹר יוֹמָם וּלְנֹגַהּ הַיָּרֵחַ לֹא־יָאִיר לָךְ וְהָיָה־לָךְ יהוה
לְאוֹר עוֹלָם וֵאלֹהַיִךְ לְתִפְאַרְתֵּךְ׃ לֹא־יָבוֹא עוֹד שִׁמְשֵׁךְ וִירֵחֵךְ כ
לֹא יֵאָסֵף כִּי יהוה יִהְיֶה־לָּךְ לְאוֹר עוֹלָם וְשָׁלְמוּ יְמֵי אֶבְלֵךְ׃
מַטָּעַי וְעַמֵּךְ כֻּלָּם צַדִּיקִים לְעוֹלָם יִירְשׁוּ אָרֶץ נֵצֶר מטעו מַעֲשֵׂה יָדַי כא
לְהִתְפָּאֵר׃ הַקָּטֹן יִהְיֶה לָאֶלֶף וְהַצָּעִיר לְגוֹי עָצוּם אֲנִי יהוה בְּעִתָּהּ כב
אֲחִישֶׁנָּה׃ רוּחַ אֲדֹנָי יֱהוִה עָלָי יַעַן מָשַׁח יהוה אֹתִי א סא
לְבַשֵּׂר עֲנָוִים שְׁלָחַנִי לַחֲבֹשׁ לְנִשְׁבְּרֵי־לֵב לִקְרֹא לִשְׁבוּיִם דְּרוֹר
וְלַאֲסוּרִים פְּקַח־קוֹחַ׃ לִקְרֹא שְׁנַת־רָצוֹן לַיהוה וְיוֹם נָקָם לֵאלֹהֵינוּ ב
לְנַחֵם כָּל־אֲבֵלִים׃ לָשׂוּם ׀ לַאֲבֵלֵי צִיּוֹן לָתֵת לָהֶם פְּאֵר תַּחַת אֵפֶר ג
שֶׁמֶן שָׂשׂוֹן תַּחַת אֵבֶל מַעֲטֵה תְהִלָּה תַּחַת רוּחַ כֵּהָה וְקֹרָא לָהֶם

ביאור | ובפן המוסרי והרוחני: יח **לֹא יִשָּׁמַע עוֹד** על **חָמָס**, לקיחת ממון שלא כדין, סחיטה **בְּאַרְצֵךְ, שֹׁד וָשֶׁבֶר** לא יישמעו **בִּגְבוּלָיִךְ. וְקָרָאת יְשׁוּעָה חוֹמֹתַיִךְ, וּשְׁעָרַיִךְ תְּהִלָּה.** חומות ירושלים היציבות ייקראו אז חומות ישועה וניצחון, ושערי העיר יכונו שערי תהילה.[19] כיוון שלא יהיו אז שוד ושבר, יאבדו החומות את תפקידן המקורי, והן ישמשו רק כעדות לישועת ה' לעמו.[20]

יט יתר על כן, בזמנים ההם **לֹא יִהְיֶה לָּךְ עוֹד הַשֶּׁמֶשׁ לְאוֹר יוֹמָם.** לא תזדקקי לשמש לתאורת יום,[21] **וּלְנֹגַהּ הַיָּרֵחַ לֹא יָאִיר לָךְ** בלילה. אלו יהיו טפלים לאור הגדול - **וְהָיָה לָךְ** ה' **לְאוֹר עוֹלָם, וֵאלֹהַיִךְ לְתִפְאַרְתֵּךְ.** כ **לֹא יָבוֹא, תשקע עוֹד שִׁמְשֵׁךְ**, ציון, לעולם, **וִירֵחֵךְ לֹא יֵאָסֵף.** גם הירח לא ישקע וייעלם. דימוי המאורות המשמשים יחדיו בשמים בכל עת, שלא כדרך הטבע, מבטא את אור הגאולה הפלאי שאיננו מחזורי,[22] **כִּי** ה' **יִהְיֶה לָּךְ לְאוֹר עוֹלָם**, וישלים את כל מחסורייך - **וְשָׁלְמוּ יְמֵי אֶבְלֵךְ.** ייתמו ימי האבל בציון.

הרחבות | **'בְּעִתָּהּ אֲחִישֶׁנָּה'** עוד אמרו חכמים על פי הכתוב הזה, שקץ הגאולה עשוי לבוא בעתו ובזמנו או שיוחש ויטרים את זמנו. (ראו סנהדרין צח ע"א ורש"י על אתר).

המונחים 'עניים' ו'ענווים' לעתים מחליפים זה את זה במקרא, (ראו לעיל יא,ד; לב,ז; סו,ב ור"י מטראני שם; תהלים ט,יג ו–יט; י,יב; יח,כח; משלי ג,לד; וראו לעיל כט,יט), אולי משום שענווים הם אלו הנחשבים קטנים בעיני עצמם,

כא **וְעַמֵּךְ** יהיו אז **כֻּלָּם צַדִּיקִים, לְעוֹלָם**, לנצח **יִירְשׁוּ אָרֶץ** - את ארץ
ישראל.[23] צמיחתו המחודשת של עם ישראל מתוך הקיים תהיה
נֵצֶר מַטָּעַי, ענף קטן הצומח משורשי העץ, ולבסוף נעשה עץ גדול
בפני עצמו. הנצרים, בני העם שיוסיפו לו כוח, הם **מַעֲשֵׂה יָדַי לְהִתְפָּאֵר**,
להתפתח לתפארת.[24] כב **הַקָּטֹן** בעם **יִהְיֶה לָאֶלֶף**, למספר רב, **וְהַצָּעִיר**,
הקטן בכמותו יהפוך **לְגוֹי עָצוּם**. **אֲנִי ה'** המבטיח **בְּעִתָּהּ**, בזמן הראוי
לגאולה **אֲחִישֶׁנָּה**, אזרז את בואה ואת תהליכיה.[25]

בשורת הגאולה העתידה

פרק סא – פרק סג פס' ו

ברקען של נבואות הנחמה הבאות נמצאת ירושלים והמדינה כולה - בשעת אמירת הנבואות או בעתיד - במצב ירוד של דכדוך ושממה. הנביא מדבר נחמות וצופה שכל זה יתוקן. נראה שהנבואות הללו מתייחסות לגאולה האחרונה שלעתיד לבוא.[1] הן מבשרות את טובתם של ישראל וירושלים ואת נקמת ה' באויביהם.

פרק סא א **רוּחַ ה' אֱלֹהִים עָלָי** להתנבא את הדברים הבאים. לא
נשלחתי להזהיר באמצעות הנבואות הללו או לגלות את המאורעות
העתידים להתרחש, אלא - **יַעַן מָשַׁח ה' אֹתִי לְבַשֵּׂר**, להביא בשורה
לַעֲנָוִים, שְׁלָחַנִי לַחֲבֹשׁ לְנִשְׁבְּרֵי לֵב, תיאור פיוטי לחילוץ הסובלים
מדיכאונות ולריפויים, **לִקְרֹא לִשְׁבוּיִם דְּרוֹר**, לטעת בהם את תקוות
החופש,[2] **וְלקרוא לַאֲסוּרִים פְּקַח קוֹחַ**, פתיחה והתעוררות מלחץ
מעיק.[3] ב **לִקְרֹא**, להודיע מראש שתבוא **שְׁנַת רָצוֹן לַה'**, שנה שה' יופיע
ויבטא בה רוח של פיוס, מצד אחד; ומצד אחר, **יוֹם נָקָם לֵאלֹהֵינוּ**.
נחמת ציון תכלול גם את נקמת ישראל מאויביהם, וכפי שיפורט
בהמשך.[4] **לְנַחֵם כָּל הָאֲבֵלִים** באבל הלאומי של חורבן ירושלים וגלות
ישראל,[5] ג **לָשׂוּם**, לשים דבר **לַאֲבֵלֵי צִיּוֹן** - **לָתֵת לָהֶם פְּאֵר תַּחַת אֵפֶר**.
באבל או בנסיבות קשות אחרות, נהגו לשים אפר או עפר על הראש.[6]
ביטויי האבל של אבלי ציון יוחלפו בבגד, כובע או תכשיט מפואר.[7]
כמו כן, **שֶׁמֶן שָׂשׂוֹן**, ביטוי ציורי לשמן שסכים בו בשעת שמחה לשם
תענוג,[8] יינתן להם **תַּחַת אֵבֶל, וּמַעֲטֵה**, כסות **תְהִלָּה**, הילה תבוא **תַּחַת
רוּחַ כֵּהָה**, קודרת או חלשה.[9] במקום הלוך רוח עכור, המתמקד בפן
האפל של החיים, יהיו בני ציון מעוטפים בזוהר ובהלל, שיעניקו להם
כבוד וגדולה. **וְאז קֹרָא לָהֶם**, הם ייקראו: **אֵילֵי**, עמודים או קורות[10]

הרחבות

ועניים הם הנחשבים כך בעיני אחרים. מכל מקום, מדובר באנשים הזקוקים לעידוד.

'פאר תחת אפר' חכמים זיהו את הפאר הזה עם תפילין של ראש, שהן מעין כתר המונח על ראשיהם של ישראל. מכאן וכן מהאמור ביחזקאל (כד,טז): אֲבֶל לֹא תַעֲשֶׂה, פְּאֵרְךָ חֲבוֹשׁ עָלֶיךָ, למדו שהאָבל אסור בהנחת תפילין. (ראו ברכות יא ע"א; תענית טז ע"א; בבא בתרא ס ע"ב; טור או"ח כה,ג).

אֵילֵי הַצֶּדֶק מַטַּע יְהוָה לְהִתְפָּאֵר׃ וּבָנוּ חׇרְבוֹת עוֹלָם שֹׁמְמוֹת ד
רִאשֹׁנִים יְקוֹמֵמוּ וְחִדְּשׁוּ עָרֵי חֹרֶב שֹׁמְמוֹת דּוֹר וָדוֹר׃ וְעָמְדוּ זָרִים ה
וְרָעוּ צֹאנְכֶם וּבְנֵי נֵכָר אִכָּרֵיכֶם וְכֹרְמֵיכֶם׃ וְאַתֶּם כֹּהֲנֵי יְהוָה ו
תִּקָּרֵאוּ מְשָׁרְתֵי אֱלֹהֵינוּ יֵאָמֵר לָכֶם חֵיל גּוֹיִם תֹּאכֵלוּ וּבִכְבוֹדָם
תִּתְיַמָּרוּ׃ תַּחַת בׇּשְׁתְּכֶם מִשְׁנֶה וּכְלִמָּה יָרֹנּוּ חֶלְקָם לָכֵן בְּאַרְצָם ז
מִשְׁנֶה יִירָשׁוּ שִׂמְחַת עוֹלָם תִּהְיֶה לָהֶם׃ כִּי אֲנִי יְהוָה אֹהֵב מִשְׁפָּט ח
שֹׂנֵא גָזֵל בְּעוֹלָה וְנָתַתִּי פְעֻלָּתָם בֶּאֱמֶת וּבְרִית עוֹלָם אֶכְרוֹת
לָהֶם׃ וְנוֹדַע בַּגּוֹיִם זַרְעָם וְצֶאֱצָאֵיהֶם בְּתוֹךְ הָעַמִּים כׇּל־רֹאֵיהֶם ט כה
יַכִּירוּם כִּי הֵם זֶרַע בֵּרַךְ יְהוָה׃ שׂוֹשׂ אָשִׂישׂ בַּיהוָה תָּגֵל י
נַפְשִׁי בֵּאלֹהַי כִּי הִלְבִּישַׁנִי בִּגְדֵי־יֶשַׁע מְעִיל צְדָקָה יְעָטָנִי כֶּחָתָן
יְכַהֵן פְּאֵר וְכַכַּלָּה תַּעְדֶּה כֵלֶיהָ׃ כִּי כָאָרֶץ תּוֹצִיא צִמְחָהּ וּכְגַנָּה יא
זֵרוּעֶיהָ תַצְמִיחַ כֵּן ׀ אֲדֹנָי יֱהוִה יַצְמִיחַ צְדָקָה וּתְהִלָּה נֶגֶד כׇּל־
הַגּוֹיִם׃ לְמַעַן צִיּוֹן לֹא אֶחֱשֶׁה וּלְמַעַן יְרוּשָׁלַ͏ִם לֹא אֶשְׁקוֹט עַד־ א סב
יֵצֵא כַנֹּגַהּ צִדְקָהּ וִישׁוּעָתָהּ כְּלַפִּיד יִבְעָר׃ וְרָאוּ גוֹיִם צִדְקֵךְ וְכׇל־ ב

ביאור | של הַצֶּדֶק. בני ציון יהיו דוגמאות חיות לצדק ויציבות, וייקראו גם מַטַּע ה׳ לְהִתְפָּאֵר.

ד אז, בבוא הגאולה - **וּבָנוּ חׇרְבוֹת עוֹלָם**, שהיו חרבות זה זמן רב, **שֹׁמְמוֹת** של[11] **הָרִאשֹׁנִים יְקוֹמֵמוּ. וְחִדְּשׁוּ עָרֵי חֹרֶב**, ערים חרבות[12] **שֹׁמְמוֹת** שמ**דּוֹר וָדוֹר**, מדורות רבים. באותה עת לא רק תשתחררו מעולכם ותהפכו לבני חורין; אלא תזכו גם במעמד הראוי לכם: ה **וְעָמְדוּ** מעצמם[13] עמים **זָרִים וְרָעוּ צֹאנְכֶם, וּבְנֵי נֵכָר** יהיו **אִכָּרֵיכֶם וְכֹרְמֵיכֶם**. הם יטפלו בחקלאות שלכם. הדבר לא יקרה כתוצאה משליטתכם בגויים, אלא מכוח ההכרה העולמית במעמדכם ובתפקידכם: ו **וְאַתֶּם** - העם כולו, **כֹּהֲנֵי ה׳ תִּקָּרֵאוּ, מְשָׁרְתֵי אֱלֹהֵינוּ יֵאָמֵר לָכֶם**. בזמן ששאר עמי העולם יעסקו במלאכת השדה למען עצמם ולמענכם, אתם תתפנו לעבוד את ה׳ לטובת האנושות כולה.[14] על כן **חֵיל גּוֹיִם תֹּאכֵלוּ**, תיהנו מפרי כוחם של הגויים, מרכושם,[15] **וּבִכְבוֹדָם תִּתְיַמָּרוּ**, תתאמרו,

תתפארו.[16] כיוון שתגיעו אל המעמד העליון בעולם, כל כבוד ומעלה
יתרה שיזכו בהם אחרים, יבואו אליכם ביתר שאת.[17] ז **תַּחַת בָּשְׁתְּכֶם**
מִשְׁנֶה, במקום הבושה הכפולה שהייתה מנת חלקכם בעבר בעיני
אחרים ובעיני עצמכם,[18] ובמקום **הכְלִמָּה** אשר הגויים **יָרֹנּוּ**, ישירו
בְחֶלְקָם של ישראל, תחת הבושה וההשפלה שנחלתם מן הגויים
בדיבוריהם ובשירים אשר חיברו -[19] **לָכֵן בְּאַרְצָם** של רודפי ישראל
ושונאיו **מִשְׁנֶה**, חלק כפול **יִירָשׁוּ**, יקבלו ישראל, **וְשִׂמְחַת עוֹלָם תִּהְיֶה**
לָהֶם. ח **כִּי אֲנִי ה' אֹהֵב מִשְׁפָּט, שֹׂנֵא גָזֵל בְּעוֹלָה**, בעוולה.[20] במשך
הדורות היו ישראל גזולים ועשוקים ללא משפט, ולעתיד לבוא
ה' יתקן זאת. **וְנָתַתִּי פְעֻלָּתָם**, שכר עבודתם[21] **בֶּאֱמֶת, וּבְרִית עוֹלָם**
אֶכְרוֹת לָהֶם. ט **וְנוֹדַע**, יתפרסם **בַּגּוֹיִם זַרְעָם**, לא רק השתייכותם
לעם ישראל תיוודע, אלא גם שמם יצא לתהילה.[22] **וְצֶאֱצָאֵיהֶם** יהיו
ניכרים כדמויות בולטות ונערצות **בְּתוֹךְ הָעַמִּים**, כך **שֶׁכָּל רֹאֵיהֶם**
יַכִּירוּם כִּי הֵם זֶרַע בֵּרַךְ ה'. בכל מקום שהם שם, יהיה בולט שהם
ברוכים משאר העמים.

כמענה על בשורת הניחומים הקודמת[23] מתחילה כאן נבואה
המדברת בשם ישראל:[24] י **שׂוֹשׂ אָשִׂישׂ**, אשמח **בַּה'**, בבוא הגאולה,
תָּגֵל, תשמח **נַפְשִׁי בֵּאלֹהַי, כִּי הִלְבִּישַׁנִי בִּגְדֵי יֶשַׁע**, ישועה, **מְעִיל צְדָקָה**,
תוקף והצלחה[25] **יְעָטָנִי**, יעטוף אותי. **כֶּחָתָן** אשר **יְכַהֵן פְּאֵר**, כמו חתן
שבגדיו מפוארים כבגדי שרד, והוא עומד בראש המסובים, **וְכַכַּלָּה**
תַּעְדֶּה כֵלֶיהָ, לבושה בתכשיטיה ובבגדי כלולותיה, כך אשמח ואתהדר
בכבוד שיעטר אותי בזמן הישועה.[26] יא **כִּי כָאָרֶץ** אשר **תּוֹצִיא צִמְחָהּ**,
וּכְגַנָּה וכמו גינה אשר **זֵרוּעֶיהָ**, זרעיה **תַצְמִיחַ** - **כֵּן ה' אֱלֹהִים יַצְמִיחַ**
צְדָקָה וּתְהִלָּה, הצלחה ואורה **נֶגֶד** לעיני **כָּל הַגּוֹיִם.** הגאולה מדומה
לצמח המבצבץ לפתע מזרע שנרקב באדמה. כשם שבמוקדם או
במאוחר תוציא הארץ צמחים, והגינה תצמיח את הזרעים הטמונים
באדמתה מכבר, אף בעם ישראל, שבהווה הוא מושפל לארץ,
אפשרות הגאולה כבר חבויה בתוכו, ובבוא העת היא תתגלה מול כל
העמים.[27]

את דברי הנחמות על ירושלים הנביא פותח בדברי עצמו:[28] פרק
סב א **לְמַעַן צִיּוֹן לֹא אֶחֱשֶׁה**, אשתוק, **וּלְמַעַן יְרוּשָׁלַםִ לֹא אֶשְׁקוֹט.** ברצוני
להתפלל או להרים קולי למען ירושלים, **עַד יֵצֵא כַנֹּגַהּ צִדְקָהּ**, כוחה,
ישועתה וצדקת דרכה יאירו לעיני כול,[29] **וִישׁוּעָתָהּ** תאיר **כְּלַפִּיד** אשר
יִבְעָר. ב **וְרָאוּ גוֹיִם** את **צִדְקֵךְ, וְכָל מְלָכִים** יראו את **כְּבוֹדֵךְ**, ואז, אחרי

מְלָכִים כְּבוֹדֵךְ וְקֹרָא לָךְ שֵׁם חָדָשׁ אֲשֶׁר פִּי יהוה יִקֳּבֶנּוּ: וְהָיִית ג
וּצְנִיף עֲטֶרֶת תִּפְאֶרֶת בְּיַד־יהוה וצנוף מְלוּכָה בְּכַף־אֱלֹהָיִךְ: לֹא־יֵאָמֵר ד
לָךְ עוֹד עֲזוּבָה וּלְאַרְצֵךְ לֹא־יֵאָמֵר עוֹד שְׁמָמָה כִּי לָךְ יִקָּרֵא
חֶפְצִי־בָהּ וּלְאַרְצֵךְ בְּעוּלָה כִּי־חָפֵץ יהוה בָּךְ וְאַרְצֵךְ תִּבָּעֵל: כִּי־ ה
יִבְעַל בָּחוּר בְּתוּלָה יִבְעָלוּךְ בָּנָיִךְ וּמְשׂוֹשׂ חָתָן עַל־כַּלָּה יָשִׂישׂ
עָלַיִךְ אֱלֹהָיִךְ: עַל־חוֹמֹתַיִךְ יְרוּשָׁלִַם הִפְקַדְתִּי שֹׁמְרִים כָּל־הַיּוֹם ו
וְכָל־הַלַּיְלָה תָּמִיד לֹא יֶחֱשׁוּ הַמַּזְכִּרִים אֶת־יהוה אַל־דֳּמִי לָכֶם:
וְאַל־תִּתְּנוּ דֳמִי לוֹ עַד־יְכוֹנֵן וְעַד־יָשִׂים אֶת־יְרוּשָׁלִַם תְּהִלָּה ז
בָּאָרֶץ: נִשְׁבַּע יהוה בִּימִינוֹ וּבִזְרוֹעַ עֻזּוֹ אִם־אֶתֵּן אֶת־דְּגָנֵךְ עוֹד ח
מַאֲכָל לְאֹיְבַיִךְ וְאִם־יִשְׁתּוּ בְנֵי־נֵכָר תִּירוֹשֵׁךְ אֲשֶׁר יָגַעַתְּ בּוֹ: כִּי ט
מְאַסְפָיו יֹאכְלֻהוּ וְהִלְלוּ אֶת־יהוה וּמְקַבְּצָיו יִשְׁתֻּהוּ בְּחַצְרוֹת
קָדְשִׁי: עִבְרוּ עִבְרוּ בַּשְּׁעָרִים פַּנּוּ דֶּרֶךְ הָעָם סֹלּוּ סֹלּוּ י
הַמְסִלָּה סַקְּלוּ מֵאֶבֶן הָרִימוּ נֵס עַל־הָעַמִּים: הִנֵּה יהוה הִשְׁמִיעַ יא

ביאור שתיגאלי - **וְקֹרָא לָךְ** גם **שֵׁם חָדָשׁ אֲשֶׁר פִּי ה׳ יִקֳּבֶנּוּ**, ינקוב בו. ג **וְהָיִית עֲטֶרֶת**, כתר **תִּפְאֶרֶת בְּיַד ה׳**, **וּצְנִיף**, מצנפת **מְלוּכָה בְּכַף אֱלֹהָיִךְ**, שמורה, קרובה, נתמכת וחבוקה.[30] ד **לֹא יֵאָמֵר לָךְ**, עלייך **עוֹד עֲזוּבָה**, עיר שזנחו אותה, **וּלְאַרְצֵךְ לֹא יֵאָמֵר עוֹד שְׁמָמָה**. **כִּי** אם להיפך - **לָךְ יִקָּרֵא חֶפְצִי בָהּ**, זו שרצוני בה. **וּלְאַרְצֵךְ** יקראו **בְּעוּלָה**, מלאה ופורייה, **כִּי חָפֵץ ה׳ בָּךְ, וְאַרְצֵךְ תִּבָּעֵל**. יהיו לה בעלים. היא תהיה מיושבת.[31] ה **כִּי**, כמו[32] ש**יִבְעַל בָּחוּר בְּתוּלָה**, כך **יִבְעָלוּךְ בָּנָיִךְ**, באותה חדווה והתלהבות

הרחבות **'וקֹרא לך שם חדש אשר פי ה׳ יקבנו'** בכמה מקומות בדברי הנביאים מופיע הרעיון ששמה הישן של ירושלים, שנקבע על ידי בני אדם, יוחלף לכשתעלה העיר לגדולה. (ראו לעיל א,כו; ס,יד; ירמיה לג,טז; יחזקאל מח,לה). לעתיד לבוא, כשירושלים תהפוך לעירו של ה׳, הוא שיעניק לה את שמה החדש.

ירושלים לא הופיעה במפורש בראשית ההיסטוריה של העם בארצו, אלא נקנתה רק בזמן דוד המלך, וזכתה בהדרגה במעמד מרכזי יותר ויותר. אף שמותיה הולכים ומתרבים במשך הדורות, משום שירושלים היא האוצר המיוחד של ישראל.

ההלכה רואה את ארץ ישראל כמבנה של מעגלי קדושה קונצנטריים, זה בתוך זה. (ראו משנה כלים א,ו–ט). המעגל החיצון הוא הארץ, בתוכו ירושלים, ובתוכה המקדש – המוקד השולח אדוות לכל סביבותיו. המתפללים פונים אל ירושלים – מרכז חייו של העם – ומתבוננים בה מכל צד. (ראו מלכים א׳ ח,מד; ירמיה ג,יז). ההתייחסות אליה נבחנת מנקודות

יבואו בנייך לקנות את הארץ, לבנותה ולפתחה. **וּכְ**מְשׂוֹשׂ, כשמחת **חָתָן עַל כַּלָּה יָשִׂישׂ עָלַיִךְ אֱלֹהָיִךְ**. ה׳ ישמח בך בשמחת ההתחדשות שיש לחתן כלפי כלתו.[33]

כעת הנביא מדבר בשם ישראל: ו **עַל חוֹמֹתַיִךְ, יְרוּשָׁלַםִ, הִפְקַדְתִּי שֹׁמְרִים כָּל הַיּוֹם וְכָל הַלַּיְלָה, תָּמִיד**. לא יהיו אלה שומרים מפני אויב, אלא שומרים בלבם את טובתך וממתינים לה, ודעתם לא תסור ממך -[34]**לֹא יֶחֱשׁוּ**, ישתקו מלהתפלל בעדך. אלו **הַמַּזְכִּרִים אֶת ה׳**, לה׳, כביכול, **ו**מפצירים בו: הבטחת גאולה לציון אשר אהבת, מתי היא תבוא? - **אַל דֳּמִי לָכֶם**. אל תשתקו. ז **וְאַל תִּתְּנוּ דֳמִי**, שקט **לוֹ**. המשיכו להזכיר, להתפלל ולפעול ללא הרף,[35] **עַד יְכוֹנֵן וְעַד יָשִׂים אֶת יְרוּשָׁלַםִ תְּהִלָּה בָּאָרֶץ**. עד שיביא את גאולתה השלמה.

כעין תשובה לכך, לפחות בנוגע לעתיד:[36] ח **נִשְׁבַּע ה׳ ביד יְמִינוֹ וּבִזְרוֹעַ עֻזּוֹ**, כוחו.[37] הרמת הידיים היא מחווה של שבועה.[38] **אִם אֶתֵּן אֶת דְּגָנֵךְ עוֹד מַאֲכָל לְאֹיְבַיִךְ, וְאִם יִשְׁתּוּ בְנֵי נֵכָר תִּירוֹשֵׁךְ אֲשֶׁר יָגַעַתְּ בּוֹ**. לאחר שיבצרו את הענבים ויביאום לגת, לא הזרים הם שישתו את יינם החדש. ט **כִּי**, אלא **מְאַסְפָיו** של הדגן הם אלה **יֹאכְלֻהוּ, וְהִלְלוּ אֶת ה׳** כראוי, בהבאת חלק מהיבול לירושלים על מנת להלל את ה׳.[39] ובאותו אופן, **מְקַבְּצָיו** של התירוש[40] **יִשְׁתֻּהוּ בְּחַצְרוֹת קָדְשִׁי**. הארץ תהיה שקטה ושלווה, והדגן שייקצר והיין שייסחט יובאו לבית ה׳ בשמחה.[41]

ועוד בעניין בוא הגאולה: י **עִבְרוּ עִבְרוּ בַּשְּׁעָרִים**, בשערי הערים ההומים מאדם[42] כדי לקרוא לאנשים לצאת לציון, **פַּנּוּ דֶּרֶךְ הָעָם, סֹלּוּ סֹלּוּ**, סללו וישרו את **הַמְסִלָּה**, הדרך שבה עולים אל הר ה׳, **סַקְּלוּ** אותה **מֵאֶבֶן**. הסירו את מכשוליה, על מנת להקל על הבאים לציון. **הָרִימוּ נֵס**, דגל, כלונס **עַל הָעַמִּים**, כדי להכריז שהגיעה עת שיבת ישראל

הרחבות

ראות שונות, ולכן היא זוכה לשמות כה רבים.

׳על חומתיך ירושלם הפקדתי שמרים׳ אותם ׳שומרי העיר׳, ובלשון התלמוד ׳נטורי קרתא׳, (ראו ירושלמי, חגיגה א,ז; יונתן על אתר), הם שכונו לעיל (סא,ג) אֲבֵלֵי צִיּוֹן - אנשים הזוכרים ומזכירים תמיד את ציון החרבה (ראב״ע. ויש מפרשים: מלאכים, נביאים, צדיקים, תלמידי חכמים או מוכיחים).

׳אם אתן את דגנך עוד מאכל לאיביך׳ מסיבות לוגיסטיות ופרקטיות נהגו בכל הדורות לערוך מלחמות בקיץ, בזמן שהתבואה מצויה בשדות. כאשר מגיעים אויבים למדינה חסרת הגנה, הם קוצרים את דגן הארץ ומשתמשים בו לצורכיהם. הנביא מנחם אפוא את ישראל שלא יהיה בארצם עוד כדבר הזה. הדגן ייאכל על ידי זורעיו ומגדליו. (ראו ויקרא כו,טז; דברים כח,נא; שופטים ו,ג; ספרי דברים מב ורש״י שם יא,יד; הרחבה לשמואל ב׳ יא,א).

אֶל־קְצֵה הָאָרֶץ אִמְרוּ לְבַת־צִיּוֹן הִנֵּה יִשְׁעֵךְ בָּא הִנֵּה שְׂכָרוֹ אִתּוֹ
וּפְעֻלָּתוֹ לְפָנָיו׃ וְקָרְאוּ לָהֶם עַם־הַקֹּדֶשׁ גְּאוּלֵי יהוה וְלָךְ יִקָּרֵא יב
דְרוּשָׁה עִיר לֹא נֶעֱזָבָה׃ מִי־זֶה ׀ בָּא מֵאֱדוֹם א סג
חֲמוּץ בְּגָדִים מִבָּצְרָה זֶה הָדוּר בִּלְבוּשׁוֹ צֹעֶה בְּרֹב כֹּחוֹ אֲנִי מְדַבֵּר
בִּצְדָקָה רַב לְהוֹשִׁיעַ׃ מַדּוּעַ אָדֹם לִלְבוּשֶׁךָ וּבְגָדֶיךָ כְּדֹרֵךְ בְּגַת׃ ב
פּוּרָה ׀ דָּרַכְתִּי לְבַדִּי וּמֵעַמִּים אֵין־אִישׁ אִתִּי וְאֶדְרְכֵם בְּאַפִּי ג
וְאֶרְמְסֵם בַּחֲמָתִי וְיֵז נִצְחָם עַל־בְּגָדַי וְכָל־מַלְבּוּשַׁי אֶגְאָלְתִּי׃ כִּי ד
יוֹם נָקָם בְּלִבִּי וּשְׁנַת גְּאוּלַי בָּאָה׃ וְאַבִּיט וְאֵין עֹזֵר וְאֶשְׁתּוֹמֵם וְאֵין ה
סוֹמֵךְ וַתּוֹשַׁע לִי זְרֹעִי וַחֲמָתִי הִיא סְמָכָתְנִי׃ וְאָבוּס עַמִּים בְּאַפִּי ו
וַאֲשַׁכְּרֵם בַּחֲמָתִי וְאוֹרִיד לָאָרֶץ נִצְחָם׃ חַסְדֵי יהוה ז
׀ אַזְכִּיר תְּהִלֹּת יהוה כְּעַל כֹּל אֲשֶׁר־גְּמָלָנוּ יהוה וְרַב־טוּב לְבֵית
יִשְׂרָאֵל אֲשֶׁר־גְּמָלָם כְּרַחֲמָיו וּכְרֹב חֲסָדָיו׃ וַיֹּאמֶר אַךְ־עַמִּי הֵמָּה ח
לוֹ בָּנִים לֹא יְשַׁקֵּרוּ וַיְהִי לָהֶם לְמוֹשִׁיעַ׃ בְּכָל־צָרָתָם ׀ לֹא צָר וּמַלְאַךְ ט
פָּנָיו הוֹשִׁיעָם בְּאַהֲבָתוֹ וּבְחֶמְלָתוֹ הוּא גְאָלָם וַיְנַטְּלֵם וַיְנַשְּׂאֵם
כָּל־יְמֵי עוֹלָם׃ וְהֵמָּה מָרוּ וְעִצְּבוּ אֶת־רוּחַ קָדְשׁוֹ וַיֵּהָפֵךְ לָהֶם י

ביאור | לציון.[43] יא הִנֵּה ה׳ הִשְׁמִיעַ אֶל קְצֵה הָאָרֶץ, גם במקומות המרוחקים. אִמְרוּ לְבַת צִיּוֹן, אשר הגיעה אל אותם מקומות: הִנֵּה יִשְׁעֵךְ, מושיעך בָּא לגאלך. הִנֵּה שְׂכָרוֹ, התשלום שבו יגמול על עבודתכם אִתּוֹ, וּפְעֻלָּתוֹ, ושכר הפעולה שישלם מוכן לְפָנָיו.[44] יב וְקָרְאוּ לָהֶם לישראל בכינויים עַם הַקֹּדֶשׁ וכן גְּאוּלֵי ה׳. וְלָךְ, ירושלים, יִקָּרֵא אז דְּרוּשָׁה, עִיר לֹא נֶעֱזָבָה, שכן תעלי לגדולתך משכבר, ושוב תהפכי לעיר מרכזית שהכול דורשים את טובתה.

גאולת ישראל מלווה בנקמה מאויביהם, המתוארת כאן באופן ציורי - דמות המגיעה מאדום בבגדים מוכתמים בדם, נשאלת לזהותה: פרק סג א מִי זֶה בָּא מארץ אֱדוֹם, חֲמוּץ, אָדוֹם[45] בְּגָדִים מהעיר בָּצְרָה?[46] מי[47] זֶה אשר הָדוּר בִּלְבוּשׁוֹ, מפואר במדי הקרב שלו, צֹעֶה אולי: צועד ורומס[48] בְּרֹב כֹּחוֹ?

הבא מאדום מציג את עצמו: אֲנִי הוא זה הַמְדַבֵּר בִּצְדָקָה, בצדק

ואמת, ואשר קיימתי את דברי.[49] או: אני הוא זה שהצדק אתו
והכוח בידו.[50] אני **רַב**, מרבה, מגדיל **לְהוֹשִׁיעַ**.

ושוב הוא נשאל: ב **מַדּוּעַ אָדֹם לִלְבוּשֶׁךָ** הרי אין זה צבעו הטבעי,
וּמדוע **בְגָדֶיךָ** ההדורים מוכתמים בכתמים אדומים **כְּדֹרֵךְ** ענבים **בְּגַת**?
והוא עונה: ג **פּוּרָה**, גת[51] **דָּרַכְתִּי לְבַדִּי**, אך לא דרכתי על ענבים
בגת, אלא דרסתי עמים, **וּמֵעַמִּים אֵין אִישׁ אִתִּי** לסייעני, **וְאֶדְרְכֵם
בְּאַפִּי**, בכעסי, **וְאֶרְמְסֵם בַּחֲמָתִי**. **וְיֵז**, והותז **נִצְחָם**, דמם[52] **עַל בְּגָדַי**, **וְכָל
מַלְבּוּשַׁי אֶגְאָלְתִּי**, לכלכתי בדם. ד **כִּי יוֹם נָקָם** היה **בְּלִבִּי**, וכעת הגיע
הזמן להגשימו. **וּשְׁנַת גְּאוּלַי בָּאָה**, ובה יחול יום נקם.[53] ה **וְאַבִּיט** –
וְאֵין עֹזֵר, **וְאֶשְׁתּוֹמֵם**, אתבונן[54] – **וְאֵין סוֹמֵךְ**, אין מי שיעזור לי בנקמה
זו. לכן – **וַתּוֹשַׁע לִי זְרֹעִי**, כוח ידי, **וַחֲמָתִי**, וכעסי על העמים **הִיא
סְמָכָתְנִי**. אין גורם או סיבה אחרת לפעולתי זו מלבד גבורתי וכעסי
על הגויים.[55] לכן נאלצתי ללכלך בגדי בדם הרב. ו **וְאָבוּס**, אבוסס,
אדרוך **עַמִּים בְּאַפִּי**, בזעמי, **וַאֲשַׁכְּרֵם בַּחֲמָתִי**. הם יהפכו חסרי אונים
כשיכורים בעטיה של חמתי. **וְאוֹרִיד**, אשפוך **לָאָרֶץ** את **נִצְחָם**, דמם.[56]
הדימוי העז והצבעוני של השב מן המלחמה המתפאר בבגדיו
הספוגים בדם ובהרג שחולל לבדו, מבטא את עצמת נקמתו של ה'
באויבים על אלפי שנות גלות וסבל שהסבו לישראל.

תפילה על הגאולה

פרק סג פס' ז – פרק סד

הדברים שלפנינו עוסקים בצרות ישראל ובגאולתו הכרוכות אלה באלה. עיקרו של העניין
דברי תחנונים וכמיהה לגילוי מחודש של ה' בפני עמו ולגאולתם. יש בו גם דברי וידוי
והתנצלות, הזכרת חסדי ה' עם העם בעבר, לעומת הסתרת פניו בעת החורבן בהווה.
זיכרון היחסים שהיו בין ה' לעמו, מפיח את התקווה לגאולה העתידה.

הנביא פותח בשבח ה' על הטובות שהטיב לעמו בעבר:[1] ז **חַסְדֵי ה'
אַזְכִּיר**, **תְּהִלֹּת ה'**, כְּפי הראוי[2] **עַל כֹּל אֲשֶׁר גְּמָלָנוּ ה'**, **וְ**על **רַב טוּב לְבֵית
יִשְׂרָאֵל אֲשֶׁר גְּמָלָם ה' כְּרַחֲמָיו וּכְרֹב חֲסָדָיו**, שלא לפי מעשיהם. ח **וַיֹּאמֶר
ה'**, בזמן שבו גמלנו טוב: **אַךְ**, אכן, **עַמִּי הֵמָּה**, **בָּנִים** הם לי, **לֹא יְשַׁקֵּרוּ**.
הם נאמנים לי. לכן[3] – **וַיְהִי לָהֶם ה' לְמוֹשִׁיעַ**. ט **בְּכָל צָרָתָם – לוֹ צָר**,
בזמן שהם סבלו הוא סבל אתם,[4] **וּמַלְאַךְ פָּנָיו**, מלאך הפנים שלו,
העומד לפניו תמיד,[5] **הוֹשִׁיעָם**. **בְּאַהֲבָתוֹ וּבְחֶמְלָתוֹ הוּא גְאָלָם**, **וַיְנַטְּלֵם**,
הרים אותם מלשקוע בצרה,[6] **וַיְנַשְּׂאֵם**, הגביהם **כָּל יְמֵי עוֹלָם**.

בזמנים הטובים ההם ה' ליווה אותם, תמך בהם וסמך עליהם.

מערכת היחסים החלה להיעכר, והאמון התערער:[7] י **וְהֵמָּה** – בני
ישראל, **מָרוּ**, מרדו ופרקו עול, או: מירו **וְעִצְּבוּ**, העציבו והרגיזו[8] **אֶת**

יא לְאוֹיֵב הוּא נִלְחַם־בָּם: וַיִּזְכֹּר יְמֵי־עוֹלָם מֹשֶׁה עַמּוֹ אַיֵּה ׀ הַמַּעֲלֵם
יב מִיָּם אֵת רֹעֵה צֹאנוֹ אַיֵּה הַשָּׂם בְּקִרְבּוֹ אֶת־רוּחַ קָדְשׁוֹ: מוֹלִיךְ
לִימִין מֹשֶׁה זְרוֹעַ תִּפְאַרְתּוֹ בּוֹקֵעַ מַיִם מִפְּנֵיהֶם לַעֲשׂוֹת לוֹ שֵׁם
יג יד עוֹלָם: מוֹלִיכָם בַּתְּהֹמוֹת כַּסּוּס בַּמִּדְבָּר לֹא יִכָּשֵׁלוּ: כַּבְּהֵמָה
בַּבִּקְעָה תֵרֵד רוּחַ יהוה תְּנִיחֶנּוּ כֵּן נִהַגְתָּ עַמְּךָ לַעֲשׂוֹת לְךָ שֵׁם
טו תִּפְאָרֶת: הַבֵּט מִשָּׁמַיִם וּרְאֵה מִזְּבֻל קָדְשְׁךָ וְתִפְאַרְתֶּךָ אַיֵּה
טז קִנְאָתְךָ וּגְבוּרֹתֶךָ הֲמוֹן מֵעֶיךָ וְרַחֲמֶיךָ אֵלַי הִתְאַפָּקוּ: כִּי־אַתָּה
אָבִינוּ כִּי אַבְרָהָם לֹא יְדָעָנוּ וְיִשְׂרָאֵל לֹא יַכִּירָנוּ אַתָּה יהוה אָבִינוּ
יז גֹּאֲלֵנוּ מֵעוֹלָם שְׁמֶךָ: לָמָּה תַתְעֵנוּ יהוה מִדְּרָכֶיךָ תַּקְשִׁיחַ לִבֵּנוּ
יח מִיִּרְאָתֶךָ שׁוּב לְמַעַן עֲבָדֶיךָ שִׁבְטֵי נַחֲלָתֶךָ: לַמִּצְעָר יָרְשׁוּ עַם־
יט קָדְשֶׁךָ צָרֵינוּ בּוֹסְסוּ מִקְדָּשֶׁךָ: הָיִינוּ מֵעוֹלָם לֹא־מָשַׁלְתָּ בָּם
לֹא־נִקְרָא שִׁמְךָ עֲלֵיהֶם לוּא־קָרַעְתָּ שָׁמַיִם יָרַדְתָּ מִפָּנֶיךָ הָרִים
סד א נָזֹלּוּ: כִּקְדֹחַ אֵשׁ הֲמָסִים מַיִם תִּבְעֶה־אֵשׁ לְהוֹדִיעַ שִׁמְךָ לְצָרֶיךָ
ב מִפָּנֶיךָ גּוֹיִם יִרְגָּזוּ: בַּעֲשׂוֹתְךָ נוֹרָאוֹת לֹא נְקַוֶּה יָרַדְתָּ מִפָּנֶיךָ הָרִים
ג נָזֹלּוּ: וּמֵעוֹלָם לֹא־שָׁמְעוּ לֹא הֶאֱזִינוּ עַיִן לֹא־רָאָתָה אֱלֹהִים

ביאור | רוּחַ קָדְשׁוֹ. על כן - וַיֵּהָפֵךְ לָהֶם ה׳ לְאוֹיֵב, ולבסוף הוּא עצמו נִלְחַם בָּם, תחת אשר עזרם בעבר.

למרות זאת לא השמידם.[9] יא וַיִּזְכֹּר, ה׳ נזכר[10] כביכול בִּימֵי עוֹלָם, בתקופה הקדומה, במֹשֶׁה מנהיג עַמּוֹ, לאמור: אַיֵּה משה הַמַּעֲלֵם מִיָּם?! ויזכור אֵת רֹעֵי צֹאנוֹ, מנהיגי העם, לאמור: אַיֵּה הרועה הַשָּׂם בְּקִרְבּוֹ אֶת רוּחַ קָדְשׁוֹ? משה האציל על העם מרוח קדשו.[11]

משה לא פעל מעצמו. יב ה׳ מוֹלִיךְ לִימִין מֹשֶׁה את זְרוֹעַ תִּפְאַרְתּוֹ, כוחו המפואר של ה׳, בּוֹקֵעַ מַיִם, את מי ים סוף מִפְּנֵיהֶם לַעֲשׂוֹת לוֹ שֵׁם עוֹלָם, להודיע את שמו לנצח.[12] יג מוֹלִיכָם בַּתְּהֹמוֹת, בקרקעית הים, כַּסּוּס הדוהר בַּמִּדְבָּר, במרחב מוצק ופנוי -[13] לֹא יִכָּשֵׁלוּ. יד כַּבְּהֵמָה

הרחבות | 'וַיִּזְכֹּר ימי עולם, משה עמו – איה המעלם מים' הצורה החריגה מֹשֶׁה עַמּוֹ מאיינת את אישיותו של משה ומנכיחה את פועלה, כאילו האיש משה בטל לתפקידו, להיותו מושה וממלט את ישראל ממצר-ים. (ראו ראב"ע ושד"ל על אתר וספורנו שמות

בַּבִּקְעָה, בארץ מישור[14] **תֵּרֵד**, בנחת ובשמחה, כך **רוּחַ ה׳ תְּנִיחֶנּוּ**,
נתנה לישראל מנוחה מאויביו, כאשר ירד אל הים.[15] **כֵּן נִהַגְתָּ עַמְּךָ**
לַעֲשׂוֹת לְךָ שֵׁם תִּפְאָרֶת.

מהעלאת הזיכרונות מן העבר המפואר, פונה הנביא אל ה׳ בבקשה,
כמדבר בפי ישראל: טו **הַבֵּט מִשָּׁמַיִם וּרְאֵה** את המתרחש. הבט **מִזְּבֻל**
קָדְשְׁךָ וְתִפְאַרְתֶּךָ, ממקום המקדש המפואר של מעלה.[16] **אַיֵּה קִנְאָתְךָ**
למעננו, אשר הופיעה בעבר, ואיפה **גְבוּרֹתֶךָ** שהיית עושה עמנו?!
הֲמוֹן, המיית **מֵעֶיךָ וְרַחֲמֶיךָ אֵלַי**, הרגש והרחמים העמוקים שהתעוררו
בך בעבר כלפַּי, כלפי עם ישראל,[17] **הִתְאַפָּקוּ**, נעצרו, ואינך מגלה
אותם.[18] טז **כִּי אַתָּה ה׳ אָבִינוּ** היחיד. אף על פי שהיו לנו אבות
היסטוריים - **כִּי אַבְרָהָם לֹא יְדָעָנוּ, וְיִשְׂרָאֵל**, יעקב **לֹא יַכִּירָנוּ**. אבותינו
הביולוגים והרוחניים, למרות גדולתם ואהבתם, אינם אלא בשר
ודם ועלולים להתכחש אלינו, או לבטא את אכזבתם מצאצאיהם
שהתנכרו לדרכם.[19] לעומת זאת, **אַתָּה ה׳ אָבִינוּ** האמתי, **גֹּאֲלֵנוּ מֵעוֹלָם**,
מאז ומתמיד הוא **שְׁמֶךָ**.[20] יז כיוון שהכול בידך, ואתה הוא המוביל
אותנו, **לָמָּה תַתְעֵנוּ**, אתה גורם לנו לסטות, ה׳, **מִדְּרָכֶיךָ**?! למה **תַּקְשִׁיחַ**,
תקשה את **לִבֵּנוּ מִיִּרְאָתֶךָ**?![21] **שׁוּב** אלינו באהבה וברצון **לְמַעַן עֲבָדֶיךָ**,
שִׁבְטֵי נַחֲלָתֶךָ.

רְאה ברירוק שהתגלע בינינו. יח הלוא **לַמִּצְעָר**, למעט, אך לזמן קצר
יָרְשׁוּ עַם קָדְשֶׁךָ את נחלתך.[22] **צָרֵינוּ**, אויבינו **בּוֹסְסוּ**, רמסו, מאסו כדורך
בבוץ[23] את **מִקְדָּשֶׁךָ**. יט בעבר שכנת בקרבנו, ועתה **הָיִינוּ** כאנשים
שֶׁמֵּעוֹלָם לֹא מָשַׁלְתָּ בָּם, וְלֹא נִקְרָא שִׁמְךָ עֲלֵיהֶם. אתה מרוחק מאתנו,
כאילו מעולם לא היית קשור אלינו.

לוּא, לו **קָרַעְתָּ שָׁמַיִם וְיָרַדְתָּ** אלינו כמו בעבר, כי אז[24] **מִפָּנֶיךָ הָרִים**
נָזֹלּוּ, נמסו. פרק סד א **כִּקְדֹחַ אֵשׁ**, כמו שאש קודחת **בְּהֲמָסִים**, דברים
הנמסים,[25] וכמו **מַיִם** אשר **תִּבְעֶה**, תבעבע בהם, תרתיח **הָאֵשׁ**. כשם
שהאש פועלת את פעולתה בעצמים השונים, כך גם פעולתך הייתה
ניכרת בעולם, אילו ירדת אליו **לְהוֹדִיעַ שִׁמְךָ לְצָרֶיךָ**. **מִפָּנֶיךָ גּוֹיִם יִרְגָּזוּ**,
היו חרדים. ב **בַּעֲשׂוֹתְךָ נוֹרָאוֹת-לֹא-נְקַוֶּה**, מעשים מאיימים מעבר
למה שנוכל לצפות, כפי **שֶׁיָּרַדְתָּ** בעבר - **מִפָּנֶיךָ הָרִים נָזֹלּוּ**.[26] ג **וּמֵעוֹלָם**
לֹא שָׁמְעוּ הגויים, **וְלֹא הֶאֱזִינוּ** נוראות כאלה. **עַיִן לֹא רָאָתָה, אֱלֹהִים**,

הרחבות

ב,י). ויש מפרשים במו 'לעמו'. או: משה לבדו נחשב כעמו של ה׳, שכן ה׳ אמר לו שיעשהו לגוי. הודות למשה נמנע לבסוף כיליונו של העם. (ראו שמות לב,י-יד לב).

זוּלָתְךָ יַעֲשֶׂה לִמְחַכֵּה־לוֹ׃ פָּגַעְתָּ אֶת־שָׂשׂ וְעֹשֵׂה צֶדֶק בִּדְרָכֶיךָ ד
יִזְכְּרוּךָ הֵן־אַתָּה קָצַפְתָּ וַנֶּחֱטָא בָּהֶם עוֹלָם וְנִוָּשֵׁעַ׃ וַנְּהִי כַטָּמֵא ה
כֻּלָּנוּ וּכְבֶגֶד עִדִּים כָּל־צִדְקֹתֵינוּ וַנָּבֶל כֶּעָלֶה כֻּלָּנוּ וַעֲוֺנֵנוּ
כָּרוּחַ יִשָּׂאֻנוּ׃ וְאֵין־קוֹרֵא בְשִׁמְךָ מִתְעוֹרֵר לְהַחֲזִיק בָּךְ כִּי־ ו
הִסְתַּרְתָּ פָנֶיךָ מִמֶּנּוּ וַתְּמוּגֵנוּ בְּיַד־עֲוֺנֵנוּ׃ וְעַתָּה יהוה אָבִינוּ אָתָּה ז
אֲנַחְנוּ הַחֹמֶר וְאַתָּה יֹצְרֵנוּ וּמַעֲשֵׂה יָדְךָ כֻּלָּנוּ׃ אַל־תִּקְצֹף יהוה ח
עַד־מְאֹד וְאַל־לָעַד תִּזְכֹּר עָוֺן הֵן הַבֶּט־נָא עַמְּךָ כֻלָּנוּ׃ עָרֵי קָדְשְׁךָ ט
הָיוּ מִדְבָּר צִיּוֹן מִדְבָּר הָיָתָה יְרוּשָׁלַםִ שְׁמָמָה׃ בֵּית קָדְשֵׁנוּ י
וְתִפְאַרְתֵּנוּ אֲשֶׁר הִלְלוּךָ אֲבֹתֵינוּ הָיָה לִשְׂרֵפַת אֵשׁ וְכָל־מַחֲמַדֵּינוּ
הָיָה לְחָרְבָּה׃ הַעַל־אֵלֶּה תִתְאַפַּק יהוה תֶּחֱשֶׁה וּתְעַנֵּנוּ עַד־ יא
מְאֹד׃ נִדְרַשְׁתִּי לְלוֹא שָׁאָלוּ נִמְצֵאתִי לְלֹא בִקְשֻׁנִי א סה
אָמַרְתִּי הִנֵּנִי הִנֵּנִי אֶל־גּוֹי לֹא־קֹרָא בִשְׁמִי׃ פֵּרַשְׂתִּי יָדַי כָּל־הַיּוֹם ב
אֶל־עַם סוֹרֵר הַהֹלְכִים הַדֶּרֶךְ לֹא־טוֹב אַחַר מַחְשְׁבֹתֵיהֶם׃ הָעָם ג
הַמַּכְעִיסִים אוֹתִי עַל־פָּנַי תָּמִיד זֹבְחִים בַּגַּנּוֹת וּמְקַטְּרִים עַל־
הַלְּבֵנִים׃ הַיֹּשְׁבִים בַּקְּבָרִים וּבַנְּצוּרִים יָלִינוּ הָאֹכְלִים בְּשַׂר הַחֲזִיר ד

ביאור | **זוּלָתְךָ**, מלבד עינך שלך את אשר **יַעֲשֶׂה** ה' למי ש**מְחַכֶּה לוֹ**. כוח ה' שיתגלה בעולם בוודאי יחולל שינוי קיצוני, אבל אין אנו יכולים לשוות בנפשנו כיצד ייראו פני הדברים.

ד **פָּגַעְתָּ**, פגשת **אֶת**, היית קרוב **לְשָׂשׂ וְעֹשֵׂה צֶדֶק**, עושי הצדק בשמחה ש**בִדְרָכֶיךָ יִזְכְּרוּךָ**, בהיותך חפץ בצדק.[27] מנגד, **הֵן** כאשר **אַתָּה קָצַפְתָּ**, כעסת והסתרת פניך – **וַנֶּחֱטָא**, הפכנו פגומים, חסרים.[28] ועם זאת **בָּהֶם** – באותם הפגמים **עוֹלָם וְנִוָּשֵׁעַ**. ברצונך תוכל להפוך את הפגמים לישועת העולם,[29] או: בדרכיך שמאז ומעולם ניוושע.[30] אנחנו תלויים בך לחלוטין – ברצונך אתה מתקרב אלינו, וברצונך – מתרחק.[31]

דברי וידוי ותשובה: ה **וַנְּהִי כַטָּמֵא**, כמו טמאים **כֻּלָּנוּ**, **וּכְבֶגֶד עִדִּים**,

הרחבות | **'בית קדשנו ותפארתנו אשר הִללוך אבתינו היה לשרפת אש'** זהו אחד המקומות הבודדים שנזכרת בהם שרפת המקדש. הפסוקים מנגידים בחדות בין העבר המפואר להווה החרב; בין אהבת ה' ורחמנותו כלפי עמו לאיבתו וקצפו; בין העם שהלך לבטח

סמרטוט בלוי ומוכתם[32] כָּל צִדְקֹתֵינוּ. כתוצאה מכך, וַנָּבֶל, נובלים
כֶּעָלֶה כֻּלָּנוּ, ועל כן עֲוֹנֵנוּ, חטאינו כָּרוּחַ הנושאת עלים שנבלו, יִשָּׂאֻנוּ
ממקום למקום.[33] ו וְאֵין אחד הַקּוֹרֵא בְשִׁמְךָ, אין מִתְעוֹרֵר, מתגבר
לְהַחֲזִיק בָּךְ. מצד אחד, הדבר נובע מחטאי האדם, ומצד אחר – כִּי
הִסְתַּרְתָּ פָנֶיךָ מִמֶּנּוּ, מאתנו. כאשר אינך מגלה את עצמך, קשה לנו
להתקרב אליך. וַתְּמוּגֵנוּ, המסת והכנעת אותנו, והרי אנחנו מסורים
בְּיַד עֲוֹנֵנוּ.[34]

ותחינה: ז וְעַתָּה ה' אָבִינוּ, מולידנו, מקורנו[35] אָתָּה. אם אֲנַחְנוּ הַחֹמֶר,
האדמה המשמשת לעשיית כלים, וְאַתָּה הוא יֹצְרֵנוּ, המעבד את החומר
כרצונך,[36] והרי מַעֲשֵׂה יָדְךָ כֻּלָּנוּ. על כן אנו מתחננים אליך: ח אַל תִּקְצֹף
ה' עַד מְאֹד, וְאַל לָעַד תִּזְכֹּר עָוֹן. הֵן הַבֶּט נָא, אף על פי שיש בנו עוונות
ופגמים שפלים, בסופו של דבר, עַמְּךָ כֻלָּנוּ. ט עָרֵי קָדְשְׁךָ הָיוּ מִדְבָּר
בעת חורבן הבית. ויתרה מזו, צִיּוֹן מִדְבָּר הָיָתָה, יְרוּשָׁלִַם שְׁמָמָה. י בֵּית
קָדְשֵׁנוּ וְתִפְאַרְתֵּנוּ אֲשֶׁר הִלְלוּךָ אֲבֹתֵינוּ בו,[37] הָיָה לִשְׂרֵפַת אֵשׁ, וְכָל
מַחֲמַדֵּינוּ הָיָה לְחָרְבָּה, לחורבן. יא הַעַל אֵלֶּה תִתְאַפַּק, ה', תֶּחֱשֶׁה,
תחריש וּתְעַנֵּנוּ עַד מְאֹד?! כיצד יכול אתה לראות את אבדנם של עיר
הקודש והמקדש, להתאפק ולא להיענות לתחנונינו ולתפילתנו?!

הגמול העתיד לבוא

פרקים סה–סו

בצד דברי תוכחה לנוהגים שלא כהוגן המתרחקים מה', מתארת חתימת הספר את התגלותו של ה' ואת הגאולה. הגאולה העתידית אינה מצטיירת כרצף של מתנות, ישועות ונחמות בלבד, אלא כעת של גמול. על כן כוללת הנבואה הן את השכר המיועד להולכים בדרך הטוב, והן את הפורענות שתגיע לעושי רע.

דברי ה': פרק סה א נִדְרַשְׁתִּי, נעניתי לְאותם שלוֹא שָׁאָלוּ. שלא כדרכו
של עולם, אני נעתר לישראל בלי שהם מבקשים זאת.[1] נִמְצֵאתִי
לְלֹא בִקְשֻׁנִי, בלא חיפוש מוקדם מצדם. אָמַרְתִּי: "הִנֵּנִי הִנֵּנִי" אֶל גּוֹי לֹא
קֹרָא בִשְׁמִי. ה' מנכיח את עצמו, למרות שנראה שהעם אינו מעוניין
בכך. ב פֵּרַשְׂתִּי יָדַי בבקשה, בהזמנה, ואפילו בהענקת ברכה[2] כָּל הַיּוֹם
אֶל עַם סוֹרֵר הַהֹלְכִים הַדֶּרֶךְ, בדרך לֹא טוֹב אַחַר מַחְשְׁבֹתֵיהֶם הרעות,
מחשבות עבודה זרה –[3] ג הָעָם הַמַּכְעִיסִים אוֹתִי עַל פָּנַי, בפני[4] תָּמִיד,
זֹבְחִים בַּגַּנּוֹת, בגינות לאלילים[5] וּמְקַטְּרִים להם עַל הַלְּבֵנִים; ד הַיֹּשְׁבִים
בַּקְּבָרִים, וּבַנְּצוּרִים, במקומות סתר[6] יָלִינוּ. רומז לדורשים אל המתים,
שהיו שוהים בבתי הקברות ובמחילות כדי ליצור קשר עם המתים;[7]

הרחבות | בית בתהומות ים לעם הנישא ברוח כעלה נידף; בין מי ששישים אלי צדק למי שצדקותיהם מאוסות; בין ירידת ה' על הארץ כאש מחוללת נוראות והוד לבית קדשו השרוף באש.

וּמְרַק וּפְרַק פִּגֻּלִים כְּלֵיהֶם: הָאֹמְרִים קְרַב אֵלֶיךָ אַל־תִּגַּשׁ־בִּי כִּי ה
קְדַשְׁתִּיךָ אֵלֶּה עָשָׁן בְּאַפִּי אֵשׁ יֹקֶדֶת כָּל־הַיּוֹם: הִנֵּה כְתוּבָה לְפָנָי ו
לֹא אֶחֱשֶׁה כִּי אִם־שִׁלַּמְתִּי וְשִׁלַּמְתִּי עַל־חֵיקָם: עֲוֺנֹתֵיכֶם וַעֲוֺנֹת ז
אֲבוֹתֵיכֶם יַחְדָּו אָמַר יהוה אֲשֶׁר קִטְּרוּ עַל־הֶהָרִים וְעַל־הַגְּבָעוֹת
אֶל- חֵרְפוּנִי וּמַדֹּתִי פְעֻלָּתָם רִאשֹׁנָה עַל־חֵיקָם: כֹּה | אָמַר ח
יהוה כַּאֲשֶׁר יִמָּצֵא הַתִּירוֹשׁ בָּאֶשְׁכּוֹל וְאָמַר אַל־תַּשְׁחִיתֵהוּ
כִּי בְרָכָה בּוֹ כֵּן אֶעֱשֶׂה לְמַעַן עֲבָדַי לְבִלְתִּי הַשְׁחִית הַכֹּל:
כו וְהוֹצֵאתִי מִיַּעֲקֹב זֶרַע וּמִיהוּדָה יוֹרֵשׁ הָרָי וִירֵשׁוּהָ בְחִירַי וַעֲבָדַי ט
יִשְׁכְּנוּ־שָׁמָּה: וְהָיָה הַשָּׁרוֹן לִנְוֵה־צֹאן וְעֵמֶק עָכוֹר לְרֵבֶץ בָּקָר י
לְעַמִּי אֲשֶׁר דְּרָשׁוּנִי: וְאַתֶּם עֹזְבֵי יהוה הַשְּׁכֵחִים אֶת־הַר קָדְשִׁי יא

ביאור | מלבד פולחניהם הזרים - **הָאֹכְלִים בְּשַׂר הַחֲזִיר, וּמְרַק פִּגֻּלִים**, שיקוצים, מאכלי איסור, מלאים **כְּלֵיהֶם**;[8] ה **הָאֹמְרִים**, אותם שנטמאו בכל מיני טומאות מזהירים את זולתם: **קְרַב אֵלֶיךָ**, אל תתקרב אלי אלא אל עצמך בלבד. **אַל תִּגַּשׁ**, תיגע **בִּי כִּי קְדַשְׁתִּיךָ**. אני קדוש יותר ממך, ולכן אל תטמא אותי בנגיעתך.[9] על **אֵלֶּה עָשָׁן בְּאַפִּי, אֵשׁ יֹקֶדֶת**, הם מעוררים את כעסי עליהם **כָּל הַיּוֹם**, בכל עת. ו **הִנֵּה כְתוּבָה לְפָנָי** כל רשימת חטאיהם. **לֹא אֶחֱשֶׁה**, אשתוק, **כִּי אִם שִׁלַּמְתִּי** את עונשם, **וְשִׁלַּמְתִּי** כפי המגיע להם **עַל חֵיקָם**, אל קרבם.[10]

עתה הוא פונה אל העם: ז השילום יבוא על **עֲוֺנֹתֵיכֶם וַעֲוֺנֹת אֲבוֹתֵיכֶם יַחְדָּו, אָמַר ה׳**, על **אֲשֶׁר קִטְּרוּ** אבותיכם לאלילים **עַל הֶהָרִים, וְעַל הַגְּבָעוֹת חֵרְפוּנִי**, קיללוני, כמנהגם לקיים את הפולחנים במקומות הגבוהים.[11] **וּמַדֹּתִי**, אקבע שיעור שילום **פְעֻלָּתָם רִאשֹׁנָה**, ראשית לכול,[12] או: במלואה, כפי מה שהיא,[13] או: אמדוד את מעשיהם מתחילתם,[14] והם יקבלו את עונשם **אֶל חֵיקָם**.

ואולם לא כל העם סורר. ח **כֹּה אָמַר ה׳: כַּאֲשֶׁר יִמָּצֵא הַתִּירוֹשׁ**, מיץ

הרחבות | **׳הָאֹמְרִים קְרַב אֵלֶיךָ אַל תִּגַּשׁ בִּי כִּי קְדַשְׁתִּיךָ׳** במשך דורות רבים, גם אלף שנים אחרי זמנו של ישעיהו, התקיימו קבוצות קטנות וסגורות שחיו בבידוד, שאנשיהן נהגו לקדש את עצמם על ידי פולחנים אליליים שונים ומסתוריים. לא כל מנהגי האלילות המרומזים כאן מוכרים וידועים, אך חלקם בוודאי אפייני לפולחנים זרים שונים.

הענבים, היין החדש **בָּאֶשְׁכּוֹל** של הגפן, שפרותיה לא צמחו יפה, והם נחתכים ומושלכים, **וְאָמַר** אז איש לרעהו: "**אַל תַּשְׁחִיתֵהוּ** עם האשכולות הרקובים, **כִּי בְרָכָה בּוֹ**. יש בו תוכן" - **כֵּן אֶעֱשֶׂה לְמַעַן עֲבָדַי** החיים בין הפושעים הרבים, **לְבִלְתִּי הַשְׁחִית הַכֹּל**, את כל העם. ט **וְהוֹצֵאתִי מִתוך יַעֲקֹב זֶרַע** הראוי לברכה, **וּמִיהוּדָה** אוציא **יוֹרֵשׁ לְהָרָי**, להרי הארץ, **וִירֵשׁוּהָ בְחִירַי**, אלו שבחרתי בהם, משום שבחרו בי, **וַעֲבָדַי יִשְׁכְּנוּ שָׁמָּה**. למרות הפגיעה החמורה בארץ ובחוטאים, יישאר בה כדי להזין את את עבדי ה' ובחיריו. י **וְהָיָה הַשָּׁרוֹן**, שאין בו תבואה מרובה, **לִנְוֵה צֹאן**, למקום מרעה, **וְעֵמֶק עָכוֹר**, מלוכלך,[15] שיש בו ביצות או מים רעים, יהיה מנוצל **לְרֵבֶץ בָּקָר**. קרקעות שאי אפשר לגדל בהם תבואה ישמשו לגידול צאן ובקר, לְפרנסת **עַמִּי אֲשֶׁר דְּרָשׁוּנִי**. שלעומת האנשים שהוזכרו לעיל, שלא שאלו ולא ביקשו את ה', מי שדרשו את ה' יירשו את הארץ הטובה וישכנו בה במנוחה.

עתה פונה אל החוטאים: יא **וְאַתֶּם, עֹזְבֵי ה' הַשְּׁכֵחִים**, השוכחים **אֶת**

השרון

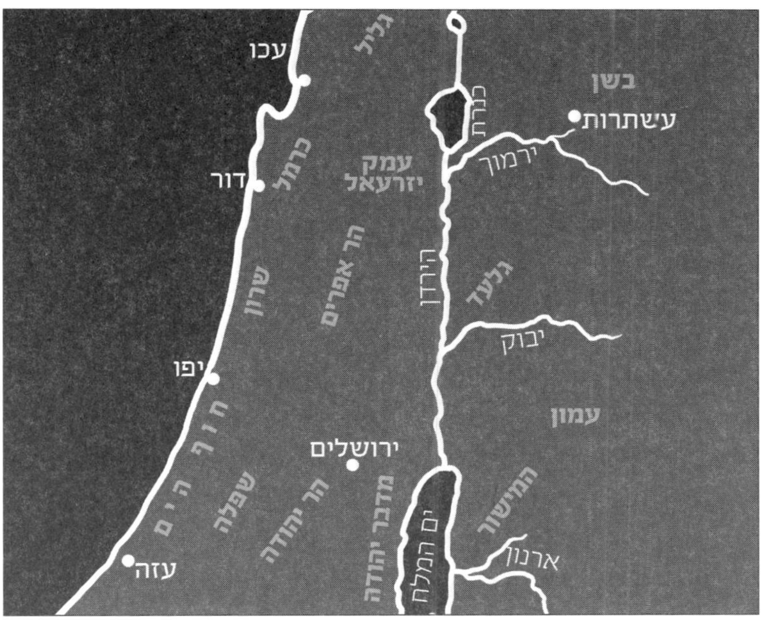

העולם

הַשָּׁרוֹן 'שָׁרְנֻ' באכדית הוא יער. זהו שמו של אזור החוף המשתרע מרכס הכרמל עד סמוך ליפו. בימי קדם אדמת השרון לא הייתה ראויה לעיבוד חקלאי בגלל ביצותיה. עד התקופה העות'מאנית היה האזור מיוער בצפיפות בעצי אלון. כבר בימי דוד המלך שימש השרון למרעה בקר וצאן (דברי הימים א' כז,כט).

יב הָעֹרְכִים לַגַּד שֻׁלְחָן וְהַמְמַלְאִים לַמְנִי מִמְסָךְ׃ וּמָנִיתִי אֶתְכֶם
לַחֶרֶב וְכֻלְּכֶם לַטֶּבַח תִּכְרָעוּ יַעַן קָרָאתִי וְלֹא עֲנִיתֶם דִּבַּרְתִּי
וְלֹא שְׁמַעְתֶּם וַתַּעֲשׂוּ הָרַע בְּעֵינַי וּבַאֲשֶׁר לֹא־חָפַצְתִּי
יג בְּחַרְתֶּם׃ לָכֵן כֹּה־אָמַר ׀ אֲדֹנָי יֱהֹוִה הִנֵּה עֲבָדַי ׀ יֹאכֵלוּ
וְאַתֶּם תִּרְעָבוּ הִנֵּה עֲבָדַי יִשְׁתּוּ וְאַתֶּם תִּצְמָאוּ הִנֵּה עֲבָדַי יִשְׂמָחוּ
יד וְאַתֶּם תֵּבֹשׁוּ׃ הִנֵּה עֲבָדַי יָרֹנּוּ מִטּוּב לֵב וְאַתֶּם תִּצְעֲקוּ מִכְּאֵב לֵב
טו וּמִשֵּׁבֶר רוּחַ תְּיֵלִילוּ׃ וְהִנַּחְתֶּם שִׁמְכֶם לִשְׁבוּעָה לִבְחִירַי וֶהֱמִיתְךָ
טז אֲדֹנָי יֱהֹוִה וְלַעֲבָדָיו יִקְרָא שֵׁם אַחֵר׃ אֲשֶׁר הַמִּתְבָּרֵךְ בָּאָרֶץ
יִתְבָּרֵךְ בֵּאלֹהֵי אָמֵן וְהַנִּשְׁבָּע בָּאָרֶץ יִשָּׁבַע בֵּאלֹהֵי אָמֵן כִּי נִשְׁכְּחוּ
יז הַצָּרוֹת הָרִאשֹׁנוֹת וְכִי נִסְתְּרוּ מֵעֵינָי׃ כִּי־הִנְנִי בוֹרֵא שָׁמַיִם
חֲדָשִׁים וָאָרֶץ חֲדָשָׁה וְלֹא תִזָּכַרְנָה הָרִאשֹׁנוֹת וְלֹא תַעֲלֶינָה עַל-
יח לֵב׃ כִּי־אִם־שִׂישׂוּ וְגִילוּ עֲדֵי־עַד אֲשֶׁר אֲנִי בוֹרֵא כִּי הִנְנִי בוֹרֵא
יט אֶת־יְרוּשָׁלִַם גִּילָה וְעַמָּהּ מָשׂוֹשׂ׃ וְגַלְתִּי בִירוּשָׁלִַם וְשַׂשְׂתִּי בְעַמִּי
כ וְלֹא־יִשָּׁמַע בָּהּ עוֹד קוֹל בְּכִי וְקוֹל זְעָקָה׃ לֹא־יִהְיֶה מִשָּׁם עוֹד
עוּל יָמִים וְזָקֵן אֲשֶׁר לֹא־יְמַלֵּא אֶת־יָמָיו כִּי הַנַּעַר בֶּן־מֵאָה שָׁנָה
כא יָמוּת וְהַחוֹטֶא בֶּן־מֵאָה שָׁנָה יְקֻלָּל׃ וּבָנוּ בָתִּים וְיָשָׁבוּ וְנָטְעוּ

ביאור | הַר קָדְשִׁי, שאינכם באים לעבוד אותי במקדש, **הָעֹרְכִים לַגַּד**, לאליל המזל **שֻׁלְחָן**, **וְהַמְמַלְאִים לַמְנִי**, כנראה שם אליל **מִמְסָךְ**, כנראה נהגו לנסך לכבוד אליל זה משקאות.[16] יב **וּמָנִיתִי**, ספרתי או זימנתי **אֶתְכֶם לַחֶרֶב**. זהו משחק לשון: הממלאים למני יימנו לחרב,[17] **וְכֻלְּכֶם לַטֶּבַח תִּכְרָעוּ**, תיהרגו כשבויים, הכורעים על ברכיהם וראשיהם נערפים. כל העונשים הללו מגיעים לכם, **יַעַן קָרָאתִי וְלֹא עֲנִיתֶם, דִּבַּרְתִּי וְלֹא שְׁמַעְתֶּם, וַתַּעֲשׂוּ הָרַע בְּעֵינַי, וּבַאֲשֶׁר לֹא חָפַצְתִּי בְּחַרְתֶּם.**

יג **לָכֵן כֹּה אָמַר ה' אֱלֹהִים:**

הרחבות | **'הָעֹרְכִים לַגַּד שֻׁלְחָן'** בימי קדם היו נוהגים לערוך שולחן לאליל הקטן שאחראי למזל הטוב. (ראו שבת סז ע"ב וסנהדרין צב ע"א; רש"י ורד"ק על אתר). גם בדורות מאוחרים יותר היו משאירים בבית מיטה ללא שימוש או שולחן מיוחד שעליו בני אדם לא אכלו בשביל המזל או למאכלם של שדים. (ראו סנהדרין כ ע"א, רש"י וחדושי הר"ן שם).

הִנֵּה עֲבָדַי יֹאכֵלוּ, וְאַתֶּם, העורכים שולחן לגד, תִּרְעָבוּ.
הִנֵּה עֲבָדַי יִשְׁתּוּ, וְאַתֶּם, המנסכים למני,[18] תִּצְמָאוּ.
הִנֵּה עֲבָדַי יִשְׂמָחוּ, וְאַתֶּם, העובדים לאלילי מזל והצלחה, תֵּבֹשׁוּ.
יד הִנֵּה עֲבָדַי יָרֹנּוּ, ישירו בשמחה מִטּוּב לֵב, מרוב אושר בטובתם,
וְאַתֶּם תִּצְעֲקוּ מִכְּאֵב לֵב, וּמִשֵּׁבֶר רוּחַ, מתוך דיכאון, משברים וצרות
תְּיֵלִילוּ, תילללו.
טו וְהִנַּחְתֶּם שִׁמְכֶם לִשְׁבוּעָה, לקללה לִבְחִירַי. לא תיזכרו אלא כאשר
הנשארים יאיימו על עוברי השבועות בגורלכם. דרך הנשבע או
המשביע אחרים, להזכיר עונש בשבועה, שלעובר על השבועה
יארע רע כמו שאירע לפלוני:[19] "וֶהֱמִיתְךָ ה' אֱלוֹהִים, כדרך שהמית
את הרשעים הללו". לעומת זאת - וְלַעֲבָדָיו יִקְרָא ה' שֵׁם אַחֵר. ייתכן
שהשם הנוכחי של עבדי ה' הפך לכינוי גנאי. לכן ה' יבחר להם שם
אחר, שאינו נושא משמעות לוואי שלילית.[20]

לאחר כילוי הרשע, העולם כולו יהיה טוב בלבד. טז אֲשֶׁר, כי[21]
הַמִּתְבָּרֵךְ שיישאר בָּאָרֶץ יִתְבָּרֵךְ רק בשמו של אֱלֹהֵי אָמֵן, אל
נאמן, השומר את בריתו ומקיים הבטחתו, שראוי להאמין בו.[22]
וְהַנִּשְׁבָּע בָּאָרֶץ יִשָּׁבַע רק בֵּאלֹהֵי אָמֵן, שכל הנבואות שנאמרו בשמו
התקיימו והתממשו. כִּי, אכן, בסופו של דבר נִשְׁכְּחוּ הַצָּרוֹת הָרִאשֹׁנוֹת,
הפורענויות שבאו על מי שהלכו בדרכים אחרות, וְכִי הֵן נִסְתְּרוּ
מֵעֵינָי. לא אסתכל בהן עוד, אלא במציאות החדשה, ולכן הן ייעלמו
לחלוטין.[23] יז כִּי הִנְנִי בוֹרֵא שָׁמַיִם חֲדָשִׁים וָאָרֶץ חֲדָשָׁה, העולם כולו
יתחדש חידוש נפלא, וְלֹא תִזָּכַרְנָה העברות והפורענויות הָרִאשֹׁנוֹת וְלֹא
תַעֲלֶינָה עַל לֵב. יח כִּי אִם שִׂישׂוּ וְגִילוּ עֲדֵי עַד, שמחו לנצח על אֲשֶׁר אֲנִי
בוֹרֵא, כִּי בעולם החדש הִנְנִי בוֹרֵא אֶת יְרוּשָׁלַם גִּילָה, ירושלים תהיה
כולה שמחה, וְעַמָּהּ יהיה מָשׂוֹשׂ. יט ובמקביל לכך - וְגַלְתִּי, אשמח
בִירוּשָׁלַם וְשַׂשְׂתִּי בְעַמִּי, וְלֹא יִשָּׁמַע בָּהּ עוֹד קוֹל בְּכִי וְקוֹל זְעָקָה. בעולם
החדש יישמעו רק קולות שמחה לישראל. כ לֹא יִהְיֶה מִשָּׁם, שם[24]
עוֹד עוּל יָמִים, צעיר וְזָקֵן אֲשֶׁר לֹא יְמַלֵּא אֶת יָמָיו. הכול יגיעו לזקנה
מופלגת. כִּי הַנַּעַר בֶּן מֵאָה שָׁנָה יָמוּת. על מי שימות בגיל מאה, יאמרו
שמת צעיר,[25] וְהַחוֹטֶא בֶּן מֵאָה שָׁנָה יְקֻלָּל. בימים שבהם תוחלת
החיים תתארך, רק כאשר יגיע החוטא למאה שנה אפשר יהיה לדון

הרחבות

הרעיון שלפני בוא הגאולה ישרוד רק חלק קטן מכל העם הגדול, חוזר ומופיע כמה פעמים בספר ישעיה. (ראו לעיל א,ח-ט; ד,ב-ג; י,כ; יא,יא-טז). בתחילת הספר מדומה רעיון זה לעץ גדול שכל עליו נשרו, ורק הגזע והענפים נותרו, אבל שארית זו תהיה הבסיס שעליו תחול הברכה. (ראו לעיל א,ל; ו,יג).

כְרָמִים וְאָכְלוּ פִּרְיָם: לֹא יִבְנוּ וְאַחֵר יֵשֵׁב לֹא יִטְּעוּ וְאַחֵר יֹאכֵל כב
כִּי־כִימֵי הָעֵץ יְמֵי עַמִּי וּמַעֲשֵׂה יְדֵיהֶם יְבַלּוּ בְחִירָי: לֹא יִיגְעוּ לָרִיק כג
וְלֹא יֵלְדוּ לַבֶּהָלָה כִּי זֶרַע בְּרוּכֵי יהוה הֵמָּה וְצֶאֱצָאֵיהֶם אִתָּם:
וְהָיָה טֶרֶם יִקְרָאוּ וַאֲנִי אֶעֱנֶה עוֹד הֵם מְדַבְּרִים וַאֲנִי אֶשְׁמָע: זְאֵב כד כה
וְטָלֶה יִרְעוּ כְאֶחָד וְאַרְיֵה כַּבָּקָר יֹאכַל־תֶּבֶן וְנָחָשׁ עָפָר לַחְמוֹ
לֹא־יָרֵעוּ וְלֹא־יַשְׁחִיתוּ בְּכָל־הַר קָדְשִׁי אָמַר יהוה: כֹּה א סו
אָמַר יהוה הַשָּׁמַיִם כִּסְאִי וְהָאָרֶץ הֲדֹם רַגְלָי אֵי־זֶה בַיִת אֲשֶׁר
תִּבְנוּ־לִי וְאֵי־זֶה מָקוֹם מְנוּחָתִי: וְאֶת־כָּל־אֵלֶּה יָדִי עָשָׂתָה וַיִּהְיוּ ב
כָל־אֵלֶּה נְאֻם־יהוה וְאֶל־זֶה אַבִּיט אֶל־עָנִי וּנְכֵה־רוּחַ וְחָרֵד עַל־
דְּבָרִי: שׁוֹחֵט הַשּׁוֹר מַכֵּה־אִישׁ זוֹבֵחַ הַשֶּׂה עֹרֵף כֶּלֶב מַעֲלֵה ג
מִנְחָה דַּם־חֲזִיר מַזְכִּיר לְבֹנָה מְבָרֵךְ אָוֶן גַּם־הֵמָּה בָּחֲרוּ בְּדַרְכֵיהֶם
וּבְשִׁקּוּצֵיהֶם נַפְשָׁם חָפֵצָה: גַּם־אֲנִי אֶבְחַר בְּתַעֲלוּלֵיהֶם וּמְגוּרֹתָם ד
אָבִיא לָהֶם יַעַן קָרָאתִי וְאֵין עוֹנֶה דִּבַּרְתִּי וְלֹא שָׁמֵעוּ וַיַּעֲשׂוּ הָרַע
בְּעֵינַי וּבַאֲשֶׁר לֹא־חָפַצְתִּי בָּחָרוּ: שִׁמְעוּ דְּבַר־יהוה ה
הַחֲרֵדִים אֶל־דְּבָרוֹ אָמְרוּ אֲחֵיכֶם שֹׂנְאֵיכֶם מְנַדֵּיכֶם לְמַעַן שְׁמִי

ביאור | במעשיו, לא כמו בזמן הזה, שחשבון חטאיו של אדם מתחיל מגיל בר מצווה או קצת לאחר מכן.[26] כא **וּבָנוּ בָתִּים וְיָשָׁבוּ** בתוכם, **וְנָטְעוּ כְרָמִים וְאָכְלוּ** הנוטעים את **פִּרְיָם**, שלא כמו בזמן הזה, שמפני הגלות, הצרות או האויבים לא תמיד היוצרים נהנים מפרי עמלם. כב **לֹא יִבְנוּ, וְאַחֵר יֵשֵׁב. לֹא יִטְּעוּ, וְאַחֵר יֹאכֵל. כִּי כִימֵי הָעֵץ** הארוכים, העשויים להשתרע על פני אלף שנים ויותר, יהיו **יְמֵי עַמִּי, וּמַעֲשֵׂה יְדֵיהֶם יְבַלּוּ בְחִירָי**. שלא כבהווה, בחירי ה' יאריכו ימים יותר ממעשי ידיהם. הבתים והרהיטים אשר יבנו לא יחזיקו מעמד זמן רב כתוחלת חייהם. כג לעומת ההווה אז גם **לֹא יִיגְעוּ**, יעבדו קשה **לָרִיק**, לחינם. כל מאמץ שיושקע יישא תוצאות. **וְלֹא יֵלְדוּ לַבֶּהָלָה**, למהומה, לפחד ולחוסר ודאות, **כִּי זֶרַע בְּרוּכֵי** ה' **הֵמָּה וְצֶאֱצָאֵיהֶם אִתָּם**, ולא ייכבשו ויוגלו למקומות אחרים, אלא הם וצאצאיהם יחיו יחד. כד **וְהָיָה טֶרֶם יִקְרָאוּ – וַאֲנִי אֶעֱנֶה, עוֹד הֵם מְדַבְּרִים – וַאֲנִי אֶשְׁמָע**. אם כיום צריך

אדם להתפלל ולחזור ולהתפלל, באותם זמנים ייענו תפילותיהם עוד לפני שיקראו. העולם כולו יהיה שלֵו וטוב: כה **זְאֵב וְטָלֶה יִרְעוּ כְאֶחָד**, ויאכלו שניהם מן הצומח,[27] **וְאַרְיֵה כַּבָּקָר יֹאכַל תֶּבֶן, וְנָחָשׁ עָפָר לַחְמוֹ**. החיות לא יטרפו עוד, והנחש לא יכיש ויבלע יצורים אחרים. **לֹא יָרֵעוּ וְלֹא יַשְׁחִיתוּ בְּכָל הַר קָדְשִׁי, אָמַר ה'**.

דברי תוכחה נוספים ותיאור הגמול העתיד לבוא: פרק סו א **כֹּה אָמַר ה': הַשָּׁמַיִם** הם **כִּסְאִי, וְהָאָרֶץ** היא **הֲדֹם**, שרפרף להנחת **רַגְלָי**. על כן - **אֵי זֶה בַיִת אֲשֶׁר תִּבְנוּ לִי?! וְאֵי זֶה מָקוֹם מְנוּחָתִי?!** בניית בית לה' אינה אמורה להיות אפשרית.[28] ב **וְאֶת כָּל אֵלֶּה**, השמים והארץ, כסאי והדומי, **יָדִי עָשָׂתָה, וַיִּהְיוּ**, ונתקיימו **כָל אֵלֶּה** מאז, **נְאֻם ה'**. אין דבר שיכיל א־תי, ואין דבר שלא נברא על ידי, ולמרות רוממותי על הכול,[29] **אֶל זֶה אַבִּיט - אֶל עָנִי וּנְכֵה רוּחַ**, מדוכדך **וְ**הוא **חָרֵד עַל דְּבָרִי**, לעשותו. בניגוד למחשבותיהם של אנשים, כאילו יוכלו לשמח את לבו של ה' בניסיונותיהם לבנות לו בתים וארמונות ובמעשיהם החיצוניים - כל אלה אינם חשובים בעיניו. העני שרוחו עצובה עליו, ועם זאת הוא דואג לדבר ה' שייעשה, הוא היקר בעיני ה'.[30] ג לעומת זה - מי ש**שׁוֹחֵט הַשּׁוֹר** לצורך קרבן, דומה **לְמַכֵּה**, להורג **אִישׁ**. **זוֹבֵחַ הַשֶּׂה** דומה בעיני **לְעֹרֵף כֶּלֶב**, שאין בו קדושה או מעלה. **מַעֲלֵה מִנְחָה** על המזבח - כאילו הביא **דַּם חֲזִיר**. **מַזְכִּיר**, מקטיר[31] **לְבֹנָה** אינו אלא **מְבָרֵךְ אָוֶן**, מעלה מתנת מרמה שאין בה כל תועלת.[32] **גַּם הֵמָּה** - אותם מקריבי קרבנות **בָּחֲרוּ בְּדַרְכֵיהֶם** הרעות, **וּבְשִׁקּוּצֵיהֶם נַפְשָׁם חָפֵצָה**. הם חושבים שמעשי הפולחן פוטרים אותם מכל חובה אחרת. המעשים הללו משוקצים בעיני לא מפני שיש פסול בהקרבת הקרבנות כשלעצמה, אלא משום שמקריבי הקרבנות ממשיכים ללכת בדרכיהם הרעות.[33] ד לפיכך **גַּם אֲנִי אֶבְחַר בְּתַעֲלֻלֵיהֶם**, אתמקד במעשיהם השליליים,[34] ואת **מְגוּרֹתָם**, פחדיהם, הדברים שהם חוששים מפניהם,[35] **אָבִיא לָהֶם, יַעַן קָרָאתִי - וְאֵין עוֹנֶה**, נעתר לקריאתי, **דִּבַּרְתִּי - וְלֹא שָׁמֵעוּ**, קיבלו, **וַיַּעֲשׂוּ הָרַע בְּעֵינַי, וּבַאֲשֶׁר לֹא חָפַצְתִּי בָּחָרוּ**. זה יהיה עונשם של הפונים לעניינים חיצוניים, ומתעלמים מן הנושאים החשובים.

ה **שִׁמְעוּ דְּבַר ה', הַחֲרֵדִים אֶל דְּבָרוֹ** והמקשיבים לו באמת: **אָמְרוּ אֲחֵיכֶם** שהם לפעמים **שֹׂנְאֵיכֶם** ולפעמים **מְנַדֵּיכֶם**, המחרימים אתכם ואינם

הרחבות

'זאב וטלה ירעו כאחד' תיאור זה מתייחס בעיקר לתקופה שנקראת בדברי חכמים 'ימות המשיח', שבה ישרו בעולם הזה שלום, שלווה וביטחון. (ראו לעיל ו,ט; ברכות לד ע"ב).

יִכְבַּד יְהוָה וְנִרְאֶה בְשִׂמְחַתְכֶם וְהֵם יֵבֹשׁוּ: קוֹל שָׁאוֹן מֵעִיר קוֹל ו
מֵהֵיכָל קוֹל יְהוָה מְשַׁלֵּם גְּמוּל לְאֹיְבָיו: בְּטֶרֶם תָּחִיל יָלָדָה בְּטֶרֶם ז
יָבוֹא חֵבֶל לָהּ וְהִמְלִיטָה זָכָר: מִי־שָׁמַע כָּזֹאת מִי רָאָה כָּאֵלֶּה ח
הֲיוּחַל אֶרֶץ בְּיוֹם אֶחָד אִם־יִוָּלֵד גּוֹי פַּעַם אֶחָת כִּי־חָלָה גַּם־יָלְדָה
צִיּוֹן אֶת־בָּנֶיהָ: הַאֲנִי אַשְׁבִּיר וְלֹא אוֹלִיד יֹאמַר יְהוָה אִם־אֲנִי ט
הַמּוֹלִיד וְעָצַרְתִּי אָמַר אֱלֹהָיִךְ: שִׂמְחוּ אֶת־יְרוּשָׁלִַם י
וְגִילוּ בָהּ כָּל־אֹהֲבֶיהָ שִׂישׂוּ אִתָּהּ מָשׂוֹשׂ כָּל־הַמִּתְאַבְּלִים עָלֶיהָ:
לְמַעַן תִּינְקוּ וּשְׂבַעְתֶּם מִשֹּׁד תַּנְחֻמֶיהָ לְמַעַן תָּמֹצּוּ וְהִתְעַנַּגְתֶּם יא
מִזִּיז כְּבוֹדָהּ: כִּי־כֹה | אָמַר יְהוָה הִנְנִי נֹטֶה־אֵלֶיהָ יב
כְּנָהָר שָׁלוֹם וּכְנַחַל שׁוֹטֵף כְּבוֹד גּוֹיִם וִינַקְתֶּם עַל־צַד תִּנָּשֵׂאוּ
וְעַל־בִּרְכַּיִם תְּשָׁעֳשָׁעוּ: כְּאִישׁ אֲשֶׁר אִמּוֹ תְּנַחֲמֶנּוּ כֵּן אָנֹכִי יג
אֲנַחֶמְכֶם וּבִירוּשָׁלִַם תְּנֻחָמוּ: וּרְאִיתֶם וְשָׂשׂ לִבְּכֶם וְעַצְמוֹתֵיכֶם יד
כַּדֶּשֶׁא תִפְרַחְנָה וְנוֹדְעָה יַד־יְהוָה אֶת־עֲבָדָיו וְזָעַם אֶת־אֹיְבָיו:
כִּי־הִנֵּה יְהוָה בָּאֵשׁ יָבוֹא וְכַסּוּפָה מַרְכְּבֹתָיו לְהָשִׁיב בְּחֵמָה אַפּוֹ טו
וְגַעֲרָתוֹ בְּלַהֲבֵי־אֵשׁ: כִּי בָאֵשׁ יְהוָה נִשְׁפָּט וּבְחַרְבּוֹ אֶת־כָּל־בָּשָׂר טז
אַחַת וְרַבּוּ חַלְלֵי יְהוָה: הַמִּתְקַדְּשִׁים וְהַמִּטַּהֲרִים אֶל־הַגַּנּוֹת אַחַר אחד יז

ביאור | מעוניינים לשתף אתכם עמם:[36] "לְמַעַן שְׁמִי, בגללנו, בזכותנו יִכְבַּד, יכובד ה'".[37] הם חושבים שבהם ובקרבנותיהם הכול תלוי, ומגַנים את זולתם על מעשיהם ועל מחדליהם. וְאולם לבסוף נִרְאֶה בְשִׂמְחַתְכֶם, אתם תזכו לשמחה וְאילו הֵם יֵבֹשׁוּ, יתביישו.[38]

ו כך יקרה, כאשר קוֹל שָׁאוֹן, רעש, יֵצא מֵעִיר, מציון.[39]

קוֹל יֵצא מֵהֵיכָל.

זהו קוֹל ה' הַמְשַׁלֵּם גְּמוּל לְאֹיְבָיו. השילום בזמן הגאולה יבוא ברעש גדול.

דימוי לתהליך הגאולה - ז בְּטֶרֶם תָּחִיל, לפני שחשה ציון צירים - יָלָדָה. הלידה כבר תהיה מאחריה. בְּטֶרֶם יָבוֹא חֵבֶל, ציר לָהּ - והנה כבר הִמְלִיטָה זָכָר. הגאולה תבוא במהירות ובהפתעה כמו לידה

שלא קדמו לה סימני הלידה. ח **מִי שָׁמַע** על גאולה פלאית **כָּזֹאת**?!
מִי רָאָה אירועים **כָּאֵלֶּה**?! **הֲיוּחַל אֶרֶץ בְּיוֹם אֶחָד**?! האם ייתכן שארץ
שלמה תֵּיהרה ותיוולד[40] ביום אחד?! **אִם יִוָּלֵד גּוֹי**, עַם **בְּפַעַם אֶחָת**?!
הרי לידתו של עם היא תהליך ממושך. **כִּי**, הנה **חָלָה**, הרתה וכאבה
וְגַם יָלְדָה צִיּוֹן אֶת בָּנֶיהָ בבת אחת. ט **הַאֲנִי אַשְׁבִּיר**, אושיב את ציון
על המשבר, מקום הלידה, **וְלֹא אוֹלִיד**, לא אסייע לה ללדת?! **יֹאמַר ה'**.
אִם אֲנִי הַמּוֹלִיד את הכול, **וְעָצַרְתִּי** את ציון מללדת?! **אָמַר אֱלֹהָיִךְ**. אני
הדואג לכל התהליכים הללו מתחילתם, ועל כן אביאם לידי גמר.[41]

לאחר הלידה - י **שִׂמְחוּ אֶת**, עם **יְרוּשָׁלַםִ** הנפקדת, **וְגִילוּ בָהּ, כָּל אֹהֲבֶיהָ**,
הכואבים עתה את עליבותה. **שִׂישׂוּ אִתָּהּ מָשׂוֹשׂ, כָּל הַמִּתְאַבְּלִים עָלֶיהָ**
בחורבנה. יא השתתפו בשמחתה **לְמַעַן תִּינְקוּ וּשְׂבַעְתֶּם מִשֹּׁד**, משַׁד
תַּנְחֻמֶיהָ. בני ירושלים יינקו ממנה את תנחומיה, יתנחמו יירגעו
ויתענגו. והדימוי הסמלי ממשיך- **לְמַעַן תָּמֹצּוּ**, תמצצו, **וְהִתְעַנַּגְתֶּם**
מִזִּיז, מזיו[42] **כְּבוֹדָהּ**. ולפי הדימוי רומז לפטמות שדיה.[43]

כהמשך לדימוי לידת ציון את בניה - יב **כִּי כֹה אָמַר ה': הִנְנִי נֹטֶה**,
מפנה **אֵלֶיהָ** - אל ירושלים **כְּנָהָר - שָׁלוֹם**, את הברכה המושלמת,
וּכְנַחַל שׁוֹטֵף אביא **כְּבוֹד**, חשיבות או הון **גּוֹיִם, וִינַקְתֶּם** שפע זה. **עַל**
צַד תִּנָּשֵׂאוּ, יישאו אתכם כמו שנושאים תינוקות קטנים על צד
הגוף. **וְעַל בִּרְכַּיִם תְּשָׁעֳשָׁעוּ**, כדרך שמחזיקים ומשעשעים פעוטות.
תשובו לציון כילדים קטנים, בהתחדשות גמורה ובשמחה תמה,
בלי טרדות וייסורים. יג **כְּאִישׁ אֲשֶׁר אִמּוֹ תְּנַחֲמֶנּוּ** מצרה שעברה
עליו, אולי מעזיבתה אותו,[44] בדברים רכים היוצאים מלב רחמן,[45]
כֵּן אָנֹכִי אֲנַחֶמְכֶם, וּבִירוּשָׁלַםִ שהתאבלתם עליה - על ידה ובה
תְּנֻחָמוּ. יד **וּרְאִיתֶם** את הגאולה **וְשָׂשׂ לִבְּכֶם, וְעַצְמוֹתֵיכֶם כַּדֶּשֶׁא**
תִפְרַחְנָה. דימוי העצמות המתרעננות והמתרחבות מבטא חידוש
נעורים ושמחה, בניגוד לגוף המצטמק, המשתופף והנראה יבש
בתהליכי הזדקנות.[46] **וְנוֹדְעָה**, תתגלה **יַד ה' אֶת**, אצל **עֲבָדָיו**, בכך
שהיא תתמוך בהם ותנקום נקמתם,[47] ומצד אחר - **וְזָעַם אֶת אֹיְבָיו**.
ה' יכעס על אלה שעמדו כנגדו.

טו **כִּי הִנֵּה** באחרית הימים **ה' בָּאֵשׁ יָבוֹא**, יתגלה, **וְכַסּוּפָה** ידהרו **מַרְכְּבֹתָיו**
לְהָשִׁיב לשכך,[48] או: להחזיר[49] **בְּחֵמָה** את **אַפּוֹ**, כעסו, **וְ**את **גַעֲרָתוֹ**
ישיב **בְּלַהֲבֵי**, בלהבות **אֵשׁ**. טז **כִּי בָאֵשׁ ה' נִשְׁפָּט**, יתדיין, **וּבְחַרְבּוֹ** יבוא
במשפט **אֶת**, עם **כָּל בָּשָׂר - וְרַבּוּ חַלְלֵי ה'**. יז **הַמִּתְקַדְּשִׁים**, המכינים
עצמם לפולחן **וְהַמִּטַּהֲרִים** בפנותם **אֶל הַגַּנּוֹת** לעבודה זרה שהייתה

בַּתָּוֶךְ אֹכְלֵי בְּשַׂר הַחֲזִיר וְהַשֶּׁקֶץ וְהָעַכְבָּר יַחְדָּו יָסֻפוּ נְאֻם־יְהוָה׃
וְאָנֹכִי מַעֲשֵׂיהֶם וּמַחְשְׁבֹתֵיהֶם בָּאָה לְקַבֵּץ אֶת־כָּל־הַגּוֹיִם יח
וְהַלְּשֹׁנוֹת וּבָאוּ וְרָאוּ אֶת־כְּבוֹדִי׃ וְשַׂמְתִּי בָהֶם אוֹת וְשִׁלַּחְתִּי יט
מֵהֶם ׀ פְּלֵיטִים אֶל־הַגּוֹיִם תַּרְשִׁישׁ פּוּל וְלוּד מֹשְׁכֵי קֶשֶׁת תֻּבַל
וְיָוָן הָאִיִּים הָרְחֹקִים אֲשֶׁר לֹא־שָׁמְעוּ אֶת־שִׁמְעִי וְלֹא־רָאוּ
אֶת־כְּבוֹדִי וְהִגִּידוּ אֶת־כְּבוֹדִי בַּגּוֹיִם׃ וְהֵבִיאוּ אֶת־כָּל־אֲחֵיכֶם ׀ כ
מִכָּל־הַגּוֹיִם ׀ מִנְחָה ׀ לַיהוָה בַּסּוּסִים וּבָרֶכֶב וּבַצַּבִּים וּבַפְּרָדִים
וּבַכִּרְכָּרוֹת עַל הַר קָדְשִׁי יְרוּשָׁלַםִ אָמַר יְהוָה כַּאֲשֶׁר יָבִיאוּ בְנֵי
יִשְׂרָאֵל אֶת־הַמִּנְחָה בִּכְלִי טָהוֹר בֵּית יְהוָה׃ וְגַם־מֵהֶם אֶקַּח כא
לַכֹּהֲנִים לַלְוִיִּם אָמַר יְהוָה׃ כִּי כַאֲשֶׁר הַשָּׁמַיִם הַחֲדָשִׁים וְהָאָרֶץ כב
הַחֲדָשָׁה אֲשֶׁר אֲנִי עֹשֶׂה עֹמְדִים לְפָנַי נְאֻם־יְהוָה כֵּן יַעֲמֹד זַרְעֲכֶם
וְשִׁמְכֶם׃ וְהָיָה מִדֵּי־חֹדֶשׁ בְּחָדְשׁוֹ וּמִדֵּי שַׁבָּת בְּשַׁבַּתּוֹ יָבוֹא כָל־ כג
בָּשָׂר לְהִשְׁתַּחֲוֺת לְפָנַי אָמַר יְהוָה׃ וְיָצְאוּ וְרָאוּ בְּפִגְרֵי הָאֲנָשִׁים כד
הַפֹּשְׁעִים בִּי כִּי תוֹלַעְתָּם לֹא תָמוּת וְאִשָּׁם לֹא תִכְבֶּה וְהָיוּ
דֵרָאוֹן לְכָל־בָּשָׂר׃

והיה מדי חדש בחדשו ומדי שבת בשבתו יבוא כל בשר להשתחות לפני אמר יהוה

ביאור | נעשית בהן,[50] אַחַר אַחַת בַּתָּוֶךְ, קבוצה אחר קבוצה עובדת לדמות שניצבה במרכז,[51] אֹכְלֵי בְּשַׂר הַחֲזִיר וְהַשֶּׁקֶץ וְהָעַכְבָּר, אוכלי טרפות ונבלות - כל אלה יַחְדָּו יָסֻפוּ, יאבדו, נְאֻם ה׳.

הרחבות | **׳אכלי בשר החזיר והשקץ והעכבר׳** זוהי לשון גסה, המתייחסת אף לאוכלים במסעדות גורמה, שבהן לא אוכלים את השקצים כמות שהם אלא מתבלים אותם בטוב טעם ומקשטים אותם יפה.

העונש יחול בשווה על החוטאים בפשעים חמורים כמו עבודה זרה, העשויה לכלול גם פולחן אינטלקטואלי, גילוי עריות ושפיכות דמים, (המרומזים גם הם בפרשה זו - שפיכות דמים בפס׳ ג: שׁוֹחֵט הַשּׁוֹר מַכֵּה אִישׁ, וגילוי עריות בפס׳ יז: הַמִּתְקַדְּשִׁים וְהַמִּטַּהֲרִים אֶל הַגַּנּוֹת אַחַר אַחַת בַּתָּוֶךְ), ועל מי שחטאו באכילתו של מזון שאינו כשר.

׳לקבץ את כל הגוים והלשנות׳ גם בנבואות אחרות של אחרית הימים מופיע הרעיון שלא רק ישראל אלא כל בני העולם יעריצו את ה׳ ויבואו לעבדו. (ראו לעיל ב,ב; נו,ו-ז; ירמיה ג,יז; זכריה יד,ב טז).

וה׳ אומר: יח **וְאָנֹכִי** כך אפעל - **מַעֲשֵׂיהֶם וּמַחְשְׁבֹתֵיהֶם בָּאָה**, תוכניתם של עובדי האלילים להיוועד על ירושלים תתממש[52] **לְקַבֵּץ אֶת כָּל הַגּוֹיִם וְהַלְּשֹׁנוֹת**, ואז - **וּבָאוּ וְרָאוּ אֶת כְּבוֹדִי**. יט **וְשַׂמְתִּי בָהֶם** - בגויים שייאספו **אוֹת**, סימן שאני הוא העומד מאחורי גאולה זו. **וְשִׁלַּחְתִּי מֵהֶם פְּלֵיטִים** שיישלחו **אֶל הַגּוֹיִם: תַּרְשִׁישׁ פּוּל וְלוּד**, שחלקם שוכנים בקצוות שונים של הים התיכון, והם **מֹשְׁכֵי קֶשֶׁת**, אנשי מלחמה המפורסמים כקשתים, וגם אל **תֻּבַל וְיָוָן, הָאִיִּים הָרְחֹקִים** מארץ ישראל. בזמנים שבהם ההפלגות נעשו באניות מפרש בלתי אמינות, האיים שאחרי יוון נחשבו רחוקים. **אֲשֶׁר לֹא שָׁמְעוּ אֶת שִׁמְעִי, וְלֹא רָאוּ אֶת כְּבוֹדִי. וְהִגִּידוּ** השליחים הללו **אֶת כְּבוֹדִי בַּגּוֹיִם**. כ **וְהֵבִיאוּ** הגויים שיעלו לרגל לציון, **אֶת כָּל אֲחֵיכֶם** שבגלות **מִכָּל הַגּוֹיִם**. אחיכם יובאו על ידי הגויים בתור **מִנְחָה**, מתנה **לַה׳** בכל כלי הרכב האפשריים: **בַּסּוּסִים וּבָרֶכֶב וּבַצַּבִּים**, עגלות מטוקסות, ערוכות ומסודרות **וּבַפְּרָדִים וּבַכִּרְכָּרוֹת עַל**, אל **הַר קָדְשִׁי יְרוּשָׁלִַם, אָמַר ה׳, כַּאֲשֶׁר יָבִיאוּ בְנֵי יִשְׂרָאֵל אֶת הַמִּנְחָה בִּכְלִי טָהוֹר לְבֵית ה׳**. נדחי ישראל בכל האומות יובאו במהירות ובכבוד, כמו שמביאים לה׳ קרבן מכובד ונאה בטהרה ובשמחת לב. כא **וְגַם מֵהֶם** - מאותם גולים שישובו ויתגלו,[53] **אֶקַּח לַכֹּהֲנִים לַלְוִיִּם, אָמַר ה׳**.

כב **כִּי כַאֲשֶׁר הַשָּׁמַיִם הַחֲדָשִׁים וְהָאָרֶץ הַחֲדָשָׁה אֲשֶׁר אֲנִי עֹשֶׂה**, כמו שהוזכר לעיל -[54] **עֹמְדִים לְפָנַי, נְאֻם ה׳, כֵּן יַעֲמֹד זַרְעֲכֶם וְשִׁמְכֶם**. גם אתם תישארו לנצח. כג **וְהָיָה מִדֵּי חֹדֶשׁ בְּחָדְשׁוֹ וּמִדֵּי שַׁבָּת בְּשַׁבַּתּוֹ יָבוֹא כָל בָּשָׂר**, כל יצורי עולם, **לְהִשְׁתַּחֲוֹת לְפָנַי, אָמַר ה׳**. בכל חודש ושבת יבואו אנשים אחרים, ולאו דווקא בבת אחת.[55] העולם יכבד את אלוקי ישראל. כד כאשר הם יגיעו - **וְיָצְאוּ וְרָאוּ בְּפִגְרֵי הָאֲנָשִׁים הַפֹּשְׁעִים**, שפשעו **בִּי, כִּי תוֹלַעְתָּם** האוכלת את הפגרים הללו **לֹא תָמוּת, וְאִשָּׁם**, האש היוקדת בהם **לֹא תִכְבֶּה. וְהָיוּ דֵרָאוֹן**, חרפה **לְכָל בָּשָׂר**. עונשם של הפושעים וביזיונם יהיו אות עולם לעיני כול.[56]

כדי שלא לסיים את הספר בדבר שלילי, נהוג מזה דורות רבים לחזור שנית על קריאת הפסוק שלפני האחרון: וְהָיָה מִדֵּי חֹדֶשׁ בְּחָדְשׁוֹ וּמִדֵּי שַׁבָּת בְּשַׁבַּתּוֹ יָבוֹא כָל בָּשָׂר לְהִשְׁתַּחֲוֹת לְפָנַי, אָמַר ה׳.

העולם

צַבִּים המלה sabbu באכדית, משמעה עגלה או גלגל עגלה. ציבא בארמית היא עגלה מכוסה, וכך מתרגמים השבעים (וראו גם במדבר ז,ג: עֶגְלֹת צָב). בתרגום יונתן שם: "מְחַפָּן וּמְטַקְּסָן", כלומר מכוסות ורתומות ויש מי שפירש ערוכות ומתוקנות.

מקורות והערות

מבוא לספר ישעיה

1. ראו דברי הימים א' כט,כט; דברי הימים ב' ט,כט; כ,לד.
2. ראו דברים רבה ב,ד; שוחר טוב צ,ד; פסיקתא רבתי לג,כה. עוד על צדדי דמיון בין ישעיהו למשה רבינו בדברי חכמים – ראו ירושלמי, תענית א, סוף הלכה א. ואמרו (פסיקתא דרב כהנא טז,ד) "כל הנביאים [רוחם נאצלת עליהם] – נביא מפי נביא, וישעיהו – מפי הגבורה; כל הנביאים מתנבאים נבואות פשוטות והוא – נבואות כפולות" ("עורי עורי", "התעוררי התעוררי" ועוד). עוד אמרו: "ישעיה גדול שבנביאים" (ילקוט שמעוני שפה). וראו גם אלשיך להלן סא,א.
3. ראו מורה נבוכים ח"ב כט.
4. מגילה י ע"ב.
5. ראו עוד פסיקתא דרב כהנא יד,ג: "ישעיה, על ידי שהיה בן מדינה מירושלם... ועל ידי שהיה ישעיה בן אחיו של מלך היה אומר לישראל דברים של קינתורים". וראו עוד להלן ח,יא בביאור; נ,ד במבוא העניין.
6. ראו עמוס ז,יד.
7. ראו הקדמות הרד"ק ור"י כספי.
8. ראו שמואל א' ט,א-כ.
9. שמואל א' ט; דברי הימים א' ט,כו; כו,כח; כט,כט.
10. ראו למשל להלן נ,ד.
11. מגילה יד ע"א ורש"י שם על פי סדר עולם.
12. מגילה יד ע"א.
13. ראו למשל משא בבל (פרקים יג-יד) ומשא מדבר ים (פרק כא), המדברים על מפלת בבל, מדינה לא משמעותית באותה שעה. מסופר כי לאחר דורות קרא דניאל לעם שבבבל בפרשה זו, כדי שידעו את המאורעות הממשמשים ובאים עליהם (שיר השירים רבה ג,ד). בגטין נו ע"ב פירשו חכמים את הנבואה וְהַלְּבָנוֹן בְּאַדִּיר יִפּוֹל על חורבן בית המקדש השני.

פרק א
השחיתות וקלקול המשפט

1. כפי שהביא רש"י בשלח. רק בפרק ו אפשר למצוא את תיאור הקדשתו של הנביא לתפקידו.
2. ראו רש"י פס' א ורד"ק פס' ב. אכן התיאור בנבואה שלפנינו: אַרְצְכֶם שְׁמָמָה, עָרֵיכֶם שְׂרֻפוֹת אֵשׁ, אַדְמַתְכֶם לְנֶגְדְּכֶם, זָרִים אֹכְלִים אֹתָהּ, וּשְׁמָמָה כְּמַהְפֵּכַת זָרִים. וְנוֹתְרָה בַת צִיּוֹן כְּסֻכָּה בְכָרֶם כִּמְלוּנָה בְמִקְשָׁה כְּעִיר נְצוּרָה, מתאים למעשי מלך אשור שהגלה את עשרת השבטים, ומאוחר יותר כבש והחריב גם את ערי יהודה והעלה את שדותיהן באש, אך לא נגע לרעה בירושלים, שנותרה נצורה לבדה, כמסופר בספרי ישעיה ומלכים. וראו עוד שד"ל.
3. ראו למשל בפרקים כח; נח.
4. ראו רש"י ורד"ק על אתר; רש"י ויקרא טז,לא; כב,ב.
5. ראו רש"י שמות כא,כה ורד"ק על אתר.
6. ראו עוד בראשית רבה צח,יג. ורוב המפרשים פירשו מַכָּה טְרִיָּה – מכה לחה, המוציאה דם וליחה. אך אין ברור כל כך ההבדל בינה ובין פֶּצַע.
7. והרבה פירשו עִיר נְצוּרָה – חרֵבה (כמו להלן מט,ו; סה,ד).
8. ראו עוד ברכות יט ע"א.
9. התיאור הזה מתאים לתחילת ימי חזקיהו, שבו התעוררה התחזקות דתית והתרבו הקרבנות. ראו דברי הימים ב' כט-לא.
10. על פי אונקלוס בראשית לא,יב ורמב"ן שם לא,י.
11. העלייה לרגל מתוארת בשמות לד,כד במלים לֵרָאוֹת אֶת פְּנֵי ה'.
12. ראו רמב"ן ויקרא כג,ב.
13. ראו רמב"ן שמות כא,לו.
14. ראו מלכים ב' ד,כג; להלן סו,כג; ראש השנה טז ע"ב.
15. כמו בשמות ט,כט; מלכים א' ח,כב; עזרא ט,ה.
16. ראו מורה נבוכים ח"א מה.
17. ראו עוד האמונות והדעות לרס"ג ה,ו.

מקורות והערות

18. ראו יומא לט ע"ב; רש"י ור"א מבלגנצי על אתר; ר"א מבלגנצי להלן סג,א.
19. ראו ראב"ע ורד"ק.
20. ראו בראשית רבה לא,ה ופירוש רש"ר הירש לבראשית ו,יא. הפירוש המוצע – ישרו את דב"י הרמס – מחודש.
21. דוגמאות נוספות לכך בספר ישעיה – ראו במבוא רש"ז פינס לישעיה.
22. ראו יהושע ב,יח; רמב"ם, הלכות פרה אדומה ג,ב.
23. רשב"ם שמות כה,ד: הצבע קרוי שָׁנִי, והבגד הצבוע אדום קרוי תּוֹלָע או תּוֹלַעַת.
24. משמעה המילולי של אֲבִיר, ב–ב' רפה, הוא כנראה כנף, מלשון אברה, או אבר. ראו דברים לב,יא; תהלים נה,ז; איוב לט,יג; רש"ר הירש לבראשית יז,ה. ואכן במקרא ה' אינו נקרא אף פעם 'אביר' סתם, אלא רק בצירופים: אֲבִיר יַעֲקֹב או אֲבִיר יִשְׂרָאֵל.
25. ראו בראשית רבה מג,ו: "צדק נקראת ירושלים שנאמר צֶדֶק יָלִין בָּהּ".
26. ראו רד"ק.
27. ראו במפרשים על אתר ויחזקאל יז,יג; תהלים פח,ה.
28. קרוב למלים 'חרפה', ול'חוורון' הפנים.
29. ראו להלן סה,ג; דברים יב,ב; רש"י על אתר.
30. ראו למשל להלן ה,יא-יב; כב,יג.
31. ראו לד ד; מ,ז; סד,ה.
32. ראו שבת כ ע"ב.
33. לאמתו של דבר, גם החסון וגם הנעורת דליקים מאוד, אלא שהכתוב וְהָיָה הֶחָסֹן לִנְעֹרֶת מורה על משמעות נוספת, שהחסון והחזק יהיה כאין. ראו הרב חנוך ארנטרוי, עיונים בדברי חז"ל ובלשונם, עמ' צא.

פרקים ב–ד
גילוי כבוד ה' ומשפטו בעתיד

1. ראו ראב"ע על אתר; משמיע ישועה לר"י אברבנאל.
2. כעניין הזה – ראו להלן פרק סה.
3. ביטוי זה יכול להתאים גם לזמן לא רחוק. ראו למשל ירמיה כג,כ.
4. ראו יחזקאל מ,ב; זכריה יד,ד; ילקוט שמעוני ומלבי"ם על אתר. וראו עוד רש"ש בבא בתרא לכב ע"א.
5. ראו יונתן.
6. ראו ראב"ע ורד"ק על אתר; במדבר רבה יט,ג; רמב"ן בראשית לא,יט ו–כד ובמדבר כב, ה.
7. ראו עוד דברים יח,י.
8. ראו יונתן; מורה נבוכים ח"א ז וח"ב יא; מצודת דוד על אתר.
9. ראו דברים יז,טז.
10. ראו מלכים א' י,כו-כט ורד"ק על אתר.
11. ראו משלי יעקב בחקותי, רמד.
12. תיאור זה הולם את פירוש ראב"ע ורד"ק: וְעַל כָּל נִשָּׂא וְשָׁפֵל – הגבוהים יושפלו.
13. שְׂכִיּוֹת הַחֶמְדָּה – קישוטים נחמדים למראה. 'שכייה' קרובה לשורש ס,כ,ה, שמשמעו ראייה.
14. משמעות השורש ע,ר,ץ – שליטה וממשלה, כמו בשם העצם 'עריץ'. ראו ירמיה כ,יא ובביאור להלן ח,יג; כה,ג.
15. כך הקריאה המקובלת. וכך גם כתובה המלה אצל מפרשים רבים. וכיוצא בזה פְּקַח קוֹחַ (להלן סא,א וראב"ע שם); יְפֵה פִיָּה (ירמיה מו,כ).
16. ראו רד"ק ומלב"ם.
17. סְעִפֵי הַסְּלָעִים, ביטוי המופיע כמה פעמים בספר ישעיה לאורכו, ומלבדו במקרא רק בספר שופטים, ומשמעו בליטות המתפצלות מהסלע העיקרי. הכינוי מושאל מסעיפי האילן, ענפים המתפצלים מהגזע.
18. ראו רד"ק, אלשיך ומלבי"ם; מורה נבוכים ח"א לד.
19. היו שראו קשר בין הביטוי 'תעלול' לבין 'עולל', ילד קטן. ראו רש"י, ראב"ע ורד"ק.
20. ראו רש"י ומצודת דוד.
21. ראו רד"ק. ואולי זהו ביטוי לעגני של הנביא, תחת 'ממשלה'. כיוצא בזה להלן כג,יז לְאֶתְנַנָּה במקום 'לאיתנה'. גם להלן מד,יט הנביא מצטט אחרים, אך משנה את לשונם לפי תפיסתו שלו.

22. ראו רש"י וראב"ע על אתר; רמב"ן שמות כ,ו.
23. קרוב ל'עוצר', שאף עניינו יכול להיות קשור לשליטה. ראו שמואל א' ט,יז וכן יוֹרֵשׁ עֶצֶר בשופטים יח,ז; וראו עוד רד"ק.
24. ראב"ע ורד"ק.
25. רש"י על אתר; רמב"ן שמות טו,יב.
26. ראו יומא ט ע"ב.
27. ראו רש"י ומצודת דוד על אתר; יומא ט ע"ב.
28. ראו רד"ק.
29. ראו רש"י ומצודת ציון.
30. ראו ראב"ע שיר השירים ז,ג. בשופטים ח,כא מסופר כי בצווארי הגמלים של מלכי מדין היו נתונים שהרונים.
31. על פי רש"י ורד"ק על אתר; ר"י קרא שופטים ח,כו. ויש שפירשו: כלי זהב ששמים בתוכם נטף – מין בושם.
32. ראו רש"י ורד"ק.
33. כמו בשמואל ב' א,י: וְאֶצְעָדָה אֲשֶׁר עַל זְרֹעוֹ. ויש אומרים שהן תכשיטי הרגל, מלשון צעד.
34. לדברי רמב"ן (בראשית לח,יח) המעטפות הן סודרים קטנים העוטפים את הראש.
35. ראו רד"ק. החריט הוא תיק לכסף, ארנק. וכן במלכים ב' ה, כג: וַיָּצַר כִּכְּרַיִם כֶּסֶף בִּשְׁנֵי חֲרִטִים. מעין זה יש בערבית חריטה שמשמעותו שק או סל. רש"י על אתר פירש כמחוכים, ובשמות לב,ד פירש לשון סודר.
36. על פי יונתן, רש"י ורד"ק. ויש מציעים: חגורות. ראו פרוש המשנה לרמב"ם נגעים יא,יא.
37. צניף או מצנפת הוא בגד הנכרך על הראש, כמו וְשַׂמְתָּ הַמִּצְנֶפֶת עַל רֹאשׁוֹ (שמות כט,ו); וָאֹמַר יָשִׂימוּ צָנִיף טָהוֹר עַל רֹאשׁוֹ (זכריה ג,ה).
38. ראו רד"ק.
39. ראו רש"י, רד"ק ומלבי"ם; ובתרגום השבעים – חבל.
40. על פי רד"ק.
41. רד"ק ומצודת דוד.
42. ראו רש"י ומלבי"ם.
43. כמו תַאֲנִיָּה וַאֲנִיָּה להלן כט,ב ואיכה ב,ה. ראו רד"ק.
44. ראו יונתן ורש"י. השימוש במלה זו רומז גם לניקיונה מכל חטא בעקבות התרוקנותה, כפי שמעידים ביטויי הניקיון להלן בסמוך.
45. ראו למשל ויקרא כו,יח ובמצוין שם בהערות; שו"ת הרמב"ם רעא.
46. רש"י על אתר ובבראשית ל,כג.
47. ייתכן ששם החיה ההדורה הוא שהשפיע על משמעות זו של צְבִי, או שמא להפך, שם החיה נגזר מהשם המופשט צְבִי, שמשמעותו המקורית יופי. ושמא קשורה משמעות זו למקבילה הארמית שמשמעה רצון וחשק. ראו רש"י ורד"ק על אתר; רש"י במדבר ז,ו.
48. ראו עוד להלן ס,כא; זכריה יג,ט.
49. ויש מפרשים: על המקומות שנקראים אליהם קרואי העדה, הנכבדים. ראו רמב"ן ויקרא כג,ב.
50. ראו רד"ק. על ענן כבוד, עשן ואש ראו בבא בתרא עה ע"א.
51. ראו בבא בתרא עה ע"א ור"י מטראני.

פרק ה
משל הכרם: אחריתה של חברה שאיבדה את ערכיה

1. ראו גם דברים לג,יב; שמואל ב' יב,כה; שיר השירים א,טז; ב,ג.
2. ויש מפרשים בְּקֶרֶן – בגובה ההר. ראו יונתן, רמב"ן דברים א,ד.
3. ראו רש"י ומצודת ציון.
4. ראו רש"י.
5. רש"י על אתר ובראשית לו,טז.
6. ראו יחזקאל מה,יא; שו"ת רשב"ץ ח"א קעב.
7. ראו ויקרא כז,טז ויחזקאל מה,יג יד ובתרגומים בשני המקומות. במידות ימינו החומר-הכור הוא כ-220 ליטר. שטח הקרקע הנזרעת בכור חיטים מכונה גם 'בית כור' (ראו משנה בבא בתרא ז,א; ערכין כה ע"א).
8. ראו יחזקאל שם; רש"י ורד"ק על אתר. במידות ימינו כ-22 ליטר.

9. ראו מלבי"ם.
10. ראו רש"י, רד"ק ומלבי"ם.
11. אין משמעו של 'צדקה' כאן נתינה, אלא זוהי תכונתו של מי שהצדק אתו והכוח בידו. זוהי המשמעות הרווחת בישעיה ובמקומות נוספים. ראו להלן מב,כא; מה,כג; נט,טז; סג,א; בראשית טו,ו.
12. ראו רש"י ורד"ק.
13. על פי רד"ק.
14. ראו פירוש נוסף בשו"ת הרשב"א ח"א תיח.
15. ראו רש"י ומצודת דוד.
16. עֲרִיפֶיהָ קרוב לערבות, כינוי לשמים (ראו תהלים סח,ה). ויש אומרים שעריפים הם עננים, קרוב לערפל.

פרק ו
הקדשתו של ישעיהו לנביא

1. ראו מכילתא בשלח ז; הקדמת ר"י כספי ובפירוש ר"א מבלגנצי על אתר ובתחילת הספר, שהרי בכותרת פרק א נאמר שישעיהו ניבא בימיו של עוזיה. וראו עוד להלן על פס' ה.
2. ראו יחזקאל א.
3. חגיגה יג ע"ב; וראו מורה נבוכים ח"ג ו.
4. כיוצא בזה נאמר על אברהם המשרת את המלאכים: וְהוּא עֹמֵד עֲלֵיהֶם (בראשית יח,ח). ראו יונתן ורש"י כאן; וראו עוד מלכים א' יז,א; ירמיה לו,כא ואברבנאל שם; יחזקאל ט,ג; רשב"ם בראשית יח,ח.
5. יונתן.
6. ראו מצודת דוד. פירוש זה על דרך מדרש מסכת היכלות.
7. ראו אלשיך על אתר; וראו עוד להלן ד,ה.
8. ראו רש"י ושאר ראשונים; שו"ת הרשב"א ח"א רמט.
9. קרוב לרשף, גחלת אש. וכן עֲגַת רְצָפִים (מלכים א' יט,ו).
10. ראו עוד מדרש תנחומא וישלח ב; שיר השירים רבה א,ו; פרי צדיק פקודי ד.
11. על פי רמב"ם, הלכות תשובה ו,ג; וראו עוד האמונות והדעות לרס"ג ד,ו; גבורות ה' ו.
12. יש שרואים בדברים אלו נבואה על מצבה של יהודה בימי חזקיהו. באותם ימים כבש סנחריב את כל ערי יהודה מלבד ירושלים, ויותר מתשעים אחוז מתושבי יהודה כלו.

פרקים ז–ט
קובץ נבואות על יהודה העומדת נוכח אויביה

1. אין זה כינוי לתלמידו. על פי רד"ק ומצודת דוד, והשוו יונתן ורש"י.
2. ראו רד"ק.
3. ראו יונתן.
4. ראו רש"י ורד"ק.
5. ראו רש"י ורד"ק.
6. ראו רש"י ור"א מבלגנצי.
7. ראו רמב"ן בראשית ט,ח.
8. יש אומרים שמשמעו של השורש ע,מ,ק הוא ריבוי וכוח. ראו ירמיה מט,ד; מז,ה ורד"ק שם.
9. שם העצם עַלְמָה מופיע במקרא בכמה מקומות, למשל ביחס למרים אחות משה בשמות ב,ח. משמעו אשה נשואה או רווקה צעירה, לעתים צעירה מאוד. ראו רש"י ורד"ק על אתר; רמב"ן דברים יג,ב.
10. ראו רש"י ורא"ע. ייתכן שיש בתיאור זה של אכילת חמאה ודבש רמז לחיי רווחה שיזכה להם הילד, כמו שמורה הביטוי הזה להלן בפס' כב; ו'עמנו אל' מגלם את מדינת יהודה בכלל. ראו מלבי"ם.
11. ראו מצודת ציון ומלבי"ם.
12. רש"י. ורבים פירשו עומדת לשכירות.
13. ראו רש"י ומצודות.
14. למרות שלפי ההמשך ייתכן שהכוונה לחומר אחר. ראו יונתן, ראב"ע ומלבי"ם.

15. ראו רש"י שמות לב,ד; ר"א מבלגנצי ומצודת ציון על אתר.
16. ראו רש"י ומצודת דוד.
17. ירמיה כו,כ; מלכים ב' טז,י-טז. ראו מכות כד ע"ב ורש"י על אתר.
18. על פי ראב"ע; וראו רד"ק ור"א מבלגנצי.
19. ראו שמות טו,כ; שופטים ד,ד; מלכים ב' כב,יד.
20. על פי רד"ק; וראו ראב"ע.
21. על פי פשטות המקראות. רש"י כתב שמדובר בילד אחד.
22. ראו מלבי"ם.
23. על פי ראב"ע ורד"ק.
24. ראו מגילה י ע"ב.
25. ראו סנהדרין כו ע"א, רש"י ומלבי"ם על אתר.
26. ראו רד"ק פס' יד.
27. ראו רד"ק ומלבי"ם ובביאור לעיל ב,יט.
28. ראו רד"ק, אלשיך ומצודת דוד.
29. על פי רש"י ועוד.
30. כפירוש הנ"ל – עמנו אל, שאר ישוב ומהר שלל חש בז. ולפי פירוש רש"י הכוונה לשני ילדים; וראו ר"א מבלגנצי.
31. על פי רש"י, ראב"ע ור"י קרא.
32. רד"ק ומצודת דוד.
33. על פי ר"י קרא ומלבי"ם.
34. ראו רש"י ורד"ק.
35. וראו עוד דרשת הגמרא בסנהדרין צד ע"ב.
36. ראו מלכים ב' טו,כט.
37. Maris Via בלטינית, הדרך שחיברה בין מצרים לסוריה ומסופוטמיה.
38. ראו עוד יהושע יב,כג ופירוש דעת מקרא שם.
39. ראו רש"י ורד"ק.
40. 'סאון' באכדית ו'מסאנה' בארמית – משמעם נעל; וראו עוד איכה רבה ב,ז, הערוך ערכים 'גלגס' ו'אות' ועוד.
41. ראו סנהדרין צד ע"א ובמפרשים הראשונים על אתר.
42. ראו דברים רבה א,כ ואגרת תימן לרמב"ם.
43. רש"י.
44. על פי מלבי"ם; וראו גם בראשית כה,יח; שופטים ז,יב; ילקוט שמעוני על אתר.
45. רצין יעסוק במלחמות עם צריו, ולא יתפנה לעזור לישראל – על פי ר"י קרא. והרבה פירשו אֹיְבָיו של רצין.
46. ראו בביאור ובהערת הראליה להלן על נח,ה.
47. ראו רד"ק.
48. פירוש חדש.
49. על פי מלבי"ם.
50. ראו אלשיך.
51. ראו עמוס ו,ב.
52. כפי שעוד יתואר בנאום שליחו של מלך אשור להלן לו,יג-כ.
53. ראו מצודת דוד ומלבי"ם.
54. על פי מלבי"ם.
55. רד"ק, ראב"ע ועוד.
56. ראו רש"י.
57. ראו לעיל ז,ג; ט,ה.
58. ראב"ע ועוד.
59. ראו לעיל ו,יג.
60. ראו רד"ק.
61. על פי רד"ק. ויש מפרשים שמגמת אשור היא מצרים, ובדרכו לשם עבר בארץ ישראל.
62. שופטים ז,כה.
63. על פי רש"י ומצודת ציון.
64. ראו רד"ק ומצודת דוד.
65. ראו להלן לו,א; דברי הימים ב' לב,א-ב.
66. על תופעת האליטרציה בפסוקים אלו ראו ר"י קרא.
67. ראו מלבי"ם (ראו עוד שמות ט,יט).

68. ראו סנהדרין צה ע"א, רד"ק ומצודת דוד.
69. רש"י על אתר ובשמות כז,ג.
70. ראו סנהדרין צד ע"א; צט ע"א; תנא דבי אליהו רבה טז,י; ספר הגאולה לרמב"ן, השער השני; ספר העיקרים ד,מב.

פרקים יא–יב
השלום, קיבוץ הגלויות והשיר לעתיד לבוא

1. ראו רמב"ן ויקרא כו,ו.
2. ראו יבמות נ ע"א.
3. רד"ק.
4. ראו מלבי"ם.
5. ראו סנהדרין צג ע"ב ורד"ק כאן.
6. ראו רש"י.
7. ראו רש"י ורד"ק.
8. ראו יונתן, ר"י קרא; וראו עוד להלן מב,ב-ד.
9. על פי רד"ק.
10. ראו רד"ק ואברבנאל שופטים יד,ה; יחזקאל יט,ג-ו ורש"י ורד"ק שם; רד"ק מיכה ה,ז.
11. רד"ק; ראו בראשית א,י ורמב"ן שם; וראו הקדמת רס"ג לספר האמונות והדעות ב; בית הלוי בראשית א.
12. ראו רמב"ן ויקרא כו,ו. וראו עוד הושע ב,כ.
13. ראו גם להלן מב,ד; נא,ה.
14. ראו רד"ק.
15. ראו בראשית י,יג-יד; ירמיה מד,א ו-טו; יחזקאל כט,יד.
16. ראו מכילתא דרשב"י יד,כה.
17. גם שנים רבות מאוחר יותר נזכר הפילוג הזה. ראו יחזקאל לז,טו-כח. וראו עוד ירמיה לא,ה.
18. ראו רש"י ורד"ק על אתר; רד"ק ירמיה מט,ב.
19. על פי רש"י וראב"ע.
20. ראב"ע ור"א מבלגנצי. גם במשמע: אז יוכר כי אף הכעס והקושי במשך הדורות היו לטובה. ראו נדה לא ע"א; מי השלוח ח"ב תחילת עקב.
21. רש"י שמות טו,ב. יש אומרים ש'זמירה' היא מלה נרדפת לכוח.
22. על פי רשב"ם וראב"ע. פסוק סתום זה מופיע באופן כמעט זהה גם בשמות טו,ב ובתהלים קיח,יד.
23. בין אם מדובר על ברכות ושפע כללי או על דעת ה' ולימוד תורה. ראו עוד יונתן; מורה נבוכים ח"א ל.

פרקים יג–כג
נבואות לעמים

1. ראו ירמיה כג,לי; בראשית רבה מד,ו; אדרת אליהו חבקוק א,א.
2. ראו רד"ק.
3. שלא כשאר המפרשים, כאן מוצעת לראות בחציו הראשון של הפרק נבואה המתארת את עליית הבבלים ובואם לארץ, ולא את אויבי בבל שיילחמו בבבל. הסבר זה מתיישב יותר על לשון הפסוקים כאן. אולם בהמשך הפסוקים, כשמפלת בבל מפורשת, מתחולל בפרק מעבר פתאומי. גם טיבה של הנבואה על מדי שבהמשך הפרק, עמום. אין ברור אם מדובר במדי המצטרפת לבבל במלחמה על ישראל או באלו המביסים את בבל.
4. ראו מלבי"ם.
5. ראו רש"י ורד"ק.
6. רש"י ומצודת דוד.
7. ראו רד"ק.
8. ראו מורה נבוכים ח"ב כט.
9. ראו רד"ק ור"י כספי... ראו רד"ק ור"י מטראני.

10. ר"י קרא.
11. רד"ק.
12. רש"י.
13. ראו רשב"ם דברים לב,יא.
14. ראו רש"י ורד"ק.
15. ראו למשל יחזקאל יז,ד; כו,ב.
16. על פי רש"י.
17. ייתכן שזהו שם כללי לחיות אלו. לפי יונתן ורש"י צִי היא נמייה; וראו עוד אברבנאל.
18. על פי יונתן. יש מי שמזהה את האִי עם התן הזהוב, טורף ממשפחת הכלבים. הכלב קרוי במצרית 'או'.
19. על פי יונתן ורש"י.
20. ראו רש"י.
21. ראו שבת קמט ע"ב ובמפרשים על אתר.
22. 'חולי' במובן חולשה – ראו שופטים טז,ז ויונתן שם; ירמיה י,יט.
23. יש אומרים כי זהו שמו של שר צבא מלך בבל.
24. על פי רש"י; וראו גם רשב"ם במדבר לג,לב ור"י מטראני ירמיה נב,לא.
25. רד"ק.
26. רש"י.
27. קרוב לעַרְעָר (ירמיה נא,נח), עָרוּ (תהלים קלז,ז); עֲרִירִי (בראשית טו,ב). המפרשים הראשונים פירשו שונאים או עיירות.
28. ראו רש"י ורד"ק.
29. מצודת ציון ועוד.
30. כמו בנבואה דלעיל ו,א ולעומת נבואות רבות אחרות, אף נבואה זו מתוארכת: בִּשְׁנַת מוֹת הַמֶּלֶךְ עֻזִּיָּהוּ.
31. בימינו, הצפע הוא שם של נחש קטלני המצוי בארץ. במקרא זהו אזכור יחיד שלו, וייתכן שהוא קיצור של ה'צפעוני' המופיע בכמה מקומות (ראו לעיל יא,ח; ט,ה; משלי כג,לב).
32. ראו רמב"ן בראשית יט,לא.
33. על פי מלבי"ם.
34. על פי רש"י ומלבי"ם.
35. הפירוש המילולי על פי ר"י מטראני ור"י קרא, והתחבירי על פי מלבי"ם.
36. ראו דברים יד,א.
37. ראו במדבר כא,כה-כו.
38. ראו במדבר לב,ג.
39. ראו במדבר כא,כג; לב,לז.
40. ראו רד"ק.
41. על פי ר"א מבלגנצי.
42. על פי ר"י כספי.
43. ראו רש"י, ראב"ע ורד"ק.
44. רד"ק ומלבי"ם.
45. ושאר המפרשים פירשו יִתְרָה עָשָׂה על מואב.
46. ראו עמוס ו,יד: 'נחל הערבה'; רד"ק על אתר.
47. רד"ק ומצודת דוד.
48. ראו רד"ק.
49. ראו ר"י כספי על אתר ולהלן ס,טז.
50. על פי ר"י מטראני. רבים פירשו יָגוּרוּ בָךְ נִדָּחַי כדברי הנביא התובע ממואב להיות מקלט לישראל בברחם מפני אשור. ויש מפרשים כדברי שליח מואב לציון המבקש שם מקלט לבני עמו.
51. רד"ק.
52. ראו ראב"ע ומצודות.
53. על פי רש"י ורד"ק. כנראה משמעותם של 'אשישים' כאן אינה זהה למשמעותם במקומות אחרים, מאכל עשוי מענבים וכדומה או כלי יין, אלא מלשון אָשִׁיה, יסוד. באופן דומה משמש השורש א,ש,ש בלשון חכמים במשמע חוזק ומוצקות.
54. על פי ר"י קרא.
55. ראו רמב"ן ויקרא כא,ד.
56. רד"ק.
57. פירוש זה משווה את המשמעות של הֵידָד נָפָל עם הצירוף הסמוך הֵידָד הִשְׁבַּתִּי. רש"י

ופרשנים ראשונים אחרים פירשו את הֵידָד נָפַל כאן – שכַּן והתפשט קול שמחת השודד. וראו ירמיה מח,לג.

58. על פי רש"י רד"ק; אברבנאל שמואל א' כה,ב ועוד; וראו להלן ל,כג ור"י מטראני שם; ירמיה ב,ז. נראה שהשימוש ב'כרמל' כשמם הפרטי של ההרים שבצפון מערב הארץ נגזר מהיותם נטועי עצים וירוקים.
59. שנזכרה בפס' ז לעיל. רד"ק.
60. ראו מדרש תנחומא הקדום ובמדבר רבה ראש פרשת בלק. כיוצא בזה לעיל טו,ה ובעוד מקומות.
61. ראו עוד רמב"ן במדבר כא,כט.
62. על פי רש"י ורד"ק. יש מקום להשערה כי השכירים היו נשכרים לרוב למשך שלוש שנים. ראו דברים טו,יח; קדושין יז ע"א ותוספות שם. וראו רשב"ם דברים טו,יח.
63. רד"ק; וראו אלשיך.
64. ראו ר"י מטראני.
65. פירוש חדש. ושאר המפרשים פירשו שהשמדת האויב מדומה כאן לקצירה במגל.
66. ראו ראב"ע, אלשיך ומלבי"ם. ויש שפירשו להפך, שהיה מקום מבורך בתבואה, והתיאור מתייחס אל פעולת האויב, ולא אל דלותם של ישראל.
67. ראו מלכים א' יב,כו-ל. ראו עוד אלשיך על אתר.
68. ראו מצודת ציון. וראו עוד רש"י ויקרא כו,ל.
69. ערים רבות נבנו בעולם העתיק כמרכזי הגנה. כל עיר ראויה לשמה הייתה מוקפת חומה ומבוצרת.
70. ראו ר"י מטראני. במקרא נקראים ענפים אלו 'סורים'. ראו ירמיה ב,כא: סוּרֵי הַגֶּפֶן נָכְרִיָּה ובימינו הם מכונים 'חזירים'.
71. על פי התנחומא, מובא ברש"י.
72. יש מפרשים יוֹם נַחֲלָה – יום איסוף היבול. וראו עוד דברים יח,א.
73. ראו תהלים פג,יד; רש"י ומצודת ציון; וראו 'העולם'.
74. ראו יונתן ורד"ק. ויש מפרשים צִלְצַל כְּנָפָיִם – צלצול כנפיה הולך למרחקים. ראו רמב"ן דברים כח,מב.
75. ראו רד"ק.
76. ביטוי סתום זה מופיע במקומות נוספים בספר. ראו רש"י על אתר ומצודת דוד להלן כח,י.
77. לעומת פירוש זה, מפרשים רבים פירשו בָּזְאוּ נְהָרִים כדימוי הבוזזים לנהר שוטף.
78. פירוש חדש.
79. ראב"ע ורד"ק. וראו רש"י שמואל ב' כג,ד.
80. 'בהמה' אינה כוללת רק את בעלי החיים המבויתים, כפי שמשתמשים במלה זו היום, אלא אף חיות טורפות. ראו בבא קמא יז ע"ב. ראו עוד ההרחבה לויקרא יא,ב.
81. ר"י בן כספי. שורש זה מופיע גם בצורה בּוֹקֵק (להלן כד,א; הושע י,א) וכיוצא בזה. אולם מפרשים רבים פירשו מלשון ריקנות: רוח מצרים תתרוקן. או: מטרותיה ורצונותיה יפוצו לכל עבר. מורה נבוכים ח"א מ.
82. ראו ר"י מטראני וראב"ע.
83. על פי רש"י, יונתן ואברבנאל.
84. ראו אברבנאל.
85. ראו ראב"ע ור"א מבלגנצי.
86. רד"ק (אך ביטוי זה מופיע גם בדברי סנחריב על עצמו, להלן לז,כה).
87. על פי ר' י קרא ור"י בן כספי על אתר; רשב"ם בראשית מב,ט.
88. ראו רש"י, ראב"ע ורד"ק; רשב"ם בראשית מ,טז.
89. זו משמעות השורש ד,כ,א בכמה מקומות במקרא, ולאו דווקא במובן הנפשי. ראו מצודת ציון.
90. ראו יונתן, ויש מפרשים אגמים מושבתים או אגמים שבתוכם נפש חיה, ויש מפרשים עגומי נפש.
91. ראו ר"י מטראני ודעת מקרא.
92. ראו מלבי"ם.
93. ראו אברבנאל.
94. ראו להלן 'העולם' על נח,ה.
95. ראו רש"י.
96. ראו מנחות קט ע"ב; סדר עולם רבה כג; וראו עוד הושע ט,ג ואילך.
97. ויש מפרשים הַהֶרֶס כמשמעו. ראו יונתן רש"י וראב"ע.
98. ראו מלבי"ם.

99. ראו רד"ק ואברבנאל.
100. ראו מלכים ב' יח,יג-יז. אפשר לזהות את זמן אמירת נבואה זו, אם כי לא בדיוק גמור – ראו רש"י ורד"ק; סדר עולם כג; וראו עוד: יהודה אליצור, עיונים בספר ישעיהו, ירושלים תשל"ד.
101. על פי רד"ק.
102. על פי רש"י.
103. אברבנאל. ייתכן גם שמדינה השוכנת על הים נקראת בספר ישעיה אִי. ראו למשל להלן מט,א.
104. ראו רמב"ן במדבר כג,כא.
105. ראו שיר השירים רבה ג,ד.
106. בראשית יד.
107. אם משמעות המלה יָם בצירוף המלים מִדְבַּר יָם היא מערב, הרי התיאור הגיאוגרפי אינו מתייחס למערב ארצו של הנביא, שכן המדבריות שוכנות במזרחה, אלא לאזור מרוחק מארצו של הנביא, שבמערבו שוכן מדבר. מהמשך הנבואה נראה שהאויב מגיע מאזור אירן של ימינו, והמקום המערבי לו הוא ממלכת בבל. לחלופין אולי יָם האמור כאן הוא נהר פרת ושלוחותיו – ראו ירמיה נא,לו.
108. יָם במשמעות של מרחב מרוחק רווחת בספרות מאוחרת יותר. (כך אולי יש לפרש את האמור בתהלים סה,ה כָּל קַצְוֵי אֶרֶץ וְיָם רְחֹקִים. וראו עוד תוספות גטין ב ע"א ד"ה ממדינת הים).
109. ראו רש"י. אין מדובר בסופות גשמים, שאינן מצויות באזור זה.
110. פירוש חדש, קרוב לפירוש אברבנאל. יש מפרשים אַנְחָתָה הִשְׁבַּתִּי – שלא תישמע, כלומר בבל לא תרוחם, או כקביעה שאין מי שייאנח עליה. פירוש אחר: אנחות שגרמה בבל לאחרים, יושבתו מעתה.
111. על פי רש"י ועוד.
112. על פי ר"י קרא, ר"א מבלגנצי ור"י מטראני.
113. ראו מלבי"ם.
114. ראו דעת מקרא.
115. על פי רד"ק.
116. בראשית כה,יד-יח.
117. ראו רד"ק ומצודת דוד.
118. פועל ארמי זה מופיע במקרא גם בכתיב 'אתא'. ראו עזרא ה,ג.
119. על פי מצודת דוד.
120. כמו בירמיה כה,כג.
121. ראו רד"ק.
122. על פי יונתן.
123. ראו רמב"ן בראשית כה,ג.
124. ראו לעיל טז,יד; רש"י כאן.
125. על פי רד"ק.
126. כך פירשו ר"י כספי, שד"ל ועוד. רבים פירשו את המשא על חורבן בית ראשון ביד נבוכדנצר.
127. להלן לו,יז, שר צבא אשור מבהיר ליושבי ירושלים כי אין בכוונתו להשמידם, ומבטיח להם חיים טובים בארץ אחרת.
128. ראו בראשית רבה מד,ז: "עשרה לשונות נקראת נבואה... והקשה שבכולן חזון". וראו גם דרשה לראש השנה לרמב"ן (מהדורת מוסד הרב קוק) עמ' רכח.
129. ראו ראב"ע, רד"ק, ר"י כספי, אברבנאל ואלשיך, על פי איכה רבתי. נראה כי יש קשר בין כינוי זה של העיר, לבין כינויה ה' יִרְאֶה (בראשית כב,יד), ואולי גם אֲרִיאֵל (להלן כט,א) – על שם היראותו של ה' בה. להוראת 'גיא' כמקום קיבוץ, ראו להלן כח,א רֹאשׁ גֵּיא שְׁמָנִים – שָׁם מדומה הראש לגיא, כלומר למקום קיבוץ שמנים.
130. על פי אברבנאל.
131. ר"י כספי.
132. כיוצא בזה להלן: יֹבִלוּהָ רַגְלֶיהָ מֵרָחוֹק לָגוּר (כג,ז); וַתְּשַׁלְּחִי צִירַיִךְ עַד מֵרָחֹק (נז,ט) – למרחקים.
133. ראו עוד ירמיה מט,לה.
134. עֲרָה – רוקן, כמו ותער כדה. רשב"ם בראשית כג,כ.
135. ראו מלכים א' ז,ב; י,יז ורש"י כאן.
136. ראו יונתן, רש"י ור"י קרא ירמיה לג,ד.

137. ראב"ע ורד"ק.
138. ראו סנהדרין כו ע"א.
139. כך עולה ממקומות אחרים שבהם מופיע תואר זה אצל מלכי יהודה וישראל. ראו מלכים א' ד,ו; יח,ג; מלכים ב' י,ה; וראו עוד בראשית מג,טז; מד,א. גם בממלכה הפרנקית נשא האדם החזק במדינה בתואר 'מאיורדומוס' – האיש אשר על הבית.
140. ראו רש"י.
141. ראו סנהדרין כו ע"א, רד"ק ואלשיך.
142. ראו כיוצא בזה להלן כט,ג.
143. ראו עוד רשב"ם שמות טו,ז.
144. להלן לו,ג מוזכר אליקים בן חלקיהו כאִיש אשר על הבית, תפקידו הנוכחי של שבנא.
145. על פי מלבי"ם.
146. על פי ראב"ע, רד"ק ועוד.
147. ראב"ע.
148. ראו מצודת ציון.
149. ראו ר"א מבלגנצי ועוד – על פי שמואל א' י,ג; ירמיה יג,יב; איכה ד,ב. ורבים פירשו נְבָלִים – כלי נגינה.
150. ראו יחזקאל פרקים כו-כח ואברבנאל שם.
151. רש"י, רד"ק ועוד.
152. ראו פס' יב.
153. צור ישבה על אי, אם כי בתקופה מסוימת נסללה דרך שחיברה אותה ליבשה.
154. ראו רש"י ומלבי"ם. עודפי יבול מצרים היו נשלחים לכל העולם. שנים רבות מאוחר יותר, בתקופת האימפריה הרומאית, הזינו עודפי התבואה המצריים את רומא. כאן מתוארת הגעת תבואה ממצרים לצור.
155. ראו מצודת דוד. לפי מרבית המפרשים, מָעוֹז הַיָּם הוא צור, והים מדבר בשם צור.
156. ראו מפרשים על אתר; רשב"ם בראשית מה,כד.
157. ראו רד"ק.
158. ראו רש"י ורד"ק.
159. המלים 'כנען' ו'כנעני' הפכו לשם נרדף לסוחר או רוכל. ראו יחזקאל יז,ד; הושע יב,ח; זכריה יד,כא; משלי לא,כד, רש"י ומצודות על אתר.
160. הוראתה המקורית של מֵזַח היא חגורה. ראו תהלים קט,יט, רש"י, ראב"ע ומלבי"ם כאן. ויש מעדיפים לפרש מלשון הריסה ופירוד, קרוב למַסָּח (מלכים ב, יא); וראו רמב"ן שמות כח,כח. ואולי נקרא כן על שם ששובר את הגלים.
161. ראו מצודת דוד.
162. ראו רש"י, מצודת דוד ומלבי"ם. אזור צור נכלל בארצות כנען. ראו בראשית י,טו-יט.
163. כמו הכינוי הסמלי הרווח של ירושלים, בְּתוּלַת בַּת צִיּוֹן (להלן לז,כב; איכה ב,יג, ועוד). וכן: בַּת בָּבֶל; בַּת כַּשְׂדִּים (להלן מז,א); בַּת מִצְרָיִם (ירמיה מו,כד).
164. ראו אונקלוס לבמדבר כד,כד; ירמיה ב,י ויחזקאל כז,ו; קדמוניות א,ו.
165. ראו עוד רמב"ן דברים לב,כא.
166. על פי ראב"ע, ר"א מבלגנצי; וראו רד"ק תהלים עד,יד. יש מפרשים צִיִּים – אניות, והכוונה הפוכה – שאשור כוננה את בבל.
167. ראו רש"י ועוד. אולי השורש ב,ח,ן על שם חיזוק החומה וביצורה להביאה במבחן, או על שם הצפייה מהמגדל, כמו השם בַּחַן להלן לב,יד.
168. ראו ר"י קרא, ר"א מבלגנצי ומלבי"ם על פי ירמיה כה,יא.
169. על פי רש"י.
170. ראו מצודות. זהו כנראה האזכור הראשון של השורש ח,ס,ן במשמעות של מחסן ואחסון, שחדרה לעברית מן הערבית בתקופה מאוחרת הרבה יותר. אם כן, ה'חוסן' משמע גם אוצר, דבר הנאגר. ראו ירמיה כ,ה; יחזקאל כב,כה.
171. ראו רש"י ומלבי"ם. ונדרש בפסחים קיט ע"א על מכסה סתרי תורה או על מגלה טעמי תורה מכוסים, שהוא אשר ייהנה מאוצרותיה של צור.

פרקים כד-כז

הרס הארץ וכינונה מחדש

1. כפי שהוא מכונה ביואל ג,ד ובמלאכי ג,כג.
2. ראו עוד מורה נבוכים ח"ב כט.

3. ראו ביאור לעיל יט,ג.
4. ראו רש"י ורד"ק.
5. מלשון למולל, מה שנמלל ביד נבל ונשבר. ראו מצודת ציון; יומא לט ע"ב.
6. השורש ח,נ,ף במשמע שחיתות, מופיע למשל כשנאמר שהחטא גורם להחנפת הארץ, כלומר להשחתתה, כמו בבמדבר לה,לג, בירמיה ג,א ובתהלים קו,לח. ראו ר"י מטראני ומלבי"ם על אתר; מצודת ציון להלן לג,יד; וראו עוד רמב"ן במדבר לה,לג.
7. ראו מלבי"ם.
8. ראו מצודת דוד.
9. בצד המשמעות השכיחה של התואר עָרֵב – טעים ונעים, יש לשורש זה משמעות הפוכה – איבוד הטעם. ראו עוד ילין, חקרי מקרא. יש מפרשים פועל זה כאן במשמע החשיכה. ראו מפרשים על אתר ורש"י שמות יב,ב.
10. רב האי גאון פירש שְׁאִיָּה – שם תולעת, שמכתתת את העץ. גנזי קדם (לוין) ח"ה י.
11. ראו רד"ק, ראב"ע, ר"א מבלגנצי ואברבנאל. ויש מפרשים: יצהלו יותר משירתם של ישראל כשעברו את ים סוף.
12. הדלקת אש מורה על כבוד ופרסום הנס. ראו פסיקתא דרב כהנא כא, אברבנאל ומלבי"ם על אתר; רמב"ן בראשית יא,כח; שו"ת הרא"ש ה,ח. ייתכן שנרמזת כאן משמעות נוספת: כבודו של ה' מתגלה מתוך האש הבוערת המכלה.
13. ראו רש"י, ר"י קרא ועוד; וראו עוד סנהדרין צד ע"א. ויש מפרשים מלשון רזון – קריאת כאב וחולי של הנביא.
14. ראו ראב"ע.
15. ראו רד"ק ומצודות.
16. ראו רד"ק.
17. על פי רד"ק; וראו נבואה מקבילה ביואל ד.
18. ראו רד"ק ומצודת דוד.
19. ראו רד"ק ומצודת ציון. למלה 'עריץ' אין משמעות שלילית בהכרח. ראו לעיל ב,יט.
20. ראו רד"ק ומצודת דוד.
21. על פי רש"י.
22. ראו רד"ק.
23. ראו אלשיך.
24. ראו אברבנאל, מלבי"ם ורש"ז פינס. הראשונים פירשו המשתה בהוראה שלילית.
25. ראו דברים לא,יז.
26. ראו רש"י.
27. על פי רש"י.
28. על פי רד"ק.
29. ראו פסחים פו ע"א ורש"י על אתר. יש מפרשים, כעניין הנזכר במקומות אחרים: ישועה אשר ישית ה' לעיר, תהיה לה כחומות וחל.
30. צוּר לשון יצירה ולשון חוזק. ראו מנחות כו ע"א ובמפרשים כאן. ראו עוד מורה נבוכים ח"א טז; מי השלוח ח"ב על אתר.
31. ויש מפרשים: אתה ה', המכונה כאן יָשָׁר, את מַעְגַּל הצַדִּיק תְּפַלֵּס, תתקן את מהלכו.
32. ראו למשל להלן מד,כ.
33. ראו האמונות והדעות לרס"ג ב,יג.
34. רד"ק.
35. ראו רש"י, רד"ק ור"י כספי.
36. ראו רש"י ואברבנאל; וראו עוד תנא דבי אליהו זוטא כא,ה.
37. מלבי"ם.
38. לרוב שפיתה היא הנחת הסיר על הכיריים. ובענייננו: שים לנו שלום בכך שהכול ינוח על מקומו בטובה. ראו עוד משנה תמיד א,ג; ברכות נו ע"ב; שם משמואל שלח עמ' תא בשם ר"מ בנט.
39. ראו רש"י, רד"ק ומלבי"ם.
40. ראו רש"י על אתר.
41. ראו תהלים פח,יא; איוב כו,ה.
42. ראו חקרי מקרא.
43. על פי רש"י.
44. ראו רש"י ורד"ק.
45. ראו רש"י ומלבי"ם.
46. ויש מפרשים טַל אוֹרֹת – טל דשאים, או טל שדות.

47. ראו שבת פח ע"ב; חגיגה יב ע"ב; ירושלמי, ברכות ה,ב.
48. ראו רש"י ואלשיך; האמונות והדעות לרס"ג ז,ב. והרבה מפרשים: הארץ תפלוט מקרבה את המתים.
49. על פי מצודות דוד.
50. ראו מו"ה נבוכים ח"א כג.
51. ראו רד"ק ומלבי"ם.
52. ראו עוד רש"ז פינס.
53. דברים י,יז.
54. ראו פרקי דרבי אליעזר ח; רש"י, ראב"ע ורד"ק על אתר.
55. חֶמֶר וחָמַר הן מלים נרדפות ליין בעיקר בארמית, אך הן נמצאות גם בעברית המקראית. ראו דברים לב,יד; תהלים עה,ט; עזרא ז,כב.
56. ראו לעיל פרק ה; ירמיה ב,כא; יחזקאל טו,א-ח; תהלים פ,ט.
57. ראו ראב"ע ור"י מטראני. יש מפרשים עָלֶיהָ – עלֶה שלה, שלא יחסר.
58. ראו רד"ק ור"א מבלגנצי.
59. ראו יונתן ומלבי"ם.
60. ודומה לכך להלן כח,ב: הִנֵּה חָזָק וְאַמִּץ – יום חזק ואמיץ.
61. מלבי"ם.
62. חכמים דרשו את המלה סַאסְּאָה – סאה סאה. בזמן שהמכה משתלחת בריב, היא באה מידה כנגד מידה. ראו סוטה ח ע"ב; יונתן ורש"י על אתר. בסוטה ה ע"א מופיעה 'סאסא' ככינוי לשֵׂער שבראש השיבולים. לפי פירוש זה, המכה מדודה ופוגעת בכל הראויים לה. אפילו הקצוות הקטנים והשוליים יטוהרו וינוקו.
63. על פי ר"י מטראני.
64. ראו תהלים סט,טז. ככל הנראה מדובר בנהר החידקל, שמאופיין בזרימתו החזקה.
65. ראו ר"א מבלגנצי ור"י קרא.
66. רד"ק ומצודת דוד.

פרק כח
תוכחה לחברה הוללת

1. ביקורת דומה על נהנתנות, שכרות וניוון פנימי חמור נשמעת גם מנביאי ממלכת ישראל. ראו הושע ד,יא; ז,ח-יא; עמוס ו,א-י. וראו עוד רד"ק ירמיה לה,ז.
2. ראו לעיל א; להלן נח,א-ז.
3. ראו עוד ברכות יז ע"א; ראש השנה ח ע"ב.
4. ראו רד"ק. ויש מפרשים גֵּיא שְׁמָנִים – שמו של חבל ארץ פורה. ופירוש אחר: שמנים – שיכוריב.
5. רד"ק.
6. רד"ק.
7. ראו עוד רד"ק שופטים ז,ג ומפרשי המשנה כלים טז,ג.
8. ראו רד"ק ומלבי"ם.
9. ההקבלה לאַנְשֵׁי לָצוֹן, מחזקת משמעות זו, שכן המשל מקביל למליצה. ראו רש"י ורד"ק. בכמה מקומות במקרא המשל הוא דבר חכמה מליצי, לאו דווקא במשמעות המקובלת היום – ראו במדבר כא,כז; כג,ז; שמואל א' כד,יג; איוב כז,א.
10. ראו ראב"ע.
11. ר"א מבגלנצי; וראו רש"י. ויש מפרשים: מהרה יבוא.
12. ראו ר"י מטראני ואברבנאל.
13. שמואל ב' ה,כ; וראו רד"ק כאן.
14. יהושע י ה-יד.
15. על פי ר"י מטראני. ויש מפרשים שמעשהו כלפי רשעי ישראל יהא מעשה חריג ומתמיה או מתנכר.
16. יונתן ורש"י.
17. ראו רד"ק.
18. על פי רש"י, ראב"ע, ר"א מבלגנצי ורד"ק. נראה שזו משמעות המלה כאן, למרות ש'סימן' ו'לסמן' הן מלים יווניות בעיקרן. ושמא נסמן – נטמן.
19. ראו רש"י וראב"ע. וראו עוד ההרחבה ליחזקאל מד,כ.
20. ראו רד"ק.

21. ראו אברבנאל ירמיה נא,לד.
22. ראו רש"י ורד"ק.

פרק כט
צרת ירושלים וישועתה

1. ראב"ע ועוד.
2. ראו מלבי"ם. הוראת נקיפה במובן זמן חולף מורכבת כנראה משתי משמעויות: הקפה, סיבוב מעגל השנה, והכאה – חג נוקש חג, שנה נוספת לשנה. הראשונים פירשו לשון הכאה וכריתה או לשון היעדר – של החגים או הקרבנות.
3. ראו מלבי"ם.
4. ראו רד"ק. היעדר כ' הדמיון, כמו בהופעתה של המלה הזאת לעיל כב,יח: צָנוֹף יִצְנָפְךָ צְנֵפָה כַּדּוּר. ולכך נטה הרמב"ן בפירוש איוב טו,כד.
5. רש"י.
6. רמב"ן, דרשה על דברי קהלת (מהדורת מוסד הרב קוק) עמ' קפו; ר"י מטראני על אתר. ראו עוד במפרשי המשנה כלים טז,ג.
7. רד"ק.
8. על פי יונתן. ויש מפרשים זָרָיִךְ – זרים שלך, אויבים.
9. ואולי מלשון רצון, כמו בארמית ובעברית המאוחרת. כלומר, החפצים בה לכובשה.
10. ההתמהמהות אינה המתנה סתמית אלא שהייה ועיכוב מחמת מבוכה ובלבול (כמי ששואל: מהּ? מהּ?), ועל כן התמהמהות ותימהון הן שתי צורות של מצב אחד.
11. על פי מלבי"ם. ויש מפרשים הִשְׁתַּעַשְׁעוּ וָשֹׁעוּ מלשון עיוורון וכיסוי.
12. ראו רש"י, ובעיקר בארמית – דניאל ב,ח; ג,כה.
13. ראו רש"י ומלבי"ם.
14. גם במשמע אבדת החכמה כפשוטה מפני קושי הגלויות. ראו שו"ת רשב"ץ ח"א קד.
15. ראו מלבי"ם. זו כנראה המקבילה העברית לביטוי התלמודי 'איפכא מסתברא' (=ההיפך מסתבר). ראו עוד יחזקאל טז,לד.
16. ראו ירמיה יח,א-ד; איכה ד,ב.
17. ירמיה כג,כד; תהלים צד,ז-י; קלט,יב.
18. ראו עוד להלן לב,טו.
19. ראו מצודת דוד ומלבי"ם.
20. במשמע עניים משמשת המלה 'ענווים' גם בתהלים (ראו ט,י ו-יג; י,יב). הענווים הם אותם שערך עצמם ירוד בעיניהם והם חשים עלובים, ופעמים גם אינם חזקים אובייקטיבית. וראו הרחבות להלן סא,א.
21. במקרא 'עריץ' אינו דווקא אדם רשע, אלא בעל כוח – ראו מצודת ציון ומלבי"ם על אתר; לעיל ב,יט; כה,ג; להלן מז,יב; מט,כה; ירמיה כ,יא.
22. הלצים במקרא הם המנסים לחבל בתכסיסים ומזימות. ראו משלי כא,כד; כב,י.
23. ראו דברים כה,ז; שמואל ב' יט,ט; להלן סב,י; רות ד,א-יב.
24. לפי זה אֲשֶׁר פָּדָה אֶת אַבְרָהָם מתייחס ליעקב המוזכר בסמוך. וכן דרשה הגמרא (סנהדרין יט ע"ב) לפי דרכה. הראשונים על אתר פירשו שה', הנזכר בראש הפסוק, הוא אשר פדה את אברהם בהצילו אותו מאור כשדים וממלחמת המלכים.
25. ראו רש"י ומצודת דוד.
26. ראו ראב"ע.

פרקים ל–לג
מבטחי שווא שיכזיבו, הבטחות אמת שיתגלו

1. ראו ירמיה ב,לו; יחזקאל יז,יא-יח; כט,ו-ז; הושע ב,ז-ט; נחום ג,ח-י.
2. ראו להלן לו,ו.
3. ראו יונתן ורד"ק.
4. ראו העולם לעיל יט,יא.
5. ראו רד"ק.
6. יש מפרשים כֹּל – באותו אופן, כנגד זאת. ראו האמונות והדעות לרס"ג ה,ה.

7. מלה זו נקראת כמו 'הוביש' אבל כתובה 'הבאיש', ומשמעה הוא מעין צירוף של בושה וצחנה. ראו רש"י ואברבנאל.
8. ראו יונתן ורש"י.
9. ראו לעיל יד,כס.
10. הכינוי קדוש יִשְׂרָאֵל מאפיין את ספר ישעיה באופן מובהק.
11. ראו הערה לעיל כב,כד.
12. מלשון נֵס, הנישא אל על, על פי ראב"ע. ויש מפרשים ניסה כדהירה, או מנוסה מפני אויב, אם יבוא.
13. ראו מצודת דוד.
14. רד"ק.
15. ראו רש"י.
16. ראו לעיל יא,ד.
17. ראו יונתן ורש"י. ויש מפרשים על הנביא, על חזקיהו או כלפי הגשם, היורה.
18. ראו יונתן, רד"ק ומלבי"ם. ראו עוד מגילה לב ע"א: "מכאן שמשתמשין בבת קול".
19. ראו מצודת דוד על אתר ורש"י ויקרא יב,ב. ראו עוד איכה ה,יז.
20. ראו רמב"ן שמות לב,כ.
21. רד"ק.
22. ניסות זה מרמז על ההבטחה מדברים יא,יד: וְנָתַתִּי מְטַר אַרְצְכֶם בְּעִתּוֹ יוֹרֶה וּמַלְקוֹשׁ. רימוזים מעין זה לספרים קדומים יותר, הם תופעה מוכּרת במקרא. ראו מלבי"ם.
23. ראו ראב"ע ור"י מטראני; רמב"ן בראשית יד,ו; רשב"ם דברים לב,יד.
24. על פי ר"י מטראני ומצודת דוד על אתר, רמב"ן בראשית ד,כג; וראו עוד מורה נבוכים ח"ב כט, ראב"ע ורד"ק על אתר.
25. ראו בראשית רבה ג,ו.
26. ראו רש"י ורד"ק.
27. פירוש רדש. ויש מפרשים נָפַת שָׁוְא – גרועה שאינה קולטת, כלומר כולם יאבדו. וְרֶסֶן מַתְעֶה – המוליך לאבדון.
28. ראו פסחים צה ע"ב, רש"י ורד"ק על אתר.
29. ראו משנה ביכורים ג,ג, ערכין י ע"א ורש"י על אתר.
30. על פי ר"ק.
31. ואולי זהו דימוי התופת, כמו זה שהיה בירושלים, שבו עברו הנשרפים כאשר ברקע נשמע קול תופים. כך כֹּל מַעֲבַר מַטֵּה מוּסָדָה אֲשֶׁר יָנִיחַ ה' עָלָיו – על אשור, בעברו את התופת – בְּתֻפִּים וּבְכִנֹּרוֹת הוא ילווה.
32. ראו דברים יז,טז ורמב"ן שם; מלכים א' י,כח-כט; שיר השירים א,ט.
33. ראו בית הלוי בראשית ד"ה ובזה מובן.
34. ראו מלבי"ם.
35. ראו ההרחבה לשמות יב,יא.
36. ראו אלשיך ואוהב גר.
37. ראו ראב"ע.
38. ראו ראב"ע; וראו עוד עירובין יט ע"א; גבורות ה' מז.
39. ר"י מטראני על אתר. ויש אומרים שהאות ל' במלה וּלְשָׂרִים אינה נושאת משמעות. ראו ראב"ע ורד"ק.
40. ראו רד"ק.
41. ראו רש"י.
42. נָבָל משמש בעיקר במשמעות של קמצן, ראו רד"ק על אתר; משלי ל,כב. על נבל הכרמלי נאמר בזמנו כי כִשְׁמוֹ כֵּן הוא, משום שלא שש לשלם חובותיו והקפיד שלא לתת מרכושו לאחרים. ראו שמואל א' כה,כה. ראו עוד רש"י ורמב"ן דברים לב,ו.
43. על פי רד"ק. אולי בשל קרבה לשורש כ,ל,א, שכן הוא כולא את ממונו, ואולי קיצור של 'כי לי', אלא לי. ראו ראב"ע. והרבה מפרשים כֵּילַי בלשון מקרא כנוכל.
44. ראו איוב לד,יט.
45. ראו רש"י ורד"ק.
46. על משקל הפסוק עָדָה וְצִלָּה שְׁמַעַן קוֹלִי נְשֵׁי לֶמֶךְ הַאְזֵנָּה אִמְרָתִי (בראשית ד,כג). ראו לעיל ל,כג.
47. רד"ק.
48. ראו רמב"ן שמות כב,כח.
49. ראו רש"י ומצודת דוד על אתר; מגילה ג ע"ב ורש"י שם.
50. ראו לעיל כז,ד.

51. ראו רש"י, ראב"ע ורד"ק על אתר ורש"י במדבר טו,מד; ר"י בן ג'אנח שמואל ב' כ,טו.
52. ראו עוד לעיל כג,יג.
53. ראו רש"י ורד"ק על אתר. ראו עוד לעיל כט,יז.
54. ראו רד"ק ומלבי"ם.
55. המלה כַּנְּלֹתְךָ יחידאית במקרא, ולפי ההקשר משערים שעניינה כילוי והשלמה, כמו 'נאל' בערבית שמשמעו השלים. ראו שד"ל.
56. על פי רש"י ור"י מטראני. (וראו סנהדרין צד ע"ב: "מה גבים הללו מעלין את האדם מטומאה לטהרה, אף ממונם של ישראל, כיון שנפל ביד גויים מיד טיהר"). ויש מפרשים מַשַּׁק גֵּבִים – קול ארבה.
57. ראו מלבי"ם על אתר; שבת לא ע"א.
58. ראו ראב"ע, רד"ק ור"י מטראני על אתר; וראו תורת האדם לרמב"ן (מהדורת שעוועל) עמ' רצב, ופירושו לאיוב טו,ל.
59. על פי רש"י, ר"י קרא ור"א מבלגנצי.
60. ראב"ע ורד"ק.
61. ראו רש"י ורד"ק.
62. כנראה אין משמעות חָנֵף מצומצמת לגנבת לב בדברי חלקות, אלא משמעה כללי יותר – השחתה, טומאה וביזיון, כמו בירמיה ג,א, למשל; לעיל כד,ה. מצודת ציון על אתר.
63. ראו רד"ק על אתר ורמב"ן שמות יח,כא.
64. ראו ראב"ע ור"י כספי.
65. על פי מלבי"ם.
66. ראו רד"ק.
67. מן השורש צ,ע,ן. ראו רש"י, ראב"ע ועוד.
68. מן השורש צ,ע,ה, שמשמעו לפי פירוש אחד: נוטה ומכופף. ר"י קרא ירמיה מח,יב. או מן השורש י,צ,ע, – לא יהפוך למצע. ראו רד"ק.
69. קרוב לצֹעָה (ירמיה ב,כ), שמשמעה משוטטת ונודדת. וכן 'צוענִי' – נווד. ראו אברבנאל על אתר.
70. ראו רד"ק.

פרקים לד–לה
ציית אדום ופריחת ציון

1. ראו בראשית כה,כג; כז,מ.
2. ראו במדבר כ,כ–כא; שמואל ב' ח,יד; מלכים ב' ח,כ–כב; טז,ו; יחזקאל לה; עמוס א,יא.
3. ראו ראב"ע ומצודת דוד.
4. רד"ק.
5. ראו רד"ק; ברכות מ ע"ב.
6. ראו רש"י, ר"י קרא, ר"י מטראני ואברבנאל על אתר; רש"י ישעיה סג,א.
7. ראו מורה נבוכים ח"ב כט.
8. ראו רש"י.
9. ראו רד"ק ומלבי"ם. וראו עוד שמות טו,טו.
10. ראו ראב"ע. ייתכן שהוזכרה כאן עיר זו מפני דמיון השם לבציר, המזכיר הרג ודם, כפי הדימוי הרווח במקרא להשמדת אויב – ראו: שופטים ח,ב; כ,מה; לעיל כד,יג; ירמיה ו,ט; מט,ט. ראו עוד להלן סג,א–ג ושד"ל שם; שו"ת הריב"ש, תשובות נוספות א. אכן, עיר זו משמשת בפי הנביאים כסמל לאדום כולה. ראו ירמיה מט,יג. ויש אומרים שהיא בירת אדום העתיקה. גם ירמיהו ועבדיה המנבאים על מפלת אדום משווים את האויבים לבוצרים. ירמיה מט,ט ועובדיה פס' ה.
11. ראו מצודת ציון על אתר; דברים לג,יז; תהלים כב,כב; איוב לט,ט.
12. ראו ר"י מטראני ואברבנאל.
13. ראו רש"י ורד"ק.
14. ראו ר"א מבלגנצי ואברבנאל.
15. ראו יונתן ורד"ק.
16. ראו הערה לעיל יג,כא.
17. ראו רד"ק. ראו גם לעיל יג,כא; ירמיה נ,לט.
18. יונתן; וראו עוד לעיל יג,כב.

19. הקולות שמשמיעים חתולי הבר שונים מיללת חתולי הבית.
20. ראו לעיל יג,כא.
21. רד"ק.
22. ראו 'העולם' פס' יא; רש"י וראב"ע על אתר.
23. רוב המפרשים.
24. ראו ר"י כספי מלאכי ג,כב.
25. ראו ראב"ע, שד"ל ועוד.
26. ראו רש"י ורד"ק.
27. ראו עוד שופטים א,טז; רד"ק יהושע ח,טו והרחבה לשמות ג,א.
28. ומכאן שמו של הר הלבנון.
29. ומכאן שמו של הר הכרמל.
30. ראו מצודות דוד וציון. על דרך הניגוד מזכיר תיאור זה את נבואת חורבן יהודה לעיל לג,ט: הֶחְפִּיר לְבָנוֹן קָמַל הָיָה הַשָּׁרוֹן כָּעֲרָבָה וְנֹעֵר בָּשָׁן וְכַרְמֶל. ראו ר"י קרא על אתר.
31. ראו רש"י ור"א מבלגנצי.
32. ראו רש"י ואברבנאל.
33. ראו רש"י ור"א מבלגנצי.
34. אחת המשמעויות של השורש פ,ר,צ היא שבירה והתגברות (ראו בראשית לח,כט; שמואל ב' ה,כ; יחזקאל יח,י). פְּרִיץ חַיּוֹת הוא אפוא חיה טורפת אכזרית. ראו מצודת ציון ומלבי"ם על אתר.
35. מצודת דוד. כמו בסגנון הברכה בדברים כח,ב: וּבָאוּ עָלֶיךָ כָּל הַבְּרָכוֹת הָאֵלֶּה וְהִשִּׂיגֻךָ.
36. ראו עוד האמונות והדעות לרס"ג ח,ו; אלשיך על אתר.

פרקים לו–לז
עליית סנחריב על יהודה ומפלתו

1. מלכים ב' יח,יג-כ,כא.
2. תפקיד בעל שם דומה היה גם בתרבויות אחרות – ראו הערה לעיל כב,טו.
3. על פי אברבנאל.
4. על פי ראב"ע ור"א מבלגנצי.
5. ראו מלכים ב' יח,ד; אברבנאל על אתר.
6. ראו דעת מקרא.
7. ראו יונתן, רש"י ור"י מטראני.
8. מלכים ב' יז,כד.
9. על פי רש"י ור"י קרא.
10. ראו רש"י על אתר ורד"ק מלכים ב' יח,לז; סנהדרין ס ע"א.
11. ראו עוד שד"ל.
12. ראו מלבי"ם.
13. מצודת ציון.
14. ראו שד"ל.
15. ראו יהושע י,כט; יב,טו.
16. ראו ח' הדמור "מסעות המלחמה האשוריים לפלשת", מתוך: היסטוריה צבאית של ארץ ישראל בימי המקרא, תשכ"ד.
17. ר"י מטראני ועוד. ויש מפרשים הֵנַע וְעִוָּה – הניע והשחית אותם מלך אשור.
18. יש אומרים שנהגו לשלוח כמה עותקים, כדי להבטיח שיגיעו לתעודתם. לכן הלקיחה בלשון רבים, והקריאה והפרישה בלשון יחיד. ואולם מצינו מעבר דומה בין רבים ליחיד במקומות נוספים. ראו יהושע ב,ד.
19. ראו אברבנאל.
20. ר"י קרא, שד"ל; וראו רש"י ואברבנאל.
21. על פי מצודת דוד ומלבי"ם (כמו במלכים א' טו,יג). ויש מפרשים אֲשֶׁר הִתְפַּלַּלְתָּ – בעניין מה שהתפללת, או כמו: אנכי, אשר התפללת לפני.
22. ראו לעיל א,ח.
23. החזרה על כינוי הגוף 'אני' – אֲנִי עָלִיתִי... אֲנִי קַרְתִּי... מדגישה את תפיסתו העצמית המגלומנית של סנחריב.
24. על פי רש"י, ר"י קרא ור"י מטראני על אתר. רד"ק בפירושו למלכים ב' יט,כו פירש נִצִּים – חרבים.

25. מלבי"ם.
26. ר"א מבלגנצי. שאר המפרשים פירשו שַׁאֲנַנְךָ – שאונך, קולך המרעיש.
27. ראו יונתן.

פרק לח
חוליו של חזקיהו והחלמתו

1. ראו מלכים ב' יח,ב, וכפי שעולה ממכתבו הסמוך.
2. ראו סדר עולם, מובא בילקוט שמעוני מלכים רלו; פרקא דרבנו הקדוש ג, קיג; רש"י, רלב"ג ואברבנאל על אתר.
3. ראו עוד רד"ק תהלים ל,י.
4. ראו אברבנאל. ראו עוד ברכות ה ע"ב; שו"ת הרמב"ם רטו.
5. ראו יבמות נ ע"א; וראו עוד שו"ת רשב"א ח"א קמח ושו"ת רשב"ש קצה.
6. ראו רש"י על אתר; רד"ק מלכים ב' כ,ט.
7. אולי עקב פרסום הנס באה התמיכה הבבלית לחזקיהו, בפרשה הסמוכה. ראו פסיקתא דרב כהנא ב,ה; תנא דבי אליהו רבה ח,ג; ר"א מבלגנצי להלן לט,א.
8. ראו למשל תהלים טז,א; נו,א.
9. ראו רש"י ורד"ק על אתר; יבמות נ ע"א.
10. ראו ראב"ע ור"י כספי.
11. ראו רש"י על אתר. ראו עוד להלן נג,ח וההערה שם.
12. ראו רד"ק, ר"י קרא ומלבי"ם.
13. שד"ל; וראו עוד ר"א מבלגנצי. ודומה למלה דלה, שמשמעה קווצת שֵׂער בשיר השירים ז,ו: וְדַלַּת רֹאשֵׁךְ כָּאַרְגָּמָן.
14. כמו דליה.
15. כמו מדלות, כך פירשו רוב הראשונים.
16. על פי רד"ק ור"י מטראני.
17. ראו רד"ק.
18. ירמיה ח,ז.
19. ראו ר"א מבלגנצי ור"י כספי. ויש מפרשים עָשְׁקָה בציווי – עשוק והסר את חוליי.
20. על פי ר"א מבלגנצי, ר"י מטראני ומלבי"ם.
21. על פי ר"י מטראני; וראו משנת רבי אלעזר, ה: "מימיו של חזקיה לא ראה סימן יפה בגופו, אלא שהיה אותו החולי קשה מן הכול".
22. ראו ר"י מטראני.
23. על פי רש"י.
24. רד"ק.
25. ראו רד"ק. כאן נרמז כי חזקיהו החליט עתה להעמיד בנים.
26. רד"ק.
27. ראו רש"י ורד"ק על אתר; ר"י בכור שור במדבר כא,ח. אם כי מצד אחר התאנה יכולה לסייע בריפוי מורסות מפני שהיא מכילה סידן, אשלגן וברזל. ראו גם בפרקי משה של הרמב"ם עמ' 213.

פרק לט
ההודעה לחזקיהו על גלות בבל

1. ראו עוד: יהודה אליצור, "ישעיהו מול חזקיהו ומרדאך בלאדן", בית מקרא י,א, תשכ"ה.
2. ראו רשב"ם בראשית יח,ט.
3. ראו רש"י.

פרק מ
קריאות נחמה

1. הרמב"ן מחלק את ספר ישעיה כולו לשלושה; הנבואות שעד מפלת אשור (פרקים א-לח), הנבואות על גלות בבל ושיבתה (לט-נא,יא), ונבואות הנחמה על הגאולה

העתידה (נא,יב-סו). ראו ספר הגאולה, השער הראשון (מהדורת שעוועל) עמ׳ רסח.

2. ראו יונתן, רש״י ועוד.
3. ראו בראשית לד,ג; נ,כא; שופטים יט,ג; רות ב,יג.
4. ראו רע״י ורד״ק. פסוק זה משמש מקור לניב הרווח ״קול קורא במדבר״, המתבסס על קריאה דרשנית שאיננה תואמת את חלוקת טעמי המקרא. ראו זוהר ח״א קיח,א.
5. ראו רש״י על אתר ובשמות כח,כח.
6. להבדיל מגיא או נחל, שהם צרים ואינם נוחים למעבר. כך אֶרֶץ הָרִים וּבְקָעֹת (דברים יא,יא) היא ארץ שבה הרים ואדמות מישור, לא גאיות. ראו רש״י שם. ולהלן (סג,יד): כַּבְּהֵמָה בַּבִּקְעָה תֵרֵד [בנחת ובשמחה] רוּחַ ה׳ תְּנִיחֶנּוּ. וראו בראשית יא,ב.
7. כמו להלן מב,ה.
8. ראו להלן מא,כז; נב,ז; נחום ב,א. ראו רש״י על אתר.
9. ראו רד״ק ושד״ל.
10. ראו רש״י על אתר; כיוצא בזה בויקרא יט,יג; להלן סא,ח; ירמיה כב,יג.

פרק מ׳ (המשך)
גדולת ה׳ וישועתו

1. על פי ריש״י על אתר ובמדבר כב,כד. כידוע, במשך שנים רבות משמשת באנגלית המידה ׳רגל׳ לכידת אורך. רבים פירשו (על פי מלכים א׳ כ,י ויחזקאל יג,יט) שַׁעַל - כף יד. וכן הוא בלשון מקרא וחכמים (ראו יחזקאל יג,יט; פסיקתא רבתי, הוספה א).
2. ראו רש״י.
3. בניגוד למשמעו של פֶּלֶס היום - מכשיר המיועד למדידת איזון משטחים - כאן מדובר כנראה במכשיר שקילה, שאולי הוא בנוי על איזון בין שתי כפות מאזניים.
4. בראשית א,ב. היו שפירשו רוּחַ ה׳ - רצונו. ראו מורה נבוכים ח״א מ.
5. על פי יתתן. ויש מפרשים, כטיפה מרה ומלוכלכת המשתיירת בקרקעית הדלי.
6. רס״ג, האמונות והדעות ח,ב (מהדורת הרב קאפח) תרגם שַׁחַק מֹאזְנַיִם - הֶכרע המאזניים.
7. ראו ירמיה לא,ט.
8. ראו רש׳י, ראב״ע ורד״ק.
9. ביערות הגדולים סביב ארץ ישראל חיו בעבר מינים שונים של חיות בר. עד למלחמת העולם הראשונה עוד היו דובים משוטטים בלבנון.
10. על פי שד״ל; חקרי מקרא.
11. ראו שמות א,יא; דברים הימים ב׳ לב,כח; ראב״ע על אתר. יש פירושים רבים אחרים.
12. ראו רש״י.
13. אפשר לראות כאן מעין רמז על כדוריות הארץ, אף כי חוּג הָאָרֶץ יכול להתפרש על כיפת השמים הנראית כמעגל על הארץ, וכמו חוּג שָׁמַיִם (איוב כב,יד).
14. רד״ק.
15. משמע המלה וְגַם כאן אינו הוספת דבר על הקודם, כשימושה הרווח; אלא היא מציינת תוספת חידוש, כמו שמשמשת במקרא ׳והנה׳. ראו בראשית מב,כח: הוּשַׁב כַּסְפִּי, וְגַם הִנֵּה בְאַמְתַּחְתִּי. וכן: יהושע ט,ד: וַיַּעֲשׂוּ גַם הֵמָּה בְעָרְמָה; במדבר כב,לב: גַּם אֹתְכָה הָרַגְתִּי וְאוֹתָהּ הֶחֱיֵיתִי, וכיוצא באלו בירמיה ד,יב.
16. ראו רש״י וראב״ע.
17. ראו רש״י ורד״ק.
18. ראו תהלים קג,ה ורש״י; רש״י וראב״ע על אתר. יש המשערים שעל שם פעולה זו נקרא של נשילת הנוצות קרוי נשר. ראו עבודת ישראל יתרו.
19. ראו עבודת ישראל הפטרת לך לך.

פרק מא
משפט ה׳ עם העמים מול נחמתו לעם בחירו

1. ראו ראב״ע. והרבה פירשו: ייתן את האויב כעפר וכקש בחרבו ובקשתו, או: החרב הבאה עליו תהא כעפר.
2. על פי רד״ק. או יַעֲבוֹר - מיהר והקדים (כמו בשמואל ב׳ יח,כג) את אלו שרדפם.
3. הרבה פירשו, שעובר בשלום בדרכים חדשות, שלא הסכין בהן. או: לא יוצרך לשוב

בדרכו במנוסה ברגליו, כדרך הבורחים, או: לא יבוא אויב מולו בדרכו.
4. רש"י.
5. ראו רש"י ורד"ק.
6. ראו רד"ק.
7. רש"י.
8. ראו רד"ק.
9. רד"ק.
10. ראו ראב"ע, מצודות ומלבי"ם.
11. על פי יונתן ועוד.
12. אולי פִּיפִיּוֹת גם במשמעות פה; פי תולעת יעקב יהיה חזק כמורג משונן. ר"י קרא.
13. ראו רד"ק; תמיד כט.
14. ראו מלכים א' ה,טז ו–כה; להלן ס,יג; רש"י על אתר.
15. ראו רש"י.
16. משורש א,ת,י או א,ת,א שמשמעו בארמית בא. ראו כא,יב לעיל, ובפרק זה בפס' ה לעיל ובפס' כה להלן.
17. ראו רד"ק.
18. על פי רש"י, רד"ק ור"י קרא.
19. ר"י מטראני; וראו ראב"ע.
20. רש"י.

פרק מב – פרק מג
עתידו של עבד ה'

1. לעיל מא,ח; להלן מג,י; מד,כא ועוד.
2. על פי יונתן, רד"ק ואברבנאל. ויש מפרשים על ישראל או על הנביא.
3. רד"ק.
4. ראו גם לעיל יא,י.
5. ראו גם ישעיה מ,כב; מד,כד; מה,יב; סג,יט; ירמיה י,יב.
6. רד"ק.
7. ראו רש"י, ר"י מטראני ומצודת דוד.
8. רד"ק. על קֵדָר ראו להלן ס,ז.
9. ראו יונתן ורד"ק.
10. ראו מלבי"ם.
11. ראו רש"י.
12. ראו אברבנאל. רבים פירשו כדברי תוכחה המופנים לעם, על התעלמותו מדברי הנביאים; היו שפירשו עִוֵּר וחֵרֵשׁ כמתייחסים לסבלו ולשיתוקו של העם בגולה. בזיהויים אלה של עבד ה' תומכים דברי הנביא להלן מג,ח. אולם היו שראו בכך ביטוי למחשבתם של חלקים מהעם על הנביא, כאילו עיוור הוא.
13. על פי ראב"ע. פירושים נוספים לִמְשֻׁלָּם: ששולמו לו כל תגמוליו בייסורים; אדם מתמסר; איש ירושלים, הקרויה גם שלם; בא בברית שלום עם ה'.
14. ראו רש"י ור"י מטראני. והרבה מפרשים הָפֵחַ בַּחוּרִים – נלכדו בחוֹרים.
15. ראו יונתן ורש"י על אתר; לעיל מא,כג.
16. ראו רש"י ורד"ק; וראו בראשית לט,ו; דברים לג,ט.
17. קריאת שם היא ייחוס, הענקת מעמד של כבוד, תפקיד או מינוי. ראו שמות לא,ב; לה,ל.
18. ראו אברבנאל בהרחבה.
19. האמונות והדעות לרס"ג ח,ו.
20. על פי רש"י.
21. מלבי"ם על פי יומא לח ע"א. לעומת זאת, כל הראשונים פירשו את המלים כֹּל הַנִּקְרָא בִשְׁמִי... כמתייחסות לישראל, כהמשך האמירה הקודמת; ה' אומר לרוחות להביא את אלו שנקראו בשמו ונבראו לכבודו.
22. על פי רש"י.
23. ראו רד"ק.
24. על פי ר"י קרא.

25. ראו רד"ק. על 'יום' במשמעות זמן – ראו שמות יג,ד; ירמיה ז,כב; לד,יג; תהלים פח,ב; רד"ק יהושע ו,י וירמיה לא,ה.
26. רש"י. או רומז על יום מיוחד, כמו יום סיני. האמונות והדעות לרס"ג ב,יא.

פרק מג (המשך) – פרק מד
ה' יגאל את ישראל על אף חטאיו

1. על פי ראב"ע ואברבנאל. ויש מפרשים בָרִיחִים – פליטים; אניות–רוח; כינוי לנחשים.
2. פירוש חדש. פירושים נוספים: הורדתי את הכשדים באניות השעשועים שלהם כשבויים או כבורחים; קול צעקתם (רִנָּתָם) של הכשדים יישמע מן האניות; בבכיות (בָּאֳנִיּוֹת) יישמע קולם (רִנָּתָם). רש"י פירש את כל הפסוק על הירידה לבבל על פי יונתן.
3. ראו רש"י ורד"ק; ברכות יג ע"א.
4. מלבי"ם. וראו ר"י מטראני הושע ו,ח.
5. ר"י מדובנא, משלי יעקב, נצבים. לפי זה כִּי יָגַעְתָּ מתפרש כנתינת טעם, או במשמעויות אלא או כאשר. הראשונים פירשו באופנים אחרים.
6. על פי מלבי"ם.
7. השוו ירמיה ו,כ.
8. ראו מלבי"ם; וראו עוד לעיל א,יד: חָדְשֵׁיכֶם וּמוֹעֲדֵיכֶם שָׂנְאָה נַפְשִׁי, הָיוּ עָלַי לָטֹרַח, נִלְאֵיתִי נְשֹׂא.
9. ר"י קרא.
10. ראו רד"ק.
11. ראו ראב"ע.
12. ר"י מטראני.
13. ראב"ע ורד"ק.
14. ראו מצודת דוד וראב"ע. ואפשר לפרש: בין החציר, שהוא מקום יבש בדרך כלל (ראו לעיל ז,ה: וְהָיָה הַשָּׁרָב לַאֲגַם, וְצִמָּאוֹן לְמַבּוּעֵי, בִּנְוֵה תַנִּים רִבְצָהּ, חָצִיר לְקָנֶה וָגֹמֶא), יצמחו ישראל כערבה בנחל.
15. ראו רד"ק ומצודת דוד.
16. רד"ק יחזקאל ב,ט.
17. ראו רד"ק וראב"ע.

פרק מד (המשך)
תוכחה על אלילות

1. ראו לעיל לג,כב; מא,יד ו–כא; להלן מט,ז; נד,ה.
2. על פי רש"י ורד"ק; וראו כיוצא בזה לעיל מ,ז ובהערה. והרבה מפרשים עַם עוֹלָם – ישראל.
3. ראו הערה לעיל מא,כג.
4. ראו ר"י מטראני, אברבנאל ומצודת דוד.
5. ראו רש"י ומלבי"ם; וראו עוד עבודה זרה ב.
6. ראו רש"י ורד"ק.
7. ראו משנה שבת יב,א ובבא קמא י,י ורש"י; רמב"ן איוב מא,כא; מלבי"ם על אתר.
8. ראו רש"י.
9. ראו שופטים ד,כא; ירמיה י,ד; מצודת ציון על אתר.
10. ראו רד"ק.
11. ראו רש"י.
12. על פי ראב"ע ורד"ק. ויש מפרשים שֶׂרֶד – כלי נגרים, אולי קרוב ללשון שרטוט, על משקל כלי החריטה 'חרט'.
13. ראו ראב"ע ומלבי"ם.
14. ראו רד"ק.
15. ראו לעיל על ו,יג.
16. ראו יונתן, רש"י ורד"ק.
17. תּוֹעֵבָה הוא כינוי הנביא ואיננו לשון המצוטט. כיוצא בזה לעיל ג,ו.

פרק מד (המשך) – פרק מז

הנבואות על ניצחון כורש ומפלת בבל

1. ראו רש"י ורד"ק.
2. ראו לעיל מא,יח.
3. ראו רד"ק ומצודת דוד על אתר, ורמב"ן שמות כט,כט.
4. ראו רש"י, רד"ק ואברבנאל.
5. ראו רש"י, ראב"ע ורד"ק על אתר; ר"י אבן ג'אנח שופטים ה,יג.
6. ראו דברים א,מא; שופטים יח,יא; מלכים א' כ,יא; מצודת דוד ומלבי"ם על אתר.
7. מלשון הדור ומנושא, או מלשון סיבוב וחזרה. פירושים אחרים – ראו ר"י כספי ואברבנאל.
8. רד"ק; וראו אסתר רבה ב,א; אסתר א,ד.
9. ויש מפרשים יַחַד – הצדקה והישועה.
10. רש"י. ויש מפרשים בְּרָאתִיו – את כורש.
11. ראו רד"ק.
12. חלה – כאבה צירי לידה; חוללה – ילדה, יצרה. שני הפעלים מן השורש ח,י,ל.
13. ראו רד"ק; וראו עוד הערה לעיל מא,כג.
14. ראו רש"י וראב"ע.
15. על פי רד"ק.
16. ראו רד"ק ור"א מבלגנצי.
17. ראו לעיל על מג,ג.
18. ראו רש"י.
19. ראו ראב"ע שזה המשך לנבואה על כורש. ויש פירושים אחרים – ראו אברבנאל ורש"ז פינס.
20. ראו רש"י ורד"ק.
21. ראו רד"ק.
22. ראו רש"י.
23. ראו ר"י קרא.
24. רוב המפרשים. בכלל הדברים: איני חפץ בעבודה לריק, או בהערמת קשיים ללא תועלת, אלא ביישוב הדעת ובדרך ישרה ומאוזנת. ראו מי השלוח ח"א תרומה ועקב; בית יעקב תולדות לט.
25. ראו רש"י.
26. ראו ר"א מבלגנצי.
27. ראו ראב"ע, ר"י קרא, רד"ק ומצודת דוד.
28. שלא כבלשון משנה והלאה, צְדָקָה משמשת במקרא לרוב במשמעות קרובה לצדק, משפט אמת. ראו דברים ו,כה; מלאכי ג,ג; דניאל ט,ז; וראו לעיל ה,טז.
29. ראו ראב"ע.
30. פירושים נוספים: יספרו צדקתו; יאמינו; ייוושעו.
31. ראו מי השלוח ח"ב יתרו.
32. ראו ר"א מבלגנצי.
33. רש"י. ויש מפרשים: הֱיוּ אנשים, בעלי דעה.
34. ראו רש"י.
35. ראו שמות יא,ה; שופטים טז,כא; איכה ה,יג; רש"י על אתר.
36. על פי ספר השרשים, צ,מ,ם. ויש מפרשים צַמָּה – צעיף המכסה את השער או את הפנים, או קווצת שֵׂער היורדת על המצח או על הצדעיים. ראו עוד שיר השירים ד,א.
37. שֹׁבֶל קרוב למלה שול. וכן הוא בערבית. פירושים אחרים: דרך, שביל – כינוי ליציאה לגלות; ברך או רגל; פסוקת – 'שביל' שבשֵׂער הראש.
38. פירושים נוספים: לא אפגוש אדם שיעמוד בדרכי להפריעני; לא אקבל פגיעת אדם, כלומר הפצרתו; לא יישאר אדם בבבל; לא אבקש מאדם לעזרני.
39. רד"ק.
40. ראו ראב"ע ורד"ק.
41. שַׁחַר – הנהרה (ראו ראב"ע). ויש מפרשים: לֹא תֵדְעִי שַׁחְרָהּ – לקדמה.
42. כמו חֲמַת מֶלֶךְ מַלְאֲכֵי מָוֶת וְאִישׁ חָכָם יְכַפְּרֶנָּה – יבטלנה, ישככה. וראו רש"י בראשית לב,כא.
43. ראו עוד הערה לעיל על כט,כ.
44. היו זמנים שבשם זה כונו האסטרונומים בעברית. ייתכן שהמלה הֹבְרֵי קשורה לבירות, בהירות, או שעניינה חיתוך וגזרה, על פי הערבית מלשון – פוסקי עתידות.

45. ראו יונתן ורש"י.
46. ראו רש"י ורד"ק.

פרק מח
תוכחה לגולי יהודה

1. ראו רד"ק.
2. ראו רד"ק ומלבי"ם.
3. ראו רש"י שמות טו,ח.
4. חוטם הוא אף. אֶחֱטָם – אחסום את האף. הכעס מדומה לרתיחה העולה וגולשת מהאף החוצה, כמו בביטוי 'חרה אפו', 'עלה עשן באפו'. סכירת האף מגלמת איפוק. ראו רש"י רד"ק על אתר ורש"י שמות טו,ח.
5. על פי אברבנאל.
6. ראו יונתן.
7. על פי רש"י, רד"ק, ראב"ע ור"י קרא.
8. ראו רד"ק. טפח' הוא רוחב כף היד. כנראה הפועל ט,פ,ח נקרא כך על שם התעסקות כף היד, או על שם מתן שיעור ומידה, כמו וְשָׁמַיִם בַּזֶּרֶת תִּכֵּן (לעיל מ,יב). ויש מפרשים פועל זה – קירה, על דרך וּמִמַּסָּד עַד הַטְּפָחוֹת (מלכים א' ז,ט), שמשמעו מהיסוד עד שמי קורה.
9. ראו רש"י, ראב"ע ורד"ק.
10. על פי יונתן, וכן נקט אברבנאל. והרבה פירשו ה' אֲהֵבוֹ – האיש אשר ה' אהבו, הוא כורש, יעשה חפצו בבבל. הנביא מודיע לעם שאין מי מהאלילים שהודיע מראש על בואו של כורש.
11. ראו רש"י בראשית נ,טו.
12. ראו יונתן רד"ק. מֵעֶיךָ כִּמְעֹתָיו – אליטרציה.
13. ראו אלשיך

פרק מט
עבד ה' בגאולה

1. ראו לעיל לה,ו-ט; מ,ג ד; מב,ו-ז.
2. ראו אברבנאל ומלבי"ם.
3. רד"ק. הביטוי כולל גם את המשמע קרא לי שם, שבו גלום תפקידי – להינבא על ישועות ה', כמופיע בסיום הפסקה לִהְיוֹת יְשׁוּעָתִי עַד קְצֵה הָאָרֶץ. ראו רש"י.
4. ראו רד"ק ומצודת דוד. לפי הכתיב 'לא יאסף' יש לפרש: לא יתחבא או לא ימות.
5. ראו רש"י.
6. ר"י אברבנאל פירש את הדברים על ישעיהו המעתד את ישראל ואת העולם אל הגאולה. וראו עוד אלשיך.
7. הביטויים קְדוֹשׁ יִשְׂרָאֵל וגֹאֵל יִשְׂרָאֵל אופייניים לספר זה. ראו למשל לעיל מח,יז; מד,ו ו-כד.
8. ראו רד"ק.
9. ראו רש"י ומצודת דוד. ויש מפרשים יֶרְמוּן במעלה, או מלשון בנייה ותיקון.
10. ראו יונתן ורד"ק.
11. לעיל מ,ז,י.

פרק מט (המשך) – פרק נ
ציון לא נעזבה

1. ראו להלן נא,טז: וְלֵאמֹר לְצִיּוֹן עַמִּי אָתָּה. וראו עוד פסיקתא דרב כהנא יט.
2. על פי רש"י.
3. על קשר זה ראו תפארת ישראל למהר"ל לז.

4. ראו רש"י ואברבנאל על אתר; רש"י שמות כד,כז.
5. רד"ק.
6. ראו יונתן, רש"י ורד"ק על אתר. הפירוש שלפיו המהרסים והמחריבים צצים וקמים מתוך העיר עצמה (ראו תנחומא פקודי א), אינו אלא דרשה. אך ראו ר"י מטראני, אברבנאל ומצודת דוד.
7. על פי ראב"ע, ר"י קרא ומלבי"ם.
8. ראו רש"י על אתר ובבראשית יט,ט.
9. כיוצא בזה לעיל יא,יב: וְנָשָׂא נֵס לַגּוֹיִם וְאָסַף נִדְחֵי יִשְׂרָאֵל וּנְפֻצוֹת יְהוּדָה יְקַבֵּץ מֵאַרְבַּע כַּנְפוֹת הָאָרֶץ.
10. ויש מפרשים חֹצֶן – חיק או זרוע.
11. ר"י כספי. משמעות זו לצַדִּיק (וכן ל'צדקה' ו'צדק') רווחת בספר זה – ראו הערה לעיל מא,ב.
12. ראו רד"ק.
13. ראו לעיל על א,כד.
14. ראו יונתן ורד"ק.
15. ראו מלבי"ם.

פרק נ (המשך)
הנביא מול יריביו

1. ראו רד"ק.
2. ראו ר"י מטראני, מצודת ציון.
3. מירושלמי, ברכות ח,ו נראה שמשמעות המלה לָעוּת קשורה לעזרה.
4. ראו אברבנאל.
5. הוראת השורש ק,ד,ח במקרא היא הבערת אש, אך אולי מדובר בקדיחת נקב, כפי שמצוי בלשון חכמים. אחת השיטות העתיקות להפקת אש הייתה קדיחה מהירה בתוך עץ – לפעמים באמצעות חץ וקשת, על מנת לחמם את העץ ולהבעירו. ראו רש"ז פינס.
6. ראו מלבי"ם.

פרק נא – פרק נב
נחמה ועידוד

1. מן השורש נ,ק,ר או ק,ו,ר – ראו עוד רש"י במדבר כד,יז.
2. ראו גם גבורות ה' ו; ז.
3. ראו מצודת דוד על אתר; גבורות ה' לו.
4. ראו רש"י ור"א מבלגנצי.
5. ראו יונתן ורד"ק.
6. על פי רש"י, ראב"ע ור"י מטראני. גם במשמע שהמשפט יושכן ברוגע ובנחת, או שהוא ישכין רוגע בעמים. ראו רד"ק ואברבנאל.
7. ראו מלבי"ם.
8. ראו גם לעיל יא,י; מב,ד.
9. ראו רמב"ן שמות ל,לה; רד"ק ומצודות על אתר – על פי ירמיה לח,יא-יב: מְלָחִים – סמרטוטים, שחקים. ויש מפרשים מלשון בלבול וערבוב – ראו רש"י ור"י מטראני על אתר.
10. ראו מורה נבוכים ח"ב כט. ראו עוד להלן סה,יז; סו,כב; תנא דבי אליהו זוטא ב,ד; דברים רבה סוף פרשה י. ויש מפרשים: גם אילו השמים והארץ נשחתו, ישועתי וצדקתי היו קיימות. ויש אומרים שהדברים מרמזים על חורבן עולם באחרית הימים.
11. ראו מלבי"ם.
12. ראו 'העולם' לעיל נ,ט.
13. ראו לעיל על ל,ז ובמפרשים הראשונים על אתר.
14. ראו רש"י פס' י.
15. לפי המפרשים זהו כינוי לפרעה, שעליו נאמר ביחזקאל כט, ג מֶלֶךְ מִצְרַיִם, הַתַּנִּים הַגָּדוֹל הָרֹבֵץ בְּתוֹךְ יְאֹרָיו.
16. ראו אברבנאל.

17. ראו לעיל לה,י.
18. ראו מפרשים על אתר ולהלן סג,א.
19. על פי רד"ק, ראב"ע, אברבנאל ושד"ל. ויש מפרשים: המציק אינו אלא יצור חלש ונחות, המתפרק מהרה מכלי זינו, או הממהר לפלוט זוהמתו מגופו.
20. ופירושים אחרים לפועל רֹגַע – גוער, בוקע, מניח ומשקיט, מקפיא, או להפך: גורם לים לרעוש ולרגוש.
21. ראו מלבי"ם.
22. ראו רד"ק ואברבנאל.
23. אפשרות נוספת: שמתי דברי בפיך וגוננתי עליך כדי לעשות שמים וארץ חדשים על ידך, ציון עמי. וראו עבודת ישראל, ליקוטים ד"ה ואשים.
24. מעין הדברים הללו אמור גם במשנה אבות ו,יא: חֲמִשָּׁה קִנְיָנִים קָנָה לוֹ הַקָּדוֹשׁ בָּרוּךְ הוּא בָּעוֹלָמוֹ, וְאֵלּוּ הֵן, תּוֹרָה קִנְיָן אֶחָד, שָׁמַיִם וָאָרֶץ קִנְיָן אֶחָד, אַבְרָהָם קִנְיָן אֶחָד, יִשְׂרָאֵל קִנְיָן אֶחָד, בֵּית הַמִּקְדָּשׁ קִנְיָן אֶחָד.
25. ראו יונתן על אתר; רד"ק שופטים ה,כה. ויש מפרשים קֻבַּעַת – השמרים הנקבעים בתחתית הכלי.
26. רש"י ור"י קרא. ויש מפרשים שְׁתַּיִם כפשוטו: השוד והשבר, שהם החרב והרעב.
27. כמו בראשית מט,א: אֵת אֲשֶׁר יִקְרָא אֶתְכֶם בְּאַחֲרִית הַיָּמִים.
28. ראו רד"ק ומצודת דוד.
29. ראו רד"ק וראב"ע.
30. ראו רש"י ורד"ק.
31. רש"י. ויש מפרשים: המושלים על עמי גורמים לו ליילל. ויש מי שפירש מֹשְׁלָו – משורריו, המושלים לו משלים.
32. ראו מלבי"ם.
33. ראו רד"ק ואברבנאל. ויש מפרשים, הצופים העומדים על חומות העיר, המזהים את המבשר הרץ ומתקרב לעיר.
34. ראו מלבי"ם.
35. ראו רד"ק ומלבי"ם.

פרק נב (המשך) – פרק נג
סבלו ומעלתו של עבד ה'

1. ראו סנהדרין צח ע"ב; ילקוט שמעוני תעו ויונתן על אתר.
2. ראו רש"י, רד"ק ראב"ע ואברבנאל על אתר; רמב"ן, סוף ספר הויכוח; הכוזרי ב,לד.
3. ובצד הוראה זו, אין הפועל יַשְׂכִּיל יוצא מידי משמעותו הראשונית, שכל ובינה – המשיח או העם ידע את ה', יבין את הנהגתו בעולם, וישכיל את עת הגאולה. על פי רמב"ן.
4. ראו לעיל מא,ח-ט; מב,כב; מד,א-ב כא; מה,ד; במבוא שלפני פרק מב; רש"י רד"ק וראב"ע על אתר.
5. ראו יונתן ורד"ק.
6. ראו רד"ק ור"י בן כספי.
7. פירושים אחרים למלים יַזֶּה גּוֹיִם: יטיף להם דברים; יגרום להם לדבר בהתלהבות; יגרום להם לקפוץ ממקומם; יזה דמם, כלומר יילחם בהם; יזה עליהם מים או דם קרבנות לטהרם ולכפר עליהם.
8. ראו מלבי"ם.
9. ראו רד"ק.
10. שד"ל.
11. ראו יונתן. וכן יש לפרש לפי פיסוק הטעמים. והרבה פירשו: אין לו תואר והדר כדי שנחמדהו. או כאילו כתוב 'ולא נחמדהו'.
12. ראו רד"ק ומלבי"ם.
13. ראו רש"י. ויש מפרשים: נהג כאילו איננו קיימים, לא התחשב בנו, או: כל הרואה אותו מסיר מבטו ממנו ומתעלם מצרתו, או: נדמה כמי שאלוקיו עזבו.
14. על פי רש"י על אתר וספר הכוזרי ב,לו. והרד"ק כתב כי דברים אלו אינם אלא לפי מחשבתם של הגויים.
15. מְחֹלָל מלשון חלל – ראו לעיל נא,ט; יחזקאל לב,כו.
16. ראו רד"ק וראב"ע.

17. מצודת דוד. יש מפרשים: ניטל מישראל מושל ושופט, או ניטלה ממנו הגנת מושל ושופט.
18. אולי דומה לשם העצם דּוּר (ראו לעיל כט,ג) – לשון עיגול או שורה מקפת.
19. ראו שד"ל.
20. ראו רד"ק. ויש מפרשים מִפֶּשַׁע עַמִּי – עמים, אשר נֶגַע לָמוֹ – הנגע שהיה ראוי לבוא אליהם.
21. שאר המפרשים פירשו כהמשך הפסוק הקודם: על ידי סבלו יראה וישבע טובה. או: מעבודת עצמו היה אוכל ושבע, ולא לקח מאחרים.
22. ראו ר"י קרא.
23. ראו רד"ק על אתר; סוטה יד ע"א.

פרק נד
נחמת ציון השוממה והענייה

1. ראו להלן סו,ח; לעיל כו,יז; יג,ח ורש"י על אתר.
2. ראו אברבנאל; וראו עוד לעיל לג,כ.
3. ראו רד"ק. השורש ח,פ,ר, המופיע כמה פעמים בספר זה, קרוב ל-ח,ו,ר וכן לשורש ח,ר,ף, שעניינם בושת פנים וביזיון.
4. על פי ראב"ע ורד"ק.
5. ראו רד"ק.
6. על פי רד"ק. עוד אפשר לפרש – כמקביל לאמור בפסוק הבא – בְּרֶגַע קָטֹן של כעס עֲזַבְתִּיךְ לזמן רב, ובמשך זמן הפירוד רחמַי גדלים והולכים.
7. ראו רש"י ורד"ק.
8. כיוצא בזה, כִּי במשמעות כמו – להלן נה,ט; סב,ה.
9. ר"א מבלגנצי ור"י מטראני.
10. ראו רד"ק.
11. רש"י.
12. ראו יונתן ורד"ק.
13. ראו רש"י, רד"ק ועוד.
14. ראו ר"י קרא ור"א מבלגנצי. ויש שפירש גְּבוּלֵךְ – אבני פינות קירות הבניין, שרגילים לעשותן מיוחדות, כמו האבנים המקיפות את החלונות והשערים.
15. ראו יונתן.
16. ראו ראב"ע, ר"י קרא ורד"ק.
17. מובנה של הצדקה כאן אינו מעשה חסד אלא חוק ויושר. ראו יונתן על אתר, ובביאור לעיל מב,כא; מה,כג-כד.
18. ראו יונתן.
19. ויש מפרשים: מֵעֹשֶׁק... לֹא תִירָאִי וּמִמְּחִתָּה, כי הם יהיו רחוקים ממך. או: רַחֲקִי מֵעֹשֶׁק, כִּי אז לֹא תִירָאִי מִמְּחִתָּה.
20. על פי רש"י, ר"י מטראני ואברבנאל. פירושים רבים נוספים נאמרו על פסוק זה.
21. ראו רש"י ור"י מטראני. השורש ג,ו,ר משחק בפסוק זה בתפקיד כפול – במשמעות של פחד ודיור. ויש מפרשים גֻּר מלשון מתגרה – המתנכל ומתנקש בך ייפול, בגללך.
22. ראו אברבנאל.
23. ראו יונתן ומלבי"ם. ואפשר גם צִדְקָתָם – ישועתם.

פרק נה – פרק נו
קריאה לשוב אל ה' ולקבל ברכתו

1. ראו רד"ק ומלבי"ם, ובהרחבה – באברבנאל ואלשיך על אתר; רד"ק להלן סה,יג.
2. ראו רד"ק ומלבי"ם. וראו ירמיה לא,יג: וְרִוֵּיתִי נֶפֶשׁ הַכֹּהֲנִים דָּשֶׁן וְעַמִּי אֶת טוּבִי יִשְׂבָּעוּ.
3. ראו רד"ק.
4. לא ברור אם האות ל' היא אות שימוש המקדימה את שם העצם אוּמִּים, כלומר אומות, או שהיא מאותיות שם העצם עצמו, שהוא לְאוּמִּים – ראו ראב"ע ושד"ל.
5. ראו מצודת דוד ואברבנאל.
6. ראו רד"ק.

7. ראו לעיל נד,ט ומצודת דוד על אתר.
8. ראו אלשיך.
9. ראו לעיל מח,כג-כד ומלבי"ם על אתר.
10. ראו אברבנאל.
11. על פי אברבנאל.
12. ראו ראב"ע.
13. ראו שמואל א' טו,יב; שמואל ב' יח,יח ובמפרשים על אתר.
14. ראו יונתן, ר"י קרא ומצודת דוד.
15. ר"א מבלגנצי ואלשיך.
16. כפי שמתואר בתפילת שלמה בחנוכת בית המקדש – מלכים א' ח,מא והלאה.
17. ראו משנה שקלים א,ה. במנחות עג ע"ב נחלקו תנאים אם נכרים מביאים שלמים או רק עולות, אך גם לפי הדעה האחרונה, שהלכה כמותה, אם נדבו שלמים – מקבלים מהם ומקריבים אותם כעולות, ובאופן זה יש לפרש: עוֹלֹתֵיהֶם וְזִבְחֵיהֶם – עולות ושלמים – לְרָצוֹן עַל מִזְבְּחִי. עוד אפשר לפרש פשוטו של מקרא, בנכרים שנכנסים לתהליך גיור והם שומרי שבת, אך עדיין לא נסתיימה גירותם והם משתייכים לעם אחר (ראו באור הלכה סוף סימן שד). וייתכן שאלו מקריבים שלמים ('זבחים') כישראל. וראו עוד בכריתות ח-ס על שמירת שבת של גר תושב.
18. והרבה מפרשים לפי ההקשר: אֲקַבֵּץ עָלָיו גרים משאר האומות, נוסף על נקבצי ישראל.

פרק נו (המשך) – פרק נז

תוכחה קשה ונחמה בסופה

1. ראו ראב"ע.
2. ראו אברבנאל ואלשיך.
3. ראו רש"י ורד"ק
4. נֶפֶשׁ – רצון, תיאבון. ראו למשל דברים כג,כה וְאָכַלְתָּ עֲנָבִים כְּנַפְשְׁךָ שָׂבְעֶךָ.
5. ראו משנה טהרות ג,ח; בבלי, נדרים כד ע"א; אברבנאל שמואל א' כה,ג.
6. ראו רמב"ן שמות יח,כא; רד"ק ישעיה לג,טו; שמואל א' ח,ג.
7. ראו רד"ק ואברבנאל. ויש מפרשים מִקָּצֵהוּ – לשון קצרה: מקצה עד קצה, כולם.
8. ראו מצודת דוד ומלבי"ם.
9. ראו ר"י קרא ומצודת דוד.
10. ראו אברבנאל.
11. ראו יונתן, רש"י ורד"ק על אתר; בבא קמא ס ע"א.
12. או: יבוא אל מקום השלום.
13. ראו רד"ק ור"א מבלגנצי.
14. על פי רש"י, ר"א מבלגנצי ור"י קרא. ויש מפרשים: נוכח ה'. או: כל צדיק הולך לעולמו בדרך הראויה לו לפי מה שהוא. או: הולך השלום לקראת הצדיק.
15. רש"י.
16. ראו רש"י ור"י מטראני.
17. כן פירשו הראשונים, כמו 'מעונן ומכשף' (דברים יח,י).
18. ראו ר"א מבלגנצי. ורבים מפרשים מְנָאֵף על האב או על הזרע, העם בכללותו. ויש מפרש: וַתִּזְנֶה – אתה, זרע המנאף.
19. פירוש חדש. ויש מפרשים: על מי תישענו להיות לכם מקור עונג וטובה. או: על מי ומה אתם נשענים, שאתם מרשים לעצמכם להתענג.
20. ראו רד"ק ור"י מטראני. והרבה מפרשים על מעשי ניאוף שהיו מלווים לעבודתם הזרה. ראו שמות לב,ו; הושע ד,יג-יד; וראו נדה יג ע"א.
21. ראו דברים יב,י; רד"ק על אתר וראב"ע פס' ז-ח.
22. ראו רד"ק, ר"י קרא וראב"ע.
23. ראו רד"ק.
24. ראו רד"ק ור"י קרא.
25. על פי רש"י וראב"ע. ויש מפרשים וַתִּכְרָת לָךְ מֵהֶם – נגזרת ואבדת בגללם.
26. ראו רש"י רד"ק ור"י מטראני. ויש מפרשים: אהבת משכבו של כל מי שראית את ידו שלוחה לעברך.
27. על פי רד"ק בשם רס"ג, ראב"ע ור"י מטראני. ויש מפרשים וַתָּשֻׁרִי מלשון ראייה, או: מלשון צעידה, וכהמשך לדימוי הקודם: את מתראה או הולכת לפני המלך הזר משוחה בשמן

ובתמרוקים. או: את מעלה את חִנך בעיני המלך הזר בעבור שמן וריקוחים שייתן לך.
28. מֵרָחוֹק במשמעות של למרחוק או רחוק מופיעה בכמה מקומות בספרנו – ראו לעיל כב,ג.
29. ראו רד"ק ור"י קרא.
30. יש מפרשים דַּרְכֵּךְ כאן במשמעות כוחך, או ככינוי למשגל.
31. ראו ר"י כספי, רש"י ור"י מטראני.
32. ויש מפרשים חַיַּת מלשון חיים, כוח או ריפוי – כיוון שמצאת אותם, לא חלית. יָדֵךְ – כמשמעו, או: חלקך, מנתך.
33. אפשרויות נוספות: לא נעשית רפה או כואבת ביגיעך; לא שמת לב למחלתך; לא חששת או לא דאגת.
34. ראו ראב"ע ור"י כספי.
35. ראו דברים לג,כט: וְיִכָּחֲשׁוּ אֹיְבֶיךָ לָךְ, וכן תהלים יח,מה; סו,ג.
36. על פי ר"י קרא ור"י מטראני. ויש מפרשים: ממי את יראה, הגורם לך להתכחש למעשייך הרעים – הלוא דרכי מעולם להאריך אף ולקבל את המודים, ואינך צריכה לפחד להודות על האמת.
37. ראו מצודת דוד ומלבי"ם.
38. הרבה מפרשים בלשון תמיהה או לעג: בני הנכר או האלילים שהתקשרת עמם, יבואו ויצילוך. ובהכללה: קיבוץ הון או צבירת חפצים מחפצי העולם הזה לא יצילו את האדם בצרתו.
39. על פי רד"ק, ר"א מבלגנצי ור"י מטראני.
40. ראב"ע ורד"ק. ויש מפרשים: בשמי שמים.
41. ראו ר"י כספי.
42. ראו רש"י, ראב"ע ור"י קרא. ויש מפרשים, בדומה לסיפא, הרוח המתכסה בגוף – ממני היא. או: רוח קדושה וטהרה תצא מאתי ותעטוף את העם.
43. ראו דברים לא,יח; וראו גם תהלים ל,ח.
44. ראו רד"ק. ויש מפרשים לַאֲבֵלָיו – לאוהביו המתאבלים עליו.
45. ראו ראב"ע.
46. ראו יונתן וברכות לד ע"ב בפירוש לָרָחוֹק וְלַקָּרוֹב על צדיקים ובעלי תשובה.
47. ראו ר"י קרא, ר"א מבלגנצי, ר"י כספי וראב"ע.
48. ראו רד"ק ומלבי"ם.
49. ראו רש"י, ראב"ע ומלבי"ם.

פרקים נח–נט
קריאה לעשיית צדק וצדקה ולקידוש המעשים

1. ראו ירמיה לו,ו–ט; יואל א,יד; יונה ג,ה; נחמיה ט,א; אסתר ט,לא; מלבי"ם פס' ג.
2. ראו מלכים א' כא,ט; דברי הימים ב' כ,ג; רד"ק ירמיה לו,ו; שד"ל על אתר.
3. ראו רש"י ורד"ק.
4. ראו רש"י, ר"א מבלגנצי ור"י קרא על אתר; ספורנו ויקרא טז,לא. פירוש נוסף: אתם מוצאים בצום חפץ, לא אני. רק לשם ענייניכם אתם צמים.
5. לפי פירוש זה, עַצְּבֵיכֶם יכול להתפרש כאנשים עצובים או יגעים. ראו רש"י ורש"ז פינס. ויש מפרשים עַצְּבֵיכֶם – ממונכם. את היום הזה, שקוראים בו לתיקון מעשים ולהשבת ממון לבעליו, אתם מנצלים לגביית ממונכם בנגישת מי שאין לו ובהכאתו.
6. ראו רד"ק ומצודת דוד.
7. ראו למשל בראשית כה,לא ו–לג ורמב"ן שם; שמואל א' ט,כז; יד,לג; שד"ל על אתר. ויש מפרשים: אל תצומו כפי שאתם צמים כיום. פירושים נוספים: כַיּוֹם – כמשפט היום; כיום הידוע לצום, יום הכיפורים; כַּיּוֹם – כיאות.
8. ראו יונתן ורד"ק.
9. ראו אברבנאל.
10. ראו רד"ק. ויש מפרשים אַגְמֹן – וו חד שראשו כפוף. כמוהו אתם כפופים ועוקצניים.
11. ראו יונתן ואלשיך על אתר; ברכות ו ע"ב.
12. מקור המלה 'מרוד' אולי מהצורה הסבילה של השורש מ,ר,ד (אפשר במשמעות מטולטל ונעקר ממקומו. ראו רד"ק על אתר; עבודה זרה כח ע"ב).
13. ראו יונתן, רש"י ורד"ק על אתר; שבועות לט ע"א וכתובות נב ע"ב.
14. ראו אלשיך.

15. ראו ר"א מבלגנצי ואלשיך. ובלשון הפיוט (בברכת 'יוצר'): וּבוֹקֵעַ חַלּוֹנֵי רָקִיעַ. וכדומה בתלמוד: "שחר זה מפציע". ראו יומא כט ע"א.
16. ראו ראב"ע ור"א מבלגנצי. חז"ל דרשו על אחר המוות – ראו בבא בתרא יא ע"ב.
17. ראו בבא בתרא ט ע"ב.
18. על פי רד"ק ר"א מבלגנצי ומצודת דוד. ויש מפרשים יניח לך, יביא לך מנוחה תמיד.
19. על פי אברבנאל ומלבי"ם. במקרא זוהי מלה יחידאית. במשמעות מיסטית היא מופיעה בדרך כלל בכתובים עלומים. לעומת פירוש זה, מפרשים כמה מהפשטנים, לפי סוף הפסוק – ביובש, בעת צימאון.
20. ראו יונתן ורד"ק.
21. ראו בראשית ב,ג; שמות לא,יד.
22. ראו רד"ק על אתר; שבת קיג; קנ ע"א.
23. ראו שד"ל. והרבה פירשו בָּמֳתֵי אָרֶץ – ארץ ישראל, או: הריה הגבוהים. ראו עוד: דברים לב,יג; יחזקאל לז,כב.
24. כפי שנאמר לו: וְהָיָה זַרְעֲךָ כַּעֲפַר הָאָרֶץ וּפָרַצְתָּ יָמָּה וָקֵדְמָה וְצָפֹנָה וָנֶגְבָּה (בראשית כח,יד). ראו שבת קיח ע"ב.
25. ראו רד"ק ומצודת דוד.
26. ראו ר"א מבלגנצי, אברבנאל ואלשיך. ויש מפרשים קֹרֵא בְצֶדֶק – מוכיח. ויונתן פירש בתפילה.
27. ראו למשל לעיל מג,כו; יונתן ומלבי"ם על אתר.
28. רד"ק.
29. ראו רד"ק. ויש מפרשים נסחטת, או: מתחממת עד שנבקעת.
30. מעגל הוא כנראה מסלול, ולאו דוקא עיגול. ראו לעיל כו,ז; תהלים כג,ג; משלי ד,כו.
31. ראו רש"י ור"י קרא.
32. נקט את צורת הרבים של אפלה, משום הדמיון לנְגֹהוֹת.
33. ראו יונתן, רש"י, ר"י קרא ומטראני. פירושים נוספים: כמו במשמנים – במלאות שומן ובריאות, או בנרות שמן מאירים; בין הגויים; בין החיים.
34. ראו מצודת דוד.
35. רד"ק.
36. על פי ראב"ע.
37. על פי רד"ק. ויש מפרשים הֹרוֹ – משורש י,ר,ה, שמשמעו השלכה או הוריה; והגו במובן הוצאה.
38. ראו רש"י על אתר; סנהדרין צז ע"א ורש"י שם. ויש מפרשים: מי שהוא משולל, שאינו בנמצא, או ששללו אותו מרכושו, או: נדוש בפני כול כמסילה.
39. לפי שתי משמעויות השורש פ,ג,ע – הפצרה והכאה.
40. כפי שמתואר כמה פעמים בספר זה כפי שמתואר כמה פעמים בספר זה: ראו לעיל יג,ד-ה; כז,א; ל,ל-לב.
41. לעומת קנאה במשמעות של צרות עין. ראו במדבר ה,יד; כה,יג; מלכים א' יט,י. בפיוט 'אתה הוא אלוקינו בשמים ובארץ' הנאמר בימים הנוראים מופיעים הביטויים לְבוּשׁוֹ צְדָקָה, מַעֲטֵהוּ קִנְאָה, שמקורם כאן, (ומיד לאחריהם באותו עניין: נֶאְפָּד נְקָמָה).
42. על פי רש"י ור"י מטראני.
43. ראו רד"ק על פי סנהדרין צח ע"א. פירוש נוסף: יבוא צר אשר רוח ה' הגביהה אותו כנס.
44. כל 'גואל' בספר הזה הוא ה'.

פרק ס
אור עולם בציון

1. ראו רד"ק, ר"א מבלגנצי ור"י קרא. ויש מפרשים: שקע אורך שהיית רגילה בו בעבר, וזרח עלייך כבוד ה'.
2. ראו יונתן ורש"י.
3. ראו במדבר יא,יב; משלי ח,ל; רד"ק ומצודת דוד על אתר.
4. ראו רד"ק ושד"ל (וראו להלן סג,טו הֲמוֹן מֵעֶיךָ – המיית מעיך). ויש מפרשים שהֲמוֹן יָם מתייחס לרכוש הרב שיגיע ממדינות הים, המפורש בהמשך.
5. ראו בראשית כה,יג; דברי הימים א' א,כט.
6. שד"ל על אתר. ויש מפרשים בהיפוך סדר המלים: יעלו [ל]רצון על מזבחי.

7. לאו דווקא איים השוכנים בים ממש, אלא כמו הביטוי 'מדינות הים' בלשון חכמים. ראו משנה גטין א,א; יבמות ב,ט.
8. ראו לעיל כג,א.
9. ראו רד"ק על אתר.
10. רד"ק.
11. ראו רד"ק ואברבנאל. או: יבואו בסדר, כצאן נהוג על ידי הרועה. ויש מפרשים נְהוּגִים – מוּלכים כאסירים.
12. רעיון זה מופיע באופן מפורט יותר בזכריה יד,טז-כא.
13. ראב"ע ורד"ק.
14. ראו 'העולם' לעיל מא,יט.
15. רש"י, ראב"ע ורד"ק; וראו יונתן ור"י כספי.
16. ראו לעיל א,כד.
17. ראו אברבנאל ושד"ל. והרבה מפרשים: תחת מה שהוצא ממך, אביא אלייך יקר הימנו.
18. על פי ראב"ע ועוד. ויש מפרשים: הצדקה והשלום יבואו תחת פקידייך ונוגשייך.
19. ראו אברבנאל ושד"ל. אפשרויות נוספות: הישועה תהיה משגבך, והתהילה – הכניסה אלייך, או: הישועה והתהילה יִקָּראו בחומות ירושלים ובשעריה.
20. ראו אלשיך ורש"ז פינס.
21. רש"י. ויש מי שמפרש: לא תהיי נתונה תחת מערכות הטבע, אלא תחת השגחת ה'.
22. ראו אברבנאל ואלשיך.
23. רד"ק.
24. ראו מלבי"ם. או: להתפאר בו.
25. ראו רד"ק, ר"י כספי, אברבנאל, אלשיך ומלבי"ם.

פרק סא – פרק סג
בשורת הגאולה העתידה

1. ראו ספר הגאולה לרמב"ן (מהדורת מוסד הרב קוק) עמ' רסט; רד"ק להלן סג,א.
2. ראו מצודת דוד.
3. ראו יונתן. יש מפרשים קוֹחַ – לקיחה, ויש מפרשים: מקום שנלקחו אליו, כלא או אזיקים. ראו עוד במפרשי המשנה כלים טז,ד.
4. ראו להלן סג,א-ו.
5. על פי ראב"ע ורד"ק.
6. ראו יהושע ז,ו; שמואל א' ד,יב; ב' א,ב; יג,יט; איוב ב,יב; משנה תענית ב,א.
7. ראו שמות כח,מ; לט,כז; יחזקאל כד,טז.
8. ראו יונתן, ר"י מטראני ומלבי"ם. ביטוי זה מופיע גם בתהלים מה,ח.
9. ראו רד"ק.
10. על פי מלכים א' ו,לא; יחזקאל מא,ג. ראו: רש"י ורד"ק יהושע כד,כו. והרבה נסתייעו בסיום הפסוק ופירשו אֵילֵי – אילני, או כריבוי של אֵלָה. ויש מפרשים: גדולי, שרי.
11. ראו ראב"ע ושד"ל.
12. רד"ק.
13. רד"ק.
14. על פי רד"ק.
15. ראו רד"ק.
16. רד"ק וראב"ע על אתר; רמב"ן דברים כא,יד. ויש מפרשים תִּתְיַמָּרוּ מלשון תמורה וחילוף, או מלשון מרות, תהיו אדונים, או מלשון מריא – תדושנו, תתפנקו.
17. ראו ראב"ע.
18. על פי רש"י; וראו מלבי"ם.
19. ראו ר"י מטראני. ויש מפרשים יָרֹנּוּ – ישמיעו קול אבל. ויש מפרשים תַּחַת בָּשְׁתְּכֶם מִשְׁנֶה כְּלִמָּה [שהייתה לכם] יָרֹנּוּ [בניכם הנגאלים ב]חֶלְקָם.
20. ראו איוב ה,טז; יונתן על אתר. ויש פירושים ודרשות נוספים על ביטוי זה.
21. ראו יונתן, רש"י וראב"ע על אתר; לעיל מ,י.
22. ראו רד"ק ומצודת דוד.
23. ראו אברבנאל.
24. ראו ראב"ע, ר"א מבלגנצי, רד"ק ומצודת דוד.

25. ראו הערה לעיל ה,טז.
26. ראו רש"י ורד"ק.
27. ראו רד"ק, אברבנאל ושד"ל.
28. כך נראה מתוך הלשון בפס' ב: אֲשֶׁר פִּי ה' יִקֳּבֶנּוּ – משמע שלא ה' הוא המדבר. ויש מפרשים שהדברים אמורים בשם ישראל. ויש מפרשים על ה'. וראו פס' ו.
29. ראו מצודת דוד ומלבי"ם.
30. ראו רד"ק, אברבנאל, שד"ל ודעת מקרא.
31. על פי יונתן ורד"ק.
32. ראו לעיל נד,ט.
33. ראו ר"ק, אברבנאל, אלשיך ומלבי"ם על אתר. יחסי איש ואשה הם דימוי רווח בנבואות ליחס שבין ה' לישראל, ואילו כאן עניינו שמחת ההתחדשות.
34. כמשכעו של שורש זה באמור ביעקב בבראשית לז,יא: וַיְקַנְאוּ בוֹ אֶחָיו וְאָבִיו שָׁמַר אֶת הַדָּבָר, כלומר נתן דעתו, ציפה והמתין להתממשותו.
35. ראו רד"ק, אברבנאל ומצודת דוד.
36. ראו ראב"ע.
37. ראו נזיר ג ע"ב: מניין לאומר 'ימין' שהיא שבועה, שנאמר נִשְׁבַּע ה' בִּימִינוֹ, ומנין לאומר 'שמאל' שהיא שבועה, שנאמר וּבִזְרוֹעַ עֻזּוֹ. וראו עוד ברכות ו ע"א. והרד"ק על אתר פירש וּבִזְרוֹעַ עֻזּוֹ – זרוע ימין, החזקה.
38. ראו בראשית יד,כב; שמות ו,ח; דברים לב,מ; לעיל מט,כב; דניאל יב,ז.
39. ראו דברים יד,כב-כז; ויקרא יט,כד; שופטים ט,כז; רד"ק ור"א מבלגנצי על אתר.
40. על פי רש"י.
41. ויש מפרשים שכל הארץ בכלל חַצְרוֹת קָדְשִׁי.
42. ראו לעיל כט,כא; ראב"ע על אתר.
43. ראו רש"י ורד"ק.
44. על פי רש"י.
45. רד"ק, על פי העניין. ייתכן על שם ריח הדם שהבאיש על הבגדים, ושמא הבגדים נראו כמלוכלכים מחומץ.
46. עיר חשובה באדום – ראו לעיל על לד,ו.
47. ר"א מבלגנצי.
48. הצעות פירוש אחרות: סוער, נודד, מתנדנד, מניע ומטלטל (את הגויים), צועק, הולך זקוף עד שראשו נכפף לאחוריו, מכניע ומכפיף, נאזר. ראו מפרשים על אתר, לעיל נא,יד; לג,כ; ירמיה מח,יב.
49. ר"א מבלגנצי.
50. ראו לעיל על א,טז.
51. על פי יונתן ורד"ק. ויש מפרשים, על פי חגי ב,טז ורש"י מפרש – כלי מידה גדול שמשתמשים בו בייצור יין.
52. ראו רד"ק וראב"ע. ויש שפירש נִצְחָם – צחנם.
53. ראו רד"ק.
54. מצודת ציון.
55. ראו רש"י ומלבי"ם.
56. ראב"ע ור"י מטראני.

פרק סג (המשך) – פרק סד
תפילה על הגאולה

1. כפי שכל תפילה נפתחת בדברי שבח – ראו הרחבה לירמיה לב,כה.
2. ראו ר"א מבלגנצי.
3. ראב"ע, ר"י מטראני ומצודת דוד.
4. ראו תענית טז ע"א; סוטה לא ע"א; מגילה כט ע"א; ראב"ע רד"ק ר"י כספי ושד"ל על אתר.
5. ראו יונתן, רש"י ור"א מבלגנצי על אתר; רמב"ן שמות ג,ב.
6. ראו ראב"ע ומלבי"ם – כמשמעות הפועל 'נטל' בארמית.
7. ראו ר"א מבלגנצי.
8. ראו רד"ק ומלבי"ם.

9. ראו ר"י כספי ואלשיך.
10. ראו יונתן. והרבה מפרשים וַיִּזְכֹּר – ישראל. או כמו: ויזכור עמו את ימי עולם, את משה.
11. ראו במדבר יא,יז ו–כה.
12. ראו רד"ק.
13. ראו רש"י ורד"ק.
14. ראו לעיל על מ,ד.
15. ראו רד"ק. פירושים אחרים: תְּנִיחֶנּוּ את התהום, תעשה אותו נוח לעבור בו; את משה, או: תַּנחנו.
16. כמו במלכים א' ח,יג; חבקוק ג,יא; תהלים מט,טו; רד"ק על אתר.
17. ראו ירמיה לא,יט ורש"י על אתר.
18. ראו רש"י ורד"ק.
19. ראו רד"ק.
20. או, שלא כפיסוק הטעמים שלפנינו: גֹּאֲלֵנוּ – מֵעוֹלָם שְׁמֶךָ.
21. ראו רש"י וראב"ע על אתר; ברכות לב ע"א.
22. ראו עוד ר"א מבלגנצי. או: כמעט הורישו צרינו את עם קדשך.
23. ראו רד"ק.
24. על פי רש"י וראב"ע. ויש מפרשים לוּא – לא; כאילו מעולם לא קרעת שמים וירדת.
25. ר"י מטראני ועוד.
26. ראו רש"י וראב"ע. ביטויי נזילה ונמיסה בהרים מופיעים במקומות רבים אחרים כחלק מתיאור הגאולה כמו בתיאור ירידת ה' על הר סיני – ראו שופטים ה,ה; לעיל לד,ג; מיכה א,ד; תהלים צז,ה. ויש מפרשים נָזֹלּוּ משורש ז,ל,ל – הזדעזעו.
27. ראו ר"י כספי ושד"ל.
28. כמשמעות במלכים א' א,כא; איוב ה,כד.
29. פירוש חדש.
30. ראו ר"י כספי ושד"ל.
31. הרבה מפרשים את כל הפסוק על פגיעת מידת הדין בצדיקים (אפשר ש'שָׂשׂ' הוא אהרן ו'עֹשֵׂה צֶדֶק' – משה), שנענשים בחטאי הדור, ומזכירים ומברכים שם ה' על הטובה ועל הרעה, ובזכותם אנו נושעים לעולם.
32. ראו משנה נדה א,א; ב,א ועוד; רד"ק על אתר.
33. ראו רד"ק ומלבי"ם.
34. ראו יונתן.
35. נראה כי 'אב' כאן משמש במשמעות מקור ושורש, לא בהוראת קרבה.
36. ראו רד"ק.
37. או: היללוך בתוכו, או: היללוך על ידו, בכך שסיפרו לנו את תפארתו.

פרקים סה–סו
הגמול העתיד לבוא

1. ראו ראב"ע.
2. ראו משלי לא,כ.
3. ראו מלבי"ם.
4. ראו ראב"ע על אתר; רמב"ן שמות כ,ב; רש"י בראשית לב,כא.
5. בגנים ותחת העצים נהגו לעבוד עבודה זרה (ראו דברים יב,ב; לעיל א,כט), ואילו ההקרבה בבמות יכלה להיות לשם ה'.
6. ראו ר"א מבלגנצי.
7. ראו יונתן, רש"י ור"י כספי על אתר; חגיגה ג ע"ב.
8. ראו רד"ק.
9. על פי יונתן ושאר מפרשים. וכיוצא בזה ביחזקאל מד,יט: וְלֹא־יְקַדְּשׁוּ אֶת־הָעָם בְּבִגְדֵיהֶם – לא יטמאו את בגדיהם במגע העם. ויש מפרשים כִּי קְדַשְׁתִּיךָ – ריחקתיך, אסרתיך. ראו ר"י קרא על אתר ורש"י דברים כב,ט; וראו עוד אלשיך.
10. ראו תהלים עט,יב; קהלת ז,ט; וראו עוד רד"ק על אתר.
11. ראו דברים יב,ב.
12. ראו ראב"ע ור"א מבלגנצי.
13. ראו ויקרא ה,כד: וְשִׁלַּם אֹתוֹ בְּרֹאשׁוֹ, וַחֲמִשִׁתָיו יֹסֵף עָלָיו.

14. ראו אלשיך.
15. ראו רש"י וראב"ע.
16. ראו רש"י, ר"י קרא ור"י מטראני.
17. ראו ראב"ע ורד"ק.
18. ר"י קרא.
19. כמו וְהָיְתָה הָאִשָּׁה לְאָלָה (במדבר ה,כז). וראו גם דברים כט,יא-כב וירמיה כט,כב; על פי רש"י על אתר ובראשית כו,ד; רד"ק ירמיה מב,יח.
20. ראו ראב"ע ור"א מבלגנצי.
21. כמו המשמעות ביהושע כב,לא ובמלכים א' טו,יג.
22. רד"ק.
23. ראו מלבי"ם.
24. ראו רמב"ן בראשית כד,סד. (כיוצא בזה לעיל כב,ג אֻסְּרוּ יַחְדָּיו מֵרָחוֹק – רחוק).
25. ראו רד"ק. ויש מי שמפרש: הנער לא ימות, כפי שקורה עכשיו, אלא בן מאה שנה ימות רמת.
26. ראו בראשית רבה כו,ב; רש"י על אתר ובראשית ו,לב. ויש מפרשים שיאמרו על המת בן מאה: בחטאו מת טרם זמנו.
27. ראו ראב"ע.
28. כדברי שלמה בתפילתו בשעת חנוכת המקדש: הַאֻמְנָם יֵשֵׁב אֱלֹקִים עַל הָאָרֶץ?! הִנֵּה הַשָּׁמַיִם וּשְׁמֵי הַשָּׁמַיִם לֹא יְכַלְכְּלוּךָ, אַף כִּי הַבַּיִת הַזֶּה אֲשֶׁר בָּנִיתִי (מלכים א' ח,כז).
29. ראו רד"ק, ראב"ע ומצודת דוד.
30. ראו רד"ק ומלבי"ם. ויש מי שמפרש: המקדש והגאולה אינם צורך ה' כלל, אין הוא עושה אותם אלא בשביל ישראל, עם עני ונכה רוח.
31. הלבונה המוקטרת נקראת בתורה אַזְכָּרָה (ראו ויקרא ב,ב; כד,ז). על כן המקטיר אותה מכונה 'מזכיר'. על פי רש"י ורד"ק על אתר.
32. ראו רש"י ורד"ק.
33. ראו ראב"ע ורד"ק. ויש מפרשים את כל הפרשה על עובדי עבודה זרה – ראו אברבנאל.
34. ראו רד"ק.
35. רש"י.
36. כדוגמת האמור לעיל סה,ה: הָאֹמְרִים קְרַב אֵלֶיךָ, אַל תִּגַּשׁ בִּי כִּי קְדַשְׁתִּיךָ.
37. על פי רש"י ור"י קרא ומלבי"ם; וראו עוד ר"א מבלגנצי ור"י מטראני.
38. ראו רש"י על אתר; וראו עוד בבא מציעא לג ע"ב.
39. ראב"ע.
40. ראו הערה לעיל מה,י.
41. ראו רש"י.
42. רד"ק.
43. ראו ר"א מבלגנצי ומלבי"ם.
44. ראו מלבי"ם.
45. ראו ראב"ע ורד"ק.
46. ראו רד"ק.
47. ראו יונתן, רש"י ורד"ק.
48. ר"א מבלגנצי.
49. רש"י, ראב"ע ורד"ק.
50. כמוזכר לעיל סה,ג.
51. על פי יונתן ורש"י; מצודת דוד.
52. ראו ראב"ע ור"י מטראני ומלבי"ם על אתר, על פי תהלים ב. וייתכן שלעניין זה כיוון בפס' ד לעיל: גַּם אֲנִי אֶבְחַר בְּתַעֲלֻלֵיהֶם. ויש מי שמפרש כנגד מחשבות האחים השונאים באמרם: לְמַעַן שְׁמִי יִכְבַּד ה' – יבואו הגויים ויראו את כבודי. ויש מפרשים: באה כל אחת ואחת ממחשבותיהם; באה רעת מעשיהם ומחשבותיהם לפני; לנוכח מעשיהם ומחשבותיהם באה העת לקבץ.
53. על פי רש"י, רד"ק ומלבי"ם ממדרש תהלים. ויש מפרשים: מהגויים, או מכלי הרכיבה, אקח לסייע לכהנים.
54. סה,יז.
55. מלבי"ם; וראו פסיקתא רבתי: והיה מדי חדש.
56. ראו יונתן

ישעיה

כל הזכויות על התמונות שמורות להוצאת קורן ירושלים ולרב עדין אבן-ישראל (שטיינזלץ) מלבד הזכויות על התמונות הבאות:

עמ' 3: סוכה בכרם - יוחנן בן יעקב
עמ' 4: תאו מים - Peter Nijenhuis
עמ' 7: כרמיל הקוצים Spodek M, Ben-Dov Y (2012) Morphology of the first-instar nymph and adult female of Kermes echinatus Balachowsky, with a comparison to K. vermilio Planchon (Hemiptera, Coccoidea, Kermesidae). ZooKeys 246: 11-26.doi:10.3897/zookeys.246.3766
עמ' 9: אלה בשלכת - Eitan f
עמ' 17: עכס - Einsamer Schütze
עמ' 17: נטיפה - British Museum
עמ' 17: בית נפש - Mbzt
עמ' 21: שומרה בכרם - יוחנן בן יעקב
עמ' 21: יקב חצוב באבן - יוחנן בן יעקב
עמ' 28: אלון בשלכת - Peter O'Connor aka anemoneprojectors
עמ' 32: הגה מצוי - צילום שרה גולד, באדיבות אתר 'צמח השדה' להיכרות ידידותית עם צמחי הבר של ישראל, www.wildflowers.co.il
עמ' 35: מעדר ממצרים העתיקה - Musée des beaux-arts de Rennes, France D.23.2.42
עמ' 35: חרט מימי הביניים - Numisantica (http://www.numisantica.com)/
עמ' 37: מי השילוח ההולכים לאט - Tamar Hayardeni תמר הירדני
עמ' 43: ארז - Patche99z
עמ' 43: קנה סוכר מצרי - wherewerewe91
עמ' 51: נצר - Bassels1995
עמ' 51: חוטר - Ian Scott
עמ' 51: סרגון השני ובידו שרביט חוטר פוגש אדון נכבד - Excavations of Paul-Émile Botta, 1843-1844
עמ' 53: צפע - Achim Raschka
עמ' 59: תן - Artemy Voikhansky
עמ' 59: אוח עיטי - Dmitri Popov
עמ' 65: קטופה - Ben Fredericson
עמ' 65: צפע - Adam Matan
עמ' 65: קוברה - lifeonwhite.eu Eric Isselée;
עמ' 71: מצב מישע - Mbzt 2012
עמ' 75: עכובית הגלגל (מימין) - Dûrzan cîrano
עמ' 75: עכובית הגלגל (משמאל) - Joe Valtierra
עמ' 79: קנה מצוי - Peter Mulligan
עמ' 99: ניקוף זיתים - יוחנן בן יעקב
עמ' 107: סירה קוצנית - Zcebeci
עמ' 111: כבכורה בטרם קיץ - יהונתן אליאב
עמ' 115: קצח - k yamada
עמ' 115: כמון - Herbolario Allium: www.alliumherbal.com
עמ' 115: דיש באמצעות חבטה - יוחנן בן יעקב
עמ' 115: חרוץ - Deror avi
עמ' 127: חומוס - Forest and Kim Starr

קרדיטים

עמ' 127: זלילים - Jean-Pierre Dalbéra
עמ' 129: מנסרת סנחריב - Daderot
עמ' 135: פראים - Gideon Pisanty (Gidip) גדעון פיזנטי
עמ' 17: משרפת סיד - Bukvoed
עמ' 139: אוח עיטי - brian washburn
עמ' 139: קטופה - Ben Fredericson
עמ' 141: ינשוף - Paul Ritchie
עמ' 141: גדילן מצוי - Cc-by-sa-3.0
עמ' 141: חוח עקוד - Jorge Íñiguez Yarza
עמ' 141: לילית - Peter Trimming
עמ' 141: דיות - מינוזיג
עמ' 143: חבצלת החוף - Stemonitis
עמ' 153: כסל תרהקה - Fordmadoxfraud
עמ' 155: ארזים בלבנון - Jerzystrzelecki
עמ' 157: מתג בפי בהמה - S. Carter
עמ' 159: מלכי אשור כורעים ברך בפני נסרכ - eigenes Foto
עמ' 161: רוט הארג נפסק באמצע האריגה - Xenophon
עמ' 163: סיס - Dave Curtis
עמ' 163: עגור - Sumeetmoghe
עמ' 165: תבליט של מרודך בלאדן המעניק אדמה לפקיד - Scewing
עמ' 175: דישה במורג חרוץ - Mark Nesbitt
עמ' 175: שיטה מלבינה - Marco Schmidt
עמ' 175: עץ מילה - Matthieu Sontag
עמ' 177: תאשור - brownpau
עמ' 179: קנה - Peter Mulligan
עמ' 189: קטלב - daryl_mitchell
עמ' 203: כור להתכת מתכות וצריפתן - H005
עמ' 209: עדיי כלה תימנייה וקישוריה - Ba'Asor Le'Israel. Masada Publishing, Jerusalem, 1958
עמ' 213: זרל העש - lemson University - USDA Cooperative Extension Slide Series, Bugwood.org
עמ' 217: ביזון - Michael Gäbler
עמ' 225: David Björn - chalcedony
עמ' 225: אבן הרובי - (JJ Harrison (jjharrison89@facebook.com
עמ' 229: קידה שעירה - משה רענן
עמ' 229: סרפד - John Moss
עמ' 235: קברי ילדים מהתופת בקרתגו - Calips
עמ' 235: Vladimir Melnik - Commiphora gileadensis, ,http://www.shutterstock.com/pic.mhtml?id=50234665&src=id /http://www.shutterstock.com